Anne-Katharina Harr / Martina Liedke /
Claudia Maria Riehl

Deutsch als Zweitsprache

Migration – Spracherwerb – Unterricht

Mit 27 Abbildungen und Grafiken

J. B. Metzler Verlag

Die Autorinnen
Anne-Katharina Harr, Dr., ist akademische Rätin am Institut für Deutsch als Fremdsprache der LMU München.
Martina Liedke, Dr., ist Dozentin und wissenschaftliche Angestellte am Institut für Deutsch als Fremdsprache der LMU München.
Claudia Maria Riehl, Prof. Dr., ist Leiterin des Instituts für Deutsch als Fremdsprache an der LMU München.

Bibliografische Information der Deutschen Nationalbibliothek
Die Deutsche Nationalbibliothek verzeichnet diese Publikation in der Deutschen Nationalbibliografie; detaillierte bibliografische Daten sind im Internet über http://dnb.d-nb.de abrufbar.

ISBN 978-3-476-02670-5
ISBN 978-3-476-05595-8 (eBook)

J. B. Metzler ist ein Imprint der eingetragenen Gesellschaft Springer-Verlag GmbH, DE und ist ein Teil von Springer Nature
www.metzlerverlag.de
info@metzlerverlag.de

Einbandgestaltung: Finken & Bumiller, Stuttgart (Foto: BlueDesign/shutterstock)
Satz: primustype Hurler GmbH, Notzingen

J. B. Metzler, Stuttgart
© Springer-Verlag GmbH Deutschland, ein Teil von Springer Nature, 2018

Inhaltsverzeichnis

Vorwort IX

1   Migration und Spracherwerb
    (Martina Liedke/Claudia Maria Riehl) 1

1.1   Begriffe und Zahlen 1
      1.1.1   Bevölkerung mit Migrationshintergrund 1
      1.1.2   Bevölkerungswandel in Zahlen 4
1.2   Deutsch als Muttersprache, Zweitsprache, Fremdsprache 7
      1.2.1   Begriffsklärung 7
      1.2.2   Bilingualer Erstspracherwerb 10
      1.2.3   Konsekutiver Zweitspracherwerb 11
1.3   Tätigkeitsfelder Deutsch als Zweitsprache 15
      1.3.1   Sprachliche Bildung und Schulerfolg 18
      1.3.2   Spracherwerb unter den Bedingungen von Flucht
              und Asyl 20
1.4   Interkulturalität 22
      1.4.1   Diskurse der Migrationsgesellschaft 22
      1.4.2   Interkulturelles Lernen 24
1.5   Zusammenfassung 25

2   Mehrsprachigkeit in der Familie und im Lebensalltag
    (Claudia Maria Riehl) 27

2.1   Mehrsprachigkeit als gesellschaftliche Aufgabe und als
      kollektiver Prozess 27
      2.1.1   Mehrsprachigkeit als Ressource 27
      2.1.2   Mehrsprachigkeit als dynamischer Prozess 28
      2.1.3   Mehrsprachigkeit und Bikulturalität 29
      2.1.4   Förderung von Mehrsprachigkeit als gesellschaftliche
              Aufgabe 31
      2.1.5   Sprachen und Sprachmanagement 32
2.2   Sprachliche Generationen und Spracherwerb in der L1 33
      2.2.1   Sprachliche Generationen 33
      2.2.2   Die Elterngeneration 34
      2.2.3   Die zweite Generation 36
2.3   Untersuchungen zum Spracherhalt in der L1 40
      2.3.1   Sprachvitalität 42
      2.3.2   Sprachgebrauch im Laufe des Lebens 44
      2.3.3   Spracherhalt in Minderheitenkonstellationen 45
2.4   Sprachroutinen mehrsprachiger Sprecher 46
      2.4.1   Transfer und Code-Switching 46
      2.4.2   *Translanguaging* 50
      2.4.3   Kinder und Jugendliche als Sprachmittler 51

2.5 Die Rolle der Peer-groups 54
  2.5.1 *We-code* und Identität 54
  2.5.2 Die Rolle des Ethnolekts 55
2.6 Zusammenfassung 59

3 Die Vermittlung sprachlicher Kompetenzen
  (Martina Liedke) 61

3.1 Sprachliche Bildung vor dem Hintergrund von
    Mehrsprachigkeit 61
  3.1.1 Sprachliche Basisqualifikationen 61
  3.1.2 Lernziele im Sprachunterricht 64
3.2 Ansätze und Methoden der Fremd- und Zweitsprachen-
    didaktik 66
  3.2.1 Zweisprachige Lehransätze 66
  3.2.2 Einsprachige Lehransätze 69
  3.2.3 Kognitionsorientierte Ansätze 72
  3.2.4 Alternative Ansätze 73
  3.2.5 Prinzipien des Sprachunterrichts 75
3.3 Fertigkeitsbereiche und Vermittlungsverfahren 77
  3.3.1 Hören 79
  3.3.2 Sprechen 81
  3.3.3 Lesen 82
  3.3.4 Schreiben 84
  3.3.5 Sprache untersuchen: Sprachbewusstheit und
        Sprachmittlerkompetenz 85
3.4 Sprach- und Fachunterricht 88
  3.4.1 Der Aufgabenbereich ›Bildungssprache‹ 88
  3.4.2 Verfahren des *Scaffolding* 91
3.5 Zusammenfassung 93

4 Integration im Spiegel der Sprachvermittlung
  (Martina Liedke) 95

4.1 Rechtsgrundlage und Teilnahmevoraussetzungen der
    Integrationskurse 96
4.2 Inhalte und Lernziele der Integrationskurse 98
  4.2.1 Der Sprachkurs 100
  4.2.2 Der Orientierungskurs 103
4.3 Der Jugendintegrationskurs 107
4.4 Der Alphabetisierungskurs 109
4.5 Zusammenfassung 114

5 Sprachstandserhebung im Elementarbereich
  (Anne-Katharina Harr) 115

5.1 Sprachstandserhebung bei Mehrsprachigkeit 116
  5.1.1 Anforderungen an Erhebungsverfahren 121
  5.1.2 Typen von Verfahren 124
  5.1.3 Erhebung der Erstsprachkompetenzen 137

5.2 Individuelle Profilbildung und Förderplanung 141
5.3 Diagnostik von Sprachentwicklungsstörungen 143
5.4 Zusammenfassung 145

6 Sprachförderung im Elementarbereich
(Anne-Katharina Harr) 147

6.1 Formen der Sprachförderung 150
    6.1.1 Additive Sprachförderkonzepte 151
    6.1.2 Alltagsintegrierte Sprachförderkonzepte 155
6.2 Die Berücksichtigung von Mehrsprachigkeit 158
6.3 Evaluation von Sprachförderprogrammen 161
6.4 Die Rolle pädagogischer Fachkräfte 164
6.5 Entscheidende Faktoren 167
6.6 Zusammenfassung 168

7 Deutsch als Zweitsprache im Schulsystem
(Anne-Katharina Harr/Elisabetta Terrasi-Haufe/Till N. Woerfel) 171

7.1 DaZ als Bildungsaufgabe der Schule 172
    7.1.1 Herausforderung ›Bildungssprache‹ 172
    7.1.2 Der Lehrkörper 175
    7.1.3 Heterogenität der Schülerschaft 176
    7.1.4 Merkmale des DaZ-Unterrichts 178
    7.1.5 Organisationsformen des DaZ-Unterrichts 180
7.2 DaZ in Primar- und Sekundarstufe 183
    7.2.1 Additiver DaZ-Unterricht 185
    7.2.2 Integrativer DaZ-Unterricht 188
    7.2.3 Kooperativer DaZ- und herkunftssprachlicher
            Unterricht 193
7.3 DaZ an beruflichen Schulen 196
    7.3.1 Deutschkompetenzen von Berufsschüler/innen 198
    7.3.2 DaZ in berufsschulvorbereitenden Maßnahmen 200
    7.3.3 Beschulungskonzepte und Zertifizierung 201
    7.3.4 Zusammenarbeit mit Kooperationspartnern 203
    7.3.5 Neue integrative Förderkonzepte am Beispiel Bayern .. 204
7.4 Zusammenfassung 206

8 Mehrschriftlichkeit
(Claudia Maria Riehl) 209

8.1 Mehrschriftlichkeit als wichtige Komponente der
    Mehrsprachigkeit 209
8.2 Biliteralismus: Alphabetisierung in zwei Sprachen 210
    8.2.1 Fehlende Alphabetisierung in L1 und ihre
            Konsequenzen 211
    8.2.2 Sukzessive Alphabetisierung in L2 Deutsch:
            Transfererscheinungen 214
    8.2.3 Gleichzeitige Alphabetisierung in
            mehreren Sprachen 215

8.3	Erwerb konzeptioneller Schriftlichkeit in mehreren Sprachen	217
	8.3.1 Unterschiede zwischen gesprochener und geschriebener Sprache	217
	8.3.2 Die Bedeutung des Erwerbs der Schriftlichkeit in der Herkunftssprache	219
8.4	Mehrsprachige Textkompetenz	222
	8.4.1 Die Bedeutung von Textmustern	222
	8.4.2 Wechselwirkungen von Schriftsprachkompetenzen	225
8.5	Zusammenfassung und Konsequenzen für Deutsch als Zweitsprache	234
9	**Deutsch aus kontrastiver Perspektive** (Claudia Maria Riehl)	237
9.1	Phonetik und Phonologie	237
	9.1.1 Laute in den Sprachen der Welt	238
	9.1.2 Unterschiede in Phonemgruppen	239
	9.1.3 Die Bedeutung des Akzents	240
9.2	Semantik	242
	9.2.1 Wörter und ihre Bedeutung	242
	9.2.2 Grammatische Kategorien	245
9.3	Ausgewählte Schwierigkeiten der deutschen Grammatik (im Sprachvergleich)	249
	9.3.1 Flexion	249
	9.3.2 Syntax: Wortstellung	254
9.4	Kontrastive Pragmatik	258
	9.4.1 Interkulturelle Unterschiede in Anredeformen	258
	9.4.2 Interkulturelle Unterschiede von Sprechakten	260
	9.4.3 Kulturspezifische Unterschiede in schriftlichen Texten	262
9.5	Nonverbale Kommunikation	264
	9.5.1 Kulturspezifische Unterschiede im Bereich der Gesten	265
	9.5.2 Positionierung im Raum: Proxemik	270
9.6	Zusammenfassung	273
10	**Anhang**	275
10.1	Tipps und Hinweise zu den Themen des Bandes	275
	10.1.1 Tipps zur mehrsprachigen Erziehung (zu Kapitel 2)	275
	10.1.2 Häufige Fehler von DaZ-Kindern (zu Kapitel 5)	276
	10.1.3 Tipps für pädagogische Fachkräfte (zu Kapitel 6)	278
	10.1.4 Tipps zum Einbezug der Erstsprache in den Unterricht (zu Kapitel 7)	279
10.2	Literatur	280
10.3	Materialien	322
10.4	Sachregister	325

Vorwort

Migration, Deutsch als Zweitsprache, Integration – diese Themen werden gegenwärtig in vielen gesellschaftlichen Zusammenhängen angesprochen. Die vorliegende Einführung wendet sich an alle, die beruflich oder privat mit Mehrsprachigkeit und schulischer Bildung zu tun haben. Aufgrund der zunehmenden Migrationsbewegungen ist das Interesse an ›Deutsch als Zweitsprache‹ in den letzten Jahren enorm gestiegen. Einige Einführungen und Handbücher haben sich bereits mit dem Thema auseinandergesetzt. Eine umfassende Darstellung, die die mehrsprachigen Lebenswelten der Sprecher in den Fokus nimmt und neben den Kindern und Jugendlichen auch deren Eltern und erwachsene Lernende des Deutschen berücksichtigt, steht jedoch noch aus. Diese Lücke versucht das vorliegende Einführungsbuch zu schließen.

Mit dieser Einführung möchten wir zugleich eine aktualisierte Sicht auf das vermitteln, was ›Deutsch als Zweitsprache‹ ausmacht. Die mit dem Begriff verbundenen Vorstellungen haben sich im Laufe der letzten Jahrzehnte, in denen sich Deutschland in ein Einwanderungsland verwandelt hat, entwickelt und verändert. Eine kritische Auseinandersetzung mit den Begrifflichkeiten und den Narrativen der Migrationsgesellschaft ist erforderlich, um ihre Bildungsprozesse steuern zu können. Im Buch wird ein migrationspädagogischer Zugang zur sprachlichen Bildung eröffnet, der neben der Sprachförderung ›Deutsch als Zweitsprache‹ in der Schule auch grundlegende didaktisch-methodische Konzepte der Fremd- und Zweitsprachenlehre, die Sprachdiagnostik im frühkindlichen Elementarbereich sowie die Sprachvermittlung in der Erwachsenenbildung (Integrationskurse) in den Blick nimmt. Im Zentrum steht dabei die Mehrsprachigkeit der Sprecher und der Spracherwerb der verschiedenen Generationen im Kollektiv Familie. Angesprochen werden auch die wechselseitigen Elnflüsse der Sprachen, wobei eine holistische und dynamische Sicht auf Sprachenrepertoires eingenommen wird. Einen eigenen Schwerpunkt bildet das Thema Mehrschriftlichkeit, d. h. die wechselseitige Beeinflussung von Erst- und Zweitsprache beim Schreiben von Texten. Aus kontrastiver Perspektive wird zudem ein Überblick über die verschiedenen Dimensionen sprachlicher Unterschiede und die Besonderheiten des Deutschen aus der Fremdperspektive gegeben, der die Schwierigkeiten von Lernenden aufgrund typologischer Unterschiede verständlich werden lässt.

Zum Gelingen dieser Einführung haben einige Personen beigetragen: Elisabetta Terrasi-Haufe und Till Woerfel haben als Mitautor/innen ihre Expertise in das Kapitel zur schulischen Förderung eingebracht. Ein großer Dank für die Mithilfe bei der Literaturrecherche, Erstellung der Bibliographie und des Registers gilt Julia Pötzl und Verena Beschinsky. Julia Blanco Lopéz, Mohcine Ait Ramdan, Nicole Weidinger und Andrea

Wünsch danken wir für wertvolle inhaltliche Kommentare und Anregungen. Schließlich möchten wir uns herzlich bei Frau Ute Hechtfischer bedanken, die dieses Buch angeregt und die Manuskriptvorlage betreut hat.

München, Juni 2018
Anne-Katharina Harr, Martina Liedke und Claudia Maria Riehl

1 Migration und Spracherwerb

1.1 Begriffe und Zahlen
1.2 Deutsch als Muttersprache, Zweitsprache, Fremdsprache
1.3 Tätigkeitsfelder Deutsch als Zweitsprache
1.4 Interkulturalität
1.5 Zusammenfassung

1.1 | Begriffe und Zahlen

Deutsch als Zweitsprache hat in den letzten Jahrzehnten zunehmend an Aufmerksamkeit gewonnen. Nicht nur Deutschlehrkräfte, sondern Lehrer/innen aller Fächer, die an deutschen Schulen unterrichten, sehen sich zunehmend mit der Anforderung konfrontiert, ihre fachlichen Inhalte an Schüler/innen vermitteln zu müssen, deren sprachliche Kompetenzen im Deutschen potentiell problematisch sind, zumindest nicht fraglos als vorhanden unterstellt werden können. An dieser Situation wird sich auf absehbare Zeit vermutlich auch kaum etwas ändern. Deutschland ist ein Einwanderungsland geworden.

Damit verbunden sind fundamentale Umstellungsprozesse, die die verschiedensten gesellschaftlichen Bereiche und Institutionen betreffen. Neben der Schule, den Kindergärten und anderen Bildungseinrichtungen sind es die Institutionen der Gesundheitsfürsorge, der öffentlichen Ordnung und Verwaltung ebenso wie Wirtschaftsunternehmen, die sich in einem zunehmend mehrsprachigen Deutschland auf unterschiedliche Sprachkompetenzen und unterschiedliche kulturelle Hintergründe ihrer Klienten einstellen müssen.

Perspektive Einwanderungsland

Der Bedarf an passenden Handlungskonzepten ist groß. Die mit dieser gesellschaftlichen Veränderung verbundenen Probleme, aber auch die damit verbundenen Chancen fließen in der gegenwärtigen Diskussion um ›Deutsch als Zweitsprache‹ zusammen.

Allerdings unterscheidet sich das, was in der Diskussion um den Alltagsbegriff ›Deutsch als Zweitsprache‹ thematisiert wird, zum Teil erheblich von den damit verbundenen wissenschaftlichen Konzeptionen. Im vorliegenden Kapitel werden wir die Begrifflichkeiten erläutern. Wir gehen zunächst auf die in den letzten Jahrzehnten erfolgte Migration nach Deutschland ein, bevor wir vor diesem Hintergrund die Termini ›Muttersprache‹, ›Zweitsprache‹ und ›Fremdsprache‹ näher betrachten.

1.1.1 | Bevölkerung mit Migrationshintergrund

Der Terminus ›Deutsch als Zweitsprache‹ wurde in Anlehnung an den Begriff ›English as a Second Language‹ geprägt und bezeichnet den »Erwerb des Deutschen im deutschsprachigen Kontext« (Krumm/Barkowski 2010: 47). In der wissenschaftlichen Diskussion findet er seit der Einfüh-

Deutsch als Zweitsprache

Zuwanderungs-
gesetz
rung des sog. Zuwanderungsgesetzes (ZuwandG, s. Kap. 4.1) im Jahr 2005 verstärkt Verwendung. Das Zuwanderungsgesetz seinerseits stand am Ende einer rund 50-jährigen Debatte um Fragen der Integration und sprachlichen Ausbildung einer steigenden Zahl von Zuwanderern nach Deutschland, einer Debatte, deren veränderte Termini zugleich den Übergang in ein anderes Selbstverständnis der Gesellschaft zeigen (vgl. Auernheimer 2010; Matzner 2012; Mecheril et al. 2010; Mecheril 2016).

Erst seit Mitte der 2000er Jahre ist auch in offiziellen Kontexten die Rede von einer ›Einwanderungsgesellschaft‹. Faktisch sind seit 1955 verschiedene Zuwanderungswellen festzustellen, die zum ›Wirtschaftswunder‹ der Nachkriegszeit beitrugen.

Zur Vertiefung

Anwerbung ausländischer Arbeitskräfte

Die Zuwanderung ausländischer Arbeitskräfte in der Nachkriegszeit war von deutscher Seite aus gezielt gesteuert. Um den wachsenden Bedarf an Arbeitskräften zu erfüllen, wurden auf staatlicher Ebene verschiedene Anwerbeverträge abgeschlossen:

- 1955 mit Italien
- 1960 mit Spanien
- 1960 mit Griechenland
- 1961 mit der Türkei
- 1963 mit Marokko
- 1964 mit Portugal
- 1965 mit Tunesien
- 1968 mit Jugoslawien

1964 wurde der Portugiese Armando Rodrigues de Sá als »Millionster Gastarbeiter« am Bahnhof Köln-Deutz feierlich empfangen und von einem Vertreter des Arbeitgeberverbands mit einem neuen Motorrad beschenkt, das heute im Bonner Haus der Geschichte besichtigt werden kann (http://www.faz.net/video/medien/bildergalerien/gastarbeiter-ein-nagelneues-moped-als-gastgeschenk-fuer-den-neuankoemmling-1180077.html).

Aus den 1960er Jahren stammt auch der berühmt gewordene Satz von Max Frisch: »Man hat Arbeitskräfte gerufen, und es kommen Menschen.« (Vorwort zu Alexander J. Seiler: *Siamo italiani – Die Italiener. Gespräche mit italienischen Arbeitern in der Schweiz*. Zürich: EVZ 1965.)

1973 wurde in der Bundesrepublik Deutschland ein sog. Anwerbestopp verhängt. Es kam jedoch zu weiterer Zuwanderung aufgrund von Familiennachzug. Eine zusätzliche Zuzugswelle betraf in den 1990er Jahren deutschstämmige Spätaussiedler aus den ehemaligen Ostblockstaaten.

Ära der
›Gastarbeiter‹
Die Ära der ›Gastarbeiter‹: Die angeworbenen Arbeitskräfte wurden zunächst als ›Gastarbeiter‹ bezeichnet, was das damalige Fremdverständnis, aber auch Selbstverständnis der Angeworbenen kennzeichnete: Man rechnete fest damit, dass sie nicht auf Dauer im Land bleiben würden. Die sog. Ausländerliteratur bzw. Gastarbeiterliteratur (Biondi/Schami 1981) der 1970er und folgenden Jahre mit Autoren wie Aras Ören, Franco

Biondi, Rafik Schami, Said, Güney Dal oder Gino Chiellino, zeichnet ein deutliches Bild der Wunschvorstellung, nach einigen Jahren Arbeit in Deutschland als vermögender Mensch, der ›sein Glück gemacht‹ hat, in die Heimat zurückzukehren (vgl. auch Sten Nadolny: *Selim oder die Gabe der Rede*, 1990). Diese Perspektive erfüllte sich allerdings nur bei wenigen. Zwar gab es Remigration; die Rückkehr in die einstige Heimat verlief aber nicht immer zufriedenstellend. Ein großer Teil der Zuwanderer blieb in Deutschland, unter anderem auch, weil die nächste Generation bereits hier geboren und verwurzelt war.

Beispiel

›Gastarbeiterliteratur‹: Leseauszug – der Fernsehkarton

Lange Zeit ließ der Vater sie auch an den großen Karton aus dicker Pappe nicht heran, in dem der Fernseher eingepackt gewesen war. Dieser Karton, auf dem sich unverständliche Aufschriften, eine Reihe von Pfeilen und andere Zeichen befanden, stand tagelang in der auffälligsten Ecke des Zimmers wie eine Truhe aus Nußbaumholz mit der Brautausstattung. Sobald Sünbül nur davon anfing, daß man den Karton für etwas anderes verwenden könnte, wurde der Vater wütend und lamentierte herum.

»Sünbül hat recht, Vater. Wenn es da so allen möglichen Plunder gibt, den man hineintun könnte, warum sollen wir ihn dann ganz leer im Zimmer aufbewahren?«

»Das geht nicht anders.«

»Aber sag doch, Vater, warum geht das nicht anders. Auch Sünbül will schon die ganze Zeit den Karton haben. Sie sagt, sie hat da Winterkleidung, alte Stoffreste, die man hineintun könnte; die sollen nicht im Weg rumliegen. Und wenn es dir darum geht, einen Karton zu haben, da kann ich dir einen von der Arbeit mitbringen.«

»Wenn es darum geht, Kleidung hineinzutun, dann bring doch deiner Sünbül einen Karton mit, mein Sohn. Dieser Karton gehört zu dem Fernseher da. Wenn wir morgen oder übermorgen für immer zurückgehen, wo wollen wir denn dann den Fernseher reintun?«

(aus: Güney Dal: *Europastraße 5*. dt. 1981, München: dtv, 16 f.)

Der Bedarf an sprachlicher Bildung wurde bereits früh thematisiert; die Umsetzung gestaltete sich jedoch als schwierig. An den Universitäten wurden seit den 1970er Jahren zunehmend Lehrstühle für Deutsch als Fremd- und Zweitsprache geschaffen, die neben der »A-Linie« (Auslands-Linie) auch die »M-Linie« (Migrations-Linie) der Vermittlung deutscher Sprachkenntnisse fokussierten (vgl. Röttger 1998).

Sprachverband
Deutsch für ausländische Arbeitnehmer

1974 wurde vom Bundesministeriums für Arbeit und Sozialordnung, der Bundesanstalt für Arbeit, dem Deutschen Volkshochschul-Verband und verschiedenen Trägern der freien Wohlfahrtspflege der »Sprachverband Deutsch für ausländische Arbeitnehmer e. V.« gegründet, der als Zusammenschluss von 450 größeren und kleineren Institutionen Angebote zum Erlernen der deutschen Sprache bereitstellte (vgl. Reich 2010). Der Sprachverband setzte sich für ein Recht der Migranten auf sprachliche Bildung ein, führte als Träger verschiedene Maßnahmen zur sprachlichen und beruflichen Qualifizierung ebenso wie Fortbildungsmaßnahmen für Lehrkräfte durch und gab verschiedene Zeitschriften zur

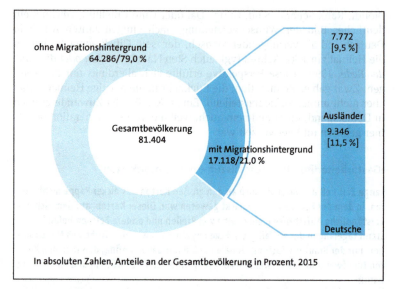

Thematik heraus (u. a. *Deutsch lernen – Zeitschrift für den Sprachunterricht mit ausländischen Arbeitnehmern, Deutsch als Zweitsprache, Bil-
dungsarbeit in der Zweitsprache Deutsch – Konzepte und Materialien,
Materialdienst Alphabet* sowie verschiedene Lehrbücher und Material-
reihen zur »Arbeitssprache Deutsch«).

BAMF   Bis 2003 wurde der Sprachverband durch das Bundesministerium für
Arbeit und Sozialordnung finanziell gefördert. 2003 wurde er im Zusammenhang mit Differenzen in der Diskussion um das Zuwanderungsgesetz
jedoch aufgelöst. Seine Aufgaben wurden dem ›Bundesamt für die Anerkennung ausländischer Flüchtlinge‹, heute ›Bundesamt für Migration
und Flüchtlinge‹ (BAMF), übertragen. Das BAMF ist für die Gestaltung
und Durchführung der sog. Integrationskurse verantwortlich, die das Erlernen der deutschen Sprache durch Alt- und Neuzuwanderer heutzutage
sicherstellen sollen (s. Kap. 4).

1.1.2 | Bevölkerungwandel in Zahlen

Bevölkerungswandel: Im Jahr 2015 war der Zuzug nach Deutschland
laut Statistischem Bundesamt so hoch wie nie zuvor. Der Zuwanderung
von 2.137.000 Menschen stand eine Abwanderung von 998.000 Personen
gegenüber, sodass sich für dieses Jahr ein Wanderungsüberschuss von
rund einer Million Menschen ergibt – ein neuer Höchststand seit Bestehen der Bundesrepublik (https://www.destatis.de/DE/ZahlenFakten/
GesellschaftStaat/Bevoelkerung/Wanderungen/Wanderungen.html).
»Deutschland ist das größte Ziel der neuen Völkerwanderung«, titelt die
Welt am 27.06.2017 (https://www.welt.de/wirtschaft/article165969350/
Deutschland-ist-das-groesste-Ziel-der-neuen-Voelkerwanderung.html).
Die Bevölkerung Deutschlands hat sich im Verlauf der letzten Jahr-
zehnte dementsprechend stark gewandelt. Von den 82,5 Millionen Ein-

wohnern der Bundesrepublik besaßen laut Angaben des Statistischen Bundesamts im Jahr 2015 rund 7,7 Millionen, im Jahr 2016 rund 8,7 Millionen einen ausländischen Pass. Andere Zuwanderer haben die deutsche Staatsangehörigkeit angenommen. Das Statistische Bundesamt erfasst beide Gruppen unter dem Terminus ›Bevölkerung mit Migrationshintergrund‹.

Das Statistische Bundesamt hat den Begriff Migrationshintergrund geprägt und erläutert ihn folgendermaßen: »Eine Person hat einen Migrationshintergrund, wenn sie selbst oder mindestens ein Elternteil die deutsche Staatsangehörigkeit nicht durch Geburt besitzt« (Statistisches Bundesamt 2017a: 4).

In der wissenschaftlichen Diskussion um Migration wird das Konzept kritisiert, da es Teile der Bevölkerung ausgrenzt, die deutsche Migrationsgeschichte nicht einbezieht und auch nicht geeignet ist, um Zugehörigkeit zu einer Minderheit zu erfassen (vgl. Supik 2014; Will 2016). Als Fremdheitszuweisung führt es den – negativ besetzten – Begriff ›Ausländer‹ fort. Auch der Rapper Samy de Luxe prangert in seinem Song *Mimimi* die Bezeichnung ›Mitbürger mit Migrationshintergrund‹ als diskriminierend an: »... ich leb hier schon mein Leben lang, und wenn ich mecker über dieses Land, sagen sie: geh doch hin, woher du kommst – okay, dann geh ich halt nach Eppendorf, ich hab auch angefangen mit rappen dort ...«

Definition

Waren es im Jahr 2015 noch 17,1 Millionen Menschen, die einen Migrationshintergrund im oben erfassten Sinn besaßen, so waren es im Jahr 2016 bereits 18,6 Millionen Menschen – dies sind 22,5 % der Gesamtbevölkerung. 31 % von ihnen – 5,8 Millionen Menschen – verfügen nicht über eigene Migrationserfahrungen: Sie sind Kinder oder Enkelkinder einst Eingewanderter, die in Deutschland geboren und aufgewachsen sind.

Migrations-hintergrund

Noch etwas anders gestalten sich die Zahlen, wenn man den Blick auf die Großstädte richtet und verschiedene Altersgruppen berücksichtigt. Für die Stadt München beispielsweise liegt bei Kindern unter 6 Jahren der Anteil der Deutschen ohne Migrationshintergrund bei 42,5 %, der Anteil von Kindern mit Migrationshintergrund bei 41,5 % und der Anteil von Kindern mit einer ausländischen Staatsangehörigkeit bei 16 % (Bevölkerung nach Altersgruppen und Migrationshintergrund am 31.12.2016, http://www.muenchen.de).

Die Fachserie »Bevölkerung mit Migrationshintergrund – Ergebnisse des Mikrozensus – Fachserie 1 Reihe 2.2« des Statistischen Bundesamts stellt in jährlichem Turnus detaillierte Ergebnisse zu demographischen und sozio-ökonomischen Merkmalen zur Verfügung, die aus dem Mikrozensus gewonnen werden, u. a. Angaben zur Erwerbsbeteiligung, Bildung und Gesundheit. Ebenfalls jährlich aktualisiert wird ein Tabellenband zu »Integrationsindikatoren«. Für das Jahr 2016 weisen diese weiterhin deutliche Unterschiede zwischen Personen mit und ohne Migrationshintergrund auf: Für Erstere können u. a. ein schlechterer Bildungsstand und schlechtere Arbeitsmarktchancen festgestellt werden. Allerdings sind

Land	Personen	Anteil an der ausländischen Bevölkerung
Insgesamt	10.623.940	100 %
Türkei	1.483.515	14,0 %
Polen	866.855	8,2 %
Syrien	698.950	6,6 %
Italien	643.065	6,1 %
Rumänien	622.780	5,9 %
Afrika	539.385	5,1 %
Griechenland	362.245	3,4 %
Kroatien	367.900	3,5 %
Bulgarien	310.415	2,9 %
Afghanistan	251.640	2,45 %
Russische Föderation	249.205	2,3 %
Irak	237.365	2,2 %
Serbien	225.535	2,1 %
Kosovo	208.505	2,0 %
Ungarn	207.025	1,9 %
Bosnien und Herzegowina	180.950	1,7 %
Spanien	178.010	1,7 %
Ukraine	138.045	1,3 %
China	136.460	1,3 %
Staatenlos, ungeklärt, ohne Angabe, kontinentübergreifend	104.055	1,0 %

Quelle: Statistisches Bundesamt, Ausländische Bevölkerung nach Geschlecht und ausgewählten Staatsangehörigkeiten am 31.12.2017, https://www.destatis.de

Tab. 1.1: Einige Herkunftsländer/-regionen der ausländischen Bevölkerung

diese Ergebnisse laut Destatis weitgehend auf die schlechtere Ausbildung von Zuwanderern und nicht auf Misserfolge im deutschen Bildungssystem zurückzuführen (Statistisches Bundesamt 2017b, Pressemitteilung Nr. 413, s. dazu auch Kap. 1.3).

Herkunftsländer Wie sieht es mit den Herkunftsländern aus? Tabelle 1.1 zeigt einige Zahlen zur ausländischen Bevölkerung. Statistische Daten für die ausländische Bevölkerung zeigen, dass rund 70 %, also ein Großteil der ausländischen Bevölkerung, aus Europa kommen. Sie weisen als die häufigsten Herkunftsländer die Türkei und Polen aus; aus den betreffenden Ländern stammen rund 1,4 Millionen bzw. 867.000 Menschen. An dritter Stelle steht ein Zuzug aus Syrien. Aus dem Großraum Afrika mit seinen verschiedenen Staaten stammt eine halbe Million Menschen. Auch in der Erfassung der Herkunftsländer in den rund 8 Millionen Haushalten, in denen mindestens ein Familienmitglied einen Migrationshintergrund besitzt, stellen die Türkei und Polen mit jeweils rund 1 Million Haushalten die größten Gruppen.

Die Familiensprachen werden in den statistischen Umfragen und Angaben nicht erfasst. Die Zahlen zu den Nationalitäten sind damit nicht 1:1 in Verbindung zu bringen, da sich die Sprachen der Herkunftsländer zum Teil nicht mit den in der Familie verwendeten Sprachen decken. Diese lassen sich nur in sog. *Home Language Surveys* erfassen, von denen es aber bisher nur ganz wenige gibt (s. dazu Kap. 2.3.1). Zudem ist unklar, inwieweit Familiensprachen beibehalten oder im Verlauf der Migration gewechselt werden (s. Kap. 2.3.2). Die Zahlen deuten aber bereits an, dass von einer Vielzahl an Sprachen ausgegangen werden kann, die im Unterricht des Deutschen als Zweitsprache in Integrationskursen ebenso wie im Unterricht an deutschen Schulen zu berücksichtigen sind. Die unterschiedliche Aufenthaltsdauer der Personen und Familien ›mit Migrationshintergrund‹ lässt zudem darauf schließen, dass in verschiedenen Lebenssituationen unterschiedliche Typen des Spracherwerbs zum Tragen kommen. Eine Trennung der Begriffe ›Muttersprache‹, ›Zweitsprache‹ und ›Fremdsprache‹ ist daher wissenschaftlich problematisch (s. Kap. 1.2).

1.2 | Deutsch als Muttersprache, Zweitsprache, Fremdsprache

1.2.1 | Begriffsklärung

Der Begriff ›Deutsch als Muttersprache‹ ist eigentlich kein wissenschaftlicher Begriff, sondern wird im Wesentlichen in politischen Kontexten (z. B. bei Volkszählungen), im Zusammenhang mit der Identität der Sprecher (»Deutsch ist meine Muttersprache«) oder im Zusammenhang mit Unterricht verwendet (z. B. in Lehrplänen oder Studiengängen). Die Bezeichnung ›Muttersprache‹ verzerrt allerdings die Spracherwerbssituation, an der auch Väter, Geschwister, Verwandte etc. mitwirken. Darüber hinaus kann sich die wichtigste Sprache durchaus von der Sprache der Mutter unterscheiden.

> Die Begriffe **Zweitsprache** und **Fremdsprache** beziehen sich hauptsächlich auf die Erwerbsumstände – so spielt eine Rolle, ob eine Sprache im zielsprachigen Land bzw. Inland (Zweitsprache) oder im Ausland gelernt wird (Fremdsprache) und ob der Erwerb in einer natürlichen Lebenssituation oder durch unterrichtliche Vermittlung stattfindet. Der Begriff **Muttersprache** wird dagegen nur in politischen Kontexten, im Zusammenhang mit Unterricht (Muttersprachenunterricht) und als Identitätsbezeichnung verwendet.

Die Begriffe ›Zweitsprache‹ und ›Fremdsprache‹ sind allerdings ebenfalls nicht einfach zu definieren. Die Unterscheidung erfolgt aufgrund der unterschiedlichen Erwerbsbedingungen: So geht man davon aus, dass der Zweitspracherwerb ungesteuert erfolgt und die Aneignungsprozesse in

Lebenssituationen, in denen die Zweitsprache ein zentrales Kommunikationsmittel ist, stattfinden, während eine Fremdsprache in einer unterrichtlich vermittelten Situation erlernt wird (Ahrenholz 2017). Hier spricht man von gesteuertem Erwerb. In der Regel vermischen sich aber ungesteuerter und gesteuerter Erwerb, z. B. wenn Migrantinnen und Migranten im Zielland auch Sprachkurse besuchen. Ein weiterer Aspekt ist die Unterscheidung von ›Deutsch im Inland‹ (= DaZ) und ›Deutsch im Ausland‹ (= DaF). Aber auch diese Unterscheidung ist nicht einfach zu treffen, wie unten gezeigt wird.

In wissenschaftlichen Kontexten (vgl. Ahrenholz 2017; Hufeisen 2010) spricht man nicht von ›Muttersprache‹, ›Zweitsprache‹ oder ›Fremdsprache‹, sondern von ›Erst-, Zweit- oder Drittsprache‹. Dabei ist die Erwerbsreihenfolge ausschlaggebend: Als ›Erstsprache‹ wird diejenige Sprache bezeichnet, die als erstes gelernt wird und zwar bis zum Alter von drei Jahren. Eine nach diesem Zeitpunkt gelernte Sprache wird als ›Zweitsprache‹ (L2) bezeichnet und zwar als Überbegriff für alle Formen der Sprachaneignung. Jede weitere nach der Zweitsprache erlernte Sprache wird ›Drittsprache‹ (L3) genannt. Grund ist, dass man davon ausgeht, dass bestimmte Sprachaneignungsprinzipien bei allen weiteren erlernten Sprachen ähnlich sind (vgl. Hufeisen 2010).

Weitere Probleme der Abgrenzung: In vielen Gesellschaften wachsen Kinder mit mehreren Sprachen auf. Es ist dabei nicht immer zu unterscheiden, was nun ihre L1 ist, ob sie mehrere Erstsprachen haben (im Sinne eines bilingualen Erstpracherwerbs, s. Kap. 1.2.2) oder über eine Erstsprache und eine frühe Zweitsprache verfügen (s. Kap. 1.2.3). Das gilt etwa für Kinder, die isoliert in einsprachigen Netzwerken aufwachsen (z. B. in türkischgeprägten Vierteln in Deutschland) und die Umgebungssprache erst mit dem Eintritt in den Kindergarten oder in die Schule erwerben (vgl. Riehl 2014a: 64).

Auch bei älteren Kindern oder erwachsenen Migranten ist die Situation oft sehr komplex: Wenn Migranten im Herkunftsland eine Schule besucht haben, dann haben sie meist bereits Englisch (und weitere Sprachen) gelernt. Vor diesem Hintergrund ist das Deutsche dann nicht mehr ihre Zweitsprache, sondern vielleicht die dritte, vierte oder fünfte Sprache. Dennoch können in der Schule erworbene Sprachen auch vergessen werden und die Sprache der neuen Heimat wird dann die dominante Sprache. Damit verwischt sich auch die Unterscheidung von L2 und L3.

Die Beispiele zeigen, dass bei den Definitionen oft nach unterschiedlichen Kriterien unterschieden wird: In der strikten Definition (etwa von Hufeisen 2010) geht es nur um die Reihenfolge des Erwerbs. In anderen Darstellungen steht die Kompetenz in den Sprachen, bzw. die Dominanz, im Vordergrund. Diese ist aber, wie wir noch sehen werden, ein sehr dynamischer Prozess (s. Kap. 2.1.2).

Trennung Zweitsprache/Muttersprache: Aus den gerade angeführten Überlegungen heraus ist nicht nur die Trennung zwischen ›Deutsch als Fremdsprache‹ und ›Deutsch als Zweitsprache‹, sondern auch die Trennung von ›Deutsch als Zweitsprache‹ und ›Deutsch als Muttersprache‹ problematisch, und zwar dann, wenn wir Schüler/innen mit einem sog. Migrationshintergrund betrachten. Diese wachsen nur zum Teil in der

Schwierigkeiten der Abgrenzung

Familie gänzlich mit einer anderen Sprache als Deutsch auf, die meisten sind von klein auf bilingual. Sie haben daher zwei (oder mehrere) Erstsprachen (im Sinne von ›bilingualem Erstspracherwerb‹, s. Kap. 1.2.2). Der Begriff ›Zweitsprache‹ ist daher für das Deutsch, das sie sprechen, nicht angemessen. Trotzdem sind, wie wir aus der Mehrsprachigkeitsforschung wissen, mehrsprachig aufwachsende Menschen nicht mit einsprachigen zu vergleichen. Ein Mehrsprachiger verfügt über unterschiedliche sprachliche und kommunikative Ressourcen und wechselt oft flexibel zwischen den Sprachen. Damit ist das Sprachrepertoire eines Mehrsprachigen nicht defizitär, sondern reflektiert nur eine größere Auswahl an Möglichkeiten. Die Kompetenzen in den jeweiligen Sprachen sind dabei nicht statisch, sondern können sich im Laufe des Lebens immer wieder verlagern, da sich auch die Sprachfigurationen immer wieder ändern (s. Kap. 2.1.2). Sprachdidaktik und Sprachförderkonzepte müssen diesem Aspekt verstärkt Rechnung tragen (vgl. Riehl 2014a und Kap. 6 und 7).

DaF/DaZ im Zusammenhang mit der Flüchtlingssituation: Die Trennung zwischen Deutsch als Zweitsprache einerseits und Deutsch als Fremdsprache andererseits ist dagegen enorm problematisch im Falle vieler Migranten, vor allem Flüchtlinge, die aktuell nach Deutschland kommen. Diese leben zunächst isoliert von der Mehrheitsbevölkerung und erlernen daher in entsprechenden Kursen Deutsch als Fremdsprache und verständigen sich im Alltag sehr häufig in anderen Sprachen, etwa auf Arabisch oder Englisch. Daneben kommt auch eine weitere Facette der Mehrsprachigkeit zum Tragen: Viele Migranten und Flüchtlinge kommen aus Ländern, in denen Mehrsprachigkeit der Normalfall ist und in denen daher auch andere Normen an sprachliche Korrektheit gestellt werden. Das wirkt sich u. U. ganz erheblich auf Lernprozesse aus.

Die Konzepte aus der Auslandsperspektive: Auch aus der Auslandsperspektive wird deutlich, dass die Konzepte DaF, DaZ, DaM nicht greifen, und zwar betrifft das die deutschen Minderheiten, besonders im osteuropäischen Raum. Der sog. muttersprachliche Unterricht in den deutschen Minderheitsgebieten ist eigentlich DaF-Unterricht, da nur noch sehr wenige Kinder Deutsch zuhause gelernt haben. Dennoch spielt die deutsche Sprache als Sprache der Großeltern und kulturelles Erbe oft für die Identitätsbildung der jungen Menschen eine Rolle, sodass hier mit ganz anderen Motivationen zu rechnen ist. Durch diese Entwicklungen kommt es nicht nur zu Überschneidungen im Bereich von DaF, DaZ und DaM, sondern es wird auch deutlich, dass eine Unterscheidung ›Deutsch im Ausland‹ (DaF) ›Deutsch im Inland‹ (DaZ, DaM) so nicht mehr haltbar ist.

Eine weitere Rolle spielen die Erwerbsbedingungen, z. B. ob man mehrere Sprachen von Kind auf simultan erwirbt oder sie sich sukzessive aneignet. Dann bestehen Unterschiede darin, ob man die Sprachen in einer natürlichen Umgebung erwirbt, wie etwa Migranten in ihrem Zielland, oder ob man sie im schulischen Kontext lernt. Und schließlich muss man auch noch unterscheiden, ob man die Sprachen als Kind oder als Erwachsener erwirbt und ob man die jeweilige Sprache als eine zweite (nach der Muttersprache) (= L2) oder dritte und weitere Sprache lernt (= L3). Darauf wird in den folgenden Kapiteln eingegangen.

Problematik der Begriffe in verschiedenen Kontexten

1.2.2 | Bilingualer Erstspracherwerb

Wenn Kinder zwei oder mehr Sprachen gleichzeitig erwerben, spricht man nicht von Zweitspracherwerb, sondern von ›bilingualem Erstspracherwerb‹: D. h. das Kind besitzt dann zwei Erstsprachen (2L1). In diesem Zusammenhang wird nun diskutiert, ob bilingual aufwachsende Kinder im frühen Stadium des Spracherwerbs über ein einziges (gemischtes) Sprachsystem oder bereits über zwei getrennte Systeme verfügen (s. dazu den Überblick über die verschiedenen Ansätze bei Müller et al. 2011). Würde es sich um ein System handeln, müssten die Kinder in allen Kontexten unabhängig voneinander alle Muster beider Sprachen benutzen. Dies ist aber nicht der Fall. So haben etwa Genesee (2005) und andere Forscher in verschiedenen Versuchsreihen herausgefunden, dass zweisprachige Kinder je nach Gesprächspartner durchaus in der Lage sind zu differenzieren und dann jeweils ein stärker gemischtes oder weniger stark gemischtes System verwenden. Wenn sie mit einem unbekannten Gesprächspartner konfrontiert werden, gebrauchen die Kinder soweit es geht, die Sprache, die dieser Gesprächspartner spricht, und unterdrücken die andere Sprache, soweit sie es können. Allerdings spielt dabei auch der Input durch die Eltern eine Rolle: Wenn diese häufig gemischte Äußerungen produzieren, gelingt es den Kindern weniger, die Sprachen separat zu verwenden (vgl. Genesee 2005; Nicoladis 2008).

Sprachmischung bei bilingualen Kindern
  Die Tatsache, dass ein mehrsprachig aufwachsendes Kind ein gemischtes Lexikon verwendet, ist demnach kein zuverlässiges Kriterium dafür, dass dem Kind nicht bewusst ist, dass es zwei Sprachen benutzt. Die Sprachmischung kann nachlassen, wenn das Vokabular so groß ist, dass die Kinder keine Notwendigkeit mehr sehen, etwas aus der anderen Sprache zu entlehnen. Am Anfang (d. h. in der sog. Ein-Wort-Phase) legt das Kind mehr Wert darauf, neue Bezeichnungen für die Objekte und Konzepte seiner Umwelt zu lernen, als Übersetzungsäquivalente in der anderen Sprache zu lernen. Diese Vermeidung von Äquivalenten ist übrigens auch bei monolingualen Kindern festzustellen. Diese lernen im sehr frühen Spracherwerb (Ein-Wort-Phase) auch keine Synonyme, da sie mit begrenzten Verarbeitungskapazitäten zurechtkommen müssen (vgl. Anstatt/Dieser 2007). Bilingual aufwachsende Kinder sind aber durchaus in der Lage, genauso viele Konzepte zu bezeichnen wie gleichaltrige einsprachige Kinder, aber eben nicht in einer einzigen Sprache. Als Kriterium dafür, dass Kinder über ein zweisprachiges Lexikon verfügen, dient die Tatsache, dass die Kinder eine ausreichende Zahl von Übersetzungsäquivalenten zur Verfügung haben (vgl. Yip/Matthews 2008: 35).

Grammatischer Transfer
  Transfer grammatischer Strukturen: Grundsätzlich besteht aber die Möglichkeit, dass das Kind zwar ein gemischtes Lexikon verwendet, aber die Grammatiken trennt. Deshalb lässt sich an grammatischen Strukturen herausfinden, ob das Kind ein gemischtes Sprachsystem hat oder bereits trennt. Kinder übertragen öfter grammatische Regeln der einen Sprache auf die andere. So setzen etwa englisch-deutsch oder italienisch-deutsch aufwachsende mehrsprachige Kinder in ihren deutschsprachigen Äußerungen das finite Verb im Nebensatz manchmal an die zweite Position statt an die letzte – analog zum Englischen oder Italienischen:

(a) *Und das ist, was ich hab heute gemacht.*
  (Louise 5;8, deutsch-englisch; unveröffentl. Aufnahme Washington 2003)

(b) *Guck mal was mach ich.*
  (Carlotta 2;8, deutsch-italienisch; vgl. Müller et al. 2011: 179)

Hier spielt allerdings die Dominanz der Sprachen eine entscheidende Rolle: Die dominante Sprache hat einen stärkeren Einfluss auf die schwächere Sprache als umgekehrt, wie das im Falle von Transfer zwischen zwei Sprachsystemen auch bei Erwachsenen der Fall ist (vgl. Riehl 2014b). So konnte etwa Döpke (2000) bei ihrer Untersuchung von deutsch-englisch aufwachsenden Kindern die Beobachtung machen, dass die beiden Sprachsysteme sich von Anfang an entwickeln, aber es wechselseitige Einflüsse gibt (vgl. mit Beispielen Riehl 2014b: 82 f.).

Beschleunigungseffekte durch Ähnlichkeit in beiden Sprachen: Grundsätzlich erwerben bilingual aufwachsende Kinder diejenigen Strukturen zuerst, die in beiden Sprachen gleich sind. So verwenden etwa französisch-deutsch zweisprachige Kinder hauptsächlich die Wortstellung SVO (Subjekt – Verb – Objekt), die in beiden Sprachen vorkommt. Im Gegensatz dazu setzen einsprachig aufwachsende französische Kinder häufiger das Subjekt ans Satzende und einsprachige deutsche Kinder das Verb. Deutsch-italienisch aufwachsende Kinder übertragen dagegen die fehlende Hauptsatz-Nebensatz-Asymmetrie von der romanischen auf die deutsche Sprache (vgl. Müller et al. 2011: 174 f.).

Eindeutigkeit des Inputs: Die Bevorzugung bestimmter Strukturen kann auch dadurch bedingt sein, dass der Input in einer Sprache unklarer ist als in der anderen: So kann man im Französischen oder Spanischen Adjektive vor oder nach dem Nomen platzieren, während sie im Englischen oder Deutschen immer voranstehen. Der Grund, warum die Adjektive im Spanischen einmal vor, einmal nach dem Nomen stehen, ist für das Kind zunächst nicht durchschaubar. In einer zweisprachigen Situation präferiert das Kind daher zunächst die Voranstellung nach dem Muster des Englischen oder Deutschen, weil dort die Inputdaten eindeutig sind (vgl. Yip/Matthews 2008: 46 f.).

Beschleunigungseffekte

1.2.3 | Konsekutiver Zweitspracherwerb

Der bilinguale Erstspracherwerb wird manchmal auch als »simultaner« oder »paralleler« Zweitspracherwerb bezeichnet und dem »sukzessiven« oder »konsekutiven« Zweitspracherwerb gegenübergestellt (vgl. Ahrenholz 2017), d. h. der Situation, dass die Aneignungsprozesse der Sprachen zeitlich versetzt stattfinden. Allerdings wird hier in der Forschung noch einmal zwischen verschiedenen Phasen des Erwerbs unterschieden.

Kindlicher Zweitspracherwerb: Lernt ein Kind eine zweite Sprache nach dem Alter von 3 Jahren, dann spricht man bereits nicht mehr vom ›bilingualen Erstspracherwerb‹, sondern in der Regel von ›sukzessivem Zweitspracherwerb‹. Als Grund dafür wird angeführt, dass zu diesem Zeitpunkt die L1 schon zu einem großen Teil erworben wurde (bis auf

Zweitspracherwerb bei Kindern

komplexere Strukturen wie Passiv o. Ä.). Einige Forscher unterscheiden noch einmal zwischen dem Erwerb im Alter von 3 bis 7 Jahren (sog. frühkindlicher Zweitspracherwerb) und nach dem Alter von 7 Jahren (vgl. Lakshmanan 2009: 377). Obwohl kindliche L2-Lerner eine geringere kognitive Reife haben als erwachsene Lerner, haben sie mit diesen gemeinsam, dass sie bereits Kenntnisse einer anderen Sprache (= L1) besitzen. Der Unterschied besteht aber darin, dass bei den frühkindlichen Lernern die Kenntnisse von L1 zu Beginn des L2-Erwerbs weniger verfestigt oder entwickelt sind als bei erwachsenen Lernern. Außerdem spielt es eine wichtige Rolle, ob die L2 die dominante Sprache der Kinder wird (wie das meist in der Migration der Fall ist) und ob die L1 weiterbehalten wird oder nicht. Da sich der Spracherwerb letztlich ein ganzes Leben lang vollzieht, ist eine zeitliche Abgrenzung hier aber schwierig. So werden beispielsweise wesentliche Charakteristika der deutschen Syntax bereits bei Schuleintritt beherrscht, und es liegt auch ein recht umfangreiches lexikalisches Wissen vor. Gleichwohl bringt die Schulzeit noch einmal erhebliche Umorganisationen im sprachlichen Wissen mit sich (s. Kap. 3.1.1).

Zweitsprach-
erwerb bei
Erwachsenen

Zweitspracherwerb im Erwachsenenalter: Beim Erwerb einer zweiten (oder weiteren) Sprache in einem späteren Stadium, vor allem nach der Pubertät, kann man beobachten, dass die Sprache in den meisten Fällen nicht mehr auf einem muttersprachlichen Niveau erlernt werden kann. Man spricht daher von einer kritischen Periode für den Zweitspracherwerb (neuerdings wird auch häufiger der Terminus ›sensitive Periode‹ verwendet). In der Forschung ist man sich allerdings uneinig darüber, ob die Fähigkeit, eine Sprache auf muttersprachlichem Niveau zu erwerben, von Anfang an kontinuierlich abnimmt und sich nach dem Ende der Pubertät auf einem bestimmten Niveau einpendelt, oder ob man eine Sprache auf diesem Niveau bis zur Pubertät noch gut erwerben kann und danach ein Abbau der Fähigkeiten einsetzt. Es ist allerdings möglich, dass beide Möglichkeiten zutreffen. Man geht inzwischen davon aus, dass es für unterschiedliche Bereiche der Sprache unterschiedliche Zeitfenster gibt (vgl. DeKeyser 2012; Cook/Singleton 2014). Besonders im Bereich morphosyntaktischer Strukturen zeigt sich, dass diejenigen Strukturen, die am wenigstens salient (d. h. auffällig) sind, mit zunehmendem Alter weniger erlernt werden (im Deutschen trifft das besonders auf die Kasusendungen zu, vgl. auch Riehl 2016a).

Interne Faktoren, die einen auf das Erwerbsalter bezogenen Effekt bewirken, sind unter anderem die folgenden (vgl. Birdsong 2009: 404 f.):

- Neurobiologische und -kognitive Faktoren (wie Abnahme der Plastizität des Gehirns, funktionale Trennung der Hirnhälften, verminderte Ausbildung von Synapsen)
- Aspekte der kognitiven Entwicklung (z. B. Ausweitung der Spanne des Kurzzeitgedächtnisses)
- Sich-Eingraben (*entrenchment*) der Erstsprache

Neurobiologische und kognitive Auswirkungen auf das Erwerbsalter   Zur Vertiefung

Mit der Hirnreifung nimmt die Plastizität des Gehirns immer mehr ab: Das kann einmal auf den Prozess der Lateralisation zurückgeführt werden, d. h. die Spezialisierung der Hirnhemisphären auf bestimmte Funktionen. Durch die Lateralisation entsteht eine anatomische und vor allem funktionelle Ungleichheit der beiden Hirnhälften (funktionelle Asymmetrie). In Bezug auf die sprachliche Entwicklung fällt eine deutliche Dominanz der linken Hemisphäre für Sprache auf. Andere Erklärungen berufen sich auf die verminderte Ausbildung neuer Synapsen in den Arealen, in denen Sprachlernen stattfindet (dazu Birdsong 2009: 405). Weiter spielen neuronale Veränderungen eine Rolle – z. B. die Abnahme der funktionalen Konnektivität und die Verminderung bestimmter Transmitterstoffe, die für Gedächtnisleistungen verantwortlich sind.

Im Bereich der Neurokognition nimmt man an, dass die neuronalen Strukturen, die das prozedurale Gedächtnis betreffen, das für die Prozessierung grammatischer Strukturen verantwortlich ist, schneller altern als die, die für das deklarative Gedächtnis verantwortlich sind. Das würde erklären, warum man lexikalische Informationen sein Leben lang erlernen kann. Im Gegensatz dazu nimmt die Möglichkeit, grammatische Strukturen zu automatisieren, mit dem Alter immer mehr ab (Ullman 2005). Eine weitere Erklärung liefert die Tatsache, dass Kinder eine kürzere Spannweite des Kurzzeitgedächtnisses haben. Dadurch nehmen sie kürzere Informationseinheiten (also weniger Morpheme) gleichzeitig auf und verarbeiten diese. Erwachsene dagegen nehmen viel mehr Information gleichzeitig auf und können diese dann aber nicht auf einmal verarbeiten.

Ein weiteres Argument, das Birdsong (2009: 406) anführt, ist das zunehmend tiefere Sich-Eingraben (*entrenchment*) der mentalen Repräsentationen der Erstsprache in neuronalen Netzwerken: Das betrifft zum einen phonetische Kategorien, die mit häufigem Sprechen und Hören der L1 immer genauer definiert werden, und akustisch ähnliche Laute, die in die schon bestehenden Kategorien eingeordnet werden. So unterscheiden etwa deutschsprachige Lerner des Englischen nicht zwischen [ɛ] und [æ] in Wörter wie *bed* oder *fat*, sondern ordnen beide Phoneme in die Kategorie [ɛ] ein, die sie aus dem deutschen Phonemsystem kennen. Ähnliches gilt auch für Interpretationen der Wortstellung: So zeigt MacWhinney (2005), dass Lerner, deren L1 die kanonische Wortstellung SVO (Subjekt – Verb – Objekt) oder SOV (Subjekt – Objekt – Verb) hat, in der L2 das erste Satzglied immer als Agens interpretieren, auch wenn diese das Subjekt nicht obligatorisch vor das Verb stellt (wie z. B. Deutsch). Dies lässt sich dadurch erklären, dass die Lerner die Verknüpfung von Position und Funktion des Nomens mit dem Alter des Erwerbs immer mehr verstärken (sog. *Unified Competition Model*, ebd.).

Eine Reihe von Untersuchungen haben dennoch feststellen können, dass auch nach der Pubertät eine Sprache noch auf einem muttersprachlichen Niveau erlernt werden kann, vor allem dann, wenn diese Sprache die dominante wird und der Gebrauch der L1 immer mehr abnimmt. Dies gilt besonders für Morphosyntax, Lexik und Pragmatik, für den Bereich der

Aussprache ist es allerdings schwieriger. Zwar weisen neuere Studien darauf hin, dass auch Erwachsene eine zweite Sprache bei entsprechendem Training durchaus noch perfekt erlernen können (vgl. Gass 2013: 436), aber dennoch haben sehr viele sehr kompetente L2-Sprecher einen von ihrer L1 geprägten Akzent.

Einfluss auf den L2-Erwerb

Einflussfaktoren auf die L2-Phonetik: Als Erklärung kann man neben den erwähnten neurobiologischen und kognitiven Faktoren anführen, dass die Ausbildung der Persönlichkeit sehr stark mit der eigenen Stimme und dem eigenen Akzent zusammenhängt. Das würde bedeuten, dass Sprecher nach dem Eintritt in die Pubertät die Aufgabe von Persönlichkeitsmerkmalen fürchten, wenn sie einen anderen Akzent oder eine andere Sprache annehmen (vgl. Oksaar 2003: 64 f.). Eine dritte Erklärungsmöglichkeit, die in der neueren Forschung favorisiert wird, ist die verminderte Wahrnehmungsfähigkeit für phonetische Kontraste. Diese besagt, dass die Fähigkeit, bestimmte Nuancen zwischen den Lauten einer Sprache zu unterscheiden, von frühester Kindheit an immer mehr abnimmt (vgl. Riehl 2014b: 80).

L2-Erwerb und Sprachenwechsel: Interessant sind in diesem Zusammenhang Studien zu Migration und Sprachenwechsel bei unterschiedlichem Einwanderungsalter. So belegten Untersuchungen an finnischen Migrantenkindern in Schweden, dass eine frühe Einwanderung mit 6 oder weniger Jahren, also vor Schuleintritt, keineswegs bessere Lernergebnisse der Zweitsprache mit sich bringt. Vielmehr zeigte sich, dass eine spätere Migration im Alter von 12 Jahren mit besseren Schulleistungen in der Zweitsprache Schwedisch verbunden war (vgl. Skutnabb-Kangas/Toukomaa 1976). Erklärungen zu diesem Befund betreffen die gefestigten Wissensstrukturen in der Muttersprache, die den Erwerb neuen Wissens befördern. Wird dieser Prozess durch einen Sprachenwechsel in den frühen Schuljahren unterbrochen, ergeben sich letztlich schlechtere Lernergebnisse auch für die Zweitsprache. In der wissenschaftlichen Diskussion wird dieser Zusammenhang unter dem Stichwort »Interdependenz-Hypothese« thematisiert (vgl. Cummins 1979). Ihr zufolge hängt das Niveau, das ein mehrsprachiges Kind in der Zweitsprache Deutsch erreicht, vom Stand der Kompetenzentwicklung der Erstsprache ab (s. dazu auch Kap. 8.4.2.1).

Fossilisierung: Ein anderer Aspekt, der vor allem bei erwachsenen Lernern im Migrationskontext eine zentrale Rolle spielt, ist die sog. Fossilisierung: Das bedeutet, viele Lerner bleiben auf einer bestimmten Stufe des Zweitspracherwerbs stehen, besonders dann, wenn ihnen die Kompetenz bereits genügt, um sich kommunikativ in dieser Sprache zurechtzufinden. Das Niveau variiert von Lerner zu Lerner sehr stark in Abhängigkeit von Bildungsgrad und Beruf, Alter der Zuwanderung und auch in Abhängigkeit vom Typus der Ausgangssprache. Bei vielen Migranten der ersten Generation in Deutschland, die im Erwachsenenalter zuwanderten, keine höhere Schulausbildung in ihrem Heimatland bekommen hatten und außerdem in ihrem Beruf keine guten Sprachkenntnisse brauchen, kann man feststellen, dass sie auch nach dreißig, vierzig Jahren in Deutschland noch viele grammatische Abweichungen von der Zielsprache Deutsch zeigen (z. B. im Bereich der Kasus- und Genusmarkierung,

s. auch Kap. 9.3.1). Sie besitzen in der Regel auch geringe Kenntnisse in der Schriftlichkeit des Deutschen. Dennoch verwenden diese Menschen ihre Zweitsprache im alltäglichen Leben und können sich in allen für ihre Lebenswelt relevanten Bereichen verständlich machen. Migrantinnen und Migranten dagegen, die beispielsweise ein Studium in ihrem Heimatland absolviert haben und auch in Deutschland die deutsche Sprache in ihrem Beruf und in ihrem sozialen Umfeld häufig gebrauchen, erlangen schon nach sehr wenigen Jahren ein sehr hohes Niveau, auch im Schriftlichen. Diese haben meistens auch Kenntnisse in weiteren Sprachen, die sie für das Sprachenlernen nutzen können.

Drittspracherwerb: Wenn man bereits eine Fremdsprache gelernt hat, spricht man nicht mehr vom Zweit- sondern Drittspracherwerb. Dieser unterscheidet sich grundlegend vom Zweitspracherwerb. Denn die Lerner beherrschen bereits bestimmte Strategien wie z. B. Paraphrasieren, Code-Switching oder *Foreignizing*. Darunter versteht man etwa die Anpassung eines Wortes aus L1 (oder L2) an Regeln der Zielsprache (z. B. *er* collect**et** *das Buch*). Ein weiterer wichtiger Aspekt ist, dass die Lerner auch das Potenzial der andere(n) Sprache(n) besitzen: Das heißt, sie kennen ein zusätzliches Vokabular und grammatische Strukturen, an die sie anknüpfen können. Durch Sprachvergleiche der Zielsprache zur Herkunftssprache und zu bisher gelernten Fremdsprachen können mögliche Problemfelder aufgedeckt werden. Eine Reihe von Studien konnten sehr plausibel untermauern, dass die Sprachen im Gehirn nicht nur alle untereinander vernetzt sind, sondern auch dass beim Erlernen von weiteren Sprachen bereits bekannte Sprachen effektiv genutzt werden (vgl. Müller-Lancé 2006; Jessner 2006). Allerdings können interlinguale Übertragungen auch zu Fehlern führen (vgl. u. a. Weinreich 1977; Tekin 2012).

Auswirkungen unterschiedlicher Erwerbsformen: Der unterschiedliche Zeitpunkt bzw. die unterschiedliche Form des Erwerbs hat indirekt Auswirkung auf die Art der Mehrsprachigkeit des Sprechers, die sich nicht zwangsläufig in der Kompetenz ausdrücken muss, sondern eher in der Haltung gegenüber der Verwendung von Sprachen: Menschen, die mit mehreren Sprachen gleichzeitig aufwachsen oder in stark mehrsprachig geprägten Gesellschaften leben, zeigen ein anderes Verhalten gegenüber Sprachmischung und anderen Formen mehrsprachigen Sprechens (s. Kap. 2.4). Es spielt also eine Rolle, ob man von Anfang darauf trainiert wird, die Sprachen zu trennen oder nicht, und ob man die Sprachen in einem natürlichen Kontext erwirbt oder Wörter und Strukturen über Übersetzungsäquivalente oder explizite Regeln lernt.

Auswirkungen auf Mehrsprachigkeit

1.3 | Tätigkeitsfelder Deutsch als Zweitsprache

Aus dem bisher Gesagten wurde bereits deutlich, dass die Bezeichnung ›Deutsch als Zweitsprache‹ sehr unterschiedliche Gruppen und Sprachlernkonstellationen zusammenfasst. Vielfach wird daher versucht, weitere Binnendifferenzierungen vorzunehmen. Schramm/Marx (2017: 213) unterscheiden beispielsweise zwischen fünf verschiedenen Gruppen:

Sprachlern-
konstellationen

1. Personen mit alleiniger deutscher Familiensprache (dF);
2. DaF-Lernende im Ausland oder in Fremdsprachenkursen im Inland, z. B. Lernende in studienvorbereitenden Deutschkursen;
3. Personen mit nicht-deutscher Familiensprache (ndF), Schüler/innen, die in einem deutschsprachigen Land aufgewachsen sind und eingeschult wurden;
4. Personen, die sowohl Deutsch als auch mindestens eine andere Sprache in der Familie sprechen (dndF) und die in einem deutschsprachigen Land aufgewachsen sind und eingeschult wurden;
5. im Lauf der Schulzeit zugewanderte Seiteneinsteiger mit z. T. sehr heterogenen Literalitätserfahrungen.

Verschieden-
heit der
Lebensumstände

Allerdings sind die differenzierten Gruppen ebenfalls wenig einheitlich. So umfasst Gruppe 2 zwei unterschiedliche Erwerbskonstellationen (Ausland und Inland), und widerspricht somit der begrifflichen Bestimmung von ›Deutsch als Zweitsprache‹, wie sie in der Fremdsprachenforschung verwendet wird (s. dazu Kap. 1.2.1). Gruppe 5 wiederum lässt sich z. T. nicht von den Gruppen 3 und 4 differenzieren; sie scheint vor allem dazu gedacht, eine Kategorie für die unbegleiteten minderjährigen Flüchtlinge zu bieten, deren Integration gegenwärtig eine große Herausforderung für das Schulsystem darstellt.

Die Differenzierung zwischen Gruppe 3 und Gruppe 4 bezieht sich auf die in den Familien gesprochenen Sprachen. Im Zusammenhang mit Gruppe 4 spricht man auch von ›mehrsprachigen Familien‹. Allerdings ist zu berücksichtigen, dass entsprechende Einteilungen auf Selbsteinschätzungen der Befragten und nicht auf empirischen Untersuchungen ihres tatsächlichen Lebensalltags beruhen.

Familiäre Erwerbskonstellationen: Die Klassifizierung der verschiedenen Gruppen stellt Schüler/innen im staatlichen Schulsystem in den Vordergrund. Bezieht man hingegen die Familie als Ganze ein, so finden sich in ihr verschiedene individuelle und kollektive Erwerbskonstellationen in Abhängigkeit von den Sprachkenntnissen der Eltern, Kinder und Großeltern im Deutschen sowie der oder den Herkunftssprachen der Familienmitglieder. Entsprechend kritisiert auch Cummins (2013), dass mit der Differenzierung von ›einsprachigen‹ herkunftssprachlichen und ›mehrsprachigen‹ Familien nur ein unterschiedlich langer Kontakt der Familie mit der deutschen Sprache erfasst wird, es sich also nicht um

	Schule (Kinder und Jugendliche)	Erwachsenenbildung
DaZ	Lehrer/innen	Sprachlehrer/innen im Inland
	in Schulen für Kinder mit Migrationsgeschichte	an Goethe-Instituten, Weiterbildungsinstitutionen, Sprachschulen, in Firmen und Betrieben, in Integrationskursen des BAMF bzw. Österreichischen Integrationsfonds (ÖIF)
	in vorschulischen DaZ-Kursen und in der Sprachförderung	
	in propädeutischen DaZ-Kursen	
	im Förderunterricht für Migrantenkinder außerhalb von Schule	

Tab. 1.2:
Tätigkeitsfelder
DaZ

eine kompetenzbestimmende, sondern um eine kompetenzabhängige Variable handelt. Die differenzierten Gruppen ergeben sich somit aus einer unzureichenden Erfassung und Berücksichtigung der familiären Sprachgeschichte. In Kapitel 2 werden wir näher auf verschiedene Formen von Mehrsprachigkeit in der Familie und im Lebensalltag eingehen.

Baur/Schäfer (2010) unterscheiden verschiedene Tätigkeitsfelder Deutsch als Zweitsprache, die in Tabelle 1.2 erfasst werden.

Die Lebensumstände der deutschlernenden Kinder, Jugendlichen und Erwachsenen, die in den verschiedenen Tätigkeitsfeldern unterrichtet werden, können sich erheblich unterscheiden (vgl. auch Buhlmann et al. 2007). Unterschiede zwischen den Lernenden betreffen z. B.

- ihr Lebensalter
- ihren bereits erreichten Sprachstand im Deutschen
- ihr Bildungsniveau und vorhergehende Lernerfahrungen
- ihre sprachlichen Hintergründe (Erstsprachen, weitere Fremdsprachen)
- ihre Sprachlernbiographie, ihre bisherigen Fremdsprachenlernerfahrungen
- ihre Vertrautheit mit der deutschen Gesellschaft und Kultur
- ihre Lernmotivation und individuellen Lernziele
- ihre Migrationserfahrungen und Hintergründe ihrer Einreise
- ihre bisherige Aufenthaltsdauer in Deutschland
- ihre rechtliche und sozio-ökonomische Stellung
- die von ihnen erlernten Berufe
- die von ihnen gegebenenfalls derzeit ausgeübten Berufe oder Arbeitstätigkeiten
- ihre Wohn- und Lebensverhältnisse
- ihren Zugang zur Schriftkultur und schriftlichen Ressourcen
- ihren Zugang zur Medienkultur und zu medialen Ressourcen
- ihre Vernetzung im Rahmen familiärer und ethnisch-kultureller Infrastrukturen (z. B. religiöser Gemeinden).

Nicht in jedem Fall kann davon ausgegangen werden, dass mit zunehmender Länge des Aufenthaltes in Deutschland ein höherer sprachlicher Kenntnisstand vorhanden ist. Insbesondere die Anzahl an Kontakten mit der deutschen Sprache ist ein Faktor, der ausgehend von frühen Untersuchungen zum ungesteuerten Deutscherwerb den Umfang der sprachlichen Kenntnisse mitbestimmt (vgl. Heidelberger Forschungsprojekt Pidgin-Deutsch ausländischer Arbeiter (HPD) 1977 sowie die Studie zum Zweitspracherwerb italienischer und spanischer Arbeiter (ZISA); Clahsen/Meisel/Pienemann 1983). So gibt es in den Integrationskursen beispielsweise Teilnehmende, die zwar erst seit wenigen Monaten in Deutschland sind, aber dennoch über gute Deutschkenntnisse verfügen. Ebenso finden sich jedoch Teilnehmerinnen und Teilnehmer, die seit über 20 Jahren in Deutschland leben und kaum ein Wort Deutsch verstehen (vgl. Bundesamt für Migration und Flüchtlinge, Konzept für einen bundesweiten Alphabetisierungskurs, 2015: 34). Entsprechend breit gestreut sind die Sprachkenntnisse, denen Lehrer/innen an staatlichen Schulen im Rahmen der Elternarbeit begegnen.

Verschiedenheit der Sprachkenntnisse

Lehrkräfte mit Migrationshintergrund: Für die Sprachlehre zeichnet sich ab, dass besonders gute Erfolge von Lehrkräften erzielt werden können, die selbst einen Migrationshintergrund haben. Dies wird auf eine gesteigerte Modellfunktion und die eigene Deutschlernerfahrung der Kursleitenden zurückgeführt. Das Projekt »Förderung von Kindern und Jugendlichen mit Migrationshintergrund« (FörMig) der Stiftung Mercator (vgl. Gogolin et al. 2011) weist dabei speziell auf eine erhöhte Wirksamkeit von Sprachförderung durch Lehrkräfte, die aus demselben Herkunftsland kommen wie die geförderten Schüler/innen. Hier könnten die Möglichkeit zur Verwendung der Herkunftssprache als Bildungssprache ebenso wie die Stärkung der eigenen Identität eine Rolle spielen (s. Kap. 3). Scheible/Rother (2017) stellen für die Integrationskurse hingegen fest, dass Kursteilnehmende besonders von Lehrkräften profitieren, die ein anderes Herkunftsland als die Teilnehmenden haben.

1.3.1 | Sprachliche Bildung und Schulerfolg

Sprachliche Fähigkeiten und Fertigkeiten stellen nicht nur ein Ziel von Bildungsprozessen dar, sondern sind auch eine zentrale Voraussetzung für den Erwerb von Wissen. In der schulischen Bildung tritt die Verzahntheit von Sprach- und Wissenserwerb besonders deutlich hervor; sie ist aber nicht auf diese beschränkt. So erlernen kindliche, aber auch erwachsene Deutschlerner nicht nur Wortschatz und Grammatik, sondern mit der neuen Sprache teilweise auch neue Formen des Denkens und Handelns.

In der Geschichte der Forschung zu Deutsch als Zweitsprache spielten Probleme der schulischen Bildung von Anfang an eine zentrale Rolle (zu einer Übersicht vgl. Oomen-Welke 2017). Neben Projekten zum ungesteuerten Spracherwerb ausländischer Arbeiter gab es seit den 1970er Jahren verschiedene Projekte zum Spracherwerb von Schüler/innen anderer Herkunftssprachen. So erarbeitete die Forschungsstelle ALFA (Ausbildung von Lehrer/innen für Ausländerkinder) vergleichende Beschreibungen von Herkunftssprachen (u. a. Türkisch, Griechisch, Italienisch: Cimilli/Liebe-Harkort 1976; Eideneier 1976; Figge/de Matteis 1976) und typischer herkunftssprachlich bedingter Fehler im Deutschen (z. B. Spanisch-Deutsch, vgl. Bauer/Wolff 1977). Folgeprojekte umfassten in den 1990er Jahren das FABER-Projekt (Folgen der Arbeitsmigration für Bildung und Erziehung) zur Schulbildung von »Migrantenkindern und Kindern autochthoner Minderheiten in der BRD« (Gogolin et al. 2003) und das FörMig-Projekt in den Jahren 2004 bis 2009 (Gogolin et al. 2011).

Defizit-Hypothese: Untersuchungen zur Sprache von Schüler/innen anderer Herkunftssprachen, die neben den Kenntnissen des Deutschen oft auch die Kenntnisse der jeweiligen Muttersprachen erfassten (zu türkischen und jugoslawischen Schülern vgl. Meyer-Ingwersen et al. 1981; Stölting 1980; Baur/Meder 1992), erbrachten ein diversifiziertes Bild, das auf Probleme in beiden Sprachen hinwies und lange Zeit die Wahrnehmung von Mehrsprachigkeit als Defizit im deutschsprachigen Raum bestimmte (vgl. Oomen-Welke 2017).

Wenngleich sich das gesellschaftliche Bild von Mehrsprachigkeit, u. a. aufgrund einer intensiven Auseinandersetzung mit der Defizit-Hypothese im Rahmen der Migrationspädagogik (ehemals ›Ausländerpädagogik‹, ›interkulturelle Pädagogik‹) geändert hat, die sich u. a. in einer mehrfachen Umbenennung der eigenen Disziplin widerspiegelt (s. auch Kap. 1.4), verbleibt »das durchweg problematische Bild des Handlungs- und Lernfeldes Schule« (Oomen-Welke 2017: 64) auch nach über vierzig Jahren pädagogisch-didaktischer Diskussion um Deutsch als Zweitsprache weitgehend unverändert. Exemplarische Belege bilden das schlechte Abschneiden der ca. 15-jährigen Jugendlichen mit DaZ-Hintergrund, die im Jahr 2000 in der PISA-Studie getestet wurden und von denen rund 25 % kaum das unterste Leseniveau erreichten (Abraham et al. 2013), ebenso wie die wenig zufriedenstellenden Ergebnisse der Grundschul-Lesestudien IGLU (Bos et al. 2012). Auch in einer Vergleichsstudie zu den Leistungen von Sekundarstufenschülern im Deutschen und Englischen (DESI) zeigten sich für das Fach Deutsch deutlich schwächere Leistungen von Jugendlichen mit nicht-deutscher Erstsprache (Klieme/Beck 2007).

Die »Forschungsinitiative Sprachdiagnostik und Sprachförderung« (FiSS) (Redder/Weinert 2013; Redder et al. 2015) in den Jahren 2009 bis 2016 umfasste rund 25 Forschungsprojekte aus Sprachwissenschaft und Sprachdidaktik, Psychologie und Pädagogik mit dem Ziel, empirische Erkenntnisse zur Aneignung, Diagnose und Förderung sprachlicher Fähigkeiten bei Kindern und Jugendlichen zu gewinnen. Auch sie weist auf sprachliche Probleme und Förderbedarf. So können etwa Grundschulkinder mit Migrationserfahrungen beider Elternteile zwar einfache Wörter und syntaktische Strukturen zumeist angemessen verstehen, es lassen sich aber Einschränkungen bei anspruchsvolleren Wörtern und Satzkonstruktionen feststellen, die zu schulischen Lernproblemen führen können (Berendes et al. 2013).

Untersuchungen im Rahmen des internationalen und nationalen Bildungs-Monitoring konnten aufweisen, dass die Leistungsdifferenzen im Schulfach Deutsch dem Schulstoff von einem bis hin zu mehreren Schuljahren entsprechen (zu einer Übersicht vgl. Böhme/Heppt/Stanat 2017). Sie zeigen aber auch, dass sich Zuwanderung und Deutsch als Zweitsprache nicht so einfach mit Bildungsdefiziten in Verbindung bringen lassen.

Relativierende Befunde: Zum einen lassen sich bezogen auf verschiedene Herkunftssprachengruppen z. T. unterschiedliche Bildungsleistungen feststellen. Zum anderen erzielten Kinder und Jugendliche, bei denen allein die Herkunftssprache im Elternhaus gesprochen wird, signifikant schlechtere Leistungen als diejenigen, bei denen neben anderen Familiensprachen auch das Deutsche genutzt wird, d. h. die aus einem sog. mehrsprachigen (Familiensprache + Deutsch) Elternhaus stammen. Zum dritten ist ein Einfluss sozio-ökonomischer Faktoren nachzuweisen: Lernprobleme von Kindern, die aus den mehrsprachigen Familien stammen, scheinen sich nur geringfügig von denen monolingual deutschsprachiger Kinder aus sozial schwachen Elternhäusern zu unterscheiden (Böhme et al. 2017).

Sprachkompetenzen der Eltern im Deutschen, innerfamiliärer Sprach-

Einflussfaktoren auf die Schulleistungen

gebrauch sowie die Kenntnisse der mehrsprachigen Kinder und Jugendlichen in den Herkunftssprachen wurden im Rahmen der bisherigen Untersuchungen zum erreichten Sprachstand nicht erfasst. Ebenso wenig gibt es bislang vergleichende Untersuchungen zum Einfluss verschiedener, insbesondere auch fremdsprachendidaktischer, Unterrichtsmethoden.

1.3.2 | Spracherwerb unter den Bedingungen von Flucht und Asyl

Flucht und Asyl

Eine besondere Situation ist gegeben, wenn Flucht und Asyl den Hintergrund des Deutschlernens bilden. Die Zuwanderung Geflüchteter prägt zunehmend den inländischen Sprachunterricht im Erwachsenenbereich sowie die schulische Ausbildung insbesondere an Berufsschulen.

Zur Vertiefung

Zahlen zu Asyl

Das BAMF veröffentlicht monatlich aktualisiert Daten zur Entwicklung der in Deutschland gestellten Asylanträge im Vergleich mit den vorhergehenden Jahren. In den Jahren 1990 bis 2017 wurden insgesamt rund 4,7 Millionen Anträge gestellt (»Aktuelle Zahlen zu Asyl«, 12/2017), davon im Jahr 2016 allein 745.545. Die für das Jahr 2017 ermittelte Zahl ist demgegenüber rückläufig. Das 2017 am stärksten vertretene Herkunftsland war Syrien, gefolgt von Irak und Afghanistan. Diese drei Herkunftsländer umfassen rund 44 % aller Erstanträge. Unter den 10 häufigsten Herkunftsstaaten finden sich des Weiteren die Türkei, der Iran, Eritrea, Nigeria, Somalia, die Russische Föderation und Guinea. Im Jahr 2017 lag die Gesamtschutzquote für alle Staatsangehörigkeiten (Rechtsstellung eines Flüchtlings nach der Genfer Flüchtlingskonvention, subsidiärer Schutz gem. § 4 Abs. 1 AsylG und Abschiebungsverbot gem. § 60 Abs. 5 o. 7 AufenthG) bei 43,4 %. 38,5 % aller Anträge wurden als unbegründet abgelehnt. Über 30 % aller Folgeanträge bezogen sich auf Herkunftsländer der Balkanregion (Serbien, Albanien und Mazedonien). Die meisten Antragstellungen (rund 27 %) finden sich laut Asylgeschäftsbericht 10/2017 im Bundesland Nordrhein-Westfalen, gefolgt von Bayern (12,2 %). 75,2 % der Personen, die 2017 einen Asylantrag stellten, waren jünger als 30 Jahre; 60,5 % der Antragsteller waren männlich. Kinder unter 11 Jahren machten rund 33 % aller Asylanträge aus. Eine besondere Gruppe bilden die unbegleiteten minderjährigen Flüchtlinge. Nach Auskunft des BAMF (2017) lagen die Zugangszahlen im Jahr 2015 bei 441.899, 2016 bei 722.370 und in den Monaten Januar bis Oktober 2017 bei 167.573 Jugendlichen. In den letzten drei Jahren sind also insgesamt rund 1,3 Millionen Jugendliche eingewandert.

Zwar unterscheiden sich Geflüchtete und Zuwanderer mit anderem Migrationshintergrund laut Scheible/Rother (2017) hinsichtlich ihres Kenntniszuwachses im Deutschkurs nicht. Allerdings bedürfen ihre speziellen Erfahrungen und ihre erschwerte Lebenssituation, z. B. eine Unterbringung in Gemeinschaftsunterkünften, eine unsichere Zukunftsperspektive im Hinblick auf ein Asylverfahren, notwendige Traumabewältigungen oder andere fluchtbedingte gesundheitliche Beschwerden, einer speziellen Berücksichtigung.

Leben ›auf Abruf‹: »It's the waiting and also the insecurity. You cannot travel, you cannot do anything«, beschreibt ein Flüchtling seine Lebenssituation in Deutschland (Anon 2017: 23). Aufgrund der hohen Antragszahlen und häufig langwieriger Prozesse, die Gerichtsverfahren, Prüfungen von Abschiebungshindernissen oder Verfahren zur Aufenthaltssicherung aufgrund von Integrationsleistungen umfassen können, verzögern sich oft rechtliche Entscheidungen, sodass es u. U. zu mehrjährigen Wartezeiten kommt, in denen die Möglichkeiten eines selbstbestimmten Lebens sehr eingeschränkt sind. Dazu gehören auch eingeschränkte Möglichkeiten des Deutschlernens: In vielen Fällen ist bis zur Anerkennung des Verfahrens kein Anspruch auf einen Integrationskurs vorhanden. Unter den ungeklärten Zukunftsaussichten leidet oft auch die Motivation zum Spracherwerb. Hinzu kommen Sorgen um in der Heimat oder an einem anderen Ort zurückgebliebene Familienmitglieder, die man nach Deutschland nachholen möchte.

Lebenssituation
von Geflüchteten

Die Lebenssituation der kindlichen und jugendlichen Lerner, die vor dem Hintergrund von Flucht und Asyl nach Deutschland kommen, unterscheidet sich von der Lebenssituation Gleichaltriger durch ihre Vorläufigkeit (vgl. Klaus/Millies 2017). Eine große Schwierigkeit ist zudem, dass ihre Bildungsbiographie (oft für mehrere Jahre) durch die Flucht unterbrochen wurde und in Deutschland nicht oder nur verspätet fortgesetzt werden kann. Für einen Teil der Jugendlichen und jungen Erwachsenen gilt, dass sie aufgrund der Situation im Heimatland und anschließenden Fluchtgeschichte bislang wenig oder gar keine schulische Bildung erhalten haben. Der Anteil der Analphabeten unter den unbegleiteten jugendlichen Flüchtlingen ist daher hoch und kann bis zu 30 % der Teilnehmer an Geflüchtetenkursen umfassen. Auf die geringen Lernerfahrungen ist im Unterricht einzugehen (s. Kap. 4).

Der geregelte Zugang zu Bildung, insbesondere der Schulbesuch, bietet jungen Geflüchteten die Chance auf Stabilisierung und gleichberechtigte gesellschaftliche Teilhabe. Die Motivation zum Erwerb der Schlüsselkompetenz Sprache ist daher sehr hoch.

Zugang zu Bildung

Wie eine Zusammenstellung des Instituts der Deutschen Wirtschaft Köln (2016) aufzeigt, sind die Schulpflichtregelungen für geflüchtete Kinder und Jugendliche in den einzelnen Bundesländern unterschiedlich. In einigen Bundesländern sind Kinder ohne Wartezeit schulpflichtig; in anderen sind sie es erst nach einer drei- bis sechsmonatigen Wartezeit. In wiederum anderen Bundesländern beginnt die Schulpflicht mit der Zuweisung aus der Erstaufnahmeeinrichtung bzw. Notunterkunft zu einer Kommune, Gemeinde oder einem Landkreis.

Der Zugang erwachsener Geflüchteter zu deutschen Bildungsangeboten wie dem Integrationskurs hängt von ihrem Aufenthaltsstatus ab (s. Kap. 4). Da sich die Entscheidung hinziehen kann und Asylbewerber aus sog. sicheren Herkunftsstaaten (z. B. den Westbalkanstaaten, Senegal, Ghana) keinen Anspruch auf Zugang zu den Bildungseinrichtungen haben, ist der Bedarf an ehrenamtlichen Deutschlernangeboten und Helfern hoch (vgl. Šimič 2016).

Traumatisierung **Traumata:** Ein spezifischer Problembereich der Arbeit mit Geflüchteten betrifft den Umgang mit traumatischen Erfahrungen. In der Sprachlehre bedarf es einer erhöhten Sensibilität für Themen, die eine solche Erinnerung auslösen können. So kann eine Frage wie »Welchen Sport treiben ältere Menschen in ihrem Land?« z. B. belastend sein (Schweigen der Gruppe, Reaktion eines Lerners bei erneuter Nachfrage: »Die sind alle tot.«; Praktikumsbericht aus einem Geflüchtetenkurs). Möglich ist bei Kindern ebenso wie bei Erwachsenen auch ein dissoziatives Verhalten im Unterricht. Die Person wirkt dann abwesend, sie ›passt nicht auf‹. Lehrkräfte müssen wissen, dass verschiedenste Umstände aversive Reaktionen auslösen können. Traumatisierte Personen reagieren z. B. durch sozialen Rückzug (vgl. Quirjako 2007). Verschiedene Beratungsstellen und psychotherapeutische Praxen ebenso wie Netzwerke für traumatisierte Geflüchtete bieten hier Hilfestellung.

1.4 | Interkulturalität

1.4.1 | Diskurse der Migrationsgesellschaft

Um die durch Migration nach Deutschland ausgelösten gesellschaftlichen Veränderungen zu erfassen, wurde in der pädagogischen Diskussion die Bezeichnung ›Migrationsgesellschaft‹ geprägt (vgl. Mecheril 2016). Im Unterschied zum Begriff der ›Einwanderung‹ oder ›Zuwanderung‹ ist ›Migration‹ ein umfassenderes Konzept, da es sich nicht nur auf körperlich-räumliche Veränderungen und Veränderungen der Bevölkerungsstruktur, sondern auf einen komplexen gesellschaftlichen Wandlungsprozess bezieht. Dieser Prozess betrifft die Gesellschaft als Ganze, ihre Institutionen ebenso wie die von den Gesellschaftsmitgliedern vertretenen Wertvorstellungen und Lebensweisen (vgl. auch Mecheril et al. 2010). Migration stellt einerseits einen wichtigen Motor der Modernisierung und Veränderung dar. Andererseits führt sie auch zu Abgrenzungsprozessen gegenüber dem Neuen und Fremden, durch die sich das Bestehende seiner selbst vergewissert.

Migration als Metanarrativ Ethno-kulturelle Zugehörigkeiten oder Nicht-Zugehörigkeiten gehören zu diesen selbstbestätigenden Größen, die in der Migrationsgesellschaft zum Gegenstand von Identitätsbildung ebenso wie zum Gegenstand von Aushandlung werden: Migration dient als gesellschaftsstrukturierendes »Metanarrativ«, das als erklärende Kategorie für gesellschaftliche Missstände wie Bildungsrückstände, Kriminalität usw. herangezogen wird (vgl. Foroutan/Ikiz 2016). Sozialstrukturelle Probleme werden mit diesem Metanarrativ in Verbindung gebracht und scheinbar erklärt. Dieser Diskurs verdeckt die bestehenden gesellschaftlichen Dominanzverhältnisse, sodass der begriffliche Erklärungsrahmen von ›Klasse‹ zu ›Kultur‹ oder ›Rasse‹ verschoben wird (vgl. Balibar/Wallerstein 2017).

Gefahr der Kulturalisierung: Als Teil dieses Metanarrativs kann der Topos der ›kulturellen Differenz‹ betrachtet werden. Zwar ist unstrittig, dass sich Werte und Lebensweisen verschiedener Gruppen unterscheiden können. Es ist jedoch keineswegs klar, dass diese Differenzen auf nationale Zugehörigkeiten zurückgeführt werden können (vgl. dazu auch Redder/Rehbein 1987). In der Pädagogik wird daher vor der Gefahr einer ›Kulturalisierung‹ bzw. ›Ethnisierung‹ gewarnt, die sich aus einer vermeintlich ›interkulturellen‹ Perspektive z. B. naiver Lehrkräfte ergeben kann: Ethnisch-nationale Gruppen werden als gegeben vorausgesetzt, dadurch jedoch erst erschaffen (s. Kap. 1.4.2).

Gefahr einer Kulturalisierung

Identitätszuschreibung durch deiktische Bezüge (ich–du, wir–ihr)

Beispiel

Der folgende Auszug aus einem Gedicht von Franco Biondi verdeutlicht eine solche implizite Setzung von Identitäten und Zugehörigkeiten durch Verwendung entsprechender Pronomina. Einem *wir*, *uns* und *deutsch* gegenübergestellt wird vokativisch ein *du*, das durch *Gastarbeiter* und *Itaka* näher bestimmt wird. Die im Gedicht gezogene Wir-Ihr-Grenze betrifft »den/die Deutsche/n« und »den italienischen Einwanderer«, also eine ethnisch-nationale Grenzziehung. Interessant ist, wie der Autor seine eigene Identität gegenüber dem lyrischen Ich zur Geltung bringt: Durch sprachliche Auffälligkeiten zeigt er an, dass er selbst der Gruppe der italienischen Deutschsprecher angehört (zu Identität und Ethnolekt s. Kap. 2.5).

Franco Biondi (1982): »Frescher Gastarbeiter«

Du schlechter Itaka, warum du schreien
Warum du deutsch schlecht machen
Warum du so böse, so fresch

du haben arbeit bei uns
du haben saubere und superschöne wohnung
du haben hier heizung und licht
du kann alles kaufen
du kann alles haben bei kaufhof und neckermann
[...]
wenn du nix schluß machen
du so böse und feindlich zu sein
dann wir dich zurückschicken
mit poststempel auf arsch

samt aller deiner kinder
verstanden
du frescher gastarbeiter

(aus: Irmgard Ackermann (Hg.) (1982): *Als Fremder in Deutschland.* München: dtv, 99)

Untersuchungen zu Herstellungsverfahren von kulturellen Identitäten in Gesprächen und Texten haben in den letzten Jahrzehnten zu einer größeren gesellschaftlichen Sensibilität geführt. Prototypisch zeigen dies die Veränderungen von Selbstbezeichnungen, in der Pädagogik die Umbenennung von ›Ausländerpädagogik‹ in ›interkulturelle Pädagogik‹ (Auernheimer 2010) und ›Migrationspädagogik‹ (Mecheril et al. 2010), in der Literaturwissenschaft die Umbenennung der ›Gastarbeiter-Literatur‹ in ›Literatur ausländischer Arbeiter‹, ›interkulturelle Literatur‹, ›Chamisso-Literatur‹ und ›transkulturelle Literatur‹ (vgl. Schmid-Bergmann 2010; Ewert 2017).

1.4.2 | Interkulturelles Lernen

In der Migrationsgesellschaft spielen Identitäts-Diskurse eine zentrale Rolle. Überkommenen Vorstellungen von Heimat steht die Interkultur der Polis gegenüber (Terkessidis 2010). Entsprechend breit sind die Auffassungen, die sich mit Konzepten des interkulturellen Lernens verbinden (vgl. Liedke et al. 2002; Liedke 2010).

Mecheril et al. (2010) unterscheiden drei migrationswissenschaftliche Perspektiven, die jeweils andere Vorstellungen von Lernprozessen in der Migrationsgesellschaft mit sich bringen: ›Immigration‹, ›Multikulturelle Gesellschaft › und ›Transmigration‹. Die drei Konzepte sind durch unterschiedliche phänomenale Bezüge, andere explanative Begrifflichkeiten und Argumentationen sowie andere normative Setzungen gekennzeichnet.

Immigration: Die Perspektive der ›Immigration‹ erfasst Migration als Zuwanderung in eine Gastgesellschaft. Interkulturelle Lernprozesse zielen entsprechend auf Anpassung (Assimilation) an deren Wertvorstellungen, Handlungsweisen und Verhältnisse ab. In einem solchen Verständnis ist interkulturelles Lernen Teil des Sprachenlernens und betrifft die Wertvorstellungen und Handlungsweisen der deutschen Gesellschaft, z. B. Geschlechtergleichheit (s. Kap. 4). Das assimilationsorientierte Lernmodell ist allerdings eindimensional und verhindert nach Castro Varela/Mecheril (2010) Veränderung und damit auch einen gesellschaftlichen Fortschritt.

Multikulturalität   **Multikulturelle Gesellschaft:** Die Perspektive der ›Multikulturellen Gesellschaft‹ ist auf das Erkennen und Anerkennen von Differenz ausgelegt. Sie stellt die kulturellen Identitäten von Migrantengruppen und ihren Status als Minderheiten in den Vordergrund. Interkulturelles Lernen betrifft in diesem Verständnis alle Mitglieder der Gesellschaft. Differenzen sollen nicht aufgehoben werden; ihre Kenntnis soll das Verstehen des anderen ermöglichen. Kritik an dieser Vorstellung betrifft das Konstrukt ›Identität‹, das als diffus-emotionale Kategorie der Festigung und Bestätigung hergebrachter Vorstellungen dient und den Blick auf vorhandene Heterogenität verstellt: Gruppen werden geschaffen durch die Vorstellung, dass es diese Gruppen gibt (Mecheril et al. 2010: 50).

Transmigration: Die Perspektive der ›Transmigration‹ verweist darauf, dass durch Migration neue soziale, materielle und subjektive Realitäten

Perspektiven \ Ebenen	»Immigration«	»Multikulturelle Gesellschaft«	»Transmigration«
phänomenal	Aus- und Einwanderung	Kulturell-ethnische Minderheiten	Pendelmigration, Mehrfachzugehörigkeit
explanativ	Stufen der Eingliederung	Kulturelle Identität	Transnationale Räume, hybride Identität
normativ	Assimilation	Anerkennung von Differenz	Anerkennung des Mehrwertigen

Tab. 1.3:
Migrationswissenschaftliche
Perspektiven

als transnationale Räume entstehen. Ihnen entsprechen die grenzübergreifenden Kommunikationsmöglichkeiten des Internet. Plurale Identitäten, Mehrfachzugehörigkeiten und Hybridität kennzeichnen die transmigrantische Perspektive. Interkulturelles Lernen richtet sich auch hier an alle Mitglieder der Gesellschaft und umfasst die Bewusstmachung und De-Konstruktion von ethno-national-kulturell geprägten Vorstellungen (Liedke 2010). Zudem ist zu überprüfen, inwieweit als ›interkulturell‹ verstandene Probleme nicht dem Metanarrativ Migration zuzuordnen sind: sie können sich z. B. als Probleme institutioneller Art erweisen (vgl. Liedke 1997; Liedke et al. 2002).

Ein wesentlicher Aspekt interkulturellen Lernens ist die Auseinandersetzung mit Fremdsprachlichkeit (Knapp 2013). So sind interkulturelle Kommunikationssituationen nach Knapp dadurch gekennzeichnet, dass mindestens eine/r der Beteiligten eine Fremdsprache spricht. Dies ist bei der Interaktion zu berücksichtigen, da sich daraus Missverständnisse und falsche Eindrücke ergeben können. So können sich verschiedene Sprachen z. B. hinsichtlich dessen unterscheiden, was in verschiedenen Situationen zu sagen erforderlich ist (vgl. Liedke et al. 2002). Übertragungen aus der Herkunftssprache können auftreten oder sprachliche Mittel des Deutschen noch nicht hinreichend beherrscht werden. Zu den verschiedenen, potentiell problematischen Momenten gehören insbesondere auch Gestik, Mimik und Körpersprache, z. B. ein ausbleibender Blickkontakt oder fehlendes Hörer-Feedback durch Rückmeldepartikeln wie *ja, genau, hmhm* etc. (Graefen/Liedke 2012; s. auch Kap. 9.5).

Entsprechendes Wissen ist für Lehrkräfte wichtig, wenn sie mit Schüler/innen arbeiten, die sich erst seit kurzem in Deutschland aufhalten, und wenn sie in der Elternarbeit mit Eltern in Kontakt kommen, die die deutsche Sprache nicht oder nur wenig beherrschen (vgl. Ekinci 2017).

Fremdsprachlichkeit

1.5 | Zusammenfassung

Im vorliegenden Kapitel wurden Grundzüge des Spracherwerbs in der Migrationssituation vorgestellt. Zunächst wurde ein Überblick über die jüngere Geschichte der Einwanderung nach Deutschland gegeben und durch Zahlen zu verschiedenen Herkunftsländern konkretisiert. Es wurde deutlich, dass die Bezeichnung ›Bevölkerung mit Migrationshintergrund‹

sehr verschiedene (Sprach-)biographien umfasst und nicht einfach mit ›Deutsch als Zweitsprache‹ gleichgesetzt werden kann.

Mit dem ›bilingualen Erstspracherwerb‹, ›frühkindlichen Zweitspracherwerb‹, ›simultanen‹, ›sukzessiven‹ und ›konsekutiven‹, ›gesteuerten‹ und ›ungesteuerten‹ Spracherwerb wurden verschiedene Arten des Spracherwerbs vorgestellt, die in einer mehrsprachigen Gesellschaft beobachtet werden können. Der Begriff ›Deutsch als Zweitsprache‹ wurde auf verschiedene Arbeitsbereiche bezogen, die neben der schulischen Ausbildung von Kindern und Jugendlichen auch die Erwachsenenbildung umfassen. Verschiedene gesellschaftliche Bedingungen wurden angesprochen, die den Spracherwerb für unterschiedliche Gruppen von Migrantinnen und Migranten prägen. Ein besonderes Augenmerk wurde dabei auf die Gruppe der Geflüchteten gerichtet.

In einem weiteren Schritt wurden Merkmale der Migrationsgesellschaft angesprochen. Ethnisch-national-kulturelle Identitäten wurden mit Differenz und ihrer Anerkennung, aber auch mit Zuschreibungsprozessen in Verbindung gebracht, die im Konzept der ›Transmigration‹ reflektiert und überwunden werden. Entsprechend zielen interkulturelle Lernprozesse auf Bewusstmachung solcher Zuschreibungsprozesse sowie Erweiterung und Erneuerung bestehender Handlungspraxen ab. Eine besondere Rolle wird dabei auch der Reflexion von Fremdsprachigkeit als Merkmal interkultureller Kommunikation zugeschrieben.

Weiterführende Literatur

Mecheril, Paul (Hg.) (2016): *Handbuch Migrationspädagogik*. Weinheim: Beltz.
Müller, Natascha (2016): *Mehrsprachigkeitsforschung*. Tübingen: Narr.
Oomen-Welke, Ingelore (2017): Zur Geschichte der DaZ-Forschung. In: Michael Becker-Mrotzek/Hans-Joachim Roth (Hg.): *Sprachliche Bildung – Grundlagen und Handlungsfelder*. Münster: Waxmann, 55–76.
Redder, Angelika/Naumann, Johannes/Tracy, Rosemarie (Hg.) (2015): *Forschungsinitiative Sprachdiagnostik und Sprachförderung (FiSS) – Ergebnisse*. Münster: Waxmann.

Rechtsquellen

Gesetz zur Steuerung und Begrenzung der Zuwanderung und zur Regelung des Aufenthalts und der Integration von Unionsbürgern und Ausländern (Zuwanderungsgesetz). Vom 30. Juli 2004. Bundesgesetzblatt 2004, Teil 1 Nr. 41, ausgegeben zu Bonn am 5. August 2004. Bundesgesetzblatt Online Bürgerzugang, https://www.bgbl.de/

Martina Liedke / Claudia Maria Riehl

2 Mehrsprachigkeit in der Familie und im Lebensalltag

2.1 Mehrsprachigkeit als gesellschaftliche Aufgabe und als kollektiver Prozess
2.2 Sprachliche Generationen und Spracherwerb in der L1
2.3 Untersuchungen zum Spracherhalt in der L1
2.4 Sprachroutinen mehrsprachiger Sprecher
2.5 Die Rolle der Peer-groups
2.6 Zusammenfassung

2.1 | Mehrsprachigkeit als gesellschaftliche Aufgabe und als kollektiver Prozess

2.1.1 | Mehrsprachigkeit als Ressource

In vielen Regionen der Welt ist Mehrsprachigkeit der Normalfall und Einsprachigkeit die Ausnahme. So spricht etwa auf dem afrikanischen Kontinent jeder Mensch außer seiner sog. ›Muttersprache‹ (= Erstsprache) noch mindestens eine weitere, meist benachbarte, afrikanische Sprache und die Landessprache, die in der Regel eine europäische Sprache ist. Ähnliches gilt für den indischen Subkontinent: Auch hier beherrschen die Sprecher eine der vielen indoeuropäischen oder dravidischen Sprachen und daneben noch eine der offiziellen Amtssprachen wie Hindi und Englisch oder eine regionale Amtssprache wie Urdu oder Bengali. Viele weitere Beispiele ließen sich aufzählen.

Zu den Sprechern in historisch gewachsenen mehrsprachigen Regionen kommen noch die Sprecher aus sog. allochthonen Minderheiten hinzu. Das sind Menschen, die in ein bestimmtes Land eingewandert sind und dort geblieben sind. Die erste Generation der Einwanderer ist dabei in der Regel immer mehrsprachig, aber häufig trifft das auch noch auf die zweite und manchmal auch auf die dritte Generation zu. Sind die Gruppen groß genug und haben sie kompakte Siedlungsgebiete – wie etwa die türkischstämmige Bevölkerung in Deutschland –, dann können auch weitere Generationen bilingual aufwachsen (s. Kap. 2.3). Typen mehrsprachiger Gemeinschaften

Neben diesen mehrsprachigen Gemeinschaften gibt es weltweit immer mehr Menschen, die Fremdsprachenkenntnisse auf sehr hohem Niveau besitzen und die auch mehrere Jahre im Ausland verbracht haben. Alle diese Menschen, die im Laufe ihres Lebens mehrere Sprachen aktiv in ihrem Alltag gebrauchen, sind als mehrsprachig anzusehen. Betrachtet man den Wert, den Mehrsprachigkeit für den einzelnen Sprecher hat, sind psychologische, soziale und kognitive Aspekte zu berücksichtigen.

Identitätsstiftende Funktion von Sprache: Ein zentraler Wert, den Mehrsprachigkeit für den einzelnen Sprecher besitzt, ist die Funktion der Sprache als Identitätsmarker. Denn viele Sprecher benutzen ihre »Mutter- Sprache und Identität sprache« als Zeichen ihrer ethnischen Identität und ihrer Gruppenzugehörigkeit. Wenn diese emotional besetzte Sprache in einer Minderheitensituation von der Mehrheitsbevölkerung nicht geachtet wird oder als minderwertig abgetan wird, verletzt es das Selbstbewusstsein der Herkunftssprachensprecher und bringt sie in ein Dilemma, das bis zur Ablehnung ihrer ›Muttersprache‹ führen kann (vgl. Riehl 2014a: 18).

Vorteile mehrsprachiger Sprecher: Sprache befähigt Individuen, einander zu »lesen«. Das betrifft vor allem das Verstehen von kommunikativen Routinen und Verhaltensweisen. Da der Erwerb einer Sprache auch immer mit dem Erwerb von kommunikativem Verhalten einhergeht, können Mehrsprachige eine größere Zahl an Sprechern auf diese Weise »verstehen«. Eine Voraussetzung dafür ist aber, dass die Sprachen in ihrer natürlichen Umgebung und im Umgang mit muttersprachlichen Sprechern erworben werden (vgl. Franceschini 2009: 27).

Je mehr Sprachen man beherrscht, desto mehr hat man auch Einblick in andere Kulturen, in ihre kommunikativen Praktiken und Diskursregeln. Denn viele kommunikative Routinen unterscheiden sich je nach Kultur sehr stark voneinander (s. dazu Kap. 9.4). Die Kenntnis dieser verschiedenen kommunikativen Routinen erhöht die interkulturelle Kompetenz eines Sprechers bzw. seine Flexibilität, Perspektiven zu wechseln (vgl. auch Roche 2013: 180 f.). Darüber hinaus können Mehrsprachige als Vermittler zwischen verschiedenen Kulturen fungieren.

Außerdem besitzen Mehrsprachige ein höheres metasprachliches Bewusstsein und andere Fertigkeiten, die ihnen auch das Erlernen weiterer Sprachen erleichtern, z. B. die Fähigkeit zu paraphrasieren oder zwischen den Sprachen zu wechseln. Sie haben auch kognitive Vorteile, die über das rein Sprachliche hinausgehen, nämlich eine stärkere Fähigkeit zur Aufmerksamkeitskontrolle (Bialystok/Craik/Luk 2012: 243) und sie besitzen ein höheres kreatives Potential (Kharkhurin 2012).

2.1.2 | Mehrsprachigkeit als dynamischer Prozess

Ein zentraler Aspekt, der in der neueren Forschung immer wieder diskutiert wird, ist, dass Mehrsprachigkeit als ein dynamischer Prozess gesehen werden muss: Das heißt die Sprachkompetenzen sind nicht statisch, sondern können sich im Laufe des Lebens immer wieder verlagern, da sich auch die Sprachfigurationen immer wieder ändern. Dabei gibt es Phasen, in denen die Kompetenzen relativ stabil sind, und Phasen, in denen eine Veränderung stattfindet. Dies hängt meist von der Dominanz der jeweiligen Sprachen ab (vgl. Grosjean 2013: 13). In diesem Zusammenhang ist auch wichtig, dass das Lernen einer zweiten Sprache und weiterer Sprachen auch die Erstsprache beeinflusst. Und daher ist die »L1 in the mind of an L2 user [...] by no means the same as the L1 in the mind of a monolingual native speaker« (Cook 2005: 4).

Multicompetence   Auch wenn man davon ausgeht, dass das menschliche Denken grundsätzlich universal ist, so nutzen die verschiedenen Sprachen verschiedene Konzepte oder geben verschiedene Möglichkeiten vor, mentale Konzepte zum Ausdruck zu bringen. Bei mehrsprachigen Menschen findet hier eine

Überblendung der Konzepte statt, die ihnen die jeweils unterschiedlichen Sprachen zur Verfügung stellen (vgl. Cook 2011). Nach dieser Auffassung »denkt« etwa eine arabischsprachige Person, die Deutsch als L2 gelernt hat und in Deutschland lebt, weder rein arabisch noch rein deutsch, sondern in einer Weise, die aus beiden zusammengesetzt ist. Die Fähigkeit, die gesamten sprachlichen Ressourcen nutzen zu können, wird auch als *Multicompetence* bezeichnet (ebd.).

Die Alleinstellung bilingualer Personen: Aus diesen Überlegungen geht nun hervor, dass ein mehrsprachiger Mensch nicht als ein aus zwei einsprachigen zusammengesetztes Individuum betrachtet werden darf (vgl. auch Grosjean 1985, Wiederabdruck 2008). Eine mehrsprachige Person verfügt nicht nur über ein dynamisches Sprachsystem, sondern unterscheidet sich von einsprachigen Menschen auch dadurch, dass sie Praktiken mehrsprachigen Sprechens verwendet – wie Code-Switching oder andere Formen der Sprachmischung (s. Kap. 2.4). Auch aus diesem Grund plädiert Grosjean (2008: 14) dafür, dass man einen mehrsprachigen Menschen nicht mit einem einsprachigen vergleichen darf. Grosjean (ebd.) verdeutlicht dies am Beispiel eines Hürdenläufers: Ein Hürdenläufer vereinigt im Prinzip zwei verschiedene Sportarten, nämlich Sprint und Hochsprung. Er wird aber nie die gleichen Leistungen in diesen beiden Sportarten erreichen wie ein Sportler, der auf Sprint oder Hochsprung spezialisiert ist. Ein bilingualer Sprecher ist nun wie ein Hürdenläufer: er vereint zwei verschiedene Sprachen, wird aber in der Regel weder in der einen noch in der anderen Sprache einem monolingualen Sprecher einer der beiden Sprachen gleichen. Daher darf er auch nicht mit einem monolingualen Sprecher verglichen werden (vgl. Riehl 2014a: 15).

Durch die immer stärker zunehmende weltweite Vernetzung in der Kommunikation bekommt auch Mehrsprachigkeit eine immer wichtigere Bedeutung. Dabei muss allerdings betont werden, dass die Beherrschung der *Lingua Franca* Englisch alleine nicht ausreicht.

> Das mehrsprachige Individuum

2.1.3 | Mehrsprachigkeit und Bikulturalität

Man sollte sich bewusst machen, dass eine Person, die bilingual ist, nicht notwendigerweise auch bikulturell sein muss und umgekehrt (Soffietti 1955: 275). Das trifft etwa auf Sprecher einer ethnischen Minderheit zu, welche die Minderheitensprache nicht mehr beherrschen, jedoch bestimmte Aspekte der angestammten Kultur aufrechterhalten (vgl. Grosjean 2015: 573 f.). Darüber hinaus gibt es Fälle, in denen sich ein Individuum mit keiner der beiden Kulturen, mit denen es in Kontakt ist, identifiziert. Daher wird eine Person nur dann als bikulturell betrachtet, wenn sie dies auch von sich behauptet (ebd.: 575).

Genauso wie Sprache, lässt sich auch das ›Beherrschen‹ einer Kultur mit folgenden Aspekten erfassen:

> ›Beherrschung‹ von Kultur

- ›Flüssigkeit‹: bezieht sich auf kulturelle Kompetenz oder das kulturelle Wissen einer Person.
- ›Gebrauch‹: erfasst die Fähigkeit, sich in zwei oder mehr kulturellen Kontexten zu bewegen.

Definition

> Die Tatsache, dass Menschen in einer mehrsprachigen Lebenswelt zuhause sind, wird von verschiedenen Autoren als **Bikulturalität** bezeichnet. Ein Individuum ist in diesem Fall mit mehreren Kulturen in Berührung gekommen und hat diese mehr oder weniger stark verinnerlicht (Nguyen/Benet-Martinez 2007). Bikulturelle Personen, deren Verhaltensrepertoire ihre verschiedenen kulturellen Normen enthält, sind in der Lage, je nach Kontext zwischen kulturellen Verhaltensweisen zu wechseln. Dies betrifft beispielsweise die Art und Weise, sich zu begrüßen, sich je nach Situation angemessen zu kleiden oder auch die Art Witze zu erzählen.

Unterschiede in der Dominanz

Dominanz einer Kultur: Auch das Phänomen einer stärkeren und schwächeren Sprache lässt sich auf die Dimension der Kultur übertragen, wobei die Dominanz sich im Laufe des Lebens ändern kann (Grosjean 2015: 279). Daher spricht man auch von »cultural accents« (Soffietti 1955: 276). Diese sind die Folge von widersprüchlichen Verhaltensmustern, die sich bei bikulturellen Personen vermischen und auf diese Weise zu Transfer auf verschiedenen Ebenen führen können (z. B. nonverbaler Ausdruck von Emotionen, Wertesystem). Ebenso wie man zu jedem Zeitpunkt des Lebens bilingual werden kann, trifft dies auch auf Bikulturalität zu.

Wenn Personen, die in zwei Sprachen leben, sich in einer Situation befinden, in denen die eine Kultur überwiegt, unterdrücken sie ihre zweite Kultur so gut es geht. Dies ist bei der Dimension der Kultur jedoch schwerer als auf der Ebene der Sprache, wenn man beispielsweise an die Körpersprache oder das Distanzverhalten zwischen Konversationspartnern denkt (s. dazu Kap. 9.5). Interagieren sie jedoch mit anderen Bikulturellen, so gibt es meist eine Basiskultur und die andere Kultur wird in Form von »cultural switches and borrowings« miteinbezogen (Grosjean 2015: 581). In solchen Fällen ist ein Sprachwechsel nicht automatisch mit einem Verhaltenswechsel gekoppelt, da Letzterer ausschließlich durch den Kontext (Situation und Sprecher) bedingt ist.

Von Migrantinnen und Migranten wurde lange behauptet, dass diese nach ihrer Emigration weder ihrer Ursprungskultur noch der Zielkultur angehören und dies zur Folge habe, dass sie sich entweder assimilieren oder zur Ursprungskultur zurückkehren. Erst in der neueren Forschung geht man davon aus, dass Migranten größtenteils kulturelle Aspekte von zwei oder mehr Kulturen mischen und auf diese Weise bikulturell werden (Grosjean 2015: 578).

Bikulturelle Lebenswelten und Identität: Bikulturelle Menschen müssen sich, um ihre kulturelle Identität zu definieren, entscheiden, welcher Lebenswelt bzw. welchen Lebenswelten sie angehören. Bei diesem Entscheidungsprozess spielen verschiedene Aspekte eine Rolle – wie die Wahrnehmung der beiden Lebenswelten, die persönliche Biographie, Sprachkenntnisse, aber auch Bewältigungsstrategien in ambigen Situationen (Benet-Martinez 2012). Das Ergebnis kann sein, dass sie entweder ihre mehrsprachigen Lebenswelten annehmen, sich mit nur einer der beiden Lebenswelten identifizieren, oder aber mit keiner von beiden. Die

Motivation, sich als Migrant oder Flüchtling eine fremde Lebenswelt anzueignen, kann dabei sehr unterschiedlich sein (Schneider 2015: 271). Menschen, die sich keiner Lebenswelt zugehörig fühlen, werden oft zu heimatlosen Nomaden, die unter dieser doppelten Ausgrenzung leiden. Verschiedene Studien zeigen, dass Personen, die die Bikulturalität als Merkmal der eigenen Identität akzeptieren, psychosozial und soziokulturell am besten angepasst sind (vgl. Oysermann 2008).

2.1.4 | Förderung von Mehrsprachigkeit als gesellschaftliche Aufgabe

Aus den in den vorhergehenden Kapiteln genannten Gründen muss die Förderung der Mehrsprachigkeit und Bikulturalität eine zentrale gesellschaftliche Aufgabe darstellen. Die Förderung wird in der Regel durch die Bildungsinstitutionen geleistet. Allerdings muss man hier mit Schwierigkeiten auf verschiedenen Ebenen rechnen: Eine Schwierigkeit stellt die Einstellung gegenüber der natürlichen Mehrsprachigkeit von Migrantinnen und Migranten dar. Hier zeigt sich eine allgemeine sprachpolitische Haltung, die Mehrsprachigkeit mit Beteiligung von Migrantensprachen nicht als sprachliches Kapital akzeptiert. Daher werden etwa Forderungen von Bildungsforschern nach einer frühen, institutionellen Sprachförderung bei Kindern mit Migrationshintergrund in der Regel mit »Förderung der deutschen Sprache« gleichgesetzt (Gogolin 2008a: 79). Daneben besteht eine sprachideologische Haltung, die bestimmte Sprachen als weniger ›wertvoll‹ als andere betrachtet (vgl. Kroskrity 2006, 2010; Busch 2017: 84 f.). Darüber hinaus findet man eine ablehnende Haltung gegenüber der frühen Mehrsprachigkeit an sich, etwa der Einführung von bilingualen Programmen für einsprachig und mehrsprachig aufwachsende Kinder bereits im Vorschulbereich (s. Kap. 7).

Der monolinguale Habitus: Gogolin (1994 f.) führt die ablehnende Haltung auf ein grundlegendes Problem zurück, nämlich den sog. monolingualen Habitus der Mehrheitsgesellschaft. Darunter versteht man eine Haltung, die von der Annahme ausgeht, dass die Schülerschaft prinzipiell homogen sei und die Schüler/innen dieselben sprachlich-kulturellen Voraussetzungen mitbringen. Diese Annahme ist ein Erbe der ›Vereinsprachlichung‹, die zum Ziel hatte, ein nationales Zugehörigkeitsgefühl zu schaffen. Dies war im 18. und 19. Jahrhundert die Grundlage für die Nationalstaatenbildung. Diese Auffassung führt nun dazu, dass der einsprachige Schüler als der ›Normalschüler‹ gesehen wird und dass für mehrsprachig aufwachsende Kinder die gleichen Normen angesetzt werden wie für einsprachig aufwachsende. Dadurch wird ihr sprachlich-kulturelles Kapital, das sie von zuhause mitbringen, entwertet (vgl. Brizić 2007).

Eine Folge dieser Entwertung, die teilweise bereits die Elterngeneration betrifft (vgl. Sixt/Fuchs 2009), ist eine Bildungsbenachteiligung von Kindern mit Migrationshintergrund im deutschen Bildungssystem, die auch in der jüngsten PISA-Studie wieder bestätigt wurde. Diese Benachteiligung ist sehr häufig an einen geringeren sozio-ökonomischen Status

Der monolinguale
Habitus

der Kinder mit Migrationshintergrund gekoppelt (vgl. Reiss et al. 2016; s. auch Kap. 7.2).

Forderung eines Gesamtkonzepts sprachlicher Bildung: »[D]er familial angelegte Sprachschatz« (Gogolin 2004: 58), den zweisprachig aufwachsende Kinder in die Bildungseinrichtungen mitbringen, kann sich aber nur dann richtig entfalten, wenn auch beide Sprachen gefördert werden (Gogolin ebd.; vgl. auch Reich/Roth 2002). Die Frühförderung muss daher Teil eines Gesamtkonzepts sprachlicher Bildung sein und muss im schulischen Bildungsgang kontinuierlich, systematisch und über längere Zeit fortgesetzt werden. Denn nur so können mehrsprachig aufwachsende Kinder im Bereich der Bildungssprache an den Stand monolingualer Kinder herangeführt werden. Diese Sprachbildung ist aber weit über die Grundschule hinaus erforderlich (s. dazu auch Kap. 3.1.1. und Kap. 7.1.5). Allerdings ist diese durchgängige Sprachbildung nur dann zu leisten, wenn ein einheitliches Sprachförderkonzept vom Elementarbereich bis zum Übergang in den Beruf gewährleistet ist (vgl. Gogolin et al. 2011 sowie Riehl 2014a: 145).

Eine gewisse sprachideologische Haltung besteht auch gegenüber dem Herkunftssprachenunterricht. Hier herrschen ungünstige Rahmenbedingungen, die Reich (2000: 355) als Abwehrmechanismen beschreibt, mit denen man versucht, schulisch »illegitime[s] Wissen« kleinzuhalten. Fürstenau (2009: 74) sieht in diesem Spannungsverhältnis zwischen gesellschaftlichen Machtverhältnissen und dem Herkunftssprachenunterricht eine Herausforderung. Der Unterricht in der Herkunftssprache unter Trägerschaft der Länder war ursprünglich unter dem Gesichtspunkt der Remigration eingeführt worden und wurde in Bayern 2008 sogar wieder abgeschafft. Dort wird Herkunftssprachenunterricht nur mehr von Konsulaten oder privaten Trägern außerhalb des regulären Unterrichts erteilt (vgl. Löser/Woerfel 2017 und Kap. 7.2.3).

2.1.5 | Sprachen und Sprachmanagement

Die gerade beschriebenen Forderungen sind Teil einer Sprachenpolitik, die sowohl auf der individuellen Ebene (etwa Entscheidungen über Sprachwahl in individuellen Diskursen) als auch auf der gesellschaftlichen Ebene stattfinden kann. Der Umgang mit verschiedenen Sprachen in individuellen und gesellschaftlichen Interaktionen wird auch als ›Sprachmanagement‹ bezeichnet (vgl. Nekvapil 2006). Dieses Sprachmanagement kann von einzelnen Netzwerken ausgehen (z. B. Banken, Firmen, Bibliotheken, Schulen, Geschäften, Krankenhäusern oder anderen Serviceeinrichtungen) aber auch von staatlichen Organen. Nach Spolsky (2009) kann das Sprachmanagement in den folgenden Domänen stattfinden: Familie, Religion, Arbeitsplatz, öffentliche Sphäre (Aufschriften und Medien), Schule, rechtliche und gesundheitliche Institutionen, Militär, Regierungsebene, übernationale Organisationen und Agenturen.

Sprachmanagement auf der Mikroebene: Sprachmanagement auf der gesellschaftlichen Ebene (Makroebene) hat wiederum Auswirkungen auf die individuelle Ebene, d. h. auf Aushandlungsprozesse im Diskurs (Mikroebene). So wirkt sich etwa eine schulinterne Norm wie »Im Unterricht wird ausschließlich Französisch gesprochen« auf das Korrekturverhalten des Lehrers aus. Heller (2001: 225) gibt dazu ein Beispiel aus einer französischsprachigen Minderheitenschule in Ontario:

(1)   Lehrer: *pourquoi lit-on?* [›warum lesen wir?‹]
      Schüler: *pour relaxer* [›um zu entspannen‹]
      Lehrer: *pour se détendre, ›relaxer‹ c'est anglais* [›um sich zu entspannen‹ (frz. *se détendre* ›sich entspannen‹), ›relax‹ ist Englisch]

Diesem Verhalten liegt eine Ideologie zugrunde, wie man gute Franko-Ontarier erzieht, die wiederum von politischer und wirtschaftlicher Seite unterstützt wird. Die Lehrer/innen treten hier als Normautoritäten auf und versuchen einsprachige Normen durchzusetzen, auch wenn diese nicht der sprachlichen Realität entsprechen. Das Sprachmanagement gelingt, wenn die Lehrenden ihre Lösungen als Normen durchsetzen und die Schüler sich diese aneignen (vgl. Dovalil 2013: 170).

2.2 | Sprachliche Generationen und Spracherwerb in der L1

2.2.1 | Sprachliche Generationen

In der Migrationssituation treffen in der Regel unterschiedliche Generationen aufeinander, die die jeweils beteiligten Sprachen – Herkunftssprache(n) und Sprache des Aufnahmelandes – in unterschiedlichem Maße beherrschen.

- **Als erste Generation** wird hier die Generation der Einwanderer im Erwachsenenalter bezeichnet, die ihre L1 vollständig erworben haben, die L2 aber meist unvollständig beherrschen.
- **Die zweite Generation** bildet die Kinder dieser Einwanderer, die bilingual aufwachsen: Sie haben die Herkunftssprache zuhause gelernt und die Umgebungssprache in der Umgebung, in den Peer-groups, in Kita, Kindergarten und Schule erworben.
- **Die dritte Generation** ist die Generation der Enkelkinder. Häufig beherrschen diese die Herkunftssprache ihrer Großeltern nur noch rudimentär oder passiv, aber auch hier gibt es Ausnahmen (s. Kap. 2.3).

In neueren Arbeiten wird der Begriff ›Generation 1.5‹ eingeführt für diejenigen Migrantinnen und Migranten, die als ältere Kinder oder Jugendliche (zwischen 8–10 Jahren und 18 Jahren), in der Regel mit ihren Eltern oder anderen Familienmitgliedern eingewandert sind. Diese Gruppe wird deswegen separat betrachtet, weil sie ganz unterschiedliche Migrationserfahrungen gemacht hat. Das betrifft zum einen unterschiedliche Herausforderungen durch die Schule oder auch den Erwerb der L2 (s. u.), zum anderen auch Konflikte mit Eltern und der Peer-group (Haller/Portes/Lynch 2011). Gerade Jugendliche, die in einer anderen Sprache und

Kultur aufgewachsen sind, haben oft Probleme, da sie sich in dem Gastland häufig als Außenseiter empfinden. Sie müssen sich entscheiden, ob sie mit dieser Außenseiterrolle leben können oder ob sie ihre ursprüngliche Identität aufgeben und versuchen, sich in die Mehrheitsgesellschaft zu integrieren (vgl. Isurin/Riehl 2017).

2.2.2 | Die Elterngeneration

Typisierung der
Elterngeneration
Die verschiedenen sprachlichen Generationen sehen sich mit ganz unterschiedlichen Herausforderungen konfrontiert. Hier spielen der kulturelle Hintergrund, die sprachlich-typologischen Unterschiede und der Bildungsstatus der Elterngeneration eine sehr wichtige Rolle. Außerdem ist ausschlaggebend, ob die Sprecher die L2 im Herkunftsland bereits erworben haben oder nicht. Ein wichtiger Faktor, der sich auch auf die nächste Generation auswirken kann, ist, ob die Eltern alphabetisiert sind und ob sie eine Standardvarietät ihrer Herkunftssprache sprechen, oder ob sie nur einen Dialekt beherrschen und diesen an die nächste Generation weitergeben. Dieser Fall findet sich vor allem bei italienischen Einwanderern sehr häufig, d. h. die Kinder lernen von den Eltern meist einen italienischen Dialekt (*Calabrese*, *Siciliano*) und nicht das Standarditalienische. Auch die Bandbreite des Erwerbs der Zweitsprache ist sehr groß, wie Untersuchungen zum Gastarbeiterdeutsch in den 1970er und 1980er Jahren gezeigt haben (vgl. Klein/Dittmar 1979). Ein wichtiger Faktor ist dabei auch die Akkulturation, d. h. inwieweit sich die Sprecher in die Gemeinschaft des Gastlandes integrieren und wie groß die soziale Distanz ist. Umgekehrt zeigt sich bei Sprechern der ersten Generation, die schon sehr lange im Gastland leben, eine sprachliche Erosion ihrer Erstsprache, d. h. bestimmte Strukturen werden vereinfacht oder es findet eine Konvergenz, d. h. Annäherung an die Zweitsprache statt (Riehl im Ersch.).

Beispiel
Beispiel Sprachkontakt: Setzung von Subjektpronomina

Viele mehrsprachige Personen, in deren Herkunftssprache die Setzung des Subjektpronomens nicht obligatorisch ist (sog. Pro-Drop-Sprachen, wie z. B. Spanisch, Italienisch, Portugiesisch, Türkisch, Polnisch, Tschechisch etc. – s. Kap. 9), benutzen aufgrund des Sprachkontakts mit dem Deutschen, wo Subjektpronomina in allen Kontexten obligatorisch sind, auch in ihrer L1 häufig das Pronomen in Kontexten, wo es normalerweise nicht steht. So sagt etwa dann ein Italienisch L1-Sprecher *io* [= ich] *vado a casa* statt *vado a casa* (›ich gehe nach Hause‹). Das bedeutet, die Sprache verändert sich im Sinne eines dynamischen Systems und die Varietät, die an die nächste Generation weitergegeben wird, ist bereits eine kontaktinduzierte Varietät (vgl. Riehl 2014a: 94).

Die größte Zahl der Einwanderer, und hier besonders die oben beschriebene Gastarbeitergeneration, hat in der Regel das Deutsche ungesteuert im Land erworben und beherrscht die Sprache auf unterschiedlichen Niveaustufen. Hier ist zu bedenken, dass beim ungesteuerten L2-Erwerb in späteren Lebensphasen meist die sog. Fossilisierung auftritt (s. Kap. 1.2.3): Das heißt, man erwirbt nicht alle grammatischen Strukturen der Zielsprache korrekt. Viele Lerner bleiben auf einer bestimmten Stufe des Spracherwerbs stehen, besonders dann, wenn ihnen die Kompetenz bereits genügt, um sich kommunikativ in dieser Sprache zurechtzufinden. Nach Selinker (1972) erreichen nur 5 % der Sprachlerner die gleiche Grammatikkompetenz wie ein Muttersprachler.

Variation in der Sprachkompetenz: Die Sprachkompetenz variiert natürlich von Lerner zu Lerner sehr stark in Abhängigkeit von Bildungsgrad und Beruf, Alter der Zuwanderung und auch in Abhängigkeit vom Typus der L1. Wir bemerken z. B. bei vielen Gastarbeitern in Deutschland, die schon im Erwachsenenalter zuwanderten, keine höhere Schulausbildung in ihrem Heimatland bekommen hatten und außerdem in ihrem Beruf keine guten Sprachkenntnisse brauchen, dass sie auch nach zwanzig, dreißig Jahren in Deutschland noch viele Fehler beim Sprechen machen (s. Kap. 1.2.3). Ein wichtiger Faktor ist dabei auch die oben erwähnte Akkulturation. Es gibt aber auch Migranten (in der Regel mit höherem Bildungsabschluss), die das Deutsche bereits im Heimatland erlernt haben. Besonders sind hier Zuwanderer aus osteuropäischen Ländern, vor allem Tschechien, Slowakei, Polen und Ungarn, zu nennen, die Deutsch in der Schule teilweise bereits als erste Fremdsprache gelernt haben. Diese lernen dann in der Migrationssituation je nach Berufszugehörigkeit das Deutsche ungesteuert oder auch gesteuert weiter.

Transmigration und sprachliche Integration: Eine weitere Gruppe sind die sog. Transmigranten, d. h. Menschen, die sich im Laufe ihres Lebens in vielen verschiedenen Ländern aufhalten. Diese gehören meist der Gruppe der Hochqualifizierten an und werden daher nicht als ›Migranten‹ sondern als *Expatriate Communities* bezeichnet. Dabei handelt es sich nicht nur um einen terminologischen Unterschied, sondern es wird damit auch eine unterschiedliche Akzeptanz für die Sprachen der Einwanderer zum Ausdruck gebracht (vgl. Lüdi 2011: 29). Gerade in dieser Gruppe spielen sehr unterschiedliche Kriterien eine Rolle, ob und welche Sprachen gelernt und verwendet werden. Dabei ist nicht nur die Aufenthaltsdauer, sondern auch die Integration der Familie in die Mehrheitsgesellschaft von entscheidender Bedeutung (vgl. Erfurt/Amelina 2008). Thrul (2013) konnte in einer Fragebogenstudie mit 26 befragten Familien, die für eine befristete Zeit entsandt waren, zeigen, dass sich die sog. Elitemigranten oft als Fremde oder Gäste betrachten, die sich aufgrund dieser Rolle und der begrenzten Aufenthaltsdauer auch nicht integrieren müssen. Deshalb ist das soziale Netz nicht sehr stark in der deutschen Gastgebergesellschaft verankert.

Transmigranten

Je nach Bildungsgrad und Vorwissen ist daher der Wissenstand im Deutschen in der Elterngeneration sehr verschieden: von geringen mündlichen Kompetenzen über eine verhandlungssichere mündliche Kompetenz mit geringen schriftsprachlichen Kenntnissen bis hin zu einer quasi-muttersprachlichen Kompetenz in Wort und Schrift. Diese unterschiedlichen Voraussetzungen haben wiederum auch Auswirkungen auf den Spracherwerb in der nächsten Generation.

2.2.3 | Die zweite Generation

2.2.3.1 | Paralleler und sukzessiver Spracherwerb

Neben den Grundvoraussetzungen, die die Eltern mitbringen, spielt auch die Zusammensetzung der Familie eine wichtige Rolle beim Spracherwerb der Kinder. Hier ist entscheidend, ob beide Elternteile die gleiche Sprache sprechen oder beide einen unterschiedlichen nicht-deutschen Hintergrund haben oder ob ein Elternteil Deutsch als L1 spricht.

Die zweite Generation kann nun zunächst nur in der Herkunftssprache (bzw. mehreren Herkunftssprachen) oder aber bereits mit Herkunftssprache(n) und dem Deutschen gleichzeitig aufwachsen. Hier gibt es wiederum verschiedene Konstellationen, die sich auf den Spracherwerb positiv oder negativ auswirken können:

Familien-
konstellationen
- eine Familiensprache (S1), eine Umweltsprache (S2)
- gemischtsprachige Familien (Vater spricht S1, Mutter spricht S2), die Umwelt spricht S1 oder S2
- gemischtsprachige Familien (Vater spricht S1, Mutter spricht S2) in einer anderssprachigen Umwelt (S3)

Bei Romaine (1995: 183 f.) findet sich sogar eine Unterscheidung in sechs verschiedene Konstellationen. Dort wird noch einmal unterschieden, ob die Eltern in den jeweiligen Konstellationen ihre Muttersprache sprechen oder nicht (so kann ja auch im ersten Fall eine Familiensprache verwendet werden, obwohl einer der Elternteile diese als Zweitsprache spricht) und ob die Sprachen gemischt verwendet werden oder ob nach dem ›Eine Person-eine Sprache‹-Prinzip vorgegangen wird (s. u.).

Sukzessiver Erwerb
Sind die Kinder bereits älter, wenn sie in das Gastland kommen, so wachsen sie in der Regel nicht mehr mit zwei (oder mehreren) Erstsprachen auf, sondern man spricht dann von Zweitspracherwerb. Wie in Kapitel 1 gezeigt, unterscheidet man hier aber zwischen dem frühkindlichen Zweitspracherwerb (bis zum Alter von 6 Jahren) und dem Erwerb in einem späteren Stadium als älteres Kind, Jugendlicher oder Erwachsener. Die Problematik, die im zweiten Fall auftritt, ist, dass beim Erwerb in einem späteren Stadium, vor allem nach der Pubertät, die zweite Sprache in den meisten Fällen nicht mehr auf einem muttersprachlichen Niveau erlernt wird. Hier spielt weiter eine Rolle, ob die L2 die dominante Sprache der Kinder wird und ob die L1 weiterbehalten wird oder nicht (s. dazu Kap. 1.2.3).

2.2.3.2 | Die Rolle der Eltern beim Spracherwerb

Die Rolle der Eltern besteht darin, Kinder zur Sprach- und Kommunikationsfähigkeit zu erziehen. Man sollte das immer in der Sprache tun, die man am besten beherrscht. Bei Einwanderern der ersten Generation ist das in der Regel ihre Herkunftssprache. Anders gelagert ist die Situation in gemischtsprachigen Familien, d. h. wenn beide Elternteile eine andere Sprache sprechen. Hier kann ein Elternteil die Umgebungssprache sprechen, in unserem Fall Deutsch, aber auch eine andere Herkunftssprache als sein Partner (wie in den obigen Konstellationen gezeigt). In diesem Falle wird oft angeraten, nach dem ›Eine Person-eine Sprache‹-Prinzip vorzugehen.

Das ›Eine Person-eine Sprache‹-Prinzip ist wohl das bekannteste Prinzip mehrsprachiger Erziehung. Es wird insbesondere in Familien praktiziert, in denen beide Elternteile eine andere Sprache sprechen. Vater bzw. Mutter sprechen in diesem Fall mit dem Kind konsequent in ihrer jeweiligen Erstsprache und erwarten von ihm, dass es sich ebenfalls in dieser Sprache an sie richtet. Je nachdem, ob eine der beiden beteiligten Sprachen dabei der Umgebungssprache entspricht oder nicht, führt diese Konstellation zur Zwei- oder Dreisprachigkeit.

> Das Prinzip ›Eine Person – eine Sprache‹

Nachteile: Obwohl das ›Eine Person-eine Sprache‹-Prinzip eine lange Tradition hat, hat es auch Nachteile:

- Zum einen kann es dazu führen, dass das Kind in der Sprache, die nicht Umgebungssprache ist, nicht ausreichend Input erhält, vor allem dann wenn der Elternteil, der diese Sprache spricht, deutlich weniger Zeit mit dem Kind verbringt (aufgrund der Arbeitszeiten, Trennung der Eltern u. Ä.).
- Zum anderen kommt es bei gemeinsamen Aktivitäten zu einem ständigen Wechsel zwischen den Sprachen, der oft künstlich wirkt.
- Ein weiterer Nachteil ist die Tatsache, dass sich ein Elternteil ausgeschlossen fühlen kann, wenn es die Sprache des Partners nicht beherrscht.

Zur Relativierung dieses Prinzips sollte man bedenken, dass bilinguale Personen in Gegenwart von anderen Bilingualen immer dazu tendieren ihre Sprachen zu mischen und in einer mehrsprachigen Unterhaltung eine der beiden Sprachen nie komplett unterdrückt werden kann (Cruz-Ferreira 2006: 273 f.; Riehl 2014a: 53 f.). Vielmehr ist es natürlich, die Sprache je nach Kontext, d. h. Situation, Thema, Gesprächspartner, zu wählen.

Das ›Eine Person-Eine Sprache‹-Prinzip

> Zur Vertiefung

Das ›Eine Person-Eine Sprache‹-Prinzip, das auf Ronjat 1913 zurückgeht, besagt, dass jeder Elternteil mit den Kindern seine eigene Erstsprache sprechen soll. Dies ist wichtig für den Spracherwerb der Kinder, da sie den Gebrauch verschiedener Sprachen an bestimmte Personen binden. Außerdem drücken die Eltern damit eine gewisse Solidarität mit ihrer Herkunftssprache aus, was deren Prestige stärkt. Obwohl das ›Eine Person-eine Sprache‹-Prinzip in der Bilingualismus-Forschung immer wieder als das einzig sinnvolle hervorgehoben, gibt es inzwischen Studien, die zeigen, dass auch Kinder, die einem gemischten Input ausgesetzt sind, keine unnormale Sprachentwicklung aufweisen (vgl. De Houwer 2009: 107 f.).

In der Realität wird das Prinzip auch nicht so konsequent angewandt: So hat bereits Egger (1985) für Südtirol festgestellt, dass nur etwa die Hälfte der Eltern, die beide Sprachen (hier: Italienisch und Deutsch) in der Familie verwenden, das Prinzip anwenden. In den übrigen Familien spricht ein Elternteil eine Sprache und der andere verwendet beide Sprachen mit dem Kind. De Houwer (2009: 111) nimmt an, dass die Praxis, dass ein Elternteil eine Sprache und der andere beide spricht, die meistverbreitete ist. In einer groß angelegten Studie in Flandern konnte sie sogar beobachten, dass häufig sogar beide Elternteile beide Sprachen benutzen (vgl. De Houwer 2007). In dieser Studie wurde gezeigt, dass Kinder davon profitieren, wenn der zweite Elternteil die Sprache, die nicht in der Umgebung gesprochen wird, ebenfalls verwendet. Denn die Frequenz des Inputs spielt eine sehr wichtige Rolle für den Spracherwerb. In traditionell einsprachigen Gesellschaftskonstellationen sind die Kinder in der anderen Sprache ja oft zusätzlichem Input ausgesetzt, der von anderen Personen aus der Umgebung kommt (vgl. De Houwer 2009: 119 f.). Ein ganz wichtiger Punkt bei dieser Diskussion ist jedoch, dass die Eltern, auch wenn sie beide Sprachen verwenden, diese dennoch voneinander trennen und nicht völlig gemischte Äußerungen produzieren.

Weitere Prinzipien mehrsprachiger Erziehung

Umgebungs- vs. Familiensprache: Auch wenn beide Eltern unterschiedliche Erstsprachen haben, werden zuhause nicht unbedingt beide Sprachen gesprochen. Wird etwa eine der Sprachen auch in der Umgebung gesprochen, so entscheiden sich Eltern in vielen Fällen, beide zuhause die Nicht-Umgebungssprache zu sprechen. Diese Strategie wählen Eltern oft, um eine Herkunftssprache zu stärken, vor allem dann, wenn diese von einem berufstätigen Elternteil gesprochen wird und damit der Input zu gering wäre (Müller 2016: 12).

Eine weitere Möglichkeit ist, dass beide Eltern die gleiche Erstsprache sprechen, die ebenfalls der Umgebungssprache entspricht, sich jedoch ein Elternteil oder beide in einer sehr gut beherrschten Fremd- oder Zweitsprache an das Kind wenden. Schneider (2015: 21) bezeichnet diese Situationen als »artifizielle Bilingualität«. Meist handelt es sich in diesen Fällen um eine Sprache mit hohem Prestige, die im internationalen Kontext verwendet wird.

Weitere Konstellationen: Neben den gerade beschriebenen Konstellationen gibt es noch viele weitere, abhängig davon, ob die Eltern selbst mehrsprachig sind oder das Kind beispielsweise in einer mehrsprachigen Umgebung (z. B. Südtirol) aufwächst. Wie bereits erwähnt, weichen Eltern darüber hinaus häufig von dem von ihnen gewählten Prinzip ab, meist bedingt durch kontextuelle Faktoren wie Situation, Thema oder beteiligte Gesprächspartner. Dies zeigt, dass die oben beschriebenen Trennungen (entweder nach Person oder nach Familien- vs. Umgebungssprache) in den meisten Fällen nicht durchgängig möglich sind, wenn man eine gewisse Künstlichkeit vermeiden möchte (Schneider 2015: 22).

Da sich das Lebensumfeld heute stetig verändert, kann es im Laufe der Zeit zu Veränderungen in der kommunikativen Praxis von Familien kommen, z. B. nach einem Umzug in ein anderes Land. Auch kann sich ein bestimmtes Prinzip als nur schwer realisierbar herausstellen, weshalb es dann durch ein anderes ersetzt wird. Dies stellt kein Problem dar, denn das Wichtigste ist, dass die Eltern immer wieder entscheiden, welches Prinzip sinnvoll und praktikabel ist (vgl. Montanari 2014).

Sprachdominanz und Erziehungsprinzip: Wenn beide Eltern die gleiche Erstsprache haben und die Umgebungssprache eine Sprache ist, die von den Eltern nur unzureichend beherrscht wird, erwirbt das Kind die Umgebungssprache durch andere Bezugspersonen. Im Extremfall kommt das Kind erst spät, manchmal sogar erst kurz vor Schuleintritt, mit der Umgebungssprache in Kontakt. Bei dieser Konstellation ist dann die Erstsprache der Eltern bis zum Eintritt in die Bildungseinrichtung die stärkere Sprache. Spätestens mit Eintritt in den Kindergarten bzw. die Schule gewinnt die Umgebungssprache bei den Kindern immer mehr an Bedeutung. Sie wird dann etwa zum Spielen mit Freunden und in der Schule verwendet und wird in vielen Fällen zur stärkeren Sprache. Aus diesen Gründen ist ein Abweichen vom Prinzip Familiensprache ≠ Umgebungssprache allerdings nicht als Manko zu betrachten, sondern führt zu einem natürlichen mehrsprachigen Familienalltag (s. auch die Tipps zur mehrsprachigen Erziehung im Anhang).

Einfluss der Umgebungssprache

2.2.3.3 | Unvollständiger Erwerb und Sprachkontakt

Sprachdominanz und unvollständiger Erwerb: In der Migrationssituation ist die Herkunftssprache in der Regel immer die schwächere Sprache. Zwar kann – wie gerade ausgeführt – im frühkindlichen Alter die Sprache, die zuhause gesprochen wird, die dominante Sprache des Kindes sein, aber spätestens mit Eintritt in die Schule ändert sich das zugunsten der Umgebungssprache, in unserem Fall Deutsch. Wie wir noch sehen werden (s. Kap. 8), haben viele mehrsprachige Kinder nur eine mündliche Kompetenz in ihrer Herkunftssprache, da sie in der Schule nur einsprachig im Deutschen alphabetisiert werden und die schriftsprachlichen Ausdrucksformen und Textkompetenzen nur in dieser Sprache erwerben. In diesem Zusammenhang spricht man deshalb von unvollständigem Erwerb (*incomplete acquisition*, Montrul 2008). Den Kindern steht oft nur der Input der älteren Generation (Eltern und Großeltern) zur Verfügung und dies ist nicht ausreichend, um das Sprachsystem vollständig erlernen zu können. Deshalb besitzen die Sprecher häufig im Vergleich zu kompetenten L1-Sprechern ein etwas abweichendes und vereinfachtes grammatisches System.

Auswirkungen des Sprachkontakts: Verschiedene Studien zeigen, dass bereits die Eltern in einer Migrationssituation oft eine Form der Herkunftssprache weitergeben, die schon durch Sprachkontakt mit der Zweitsprache modifiziert wurde – dies betrifft vor allem das Lexikon, aber auch kleinere grammatische Veränderungen. So fanden etwa Paradis/Navarro (2003) heraus, dass spanischsprachige Eltern in den USA mehr explizite Subjektpronomina produzieren als einsprachige Spanischsprecher – im Englischen ist ja die Setzung des Personalpronomens obligatorisch, im Spanischen wird es nur gesetzt, wenn es besonders betont wird (sog. Pro-Drop, s. o., S. 34). Durch den Sprachkontakt mit dem Englischen hat also bereits die Elterngeneration ihren Sprachgebrauch verändert, sodass nicht ausgeschlossen werden kann, dass das Kind eine idiosynkratische Varietät von seinen Eltern lernt (vgl. Nicoladis 2008: 172). Auch im Bereich der Aussprache gibt es bereits Auswirkungen des Sprachkontakts in der ersten Generation: So haben Brehmer/Kurbangulova (2017) die Entwicklung der sog. Voice Onset Time (VOT) bei russischsprachigen Migranten untersucht. Darunter versteht man die Zeit zwischen der Verschlusslösung, bzw. der Geräuschbildung (*burst*), und dem Einsatz der Stimme bei Plosiven wie *p*, *t*, *k* (s. auch Kap. 9.1). Die Autoren haben bereits bei der Elterngeneration eine Veränderung in der VOT bei Plosiven gefunden, die sich dann in der zweiten Generation noch verstärkt.

Auch die typischen Sprechweisen, wie das gemischtsprachliche Sprechen (s. Kap. 2.4) sind Praktiken, die oft in mehrsprachigen Familien angewandt werden und so an die nächste Generation weitergegeben werden. Besonders auffällig wird dies in der dritten Generation: Wenn bilingual aufgewachsene Sprecher ihre Kinder ebenfalls bilingual erziehen, geben sie auch den Sprachmodus weiter (s. Bsp. 8). Auch Sprachkontakterscheinungen, wie im vorausgehenden Absatz gezeigt, verstärken sich. So kommt es zu Phänomenen einer sog. Diasporasprache (vgl. für das Kroatische weltweit Hlavač/Stolac im Ersch.).

Daher ist es wichtig, dass die Kinder zum einen an die schriftsprachlichen Ausdrucksformen ihrer Herkunftssprache herangeführt werden (s. Kap. 8) und zum anderen auch weiteren Input in der Herkunftssprache im Ursprungsland bekommen.

2.3 | Untersuchungen zum Spracherhalt in der L1

In der Migrationssituation spricht man von der sog. Drei-Generationen-Regel. Diese besagt, dass die erste Generation die neue Sprache des Einwandererlandes nur unvollständig erwirbt, die zweite Generation zweisprachig ist (in der Sprache der Eltern und der Sprache des Einwanderungslandes) und die dritte Generation schließlich wieder einsprachig in der Sprache des Gastlandes (vgl. Riehl 2014b: 72). Davon gibt es allerdings Ausnahmen, wenn sich in bestimmten Sprachgruppen Netzwerke etablieren, in denen die Herkunftssprache gesprochen wird (s. Bsp. 8). In bestimmten Metropolen haben sich eigene Viertel ausgebildet, in denen der überwiegende Prozentsatz der Bevölkerung einer bestimmten Migrantengruppe angehört. In diesen kompakten Gebieten wird meist die Drei-Generationen-Regel durchbrochen.

Spracherhalt bei türkischen Migranten

Dies trifft in Deutschland vor allem auf die türkischen Migrantengruppen in Berlin, Hamburg oder Köln zu. Die türkischstämmige Bevölkerungsgruppe bildete im Jahr 2017 mit etwa 1,5 Millionen die größte Gruppe unter den insgesamt über 9,5 Millionen Menschen mit ausländischer Staatsangehörigkeit in Deutschland (s. Kap. 1.1.1). Dazu kommen noch weitere knapp 1,5 Millionen türkische Staatsbürger, die in Deutschland registriert sind (vgl. http://www.bamf.de). In einigen Großstädten können Kinder in türkisch geprägten Vierteln (wie etwa Berlin-Kreuzberg) bis zum

Schuleintritt nur ihre Muttersprache verwenden (vgl. Oksaar 2003: 157). Der Spracherhalt in der zweiten (und weiteren) Generation wird hier maßgeblich begünstigt durch enge soziale Netzwerke, Endogamie, Austausch mit dem Mutterland durch Neueinwanderer, längere Aufenthalte im Herkunftsland und die Präsenz einer gut etablierten Medienlandschaft. Trotz seines verhältnismäßig niedrigen Prestiges in der Mehrheitsgesellschaft hat das Türkische auch ein beachtliches verdecktes Prestige bei den Muttersprachlern und anderen Einwanderergruppen (vgl. Krefeld 2010). Da die meisten Sprecher der zweiten und dritten Generation keinen Türkischunterricht haben, wird die türkische Sprache allerdings durch die Umgebungssprache Deutsch überdacht (dazu auch Kap. 8.4.2).

Aber auch in einzelnen Familiennetzwerken, die nicht in größere Netzwerke in der Umgebung eingebunden sind, kann die Drei-Generationen-Regel durchbrochen und die Herkunftssprache auch an die dritte Generation weitergegeben werden. Vermittler sind hier neben den Eltern (bzw. einem Elternteil) besonders die Großeltern, die mit den Enkeln die Herkunftssprache sprechen und damit gerade in gemischtsprachigen Partnerschaften die schwächere Sprache stützen. Innerhalb der Familie sind nun Formen von Sprachmanagement (s. Kap. 2.1.5) ausschlaggebend, die die Sprachwahl in der Familie steuern (d. h. welche Sprache die Sprache der Interaktion sein soll). Diese wird meist von ideologischen Faktoren bestimmt, wie Prestige, Identität oder Aufstiegsorientiertheit. Diese Faktoren bestimmen die positive oder negative Einstellung gegenüber einer Sprache. Siehe dazu das Beispiel einer deutschsprachigen Informantin aus Australien, in deren Familie die strikte Anweisung »Sprich Deutsch!« gilt:

> **Spracherhalt in Familiennetzwerken**

(2) Da kam man von der Schule nach Hause [...] und dann, ja, spricht man mit den Geschwistern auf Englisch [...] Aber oft war das dann so, dass einer von uns dreien – hat er gesagt: »oh wir müssen Deutsch sprechen.« [...] Ja, wir haben uns gegenseitig genervt, weil wir tief innen wussten, dass es gut war.
(Deutsche in Australien, 2. Generation, unveröffentl. Aufnahme 2009)

Hier regelt also die Sprachpolitik innerhalb des Netzwerks Familie, die maßgeblich von den Eltern bestimmt wird, den Sprachgebrauch unter den Geschwistern. Die positive Einstellung der Sprache gegenüber (»wir wussten, dass es gut war«) steuert das Sprachverhalten und führt damit auch zum Spracherhalt innerhalb dieses Netzwerks. In dieser Familie hat auch die älteste Tochter das Deutsche an ihr Kind weitergegeben und betreibt aktives Sprachmanagement, um die Sprache zu erhalten – wie regelmäßige Besuche in Deutschland, Kontakt mit den deutschsprachigen Großeltern, Einsatz von Büchern und Medien auf Deutsch.

Tatsächlich zeigt sich, dass Sprachprestige und die Funktion als Identitätsmarker durchaus wichtige Faktoren für den Spracherhalt sind. Dennoch sind die Faktoren, die einen Einfluss auf Spracherhalt und Sprachwechsel haben können, sehr vielfältig und interagieren häufig miteinander (vgl. Riehl 2014b: Kap. 11). Hornberger (2010) beschreibt sogar die

> **Sprachprestige und Identität**

Unmöglichkeit, Spracherhalt oder Sprachwechsel in einer Gemeinschaft voraussagen zu können.

2.3.1 | Sprachvitalität

Informationen über die gesellschaftliche Sprachverteilung und individuelle Sprachdominanz lassen Aussagen auf zugrundeliegende Prozesse zu: D. h., wenn eine Sprache/Varietät X nur noch in der privaten Sphäre gesprochen wird, könnte das auf längere Sicht zum Sprachwechsel führen. Es lässt sich aber auch die Art der Mehrsprachigkeit eines einzelnen Sprechers feststellen, z. B. besonders, ob er eine seiner Sprachen in allen Bereichen oder etwa nur im Bereich der Mündlichkeit beherrscht. Diese Daten werden in sog. *Home Language Surveys* anhand von Fragebögen erhoben, um die Vitalität von bestimmten Minderheiten- bzw. Migrantensprachen zu bestimmen. Die Daten werden miteinander korreliert, um einen ›Sprachvitalitätsindex‹ (LIV) zu erstellen. In der Regel werden Erhebungen an Primarschulen durchgeführt, um festzustellen, welche Vitalität eine Sprache in der jüngsten Generation hat.

Zur Vertiefung

Home Language Surveys

Das bekannteste und umfangreichste *Home Language Survey* haben Guus Extra und Kollegen (vgl. Extra/Yağmur 2004) unternommen. Die Erhebung wurde in sechs europäischen Großstädten durchgeführt, und zwar in Brüssel, Hamburg, Lyon, Madrid, Den Haag und Göteborg. Insgesamt haben über 160.000 Schüler daran teilgenommen. Aus den gesammelten Daten wurden die 20 häufigsten Sprachen, die mindestens in drei Städten repräsentiert waren und mindestens von 30 Schülern im Alter zwischen 6 und 11 Jahren gesprochen wurden, ausgewählt und genauer analysiert. Danach wurde aus einem Mittel zwischen Prozentwerten für die Bereiche »Verstehen«, »Sprechen«, »Sprache mit der Mutter« sowie »bestgekonnte Sprache« ein sog. *Language Vitality Index* (LVI) errechnet. Es stellte sich heraus, dass Romani/Sinti mit dem Faktor 70 den höchsten Vitalitätsindex besitzt, gefolgt von Türkisch und Urdu (jeweils mit Faktor 68). Das Ende der Reihe nehmen dagegen Englisch (Faktor 36) und Deutsch (Faktor 33) ein. Der hohe Vitalitätsindex für Romani/Sinti wird von den Forschern damit erklärt, dass diese Gruppen kein eigenes Territorium besitzen und daher ihre Ethnizität viel stärker über die Sprache zum Ausdruck bringen, der niedrige Index für Englisch dagegen damit, dass Englisch sehr oft als *Lingua Franca* benutzt und auch in der Schule als Fremdsprache gelernt wird. Daher wird es auch von Schüler/innen genannt, die die Sprache gar nicht zuhause sprechen.

Das Multilingual Cities Project: Eine großangelegte Studie im Bereich der *Home Language Surveys* im deutschsprachigen Raum wurde 2009 in 3. und 4. Volksschulklassen in Wien durchgeführt (vgl. Brizić/Hufnagl 2011). Hier nahmen knapp 90 % aller Wiener Volksschulen an der Untersuchung teil, insgesamt 19.453 Schüler/innen. In der Studie wurden 110

Familiensprachen erfasst, außer Deutsch war die zahlenmäßig größte Sprachgruppe Bosnisch/Serbisch/Kroatisch, gefolgt von Türkisch. Weitere sehr stark vertretene Sprachen waren Arabisch, Polnisch und Rumänisch. Von den befragten Schüler/innen gaben 56,4 % an, in ihrem täglichen Leben mehr als eine Sprache zu verwenden. 13,9 % aller Befragten wuchsen sogar mit drei verschiedenen Sprachen auf, 2,5 % waren viersprachig und 0,5 % sogar fünfsprachig (ebd.: 37 f.).

Die Berechnung des Vitalitätsindexes in dieser Untersuchung erfolgt durch die Berücksichtigung der Bereiche für »Verstehen«, »Sprechen«, »Sprache mit der Mutter« sowie »bestgekonnte Sprache«. Dabei führt Deutsch die Liste an (mit Ausnahme von Tschetschenisch, das es sich hier um eine sehr junge Einwanderung handelt und die Deutschkenntnisse der Sprecher noch nicht ausreichend sind). Die anderen Familiensprachen haben einen Vitalitätsindex, der durchweg niedriger ist als Deutsch. Vergleichsweise hoch ist der Index für Türkisch, Albanisch, Polnisch, Chinesisch, Bosnisch/Serbisch/Kroatisch und Tagalog. Die niedrigsten Werte zeigen Romani, Italienisch und Kurdisch, gefolgt von Englisch und Französisch. Interessanterweise enthält diese »Schlussgruppe« Sprachen, die sich in einer schwierigen Position befinden (z. B. Kurdisch) und man daher verstehen kann, dass die Sprecher sie nicht erhalten wollen, aber es befinden sich auch Prestigesprachen darunter. Letzteres hängt damit zusammen, dass etwa Englisch – wie bereits bei der Untersuchung von Extra/Yağmur (2004) – und Französisch auch von vielen Kindern genannt wurden, die die Sprache gar nicht im familiären Alltag verwenden, sondern sie in der Schule als Fremdsprache erworben haben. Daher haben diese Sprachen in den Bereichen »Sprache mit der Mutter« und »bestgekonnte Sprache« einen ganz niedrigen Wert, der sich insgesamt auf den Vitalitätsindex auswirkt.

Unterschiede in der Sprachvitalität

Als interessant stellt sich auch die Frage nach »liebster« und »bester« Sprache heraus. Hier gab es am meisten Übereinstimmung in den Gruppen mit Familiensprache Deutsch und Familiensprache Chinesisch (nur 23 % Nicht-Übereinstimmung) und am wenigsten bei den Gruppen mit den Sprachen Bosnisch und Kroatisch (ca. 60 % Nicht-Übereinstimmung).

Das Projekt SPREEG: In Deutschland wurde ein vergleichbares Projekt mit SPREEG (Sprachenerhebung Essener Grundschulen) an 105 Essener Grundschulen (flächendeckend) durchgeführt. Die Grundschüler wurden nach ihren Familiensprachen und Schulsprachen sowie der Verwendung der Sprachen befragt. Darüber hinaus wurden Schulfremdsprachen mit einbezogen (Baur et al. 2004).

Die Studie ergab, dass 27,6 % der Schüler/innen zuhause eine andere Sprache als Deutsch sprechen, 88 % aber in der Familie auch Deutsch sprechen (d. h. Deutsch neben einer oder mehreren anderen Sprachen). 44 % sprechen mit den beiden Elternteilen eine andere Sprache als Deutsch, davon wiederum häufiger mit der Mutter als mit dem Vater. Die Schüler/innen sprechen aber mit ihren Geschwistern überwiegend Deutsch und 89 % verwenden auch mit den Schulfreunden meist Deutsch. Hier zeigt sich also bereits eine typische Verteilung: Mit den Geschwistern und in der Peer-group wird in der gesellschaftlich dominanten Sprache kommuniziert, was aber teilweise auch mit den Themen (Schule, Freunde etc.) und mit der Situation (Schule als deutsch definierte Domäne) in Zusammenhang zu bringen ist.

In Bezug auf die Sprachpräferenz ergab sich folgendes Bild: 44 % sprechen beide Sprachen gleich gerne, aber 26 % sprechen lieber Deutsch, der Rest lieber ihre jeweilige(n) Muttersprache(n). Hier ist allerdings anzumerken, dass bei einer Fragebogenuntersuchung nur introspektiv Auskunft über die Sprachenwahl gegeben werden kann und es unklar bleibt, ob und wann die Sprachen tatsächlich verwendet werden. Daher bedarf es zusätzlich weiterer beobachtender Studien.

2.3.2 | Sprachgebrauch im Laufe des Lebens

Während sich die Studien zu Sprachvitalität auf den Sprachgebrauch der jüngsten Generation stützen, fokussieren andere Studien auf die Veränderungen im Sprachgebrauch in der Familie im Laufe des Lebens in der ersten Generation: So zeigt etwa Clyne (2003) in einer Studie zur Verwendung der Sprachen in mehrsprachigen Familien, dass die Verwendung unterschiedlicher Sprachen sich durch verschiedene Ereignisse verlagert: Eintritt ins Berufsleben, Heirat, Geburt eines Kindes, Eintritt der Kinder in verschiedene Phasen ihrer schulischen Laufbahn, Tod des Ehepartners. In einer interethnischen Ehe gibt möglicherweise einer der Partner seine Erstsprache auf. Wenn die Kinder in die Schule kommen, wechselt man zur Schulsprache der Kinder, kann aber, sobald die Kinder das Haus verlassen haben, auch wieder zur Migrantensprache zurückkehren (vgl. ebd.: 20 f.).

Sprachverwendung in mehrsprachigen Familien

Bei der Frage nach der »Haussprache« in dieser Studie, ergab sich folgendes Bild: Die höchste Rate des Sprachwechsels in der ersten Generation zeigen die Niederländer (62 %), gefolgt von Deutschen und Österreichern (48 %), die niedrigste die Mazedonier (3 %), Taiwanesen (3 %), Chinesen (5 %) und Türken (6 %). Diese Unterschiede führt Clyne (ebd.: 28 f.) u. a. auf die folgenden Faktoren zurück (vgl. auch Riehl 2014a: 69 f.):

- **Exogamie** (Heirat außerhalb der eigenen Sprachgruppe): Diese ist bei Niederländern (91 %), Deutschen und Österreichern (78 % bzw. 80 %) am höchsten. Bei den Taiwanesen und Türken (um die 5 %) ist sie dagegen am niedrigsten, und das auch noch in der zweiten Generation.
- **Alter:** Die ältere Generation ist häufig ausschließlich in das Netzwerk der eigenen Sprachgemeinschaft eingebunden. Hier kann es geschehen, dass Sprecher, nachdem die Kinder, die in der Regel den Sprachwechsel auslösen, das Haus verlassen haben, zu ihrer Erstsprache zurückkehren.
- **Zeit:** Damit ist zum einen die Dauer des Aufenthalts und zum zweiten der Zeitpunkt der Einwanderung gemeint. Bei Gruppen mit mehreren verschiedenen Einwanderungswellen verhalten sich die einzelnen Migrantengruppen teilweise unterschiedlich. Dies lässt sich mit der Haltung der Mehrheitsgesellschaft und mit der Einwanderungspolitik zur Zeit der jeweiligen Einwanderung erklären.

In diesem Zusammenhang ist es wichtig zu betonen, dass die jeweiligen Faktoren in jeder Konstellation eine andere Rolle spielen. Interessant ist allerdings, dass die typologische Distanz der Sprachen kaum relevant ist: Denn typologisch verwandte Sprachen wie Ungarisch und Türkisch weisen ganz unterschiedliche Zahlen auf: Ungarisch wird von 32 % der Sprecher in der ersten Generation aufgegeben, Türkisch nur von 6 % der Sprecher. Und sogar Sprecher der gleichen Sprache zeigen unterschiedliche Prozentzahlen: Von den spanischsprechenden Chilenen wechseln nur 10 % in der ersten Generation die Sprache, bei Spanischsprachigen aus Spanien sind es dagegen 22 % (vgl. ebd.: 25).

2.3.3 | Spracherhalt in Minderheitenkonstellationen

Die Frage nach dem Spracherhalt wird noch komplexer, wenn die Einwanderer bereits in ihrem Heimatland mehrsprachig waren. Neben den bereits erwähnten Migranten aus afrikanischen Staaten sind dies besonders Migranten aus der Türkei oder aus dem ehemaligen Jugoslawien. Diese sind häufig mehrsprachig in der Nationalsprache ihres Herkunftslandes und einer Minderheitensprache (z. B. Türkisch und Kurdisch, vgl. dazu auch Keim 2012: 38 f.). Allerdings gibt es hier sehr unterschiedliche Spracherwerbsbedingungen: In der Türkei konnten Minderheitensprachen bisher nicht schulisch erworben werden (erst seit dem Schuljahr 2012/13 gibt es Sprachunterricht auf Kurdisch, vgl. http://www.meb.gov.tr/index.php), und sie werden oft sogar stigmatisiert.

Das Sprachkapitalmodell: Die unterschiedlichen Spracherwerbsbedingungen und die Spracheinstellungen gegenüber Minderheitssprachen im Herkunftsland der Eltern haben Auswirkungen auf den Spracherwerb und Bildungserfolg der Kinder (vgl. Brizić 2007). Brizić (ebd.: 233) verdeutlicht dies in ihrem sog. Sprachkapitalmodell. In diesem Modell werden zunächst die Spracherwerbsbedingungen für den Spracherwerb im Herkunftsland betrachtet (das betrifft die Elterngeneration). Diese Bedingungen haben Auswirkungen auf das sprachliche Kapital der Eltern, d. h. welche Sprachkompetenzen sie selbst mitbringen und ob sie eine Minderheitensprache an die Kinder weitergeben oder aber eine Mehrheitssprache, die sie selbst nur unzureichend beherrschen. Angehörige sprachlicher Minderheiten konnten oft ihre Muttersprache nicht als Schulsprache erwerben oder diese wurde sogar stigmatisiert, sodass sie einen Sprachwechsel vollziehen mussten. Als Folge davon bringen sie häufig ein geringes Sprachkapital mit, das sie an die Kinder weitergeben. Dies wirkt sich dann auf die sprachliche Ausgangsposition des Kindes in der Migration aus und führt oft zu Bildungsnachteilen. Brizić (ebd.: 239) zeigt so, dass sich die soziale Ungleichheit und Stigmatisierung von Sprachen im Heimatland in der Migration fortsetzt.

Sprachkapital

2.4 | Sprachroutinen mehrsprachiger Sprecher

Ein typisches Merkmal mehrsprachiger Sprecher ist es, dass sie in Gesprächen untereinander innerhalb des Gesprächs und manchmal sogar innerhalb eines Satzes die Sprache wechseln. Dies reicht von der Entlehnung einzelner lexikalischer Einheiten (wie *Hauptbahnhof, Arbeitsamt* etc.) bis zum ›Code-Switching‹.

2.4.1 | Transfer und Code-Switching

Lexikalischer Transfer

Transfer: Bei der Entlehnung von Wörtern von der einen in die andere Sprache spricht man auch von ›lexikalischem Transfer‹ (Riehl 2014b: 97). Am häufigsten findet man dabei Inhaltswörter aus der Umgebungssprache, die benötigt werden, um sich an veränderte Lebenswelten anzupassen (sog. Bedürfniswortschatz oder *cultural borrowings*; vgl. Myers-Scotton 2006: 212). Das betrifft vor allem Lexeme, die keine direkte Entsprechung in der eigenen Sprache haben, weil sie einem Bereich angehören, in dem normalerweise nur die Kontaktsprache verwendet wird (z. B. die Domäne ›Arbeitswelt‹ bei Migranten und Sprachminderheiten). Es betrifft aber auch kulturspezifische Besonderheiten, wie in folgendem Beispiel:

(3) *è venuta mamma, ha portato i **Nikoläuse** così piccolini*
     [›Die Mama ist gekommen, sie hat so kleine Nikoläuse mitgebracht‹]
     (Schüler, 3. Generation italienischer Auswanderer; vgl. Krefeld 2004: 104)

In diesem Fall existiert das entsprechende Wort für ›Nikolaus‹ im Italienischen nicht, da es den Brauch, dass der Nikolaus am 6. Dezember den Kindern Geschenke bringt, gar nicht gibt.

Code-Switching

Code-Switching bezeichnet dagegen den Wechsel zwischen zwei (oder mehr) Sprachen oder Varietäten innerhalb ein und derselben kommunikativen Interaktion. Der Wechsel kann sowohl einzelne Wörter als auch einen ganzen Diskursabschnitt betreffen. Ein Beispiel:

(4) *Eh eh eh si, per fa la* Kosmetikerin *ci vuole il ehm il* so'n Pass, ich glaub *per fare la*, du musst halt in die neunte gehen, *e se poi ce la fai* kannst du des so mit'm Pass schaffen.
     [›Äh ja, um Kosmetikerin zu werden, braucht man den ehm den so'n Pass, ich glaub um das zu machen, du musst halt in die neunte gehen, und wenn du es dann schaffst kannst du des so mit'm Pass schaffen.‹]
     (Schülerin, 3. Generation italienischer Einwanderer, Bsp. aus Krefeld 2004: 100)

In diesem Fall wechselt die Sprecherin mehrmals innerhalb der Äußerung zwischen dem Italienischen und dem Deutschen hin und her. Dieser

Wechsel von einer Sprache in die andere kann sogar zwischen drei Sprachen erfolgen. Im folgenden Beispiel wechselt der Sprecher, ein dreisprachig aufwachsendes Kind, zwischen Spanisch (Fettschrift), Hebräisch (Kursivschrift) und Englisch (normale Schrift) (aus: Hoffmann/Stavans 2007: 66 f.):

(5) **el** frog **está** *mevi* **un niño** *bematana*
    Der Frosch ist bringend (= bringt) ein Kind als Geschenk

Da Code-Switching ein sehr verbreitetes Phänomen in mehrsprachigen Gesellschaften und Gruppen ist, ist es nicht verwunderlich, dass es dazu eine Vielzahl von Forschungsarbeiten gibt. Code-Switching wird dabei aus unterschiedlichen Perspektiven untersucht, z. B. als Diskursstrategie (wie etwa von Auer 2010) oder als psycholinguistisches Phänomen (z. B. von Clyne 2003).

Code-Switching vs. Ad-hoc-Entlehnung: In der Forschung wird viel darüber diskutiert, ob man nur dann von Code-Switching sprechen kann, wenn es sich bei der anderssprachigen Äußerungskomponente um eine ganze Phrase oder einen Teilsatz handelt (wie in Bsp. 4), oder auch schon dann, wenn nur ein Wort aus der anderen Sprache kommt, wie in dem folgenden Beispiel:

(6) *Ehm, andare al* **Kino** *con la mia ragazza o con gli amici, o andare in giro e basta.*
    [›Äh, ins Kino gehen mit meiner Freundin oder mit meinen Freunden und herumbummeln, das ist alles‹]
    (Schüler, 3. Generation italienischer Auswanderer; vgl. Krefeld 2004: 104)

Hier ist die ganze Äußerung italienisch, nur das Wort *Kino* (ital. *cinema*) ist deutsch. Viele Forscher (z. B. Myers-Scotton 2002: 153) zählen auch solche Fälle zum Code-Switching, vorausgesetzt dass das aus der anderen Sprache eingesetzte Wort spontan geäußert wird und nicht schon ein fester Bestandteil des Lexikons in der Varietät dieser Sprachgemeinschaft ist. Andere sprechen hier von *nonce borrowing* (Poplack 2004) bzw. ›Ad-hoc-Entlehnung‹ oder ›Ad-hoc-Übernahme‹ (Riehl 2014b: 39 f.), d. h. einer Form von Entlehnung, und nicht von Code-Switching. Poplack begründet diese Auffassung damit, dass sich sehr oft etablierte Entlehnungen von ihrer Struktur her nicht von Ad-hoc-Entlehnungen unterscheiden. Ein Beispiel: Ein ganz spontan aus dem Englischen entlehntes Verb wie *ich collecte* hat die gleiche morphologische Struktur wie ein schon im Wörterbuch etabliertes Wort wie *ich checke* (vgl. Riehl 2014b: 23).

Sprachmischung als Ausweichstrategie: Entlehnungen von Wörtern schließen häufig lexikalische Lücken: Das kann etwa dadurch bedingt sein, dass es gar keine Entsprechung zu diesem Wort in der Herkunftssprache gibt (wie in Bsp. 3 *Nikoläuse*). Oft aber kommt es vor, dass der Sprecher nur gerade in diesem Moment keinen Zugriff auf das entsprechende Wort in der L1 hat. In diesem Zusammenhang kann es dann dazu kommen, dass ein und dieselbe Wortverbindung einmal in der einen und

Ad-hoc-Entlehnung

einmal in der anderen Sprache geäußert wird – wie in dem folgenden Beispiel eines siebenjährigen deutsch-kroatisch bilingualen Mädchens:

(7) *ta curica ta ubere hm* (--) *žute / **žuto cvijeće** (.) i onda kad je ona uzela tu pet hm* (---) **gelbe (---) blume** (-)
[dieses Mädchen pflückt hm (--) gelb / ***gelbe blumen*** (.) und dann als sie da fünf genommen hat (---) **gelbe blume**]
(aus: Markovic 2016: 68)

Wie man aus dem Beispiel erkennen kann, kennt das Mädchen die kroatischen Wörter für *gelb* und *Blume* und wendet sie auch korrekt in der Phrase an (*žuto cvijeće* = ›gelbe Blumen‹). Kurz darauf gibt sie die gleiche Phrase allerdings auf Deutsch wieder (*gelbe Blume*). Ein mögliches Problem, das sich in der zweiten Phrase stellt, wäre, dass sich die Wortformen hier im Genitiv befinden müssten (*žutih cvjetova*). Durch einen Codewechsel kann man damit dieses Problem umgehen (vgl. Markovic 2016: 68).

Beispiel mehr-
sprachiges
Sprechen

Mehrsprachige Rede: Der Wechsel zwischen den Sprachen in der Rede Mehrsprachiger ist allerdings so vielfältig, dass man nicht immer genau entscheiden kann, um welches Phänomen es sich im Einzelnen handelt. Denn in der mehrsprachigen Rede kommt der Sprachwechsel bei einzelnen Wörtern bzw. Wortstämmen zusammen mit dem Sprachwechsel von längeren Einheiten meist gemeinsam vor, wie etwa in dem folgenden Beispiel aus Keim (2012: 165 f.):

(8) weihnachtsmann *geln/ gel/ gelmişti.* Isch hab zwei *Çuku*laden gekriegt. *Niye biliyon mu?* Weil = sch der Ü/ Ü/ Überse/ Übersetzer bin. *En iyisi benim ya zaten* isch helf die alle un = dann krigg isch alles. *Çocuk/ çocuklar he/* bausteine*leri yapmıyolar, ya dökmüşler, yapmıyolar. Ben yapıyom.* (-) Krigg i/ krigg-isch lutscher (Turan, dt.-türk., 3. Generation, 6 Jahre; im Original konversationsanalytische Transkription)
[Der Weihnachtsmann ist gekommen. Ich habe zwei Schokoladen gekriegt. Weißt du warum? Weil ich der Übersetzer bin. Weil ich doch der Beste bin sowieso, ich helfe denen allen und dann krieg ich alles. Die Kinder machen die Bausteine nicht, also haben sie sie verstreut. Sie machen (das) nicht, ich mach das. Krieg ich Lutscher.]

In diesem Beispiel hat der erste Satz *weihnachtsmann gelmisti* (›der Weihnachtsmann ist gekommen‹) eine türkische Struktur: das Wort *Weihnachtsmann* ist eine Entlehnung aus dem Deutschen und wird in die türkische Satzstruktur eingepasst. Ein weiteres Wort *Bausteine* wird ebenfalls vollständig in die türkischsprachige Äußerung integriert, indem die Pluralendung (*-ler*) und die Kasusendung (*-i*) an das entlehnte Wort angefügt werden. Diese Art von Ad-hoc-Entlehnungen ist für die türkisch-deutsche Mischsprache typisch. Eine interessante Beobachtung kann man bei der Form *Çukuladen* machen: hier handelt es sich um eine Überblendung von türk. *çikolata* und dt. *Schokolade* (vgl. Keim 2012: 166). Eindeutige Fälle von Code-Switching sind dagegen die Mehrwortverbindungen *Weil = sch der Übersetzer bin* und *help die alle un = dann krigg isch alles* sowie *krigg-isch lutscher* (vgl. Riehl 2016b).

Das Mischmuster, das dieses sechsjährige Kind aus der dritten Generation verwendet, ähnelt denen, die auch Jugendliche benutzen. Turan hat dieses Muster von seiner Mutter (Sprecherin der zweiten Generation) und in seinem türkischen Umfeld erworben, wo diese Form der Sprachverwendung eine gängige Praxis ist. Dies zeigt, dass diese Mischmuster zu den selbstverständlichen Routinen von mehrsprachigen Sprechern gehören und auch an die nächste Generation weitergegeben werden (vgl. Keim 2012: 165 f.).

Funktionen von Sprachmischung: Interessant sind vor diesem Hintergrund auch die Funktionen, die Übernahmen aus der anderen Sprache oder das Code-Switching haben. So wechseln etwa Sprecher häufig die Sprache, wenn sie einen besonderen kommunikativen Effekt erzielen wollen (z. B. indem sie ein Zitat markieren) oder wenn sie eine persönliche Einstellung oder Bewertung zum Ausdruck bringen wollen. Auch Äußerungen über Sprache, z. B. *wie heißt das auf Deutsch?* werden häufig durch Code-Switching in die andere Sprache kontextualisiert (vgl. dazu Riehl 2014b: 27).

Funktionen der Sprachmischung

Sprachmischung und Kontrolle: Im Zusammenhang mit den beschriebenen Formen bilingualer Praktiken sind zwei Aspekte zentral: Dies ist zum einen die Funktion von Sprachmischung und Kreation eigener sprachlicher Strukturen und Ausdrucksweisen zum Ausdruck einer eigenen mehrsprachigen Identität und zum anderen der jeweilige Sprachmodus. Darunter versteht man ein Kontinuum zwischen einem bilingualen und einem monolingualen Sprachmodus, der dadurch bestimmt wird, ob man sich mit einem bilingualen oder einem monolingualen Sprecher unterhält. Das bedeutet wiederum, dass mehrsprachige Sprecher, die sich im monolingualen Modus befinden, viel stärker ihre Sprachäußerungen mit Hilfe eines internen Aufmerksamkeitskontrollsystems kontrollieren müssen.

Monolingualer und bilingualer Sprachmodus

Zur Vertiefung

Der Begriff ›Sprachmodus‹ (*language mode*) stammt von François Grosjean (1982 f.) und bezieht sich darauf, wie stark die Sprachen jeweils aktiviert sind: So gibt es einen Modus, bei dem die beiden Sprachen gleich stark aktiviert sind (bilingualer Modus) und einen Modus, bei dem eine Sprache viel stärker aktiviert ist als die andere (monolingualer Modus). Im monolingualen Modus passen sich mehrsprachige Sprecher der Sprache eines einsprachigen Kommunikationspartners an und deaktivieren – so gut wie möglich – ihre andere(n) Sprache(n). Im bilingualen Modus dagegen sind beide Sprachen aktiviert und die Sprecher wechseln viel eher zwischen den Sprachen oder mischen diese. Grosjean betont, dass man diese Sprachmodi als ein Kontinuum ansehen muss. Der Sprachmodus wird nicht nur von den beteiligten Gesprächspartnern, sondern auch von der Situation (formell vs. informell), vom Thema, Ort etc. beeinflusst. Je stärker sich die Sprecher auf den monolingualen Modus zubewegen, desto stärker kontrollieren sie ihre Äußerungen mit Hilfe eines internen Monitors (vgl. dazu Riehl 2005).

2.4.2 | *Translanguaging*

Mehrsprachige Praktiken sind aber auch wichtig in den Fällen, in denen sich die Sprecher noch nicht ganz in einem monolingualen Modus einer Sprache zurechtfinden. Das passiert häufig bei Migrantenkindern, die in ihrer L2 eingeschult werden und diese Sprache noch unzureichend erworben haben. Daher können, wie García (2009) betont, bilinguale Praktiken wie situationelles Code-Switching auch im Unterricht förderlich sein. García (ebd.: 45 f.) verwendet dafür den Begriff *translanguaging* und versteht darunter den gleichzeitigen und hybriden Gebrauch verschiedener Sprachen. Diese Sprachpraktiken haben ihren Ort auch in bilingualen Familien, in denen nicht alle Familienmitglieder auf dem gleichen Sprachstand in den jeweiligen Sprachen sind und es unter Umständen sogar einsprachige Mitglieder gibt.

Definition

> Unter Translanguaging versteht man die Praxis mehrsprachiger Sprecher, auf unterschiedliche Strukturen oder Ausdrucksformen, die autonomen Sprachen zugeschrieben werden, zuzugreifen. Damit maximieren die Sprecher ihr kommunikatives Potential (García 2009: 140; Übersetzung CMR)

Nutzung des Gesamtsprachrepertoires: Somit bewegen sich Mehrsprachige flexibel zwischen den Sprachen, um die Kommunikation mit anderen zu erleichtern, aber auch um ein tieferes Verständnis zu bewirken und einen Sinn in der mehrsprachigen Welt zu konstruieren. García (ebd.: 46 f.) betont auch, dass sich diese bilingualen Praktiken oft vom Sprachgebrauch zweier Einsprachiger unterscheiden, da es keine klaren Grenzen zwischen den Sprachen gibt. Dies wurde bereits unter dem Begriff *Multicompetence* diskutiert (s. Kap. 2.1.2). Damit ist das Sprachrepertoire eines Mehrsprachigen nicht defizitär, sondern reflektiert nur eine größere Auswahl an Möglichkeiten. Die Sprachverwendung erweist sich damit als eine geeignete Strategie, um den Anforderungen der multilingualen Wirklichkeit in unseren modernen Gesellschaften zu entsprechen (vgl. dazu auch Busch 2017: 181 f.). Otheguy, García und Reid (2015: 299) machen in diesem Zusammenhang darauf aufmerksam, dass es beim *translanguaging* nicht um die Sprache, sondern um Kommunikation geht. Die Sprachfertigkeiten der Lerner in einer Sprache müssen von sprachlichen Kompetenzen getrennt werden.

Verschiedene Beispiele zeigen, dass bilinguale Kinder, wenn man sie zwingt, im monolingualen Modus zu sprechen, oft verstummen. In anderen Fällen verwenden die Kinder völlig falsche Bezeichnungen, wie in dem folgenden Beispiel aus einer Studie zu bilingualen Grundschüler/innen in Wien (Peltzer-Karpf/Brizić/Rabitsch 2006): Ein deutsch-türkisch bilingualer Schüler beschreibt ein Bild aus der sog. *Frog-Story* (vgl. Mayer 1969) auf Deutsch wie folgt: »Dann rief er aus dem Fenster: Froschi, Froschi, wo bist du?« In der Interaktion auf Türkisch mit der Interviewerin (= INV) kommt es zu folgender Gesprächssequenz:

(9) K: bir dişardan çağırıyo ördeğim nerdesin ama görmüyo
         er ruft nach draußen: »Wo bist du meine Ente?«, aber er
         sieht ihn nicht
     INV: bu ne?
         was ist das?
     K: ördek
         eine Ente
     INV: ördek mi iyice, bak!
         Ist das eine Ente? Schau genau hin!
     K: **Frosch** ama türkcesini bylmiyom
         Frosch, aber ich weiß nicht, wie es auf Türkisch heißt
     (aus: Peltzer-Karpf 2007: 97)

Wie das Beispiel illustriert, wird der Schüler dadurch, dass er hier in den monolingualen Modus ›Türkisch‹ gebracht wird, gezwungen, eine Ersatzstrategie zu überlegen: Und so wird aus dem Frosch eine Ente!

2.4.3 | Kinder und Jugendliche als Sprachmittler

Translanguaging ist auch eine wichtige Praxis bei Migrantenkindern, die für ihre Eltern oder Verwandten als Dolmetscher fungieren. Diese Form des Dolmetschens wird praktiziert seit es Migration gibt: Immer da, wo keine professionellen Dienste vorhanden sind, greifen Migranten auf die Hilfe von Kindern und Jugendlichen zurück, die in der Regel die neue Sprache und Kultur schneller adaptieren, zumal sie ja auch in den institutionellen Kontext Schule eingebunden sind. Allerdings ist dieses Sprachmitteln im Migrationsalltag aus zwei Gründen nicht ganz unproblematisch (vgl. Liedke-Göbel 2016): Zum einen kann man diese Art von Dolmetschen nicht mit dem professionellen Dolmetschen vergleichen. Die Migrantenkinder und -jugendlichen, die für ihre Familienangehörigen übersetzen, sind ja nicht nur Übermittler, sondern auch Vermittler und auch selbst Aktanten innerhalb des Gesprächs. Daher passiert es oft, dass sie das Gesagte aus ihrer eigenen Perspektive widergeben oder auch inhaltlich verkürzen. Das wiederum kann unter Umständen zu Fehldiagnosen führen oder auch rechtliche Probleme nach sich ziehen. Beim folgenden Beispiel aus Pöchhacker (2000: 218) handelt es sich um ein Therapiegespräch zwischen einer Logopädin (Tanja) mit türkischsprachigen Eltern, die sich Sorgen wegen der sprachlichen Entwicklung ihrer zweijährigen Tochter machen. Als Dolmetscher (Dolm.) fungiert die ca. 16-jährige Nichte der Mutter:

Probleme von Laiendolmetschern

(10) Tanja: Ahm, fragen Sie ob sonst irgendwie seine Entwicklung
            (*Spielzeug fällt zu Boden*) ahh, ob sonst irgendwie seine
            Entwicklung/sie hat ja noch ein Kind, oder?
     Dolm.: Ja.
     Tanja: Aber ein kl/ah so, der is kleiner. War sonst seine Entwicklung irgendwie auffällig, vom Gehen her, vom Krabbeln, Sitzen, hat er eher langsam begonnen oder war das normal?

Dolm.: Şey, eee, yavaş mı başladı yürümeye? Şey yapmaya, eme-klemeye?
Dings, hat sie langsam begonnen zu gehen, dings zu ma-chen, zu krabbeln?

Mutter: Beş, eeh, altı aylıkken emeklemeye başladı çocuk.
Mit fünf, äh, mit sechs Monaten hat das Kind zu krabbeln begonnen.

Dolm.: **Das war auch normal.**

Wie das Beispiel sehr schön zeigt, wird die jugendliche Übersetzerin ein-mal direkt als Ansprechpartnerin benutzt (»sie hat ja noch ein Kind, oder?«), zum anderen interpretiert sie einfach die Antwort der Mutter als »normal«. Sie gibt die eigentliche Information, nämlich, dass das Kind mit fünf oder sechs Monaten zu Krabbeln begonnen hat, überhaupt nicht an die Therapeutin weiter. Dies könnte aber eventuell für deren Einschät-zung von Bedeutung sein. Zum anderen kann man auch sehen, dass die Laiendolmetscherin Probleme mit dem Übersetzen hat: Sie verwendet das Passepartout-Wort *şey* (›Ding‹), da sie erst die entsprechenden Wörter ab-rufen muss. Der Aspekt ›Sitzen‹, den die Therapeutin ebenfalls erwähnt, fällt dabei von vornherein weg.

Psycho-soziale Auswirkungen — **Auswirkungen kindlicher Sprachmittlung:** Neben diesen Aspekten, die die sprachliche Seite und ihre Konsequenzen betreffen, hat der Einsatz von Kindern und Jugendlichen als Sprachmittler auch psychosoziale Aus-wirkungen. Kinder können unnötigem Stress ausgesetzt sein, der von be-stimmten Themen, Aktivitäten, Diskursen oder Situationen, in denen sie sich in ihrer Dolmetscheraktivität befinden, ausgelöst sein kann. Sie müs-sen manchmal auch in Situationen übersetzen, vor denen Minderjährige normalerweise geschützt werden. Ihre Rolle als Kinder wird nicht aner-kannt und sie verrichten eine Art »unsichtbare Spracharbeit« (Ahamer 2014):

The form of invisibility experienced, described and, at times, suffered by those children who mediate linguistically and culturally for adults (their parents and family) is not simply restricted to their role as linguistic and cultural mediators, but exacerbated by the mere fact that they are children and thus, according to the traditional way in which they are viewed, muted and unperceived beings and subjects. (Antonini 2010: 7)

Studien zu jugendlichen Sprachmittlern: Befragungen von Migranten-jugendlichen in Österreich von Guske (2010) (16 Sprecher der zweiten Generation zwischen 18 und 23, mit Türkisch, Griechisch oder Italienisch als Familiensprache) und Ahamer (2014) (42 Jugendliche zwischen 12 und 22, davon überwiegend mit Türkisch oder Bosnisch/Serbisch/Kroa-tisch als L1) haben ergeben, dass Jugendliche sehr oft Übersetzungsauf-gaben für ihre Eltern übernehmen, etwa im Umgang mit Ärzten, Behörden und Steuerberatern. Dabei geraten sie häufig an ihre Grenzen, was die Terminologie betrifft (Guske 2010: 329). Oft empfinden die Jugendlichen ihre Rolle als belastend, etwa weil die Gespräche die eigene Person be-treffen. So ist etwa das Dolmetschen beim Elternsprechtag vielen Jugend-lichen unangenehm, wie eine – inzwischen erwachsene – Befragte angibt:

(11) Na schlimm war Elternabend hab ich ihr dolmetschen müssen also
      hätte ich ja vieles manipulieren können [V. A. hast du?] Nee Blöd-
      sinn das bringt ja doch nichts, ich hab halt alles erklärt wie's ist
      und so es ist halt so. unangenehm …
      (Ahamer 2014: 351, Transkriptionskonventionen im Original)

Ebenfalls sehr belastend für die jugendlichen Dolmetscher können auch
die Inhalte sein (z. B. Krankengeschichten oder finanzielle Probleme). Die
Belastung ist umso größer, wenn sich daraus auch rechtliche Konsequenzen für die Familie ergeben. Bisweilen werden Kinder und Jugendliche
auch in Situationen gebracht, die den kulturellen Vorstellungen der Familie widersprechen und sie daher in sehr peinliche Situationen bringen
(etwa wenn Mädchen für ihre Mütter beim Frauenarzt dolmetschen und
hier Tabuthemen ansprechen müssen, vgl. Guske 2010: 329).
  Neben grundsätzlichen Dingen wie Unterrichtsausfall wird vor allem
beklagt, dass Freizeitaktivitäten, denen andere Gleichaltrige nachgehen
können, ausfallen und dass eigene Wünsche zugunsten der familiären
Bedürfnisse zurückgestellt werden müssen (Ahamer 2014: 353 f.). Die
Jugendlichen berichten auch von einer gewissen Scham, die sie wegen
der mangelnden Sprachkenntnisse ihrer Eltern haben, dennoch empfinden sie eine gewisse Solidarität ihnen gegenüber.
  Dies wird im Übrigen nicht nur von den Kindern und Jugendlichen
selbst angeführt, auch Lehrer/innen nehmen das durchaus wahr, wie
eine interviewte Lehrperson angibt:

(12) in der dritten Klasse gibt's auch einen Buben, einen türkischen Bu-
      ben. dem ist das auch sehr unangenehm. wenn die Mutter, am
      Sprechtag ist das, da kommt er mit der Mutter mit und muss alles
      übersetzen, du siehst, dass es ihm unangenehm ist. Irgendwie …
      was denk ich mir, wenn die nicht Deutsch kann. So kommt's mir
      vor.
      (Ahamer 2014: 294)

Insgesamt aber liegt die Hauptproblematik darin, dass die Jugendlichen
in die Rolle von Erwachsenen gedrängt werden und es damit zu einer
Umkehr familiärer Rollen kommt. Dies drückt eine von Ahamer (2014)
interviewte Person folgendermaßen aus:

Umkehr familiärer Rollen

(13) Eigentlich habe ich eh alles selber gemanagt und so weil eigentlich
      bräuchte ich keine Eltern dafür … damals ja ich hab mich so ge-
      fühlt so.hilflos ab und zu auch […] das ist so ein komisches Ge-
      fühl, wenn deine eigene Mutter auf dich angewiesen ist, weißt was
      ich mein?
      (Ahamer 2014: 356)

Trotzdem hat diese Sprachvermittlungstätigkeit nicht nur negative Auswirkungen: Die Jugendlichen empfinden nämlich auch Stolz darüber,
dass sie anderen helfen können, was zu einem wachsenden Selbstwert-
gefühl führt. Außerdem gewinnen sie eine zunehmende Professionalität
in der Sprachvermittlung (vgl. Liedke-Göbel 2016: 63).

2.5 | Die Rolle der Peer-groups

Während der Spracherwerb im Kleinkindalter vor allem in der Familie stattfindet, gewinnt ab dem vierten oder fünften Lebensjahr (bei Eintritt in die Kita schon ab 3 Jahren) der Einfluss der Gleichaltrigengruppe immer mehr Einfluss auf den Spracherwerb und Sprachgebrauch (vgl. Albers 2009). Spätestens ab dem Eintritt in die Pubertät bekommt Sprache auch eine wichtige Bedeutung für die Identitätsbildung eines Individuums. Das Fehlen einer eigenen Sprache und Kultur kann daher die Entwicklung von Identität bei Jugendlichen sehr negativ beeinflussen (Oksaar 2003: 156). Der Wunsch, so zu sein wie die Anderen ist in diesem Lebensabschnitt oft stärker als das Verständnis darüber, welchen Wert die Heimatsprache und -kultur für die Eltern haben. Wird der ›Mutter-‹ oder ›Vatersprache‹ im schulischen Alltag der Kinder keine Bedeutung oder Relevanz beigemessen bzw. gehört sie vielleicht sogar einer der ›prestige-losen‹ Sprachen an, geben einige Kinder bereits im Grundschulalter das aktive Sprechen ihrer Herkunftssprache auf (Blanco Lopéz/Riehl 2018).

2.5.1 | *We-code* und Identität

In diesem Zusammenhang haben auch Sprachen oder Varietäten, die in einer Gruppe nicht mehr dominant sind, eine wichtige Funktion: Sie fungieren als sog. *we-code* gegenüber der dominanten Sprache in einer Gesellschaft, dem sog. *they-code*. Der *we-code* drückt eher eine persönliche Aufforderung, Involviertheit oder persönliche Meinungen aus, der *they-code* bringt demgegenüber Sachorientierung, Distanz zum Geschehen oder allgemeine Fakten zum Ausdruck (vgl. Gumperz 1982: 93). Die Funktion des *we-codes* können auch Substandardvarietäten wie Dialekte oder Jugendsprachen gegenüber Standardsprachen einnehmen. Die Jugendsprache ist der *we-code* einer bestimmten Sozial- bzw. Altersgruppe.

we-code und **they-code**

Der *we-code* als eigene Varietät: Das zeigt sich sehr schön an dem folgenden Beispiel türkisch-deutscher Jugendlicher. Hier wird die eigene Sprachvarietät, der *we-code*, als »Kanakensprache« beschrieben:

(14) *aber auf Türkisch sprechen wir halt – ja unter uns sprechen wir –* **n'aber moruk** [was gibt's Neues, Alter?] *was geht ab? Des is die Kanakensprache. Wenn man schon zwei, drei Sätze zusammen bildet auf Türkisch plus zwei, drei Sätze auf Deutsch.*
(Murat, 2. Generation, aus: Keim 2012: 172, im Original konversationsanalytische Transkription)

Diese von dem türkischstämmigen Jugendlichen beschriebene Sprachform deckt sich mit der in Kapitel 2.4.1 beschriebenen Form von Sprachmischung. Tatsächlich spiegelt sich in diesem Sprachverhalten die ganz typische Sprechweise, nämlich die Praxis mehrsprachigen Sprechens wider, die in allen mehrsprachigen Konstellationen vorkommt.

Neben dieser typischen Mischsprache, die der Jugendliche in Beispiel 14 beschreibt und die durch durchgängiges Code-Switching bestimmt ist (*zwei, drei Sätze* [...] *auf Türkisch plus zwei, drei Sätze auf Deutsch*), haben sich in vielen deutschen und europäischen Großstädten Varietäten herausgebildet, die bestimmte Merkmale zeigen, die einer bestimmten ethnischen Gruppe zugeschrieben werden. Deshalb bezeichnet man diese Sprachformen als sog. Ethnolekte.

Unter Ethnolekten versteht man sprachliche Varietäten, die den Sprecher als Angehörigen einer ethnischen Gruppe kennzeichnen. Ethnolekte werden in der Regel von der 2. und 3. Generation von Migranten gesprochen und basieren auf regionalen Umgangssprachen. Sie zeigen aber gleichzeitig auf allen Ebenen der Sprache (Phonetik/Phonologie, Morphologie, Syntax, Lexik, Pragmatik) Unterschiede.

Definition

2.5.2 | Die Rolle des Ethnolekts

Ethnolekte basieren nicht auf Mischsprachen, sondern auf regionalen Umgangssprachen, zeigen aber gleichzeitig auf allen Ebenen der Sprache Unterschiede. Interessanterweise gibt es viele Gemeinsamkeiten zwischen den Ethnolekten, die in Deutschland, den Niederlanden, Schweden oder England entstanden sind. Die Ähnlichkeit der beobachteten Phänomene lässt vermuten, dass es sich hierbei um universale Prozesse (häufig Vereinfachungsstrategien) handelt, die unter Mehrsprachigkeitsbedingungen zur Herausbildung ähnlicher sprachlicher Phänomene führen (Keim 2012: 126).

Die jeweiligen Sprachformen erhalten ihre Bezeichnungen entweder nach bestimmten Stadtteilen (*Rinkebysvenska* ›Rinkebyschwedisch‹ in Stockholm) oder von bestimmten Sprechergruppen, dann aber meist in abwertender Art: *kebebspråk* (Malmö, Göteburg), *perkerstil* ›Niggerstil‹ oder *perkersprog* ›Niggersprache‹ (Kopenhagen). Die Sprecher selbst stilisieren ihre Sprechweise häufig als eine Art von Straßensprache: *Straattaal* (Niederlande) oder *Kiezdeutsch* (Berlin), *Ghettoslang* (Mannheim) (vgl. ebd.: 121 f.). In Deutschland führte der türkischstämmige Schriftsteller Feridun Zaimoğlu mit seinem Buch ›Kanak Sprak‹ (1995) den Terminus *Kanaksprak* ein. Dieser Begriff wird im Folgenden dann auch bisweilen in den Medien verwendet. In der Forschung werden die Begriffe ›Ethnolekt des Deutschen‹ (Androutsopoulos, Auer) oder ›Türkendeutsch‹ (Kern, Selting) gebraucht.

Bezeichnungen für Ethnolekte

Typologie ethnolektaler Formen: Auer (2003) entwirft im Anschluss an Androutsopoulos eine Typologie ethnolektaler Formen: Der primäre Ethnolekt ist die Sprachform, die in den Großstadtghettos entstand und vorwiegend von türkischstämmigen männlichen Jugendlichen verwendet wird. Dieser erfuhr durch Comedy-Sendungen eine mediale Stilisierung, in die auch reine Comedy-Erfindungen wie der Universalartikel *dem* (*dem is korrekt*) und neue Wortbildungen (*brontal* aus *brutal* und *frontal*) einflossen. Diese stilisierte Form wird als ›sekundärer Ethnolekt‹ bezeichnet. Der sekundäre Ethnolekt wird wiederum von jugendlichen Sprechern nicht-türkischer Herkunft imitiert und verwendet, um dem Gespräch eine spielerische Wendung zu geben oder um Dinge auszusprechen, die in der eigenen Sprache Gesichtsverletzung oder Tabubruch zum Ausdruck bringen. Diese Variante bezeichnet man als ›tertiären Ethnolekt‹ (vgl. auch Androutsopoulos 2001).

Charakteristika des deutschen Ethnolekts: Wie bereits erwähnt, bildet die Basis der Ethnolekte die jeweilige Umgangs- bzw. Regionalsprache. In diese Varietät werden eine Reihe von Merkmalen integriert, die von der herkömmlichen Umgangs- bzw. Regionalsprache abweichen (Beispiele aus: Androutsopoulos 2001; Dirim/Auer 2004: 207 f.; Keim 2012; Şimşek 2012; Wiese 2009):

a) Phonetische und phonologische Merkmale
- Koronalisierung des stimmlosen, palatalen Frikativs /ç/ (*isch* statt *ich*)
- Nicht-Vokalisierung von auslautendem /r/ (*mach weiter*)
- Reduktion der Affrikate /ts/ im Anlaut zum Frikativ /s/ (*swei*)
- Aufhebung der Differenz zwischen kurzen und langen Vokalen

b) Prosodie
- Silbenzählender Rhythmus mit Hervorhebung von Nebensilben
- staccato-artiges Sprechen

c) Morphologische und syntaktische Merkmale
- Ausfall von Präpositionen in Lokal- und Richtungsangaben (*isch muss Toilette, isch geh Hauptbahnhof*)
- Ausfall des Artikels in Nominal- und Präpositionalphrasen (*da wird Messer gezogen, gib mir Kippe*)
- Abweichungen in Genus und Kongruenz (*ein Ohrfeige geben, meine Fuß*)
- Fehlen der Inversion (*jetzt ich bin 18*)

d) Lexikalische und phraseologische Merkmale
- Wortschatz aus dem Türkischen: *lan* (›Mann‹), *kiz* (›Mädchen‹), *moruk* (›Alter‹), meist als Formeln: *siktir* (›fuck off‹), *hadi* (›los, auf geht's‹), *çüş* (›stopp, hör auf, du Idiot‹)
- vereinzelt Wörter aus dem Arabischen: *wallah* (wörtlich: ›und Allah‹), *yallah* (wörtlich: ›oh, Allah‹)
- Verwendung von Floskeln: *weißt du, isch schwör, (h)ey Alter, hey lan*
- Verwendung türkischer Gesprächspartikeln (*yani* ›also‹, *işte* ›halt‹, *hani* ›doch‹) und Rezipientensignale (*ha, he, hu, ay* ›hm‹)

Charakteristika auf Diskursebene: Neben den gerade aufgeführten Besonderheiten gibt es weitere Charakteristika auf der diskursstrukturellen Ebene. Ein Beispiel dafür ist die Herstellung von Kohärenz und Kohäsion durch kurze prosodische Einheiten mit hoher Akzentdichte (vgl. Şimşek 2012). Dabei wird semantisch zusammengehörige Information, die im Standarddeutschen häufig in einer komplexen Einheit integriert werden würde, in selbstständigen prosodischen Einheiten präsentiert, in denen häufig auch Satzglieder nachgestellt werden. Diese Form des Sprechens kann man als eigenen ethnischen Stil definieren, siehe dazu das folgende Beispiel:

(15) = isch hab GESTern geSEHN;
         SO = ne Tüte? (.)
         dis war bestimmt ZEHN gramm; =
         = oder t' sch' zwanzisch GRAMM; (-)
         der mann hat geGEben, (.)
         < < rall > > und denn GELD geGEben; >
         (aus: Şimşek 2012: 65)

Kern (2013) kann zudem nachweisen, dass im Türkischdeutschen auch Kontrast asyndetisch, d. h. lediglich durch syntaktische und prosodische Merkmale, statt durch Konnektoren wie *aber*, *doch* etc. markiert wird.

Multiethnolekt und Minderheitenidentität: Dieses sog. Türkendeutsch wird von türkischen Jugendlichen in der Ingroup verwendet, um damit ihre spezifische Identität als »Türkendeutsche« zu bezeichnen. Es wird gegenüber Deutschen vor allem in Konfliktsituationen gebraucht, um eine fremde und bedrohliche Identität zu projizieren. In zunehmendem Maß wird diese Sprechweise türkischer Jugendlicher auch von Sprechern anderer ethnischer Herkunft verwendet. Man spricht dann in diesem Zusammenhang von einem sog. Multiethnolekt, da Sprecher verschiedenster Ethnien sich dieser Ausdrucksform bedienen. Darüber hinaus verwenden auch junge Leute mit deutschem Familienhintergrund, die enge Netzwerkbeziehungen zu Sprechern des Ethnolekts haben, in zunehmendem Maße diese Sprachform.

> Unter **Multiethnolekt** versteht man Varietäten einer Sprache, die bestimmte Sprecher als Mitglieder von ethnischen Gruppen kennzeichnen, die ursprünglich eine andere Sprache verwendeten. Ein Multiethnolekt wird von verschiedenen Minderheitengruppen gemeinsam verwendet, um dadurch ihren Status als Minderheit zu untermauern oder diesen aufzuwerten (vgl. Clyne 2000: 86 f.).

Definition

In multiethnischen Gruppen kann man nun beobachten, dass auch einsprachig aufgewachsene deutsche Jugendliche einige Besonderheiten aus dem Multiethnolekt übernehmen, z. B. die Auslassung von Artikeln und Präpositionen (Bsp. aus Dirim/Auer 2004: 209 f.):

(16) (a) Hast du denn Wörterbuch mit? (Michael, dt.)
       (b) Ich hab Fotoapparat. (Nadine, dt.)
       (c) Die geht so Laden rein. (Maike, dt.)
       (d) Dann bin ich Gymnasium zwei Jahre gegangen. (Annette, dt.)

Diese Beobachtungen sind aber nicht nur typisch für Deutschland, sondern finden sich auch in den Multiethnolekten in Schweden, Dänemark und den Niederlanden (Parallele Beispiele dazu liefern etwa Wiese 2009; Freywald et al. 2011).

Kiezdeutsch: Die morphosyntaktischen Strukturen von Multiethnolekten wurden meist unter dem Gesichtspunkt von Auslassungen oder Vereinfachungen beschrieben (ebd.). Dagegen konnte aber Wiese (2009, 2012 u. a.) zeigen, dass im sog. Kiezdeutsch, einer Sprechweise unter Jugendlichen in multiethnischen Vierteln in Berlin, neben grammatischen Vereinfachungen (wie das Weglassen von Präpositionen und Artikeln) – auch neue produktive Muster entstehen. Kiezdeutsch bildet nach Wiese (2011: 148) deshalb so eine interessante neue Varietät, »weil es Merkmale einer Jugend- und einer Kontaktsprache in sich vereint«. Wiese (2009) führt drei verschiedene Phänomene auf:

Charakteristika
des Kiezdeutschen
Entstehung neuer Funktionsverbgefüge: Es werden bestimmte Konstruktionen gebildet, die sog. Funktionsverbgefügen ähneln, bei denen die semantische Bedeutung der Verben völlig verblasst ist, siehe dazu die folgenden Beispiele:

(17) *rote Ampel machen* (›bei Rot über die Straße gehen‹)
　　jemanden Messer machen (›jem. mit einem Messer umbringen‹)
　　U-Bahn haben (›mit der U-Bahn fahren‹)
　　neues Thema sein (›ein neues Thema angefangen haben‹).
　　(Wiese 2009: 798)

Diese Konstruktionen ähneln typisch deutschen Konstruktionen wie *Angst haben, Angst bekommen* oder *Angst machen*. In diesen Konstruktionen tragen die Verben nur noch die grammatischen Funktionen, und die inhaltliche Bedeutung liegt auf dem Nomen. Die Funktion der Funktionsverbgefüge ist in der Regel die Markierung von Aktionsarten (durativ, inchoativ, kausativ). Eine ähnliche Konstruktion, aber mit anderer Funktion, findet sich auch im Türkischen. Hier dienen Konstruktionen wie *telefon etmek* (wörtl. ›Telefon machen‹ = ›telefonieren‹) dazu, Fremdwörter zu integrieren. Das Vorhandensein des Konstruktionstyps (Nomen + ›machen‹) in beiden Sprachen erleichtert nun den Ausbau dieses Bildungstyps (vgl. Wiese 2009: 798).

Verwendung bloßer Nomina für lokale Ausdrücke: Im umgangssprachlichen Deutsch ist die Möglichkeit vorhanden, Artikel- und präpositionslose Nomina als lokalen Ausdruck in Zusammenhang mit Haltestellen zu gebrauchen (Bsp. *da fahren Sie bis Friedrichstraße; nein, wir sind noch nicht Wannsee*, ebd.: 792). Diese Formen traten bereits in den 1930er Jahren auf und wurden in einer Studie von Wiese (2009) von fast zwei Drittel erwachsener Deutsch-Muttersprachler verwendet. Im Kiezdeutsch wird nun diese im Deutschen vorhandene Möglichkeit ausgebaut und auf weitere Kontexte angewandt, sodass sie schließlich für alle Formen von lokalen Ausdrücken verwendet werden kann (z. B. *ich wollte gerade Kino gehen, welcher Rossmann wart ihr?*, s. dazu auch die Beispiele unter 16). Wiese/Pohle (2016: 209) weisen dezidiert darauf hin, dass diese Konstruktionen von Jugendlichen eingesetzt werden, um »informelle Peer-Group-Kontexte zu markieren.«

Entwicklung eines neuen Typs von direktiven Partikeln: Eine weitere Entwicklung, die Wiese anführt, ist die Grammatikalisierung von Direktiven wie *musstu* (›musst du‹) und *lassma* (›lass mal‹) zu Modalpartikeln.

(18) (a) »Musstu Doppelstunde fahren!« [= Vorschlag, an den Hörer,
in der Fahrschule eine Doppelstunde zu fahren]
(b) »Lassma Moritzplatz aussteigen!« [= Vorschlag, gemeinsam
am Moritzplatz aus dem Bus auszusteigen]
(c) »Musstu hinten aussteigen« [= Vorschlag an mehrere Personen, hinten im Bus auszusteigen]
(vgl. Wiese 2009: 801)

Wie die Beispiele zeigen, leitet *lassma* Aufforderungen ein, die den Sprecher mit in die Aufforderung einbeziehen, und *musstu* Aufforderungen,
die sich an die Hörer richten. Die beiden Ausdrücke haben sich aber bereits von der eigentlichen verbalen Bedeutung (›[da] musst du‹, ›lasst uns
mal‹) entfernt, wie das Beispiel 18c) zeigt: Mit *musstu hinten aussteigen*
werden nicht nur ein Adressat, sondern mehrere Personen angesprochen.
Das bedeutet, dass die Imperativform nicht mehr als Verb, sondern als ein
feststehender Ausdruck verwendet wird, der die Funktion einer unflek-
tierten sprachlichen Einheit hat. Diese sprachliche Form fungiert wie eine
Partikel und bringt eine Verstärkung zum Ausdruck, ähnlich wie *doch* in
›steigt *doch* hinten aus‹. Kiezdeutschsprecher kreieren damit eine neue
Ausdrucksform, die allgemein für Direktive verwendet werden kann.

Diese Beispiele zeigen, dass die Praxis mehrsprachigen Sprechens zu
kreativen Formen führt, bereits vorhandene Möglichkeiten ausbaut und
erweitert und somit auch wesentlich zur Entwicklung von Sprachen beiträgt, die als dynamisches System zu betrachten sind.

2.6 | Zusammenfassung

Dieses Kapitel befasste sich mit einem Aspekt, der für Deutsch als Zweitsprache zentral ist, nämlich den Grundlagen der Mehrsprachigkeit. Zunächst wurde aufgezeigt, dass Mehrsprachigkeit in den meisten Regionen
der Welt den Normalfall darstellt und inzwischen in der modernen Ein-
wanderergesellschaft der Standard geworden ist. Es wurde auch gezeigt,
dass Mehrsprachigkeit eine wichtige Ressource ist, nicht nur für die Gesellschaft, sondern auch für den einzelnen Sprecher. Ein zentraler Aspekt
dabei ist, dass das mehrsprachige Individuum nicht als eine aus zwei
einsprachigen Menschen zusammengesetzte Person angesehen werden
darf, sondern über ein mehr oder weniger ausgewogenes Repertoire verschiedener Systeme verfügt und sich auch Praktiken mehrsprachigen
Sprechens, wie *translanguaging*, bedient. Im Hinblick auf die Gesellschaft stellt Mehrsprachigkeit ebenfalls eine wichtige Ressource dar, da
sie ein bedeutendes gesellschaftliches Kapital bildet. Aufgrund der Bedeutung für die einzelnen Individuen wie auch für die Gesellschaft insgesamt ist die Förderung von Mehrsprachigkeit eine gesellschaftspoliti-
sche Aufgabe, das Management der Sprachen ist allerdings sprachpoli-
tisch-ideologisch bedingt.

Im Kontext der Entfaltung von Mehrsprachigkeit im Zusammenhang
mit der Entwicklung des Deutschen als Zweitsprache wurden die sprach-

lichen Generationen und der Spracherwerb in der Herkunftssprache der Sprecher ins Visier genommen. Hier wurden zum einen die unterschiedlichen Voraussetzungen von Seiten der Eltern, zum anderen die unterschiedlichen Erwerbsbedingungen der Kinder und Enkelkinder erläutert. Davon ausgehend konnte anhand von Studien zur Sprachvitalität gezeigt werden, dass bestimmte Sprachgruppen in der Migrationssituation die Herkunftssprachen häufiger an die nächste Generation weitergeben als andere. Hier befinden sich vor allem Sprachen in der Schlussgruppe, die sich in einer schwierigen Position befinden, etwa Minderheitensprachen (Kurdisch) oder stigmatisierte Sprachen (Romani/Sinti).

Ein zentraler Aspekt der Mehrsprachigkeit im Lebensalltag ist der Umgang mit den verschiedenen Sprachenrepertoires in der Familie und in den mehrsprachigen Gruppen, daher wurden auch die verschiedenen Arten von Sprachmischung aufgezeigt und auf die Bedeutung von *translanguaging* eingegangen. Dieses spielt eine wichtige Rolle bei der Sprachmittlung: Hier zeigte sich am Beispiel von Kindern und Jugendlichen als Sprachmittler, dass Kinder, die das Deutsche als Zweitsprache besser beherrschen als ihre Eltern, häufig die Funktionen als Dolmetscher einnehmen. Eine weitere Bedeutung für den Sprachhalt hat die Funktion der Sprache in der Peer-group. Hier werden zum einen sprachliche Mischformen verwendet, um Identität zu markieren, zum anderen aber entsteht eine eigene, auf regionalen Umgangssprachen basierende Varietät, nämlich der Ethnolekt. Diese Sprachform zeichnet sich zum einen durch phonetische, prosodische und lexikalische Übernahmen aus dem Türkischen und anderen Einwanderersprachen aus, zum anderen durch Vereinfachungsprozesse (Weglassen von Artikel und Präposition) und sprachliche Innovationen (z. B. Entstehung neuer Funktionsverbgefüge und direktiver Partikeln).

Weiterführende Literatur

Ahamer, Vera (2014): *Unsichtbare Spracharbeit. Jugendliche Migranten als Laiendolmetscher; Integration durch »Community Interpreting«.* Bielefeld: Transcript-Verl.

Busch, Brigitta (²2017): *Mehrsprachigkeit.* Wien/Stuttgart: UTB.

Cook, Vivian/Singleton David (2014): *Key Topics in Second Language Acquisition.* Bristol/Buffalo/Toronto: Multilingual Matters.

Grosjean, François (2008): *Studying bilinguals.* Oxford u. a.: Oxford Univ. Press.

Riehl, Claudia M. (2014): *Mehrsprachigkeit. Eine Einführung.* Darmstadt: WBG – Wissenschaftliche Buchgesellschaft.

Wiese, Heike (2012): *Kiezdeutsch. Ein neuer Dialekt entsteht.* München: C. H. Beck.

Claudia Maria Riehl

3 Die Vermittlung sprachlicher Kompetenzen

3.1 Sprachliche Bildung vor dem Hintergrund von Mehrsprachigkeit
3.2 Ansätze und Methoden der Fremd- und Zweitsprachendidaktik
3.3 Fertigkeitsbereiche und Vermittlungsverfahren
3.4 Sprach- und Fachunterricht
3.5 Zusammenfassung

3.1 | Sprachliche Bildung vor dem Hintergrund von Mehrsprachigkeit

Die vielfältigen Erscheinungsformen von Mehrsprachigkeit weisen darauf hin, dass die Zuweisung ›Migrationshintergrund‹ nicht per se mit sprachlichem Lern- oder Förderbedarf gleichzusetzen ist. Vielmehr liegen die Sprachkenntnisse verteilt auf einem Kontinuum, das von erstsprachlichen bis hin zu fremdsprachlichen, von ausgezeichneten bis hin zu minimalen Kenntnissen des Deutschen und weiterer Sprachen reicht, die als Familiensprachen oder schulische Fremdsprachen erworben wurden.

Für die sprachliche Bildung stellen sich in einer durch Mehrsprachigkeit charakterisierten Gesellschaft neue Herausforderungen. Dabei lassen sich verschiedene Aufgaben unterscheiden: Zum einen geht es darum, Lernenden Deutschkenntnisse zu vermitteln, die eine Teilhabe am gesellschaftlichen Handlungsprozess ermöglichen. Dies erfordert eine genaue Reflexion der gesellschaftlichen Sprachlichkeit, Institutionen, Handlungsmuster, Mittel und Zwecke (s. Kap. 3.1.1). Für die Schule stellt sich die Frage, wie verschiedene Sprachkenntnisse im Bildungsprozess berücksichtigt werden können und wie eine sprachliche Bildung, die auf den Mehrwert von Mehrsprachigkeit ausgerichtet ist, aussehen kann.

3.1.1 | Sprachliche Basisqualifikationen

Sprache erfüllt eine Reihe von Zwecken, für die Gesellschaft ebenso wie für das Individuum. Drei große Funktionsbereiche lassen sich unterscheiden (Ehlich 2007: 18 f.): der interaktionale Funktionsbereich, der erkenntnisbezogene (gnoseologische) Funktionsbereich sowie der kommunitäre Funktionsbereich.

Der interaktionale Funktionsbereich ist auf Sprache als Mittel der kollektiven Wirklichkeitsbewältigung, auf den kommunikativen Austausch zwischen Sprecher und Hörer bezogen. Über Sprache können Absichten und Ziele mitgeteilt und abgeglichen, kann gemeinsames Handeln organisiert werden.

Die gnoseologische Funktion bezieht sich demgegenüber auf Sprache als mentale Ressource, die Weltwissen repräsentiert und strukturiert. Die

Sprachliche Funktionsbereiche

sprachliche Benennung ermöglicht die Differenzierung von Gegenständen, Sachverhalten und Konzepten. Schulische Bildung ist daher immer auch sprachliche Bildung: Mit dem Erwerb fachlichen Wissens geht der Erwerb neuer Begriffe, aber auch neuer sprachlicher Handlungsformen, z. B. einer mathematischen Beweisführung, einer naturwissenschaftlichen Experimentbeschreibung oder einer sachlich abwägenden Erörterung, einher (s. Kap. 3.4).

Der kommunitäre Funktionsbereich ist der Bereich, »in dem die Interaktanten ihre Gemeinsamkeiten, ihre Unterschiede, ihre Zusammengehörigkeit und ihre Identitäten mittels Sprache bestimmen« (Ehlich 2007: 19). Er ist wesentlich für das Selbstverständnis des Einzelnen ebenso wie der Gruppe. In diesen Bereich gehören z. B. Sprichwörter und Redensarten, auch kollektive Erzählungen und Traumata wie Vertreibung oder Holocaust.

Erwerb von Basis-qualifikationen

In der sprachlichen Sozialisation eignet sich ein Mensch Sprache in ihrer umfassenden Funktionalität für alle drei Bereiche an. Dieser Prozess umfasst also wesentlich mehr als den Erwerb grammatischer Regelhaftigkeiten und lexikalischer Mittel. Hier lassen sich verschiedene sprachliche Basisqualifikationen unterscheiden (vgl. Ehlich 2007; Redder et al. 2011; Redder/Weinert 2013), die teils in der frühkindlichen Sozialisation, teils aber auch erst im Verlauf der schulischen Ausbildung erworben werden.

Zur Vertiefung

Sprachliche Basisqualifikationen (nach Ehlich 2007: 12 f.)

(A) die rezeptive und produktive phonische Qualifikation, d. h. Prozesse der Lautunterscheidung, Lautproduktion sowie solche der Diskriminierung und Produktion intonatorisch-prosodischer Strukturen;

(B) die Fähigkeit, aus Sprache Handlungsziele zu erkennen und Sprache angemessen für eigene Handlungszwecke einzusetzen (pragmatische Qualifikation I);

(C) die semantische Qualifikation als rezeptive und produktive Fähigkeit, Wirklichkeits- und Vorstellungselementen sprachliche Ausdrücke zuordnen sowie diese kombinieren zu können;

(D) die morphologisch-syntaktische Qualifikation als Fähigkeit, komplexere sprachliche Formen zu verstehen und solche selbst herstellen zu können;

(E) die diskursive Qualifikation als Fähigkeit zur sprachlichen Kooperation und Narration (einschließlich des egozentrischen handlungsbegleitenden Sprechens);

(F) die Fähigkeit, Sprache in unterschiedlichen sozialen Wirklichkeitsbereichen, z. B. verschiedenen Institutionen, handelnd einzusetzen (pragmatische Qualifikation II). Dazu gehört auch das Wissen darum, dass die in Institutionen verwendeten Handlungsmuster gegenüber denen der alltäglichen sprachlichen Kommunikation verändert sind und eigenen Zwecksetzungen unterliegen;

(G) die literale Qualifikation als Fähigkeit, Schriftzeichen erkennen und produzieren und mündliche in schriftliche Sprache umsetzen zu können und umgekehrt.

Die verschiedenen Qualifikationen sind nicht unabhängig voneinander, sondern wirken in komplexer Weise zusammen. So gehen Fortschritte oder Defizite in dem einen Bereich oft mit entsprechenden Phänomenen in einem anderen Teilbereich einher.

Erwachsene und Kinder: Ausgehend von den Basisqualifikationen lassen sich Unterschiede zwischen erwachsenen und kindlichen Lernenden mit Deutsch als Zweitsprache systematischer erfassen. Bei Erwachsenen, die das Deutsche als Zweitsprache erwerben, kann anders als bei kindlichen Lernenden davon ausgegangen werden, dass sie sich die Basisqualifikationen (A) bis (F) in den jeweiligen Erstsprachen bereits angeeignet haben. Es geht hier also nicht um grundlegend neu zu Erwerbendes, sondern um sprachspezifische Erscheinungs- und Realisierungsformen. Für kindliche Lernende stellt sich demgegenüber die Aufgabe, sich diese Basisqualifikationen überhaupt erst einmal anzueignen – sei es in der Erst- oder Zweitsprache.

Kindliche und erwachsene Lerner

Problemfeld literale Basisqualifikation: Etwas anders stellt sich Teilbereich (G) dar, d. h. derjenige Teilbereich, der insbesondere im Rahmen der schulischen Ausbildung fokussiert wird und dort eine entscheidende Rolle spielt. Bei der literalen Qualifikation lassen sich ebenfalls zwei Stufen unterscheiden (Redder et al. 2011; Redder/Weinert 2013): Die erste (literale Qualifikation I) betrifft den Erwerb des Lesens und Schreibens sowie erste Erfahrungen mit Textsorten. Die zweite (literale Qualifikation II) bezieht sich demgegenüber auf komplexere Textsortenkenntnisse und den Aufbau von Sprachbewusstheit (*language awareness*). So sind in höheren Schulstufen erweiterte schriftsprachliche Kompetenzen erfordert, die oft als »Bildungssprache« erfasst werden (s. Kap. 3.4). Die literale Basisqualifikation sowohl erster als auch zweiter Stufe stellt sich auch bei Erwachsenen unter Umständen als problematisch dar (s. Kap. 4).

Kompetenzen

Zur Vertiefung

Lernziele werden heutzutage als ›Kompetenzen‹ formuliert, d. h. als Beschreibungen der Fähigkeiten und Fertigkeiten, die die Lernenden im Unterricht erwerben sollen (vgl. Stanat et al. 2016). Der Begriff ›Kompetenz‹ bezeichnet die »Fähigkeit oder Fertigkeit, in bestimmten Situationen bestimmte Dinge angemessen zu tun« (Ossner 2007: 18). Kompetenzen lassen sich funktional als »basale Kulturwerkzeuge« fassen, »die in modernen Gesellschaften für eine befriedigende Lebensführung in persönlicher und wirtschaftlicher Hinsicht sowie für eine aktive Teilnahme am gesellschaftlichen Leben notwendig sind« (Peek 2009: 13). Eine Fähigkeit oder Fertigkeit wird erst dann als Kompetenz angesehen, wenn sie wiederholt unter Beweis gestellt werden kann: Der Lernende soll in der Lage sein, Erlerntes in offenen, dynamischen Situationen anzuwenden (Lehner 2009).

Kompetenzen formulieren Lernergebnisse. In Anlehnung an die angelsächsische Tradition der Grundbildung (*literacy*) werden sie als ›Kann-Beschreibungen‹ (*can do*) formuliert. Damit verschiebt sich der pädagogische Fokus von der Beschreibung von Fehlern und Lernaufgaben hin zur Bewusstmachung dessen, was im Lernprozess bereits erreicht worden ist.

In der schulischen Debatte hat sich der mit dem Kompetenzbegriff verbundene emanzipatorische Anspruch allerdings stark in die Diskussion um Normierung von Bildungsstandards und Lernstandserhebungen verschoben (vgl. Peek 2009).

3.1.2 | Lernziele im Sprachunterricht

Die Diskussion um den Sprachunterricht Deutsch als Zweitsprache betrifft eine sehr heterogene Lernerschaft. So findet sich einerseits im schulischen ebenso wie im außerschulischen Bereich eine größere Anzahl von ›Nullanfängern‹ bzw. ›Seiteneinsteigern‹ (Reich 2017), eine Situation, die man noch zu Beginn des 21. Jahrhunderts als vergangene Phase in der Entwicklung zur Einwanderungsgesellschaft angesehen hatte. Andererseits trifft auf einen recht großen Teil der erwachsenen Lernenden ebenso wie auf große Teile der Schülerschaft mit sog. Migrationshintergrund zu, dass sie seit längerer Zeit mit der deutschen Sprache in Kontakt stehen und das Deutsche in unterschiedlichem Umfang ungesteuert erworben haben – bei Schüler/innen ist es unter Umständen bereits Erstsprache. Angesichts der Vielfalt der Lernenden muss das Handlungsrepertoire von Lehrkräften in der Schule durch eine methodische Vielfalt gekennzeichnet sein, die vom Feststellen eines Lernbedarfs über die punktuelle oder großflächige Sprachförderung bis hin zu didaktisch-methodischen Gesamtentwürfen der Sprachvermittlung reicht, wie sie die klassische Fremd- und Zweitsprachenlehre vorsieht (vgl. Kniffka/Siebert-Ott 2012).

Gemeinsamer Europäischer Referenzrahmen für Sprachen

Das grundlegende Curriculum für den Fremd- und Zweitsprachenunterricht bildet der vom Europarat 2001 herausgegebene *Gemeinsame Europäische Referenzrahmen für Sprachen: lehren, lernen, beurteilen* (GER). Auf ihm basieren das *Rahmencurriculum für Integrationskurse Deutsch als Zweitsprache* (2007) sowie die Publikation *Profile Deutsch* (Glaboniat et al. 2005). Im GER werden sechs Niveaustufen der Sprachkompetenz unterschieden, die als »A1«, »A2«, »B1«, »B2«, »C1« und »C2« bezeichnet werden.

- Die Stufen A1 und A2 betreffen die »elementare Sprachverwendung«.
- B1 und B2 erfassen als mittlere Niveaus Sprachkenntnisse, auf denen bereits eine vorwiegend »selbständige Sprachverwendung« in verschiedensten Situationen möglich ist.
- Die Stufen C1 und C2 betreffen eine »kompetente Sprachverwendung«, bei der sich die Lernenden in ihrer Sprachbeherrschung zunehmend einer muttersprachlichen Kompetenz annähern.

Für verschiedene Kompetenzen und Teilkompetenzen finden sich im GER umfangreiche Beschreibungen. Tabelle 3.1 gibt einen Einblick am Beispiel der sog. Globalskala des GER.

Mit dem GER und seinen Umsetzungen für das Deutsche liegen kompetenzorientierte Erfassungen von Lernzielen vor, die teilweise auch bereits in Lehrpläne für Deutsch als Zweitsprache Eingang gefunden haben. Allerdings wird der GER zwar als praktische Hilfestellung wertgeschätzt,

	C2	Kann praktisch alles, was er/sie liest oder hört, mühelos verstehen. Kann Informationen aus verschiedenen schriftlichen und mündlichen Quellen zusammenfassen und dabei Begründungen und Erklärungen in einer zusammenhängenden Darstellung wiedergeben. Kann sich spontan, sehr flüssig und genau ausdrücken und auch bei komplexeren Sachverhalten feinere Bedeutungsnuancen deutlich machen.
Kompetente Sprachverwendung	C1	Kann ein breites Spektrum anspruchsvoller, längerer Texte verstehen und auch implizite Bedeutungen erfassen. Kann sich spontan und fließend ausdrücken, ohne öfter deutlich erkennbar nach Worten suchen zu müssen. Kann die Sprache im gesellschaftlichen und beruflichen Leben oder in Ausbildung und Studium wirksam und flexibel gebrauchen. Kann sich klar, strukturiert und ausführlich zu komplexen Sachverhalten äußern und dabei verschiedene Mittel zur Textverknüpfung angemessen verwenden.
Selbstständige Sprachverwendung	B2	Kann die Hauptinhalte komplexer Texte zu konkreten und abstrakten Themen verstehen; versteht im eigenen Spezialgebiet auch Fachdiskussionen. Kann sich so spontan und fließend verständigen, dass ein normales Gespräch mit Muttersprachlern ohne grössere Anstrengung auf beiden Seiten gut möglich ist. Kann sich zu einem breiten Themenspektrum klar und detailliert ausdrücken, einen Standpunkt zu einer aktuellen Frage erläutern und die Vor- und Nachteile verschiedener Möglichkeiten angeben.
	B1	Kann die Hauptpunkte verstehen, wenn klare Standardsprache verwendet wird und wenn es um vertraute Dinge aus Arbeit, Schule, Freizeit usw. geht. Kann die meisten Situationen bewältigen, denen man auf Reisen im Sprachgebiet begegnet. Kann sich einfach und zusammenhängend über vertraute Themen und persönliche Interessensgebiete äußern. Kann über Erfahrungen und Ereignisse berichten, Träume, Hoffnungen und Ziele beschreiben und zu Plänen und Ansichten kurze Begründungen oder Erklärungen geben.
Elementare Sprachverwendung	A2	Kann Sätze und häufig gebrauchte Ausdrücke verstehen, die mit Bereichen von ganz unmittelbarer Bedeutung zusammenhängen (z. B. Informationen zur Person und zur Familie, Einkaufen, Arbeit, nähere Umgebung). Kann sich in einfachen, routinemäßigen Situationen verständigen, in denen es um einen einfachen und direkten Austausch von Informationen über vertraute und geläufige Dinge geht. Kann mit einfachen Mitteln die eigene Herkunft und Ausbildung, die direkte Umgebung und Dinge im Zusammenhang mit unmittelbaren Bedürfnissen beschreiben.
	A1	Kann vertraute, alltägliche Ausdrücke und ganz einfache Sätze verstehen und verwenden, die auf die Befriedigung konkreter Bedürfnisse zielen. Kann sich und andere vorstellen und anderen Leuten Fragen zu ihrer Person stellen – z. B. wo sie wohnen, was für Leute sie kennen oder was für Dinge sie haben – und kann auf Fragen dieser Art Antwort geben. Kann sich auf einfache Art verständigen, wenn die Gesprächspartnerinnen oder Gesprächspartner langsam und deutlich sprechen und bereit sind zu helfen.

Tab. 3.1:
Gemeinsame
Referenzniveaus:
Globalskala

seine wissenschaftliche Fundierung aber problematisiert (vgl. Bausch et al. 2003). Ausgehend von linguistischen Untersuchungen etwa zur Gesprächskompetenz (Bose/Schwarze 2007) und dem mündlichen Erzählen (Dannerer 2008) greifen die introspektiv gewonnenen Deskriptoren der Kompetenzbeschreibungen zum Teil zu kurz und beziehen wichtige As-

Kritik am GER

pekte der jeweiligen Handlungspraxen nicht ein, die nur durch Analysen authentischer kommunikativer Ereignisse in den Blick kommen. Die empirische Validierung der sprachlichen Lernziele bleibt daher eine vorrangige Forschungsaufgabe, insbesondere auch im Blick auf die Bildungsaufgaben der Schule (vgl. Redder/Weinert 2013).

3.2 | Ansätze und Methoden der Fremd- und Zweitsprachendidaktik

Didaktische Gesamtentwürfe

Didaktische Gesamtentwürfe: Im GER wird der sog. kommunikative Ansatz der Fremdsprachendidaktik vertreten. Die Kommunikative Didaktik gehört zu den ›großen didaktischen Entwürfen‹ (vgl. Hunfeld/Neuner 1993), die den Fremdsprachenunterricht in umfassender Weise geprägt haben. Die Vorstellungen, wie dieser zu gestalten ist, haben sich im Lauf der Geschichte stark gewandelt (zu einem Überblick vgl. Doff 2016; spezifisch für den DaF-Kontext Neuner/Hunfeld 1993; Augustin/Hauser 2007). Die verschiedenen Richtungen zeichnen sich durch jeweils spezifische Lernzielsetzungen, wissenschaftliche Begründungen und Unterrichtsmethoden aus, wobei die inhärenten lerntheoretischen Auffassungen vom Behaviorismus bis zum Konstruktivismus, von Vorstellungen der Inputsteuerung zu solchen der Kompetenzorientierung reichen (vgl. Roche 2013). Die verschiedenen Konzeptionen haben einander als umfassende Entwürfe zwar abgelöst, die mit ihnen verbundenen Vorgehensweisen des Lehrens finden aber bis heute Anwendung (vgl. auch Brill 2005). Unterscheiden lassen sich zweisprachige und einsprachige, situationsorientierte und sprachsystematische, imitative, interaktionistische und kognitionsorientierte Vorgehensweisen. Zudem finden sich Ansätze, die sog. alternative Lernkonzepte vertreten.

3.2.1 | Zweisprachige Lehransätze

3.2.1.1 | Die Sprachmeister-Methode und der *Orbis Pictus*: Situationsorientierung und Bildereinsatz

Sprachmeister-Methode

Zweisprachige Lehransätze gehören zu den ältesten bekannten Vermittlungsverfahren des Deutschen. Der früheste didaktische Entwurf, aus dem Jahr 1424 handschriftlich überliefert, wendet sich an italienische Kaufleute. Der Titel des Lehrwerks ist unbekannt; ausgehend von der ersten Textseite wird es als ›liber in vulgaro‹ (Buch in Volkssprache) bezeichnet. Weil auf den letzten Seiten auf einen Georg aus Nürnberg verwiesen wird, spricht man auch vom ›Sprachbuch des Meister Jörg‹. Das Lehrbuch geht vermutlich jedoch nicht auf einen einzigen Autor zurück. Bei dem zu erlernenden ›Deutsch‹ – 1424 ist der deutschsprachige Raum noch in viele kleinere Sprachräume zerfallen – handelt es sich um einen bairischen Dialekt, der entlang der Handelsroute nach Italien genutzt wurde (›Gemeindeutsch‹).

Auch aus dem osteuropäischen Raum, z. B. Tschechien und Polen, sind seit dem 16. Jahrhundert Lehrwerke überliefert (vgl. Glück 2002; Glück/Morcinek 2006).

Sprachlehre nach der Sprachmeister-Methode   Beispiel
(Liber in vulgaro, fol. 1v, nach Pausch 1972: 102)

Oue hastu imparado todescho	wo hastu deucz gelernt
In questa terra	In diser stat
qua(n)to te(m)po estu andado a schuola	wielange pistu zw schull gegangen
El no e anchora vn an(n)o	Ez ist noch nicht ein iar
El sera vn an(n)o a bona man	Ez wirt ein iar sein am newen iar
P(er) mefe tu ne sa asay in questo te(m)po	pey mein trewen du chanst sein gnug in dieser zeyt
El basteraue se tu fosse stado vinti messy in allemagna	Sein wer genugt ob du zwainczick monet in deuczen landen berst gebesen
Oue sta el to maistro	Wo siczt dein maister
Sul campo de san bortholamio	auff sandt bartholmes placz
Quel campo de san bortholamio	wo leit sandt bartholmes placz
Apresso el fontego di todeschi	Nahent pey dem deuczen hauzz

Die mittelalterlichen Lehrwerke werden aufgrund ihrer inhaltlichen Gemeinsamkeiten zusammenfassend als ›Sprachmeister-Methode‹ bezeichnet. Ausgehend von der heutigen Sprachdidaktik lässt sich die Sprachmeister-Methode als kommunikations- und situationsorientiert bezeichnen, mit einer Ausrichtung auf den Wirtschaftskontakt (vgl. Glück/Morcinek 2006): Der Inhalt umfasst Dialoge in Kontaktsituationen, z. B. im Handelskontor oder im Wirtshaus. Diese werden in der Zielsprache und in der L1 der Lernenden präsentiert und durch zweisprachige Listen von Vokabeln und grammatischen Paradigmen, z. B. des Verbs, ergänzt.

Comenius: Auch das im 17. Jahrhundert entstandene Sprachlehrbuch *Orbis sensualium pictus – Die sichtbare Welt* des tschechischen Pädagogen Johann Comenius, für den Lateinunterricht und anschließenden Unterricht der Muttersprachen gedacht, ist zweisprachig angelegt. Es wurde in verschiedenen europäischen Ländern genutzt und auch für die Fremdsprachenlehre eingesetzt. Sein wesentliches Merkmal ist der Einsatz von Bildern, der seither in der Sprachlehre eine we-

Abb. 3.1: Auszug aus dem *Orbis pictus* von Comenius (1658)

sentliche Rolle spielt. Die kurzen Texte des Lehrbuchs behandeln Themen wie die Haustiere, Körperteile, Berufe und »die Schul«. Die Bilder liefern Hinweise auf das Lektionsthema und erleichtern den Erwerb des Vokabulars durch die Möglichkeit, darauf zu zeigen.

Einige der gegenwärtigen Lehrmaterialien für Deutsch als Zweitsprache, die für einen ersten Spracheinstieg mit Unterstützung durch ehrenamtliche Lernhelfer gedacht sind, erinnern von ihrem Aufbau her an die mittelalterlichen Formen der Sprachlehre. Sie zielen auf die Vermittlung einfacher Sprachkenntnisse ab und nutzen als Hilfsmittel Zeichnungen sowie Übersetzungen in eine bereits erlernte Fremdsprache oder die Herkunftssprache der Lernenden. Grammatische Erläuterungen finden sich nicht.

3.2.1.2 | Die Grammatik-Übersetzungs-Methode (GÜM): eine sprachsystemorientierte Vorgehensweise

Grammatik-Über-setzungs-Methode Der klassische Zugang zum Fremdsprachenlernen, die sog. Grammatik-Übersetzungs-Methode (GÜM), ist hingegen vor allem auf den Erwerb der fremdsprachigen Grammatik ausgerichtet. Die Methode wurde für das Erlernen der Bildungssprachen Griechisch und Latein entwickelt. Lehrwerke der GÜM gliedern sich wie das Inhaltsverzeichnis einer Grammatik: Behandelt werden z. B. das Nomen/Substantiv mit seinen Genus- und Kasusformen, der Artikel, das Adjektiv, das Verb usw. Der Wortartenlehre folgt die Lehre verschiedener Satztypen und komplexer Sätze.

Das Vorgehen ist schematisch und umfasst die Einführung des grammatischen Inhalts, einen Beispieltext sowie eine Erläuterung der jeweiligen Regeln (vgl. Hunfeld/Neuner 1993). Übersetzungsübungen schließen sich an, meist aus der L1 in die Fremdsprache (›Hin-Übersetzung‹). In einer späteren Lernphase findet sich dann eine Auseinandersetzung mit exemplarischen literarischen Texten, gefolgt von Nacherzählungen und Schreibaufgaben in der Fremdsprache. Die Abfolge der Unterrichtsphasen nach der GÜM erfasst Abbildung 3.2.

Die GÜM ist in manchen Lerntraditionen heute noch zu finden. Dementsprechend bringen einige Lernende Vorstellungen von Unterricht mit, die sich nur schwer mit Vorgehensweisen verbinden lassen, die auf die Entwicklung kommunikativer Kompetenzen abzielen (vgl. Hunfeld/Neu-

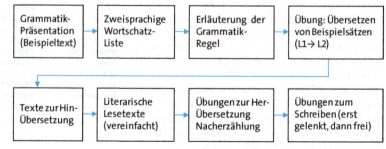

Abb. 3.2: Ablauf des Sprachunterrichts nach der GÜM (nach Hunfeld/ Neuner 1993)

ner 1993). Auch ehrenamtliche Helfer oder fachfremde Lehrkräfte haben z. T. noch entsprechende Vorstellungen vom fremdsprachlichen Lernen.

Starke Kritik erfuhr die GÜM in der Neusprachlichen Reformbewegung des 19. Jahrhunderts. Vor dem Hintergrund der neu entstandenen Wissenschaft der Phonetik bemängelten die Reformer die mangelnde Sprechfähigkeit der Lernenden (vgl. die in Flechsig (1965) abgedruckten Originaltexte). Zum Schlagwort wurde der Begriff ›Direkte Methode‹: Der Unterricht, so forderte man, solle auf den ›Umweg‹ Muttersprache verzichten und ›direkt‹, d. h. nach dem Vorbild des Erstspracherwerbs einsprachig erfolgen. Diese Forderung setzte sich in späteren didaktischen Ansätzen durch und ist bis heute für den Fremd- und Zweitsprachenunterricht charakteristisch.

3.2.2 | Einsprachige Lehransätze

Der Erste Weltkrieg brachte eine weitere Reformbewegung mit sich, die sog. Kulturkundebewegung (vgl. Flechsig 1965). Ausgehend von der philosophischen Verstehenslehre, der Hermeneutik, interessierte man sich nun für die Mentalität, den ›Volkscharakter‹ der Zielsprachensprecher. Sogar grammatische Phänomene wie der Konjunktiv oder die Verbstellung wurden auf die ›Volksseele‹ bezogen. Nach dem Ende des Zweiten Weltkriegs wich die Kulturkunde einer an Fakten orientierten Landeskunde. Dies führte zur Entwicklung der sog. Vermittelnden Methode.

Die Vermittelnde Methode ähnelt der GÜM in ihrer Orientierung auf die systematische Präsentation grammatischer Phänomene, ist aber durch Einsprachigkeit gekennzeichnet (vgl. Hunfeld/Neuner 1993). Zudem zielen die in den Lektionen präsentierten Texte auf landeskundliches Wissen ab. Kritik an diesem Vorgehen betraf auch hier eine Vernachlässigung des Sprechens der Fremdsprache (vgl. Engel et al., Mannheimer Gutachten 1977). Vermittelnde Methode

3.2.2.1 | Imitative Verfahren: die Audiolinguale/Audiovisuelle Methode

Die Audiolinguale Methode geht auf die 1920er Jahre zurück, als der amerikanische Linguist Leonard Bloomfield den Auftrag erhielt, ein effektives Sprachlernprogramm für das Militär zu entwickeln. Die Methode wird daher auch *army method* genannt. Ziel des audiolingualen Ansatzes ist die – möglichst akzentfreie – mündliche Beherrschung der Fremdsprache (vgl. Hunfeld/Neuner 1993). Trotz der Ausrichtung auf die mündliche Kommunikation sind die Lehrwerktexte jedoch wenig dialoghaltig. Audiolinguale/ Audiovisuelle Methode

Die Lehre der Grammatik erfolgt induktiv, ausgehend von Beispielen, und gestaltet sich als *pattern drill*, als wiederholendes Eintrainieren von Strukturen und Formen. Lerntheoretisch war dies durch den Behaviorismus begründet: Sprechen und Lernen wurden als Reaktion (R) auf einen Stimulus (S) angesehen. Die Imitation muttersprachlicher Sprecher durch Nachsprechen ist ein typischer Bestandteil der fremdsprachlichen Drills.

In der Audiovisuellen Methode, die ausgehend von der Audiolingualen Methode in Frankreich entwickelt wurde, wird das Vorgehen um den Einsatz von Bildern ergänzt, die das Verstehen der zielsprachlichen Sätze und Äußerungen erleichtern sollen.

Beispiel **Sprachlehre nach dem Audiolingualen Ansatz (aus: *Deutsch 2000*, ⁷1989)**

S	Er kommt.	R	Kommen Sie auch?
	Bitte beginnen Sie!		

S	Er kommt.	R	Kommen Sie auch?
	Er fliegt.		Fliegen Sie auch?
	Er fährt.		Fahren Sie auch?
	Er schreibt.		Schreiben Sie auch?
	Er übt.		Üben Sie auch?
	Er antwortet.		Antworten Sie auch?
	Er wiederholt.		Wiederholen Sie auch?
	Er fragt.		Fragen Sie auch?

Kritik an der Audiolingualen/Audiovisuellen Methode betrifft vor allem deren lerntheoretische Begründung sowie die Beschränkung auf das imitative Nachsprechen, das eigene Sprechabsichten der Lernenden vernachlässigt (vgl. Engel et al., Mannheimer Gutachten 1977). Viele Elemente der Audiolingualen/Audiovisuellen Methode haben sich aber bis heute erhalten, z. B. die mediale Ausstattung von Lehrwerken mit Audiobeispielen, das Gruppensprechen im Chor, der Einsatz von Bildern und die Verwendung von Beispielsätzen als Verstehens- und Merkhilfen in der Wortschatzarbeit.

Ein Vorgehen nach der Audiolingualen Methode findet sich heutzutage auch noch in Sprachlern-Apps wie Rosetta Stone oder Babbel, die auf ein individuelles Lernen ohne Lerngruppe und Lehrkraft ausgerichtet sind.

3.2.2.2 | Interaktionistische Vorgehensweise: Die Kommunikative Didaktik

Kommunikative
Didaktik

Die ›pragmatische Wende‹ der Linguistik hin zur Sprechakttheorie, Text- und Diskursanalyse führte in den 1980er Jahren zu einer grundlegenden Veränderung der Fremdsprachendidaktik, die als ›kommunikative Wende‹ des Fremdsprachenunterrichts bezeichnet wird. Im Mittelpunkt der Sprachlehre nach dem kommunikativen Ansatz stehen die Sprechsituation und die mit dieser verbundenen Sprechintentionen der Beteiligten. Die Sprachvermittlung soll Lernende dazu befähigen, ihre Handlungsziele in der Zielsprache zu erreichen.

Sprachlehre nach dem Kommunikativen Ansatz
(aus: *Deutsch aktiv Neu*. Berlin, München: Langenscheidt 1986, ^{5}1990)

Beispiel

Kapitel 1

Verständigungsbereiche (Notionen)	**Texte und kommunikative Aufgaben**
Identität von Personen: Name, Adresse, Telefonnummer, Beruf, Alter, Nationalität/Herkunftsland	1 Wer ist das?
	2 Guten Tag, ich heiße Bauer / Das ist Frau Barbieri aus Italien
Intentionen	3 Wie schreibt man das? Buchstabieren Sie bitte!
Begrüßen, Vorstellen, Namen erfragen, Bitte um Wiederholung/Buchstabieren	4 Herr Dupont kommt aus Frankreich
Situationen	
Internationales Treffen Anmeldung, Deutschkurs	

Die Grammatiklehre erfolgt im Kommunikativen Ansatz ausgehend von den zum Ausdruck einer Intention benötigten Sprachmitteln. Dadurch ergibt sich eine spiralförmige (›zyklische‹) Grammatikprogression, bei der Phänomene wie die Kasusmarkierung der Substantive oder die Temporalformen der Verben in verschiedenen zeitlich auseinanderliegenden Lektionen wieder aufgenommen werden.

Interkultureller Ansatz: Als eigene Richtung der Kommunikativen Didaktik entwickelte sich in den 1990er Jahren der Interkulturelle Ansatz. In interkulturell orientierten Lehrmaterialien werden Stereotype und Vorurteile, Selbst- und Fremdwahrnehmungsprozesse thematisiert. Typisch ist zudem die Aufforderung zu Vergleichen mit den Herkunftsländern. Die Umsetzung in verschiedenen Lehrwerken gestaltete sich allerdings nicht unproblematisch (vgl. Liedke 1999). Eine explizite Thematisierung von ethnisch-nationalen Stereotypen findet sich in heutigen Lehrbüchern daher selten, u. a. auch aufgrund der damit verbundenen Gefahr, Abgrenzungen zwischen den beteiligten ethnisch-nationalen Gruppen damit erst zu schaffen (s. Kap. 1.4). Interkulturelle Überlegungen fließen derzeit vor allem in die Vermittlung landeskundlichen Wissens ein.

Heutzutage wird der Ansatz der Kommunikativen Didaktik in allen europäischen Ländern als Grundlage des Sprachunterrichts angesehen. Entsprechend ähneln sich die Lehrbücher verschiedener Fremdsprachen. Auch die Lehrmaterialien für Deutsch als Fremd- und Zweitsprache weisen aus diesem Grund große Übereinstimmungen auf (vgl. Funk 2004). Trotz des gemeinsamen Bekenntnisses zur Kommunikation finden sich aber auch Differenzen und Neuausrichtungen: Die Rede reicht vom ›neokommunikativen Grammatikunterricht‹ (Gnutzmann 2005) bis hin zur ›postkommunikativen‹ oder ›Post-Methoden-Ära‹ (vgl. Funk 2010).

3.2.3 | Kognitionsorientierte Ansätze

3.2.3.1 | Kognitive Didaktik

Kognition und
Spracherwerb

Neuere Umorientierungen der Fremd- und Zweitsprachenlehre betreffen fachwissenschaftliche Erkenntnisse aus Linguistik, Pädagogik und Psychologie, vor allem den Neurowissenschaften. So ist für die Neuzeit eine stärkere Ausrichtung auf kognitive Aspekte des Sprachenlernens feststellbar, die sich u. a. in Konzepten wie der ›Sprachbewusstheit‹ (*language awareness*) zeigt.

Definition

> Der Begriff Sprachbewusstheit (*language awareness*) kann im weitesten Sinn als ein Wissen um Sprache und ihre Funktionen verstanden werden. Dazu gehört, dass die Lernenden über ein begriffliches Repertoire verfügen, das es ihnen erlaubt, Sprache in ihrem soziokulturellen Kontext zu betrachten und die Verschiedenheit von Sprachen zu reflektieren. Hervorzuheben ist dabei die Ausrichtung auf eine mehrsprachige Konzeptualisierung von Sprachbildung (s. Kap. 3.3.5).

Sprachliche Aneignungsprozesse sind demzufolge nicht unabhängig von dem Erwerb meta-lingualer Kompetenzen (vgl. Gürsoy 2010; Budde 2016). Sie setzen Einsichten in sprachliche Funktionen und in die einzelsprachlichen Form-Funktions-Beziehungen voraus. Sprachvergleiche eignen sich als Ausgangspunkte der Sprachreflexion und können verschiedene Sprachen einbeziehen.

Tertiärsprachenkonzept: Die spezielle Berücksichtigung vorher erlernter Fremd- und Zweitsprachen wird von der Tertiärsprachen-Didaktik eingefordert (vg. Hufeisen/Neuner 2003). So wird Deutsch z. B. häufig nach dem Englischen erlernt. Daraus ergeben sich Lernerleichterungen, etwa im Blick auf Vokabular und Grammatik oder Strategien des Sprachenlernens, aber auch Lernprobleme, z. B. im Blick auf die Aussprache oder sog. falsche Freunde.

3.2.3.2 | Neurodidaktik

Argumente für zwei- und mehrsprachig orientierte Vorgehensweisen werden auch in der Neurodidaktik vorgebracht (vgl. Grein 2013), die noch enger an die Neurowissenschaften anschließt. Die Neurodidaktik hat bislang kein didaktisch-methodisches Gesamtkonzept des Fremdsprachenlernens hervorgebracht, bestätigt jedoch in einigen ihrer Erkenntnisse erprobte Praxisverfahren.

Kognitive
Vernetzung

Aus dem konnektionistischen Modell der Wissensspeicherung im Gehirn als Vernetzung kognitiver Einheiten lässt sich ein Vorgehen der Lehre ableiten, das auf das Anknüpfen an bereits bestehendes Wissen abzielt. Entsprechend gelangen hier wieder die Erstsprachen bzw. vorher gelernte Sprachen in den Blick.

Zur Vertiefung

Neurowissenschaften – Sprache/n im Hirn

Unter der Bezeichnung ›Neurowissenschaften‹ werden verschiedene Wissenschaften und Wissenschaftszweige zusammengefasst, die sich (interdisziplinär) mit dem Aufbau und den Funktionsweisen von Nervensystemen und der Wissensverarbeitung in natürlichen und künstlichen Umgebungen befassen, u. a. Medizin, Psychologie, Informatik und Sprachwissenschaft. Dabei geht es um Fragen der Speicherung ebenso wie der Verarbeitung von Wissen in Relation zu Vernetzungen von Zellen zu komplexen neuronalen Netzwerken (vgl. Herrmann/Fiebach 2007; Denes 2011).

Abb. 3.3:
Nervenzellen

Neurowissenschaftlich orientierte Richtungen der Sprachwissenschaft befassen sich u. a. mit Fragen der Worterkennung und -speicherung im Gehirn, der Dauer von Verarbeitungsschritten, der Lokalisierung spezifischer sprachlicher Funktionsbereiche und der Verbindung von Sprache mit anderen psychomotorischen Funktionen, z. B. der Gestikulation. Für die Mehrsprachigkeitsforschung ist insbesondere die mentale Vernetzung mehrerer Sprachen von Interesse (vgl. Riehl 2014a: 60 f.).

Ein anderer Aspekt neurodidaktischer Überlegungen bezieht sich auf Fragen der Lernmotivation und der Unterrichtsphasierung. Neurowissenschaftliche Erkenntnisse zur Informationsaufnahme weisen auf die wesentliche Rolle von Emotionen bei der Wahrnehmung und Selektion von Wissen, die dazu führen können, dass bereits vor Informationsaufnahme ›abgeschaltet wird‹, und bestätigen altbewährte didaktische Grundsätze ebenso wie einige Argumente für sog. alternative Ansätze (vgl. Schiffler 2012; Grein 2013; Sambanis 2013; Arndt/Sambanis 2017): Sie weisen auf die Vorbildfunktion der Lehrkraft, die wesentliche Rolle von Bewegung und Sauerstoffzufuhr, die Wichtigkeit von Lob und Feedback sowie die Notwendigkeit, methodisch etwa alle zehn bis fünfzehn Minuten eine Abwechslung vorzusehen. Entsprechend setzen Lehrwerke, die sich an der Neurodidaktik orientieren, auf kürzere Lektionen.

Neurowissen-
schaftliche
Erkenntnisse

3.2.4 | Alternative Ansätze

Neben den bisher diskutierten Ansätzen hat es im Kontext des Sprachenlernens immer auch verschiedene alternative Vorschläge für Vorgehensweisen gegeben, die einen schnelleren oder leichteren Spracherwerb versprechen. Alternative Verfahren verstehen sich zumeist als ganzheitliche Entwürfe des Lernens, die neben den kognitiven Aspekten insbesondere auch die Emotionen und alle Sinne des Körpers ansprechen wollen (vgl. Dietrich 1995; Ortner 1998). Sie arbeiten daher mit mentalen Visualisierungen und beziehen auch Musik, Haptik und Bewegung in den Fremdsprachenunterricht ein (vgl. Schiffler 1989). Zu den bekanntesten Ansätzen gehören das sog. suggestopädische Lernen sowie die Methode des *Total Physical Response*.

Ganzheitliches
Lernen

3.2.4.1 | Suggestopädie

Das Lehrverfahren der Suggestopädie geht auf den bulgarischen Arzt und Psychologen Georgi Lozanov (1971, 1992) zurück. Die Suggestopädie geht davon aus, dass das Lernen in einem körperlich und geistig entspannten Zustand erfolgreicher verlaufen kann. Statt von Unterricht ist in der Suggestopädie von einem ›Lernkonzert‹ mit unterschiedlichen Phasen der Anspannung und Entspannung die Rede (vgl. Baur 1990).

In den ersten Lernphasen wird der Stoff, der den Lernenden in einem zweisprachigen Lehrbuch vorgelegt wird, durch Lehrerpräsentation dargeboten, die u. a. durch ein intonatorisch inszeniertes, emotional-expressives Vorlesen gekennzeichnet ist. Als weiterer Schritt folgt eine Entspannungsphase, die als ›passives Konzert‹ bezeichnet wird. Die Lernenden sitzen dabei locker zurückgelehnt und schließen die Augen. Die Präsentation von Vokabeln wird in dieser Phase mit Musik gekoppelt, durch die der Entspannungszustand aufrecht erhalten und die Speicherung von Wissen unterstützt werden soll. An diese Schritte schließen sich verschiedene Aktivierungsphasen an, die dem Üben des Lernstoffs dienen.

Kritik an der Suggestopädie betrifft nach Baur (1990) vor allem ihre amerikanische Adaption, das sog. Superlearning, das auf das individuelle Selbstlernen abzielt und als weiteres Element eine gezielte Atmung in den Lernprozess einbringt, jedoch auf Grammatiklehre und aktive Kommunikationsphasen verzichtet.

3.2.4.2 | Total Physical Response (TPR)

Die Methode des *Total Physical Response* (TPR) (Asher 2012) bezieht körperliche Bewegung in das Fremdsprachenlernen mit ein. Sie gilt als einfache ganzheitliche Methode, die sich durch strikte Einsprachigkeit auszeichnet und sich am Vorbild des Erstspracherwerbs orientiert (vgl. auch Lovic 1996). Die Methode wird bislang vor allem für den Englischunterricht im Primarstufenbereich eingesetzt.

Unterricht nach der TPR-Methode sieht die Versprachlichung und Imitation einfacher Handlungen vor, z. B. *Stand up!*, *Sit down!*. Zuerst gibt der Lehrer eine einfache Aufforderung vor und führt die gewünschte Handlung selbst aus, während die Lernenden beobachten. In den folgenden Phasen führen die Lernenden die Handlungen aus, zu denen aufgefordert wird, zunächst mit, dann ohne Hilfe der Lehrkraft. In den anschließenden Phasen sprechen sie die Aufforderungen nach, um dann selbst die Lehrerrolle zu übernehmen und andere Lernende zu lenken. Inhaltlich ist der Einsatz der TPR vor allem auf den Erwerb von Verben bezogen. In Verbindung mit einer bildgestützten Vokabelvermittlung können aber auch Äußerungen wie *Fly your plane!*, *Hug your teddy!* u. a. vermittelt werden.

Als Vorteil der TPR-Methode wird der Schonraum einer *silent period* angesehen, die den Lernenden zugestanden wird: Die Methode ermöglicht es, sich in die Sprache einzuhören, ohne sofort zu eigener Sprachproduktion genötigt zu werden. Zudem kommt sie dem Bewegungsdrang von Kindern entgegen.

Ihre Attraktivität gewinnen alternative Ansätze aus verschiedenen methodischen Elementen, die eingeschliffenen Lehrroutinen entgegenwirken: Neben Entspannung, Stressabbau und dem Einsatz von Musik umfassen sie Phantasiereisen, Wahrnehmungs- und Motoriktrainings und wollen dazu beitragen, Gedächtnisprozesse, das Vorstellungsvermögen und die individuelle Kreativität zu fördern sowie Konzentrationsleistungen zu verbessern (vgl. Schiffler 2002; Augustin/Hauser 2007). Die Wirksamkeit solcher methodischen Elemente scheint sich in der Praxis zu bewähren (vgl. auch Wicke 2004); ihre wissenschaftliche Fundierung steht jedoch noch weitgehend aus. Dies gilt u. a. auch für den Vorschlag, Gestik als Lehr-Lernverfahren stärker in den Unterricht einzubringen (Knabe 2007). Im Sinne einer abwechslungsreichen Methodik haben bereits musikalische Elemente Eingang in die DaF-DaZ-Lehrwerke gefunden, indem Grammatikstoff durch eingängige Lieder vermittelt wird.

Abwechslungs-
reichtum

Mnemotechnische Hilfsverfahren, die den Erwerb von Wortschatz oder von grammatischen Regeln durch gezieltes Gedächtnistraining erleichtern, werden für den Fremd- und Zweitsprachenunterricht zwar ebenfalls seit langer Zeit diskutiert (Sperber 1989), sind bislang aber kaum in Lehrwerke oder umfassendere Methodenentwürfe eingegangen.

3.2.5 | Prinzipien des Sprachunterrichts

Das in der heutigen Sprachdidaktik thematisierte Ende der ›großen‹ Entwürfe und ›globalen Methoden‹, die mit dem weitgehenden Anspruch verknüpft sind, für alle Lernenden gleich gute Ergebnisse zu erzielen, betrifft vor allem die Erkenntnis, dass »weder belegbar ist, dass bestimmte Ziele ausschließlich mit bestimmten Methodenkonzepten erreichbar wären, noch, dass bestimmte methodische Ansätze bei unterschiedlichen Lernenden die gleichen Resultate zeitigen.« (Funk 2010: 940 f.; ähnlich auch Rösler 2012).

In der gegenwärtigen Diskussion wird daher von einem ›Methodenpluralismus‹ gesprochen. Je nach Bedarf und Lernergruppe können Lehrende auf unterschiedliche methodische Verfahren zurückgreifen, die imitative Sprechübungen ebenso umfassen wie die sprachvergleichende Wortschatzvermittlung und von der systematischen Ausspracheschulung über die Grammatikarbeit bis hin zu Rollenspielen in der Fremdsprache reichen. Dazu gehört auch der Einsatz vielfältiger Medien (Audio-CD, Film-DVD, Webseiten, Apps) und elektronischer Lernplattformen wie Moodle, die von heutigen Lehrwerken als Medienverbund bereitgestellt werden. Allerdings ist die methodische Auswahl keineswegs beliebig: Sie ist mit kommunikativen Lernzielen abzugleichen und muss sich an grundlegenden Prinzipien des Fremdsprachenunterrichts messen (vgl. Funk 2010). Zu den wichtigsten Prinzipien gehören das Prinzip der Handlungsorientierung und das Prinzip der Lernerautonomie.

Methoden-
pluralismus

<table>
<tr><td>

Definition

</td><td>

Das Prinzip der Handlungsorientierung besagt, dass die eigene Sprachverwendung durch die Lernenden das wichtigste Moment im fremdsprachlichen Unterricht darstellt. Viele Überlegungen zur Handlungsorientierung im Unterricht gehen auf die Reformpädagogik des 19. Jahrhunderts zurück, in der der ›Lernschule‹ als Ort der Belehrung die Selbsttätigkeit der Schüler, ein Lernen mit allen Sinnen und die Idee eines *learning by doing* entgegen gestellt wurden (vgl. Schiffler 1998). In den 1980er Jahren wurde das Konzept in den Erziehungswissenschaften zu einer Didaktik des handlungsorientierten Unterrichts ausgebaut und fand auch in die Fremdsprachendidaktik Eingang. Handlungsorientierung bezieht sich dort auf die Forderung, dass die Lernenden in ihrem kommunikativen Handeln in der Fremdsprache tatsächliche Mitteilungsabsichten verfolgen und im Unterricht als ›sie selbst‹ agieren können.

</td></tr>
</table>

Prinzip der Handlungsorientierung

Ausgehend vom Prinzip der Handlungsorientierung soll der Unterricht das eigene aktive Tun der Lernenden vorsehen. Dem wird durch die Fokussierung auf sprachliche und nicht-sprachliche Kompetenzen Rechnung getragen (s. Kap. 3.3). So heißt es im GER:

»Der hier gewählte Ansatz ist im Großen und Ganzen ›handlungsorientiert‹, weil er Sprachverwendende und Sprachenlernende vor allem als ›sozial Handelnde‹ betrachtet, d. h. als Mitglieder einer Gesellschaft, die unter bestimmten Umständen und in spezifischen Umgebungen und Handlungsfeldern kommunikative Aufgaben bewältigen müssen, und zwar nicht nur sprachliche. [...] Der handlungsorientierte Ansatz berücksichtigt [...] die kognitiven und emotionalen Möglichkeiten und die Absichten von Menschen sowie das ganze Spektrum der Fähigkeiten, über das Menschen verfügen und das sie als sozial Handelnde (soziale Akteure) einsetzen.« (2001: 21)

Zum handlungsorientierten Unterricht trägt eine Ausrichtung auf lebensnahe Inhalte und der Einsatz von authentischem Sprachmaterial bei. Eine typische Methode, die sich mit einem solchen Ansatz verbindet, ist die produktorientierte Projektarbeit (vgl. Gudjons 2014), die z. B. in der Erstellung einer Wandzeitung, einer Radiosendung oder eines Videoclips münden oder auch auf nicht-sprachliche materielle Produkte bezogen sein kann, für deren Herstellung der Einsatz der Fremdsprache erforderlich ist. In der gegenwärtigen Diskussion um didaktisch-methodische Ansätze für Deutsch als Zweitsprache wird Handlungsorientierung als zentraler Leitgedanke der Unterrichtsgestaltung angesehen, sowohl im Zusammenhang der Szenarien-Didaktik (Hölscher/Piepho 2003, 2004, 2005; Roche et al. 2012) als auch im berufsorientierten Unterricht (s. Kap. 7.3.5).

Prinzip der Lernautonomie

Lernerautonomie: Eng mit dem handlungsorientierten Unterrichtskonzept verbunden ist die methodische Ausrichtung des Unterrichts auf größtmögliche Lernerautonomie. Ein solcher Ansatz zielt darauf ab, die Lernenden zum eigenständigen Wissenserwerb zu befähigen und sie somit aus ihrer Abhängigkeit von der Lehrkraft zu befreien. Damit verbunden ist ein konstruktivistisches Lernmodell: Die Lernenden sollen in die Lage versetzt werden, ihren Lernprozess selbst zu steuern und ihre Lernabsichten und Lernfortschritte zu reflektieren, um die für sie jeweils effektivsten Lernwege zu finden. Diese Konzeptualisierung verlangt sowohl von den Lernenden als auch den Lehrenden eine Abkehr von den klassischen Lehrer-Lerner-Rollen. Der individuelle Lerner steht im Mittelpunkt des Unterrichts; er übernimmt nunmehr selbst die Verantwortung für seinen Lernprozess. Die Lehrkraft tritt als Akteur des Unterrichts in den Hintergrund, ihr kommt lediglich die Rolle eines Beraters und Lernbegleiters zu. Sie hat jedoch die Aufgabe, die Lernenden auf ein eigenverantwortliches Handeln vorzubereiten und sie mit Verfahren der Planung von Lernprozessen vertraut zu machen.

Praktisch bedeutet eine Ausrichtung am Prinzip der Lernerautonomie zum einen, dass die Lernziele des Unterrichts den Lernenden deutlich gemacht werden müssen (man spricht hier von der ›Transparenz‹ der Lernziele). Zum anderen folgt daraus, dass im Unterricht nicht nur sprachliche Inhalte, sondern gegebenenfalls auch Lernstrategien zu vermitteln sind (›das Lernen lernen‹, vgl. Rampillon 1998; Barkowski/Funk 2004). Zu den Vermittlungsgegenständen gehören z. B. die Arbeit mit Wörterbüchern, das Anlegen einer systematischen Vokabelkartei und der Verweis auf außerschulische Lernmöglichkeiten, etwa im Internet. Im Rahmencurriculum für Integrationskurse (s. Kap. 4.2.1) werden diese Inhalte als eigenes Handlungsfeld der Lehre fokussiert. Für DaZ-Klassen wird zur Förderung der Lernerautonomie der Einsatz von Methoden des Sprachlerncoaching vorgeschlagen (Feldmeier/Markov 2016). Dazu gehört z. B. auch die Arbeit mit Sprachlern- oder Alphaportfolios, die den bereits erreichten Lernstand verdeutlichen (Kann-Beschreibungen durch *Ich kann ...*, s. Kap. 3.1.2).

3.3 | Fertigkeitsbereiche und Vermittlungsverfahren

Fremd- und zweitsprachliche Kompetenzen werden in der gegenwärtigen Didaktik ausgehend von den ›vier Fertigkeiten‹ Hören, Lesen, Schreiben und Sprechen formuliert. Die Fertigkeiten werden als Grundtätigkeiten betrachtet, die im Gebrauch der Sprache ausgeführt werden und in denen sich sprachliches Können manifestiert (vgl. Faistauer 2010; Huneke/Steinig 2013). Eine übergreifende Gliederung betrifft die Einteilung in rezeptive (Hören, Lesen) und produktive Fertigkeiten (Sprechen, Schreiben). Zudem kann zwischen ihrem Bezug auf die mündliche Kommunikation (Hören, Sprechen) und die schriftliche (Lesen, Schreiben) Kommunikation unterschieden werden.

Die Bezeichnungen ›rezeptiv‹ und ›produktiv‹ haben die Begriffe ›aktiv‹ und ›passiv‹ in der didaktischen Diskussion abgelöst. Auch Zuhören

Die ›vier Fertigkeiten‹

	Rezeptive Sprachverarbeitung	Produktive Sprachverarbeitung
Gesprochene Sprache	Hören	Sprechen
Geschriebene Sprache	Lesen	Schreiben

Tab. 3.2: Differenzierung der vier Fertigkeiten

und Lesen gelten als kommunikative Aktivitäten, bei denen der Hörer/ Leser nicht nur etwas Vorgefertigtes passiv aufnimmt, sondern vielmehr in einem Verstehensprozess aktiv Sinn konstruiert.

Fertigkeiten isoliert und integriert vermitteln
In Prüfungen und Lehrbüchern für Deutsch als Fremd- und Zweitsprache werden die vier Fertigkeiten als Lernbereiche des Unterrichts meistens gleichermaßen berücksichtigt. So werden im Lauf einer Prüfung oder Lehrwerkslektion typischerweise alle vier Fertigkeiten fokussiert. Im kommunikativen Alltag treten die Fertigkeiten nur selten isoliert auf, sondern sind in komplexer Weise ineinander verwoben. Aus diesem Grund wird im Unterricht über das gezielte Einzeltraining hinaus auch eine integrierte Vermittlung der Fertigkeiten angestrebt (vgl. Fandrych/ Thonhauser 2008). Phonetisch-phonologische, grammatische und lexikalische Kompetenzen werden als Bestandteile der Fertigkeiten angesehen. Als weitere Kompetenz wird die Sprachmittlerfähigkeit diskutiert (s. Kap. 3.3.5).

Zur Vertiefung

Standardisierte Sprachprüfungen und Zeitrahmen des Sprachenlernens

Das nach GER erreichte Sprachniveau kann derzeit durch verschiedene standardisierte Prüfungen nachgewiesen werden, die vom BAMF, vom Goethe-Institut oder vom TELC-Institut als Prüfungsagentur der Volkshochschulen erstellt werden. Sie werden offiziell von lizenzierten Institutionen oder Prüfern abgenommen.

- Sprachkenntnisse der Niveaustufen A1 und A2 bescheinigen die Sprachprüfungen »Start Deutsch 1« und »Start Deutsch 2«.
- Für den Abschluss des Integrationskurses ist die Prüfung »Deutsch-Test für Zuwanderer (DTZ)« verpflichtend, mit der Sprachkenntnisse der Niveaustufen A2 und B1 gemessen werden.
- Das Deutsche Sprachdiplom I (DSD I), eine von der Zentralstelle für das Auslandsschulwesen entwickelte Prüfung auf den Niveaustufen A2 und B1, wird seit 2011 auch in bundesdeutschen Willkommensklassen eingesetzt, u. a. in Hamburg, Bayern, Berlin, Bremen, Hessen, Mecklenburg-Vorpommern, Niedersachsen und Schleswig-Holstein (vgl. Dronske 2016).
- Der »Test DaF«, eine im Hochschulbereich angesiedelte Prüfung, misst Sprachkenntnisse auf den Niveaustufen B1, B2 und C1/2.
- Für den Nachweis berufsbezogener Deutschkenntnisse wurden spezielle Prüfungen entwickelt, die meist auf den Niveaustufen B1 oder einer Zwischenstufe zu B2 (B1/2) angesiedelt sind. Zudem finden sich weitere Prüfungen, die die Niveaustufen C1 und C2 abdecken.

Beispiele für Inhalt, Aufbau und Durchführung verschiedener DaF-Prüfungen sind im Internet zugänglich. Je nach Sprachniveau differenziert, weisen die Prüfungen ähnliche Grundstrukturen auf. Überprüft durch kurze oder längere Aufgaben werden zunächst das Hörverstehen, dann das Leseverstehen. Eine Aufgabe zur eigenständigen Textproduktion schließt sich an. Im vierten Teil der Prüfung wird die Sprechkompetenz der Lernenden überprüft, häufig in Paar- oder Gruppengesprächen.

Für das Erreichen der Niveaustufen A1 bis C2 wird von Kursanbietern meist ein Zeitrahmen bis zu 1400 Unterrichtsstunden angesetzt (Unterrichtsstunden jeweils ab Anfängerniveau):

- A1 = ca. 0–100 Unterrichtsstunden
- A2 = ca. 200–500 Unterrichtsstunden
- B1 = ca. 300–600 Unterrichtsstunden
- B2 = ca. 500–750 Unterrichtsstunden
- C1 = ca. 800–1200 Unterrichtsstunden
- C2 = ca. 1400 Unterrichtsstunden

Lehrpläne für den Schulunterricht Deutsch als Zweitsprache schließen enger an die für den erstsprachlichen Deutschunterricht formulierten Lernziele an und sind bundeslandspezifisch unterschiedlich ausgearbeitet. Der neu bearbeitete *Lehrplan PLUS Deutsch als Zweitsprache* des Bundeslands Bayern, der im Folgenden beispielhaft herangezogen wird, nennt als Lernbereiche des schulischen Unterrichts für den Primar- und den Sekundarstufenbereich: ›Hören, Sprechen und Zuhören‹, ›Lesen – mit Texten umgehen‹, ›Schreiben‹ und ›Sprache – Wortschatz und Strukturen entwickeln und untersuchen‹.

Lehrplan PLUS Deutsch als Zweitsprache

3.3.1 | Hören

Der hörende Zugang zur Sprache wird seit der Audiolingualen/Audiovisuellen Methode in der Fremd- und Zweitsprachendidaktik zentral gestellt. Dabei bildet die Flüchtigkeit der gesprochenen Sprache ein Problem: Aufgrund der Komplexität der beim Hörverstehen ablaufenden Vorgänge beklagen sich Lernende in den Anfangsstadien des Spracherwerbs oft darüber, dass »zu schnell« gesprochen werde (vgl. Solmecke 2010). Probleme bereiten insbesondere unbekannte Vokabeln, aber auch regional-dialektal geprägte Klangvariationen oder grammatische Komplexität. Zudem spielen auch die Fähigkeit zum Erschließen von Nicht-Verstandenem sowie die Fähigkeit zur Antizipation folgender sprachlicher Handlungen eine wesentliche Rolle, also Fähigkeiten, die der semantischen und pragmatischen Basisqualifikation zuzuordnen sind (s. Kap. 3.1.1).

Bei der Hörverstehensschulung gibt es je nach fokussierter Teilkompetenz verschiedene Schwerpunktsetzungen (vgl. Solmecke 2010; Huneke/Steinig 2013). Zum einen zielen Übungen zum Fertigkeitsbereich Hören auf die Laut- und Wortdiskriminierung in der Fremdsprache ab (Welchen Laut / welches Wort hören Sie?), fokussieren also die sog. phonologische Bewusstheit (s. dazu ausführlicher Kap. 4.4 und Kap. 6.1.1). Neben dieser spezifischen Ausrichtung wird das Hören in der Fremd- und Zweitsprachendidaktik auch umfassend als Fertigkeitsbereich thematisiert, bei dem es um die Sinnentnahme geht.

Hörverstehen schulen

Hörstrategien: Analog zur Lesefertigkeit (s. Kap. 3.3.2) werden für das Hören verschiedene Hörstrategien – zum Teil ist auch von ›Hörstilen‹ die Rede (vgl. Dahlhaus 1994) – unterschieden, die auf unterschiedliche Arten der Informationsentnahme gerichtet sind.

Hörstrategien
- Eine grobe Orientierung zur inhaltlichen Einordnung des Gehörten wird als ›globales Hören‹ bezeichnet.
- Beim ›selektiven Hören‹ geht es demgegenüber darum, gesprochenen Äußerungen bestimmte Informationen zu entnehmen, z. B. die Uhrzeit einer Verabredung.
- Das ›totale Hören‹ zielt auf die Aufnahme aller dargebotenen Informationen ab.

Der GER und *Profile Deutsch* bieten neben einer allgemeinen Skala zur Einschätzung der Hörverstehenskompetenz auch Lernzielbeschreibungen für Höranforderungen wie ›Gespräche zwischen Muttersprachlern verstehen‹, ›Ankündigungen, Durchsagen und Anweisungen verstehen‹ oder ›Radiosendungen und Tonaufnahmen verstehen‹. Eigens fokussiert wird unter dem Stichwort ›Hör-Sehverstehen‹ zudem die Rezeption von audiovisuellen Medien, z. B. Fernsehsendungen oder Spielfilmen (vgl. Schwerdtfeger 1989).

Hör-Sehverstehen

Definition

> **Sehverstehen** bezeichnet die Fähigkeit zur Rezeption visueller Ausdrucksmittel. Es wird in neueren fremdsprachendidaktischen Ansätzen auch als eine eigenständige Fertigkeit angesetzt. Reimann (2017) unterscheidet interkulturelles, analytisches und interpretatorisches Sehverstehen als Bestandteile einer visuellen Bildung (*visual literacy*) und bezieht sich dabei auf die reflektierte Wahrnehmung von statischen und bewegten Bildern (bildende Kunst, Filme, Videoclips, Graphiken etc.) ebenso wie auf das Verstehen der Semiotik von Räumen und der Mimik/Gestik eines Gesprächspartners.

Die Lernzielbeschreibungen für den schulischen Unterricht im *Lehrplan PLUS Deutsch als Zweitsprache* umreißen den Höranteil des Lernbereichs ›Hören, Sprechen und Zuhören‹ sehr ähnlich. Zu den beschriebenen Lernzielen gehören die Fähigkeiten, Laute und Silben herauszuhören, einzelne Laute in Wörtern zu identifizieren, Wortbausteine und Wörter als bedeutungstragende Einheiten wahrzunehmen, verstehend zuzuhören, gesprochene deutsche Sätze und Texte von Hörmedien und in Gesprächssituationen zu verstehen.

Aufgaben zum Hörverstehen umfassen meist Fragen zum Gehörten oder Richtig-Falsch-Aufgaben. In den thematischen Einstiegsphasen des Unterrichts finden sich auch oft Aufgaben, bei denen ein Hörimpuls einem Bild zugeordnet werden soll. Ein Problem bildet die Überprüfung von Hörverstehen, die nur über andere Fertigkeiten erfolgen kann (vgl. Kühn 1996). Im Blick auf die Wahrnehmung von Lauten, Wörtern und Sätzen bilden Hören, Lesen, Sprechen und Schreiben keine voneinander abgrenzbaren Momente: So hängt die Schreibung eng mit der Lautwahrnehmung zusammen und umgekehrt; beide beeinflussen wiederum die eigene Artikulation (s. auch Kap. 4).

3.3.2 | Sprechen

Die Fertigkeit Sprechen, eine der sog. produktiven Fertigkeiten, umfasst ebenso wie das Hören und Lesen unterschiedliche Aspekte (vgl. Liedke 2010). Ein Problem beim Sprechen in der Fremd- oder Zweitsprache ist, dass mögliche Fehlleistungen der Lernenden nicht wie beim Schreiben im Vorfeld korrigiert werden können. Der größere Zeitdruck bei der Produktion eigener sprachlicher Äußerungen wird durch Wortfindungsprobleme oder andere Ausdrucksschwierigkeiten verstärkt. Huneke/Steinig (2013: 166) betonen daher die Notwendigkeit einer ermutigenden Atmosphäre und raten zum sparsamen Umgang mit mündlichen Fehlerkorrekturen (vgl. dazu auch Kleppin/König 1991; Blex 2001).

Die motorische Seite des Sprechens betrifft die Aussprache, die Lernende ausgehend von ihren jeweiligen Erstsprachen vor unterschiedliche Schwierigkeiten stellt (vgl. Settinieri 2010). Probleme der Aussprache gehen oft mit Problemen beim hörenden Erkennen von Lauten einher, was sich besonders deutlich in den schriftlichen Produktionen von Lernenden zeigt (zu Beispielen s. Kap. 4.4 und Kap. 8.2.1). Ausspracheübungen fokussieren daher oft auch die schriftliche Umsetzung von Wörtern und folgen im Übungsablauf einer diskriminierenden Hörübung. **Aussprache-vermittlung**

Über die Aussprache hinaus zielt das Training der Sprechfertigkeit auf die flüssige Sprachproduktion ab. Dabei muss unterschieden werden zwischen einem Sprechen, das einen schriftlichen Text mündlich umsetzt, und der spontanen Sprechproduktion, wie sie für Gespräche kennzeichnend ist (vgl. Liedke 2010). Sprechen als Vorlesen zielt auf die Wiedergabe von (oft komplexen) Sätzen ab, was die Lernenden vor intonatorische Probleme stellt (vgl. Liedke 2007). Das spontane Sprechen in einer Gesprächssituation bringt demgegenüber das Problem der eigenen Sprechplanung mit sich. Durch die Suche nach passendem Wortschatz gerät die Sprache von Fremd- und Zweitsprachenlernenden oft ins Stocken. Zudem wird Zeit für die grammatische Planung benötigt. Die Komplexität der zu bewältigenden Aufgabe kann zu einer kognitiven Überlastung führen (s. dazu auch Kap. 8.4.2.2). Die Angst, Fehler zu machen, kommt als psychisch erschwerendes Moment für viele Lernende hinzu. Aus diesem Grund werden den Lernenden bereits früh Redemittel und Strategien an die Hand gegeben, die diesen Prozess dem Gesprächspartner zugänglich machen und seine Mithilfe anfordern (z. B. Umschreibungsstrategien: *Wie heißt das auf Deutsch?*). **Sprechfertigkeits-training**

Skalierungen von Sprechkompetenz im GER umfassen Skalen u. a. zur Aussprache und Intonation, zur Sprechflüssigkeit, zum zusammenhängenden monologischen Sprechen und zu den Aufgabenbereichen ›Erfahrungen beschreiben‹ und ›Argumentieren‹ (vgl. auch Bolton et al. 2008 mit Tonbeispielen). Typische Arbeits- und Übungsformen im Sprechfertigkeitstraining reichen von schriftlich oder auditiv vorentlasteten Imitationsübungen bis hin zum freien Sprechen, z. B. im Rollenspiel. Über das gezielte Sprechfertigkeitstraining hinaus ist es ein generelles Anliegen des Unterrichts, dass die Lernenden in jeder Unterrichtsphase möglichst oft selbst sprechen. Methodisch werden dazu die Sozialformen Partnerarbeit und Kleingruppenarbeit genutzt.

Der Lernbereich ›Hören, Sprechen und Zuhören‹ im *Lehrplan PLUS Deutsch als Zweitsprache* sieht ebenfalls das Aussprachetraining als zentrales Lernfeld vor (Laute und Wörter, Sätze und Texte zweitsprachennah aussprechen); zudem zielt es auf den funktionsangemessenen Ausdruck ab. Gemäß dem Bildungsauftrag der Schule wird auch das Gespräch als Form der Konfliktbewältigung fokussiert. Das Rollen- und Theaterspiel wird im schulischen Kontext weniger als Mittel zum Zweck der Ausspracheschulung, sondern als Form des künstlerischen Ausdrucks gesehen (›Szenisch spielen: Szenen spontan und geübt gestalten‹).

3.3.3 | Lesen

Ebenso wie das Hören wird das Lesen heutzutage als aktiver Prozess betrachtet, der unterschiedliche Verarbeitungsvorgänge umfasst (vgl. Schramm 2001; Lutjeharms 2010; Roche 2013; Huneke/Steinig 2013). Bei einer phonographischen Sprache wie dem Deutschen umfassen sie orthographische und phonologische Bewusstheit als Kompetenzen, Buchstaben als graphemische Einheiten erkennen und ihnen einen Lautwert zuordnen zu können, sowie umgekehrt die Fähigkeit, fremdsprachliche Laute zu identifizieren und in eine schriftliche Form umzusetzen. Diese Fähigkeiten werden spezifisch mit dem Begriff der ›Alphabetisierung‹ erfasst (s. dazu Kap. 4.4 und 8.2).

Alphabetisierung

Definition

> Eine **phonographische Sprache** ist dadurch gekennzeichnet, dass ihre Phoneme in der Schrift durch Buchstaben repräsentiert werden. Phonographische Verfahren umfassen Alphabetschriften und Silbenschriften. Chinesisch verwendet demgegenüber ein logographisches Schriftsystem, das auf die Funktionseinheit Morphem oder Wort bezogen ist.

Lesevorgang: Zur phonographischen Dimension des Lesens gehören die Augenbewegungen, die visuelle Mustererkennung sowie die phonologische Rekodierung der gelesenen Buchstaben. Geübte Lesende fixieren dabei anders als Leseanfänger nicht mehr Buchstaben für Buchstaben, sondern nur bestimmte Wortteile, wobei das Umfeld und die Wortfrequenz in der Alltagssprache eine Rolle zu spielen scheinen (vgl. Lutjeharms 2010). Bei schwierigen Texten und eher schwachen Lernenden kann beim Lesen eine subvokale Tätigkeit, d. h. ein Mitsprechen, beobachtet werden.

Leseverstehen

Das Lesen in der Fremd- und Zweitsprache geschieht auch bei geübten Lesenden wesentlich langsamer als das Lesen in der Muttersprache, was auf die geringe Automatisierung der lexikalischen Zugriffe und mangelnde mentale Repräsentationen im Lexikon zurückgeführt wird. Schwierigkeiten beim Lesen der Fremd- bzw. Zweitsprache können die Worterkennung sowie die syntaktisch-morphologische Analyse betreffen. Ebenso wie beim Hören, können unbekannte Wörter oder komplexe syntaktische Konstruktionen den Leseprozess blockieren.

Lesestrategien: Im Unterricht wird daher auch hier trainiert, mit Unverstandenem umzugehen. Entsprechend finden sich im Fertigkeitstraining Lesen wie beim Hören (s. Kap. 3.3.1) Aufgaben, die gezielt auf verschiedene Arten der Rezeption vorbereiten:

- Aufgaben, die auf ein ›globales Lesen‹ abzielen, konzentrieren sich auf die allgemeine Ausrichtung des Textes (Worum geht es?). Aus der anglo-amerikanischen Diskussion wird für das globale Lesen auch der Ausdruck *Skimming* übernommen (vgl. Roche 2013) oder von ›orientierendem Lesen‹ gesprochen (Lutjeharms 2010).
- ›Selektives Lesen‹ bezeichnet demgegenüber ein Lesen, das auf die Aufnahme einzelner, spezifischer Informationen hin ausgerichtet ist. Ziel ist es, bestimmte Wissenslücken zu einem Thema zu füllen, über das bereits ein Vorwissen vorhanden ist. Diese Strategie wird auch als *Scanning* oder ›suchendes Lesen‹ bezeichnet.
- ›Totales Lesen‹ wird demgegenüber ein Lesevorgang genannt, der auf die Aufnahme aller Informationen eines Textes abzielt.

Training von Leseverstehen   Beispiel

Lernende einer Fremdsprache streben oft ein totales Lesen und ein Verständnis aller im Text verwendeten Wörter an, was praktischen Alltagsaufgaben zumeist nicht angemessen ist. Im Fremdsprachenunterricht werden die Lernenden durch leitende Suchfragen daher spezifisch zum globalen oder selektiven Lesen angeleitet. Aktivitäten, die auf das globale Lesen abzielen, sind z. B. der ›Schnipseltext‹, bei dem ein Text in größere Textteile zerlegt und von den Lernenden wieder zusammengesetzt wird. Ein häufiger Übungstyp ist auch die Aufgabe, verschiedenen Textabschnitten passende Überschriften zuzuordnen. Selektives Lesen wird oft durch vorgegebene Fragen zum Text oder Richtig/Falsch-Aussagen vorstrukturiert. Detaillierter wird auch zum Unterstreichen der wichtigsten Inhaltswörter aufgefordert.

Zur Erfassung von Lesekompetenz stellen der GER und *Profile Deutsch* neben einer allgemeinen Skala spezifische Skalen bereit, u. a. ›Korrespondenz lesen und verstehen‹, ›Zur Orientierung lesen‹, ›Information und Argumentation verstehen‹ und ›schriftliche Anweisungen verstehen‹.

Auch im *Lehrplan PLUS Deutsch als Zweitsprache* geht es um die Entwicklung von Lesefertigkeiten im Sinne der Alphabetisierung und um die Fähigkeit, Strategien zur Wortschatzerschließung und Informationsentnahme zu nutzen, um Texte sinnerfassend zu lesen. Zudem wird Lesen auch als literarische Erziehung verstanden: Der Lernbereich ›Lesen – mit Texten umgehen‹ nennt als Lernziele auch ›Lesesituationen erfahren‹ und ›Kinderliteratur aus verschiedenen Ländern lesen‹. Ferner ist das Sprechen und Schreiben über Texte vorgesehen (›das Gelesene reflektieren‹, ›Texte präsentieren‹, ›an oder mit Texten kreativ weiterarbeiten‹). Speziell fokussiert wird die Kenntnis verschiedener Textsorten sowie die Fähigkeit, Texte lesend vorzutragen.

3.3.4 | Schreiben

Neben der Motorik des Schreibens als Bestandteil der Alphabetisierung und dem Erlernen der Orthographie als normgerechte Verschriftlichung von Wörtern, Wortarten und Sätzen zielen Übungen zum Fertigkeitsbereich Schreiben vor allem auf die eigenen Mitteilungsabsichten der Lernenden und die adressatengerechte Umsetzung verschiedener Textsorten ab. Die Lehre fokussiert zum einen den Schreibprozess, zum anderen die Überprüfung eines Schreibprodukts (vgl. Mohr 2010).

Schreibprozess und Schreibprodukt

Prozess- oder produktorientierter Zugang: Der prozessorientierte Zugang zum Schreiben zielt darauf ab, den Lernenden die wesentlichen inhaltlichen und formalen Merkmale einer Textsorte als Schreibaufgaben bewusst zu machen. Bei einem produktorientierten Zugang wird ein von den Lernenden verfasster Text als Schreibprodukt abschließend auf seine Angemessenheit und sprachliche Korrektheit hin überprüft und gegebenenfalls überarbeitet.

Lernziele im Fertigkeitsbereich Schreiben: Kann-Beschreibungen zum Schreiben liegen im GER und in *Profile Deutsch* für die schriftliche Produktion allgemein, für die Beherrschung der Orthographie, für das Schreiben von Briefen, Notizen und Mitteilungen, Berichten und Aufsätzen vor. Zudem werden unter dem Stichwort ›Texte verarbeiten‹ die Fähigkeiten des Abschreibens und des Zusammenfassens thematisiert. Eine eigene Skala fokussiert das kreative Schreiben. Aufgaben zur Förderung und Überprüfung von Schreibkompetenz in Lehrwerken reichen von kleineren, geschlossenen Aufgaben (›Finde eine Überschrift!‹) bis hin zu komplexen Schreibaufgaben.

Zu den besonderen Merkmalen des Schreibens in einer Fremdsprache gehört eine im Vergleich zur Erstsprache geringere Schreibgeschwindigkeit (vgl. Krings 2016). Wortschatzprobleme, aber auch sprachkulturdifferente Textmuster (s. Kap. 9.4.3) stellen fremd- und zweitsprachliche

Schreibplanung

Schreiber vor Schwierigkeiten. Bei der Schreibplanung und in Formulierungen wird z. T. auf die Erstsprachen zurückgegriffen. Andererseits sind bei Schreibenden mit Deutsch als Zweitsprache auch Einflüsse der Zweitsprache auf das Schreiben in der Erstsprache feststellbar (s. Kap. 8.4.1). Besonders beim fachlichen und wissenschaftlichen Schreiben zeigt sich die enge Verwobenheit von sprachlichem und fachlichem Wissen (vgl. Thielmann 2010; Graefen/Moll 2011; Moll/Thielmann 2016). Unter dem Stichwort ›Bildungssprache‹ wird dieser Zusammenhang derzeit auch im Blick auf die schulische Ausbildung diskutiert (s. dazu ausführlicher Kap. 3.4, 7.1 und 8.3.1).

Im *Lehrplan PLUS Deutsch als Zweitsprache* werden für das Lernziel Schreiben ebenfalls die Alphabetisierung der Lernenden und die damit verbundenen motorischen Aspekte thematisiert (›unverbundene und verbundene Schriftzeichen beherrschen‹, ›über eine individuelle Handschrift verfügen‹). Angesprochen werden auch die angemessene Textgliederung (›Texte übersichtlich und zweckmäßig gestalten‹), die situations- und adressatenbewusste Textplanung, das strukturierte und funktionsgerechte Verfassen sowie das korrigierende Überarbeiten von Texten. Zudem kommt das kreative Schreiben in den Blick. Eigens fokussiert im Lernbereich ›Wortschatz und Strukturen entwickeln und untersuchen‹ wird die Orthographie.

3.3.5 | Sprache untersuchen: Sprachbewusstheit und Sprachmittlerkompetenz

Unter ›Sprachbewusstheit‹ (*language awareness*) wird die Fähigkeit zur Reflexion sprachlichen Handelns verstanden (s. Kap. 3.2.3.1). Dazu gehört die Fähigkeit, sprachliche Strukturen und ihre Funktionen zu erkennen. Das Konzept wurde in Großbritannien im Kontext der schulischen Mehrsprachigkeitsdebatte entwickelt (vgl. James/Garrett 1992) und ist aus dem britischen Kontext in die deutsche Diskussion eingeflossen (vgl. Wolff 1993; Luchtenberg 1994). Sprachbewusstheit wird als wichtige Voraussetzung für einen erfolgreichen eigenen Sprachgebrauch angesehen (vgl. Gürsoy 2010; Budde 2016). Ein wichtiger Teil der Sprachbewusstheit ist sprachliche Analysefähigkeit. Sie geht einher mit dem Wissen über sprachliche Formen und Bedeutungen, die als Mittel des Denkens und Handelns verstanden werden. Da die literale Qualifikation auch die Fähigkeit zur Sprachreflexion umfasst, gehen Schwierigkeiten mit dem Lesen und Schreiben oft mit einer wenig ausgeprägten Sprachbewusstheit einher (s. auch Kap. 4).

Sprachbewusstheit

Sprachvergleich: Eine besondere Rolle bei der Ausbildung von Sprachbewusstheit wird dem Sprachvergleich zugesprochen. Ziel ist es, im bewussten Umgang mit Sprachen und sprachlichen Differenzen die Sensibilität für Sprache als Handlungsmittel zu fördern. Durch verbesserte Kenntnisse über Sprache und Sprachen soll die Fähigkeit aufgebaut werden, sie zu lernen (vgl. Budde 2016). Im Zusammenhang des Lernziels ›Sprachbewusstheit‹ kommen metalinguistische Beschreibungen und Wissen um grammatische Kategorien in den Blick. Allerdings ist der Ansatz auf das selbstständige Entdecken sprachlicher Regeln, auf das Sprechen über Sprache hin ausgerichtet und nicht mit expliziter Grammatikerklärung gleichzusetzen (vgl. Haukås et al. 2016; Demmig 2016).

Der Lernbereich ›Sprache – Wortschatz und Strukturen entwickeln und untersuchen‹ im *Lehrplan PLUS Deutsch als Zweitsprache* ist auf Sprachbewusstheit hin ausgelegt und sieht das Sprechen über das Sprachenlernen ebenso vor wie die Nutzung von Mehrsprachigkeit bei der Entdeckung von Gemeinsamkeiten und Unterschieden zwischen Sprachen. Noch weiter gehen die Entwürfe eines Mehrsprachigkeitscurriculums (Reich/Krumm 2013) und eines mehrsprachigen Erziehungsmodells (Rehbein 2012): Sie thematisieren Mehrsprachigkeit als einen eigenen gesamtgesellschaftlichen Bildungsgegenstand.

Mehrsprachigkeit als Bildungsziel

Das von Reich/Krumm (2013) entworfene Mehrsprachigkeitscurriculum umfasst ausdifferenzierte Kompetenzbereiche für die Primarstufe über die Sekundarstufe I bis hin zur Sekundarstufe II in der Gymnasial- und beruflichen Bildung. Ziel ist es, die Schüler/innen »zu befähigen, sich in

Zur Vertiefung

der heutigen Welt sprachlicher Vielfalt zu orientieren, sich selbstbestimmt und zielbewusst neue sprachliche Qualifikationen anzueignen und sich in vielsprachigen Situationen kompetent zu bewegen« (ebd.: 10). Die individuell unterschiedlichen einzelsprachigen Qualifikationen sollen miteinander verbunden und durch allgemeine sprachliche Einsichten gestützt werden. Die verschiedenen Kompetenzen, die mit diesem Lernziel verbunden sind, umfassen:

- Aufmerksamkeit gegenüber Sprachen
- Fähigkeit zur Reflexion der eigenen und anderer sprachlicher Lebenssituationen
- Wissen über Sprachen und ihre Bedeutung für das soziale Leben
- linguistische Kenntnisse, die eine vergleichende Sprachbeschreibung ermöglichen
- ein Repertoire von Sprachlernstrategien
- sprachliches Selbstbewusstsein (Reich/Krumm 2013: 10).

Die Ziele der Klassen 1 bis 4 sehen unter anderem die Begegnung mit verschiedenen Sprachen und Dialekten vor. In der Sekundarstufe I setzen sich die Schüler/innen mit Fragen der gesellschaftlichen Vielsprachigkeit und ihrer eigenen Sprachbiographie auseinander. In der Sekundarstufe II bildet insbesondere der Vergleich fachlicher Ausdrucksmittel und Textstrukturen ein wichtiges Lernziel. Zudem geht es darum, die eigenen Sprachkenntnisse als Sprachen(ver)mittler einzusetzen (ebd.: 47 f.).

Rehbein (2012) setzt im Entwurf eines mehrsprachigen Erziehungsmodells bereits im Kindergarten an. In einer spiralförmigen Entwicklung – er spricht von einer »Helix der Mehrsprachigkeit« (2012: 83) – wird Mehrsprachigkeit von den Klienten in die Institutionen getragen. Es kommt zu einer gesamtgesellschaftlichen Erweiterung der multilingualen Lebenspraxis.

Sprachmittler-kompetenz

Sprachbewusstheit wird auch mit dem Lernziel ›Sprachmittlerkompetenz‹ in Verbindung gebracht, das gegenwärtig vor allem für Deutsch als Fremdsprache im Ausland als wichtiges Ergebnis und Verfahren des Sprachunterrichts fokussiert wird (vgl. Liedke 2016). Im didaktischen Kontext des GER wird ›Sprachmitteln‹ auf die Fähigkeit von Lernenden bezogen, Äußerungen, Gespräche oder Texte sinngemäß zusammenfassend aus der Fremdsprache in die Erstsprache zu übertragen (Europarat 2001: 26). Dabei spricht man Sprachmittlerkompetenz einen hohen Stellenwert zu: Der *Rahmenplan »Deutsch als Fremdsprache« für das Auslandsschulwesen* (2009) stellt das Sprachmitteln sogar als fünfte Fertigkeit neben die klassischen Fertigkeitsbereiche Hören, Lesen, Sprechen und Schreiben. Ein solches Konzept ist allerdings nur sinnvoll, wenn es sich am verstehenden Nachvollzug von Translationsprozessen orientiert (vgl. House 2010; de Florio-Hansen 2013a, 2013b). Dabei gilt es, die in verschiedenen Dolmetsch- und Übersetzungssituationen gegebenen Zwecke der Übertragung ebenso wie mögliche Strategien anzusprechen, die dabei verwendet werden können.

Für den Schulunterricht Deutsch als Zweitsprache sind entsprechende Überlegungen bislang kaum entwickelt (vgl. Ehlich 2017). Probleme bilden hier die Sprachenvielfalt im multilingualen Klassenzimmer sowie mangelnde Kenntnisse der Lehrkräfte, die nicht alle der von den Lernenden gesprochenen Sprachen beherrschen.

Gleichwohl finden sich in jüngerer Zeit vermehrt Überlegungen, die Mehrsprachigkeit der Schüler in den Unterricht aufzunehmen und zu stärken (vgl. Budde 2012; Riehl/Blanco López 2018). Oomen-Welke (2010, 2011) schlägt als didaktischen Ansatz einen allgemeinen Sprachunterricht vor, der als ›vielsprachiger Deutschunterricht‹ auf die Entwicklung von Sprachbewusstheit abzielt. Das offene, sprachenentdeckende Unterrichtskonzept erlaubt es, Fremdsprachenkenntnisse ebenso wie Kenntnisse anderer Familiensprachen einzubringen und eignet sich daher für den Einsatz in mehrsprachigen Klassen, ist aber nicht an eine familiäre Mehrsprachigkeit der Schüler gebunden.

Mehrsprachigkeitsdidaktik

Sprachvergleiche als neues Aufgabenfeld des Deutschunterrichts

Beispiel

Ein vergleichendes Thematisieren sprachlicher Funktionen und Erscheinungsformen erscheint angesichts der zahlreichen möglichen Unterschiede zwischen Sprachen (s. Kap. 9) ein sinnvoller Zugang auch zur Lehre des Deutschen. Im Rahmen des Comenius-Projekts ›JaLing‹ (*Janua Linguarum – Das Tor zu Sprachen*) wurden bereits Lernmaterialien entwickelt, die zur sprachenübergreifenden Reflexion anregen. Die unter dem Titel ›Der Sprachenfächer‹ publizierten Kopiervorlagen und Arbeitshefte behandeln verschiedene Themen, u. a. Begrüßung und Höflichkeit, Personennamen, Fremdwörter und Wortbildung (Oomen-Welke und Arbeitsgruppe 2006, 2007). Durch Aufgaben und Informationen werden die Lernenden und Lehrenden mit unterschiedlichen Sprachen vertraut gemacht, können eigene Erfahrungen sammeln und vorhandenes Sprachwissen reflektieren. Auch in Österreich und der Schweiz wurden bereits ähnliche Lehrmaterialien erstellt (vgl. Riehl/Blanco López 2018).

Als kleines Beispiel sei eine (hier gekürzte und vereinfachte) Memory-Vorlage angeführt (Oomen-Welke und Arbeitsgruppe 2006: BT5 f.).

Ananas	Salata	Orange
limun	brokula	Paprika
Salat	Limone	ananas
Brokkoli	naranča	paprika

Das Spiel erfordert den Vergleich zwischen Benennungen zum Thema Essen im Deutschen und im Kroatischen, an den sich Vergleiche zu anderen Sprachen anschließen können. Das Thematisierungspotential der Übung umfasst Kognaten, typische Wortendungen (-*e* versus -*a*) und orthographische Regeln (Groß-/Kleinschreibung der Substantive); zudem kann projektorientiert verschiedenen Essgewohnheiten oder der Geschichte einzelner Nahrungsmittel nachgegangen werden.

3.4 | Sprach- und Fachunterricht

Die Bilanz von Redder et al. (2011) zeigt, dass die Gesellschaft bislang nur wenig auf die Anforderungen einer reflektierten mehrsprachigen Erziehung vorbereitet ist. Forschungsbedarf besteht in verschiedenen Handlungsfeldern, die von der Diagnose zur Therapie, von der vorschulischen Sprachförderung über die Primarstufen, Sekundarstufen I und II bis hinein in die berufliche und wissenschaftliche Bildung reichen (s. Kap. 5 f.). Für viele Lernende ist nicht der Nullanfang, sondern eine mehrsprachige Biographie mit jeweils unterschiedlichen Ausprägungen kennzeichnend. Für diese Zielgruppe sind Materialien zu entwickeln, die gezielt Kompetenzen in allen von den Kindern und Jugendlichen beherrschten Sprachen aufnehmen und weiterentwickeln (vgl. Brandt/Gogolin 2016). Dies setzt die Erfassung ihrer mehrsprachigen Lebenspraxen voraus (vgl. Ekinci et al. 2013).

Aus der Verschiedenheit der individuellen Sprachstände in der Regelklasse folgt, dass sich Schüler/innen zeitgleich mit fachlichen und sprachlichen Lernanforderungen konfrontiert sehen. Von besonderer Bedeutung für die schulische Sprachvermittlung ebenso wie für die Vermittlung beruflicher Kenntnisse ist daher die Frage, wie sich sprachliche Aneignungsprozesse auf den Bildungsprozess auswirken und wie der Fachunterricht durch Momente der Sprachlehre unterstützt werden kann. Dazu gehört auch die Frage, welche Momente des Fachunterrichts Schüler/innen vor sprachlichen Lernbedarf stellen.

Sprachunterricht wird somit zu einer Aufgabe, die sich für Lehrkräfte aller Fächer stellt. Auf entsprechende Vermittlungskonzepte wird mit Bezeichnungen wie ›durchgängige Sprachbildung‹ (Gogolin 2017), ›Sprache im Fach‹ (Michalak et al. 2015; Hoffmann et al. 2017) und ›sprachsensibler Fachunterricht‹ (Leisen 2017; Boubakri et al. 2017) Bezug genommen. Einen wesentlichen Aspekt bildet in diesem Zusammenhang die gnoseologische Funktion von Sprache (s. Kap. 3.1.1).

Sprachvermittlung als Aufgabe aller Fächer

3.4.1 | Der Aufgabenbereich ›Bildungssprache‹

Die Bezeichnung ›Bildungssprache‹ dient in der Diskussion um sprachliches und fachliches Lernen als heuristisches Konstrukt, mit dem auf die Erfahrung Bezug genommen wird, dass die alltäglichen Sprachkenntnisse nicht ausreichen, um die institutionellen Anforderungen der Schule und des fachlichen Lernens zu bewältigen. Zum Teil wird Bildungssprache als schriftsprachennahe Sprachform der Schule angesehen (Gogolin et al. 2013) und als eine sprachliche Varietät bzw. ein sprachliches Register aufgefasst (Riebling 2013).

Definition

Als Register werden sprachliche Variationen wie formelle und informelle Sprache bezeichnet; z. T. werden auch mündliche und schriftliche Sprache mit dem Begriff in Verbindung gebracht. Register werden als diaphasische Varietäten bestimmt, d. h. als Sprech- oder Schreibweisen, die von bestimmten Kommunikationssituationen abhängen. Unterschieden werden zudem diastratische Varietäten, die durch die soziale Stellung der Sprecher/Schreiber bedingt sind, und diatopische, d. h. ortsbedingte Varietäten, zu denen die Dialekte gezählt werden.

Sprachprobleme
im Fachunterricht

Eine empirische Validierung des Konstrukts ›Bildungssprache‹ steht allerdings noch weitgehend aus (vgl. Becker-Mrotzek/Roth 2017a). Pragmatische Ansätze verorten Bildungssprache in den spezifischen Handlungsmustern der Institution Schule, ihren fachlichen Diskursarten und Textsorten und den für die schulisch-akademische Wissensdarstellung gesellschaftlich ausgearbeiteten sprachlichen Mitteln, die z. T. ihren alltäglichen Zwecksetzungen entfremdet werden (Redder/Weinert 2013; Redder et al. 2015; Hoffmann et al. 2017). Von besonderer Bedeutung ist hier auch die Differenzierung von konzeptioneller Mündlichkeit und Schriftlichkeit (s. Kap. 8.3).

Empirische Analysen fachsprachlicher Strukturen und Texte sowie der fachlichen Unterrichtskommunikation sind bereits für verschiedene Fächer vorgelegt worden, u. a. für die Mathematik, die Naturwissenschaften, den Sachunterricht und Musikunterricht (vgl. die Beiträge in Hoffmann et al. 2017). Sie zeigen, dass sich im fachlichen Lernkontext häufig verdeckte Sprachschwierigkeiten finden, die zu Verstehensproblemen und Blockaden bei Schüler/innen mit Lernbedarf in Deutsch als Zweitsprache führen können. Eine am Fachgegenstand und an den Bedürfnissen der Schüler ausgerichtete Sprachlehre muss diesen Problemen Rechnung tragen.

Problemfelder: Zu den sprachlichen Momenten, die den Lernenden im Fachunterricht Schwierigkeiten bereiten, gehören beispielsweise die Erschließung von Fachausdrücken und (metaphorisch genutzten) Symbolfeldausdrücken, die Fähigkeit, die durch operative Prozeduren wie Präpositionen, Konjunktionen, Artikel oder Anaphern hergestellten Bezüge und Sinnkonstellationen zu rekonstruieren, Ergänzungen zu erfassen oder die Bedeutung von Partikeln, z. B. der Negation, Graduierung oder Abtönung, zu verstehen (vgl. Leisen 2017: 144).

Zur Vertiefung

Sprachliche Bezüge als Schwierigkeiten bei der Rezeption von Fachtexten

Die Aufgaben, die sich für Leser bei der Rezeption eines an Kinder gerichteten Sachtextes stellen, zeigt das folgende Beispiel von Berkemeier (2010) sehr deutlich, in dem die verschiedenen zu rekonstruierenden Begriffe und Bezüge graphisch erfasst werden (vgl. auch Leisen 2017: 44).

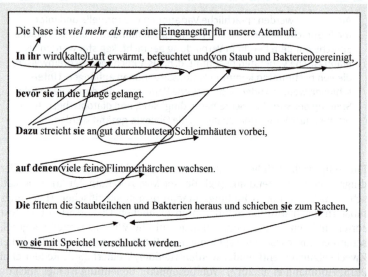

Die Nase ist *viel mehr als nur* eine Eingangstür für unsere Atemluft.

In ihr wird kalte Luft erwärmt, befeuchtet und von Staub und Bakterien gereinigt,

bevor sie in die Lunge gelangt.

Dazu streicht sie an gut durchbluteten Schleimhäuten vorbei,

auf denen viele feine Flimmerhärchen wachsen.

Die filtern die Staubteilchen und Bakterien heraus und schieben **sie** zum Rachen,

wo sie mit Speichel verschluckt werden.

Abb. 3.4:
Rekonstruktions-
aufgaben beim
Lesen eines
Sachtextes

Hervorhebungen:
Kursivdruck = Partikeln zur Negation, Graduierung, Abtönung
Rahmung = Symbolfeldausdrücke, die gegebenenfalls zu rekonstruieren sind
Umkreisung = Ergänzungsphrasen und Ergänzungen innerhalb von Phrasen als Bestandteile der zu rekonstruierenden syntaktischen Struktur
Fettdruck und Pfeile = Bezüge durch deiktische und phorische Ausdrücke

Über rezeptive Fertigkeiten hinaus gilt es insbesondere auch die produktiven Fertigkeiten weiterzuentwickeln: Beiträge von Schüler/innen im Fachunterricht müssen sprachlich, insbesondere schriftsprachlich, in eine den schulischen Anforderungen entsprechende Form gebracht werden; das Verfassen spezifischer Textmuster wie etwa von Versuchsbeschreibungen muss gelehrt werden (vgl. Hoffmann et al. 2017).

Lehrverfahren Cummins (2013) schlägt verschiedene methodische Verfahren vor, um die Bildungsbeteiligung von Lernenden zu erhöhen und ihren Bildungserfolg zu sichern: Neben einer Berücksichtigung des Vorwissens sollte das inhaltliche Verstehen durch Einsatz vielfältiger Medien gesichert werden. Insbesondere betont er die Rolle, die der L1 von mehrsprachigen Lernenden in einem entsprechend organisierten Unterricht zukommt (vgl. auch Wegner/Dirim 2016; Hoffmann et al. 2017). So kann diese beispielsweise in der gemeinsamen Textproduktion von Lernergruppen genutzt und um Übersetzungen in die Zielsprache ergänzt werden.

Ausgehend von einer Untersuchung der Unterrichtskommunikation an verschiedenen britischen Schulen, die sich durch sehr gute Lernergebnisse der Schülerschaft auszeichneten, plädiert auch Bourne (2013) dafür, Multilingualität im Unterricht zuzulassen, z. B. durch zeitweilige Bildung kleiner herkunftssprachlicher Lerngruppen, die sich mit der Arbeit in gemischtsprachigen Gruppen abwechseln. Auch die Untersuchungen zur Arbeitssprache Türkisch im mathematisch-naturwissenschaftlichen Un-

Abb. 3.5:
Pädagogisches
Rahmenkonzept
zur Erhöhung des
Bildungserfolgs
(nach Cummins
2013: 33)

terricht (u. a. Rehbein 2011; Özdil 2017) deuten darauf hin, dass die Möglichkeit zum Rückgriff auf die Erstsprache den Verstehensprozess der Lernenden unterstützen und als Raum des Probehandelns den einsprachigen Unterrichtsdiskurs vorbereiten kann.

3.4.2 | Verfahren des *Scaffolding*

Spezifische Verfahren der Berücksichtigung einer Zweitsprache im Schulunterricht werden mit dem Begriff *Scaffolding* erfasst (vgl. u. a. Hammond/Gibbons 2005; Cummins 2013; Quehl/Trapp 2013).

Die aus dem Englischen in das Deutsche übernommene Bezeichnung *Scaffolding* (engl. ›[Bau-]Gerüst‹) entstammt Erkenntnissen zum kindlichen Spracherwerb. In der interaktionistischen Theorie Bruners (1987) bezeichnet sie das Phänomen, dass Eltern die Komplexität ihrer Äußerungen intuitiv an die sprachlichen Fähigkeiten des Kindes anpassen. Der Begriff wurde dann auf Lehrkontexte (s. Kap. 6.1) und in der Diskussion um sprachliche Integration in den klassischen Einwandererländern USA, Kanada und Australien auch auf den Unterricht übertragen. Im Unterrichtskontext wird *Scaffolding* zur zusammenfassenden Bezeichnung von Unterrichtstechniken verwendet, durch die Lehrende den Lernenden ein ›Gerüst‹, also eine Unterstützung zum Aufbau von sprachlichen Strukturen anbieten und die sprachlichen Schwächen der Lernenden durch ›Stützen‹ in Form von Orientierungshinweisen, Anleitungen, Vorgaben und anderen Hilfestellungen bearbeiten.

Definition

Scaffolding bezieht sich auf die Lücke zwischen dem, was Lernende ohne Hilfe und was sie bei Hilfestellung durch andere leisten können. Lernen findet demzufolge dann statt, wenn die zu bewältigenden Aufgaben von ihren Leistungsanforderungen her knapp oberhalb der bestehenden Kompetenzen liegen, die Unterstützung es den Lernenden aber erlaubt, die Aufgaben zu lösen und dabei zunehmend selbständig zu werden (Hammond/Gibbons 2005; Cummins 2013). Die unter dem Begriff zusammengefassten Verfahren umfassen Makro- und Mikroverfahren (vgl. auch Beese et al. 2014).

Scaffolding

▪ Einbezug bisheriger Erfahrungen der Lernenden ▪ Sequenzierung von Aufgaben ▪ Teilnehmerbezogene Strukturierung ▪ Multimedialität ▪ Schlüsseltexte und Gegenstände ▪ Metalinguistische und metakognitive Bewusstheit	makro-stützend: Unterrichtsplanung
▪ Strukturierung durch Vor- und Rückverweise ▪ Zusammenfassungen und Meta-Kommentare ▪ Ausbauende Weiterführung von Schülerbeiträgen ▪ Elizitierungstechniken »mit Wink«	mikro-stützend: Unterrichtsinteraktion

Tab. 3.3:
Einige Verfahren
des *Scaffolding*

Makroverfahren des *Scaffolding* beziehen sich auf die Unterrichtsplanung der Lehrkraft und umfassen neben einer Offenlegung und Verdeutlichung der Lernziele, wie sie im deutschsprachigen Raum mit dem Prinzip der Transparenz erfasst werden (s. Kap. 3.2.5), einen vielfältigeren Input durch (parallelen und zusätzlichen) Einsatz verschiedener Medien (Gibbons 2014, 2003; Hammond/Gibbons 2005):

▪ Wandtafeln und Karten
▪ Fotos, Diagramme, Bilder
▪ mathematische Notationen
▪ Videofilme
▪ Internet-Ressourcen
▪ visuell-auditive und taktile Unterstützung durch Vor- und Mitmachen
▪ Verwendung von Körperbewegungen und Gesten.

Ein wichtiges Verfahren ist auch der Einsatz von Schüsseltexten oder Artefakten, die über eine größere Unterrichtseinheit hinweg im Mittelpunkt stehen und um die herum der Wissenserwerb organisiert ist. Zudem ist im Fachunterricht eine metalinguistische Reflexion vorzusehen.

Mikroverfahren des *Scaffolding* (Gibbons/Hammond 2005) betreffen unter anderem Vor- und Rückverweise, die Verwendung von Zusammenfassungen und Meta-Kommentaren sowie die Wiederaufnahme von Schülerbeiträgen in ausgebauter bzw. weiterführender Form.

Das Fortbildungshandbuch zur Sprachförderung im Fach (Leisen 2017) verdeutlicht Problemstellungen und Lösungsmöglichkeiten durch sprachfördernde Aufgabenstellungen, spezifische Leseaufträge, gestützte Schreibaufträge und professionelle Moderationstechniken anhand von praktischen Beispielen aus den Unterrichtsfächern Mathematik, den Naturwissenschaften, Geographie, Deutsch und Sport. Wie die Überlegungen erkennen lassen, können auch lernschwächere Schüler/innen mit Deutsch als Erstsprache von einem solchen Vorgehen profitieren.

Forschungs- und Implementierungsbedarf: Um Lehrenden fach- und sprachspezifische Hilfen zur Verfügung zu stellen, bedarf es weiterer detaillierter Rekonstruktionen des authentischen Unterrichtsgeschehens, die einen Einblick in dessen sprachliche Strukturen und Schwierigkeiten erlauben, und die Rückschlüsse darauf zulassen, an welchen Momenten eine veränderte Praxis ansetzen kann. Die Ergebnisse müssen zudem in die Ausbildung der Lehrenden einfließen, die auf entsprechende Arbeitsweisen vorzubereiten sind (vgl. Winters-Ohle et al. 2012).

Wie ein sprachsensibles fachliches Lehrwerk aussehen könnte, hat Leisen (2017: 41) beschrieben: Es ist nicht nur ein fachliches Lesebuch, sondern ein Materialien-Paket mit Workbook-Charakter. Seine Lehrtexte sind auf das Sprachniveau der Lerngruppe zugeschnitten und berücksichtigen die ganze Bandbreite der Heterogenität. Dem Sprachstand entsprechend gibt es mehrere sprachvereinfachte Ausgaben und binnendifferenzierte Aufgabenstellungen. Neben den fachlichen Übungen enthält das Lehrwerk Sprachübungen zum Erlernen des Fachwortschatzes, zum Einüben fachspezifischer Sprachmuster sowie Lese- und Schreibübungen. Binnendifferenzierung im Lehrwerk

3.5 | Zusammenfassung

Im vorliegenden Kapitel wurden didaktisch-methodische Entwürfe der Fremd- und Zweitsprachendidaktik vorgestellt. Mit der phonischen Qualifikation, der pragmatischen, der semantischen, der morphologisch-syntaktischen und der literalen Qualifikation wurden Ziele der sprachlichen Sozialisation angesprochen, die bei einem Spracherwerb im Kindesalter teils im Elternhaus, teils auch erst im Lauf der schulischen Ausbildung erreicht werden oder – im Fall höherer pragmatischer und literaler Qualifikationen – gegebenenfalls erst im Erwachsenenalter. Aus der Heterogenität der Lernenden ergibt sich für den Unterricht Deutsch als Zweitsprache eine Spannweite im Blick auf die Frage, ob die betreffenden Basisqualifikationen bereits vorausgesetzt werden können, d. h. in einer oder mehreren Sprachen bereits beherrscht werden, oder ob sie in ihrer Grundlegung Gegenstand der Sprachlehre werden, z. B. bei einer Alphabetisierung.

Mit der Grammatik-Übersetzungs-Methode, der Direkten Methode, der Audiolingualen/Audiovisuellen Methode, der Kommunikativen Didaktik, dem Interkulturellen Ansatz, der Kognitiven Didaktik, der Neurodidaktik und alternativen Methoden wie der Suggestopädie und dem *Total Physical Response*-Ansatz wurden didaktische Konzeptionen angesprochen, die sich durch unterschiedliche Herangehensweisen auszeichnen. Bei einer grundsätzlichen Ausrichtung auf kommunikative Lernziele und der Ausrichtung an Prinzipien wie Handlungsorientierung und Lernerautonomie ist für die heutige Fremd- und Zweitsprachenlehre ein Methodenpluralismus kennzeichnend. Sie fokussiert die vier Fertigkeitsbereiche Hören, Lesen, Sprechen und Schreiben; zum Teil wird als weitere Fertigkeit auch Sprachmittlerkompetenz angestrebt. Im Unterricht werden die vier Fertigkeiten zum Teil isoliert, zum Teil integriert vermittelt.

Die Fertigkeiten umfassen jeweils unterschiedliche Kompetenzen und Kompetenzbereiche, die von grundlegenden Lernbereichen wie der Lautwahrnehmung oder Schreibmotorik bis hin zu komplexen Planungs- und Überprüfungsprozessen reichen, die in der Zweitsprache zu bewältigen sind. Verschiedene fertigkeitsbezogene Übungsverfahren wurden angesprochen.

Einen eigenen Lernbereich stellt die sprachliche Komponente des Fachunterrichts in der Schule dar, die oft als ›Bildungssprache‹ bezeichnet wird. Verschiedene Verfahren können Lernenden mit sprachlichem Lernbedarf zu einer größeren Bildungsbeteiligung verhelfen. Dazu gehört z. B., die Kommunikation in anderen Sprachen bei Partner- und Gruppenarbeiten im Unterricht zuzulassen, Bildungsinhalte multimedial zu präsentieren und die Lernenden stärker in die Unterrichtsinteraktion einzubeziehen. Entsprechende didaktische Überlegungen benötigen eine empirische Absicherung durch Analysen authentischer fachlicher Unterrichtskommunikation, wie sie derzeit in der Forschung angestrebt werden.

Weitergehende Überlegungen zur mehrsprachigen Gesellschaft entwerfen die Zielvorstellung einer mehrsprachigen Bildung für alle Kinder, die im Kindergarten ansetzt und sich als umfassender Sprach(en)unterricht durch die gesamte Schulzeit hindurchzieht. Die universitäre Ausbildung von Lehrenden muss diese auf entsprechende Vermittlungsaufgaben vorbereiten.

Weiterführende Literatur

Augustin, Viktor/Hauser, Johannes (2007): Methodische Ansätze im DaF- und DaZ-Unterricht. In: Susan Kaufmann/Erich Zehnder/Elisabeth Vanderheiden/ Winfried Frank (Hg.): *Fortbildung für Kursleitende Deutsch als Zweitsprache.* Bd. 1: *Migration – Interkulturalität – DaZ.* München: Hueber, 124–155.

Becker-Mrotzek, Michael/Roth, Hans-Joachim (Hg.) (2017): *Sprachliche Bildung – Grundlagen und Handlungsfelder.* Münster: Waxmann.

Ekinci, Yüksel/Hoffmann, Ludger/Leimbrink, Kerstin/Selmani, Lirim/Süssmuth, Rita (Hg.) (2013): *Migration, Mehrsprachigkeit, Bildung.* Tübingen: Stauffenburg.

Hoffmann, Ludger/Kameyama, Shinichi/Rieder, Monika/Şahiner, Pembe/Wulff, Nadja (Hg.) (2017): *Deutsch als Zweitsprache. Ein Handbuch für die Lehrerausbildung.* Berlin: Erich Schmidt Verlag.

Reich, Hans H./Krumm, Hans J. (2013): *Sprachbildung und Mehrsprachigkeit. Ein Curriculum zur Wahrnehmung und Bewältigung sprachlicher Vielfalt im Unterricht.* Münster: Waxmann.

Martina Liedke

4 Integration im Spiegel der Sprach-vermittlung

4.1 Rechtsgrundlage und Teilnahmevoraussetzungen der Integrationskurse
4.2 Inhalte und Lernziele der Integrationskurse
4.3 Der Jugendintegrationskurs
4.4 Der Alphabetisierungskurs
4.5 Zusammenfassung

Die Diskussion um ›Integration‹ nimmt in den Diskursen der Migrations-gesellschaft eine zentrale Stellung ein. So wird von Zuwandernden gefor-dert, sich an die Gesellschaft des Ziellandes, deren Lebensweisen und Wertvorstellungen anzupassen. Alternativ kann Integration auch als ein wechselseitiger, umfassender Veränderungsprozess der Gesellschaft ver-standen werden (s. Kap. 1.4 und unten im Kasten). Unabhängig von der inhaltlichen Füllung des Begriffs ist man sich aber einig, dass Sprach-kenntnisse eine wesentliche Voraussetzung für soziale Teilhabe darstellen.

Zum Begriff ›Integration‹

Die Debatte um den Integrationsbegriff

Zur Vertiefung

Der Begriff ›Integration‹, abgeleitet vom lateinischen Wort *integrare* (›wiederherstellen, ergänzen‹), gehört seit einigen Jahrzehnten zu den migrationssoziologisch stark umstrittenen Begriffen (Ezli et al. 2013).

Terminologisch wird z. T. zwischen Systemintegration und Sozialintegra-tion differenziert (vgl. Esser 2001). Systemintegration liegt vor, wenn eine ausreichende Vernetzung besteht, um in der durch Arbeitsteilung gekenn-zeichneten Gesellschaft leistungsfähig zu sein (vgl. auch Scheller 2015). Sozialintegration erfasst die kognitive Sozialisation der Akteure (Kultura-tion), d. h. die Vermittlung grundlegender Wertvorstellungen und Kom-petenzen, des Weiteren ihre gesellschaftliche Stellung, ihre Interaktions-partner und ihre Identifikation mit der Gemeinschaft. System- und Sozial-integration können bis zu einem gewissen Grad auseinanderfallen: So ist Systemintegration möglich, ohne dass die beteiligten gesellschaftlichen Gruppen untereinander enge soziale Kontakte pflegen (vgl. Esser 2001).

Der wesentliche Kritikpunkt an dem Begriff ›Integration‹ ist, dass er die Vorstellung einer homogenen Einheit nahelegt, die es (wieder) herzu-stellen gilt bzw. in die etwas ›Hinzukommendes‹ einzugliedern ist (s. auch Kap. 1.4). Dabei muss sich die Aufnahmegesellschaft nicht ver-ändern: Ihre Rolle beschränkt sich auf Toleranz von Zuwanderern (vgl. Grote 2011). Es gilt als Aufgabe der Zuwandernden, sich in die gesell-schaftlichen Strukturen und sozialen Netzwerke einzufügen.

Migrantinnen und Migranten verbinden den Integrationsbegriff oft mit der Vorstellung einer einseitigen Assimilation an die deutsche Gesell-schaft und fühlen sich dadurch in ihrer kulturellen Identität bedroht (vgl. Öztürk/Balcı 2013). In der Diskussion um »neue Begriffe für die Einwanderungsgesellschaft« (BAMF 2014) werden die Begriffe ›Inklusion‹, ›Partizipation‹, ›Teilhabe‹ und ›Zusammenhalt‹ vorgeschlagen, um die Wechselseitigkeit von Anpassungsprozessen zu betonen. Es geht darum, »ein Wir-Gefühl zu schaffen, das unabhängig von ethnischen Zugehörigkeiten entsteht« (2014: 25).

Eine dazu notwendige Bedingung ist die Anerkennung der Gruppenidentitäten, die sich insbesondere mit den Migrantensprachen verbinden (vgl. Schöningh 2013).

Integrationskurse Als ›Integrationskurse‹ werden die in Deutschland obligatorischen Sprachkurse für Migrantinnen und Migranten bezeichnet, die darauf abzielen, neben Sprachkenntnissen auch grundlegende gesellschaftsbezogene Kenntnisse zu vermitteln (vgl. Kaufmann 2010). Die Kurse bilden seit 2005 einen rechtlich verankerten Bestandteil der nationalen Integrationsarbeit. Sie lösten eine bereits langjährig existierende, bundesweit allerdings sehr uneinheitliche Deutschförderung für Zugewanderte ab (s. Kap. 1). Damit die Lernangebote für Eltern, Kinder und Jugendliche mit Deutsch als Zweitsprache aufeinander abgestimmt werden können, ist es sinnvoll, dass auch Lehrende an staatlichen Schulen über Inhalte und Rahmenbedingungen der Integrationskurse Bescheid wissen – unter anderem, um mögliche Probleme, denen sie in der Elternarbeit begegnen, besser verstehen zu können. Auch ehrenamtliche Helfer, die Familien im Deutscherwerb unterstützen, sollten über Zugangsvoraussetzungen, Inhalte und Ablauf der Kurse informiert sein.

4.1 | Rechtsgrundlage und Teilnahmevoraussetzungen der Integrationskurse

Rechtsgrundlage Regelungen zu den Integrationskursen sind in der *Verordnung über die Durchführung von Integrationskursen für Ausländer und Spätaussiedler (Integrationskursverordnung – IntV)* festgehalten. Rechtsgrundlage der Integrationskursverordnung ist § 43 des Aufenthaltsgesetzes (AufenthG), das seinerseits Artikel 1 im Zuwanderungsgesetz (ZuwandG) bildet. Der Integrationskurs soll sicherstellen, dass Migrantinnen und Migranten über ausreichende Sprach- und Kulturkenntnisse verfügen, um am gesellschaftlichen Leben in Deutschland teilnehmen zu können. Die zuständige Behörde für die Koordination und Evaluation der Integrationskurse in Deutschland ist das Bundesamt für Migration und Flüchtlinge (BAMF). Im Glossar des BAMF heißt es zu ›Integration‹:

»Integration ist ein langfristiger Prozess. Sein Ziel ist es, alle Menschen, die dauerhaft und rechtmäßig in Deutschland leben, in die Gesellschaft einzubeziehen. Zugewanderten soll eine umfassende und gleichberechtigte Teilhabe in allen gesellschaftlichen Bereichen ermöglicht werden. Sie stehen dafür in der Pflicht, Deutsch zu lernen sowie die Verfassung und die Gesetze zu kennen, zu respektieren und zu befolgen.« (https://www.bamf.de/DE/Service/Left/Glossary/_function/glossar.html)

Dementsprechend umfassen die Integrationskurse einen sprachlichen und einen landeskundlichen Anteil (s. Kap. 4.2).

Zur Vertiefung

Zuwanderungsgesetz (Auszug aus Art. 1):
Gesetz über den Aufenthalt, die Erwerbstätigkeit und die Integration von Ausländern im Bundesgebiet (Aufenthaltsgesetz – AufenthG)

§ 43 Integrationskurs
(1) Die Integration von rechtmäßig auf Dauer im Bundesgebiet lebenden Ausländern in das wirtschaftliche, kulturelle und gesellschaftliche Leben in der Bundesrepublik Deutschland wird gefördert und gefordert.
(2) Eingliederungsbemühungen von Ausländern werden durch ein Grundangebot zur Integration (Integrationskurs) unterstützt. Ziel des Integrationskurses ist, den Ausländern die Sprache, die Rechtsordnung, die Kultur und die Geschichte in Deutschland erfolgreich zu vermitteln. Ausländer sollen dadurch mit den Lebensverhältnissen im Bundesgebiet so weit vertraut werden, dass sie ohne die Hilfe oder Vermittlung Dritter in allen Angelegenheiten des täglichen Lebens selbstständig handeln können.

(juris GmbH Juristisches Informationssystem für die BRD, https://www.gesetze-im-internet.de/aufenthg_2004/__43.html)

Die Teilnahme an einem Integrationskurs gilt als Recht, aber auch als Pflicht. Nicht jeder darf an einem Integrationskurs teilnehmen. Teilnahmeberechtigt sind allein Ausländer, die sich rechtmäßig und dauerhaft im Bundesgebiet aufhalten, Spätaussiedler, Unionsbürger sowie deutsche Staatsangehörige, die nicht über ausreichende Sprachkenntnisse verfügen, um den Lebensalltag selbständig zu meistern (§ 44 AufenthG). Personen, die sich in einem Asylverfahren befinden, werden nur zugelassen, falls es sich um Asylbewerber aus Ländern mit hohen Chancen auf Anerkennung, um Geduldete (gem. § 60a Abs. 2 Satz 3 AufenthG) oder um Ausländer mit Aufenthaltserlaubnis gem. § 25 Abs. 5 AufenthG (Aufenthalt aus humanitären Gründen) handelt. Personen mit mangelhaften Sprachkenntnissen und »besonderem Integrationsbedarf« können zur Teilnahme zwangsverpflichtet werden (§ 44a AufenthG). Von einem besonderen Integrationsbedarf wird bei Personen ausgegangen, die Arbeitslosengeld II oder Sozialhilfe erhalten, sowie bei Familienangehörigen, die ein minderjähriges Kind versorgen. Hier kann die Zahlung von Leistungen von einem Kursbesuch abhängig gemacht werden.

Teilnahme-
berechtigung

Gegenwärtig sind rund 58 % der Kursteilnehmer an einem Integrationskurs sog. Altzuwanderer. Rund 15 % wurden als Arbeitslosengeldempfänger zu einem Kursbesuch verpflichtet. Rund 42 % der Teilnehmer sind Neuzuwanderer (s. Abb. 4.1). Insgesamt nahmen 2016 rund 340.000 Personen an einem Integrationskurs teil, darunter ca. 25.000 Kurswiederholer (vgl. BAMF 2017b).

Die Kosten der Integrationskurse werden staatlich übernommen; eine Eigenbeteiligung der Teilnehmer ist jedoch ebenfalls vorgesehen. Der geforderte Eigenbeitrag beläuft sich auf ca. 1000 bis 1400 €. Kursteilneh-

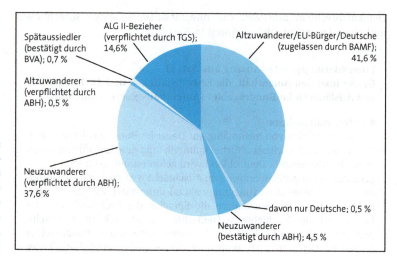

Abb. 4.1:
Teilnahmeberech-
tigungen nach
Statusgruppen
(Quelle: Integrati-
onskursgeschäfts-
statistik 2016,
BAMF 2017b: 2)

menden wird die Hälfte des Kostenbeitrags erstattet, wenn ein erfolgreicher Abschluss innerhalb von zwei Jahren nach Ausstellung der Teilnahmeberechtigung nachgewiesen werden kann. Bei Bedürftigkeit ist eine Befreiung vom Eigenkostenbeitrag möglich; auch werden Fahrtkosten übernommen.

Kritik an den Integrationskursen

Die Einrichtung staatlich geförderter Sprachkurse gilt aus wissenschaftlicher Perspektive als begrüßenswerter Schritt, der die Wichtigkeit sprachlicher Kenntnisse für eine erfolgreiche Partizipation am gesellschaftlichen Leben anerkennt. Kritisiert wird jedoch die »Zwangskopplung von staatsbürgerlichem Status und Deutscherwerb« (Rehbein 2012: 314). Es ist mehr als fraglich, ob Zwangsverpflichtungen zum Spracherwerb erfolgreich sein können. Gründe für mangelhafte Deutschkenntnisse sind vielfältig und umfassen oft eine sehr geringe Allgemeinbildung und geringe Lernerfahrungen. Kommen noch große Sprachunterschiede und Analphabetismus hinzu, vollzieht sich der Deutscherwerb der Betroffenen vergleichsweise langsam (s. Kap. 4.2). Kritisiert wird auch der Ausschluss relativ großer Personengruppen: Da bei Asylbewerbungen z. T. lange Verfahren anhängig sind, bevor über den Bleibestatus entschieden ist, können vor der Möglichkeit zum Besuch eines Integrationskurses oft mehrere Jahre vergehen. Deutschlernen ist für die Erwachsenen während dieser Zeit nur über ehrenamtliche Angebote und Selbsthilfegruppen möglich.

4.2 | Inhalte und Lernziele der Integrationskurse

In der Integrationskursverordnung (IntV) sind Inhalte und Bestimmungen für die Durchführung der Integrationskurse festgelegt. Die für den Alltag als notwendig angesehenen Sprachkenntnisse werden hier auf das Niveau B1 des *Gemeinsamen Europäischen Referenzrahmens für Sprachen*

(GER) bezogen. Neben Sprachwissen sieht die Integrationskursverordnung die Vermittlung von landes- und institutionenkundlichem Wissen
vor. Integrationskurse umfassen daher zwei Bestandteile: einen Sprachkurs und einen sog. Orientierungskurs (vgl. BAMF 2015a).

Kursbestandteile

Auszug aus der Integrationskursverordnung (IntV)

§ 3 Ziel des Integrationskurses
(1) Der Kurs dient der erfolgreichen Vermittlung
1. von ausreichenden Kenntnissen der deutschen Sprache nach § 43
Abs. 3 des Aufenthaltsgesetzes und § 9 Abs. 1 Satz 1 des Bundesvertriebe-
nengesetzes und
2. von Alltagswissen sowie von Kenntnissen der Rechtsordnung, der
Kultur und der Geschichte Deutschlands, insbesondere auch der Werte
des demokratischen Staatswesens der Bundesrepublik Deutschland und
der Prinzipien der Rechtsstaatlichkeit, Gleichberechtigung, Toleranz und
Religionsfreiheit.
(2) Über ausreichende Kenntnisse der deutschen Sprache nach Absatz 1
Nr. 1 verfügt, wer sich im täglichen Leben in seiner Umgebung selbständig sprachlich zurechtfinden und entsprechend seinem Alter und Bildungsstand ein Gespräch führen und sich schriftlich ausdrücken kann
(Niveau B1 des Gemeinsamen Europäischen Referenzrahmens für Sprachen).

(juris GmbH Juristisches Informationssystem für die BRD,
https://www.gesetze-im-internet.de/intv/)

Zur Vertiefung

Umfang: Der durchschnittliche Stundenumfang, der für den Integrationskurs insgesamt vorgesehen ist, liegt gegenwärtig bei 700 Unterrichtsstunden (vgl. BAMF 2015a). Dem eigentlichen Kurs geht ein Einstufungstest
voraus, der drei bis sechs Schritte umfasst. In einem ersten Baustein wird
über ein obligatorisches Interview, fakultativ durch ein weiteres Gespräch
oder Sprechen nach Bildimpulsen die mündliche Sprachkompetenz erhoben. Ein weiterer Baustein dient der Ermittlung der schriftlichen
Sprachkompetenz und gegebenenfalls der Feststellung von Alphabetisie-
rungsbedarf. Als weitere Schritte folgen eine Lernberatung sowie die
Kurszuordnung.

Für den Sprachkurs werden je nach Lernstand der Teilnehmenden 430
bis 900, durchschnittlich 600 Unterrichtsstunden Lernzeit angesetzt. Sein
erfolgreicher Abschluss wird mit dem Sprachtest »Deutsch-Test für Zuwanderer (DTZ)« überprüft, der Kompetenzen in den Bereichen Hören,
Lesen, Schreiben und Sprechen auf den Stufen A2 und B1 des GER nachweist. Der an den Sprachkurs anschließende Orientierungskurs umfasst
100 Stunden. Er vermittelt grundlegende Kenntnisse zur Staatsform, Gesellschaft und Geschichte Deutschlands und endet mit dem Test »Leben
in Deutschland« als Nachweis der erfolgreichen Teilnahme. Sind die Abschlussprüfungen des Sprach- und Orientierungskurses bestanden, erhalten die Teilnehmenden das »Zertifikat Integrationskurs«.

Die Integrationskurse werden üblicherweise als Vollzeitkurse durch-

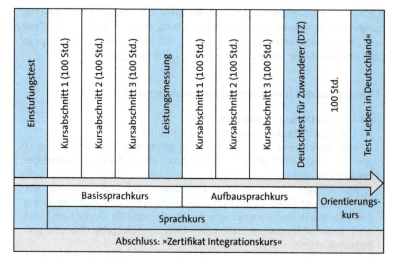

geführt. Für Berufstätige werden auch Teilzeitkurse angeboten. Die Höchstteilnehmerzahl pro Kurs liegt bei 20 Personen.

Kurstypen: Neben dem allgemeinen Integrationskurs (vgl. BAMF 2015a) wird als Sonderform der sog. Elternintegrationskurs angeboten (vgl. BAMF 2015b), der sich vorwiegend an Frauen richtet, die keine Berufstätigkeit ausüben. Weitere Sonderformen sind der Jugendintegrationskurs (§ 4.3) und der Alphabetisierungskurs (§ 4.4). Die differenzierten Kurstypen werden der Heterogenität der Teilnehmenden allerdings nur ansatzweise gerecht (vgl. Kaufmann 2010; vgl. auch BAMF 2015a: 12 f.).

Problemfeld Zeit: Als problematisch wird in der fachlichen Diskussion aufgrund der Heterogenität der Lernenden insbesondere der für den Spracherwerb festgesetzte Stundenumfang angesehen. Ihre Lernerfahrungen reichen von keinem Schulbesuch in der Heimat bis zu einem abgeschlossenen Universitätsstudium. Zudem stellen sich je nach Ausgangssprache ganz unterschiedliche Schwierigkeiten im Deutscherwerb, die sich auf die benötigte Lernzeit auswirken (vgl. Rehbein 2012). In der Praxis der Kurse hat sich gezeigt, dass die angesetzten Stundenzahlen für viele Lernende nicht ausreichen, um das angestrebte Sprachniveau zu erreichen.

4.2.1 | Der Sprachkurs

Die curriculare Grundlage des Sprachkursanteils in Integrationskursen bildet das *Rahmencurriculum für Integrationskurse – Deutsch als Zweitsprache*, das derzeit in einer ersten überarbeiteten Fassung vorliegt (Goethe-Institut 2017). Ausgehend vom GER und dessen erweiterter Umsetzung in *Profile Deutsch* (s. Kap 3.3) formuliert das Rahmencurriculum zentrale Lernfelder und Lernziele bis zur Stufe B1. Inhaltlich nimmt das Rahmencurriculum Bezug auf die InDaZ-Studie, eine vorgängige empirische Erhebung der alltäglichen Sprachbedarfe von Migrantinnen und Migranten (Ehlich et al. 2007). Die Studie erbrachte unter anderem, dass es insbesondere durch die Kinder zu einem verstärkten Bedarf an Deutschkenntnissen in den Familien kommt.

Lernziele: Die in der InDaZ-Studie von Migrantinnen und Migranten thematisierten Lernziele, z. B., sich mit den Nachbarn, im Kindergarten oder bei einem Arztbesuch verständigen zu können und im Alltag mehr Deutsch zu sprechen (vgl. dazu auch Montanari 2015), und die als relevant aufgewiesenen Handlungsfelder (u. a. ›Leben mit Kindern‹, ›Behörden‹, ›Arbeitsplatz‹, ›Arbeitssuche‹ usw.) finden sich entsprechend im Rahmencurriculum wieder.

Über die sprachlichen Lernziele in den Bereichen Hören, Lesen, Schreiben und Sprechen hinaus fokussiert das Rahmencurriculum auch interkulturelle Fähigkeiten, landeskundliches Wissen sowie strategische Kompetenzen, die das Sprachenlernen und sprachliche Handeln mitbestimmen, z. B. den Umgang mit Wissenslücken oder den Einsatz von Lerntechniken (Goethe-Institut 2017: 21). Insgesamt werden im Rahmencurriculum rund 470 Groblernziele differenziert erfasst. Sie umfassen zwölf spezifizierte Handlungsfelder sowie verschiedene übergreifende Kommunikationsbereiche.

Die Handlungsfelder übergreifenden Groblernziele betreffen den Umgang mit der Migrationssituation, den Ausdruck von Gefühlen, Haltungen und Meinungen, den Umgang mit Dissens und Konflikten, die Gestaltung sozialer Kontakte und den Umgang mit dem eigenen Sprachenlernen.

Die speziellen Handlungsfelder betreffen den Kontakt mit deutschen Ämtern und Behörden, Arbeit, Arbeitssuche, Aus- und Weiterbildung, Banken und Versicherungen, Betreuung und Ausbildung der Kinder, Einkaufen, Gesundheit, Mediennutzung, Mobilität, Unterricht und Wohnen.

Lernziele	Aktivitäten	Niveau	Fokus Landeskunde
Kann an einem Elternabend die für ihn/sie wichtigsten Informationen verstehen, z. B. zu anstehenden Festen, zu Aufgaben, die übernommen werden sollen	hören	A2	Weiß, dass die aktive Mitarbeit der Eltern bei schulischen und außerschulischen Veranstaltungen erwünscht ist.
Kann die Beschreibung von Sachverhalten verstehen, z. B. die wichtigsten Informationen zum Verfahren bei der Elternbeiratswahl	hören	B1	Weiß, dass der Elternbeirat von den Eltern gewählt wird.
Kann mit einfachen Worten seine/ihre Interessen und Wünsche einbringen, z. B. bzgl. Unterstützung bei schulischen Problemen, Übernahme von Aufgaben bei Schulfesten	sprechen	A2	
Kann sich einfache Notizen machen, z. B. Termine, Übernahme von Aufgaben	schreiben	A2	

Tab. 4.1:
Beispiel für Lernziele im Rahmencurriculum DaZ

Landeskundliches Wissen: Für jedes Handlungsfeld finden sich auch Lernziele, die das relevante landeskundliche Wissen betreffen, z. B. »Weiß, dass es in Deutschland eine Schulpflicht gibt und die Zugehörigkeit zur Grundschule geregelt ist«, »Weiß, dass das Kind bereits am ersten Krankheitstag vor Unterrichtsbeginn krankgemeldet werden muss« (117). Zudem werden spezifische Lernziele formuliert, die auf interkulturelle Unterschiede Bezug nehmen. So wird für das Handlungsfeld ›Ämter und Behörden‹ z. B. das Lernziel »ist sensibilisiert für die Verbindlichkeit von Fristen und Schriftstücken« (75), für das Handlungsfeld ›Betreuung und Ausbildung der Kinder‹ das Lernziel »ist sensibilisiert für die Vorgabe des gleichberechtigten und selbstbestimmten Zugangs von Mädchen und Frauen zu Bildung und Arbeit« formuliert (115).

Da die meisten Bereiche Lernziele auf verschiedenen Niveaustufen umfassen, wird durch das Curriculum eine zyklische Progression durch die Themenfelder und Lernbereiche nahegelegt, der in den Kursvorgaben des BAMF Rechnung getragen wird: Das Konzept für den Basissprachkurs sieht das Durchlaufen des gesamten Themenspektrums vor; im Aufbausprachkurs werden alle Handlungsfelder noch einmal aufgegriffen. Die für Integrationskurse zugelassenen Lehrwerke orientieren sich an diesem Rahmen.

Deutschtest für Zuwanderer

Die Abschlussprüfung des Sprachkurses, der ›Deutsch-Test für Zuwanderer‹ (DTZ) überprüft als skalierter Test Sprachkenntnisse auf den Niveaustufen A2 und B1. Er umfasst die vier Teilbereiche Hören, Lesen, Schreiben und Sprechen und dauert insgesamt rund 120 Minuten. Die Fertigkeitsbereiche Hören (25 Minuten) und Lesen (45 Minuten) werden durch Multiple-Choice-Aufgaben, richtig-falsch-Aufgaben und Zuordnungsaufgaben überprüft.

Beispiel

Höraufgabe aus dem Deutsch-Test für Zuwanderer,
Teil 1: Ansagen am Telefon, öffentliche Durchsagen verstehen

Hörtext:
Guten Tag. Hier ist Claudia Kessler von den Stadtwerken Düsseldorf. Herr Matuschek, wir waren gestern bei Ihnen, weil wir den Stromzähler ablesen wollten. Leider waren Sie nicht zuhause. Bitte rufen Sie uns an und machen Sie einen neuen Termin. Unsere Telefonnummer ist die fünfzig, achtundsechzig, vierzehn. Vielen Dank und auf Wiederhören!

Aufgabentext:
Was soll Herr Matuschek machen?
a Den Stromzähler ablesen.
b Die Stromrechnung bezahlen.
c Einen neuen Termin machen.

(telc GmbH 2015: 6)

Zur Überprüfung der Fertigkeit Schreiben (30 Minuten) ist die Bearbeitung einer komplexeren Schreibaufgabe vorgesehen. Die mündliche Prüfung findet als Paarprüfung statt und umfasst als Sprechaufgaben das

Sprechen nach Stichworten, Antworten auf Prüferfragen, Sprechen nach Bildimpuls und das Sprechen nach Leitpunkten (insgesamt ca. 16 Minuten pro Person).

Schreibaufgabe aus dem Deutsch-Test für Zuwanderer,
Teil 3: Halbformelle und formelle Mitteilungen verfassen

Beispiel

Sie haben vor einem halben Jahr bei der Firma Neumann eine Waschmaschine gekauft. Jetzt ist sie kaputt. Sie erreichen bei der Firma telefonisch niemanden. Deshalb schreiben Sie eine E-Mail.

Schreiben Sie etwas über folgende Punkte. Vergessen Sie nicht die Anrede und den Gruß.
- Grund für Ihr Schreiben
- Garantie
- Reparatur oder neue Waschmaschine
- wie Sie erreichbar sind

(telc GmbH 2015: 19)

Auf Antrag können eine finanziell unterstützte Wiederholung von Kursabschnitten im Umfang von 300 Unterrichtsstunden sowie eine Prüfungswiederholung gewährt werden. Weitere Verlängerungen sind möglich; die Kosten dafür sind jedoch von den Lernenden selbst zu tragen.

Die Ergebnisse der abschließenden Sprachprüfung werden vom BAMF halbjährlich in der Integrationskursgeschäftsstatistik veröffentlicht. 58 % der insgesamt 169.802 Prüflinge legten den ›Deutsch-Test für Zuwanderer‹ 2016 auf der Niveaustufe B1 erfolgreich ab. 33,5 % erreichten die (noch nicht hinreichende) Niveaustufe A2. 7,9 % verblieben unterhalb des A2-Niveaus. Mit Blick auf die Kurswiederholer zeigt sich, dass auch ein Zeitrahmen von 1000 Unterrichtsstunden für einige Teilnehmende noch nicht ausreicht, um die gesetzlich geforderten Deutschkenntnisse zu erwerben. Die sprachlichen Lernziele ebenso wie Prüfungsergebnisse machen deutlich, mit welchen Anforderungen Migrantinnen und Migranten konfrontiert sind, die über geringe Kompetenzen im Deutschen verfügen. So ist es häufig kein Zeichen von Desinteresse, sondern von sprachlich-handlungspraktischer Unsicherheit, wenn z. B. die Elternsprechstunde in der Schule nicht genutzt oder eine Feier nicht besucht wird, Entschuldigungsschreiben oder Erlaubniserteilungen ausbleiben.

Prüfungs-
ergebnisse

4.2.2 | Der Orientierungskurs

Der Orientierungskurs bildet den zweiten Bestandteil des Integrationskurses und wird nach Abschluss des Sprachkurses absolviert. Zunächst für einen Umfang von 60 Unterrichtsstunden konzipiert, werden nunmehr 100 Unterrichtsstunden für den Kurs veranschlagt. Seine Grundlage bildet das »(Vorläufige) Curriculum für einen bundesweiten Orientierungskurs« (BAMF 2016). Ziel des Kurses ist die »Vermittlung von Alltagswissen sowie von Kenntnissen der Rechtsordnung, der Kultur und der

Curriculum für den
Orientierungskurs

Lernziele

Geschichte in Deutschland, insbesondere auch der Werte des demokratischen Staatswesens der Bundesrepublik Deutschland und der Prinzipien der Rechtsstaatlichkeit, Gleichberechtigung, Toleranz und Religionsfreiheit« (§ 3 Abs. 1 Nr. 2 IntV). Die wichtigsten Lernziele des Orientierungskurses sind (BAMF 2016: 7):

- Verständnis für das deutsche Staatswesen wecken
- Positive Bewertung des deutschen Staates entwickeln
- Kenntnisse der Rechte und Pflichten als Einwohner und Staatsbürger vermitteln
- Fähigkeit herausbilden, sich weiter zu orientieren (Methodenkompetenz)
- Zur Teilhabe am gesellschaftlichen Leben befähigen (Handlungskompetenz)
- Interkulturelle Kompetenz erwerben.

Beispiel

Feinlernziele im Orientierungskurs, Thema: Grundrechte im Grundgesetz

Die Kursteilnehmer können ...
- die Grundrechte im Grundgesetz in ihrem Wesensgehalt beschreiben.
- die Bedeutung der Grundrechte für ihre eigene Lebenswirklichkeit bewerten.
- an Beispielen Grenzen und Spannungsfelder bei der Wahrnehmung von Freiheitsrechten erkennen.
- an Beispielen Spannungsfelder zwischen Verfassungsanspruch und Verfassungswirklichkeit bewerten.

(BAMF 2016: 24)

Module

Inhaltlich umfasst der Orientierungskurs drei Module:
- **Das Modul ›Politik in der Demokratie‹** fokussiert die Verfassungsprinzipien und Grundrechte im Grundgesetz in ihrer Umsetzung in der Lebenswirklichkeit. Angesprochen werden die Verfassungsorgane und die politischen Parteien als zentrale politische Akteure. Durch Diskussionen politischer Entscheidungen sollen die Teilnehmenden ein eigenständiges Urteil gewinnen.
- **Das Modul ›Geschichte und Verantwortung‹** zielt auf ein besseres Verständnis der deutschen Gegenwart ab. Angesprochen werden die besondere Wertschätzung der Grundrechte vor dem Hintergrund des Nationalsozialismus und des Holocausts, Alltag und Lebensverhältnisse in der Geschichte der beiden deutschen Staaten sowie die Ursachen der friedlichen Revolution in der DDR.
- **Das Modul ›Mensch und Gesellschaft‹** zielt ab auf religiöse und kulturelle Toleranz, die Akzeptanz verschiedenartiger Meinungen sowie die Gleichberechtigung der Geschlechter. Das Modul soll Anlässe bieten, um über eigene und fremde Erwartungen, Erfolgsfaktoren für Integration und die eigene Identität zu reflektieren.

Beispiel

»Wie ein Mensch« – Transkriptauszug aus Hartkopf (2010a: 157 f.)

Der folgende Transkriptausschnitt zeigt ein authentisches Unterrichtsgespräch in einem Orientierungskurs. Behandelt wird die deutsche Nationalhymne. Der kleine Ausschnitt verdeutlicht exemplarisch, wie stark das Sprachenlernen das landeskundliche Lernen prägt. Die Lehrkraft sichert ihre Erklärungen durch häufige Rückfragen ab. Die Lernenden zeigen durch die Äußerung von Rückmeldungen, ob sie die Ausführungen verstehen. Sina hat Probleme bei der Vokabel *Einigkeit*. Nach den Erklärungen der Lehrkraft und von Mitlernenden zeigt sie ihr Verständnis durch *hmhm̌* (mit fallend-steigendem Tonverlauf) an.

```
[1]
Sina  ((liest)) Einigkeit, Recht (und/)
KL                        Recht und Freiheit, das sind drei Schüsselwörter in der deutschen
[2]
Sina
KL    Hymne.        Ja?     Freiheit ist klar. Das/        Recht verstehen Sie auch.
S                        Hm̌
SS          Hmhm̌.
Lana                                  Recht  (auch)                      Hmhm̌.
Lio                                                                      Hm̌.
[3]
Sina                  Nein!
KL    Und Einigkeit/                            Ja.        Zu/ zusammen
S                  Doch. Hm̌.              Zusammen.
Lana                    Das ist zusammen (arbeiten)  Freiheit.
Lio   Ah, ja.
[4]
Sina      Hm̌::.
KL    halten.      Ja?    Also wir sind einig bedeutet: Wi/    Ja, wir halten
S                  Hm̌.
Lana      Ja.  Ja!                     Wie ein Mensch.    Wie ein Mensch.
[5]
Sina                              Hmhm̌.
KL    zusammen. Solidarität auch. Wir halten zusammen.
Lana              Hm̌.
```

KL = Kursleiter; Sina, Lana, Lio, S = Lernende; SS = mehrere Lernende

Unterrichtsprinzipien im Orientierungskurs

Unterrichtsprinzipien: Als Sprachniveau des Orientierungskurses ist die Niveaustufe A2 vorgesehen, was ein sprachliches Elementarisieren der komplexen Unterrichtsgegenstände erfordert: Es gilt, anspruchsvolle Inhalte in einfacher, verständlicher Sprache zu erklären, sie anschaulich und begreifbar auf die Lebenswelt der Lernenden zu beziehen (vgl. BAMF 2016: 16). Der Unterricht ist am Prinzip der Teilnehmerorientierung auszurichten. Er soll auf praktische Fragen des Alltagslebens bezogen sein und die Lernenden bei der Bewältigung alltäglicher Aufgaben unterstützen. Ein wichtiges Unterrichtsprinzip des Orientierungskurses bildet auch die multiperspektivische Themenaufbereitung: Der Unterricht soll kontroverse Standpunkte explizit deutlich machen und zum Perspektivenwechsel, zu Toleranz und Rücksichtnahme auffordern (vgl. BAMF 2016: 16). Das selbständige Lernen der Teilnehmer soll im Unterricht vorbereitet und durch Vermittlung entsprechender Lerntechniken gefördert wer den. Methodische Verfahren wie Rollenspiele oder Planspiele werden als Hilfsmittel eingeschätzt, die zum Lernerfolg führen.

Die Abschlussprüfung zum Orientierungskurs ist der Test ›Leben in Deutschland‹. Er dauert 60 Minuten und sieht die Beantwortung von 33 Multiple-Choice-Fragen vor, von denen mindestens 15 richtig beantwortet werden müssen. Der zugrundeliegende Fragenkatalog umfasst 300 bundesweite und 160 bundeslandspezifische Fragen, die auch beim Einbürgerungstest Anwendung finden (vgl. BAMF 2017a).

Aufgabe aus dem Gesamtfragenkatalog zum Test ›Leben in Deutschland‹ und zum ›Einbürgerungstest‹

Deutschland ist ein Rechtsstaat. *Was ist damit gemeint?*
☐ Alle Einwohner/Einwohnerinnen und der Staat müssen sich an die Gesetze halten.
☐ Der Staat muss sich nicht an die Gesetze halten.
☐ Nur Deutsche müssen die Gesetze befolgen.
☐ Die Gerichte machen die Gesetze.

(BAMF 2017a: 3)

Ebenso wie die sprachlichen Lernziele machen die Lernziele des Orientierungskurses deutlich, dass von Migrantinnen und Migranten zum Teil erhebliche Lernleistungen zu erbringen sind. Insbesondere die Lernziele des Orientierungskurses sind für Eltern schulpflichtiger Kinder sehr wichtig, da sie grundlegende Werte vermitteln, die für das Verständnis der Ziele ebenso wie der Lernverfahren schulischer Bildung in Deutschland unumgänglich sind.

Einwände gegen den Orientierungskurs betreffen seine Inhalte und seine Organisationsstruktur (vgl. Bundesausschuss für Politische Bildung 2007). So scheinen die wenigen Stunden des Kurses kaum ausreichend, um eine fundierte politische Bildung oder affektive Lernziele wie die Bejahung von Geschlechtergleichstellung zu erreichen. Andere Einwände betreffen das Sprachniveau der Lernenden, das mit den komplexen Lerngegenständen im Orientierungskurs kaum vereinbar scheint. Kritisiert wird auch die Prüfungspraxis, die die Zusammensetzung des Deutschen Bundestags ebenso wie den Verfasser der Nationalhymne oder deutsche Tischsitten abfragt. Eine empirische Untersuchung von Hartkopf (2010), die mehrere Unterrichtsstunden in Integrationskursen diskursanalytisch untersucht hat, zeigt, dass sich die Lernziele der Kurse in deren Durchführung wiederfinden und so erfolgreiches Lernen einleiten können. Es fanden sich jedoch auch kontraproduktive Widersprüche. Die Ausbildung der Lehrenden erwies sich als noch unzureichend.

Ergebnisse: Angesichts der angesprochenen Probleme überraschen die guten Prüfungsergebnisse, die in dem Abschlusstest ›Leben in Deutschland‹ erzielt werden – die Bestehensquote liegt bei 92,3 % aller Teilnehmer (vgl. BAMF 2017a: 16). Offen bleibt, inwieweit diesen Ergebnissen eine gesellschaftliche Handlungsbefähigung entspricht. Ein vom BAMF in den Jahren 2007 bis 2011 durchgeführtes Forschungsprojekt zum ›Integrationsverlauf von Integrationskursteilnehmenden (Integrationspanel)‹ untersuchte die langfristige Entwicklung von Sprachkenntnissen und Einstellungen bei ehemaligen Teilnehmenden an Integrationskursen drei Jahre nach Kursbeendigung. Es zeigte sich, dass die im Kurs erworbenen Deutschkenntnisse größtenteils beibehalten und durch selbständige Lernstrategien weiter verbessert werden. Im Vergleich zu einer Kontrollgruppe, die nicht an einem Integrationskurs teilgenommen hatte, waren häufigere Kontakte zu Deutschen, eine verbesserte Erwerbsquote sowie eine Zunahme der Verbundenheitsgefühle zu Deutschland festzustellen (vgl. Lochner et al. 2013: 76 f.).

4.3 | Der Jugendintegrationskurs

Der Kurstyp ›Jugendintegrationskurs‹ wird bislang vergleichsweise selten angeboten. Im Angebot der Integrationskurse macht er gegenwärtig 4,6 % aus, mit steigendem Bedarf (vgl. BAMF 2017a). Zielgruppe der Jugendintegrationskurse sind Personen, die der Schulpflicht nicht mehr unterliegen, aber das 27. Lebensjahr noch nicht vollendet haben (§ 13 Abs. 1 S. 3 Ziff. 1 IntV). Der Kurs dient der speziellen Zielsetzung, auf den Besuch **Bildungsbezug** weiterführender Schulen oder Hochschulen oder auf eine Ausbildung vorzubereiten. Auf lange Sicht angestrebt wird ein Ausbildungsabschluss, der jungen Migrantinnen und Migranten den erfolgreichen Einstieg in das Berufsleben ermöglichen soll.

Der inhaltliche Schwerpunkt der Jugendintegrationskurse liegt auf Informationen über Möglichkeiten des deutschen Bildungs- und Ausbildungssystems. Der sprachliche Aufgabenbereich betrifft insbesondere die Fertigkeiten Lesen und Schreiben, die im Jugendintegrationskurs stärker als im allgemeinen Integrationskurs fokussiert werden (vgl. BAMF 2015b). Mit der deutschen Fachsprache wird zudem ein besonderes Problemfeld der Sprachvermittlung in den Blick genommen, das auch an deutschen Schulen eine Rolle spielt (s. Kap. 3.4): Die Lernenden sollen sprachlich in die Lage versetzt werden, dem Unterricht in den verschiedenen Fächern, z. B. Geschichte, Sozialkunde, Wirtschaft oder den Naturwissenschaften zu folgen. Darüber hinaus benötigen sie landeskundliche Kenntnisse über den Ausbildungs- und Arbeitsmarkt und müssen mit den an sie gestellten Rollenerwartungen in Schule, Hochschule, Ausbildung und Beruf vertraut sein.

Ziele: Im Jugendintegrationskurs soll eine erste Hinführung an weiterführende Qualifikationsangebote geschehen, die auf den Erwerb von Zugangsvoraussetzungen für das Nachholen von Schulabschlüssen und zur Aufnahme einer Ausbildung abzielen. Dieses Ziel kann im Jugendintegrationskurs selbst nicht vollständig erreicht werden (vgl. BAMF 2015c:12). Vielmehr ist eine Anbindung an vorlaufende, flankierende und anschließende Maßnahmen der Integrationsarbeit vorgesehen, wie sie von Jugendmigrationsdiensten angeboten werden.

Umfang: Vom Umfang her werden für den Jugendintegrationskurs 900 Stunden Sprachkurs angesetzt. Der Kurs umfasst nicht zwei, sondern drei Kursabschnitte (Basissprachkurs, Aufbaukurs A und Aufbaukurs B). Ein

Test nach den ersten 600 Unterrichtsstunden bestimmt den weiteren Kursverlauf im Aufbaukurs B, der auf unterschiedliche Weise fortgesetzt werden kann. Während mit lernungewohnten Teilnehmern in der Kursfortsetzung das Sprachniveau B1 angestrebt wird, können die weiteren Stunden mit lerngewohnten Teilnehmern genutzt werden, um auf das Sprachniveau B2 vorzubereiten (BAMF 2015c: 54). Der Orientierungskurs schließt wie bei dem allgemeinen Integrationskurs an den Sprachkurs an.

Vorbereitung auf eine Fachausbildung: Die im Jugendintegrationskurs anvisierten fachsprachlichen Lernziele orientieren sich am schulischen Fachwortschatz, der in zentralen Fächern an allgemeinbildenden Schulen und Berufsschulen gebräuchlich ist. Vom Niveau her entsprechen sie maximal den Anforderungen der 9. Klasse einer deutschen Hauptschule (BAMF 2015c: 22). Ausbildungsvorbereitende Lernziele betreffen Lerntechniken und -strategien und zielen auf ein eigenverantwortliches Weiterlernen in Schule, Ausbildung und Beruf ab. Zudem werden Aspekte der beruflichen Orientierung, Berufsfindung und Zukunftsplanung aufgenommen. Intensiver als im allgemeinen Integrationskurs wird auch die aktive Nutzung moderner Medien im beruflichen Alltag geübt. Im Bereich Allgemeinbildung wird den altersbedingten Besonderheiten der Zielgruppe durch Themen wie Familienplanung, Alkohol- und Drogenprävention, Gewaltprävention, aktive Freizeitgestaltung und ehrenamtliches Engagement Rechnung getragen.

Methodische Verfahren: Die maximale Teilnehmerzahl von Jugendintegrationskursen ist auf 15 Personen begrenzt. Zur Unterstützung binnendifferenzierender Maßnahmen können 100 bis 150 Unterrichtsstunden im Jugendintegrationskurs im Team-teaching durchgeführt werden (BAMF 2015c: 30). Methodische Prinzipien der Arbeit in Jugendintegrationskursen umfassen den Einbezug der Teilnehmenden in die Planung des Kursgeschehens, um den Bezug zur Lebenswelt der Jugendlichen und jungen Erwachsenen sicher zu stellen (Prinzipien der Teilnehmerorientierung und des Praxisbezugs). Zudem bildet die Selbstverpflichtung der Lernenden zu angemessenen Lernanstrengungen eine wichtige Forderung, die diesen im Sinne einer erwachsenengerechten Didaktik zu verdeutlichen ist. Besonderen Raum nehmen Projektarbeiten, Kurzreferate und regelmäßige Leistungsüberprüfungen ein, wie sie aus dem schulischen Kontext bekannt sind.

Abschlussprüfung: Zur Überprüfung des erfolgreichen Abschlusses des Jugendintegrationskurses liegt ein spezieller Testsatz des ›Deutschtests für Zuwanderer‹ vor. Der Orientierungskurs für Jugendliche wird wie die anderen Integrationskurstypen mit dem Test ›Leben in Deutschland‹ abgeschlossen.

4.4 | Der Alphabetisierungskurs

Alphabetisierungskurse machen derzeit 18,5 % der angebotenen Integrationskurse aus (vgl. BAMF 2017d). Sie richten sich an Lernende, die nicht über hinreichende schriftsprachliche Kenntnisse verfügen, um einem allgemeinen Integrationskurs folgen zu können.

Bei den Teilnehmern der Alphabetisierungskurse handelt es sich teils um primäre Analphabeten, d. h. um Personen, die auch in ihren Herkunftssprachen keine schriftsprachlichen Kenntnisse besitzen, weil sie nie oder nur für sehr kurze Zeit eine Schule besuchen konnten (vgl. Ramdan 2017). Andere der Teilnehmer gehören zu den sog. funktionalen Analphabeten, d. h. zu einem Personenkreis, der zwar über eine literale Sozialisation verfügt, jedoch keine ausreichenden Kenntnisse besitzt, um den Alltag in einer schriftlich geprägten Gesellschaft zu bewältigen. Einen dritten Teilnehmertypus bilden die sog. Zweitschriftlerner.

Aufgabenfeld
Alphabetisierung

> Als **Zweitschriftlerner** bezeichnet man Menschen, die bereits alphabetisiert sind, jedoch den Schrifterwerb in einer anderen Schrift als dem lateinischen Alphabet durchlaufen haben. Weiter kann unterschieden werden, ob es sich bei der erlernten Schrift um ein phonographisches Verfahren handelt, bei dem die Verschriftlichung wie im Falle des lateinischen Alphabets auf dem Prinzip einer Laut-Buchstaben-Zuordnung beruht, ob es sich um ein syllabographisches, d. h. an der Silbe orientiertes, oder um ein ideographisches, d. h. an der Bedeutung lexikalischer Einheiten orientiertes Schriftverfahren handelt.
>
> Das vom BAMF (2018) vorgelegte Konzept eines Integrationskurses für Zweitschriftlernende geht davon aus, dass diese bereits über mehrjährige Lernerfahrungen sowie über rezeptive und produktive Textkompetenzen verfügen.

Definition

Aufgrund der unterschiedlichen Voraussetzungen ergibt sich in den Alphabetisierungskursen eine große Heterogenität der Teilnehmenden, die von primären Analphabeten ›ohne Stifterfahrung‹ und ohne sprachliche Kompetenzen bis hin zu Teilnehmenden reicht, die in einer nicht-lateinischen Schrift funktional alphabetisiert sind und bereits über eine zweitsprachliche Kompetenz oberhalb des A1-Niveaus verfügen (vgl. BAMF 2015c: 34 f.).

Funktionaler Analphabetismus

Ein Mensch wird als funktional alphabetisiert bezeichnet, wenn er die schriftsprachlichen Mindestanforderungen seines beruflichen und privaten Alltags mit seinen Lese- und Schreibkompetenzen bewältigen kann. Ein Mensch, der dazu nicht in der Lage ist, obwohl er in der Schule lesen und schreiben gelernt hat, wird als funktionaler Analphabet bezeichnet (vgl. Korfkamp/Löffler 2016).

Zur Vertiefung

Funktionale Analphabeten haben das bereits Erlernte wieder vergessen. Um die Anforderungen ihrer schriftsprachlich geprägten Umwelt zu erfüllen und einer mit Analphabetismus einhergehenden Stigmatisierung zu entgehen, haben sich Lese- und Schreibunkundige häufig ein Repertoire geschickter Ausweichstrategien erarbeitet (›Ich habe leider meine Brille nicht dabei ...‹). Es ist daher oft nicht einfach, Analphabetismus zu entdecken. Den funktionalen Analphabetismus in Deutschland beleuchten Grotlüschen/Riekmann (2012).

Primäre und funktionale Analphabeten mit Deutsch als Zweitsprache verfügen häufig über gute mündliche Kompetenzen im Deutschen, die schriftgewohnten Lehrenden und Lernenden erstaunlich erscheinen.

Konzept des Alphabetisierungskurses

Aufbau: Ziele und Methoden des Alphabetisierungskurses werden im *Konzept für einen bundesweiten Alphabetisierungskurs* (BAMF 2015d) beschrieben. Der Kurs zielt darauf ab, den Teilnehmenden im Rahmen von 1000 bis maximal 1300 Unterrichtsstunden Lese- und Schreibfähigkeiten zu vermitteln, die den Besuch eines allgemeinen Integrationskurses ermöglichen. Er erfolgt durchgehend in der Zweitsprache Deutsch (vgl. BAMF 2015d: 14).

Wie der allgemeine Integrationskurs umfasst der Alphabetisierungskurs die beiden Bestandteile Sprachkurs und Orientierungskurs. Der Sprachkurs gliedert sich in drei Kursabschnitte (Basis-Alpha-Kurs, Aufbau-Alpha-Kurs A, Aufbau-Alpha-Kurs B) im Umfang von je 300 Unterrichteinheiten, an die sich der Orientierungskurs anschließt. Ein vierter Sprachkursabschnitt zur Wiederholerförderung (Aufbau-Alpha-Kurs C) kann Letzterem gegebenenfalls noch vorausgehen. Das für den Abschluss des Alphabetisierungskurses vorgesehene Sprachniveau ist A2.2, für primäre Analphabeten A2.1. Nach Abschluss des Basis-Alpha-Kurses kann gegebenenfalls ein Wechsel in einen allgemeinen, Eltern-, Frauen- oder Jugendintegrationskurs erfolgen, wenn ein höheres Sprachniveau angestrebt wird. Als Abschluss des Orientierungskurses ist auch im Alphabetisierungskurs der Test ›Leben in Deutschland‹ vorgesehen.

Die empfohlene Wochenstundenzahl von 12 bis 16, maximal 25 Unterrichteinheiten liegt in den Alpha-Kursen deutlich niedriger als im allgemeinen Integrationskurs; ebenso auch die Höchstteilnehmerzahl von 12 Personen. Als optimal wird eine Kursteilnehmerzahl von 8 Personen angesehen (BAMF 2015d: 30).

Der Alphabetisierungskurs ist durch die Besonderheit gekennzeichnet, dass die Vermittlung von Literalität mit der Vermittlung sprachlicher Kompetenzen im Deutschen als Zweitsprache einhergehen muss. Hinzu kommt im Fall primärer Analphabeten aufgrund mangelnder Schulerfahrung eine Unvertrautheit mit lernorganisatorischen Verfahren, z. B. der Heftführung. Daher gilt es, durch Setzen ›kleinerer‹ Ziele und durch Verdeutlichung bereits erreichter Lernschritte das Selbstbewusstsein der Lernenden während des langwierigen Erwerbsprozesses zu stärken und die Lernmotivation aufrechtzuerhalten. Die Herstellung von Unterrichtsmaterialien durch die Lernenden selbst wird dabei als wichtiges methodisches Verfahren betrachtet (vgl. BAMF 2015d: 54).

Der Basis-Alpha-Kurs zielt zunächst auf die Vermittlung von Buchstaben und ihrer Lautwerte ab. Die Progression ist offen und sollte Bedürfnisse der Lernenden aufgreifen. Der Druckschrift wird Vorrang vor einer verbundenen Schreibschrift gegeben (BAMF 2015d: 56). Die Fähigkeit zum Lesen der Schreibschrift und Ausbildung einer persönlichen Handschrift wird u. U. erst im Aufbaukurs vermittelt.

Inhalte und Lernziele

Erste Lernziele bei primären Analphabeten umfassen die motorische Fähigkeit zum Halten eines Stiftes und zur gezielten Produktion von Punkten und Linien. Die Vermittlung von Haltegriff und ökonomischen Bewegungsmustern gehören zu den Zielen des ersten und zweiten Abschnitts der Basis-Alpha-Kurse. Zudem bildet der Ausbau der phonologischen Bewusstheit ein wichtiges Lernziel.

> Als **phonologische Bewusstheit** bezeichnet man das Wissen um die Lautstruktur von Sprache und die Fähigkeit zur Segmentierung des Sprachstroms und des Wortes in Einzellaute (vgl. Goldbrunner 2006; Schnitzler 2008). Dazu gehören z. B. die Fähigkeit, das Vorkommen eines Lautes im Anlaut, Inlaut oder Auslaut zu erkennen, und die Fähigkeit, Reime wahrzunehmen. Auch im Erstspracherwerb ist der Aufbau der phonologischen Bewusstheit ein wichtiges Lernziel, das im Schulunterricht verfolgt wird. Bei Lernenden mit Deutsch als Zweitsprache, die in ihrem Heimatland keine Schule besucht haben, muss unter Umständen phonologische Bewusstheit auch in der Herkunftssprache erst aufgebaut werden.

Definition

Ab dem zweiten Abschnitt erfolgt auch die Einführung von Buchstabengruppen wie *ei, sch, sp, -er, chs, ieh*, die dadurch gekennzeichnet sind, dass der ihnen zugeordnete Lautwert nicht durch Synthese der Einzelbuchstaben erlesen werden kann. Neben der Synthesefähigkeit, d. h. dem Erlesen von Wörtern ausgehend von den Lautwerten der Buchstaben, bildet auch die Analysefähigkeit, d. h. die Fähigkeit zur Zerlegung eines Wortes in seine phonemischen Bestandteile, ein zentrales Lernziel des Basiskurses (vgl. BAMF 2015d).

Alphabetisierungskurs: Lernertext nach Diktat (aus einem Praktikumsbericht)

Beispiel

Die Abhängigkeit der Schreibkompetenzen von den Hör- und Sprechfertigkeiten der Schreiber wird beispielhaft in dem folgenden Text deutlich.

die kumodi ist schön und mudean
uire vonung ist zu klein
die schrept Tisch ist zu schwer
das Regal ist bratisch und gunsteg

Der Lerner mit der Erstsprache Dari verfügt bereits über Kenntnisse komplexer Buchstabenkombinationen wie < sch >, < schw >, < schr > und < ng > und nutzt auch schon die für das Deutsche typische Großschreibung der Substantive. Allerdings schreibt er viele Wörter noch nach Gehör bzw. nach Artikulation (*mudean* statt *modern*, *uire* statt *eure*). So kommt es auch zu Verwechslungen von [u] und [ɔ], [ə], [e] und [ɪ] (*Kumodi* statt *Kommode*, *gunsteg* statt *günstig*). Konsonantencluster werden teilweise nicht wahrgenommen (*bratisch* statt *praktisch*) oder unterliegen einer für das Deutsche untypischen Assimilation (*br* als regressive Assimilation der Stimmhaftigkeit). Die aufzuweisenden orthographischen Probleme sind teils lernersprachlich bedingt, teils ergeben sie sich auch aus den komplexen Regeln der deutschen Orthographie, die zur Verschriftlichung des Lautes [v] nicht nur < w >, sondern auch < v > vorsehen (*Vase*) und es nur in einigen Fällen erlauben, Vokallänge ungekennzeichnet zu lassen, in anderen aber ein Dehnungs-*h* fordern – so kommt es zu Fehlschreibungen wie *Vonung*. Auch lexikalisch-semantische Interpretationsprozesse gehen in die Schreibung ein: *Schrift* und *Schreib-* verschmelzen im lernersprachlichen Repertoire zur *Schrept*. Weitere Beispiele für Lernerleistungen und Probleme im Kontext der Alphabetisierung finden sich in Kapitel 8.2.

Im Aufbau-Alpha-Kurs geht es vor allem um den Auf- und Ausbau eines Sicht- und Schreibwortschatzes (vgl. BAMF 2015d). Wörter, die häufig vorkommen, sollen automatisiert erkannt, gelesen und geschrieben werden. Dabei steht die eigene Textproduktion der Teilnehmenden im Vordergrund. Zudem sollen im Aufbaukurs metasprachliche Fachbegriffe wie Singular, Plural, Artikel, Nomen sowie Darstellungs- und Übungstypen eingeführt werden, wie sie sich in Deutschlehrwerken finden (z. B. Tabellen, Ablaufdiagramme, Lückentexte, Zuordnungsaufgaben). Da die Sprachbewusstheit auch in der Muttersprache oft nur ungenügend ausgebildet ist, sollen nach Möglichkeit auch die Herkunftssprachen der Lernenden in den Alphabetisierungsprozess einbezogen werden, z. B. im Rahmen von Lauterkennungsübungen oder durch ergänzende kontrastive Alphabetisierung (vgl. BAMF 2015c: 94 f.).

Methoden der Alphabetisierung
Methodisch wird für die Alphabetisierungsarbeit grundsätzlich eine Vielfalt von Herangehensweisen empfohlen. Von besonderer Bedeutung auch in Alphabetisierungskursen ist das Prinzip der Handlungsorientierung: Die Alphabetisierung sollte am Alltag der Lernenden ansetzen, die Lernergebnisse sollten dort direkt einsetzbar sein. Um den Lernprozess der Teilnehmenden zu reflektieren und Fortschritte sichtbar zu machen, wird die Arbeit mit einem Alpha-Portfolio vorgeschlagen (Feldmeier 2012). Zudem wird auf die Vermittlung von Lernstrategien gesetzt, die den Teilnehmenden in einer Lernberatung nahegebracht werden (Markov et al. 2015).

Eine Einführung in die Methoden der Alphabetisierungsarbeit in der Zweitsprache Deutsch geben Peikert/Harris Brosig (2009), ausführlicher und mit Filmbeispielen zudem Feick et al. (2013). Ein methodenvergleichender Zugang findet sich bei Albert et al. (2015). Rokitzki (2016) erläutert das Vorgehen einer Alphabetisierung nach der von Maria Montessori entwickelten Methodik in der Erwachsenenbildung. Verschiedene Vorschläge zu Vorgehensweisen im Alphabetisierungskurs finden sich auch im umfangreichen Anhang des *Konzepts für einen bundesweiten Alphabetisierungskurs* (BAMF 2015d).

Sprachenportfolios

Zur Vertiefung

Als Form des selbstreflektierten Lernens hat sich in den letzten Jahrzehnten die Arbeit mit Lern-Portfolios entwickelt (vgl. Brunner et al. 2017). Ein Lern-Portfolio umfasst eine Sammlung von Materialien, die den eigenen Lernprozess dokumentieren und die Beobachtung des Lernfortschritts ermöglichen. Ein solches Vorgehen trägt dazu bei, ein Bewusstsein für die eigenen Stärken und Fertigkeiten zu entwickeln. Dies ist gerade dann wichtig, wenn die Lernenden bislang kaum über formale Belege wie Zertifikate oder Zeugnisse verfügen.

Für die Dokumentation von Sprachkenntnissen wurde als Anwendung des GER das Europäische Sprachenportfolio entwickelt, das als selbst geführtes Dokument die Sprachbiographie, Selbsteinschätzungen der Sprachkenntnisse nach dem GER und Ziele des künftigen Spracherwerbs der Lernenden erfasst. Zudem soll der erreichte Sprachstand durch Sammlung konkreter Sprachprodukte dokumentiert werden.

Die Idee des Sprachenportfolios ist mittlerweile in verschiedene nationale Portfolios umgesetzt worden, die sich auf die schulische Bildung oder Erwachsenenbildung beziehen und die jeweiligen Bildungstraditionen aufnehmen. Um die Bezeichnung »Europäisches Sprachenportfolio« führen zu können, bedarf es einer Akkreditierung durch den Europarat. Eine Liste der akkreditierten Sprachenportfolios findet sich auf dessen Webseiten. Beispielhaft sei hier auf das 2006 akkreditierte Portfolio des Volkshochschulverbands verwiesen: http://www.sprachenportfolio-deutschland.de. Alpha-Portfolios bilden einen besonderen Typ von Sprachenportfolios. Sie sind auf die Dokumentation der bereits erreichten Lese- und Schreibkompetenzen ausgerichtet und beziehen darüber hinaus auch oft die bisherigen Berufs- und Arbeitserfahrungen der Lernenden mit ein.

Konsequenzen für die Schule: Der Erwerb basaler schriftsprachlicher Kompetenzen ist nicht nur für die Teilnehmenden der Alphabetisierungskurse selbst, sondern auch für deren Kinder bedeutsam: »Indem die Eltern Zugang zur (Schrift-)Sprache erhalten, sind ihnen erheblich mehr Möglichkeiten gegeben, die eigenen Kinder zu fördern« (BAMF 2015d: 18). Lehrkräfte schulpflichtiger Kinder, deren Eltern an einem Alphabetisierungskurs teilnehmen oder teilnehmen sollten, müssen in Rechnung stellen, dass schriftliche Mitteilungen, insbesondere solche handschriftlicher Art, für Letztere eine große Hürde bilden. Von Bedeutung ist auch, dass sich die Eltern Verfahren der Lernorganisation und Lernstrategien erst selbst aneignen müssen – angefangen beim Erwerb eines Heftes oder geeigneter Stifte bis hin zum Verstehen von graphischen Darstellungen oder Arbeitsaufträgen in Übungen. Es kann also nicht in allen Fällen damit gerechnet werden, dass Eltern ihren schulpflichtigen Kindern bei den Hausaufgaben helfen können. Ebenso kann es umgekehrt der Fall sein,

Analphabetismus in der Familie

dass die Kinder ihren Eltern bei Lese- oder Schreibaufgaben helfen (s. auch Kap. 2.4.3). Von Seiten der Schule ist die häusliche Situation zu reflektieren und gegebenenfalls auf entsprechende Lernaufgaben durch Gespräche mit den Eltern und Kindern vorzubereiten.

4.5 | Zusammenfassung

Im vorliegenden Kapitel wurden die staatlich geförderten Integrationskurse für Erwachsene und (ältere) Jugendliche vorgestellt. Die Kurse vermitteln Sprachkenntnisse bis zur Niveaustufe B1, die im *Deutsch-Test für Zuwanderer* für den erfolgreichen Abschluss nachgewiesen werden müssen. Inhaltliche Grundlage der Sprachkurse bildet das *Rahmencurriculum Deutsch als Zweitsprache für Integrationskurse*, das ausgehend vom GER Lernziele in verschiedenen Handlungsfeldern skizziert, unter ihnen z. B. Arbeitssuche, Gesundheit und Schulausbildung der Kinder. An die Sprachkurse schließt sich als weiterer Kursabschnitt der sog. Orientierungskurs an. Dieser zielt ab auf gesellschaftliche Teilhabe und politische Bildung. Neben Kenntnissen zur demokratischen Gesellschaftsordnung und deutschen Geschichte sollen grundlegende Wertvorstellungen vermittelt werden, zu denen Pluralismus und Toleranz gehören. Mit dem Jugendintegrationskurs und dem Alphabetisierungskurs wurden zwei Sonderformen der Integrationskurse angesprochen, für die steigender Bedarf zu verzeichnen ist.

Kritik am gegenwärtigen Integrationskurs-Konzept betrifft die Zulassungsvoraussetzungen zu den Kursen ebenso wie die Möglichkeit, zur Kursteilnahme zwangszuverpflichten. Den Kursteilnehmern bereitet insbesondere die festgeschriebene Stundenanzahl Probleme, die sich für bildungsungewohnte Lerner als zu niedrig herausstellt. Fast die Hälfte aller Kursteilnehmer erreicht das sprachliche Ziel B1 in der angesetzten Zeit nicht. In der Öffentlichkeit kritisch diskutiert wird auch der Orientierungskurs, da unklar ist, wie sich das vermittelte und abgefragte Wissen zu den angestrebten Lernzielen der gesellschaftlichen Partizipation verhält. Erste Untersuchungen zur Nachhaltigkeit der Kurse weisen durch sie erreichte positive Veränderungen der Sprachkompetenz und affektiver Bindungen nach.

Weiterführende Literatur

Bundesamt für Migration und Flüchtlinge (BAMF) (2016): *Vorläufiges Curriculum für einen bundesweiten Orientierungskurs*. Nürnberg: Bundesamt für Migration und Flüchtlinge (BAMF), http://www.bamf.de.

Goethe-Institut (2017): *Rahmencurriculum für Integrationskurse Deutsch als Zweitsprache*. München: Goethe-Institut, https://www.goethe.de/resources/files/ pdf127/rahmencurriculum-integrationskurs_2017.pdf.

Ramdan, Mohcine (2016): Alphabetisierung von Jugendlichen und Erwachsenen. In: Jörg Roche (Hg.): *Deutschunterricht mit Flüchtlingen. Grundlagen und Konzepte*. Tübingen: Narr Francke Attempto, 196–206.

telc GmbH ([2]2015): *Deutsch-Test für Zuwanderer A2-B1. Modelltest 1*. Frankfurt a. M.: telc GmbH, https://www.telc.net.

Martina Liedke

5 Sprachstandserhebung im Elementarbereich

5.1 Sprachstandserhebung bei Mehrsprachigkeit
5.2 Individuelle Profilbildung und Förderplanung
5.3 Diagnostik von Sprachentwicklungsstörungen
5.4 Zusammenfassung

Der Bereich frühkindliche Bildung, der sich auf Kinder von der Geburt bis zum Vorschulalter bezieht, hat in den letzten Jahren verstärkt an Bedeutung gewonnen, da deutlich wurde, dass die Qualität der Krippen und Kindergärten zum einen zwischen den Bundesländern extrem heterogen ist (Bock-Famulla et al. 2017) und sich im internationalen Vergleich lediglich im Mittelfeld bewegt (European Foundation for the Improvement of Living and Working Conditions 2015; Europäische Kommission 2014). Gerade in dieser frühen Lebensphase, die entscheidend für die Entwicklung eines Kindes ist, werden die Grundlagen für späteres Lernen gelegt. Aus diesem Grund sind die Sicherung und stetige Weiterentwicklung der frühkindlichen Bildung ein Schwerpunkt der deutschen Familien- und Bildungspolitik geworden. Im Zuge der Migrations- und Flüchtlingsbewegungen und infolge der allgegenwärtigen Forderung nach Inklusion auf allen Ebenen rückt ebenfalls der erleichterte Zugang zu Bildungseinrichtungen für alle Kinder in den Vordergrund, zumal gerade Kinder, bei denen beide Elternteile einen Migrationshintergrund haben, in Kitas unterrepräsentiert sind (Peter/Spieß 2015: 20).

Aktuelle Zahlen: So zeigen Zahlen des Statistischen Bundesamtes von 2015 auch, dass der Anteil an Personen mit Migrationshintergrund in der Altersgruppe der Kinder unter fünf Jahren mit 36 % am höchsten ist (Statistisches Bundesamt 2016: 1). In Anbetracht der Flüchtlingsströme werden diese Zahlen in den nächsten Jahren vermutlich weiter ansteigen und dazu führen, dass in vielen Kindertageseinrichtungen weit über 50 % der Kinder einen Migrationshintergrund haben und viele von ihnen zuhause kein Deutsch sprechen (Peter/Spieß 2015: 20).

Im Kontext von Deutsch als Zweitsprache stellt sich zunächst die Frage, wie gut die Fachkräfte auf Kinder mit nicht-deutscher Erstsprache vorbereitet sind, d. h. wie kompetent sie Probleme, die aus der Mehrsprachigkeit der Kinder resultieren, lösen und wie sie die sprachlichen Fähigkeiten der Kinder bewerten und fördern. Darüber hinaus ist wichtig zu bedenken, welche Strukturen das deutsche Bildungssystem aufweist, um DaZ-Kinder zu fördern und ihre Familien in die Arbeit der Bildungsinstitutionen einzubeziehen.

In diesem Kapitel wird zunächst auf die Anforderungen an Erhebungsverfahren für mehrsprachige Kinder eingegangen. Im Anschluss werden unterschiedliche Möglichkeiten der Sprachstandserhebung für Kinder bis sechs Jahren vorgestellt, wobei der Fokus auf Instrumenten liegt, welche

Bedeutung der frühkindlichen Bildung

Merkmale des Bildungssystems

die Mehrsprachigkeit der Kinder berücksichtigen. Darüber hinaus werden die Fragen erörtert, wie die Erstsprachkompetenzen erhoben werden können und wie ein individuelles Sprachprofil als Grundlage der Förderung bei mehrsprachigen Kindern erstellt werden kann. Abschließend finden sich Hinweise zur Diagnostik von Sprachentwicklungsstörungen im Kontext von Mehrsprachigkeit.

5.1 | Sprachstandserhebung bei Mehrsprachigkeit

Im Gegensatz zu Größen wie Gewicht oder Geschwindigkeit, lassen sich sprachliche Fähigkeiten nur indirekt messen. Man muss folglich von beobachtbaren Phänomenen auf eine ihnen zugrundeliegende allgemeinere Kompetenz schließen (Gogolin 2010: 1306). Eine Möglichkeit dies zu tun, ist der Einsatz von Sprachstandserhebungen.

Definition

> **Sprachstandserhebungen** sind Verfahren, die Informationen über die sprachlichen Fähigkeiten von Kindern oder Jugendlichen zu einem bestimmten Zeitpunkt ihrer Bildungsbiographie liefern. Ziel ist es zu ermitteln, ob das jeweilige Kind sich bei seiner Sprachaneignung innerhalb eines Fensters bewegt, »das für das jeweilige Alter angemessen, üblich und erforderlich ist« (Ehlich 2005: 36). Es gibt folglich eine Normalitätserwartung für den kindlichen Spracherwerb, was jedoch bei mehrsprachigen Kindern zu Problemen führen kann.

Sprache wird in diesem Kontext als generelle Voraussetzung des Lernens und der Sekundärsozialisation betrachtet (vgl. Reich/Jeuk 2017: 548; s. auch Kap. 3.1.1). Darüber hinaus dienen bestimmte Verfahren auch dazu, eine angemessene Intervention anzubahnen.

Momentaufnahme: Es handelt sich folglich in der Regel um eine Momentaufnahme der sprachlichen Kompetenzen (Symbolinventar und Routinen) eines Individuums zu einem bestimmten Zeitpunkt, wobei immer nur eine Auswahl dieser Fertigkeiten untersucht werden kann, welche dann »stellvertretend für größere Aneignungszusammenhänge stehen« (ebd.: 550). Bei mehrsprachigen Kindern oder Jugendlichen sollen dabei alle beteiligten Sprachen angemessen berücksichtigt werden – sowohl in ihrem gegenseitigen Verhältnis (starke vs. schwache Sprache) als auch bei ihrem Einsatz in verschiedenen Situationen (Sprachdomänen) (Stölting 2003).

Besonderheiten von Verfahren

Auswahl des Verfahrens: Die verschiedenen Sprachstandserhebungsverfahren unterscheiden sich darin, welche sprachliche Kompetenz, mit welcher Methode und mit welchem Ziel erhoben werden. Bei der Auswahl eines Sprachstandserhebungsverfahrens stellen sich drei Fragen:

- **Was wird diagnostiziert?** – Diese Frage bezieht sich auf die sprachlichen und nichtsprachlichen Fertigkeiten (z. B. kognitive Fähigkeiten), die überprüft werden sollen. Sie lassen sich in die verschiedenen sprachlichen Ebenen (Phonetik, Morphologie etc.) gliedern.

- **Wozu wird diagnostiziert?** – Es gibt unterschiedliche Gründe, weshalb die sprachlichen Fähigkeiten von Kindern untersucht werden.
- **Wie soll diagnostiziert werden?** – Dieser Aspekt bezieht sich auf die unterschiedlichen Typen von Sprachstandserhebungs- und Diagnostikverfahren (s. Kap. 5.1.2).

Im Folgenden werden die Grundlagen von Sprachstandserhebungsverfahren mit einem Fokus auf mehrsprachige Kinder dargelegt und ein Überblick über wichtige Verfahren für Kinder mit DaZ gegeben.

Aktualität des Themas: Anfang der 2000er Jahre und als Folge der PISA-Ergebnisse wurde viel Geld in die Entwicklung und Erprobung von Sprachfördermaßnahmen für Deutsch als Zweitsprache investiert (Gogolin 2010: 1307). Eines der PISA-Ergebnisse war der Nachteil von Kindern mit DaZ im deutschen Bildungssystem, sodass viele Bundesländer Programme zur Sprachförderung im Vorschulbereich entwickelten. Im Zuge dessen wurden ebenfalls diverse Sprachstandserhebungsverfahren entwickelt, um zu ermitteln, welche Kinder einen Anspruch auf solche Sprachfördermaßnahmen haben sollten. Zwischen 2002 und 2008 führten 14 Bundesländer derartige Verfahren für Vier- und Fünfjährige ein. Eine Verpflichtung, die im Nationalen Integrationsplan von 2007 festgehalten worden war (Die Bundesregierung 2007). Dieser Trend verstärkte sich erneut in den letzten Jahren im Zuge der Migrations- und Flüchtlingsbewegung. Ziel der Verfahren ist es, gegebenenfalls geeignete Sprachfördermaßnahmen noch vor Schuleintritt einzuleiten.

Heterogenität der Verfahren: Durch die Bildungshoheit der Länder existiert eine extreme Heterogenität der Verfahren. Dadurch sind diese nicht überall für alle Kinder verpflichtend und auch das Alter der getesteten Kinder variiert. Weiterhin ist die Qualität und Wirksamkeit der eingesetzten Verfahren fraglich, was sich an den stark schwankenden Förderquoten (10 50 % je nach Bundesland) zeigt. Gerade um den Sprachstand von Kindern mit DaZ zu erfassen, gibt es kaum zuverlässige Verfahren, da deren Entwicklung, Erprobung und Evaluierung Jahre in Anspruch nimmt und erst seit kurzem Qualitätsmerkmale formuliert wurden (Mercator-Institut 2013). Für Kinder mit Fluchthintergrund liegt bisher kein einziges Verfahren vor.

Problematik der Verfahren

Interessenskonflikte: Diese Ausführungen zeigen bereits das bildungspolitische Interesse an der Ermittlung des Sprachförderbedarfs und damit auch an der optimalen Anpassung der Sprachförderung an die Bedürfnisse vor allem mehrsprachiger Kinder und Jugendlicher. Der Bildungspolitik ist es wichtig, die bestehenden Ressourcen zielgerichtet bereitzustellen. Darüber hinaus besteht von Seiten der betroffenen Erzieher/innen und Lehrer/innen ein didaktisches Interesse an den sprachlichen Lernvoraussetzungen der Kinder, um die Angebote in der jeweiligen Bildungsinstitution bestmöglich anzupassen. Nicht vergessen werden darf auch ein sprachtherapeutisches Interesse an möglichen Sprachentwicklungsstörungen von mehrsprachigen Kindern (s. Kap. 5.2.4.; vgl. Reich/Jeuk 2017: 548).

Allgemein kann man zwischen **Zuweisungsverfahren, förderdiag-nostischen Verfahren** und **Evaluationsverfahren** unterscheiden:

- **Zuweisungsverfahren** (oder auch Selektionsverfahren) dienen dazu, »Entscheidungen über den Sprachförderbedarf eines Kindes oder Jugendlichen und Entscheidungen über die Einrichtung von Sprachförderangeboten zu legitimieren« (Reich/Jeuk 2017: 548). Hierbei geht es meist um Ja/Nein-Entscheidungen bezüglich der Teilnahme am Besuch einer Sprachfördermaßnahme, der Einleitung einer sprachtherapeutischen Behandlung, der Rückstellung vom Schulbesuch etc., die gegenüber dem Kind, dessen Eltern und dem jeweiligen öffentlichen Geldgeber zu rechtfertigen sind (etwa Schuleingangsuntersuchungen, vgl. Kany/Schöler 2010: 119). Gerade ärztliche Vorsorgeuntersuchungen, mit denen alle Kinder eines Altersjahrgangs erfasst werden, scheinen jedoch eine begrenzte Prognosefähigkeit zu haben, weshalb in den letzten Jahren damit begonnen wurde, zusätzliche Sprachentwicklungsverfahren einzusetzen (Fried 2005: 22). Zuweisungsverfahren sind meist formelle/standardisierte Verfahren wie Screenings, deren Güte kontrolliert wurde und die sich zum wiederholten Einsatz eignen (Gogolin 2010: 1308).
- **Förderdiagnostische Verfahren**, die häufig die Form informeller Verfahren haben, sollen Auskunft über die für das einzelne Kind nötigen didaktischen Förderangebote geben. Zu bedenken ist, dass die Förderdiagnostik zusätzlich zu Selektionsverfahren eingesetzt werden sollte (Geist 2014: 27), um Inhalte für die Sprachförderung abzuleiten. Schwierigkeiten werden in förderdiagnostischen Verfahren nicht als Defizite betrachtet, sondern geben über den aktuellen Sprachstand und Erwerbsstrategien Aufschluss. Bei förderdiagnostischen Verfahren sind im besten Fall alle sprachlichen Bereiche zu berücksichtigen, der aktuelle Sprachstand des Kindes zu erheben, um kurzfristige Ziele der Sprachförderung festzulegen und beispielsweise die Sprachlernstrategien zu bestimmen, damit geeignete Fördermethoden angewendet werden können (vgl. Reich/Jeuk 2017: 549). Förderdiagnostik sollte immer prozessorientiert sein und die wechselseitige Beziehung von Diagnostik und Förderung berücksichtigen. So haben Fördermaßnahmen den besten Erfolg, wenn sie individuell und zielgenau aus dem erhobenen Sprachstand abgeleitet werden (Ehlich 2007: 11). Zwei Verfahren, die auch für Kinder mit DaZ eingesetzt werden können, sind der Förderdiagnostik zuzuordnen: HAVAS 5 (Reich/Roth 2004) und LiseDaZ (Schulz/Tracy 2011).
- **Evaluative Zwecke** können ebenfalls Grund von Sprachstandserhebungen sein. Dabei werden sie dazu eingesetzt, den Erfolg einer Sprachfördermaßnahme, welche von Kindern besucht wurde, zu messen (Rösch 2011: 38). Die Ergebnisse dieser Erhebungen werden für bildungs- und gesundheitspolitische Statistiken wie den Gesundheitsbericht genutzt.

Heterogenität der Population: Bevor auf die Problematik bei der Entwicklung von Sprachstandserhebungsverfahren für DaZ-Kinder eingegangen wird, ist es wichtig, sich der Heterogenität innerhalb der Population mehrsprachiger Kinder bewusst zu werden. Zu den Einflussfaktoren, denen auch monolinguale Kinder ausgesetzt sind (sozio-ökonomischer Status und Bildungsstand der Eltern, Literacy im Elternhaus etc.) kommen bei mehrsprachigen Kindern noch eine Reihe weiterer Faktoren hinzu, die einen entscheidenden Einfluss auf den Erfolg des Zweitspracherwerbs haben (Identifikation mit der Zweitsprachkultur, Einstellungen zur Erst- und Zweitsprache etc.). Die weitaus größte Bedeutung haben jedoch das Alter zu Beginn des Zweitspracherwerbs, die Kontaktdauer mit dem Deutschen und schließlich die Quantität und Qualität des Inputs der beteiligten Sprachen (Armon-Lotem et al. 2011; Paradis 2010). Darüber hinaus haben die verschiedenen Erstsprachen der Kinder unterschiedlichen Einfluss auf den Zweitspracherwerb.

Konstruktion der Verfahren: Ein Problem bei der Erstellung der Verfahren ist, dass diese meist von monolingualen Akademikern der westlichen Mittelschicht entwickelt werden und daher deren Sprach- und Kommunikationsstil sowie deren Kultur reflektieren. Aus diesem Grund werden die sprachlichen Leitungen mehrsprachiger Kinder häufig unterschätzt, da der Wissensstand in der Zweitsprache und ihrer jeweiligen Kultur abgefragt wird (vgl. Reich 2007: 154; Umbel et al. 1992). In der Literatur wird immer wieder eine mangelnde Kooperation zwischen den verschiedenen Disziplinen (insbesondere Psychologie, Linguistik) bei der Konstruktion solcher Verfahren beklagt, was häufig zu einer fehlenden sprachlichen Fundierung der Methoden führt (vgl. Schöler/Grabowski 2011: 546 und s. Kap. 5.1.1). *Schwierigkeiten bei neuen Verfahren*

Kany/Schöler (2010: 99) weisen darüber hinaus auf die Dringlichkeit hin, den Grad der Zweitsprachbeherrschung der Kinder in Bezug auf ihre Schulfähigkeit festzustellen, da die in den verschiedenen Bundesländern eingesetzten Verfahren meist nur basale kommunikative Fertigkeiten erfassen. Um jedoch das deutsche Bildungssystem erfolgreich zu durchlaufen, benötigen Kinder ein gewisses bildungssprachliches Niveau (s. Kap. 7.1.1).

Die Problematik der Norm: Ein kritischer Punkt ist die Frage des Maßstabes bei der Sprachstandserhebung von Mehrsprachigen. Während bei monolingualen Kindern meist eine Altersnorm angesetzt wird, werden bei Kindern mit DaZ häufig die Dauer und die Intensität des Kontakts mit der jeweiligen Sprache als Maßstab gewählt. Da die Kinder jedoch zum Zeitpunkt des Kontakts mit der Zweitsprache unterschiedlich alt sind, nutzen sie verschiedene Sprachlernstrategien, weswegen auch dieser Maßstab bedenklich ist. Trotz dieser Problematik geschieht es immer noch, dass mehrsprachige Kinder undifferenziert nach den für monolinguale Kinder geltenden Normen beurteilt werden (Ehlich 2007: 48), d. h. intuitive (subjektive) Einschätzungen oder willkürliche Setzungen von Grenzwerten sind in der Praxis der Regelfall (Reich 2008: 421). Aus diesen Gründen werden mehrsprachige Kinder häufig als »defizitäre Einsprachige« betrachtet (Jeuk 2015: 82).

Zur Vertiefung

Die Frage der Norm

Bei der Konstruktion von Sprachstandserhebungsverfahren muss vorab entschieden werden, an welcher Bezugsnorm das Ergebnis gemessen werden soll. Hierbei gibt es drei Alternativen (vgl. Gogolin 2010: 1309; Rösch 2011: 37):

- **Soziale Norm:** Vergleich des Ergebnisses mit den Resultaten einer definierten Gruppe (z. B. einer Altersgruppe oder Klassenstufe). ›Sozial‹ meint in diesem Kontext, dass »eine soziale Einheit, also eine Bezugsgruppe als Vergleichsmaßstab zugrunde gelegt wird« (Kany/Schöler 2010: 87). Es handelt sich folglich um einen interindividuellen Vergleich, der in Bezug auf Kinder mit nicht-deutscher Muttersprache äußerst problematisch ist.

- **Sachliche oder kriteriale Norm:** Vergleich mit einem allgemeingültigen Kriterium wie in diesem Zusammenhang spezifische sprachliche Merkmale, die zu einem bestimmten Zeitpunkt zu einem gewissen Grad beherrscht werden sollen. Ein Beispiel wäre die Beurteilung eines Kindes in Bezug auf die verschiedenen von ihm beherrschten Kasusformen. Hierbei ist zu beachten, dass für Kinder mit DaZ nicht eine an einsprachigen Lernern entwickelte Norm angewandt werden darf, sondern vielmehr die Dauer der Kontaktzeit mit der Zweitsprache berücksichtigt werden sollte (Gogolin 2010: 1312).

- **Ipsative, idiographische oder auch individuelle Norm:** Vergleich mit Ergebnissen einer Person, die entweder zu verschiedenen Zeitpunkten oder in unterschiedlichen Kompetenzbereichen erzielt wurden. Es handelt sich somit um einen intraindividuellen Vergleich, der sich ebenfalls dazu eignet, den Leistungen eines Kindes sein Leistungspotential gegenüberzustellen (Kany/Schöler 2010: 89). Lengyel (2012: 12) weist darauf hin, dass es in diesem Zusammenhang unabdingbar ist, auch Informationen zur erstsprachlichen Sozialisation des Kindes, zu den Aneignungsbedingungen und zum sozialen und kulturellen Hintergrund des Kindes zu erfassen.

Der Fokus liegt im Folgenden auf Erhebungsverfahren für mehrsprachige Kinder im Vorschulbereich und am Übergang zur Grundschule, wobei anzumerken ist, dass gerade durch die in allen Ländern obligatorischen Schuleingangstests mehr Anstrengungen unternommen wurden, für diese Altersgruppe geeignete Verfahren zu entwickeln als für ältere Kinder oder gar Jugendliche (vgl. Ehlich 2005: 38). Es werden jedoch nicht in allen Bundesländern alle Kinder verpflichtend getestet. So ist z. B. in Bayern nur für Kinder mit nicht-deutscher Erstsprache der zweite Teil des SISMIK obligatorisch. Besuchen die Kinder keinen Kindergarten, wird das Screening »Kenntnisse in Deutsch als Zweitsprache erfassen« eingesetzt.

Darüber hinaus wird die kindliche Sprachentwicklung jedoch auch bei den Vorsorgeuntersuchungen durch die Kinderärzte kontrolliert (vgl. dazu Voet Cornelli et al. 2012).

5.1.1 | Anforderungen an Erhebungsverfahren

Sprachstandserhebungsverfahren, unerheblich ob es sich um selektions- oder förderdiagnostische Verfahren handelt, sollten neben untersuchungsökonomischen Kriterien verschiedene Anforderungen erfüllen, die sich aus den beteiligten Disziplinen (Linguistik Zweitspracherwerbsforschung und Psychometrie) ergeben. Testverfahren, die für Kinder im Elementarbereich konzipiert sind, sollten in jedem Fall den Spracherwerb als Prozess wahrnehmen und die ihm innewohnende Dynamik berücksichtigen. Während der Sprachentwicklung werden Annahmen geprüft und gegebenenfalls wieder verworfen. Diese Perspektive bleibt jedoch bei einer einmaligen Testung, wie dies meist der Fall ist, unberücksichtigt. Das Mercator-Institut für Sprachförderung und Deutsch als Zweitsprache hat daher 2013 »*Qualitätsmerkmale für Sprachstandsverfahren im Elementarbereich*« herausgegeben. Dort werden zehn Qualitätsmerkmale detailliert dargestellt, die ein Verfahren erfüllen sollte, um den Sprachstand eines Kindes vergleichbar und wissenschaftlich fundiert zu ermitteln. Im Folgenden werden die wichtigsten Anforderungen der verschiedenen Fachbereiche beschrieben (weitere in Neugebauer/Becker-Mrotzek 2013).

Anforderungen aus sprachwissenschaftlicher und spracherwerbstheoretischer Sicht: Die Linguistik untersucht Sprache auf unterschiedlichen Ebenen (Phonologie, Morphologie, Syntax etc.), wobei die Fähigkeiten eines Sprechers hierbei sowohl im Bereich der Sprachproduktion als auch des Sprachverständnisses getestet werden können. Bei der Produktion wird beispielsweise im Bereich der Morphologie abgeprüft, inwieweit Kinder bereits die Verbflexion, insbesondere die der starken Verben, beherrschen. Auf der Ebene der Syntax ist die Verbzweitstellung in Hauptsätzen und die Verbletztstellung in Nebensätzen ein zuverlässiges Kriterium für die Beherrschung der deutschen Wortstellung. Da im kindlichen Spracherwerb eine Asymmetrie zwischen Produktion und Verständnis vorliegt, ist es wichtig, beide Bereiche (Sprachverständnis und Sprachproduktion) abzuprüfen.

> Anforderungen der Linguistik

Zu beachten ist in diesem Kontext, dass der Lexikonerwerb, der bei zahlreichen Erhebungsverfahren eine zentrale Rolle spielt, stark »von den unterschiedlichen Alltagserfahrungen und dem sozio-kulturellen Umfeld des Kindes sowie von den spezifischen kommunikativen Erfordernissen beeinflusst« ist (Kauschke 2000: 124). Demgegenüber ist der Syntaxerwerb relativ robust und weitgehend unabhängig von spezifischen Inputbedingungen und ermöglicht so generalisierbare Aussagen (vgl. Kleissendorf/Schulz 2010; Weinert et al. 2008: 125). Verschiedene Studien haben gezeigt, dass sich die Erwerbsverläufe im Bereich der Syntax von Kindern mit Deutsch als Erstsprache und Kindern mit DaZ stark ähneln, wohingegen bisher noch kaum Studien zum Wortschatzerwerb bei Kindern mit DaZ vorliegen (vgl. Peleki 2008; Tracy/Thoma 2009).

In Sprachstandserhebungen sollten daher aus sprachwissenschaftlicher Sicht vor allem diejenigen Phänomene überprüft werden, die robust sind und zu denen es ausreichend Studien insbesondere auch zum Erwerbsverlauf bei Kindern mit DaZ gibt. Nur dann können aus den Ergebnissen generalisierbare Aussagen abgeleitet werden.

Lengyel (2012: 21) merkt an, dass insbesondere instabile Übergangserscheinungen bei der Auswertung der Ergebnisse richtig interpretiert werden müssen, da sie als wichtiger Anhaltspunkt dienen, zu erkennen woran das Kind gerade ›arbeitet‹. Diese Phänomene des U-förmigen Erwerbsverlaufs liefern daher wichtige Anzeichen dafür, wo eine Sprachförderung ansetzen sollte.

Definition

Als **U-förmiger Entwicklungsverlauf** wird das Phänomen bezeichnet, dass Kinder in der Sprachentwicklung zunächst oft zielsprachliche Muster produzieren, dann ›falsche Formen‹ äußern, bis sie nach einem Reorganisationsprozess das korrekte Muster erworben haben. Grund dafür ist das Auswendiglernen von bestimmten Formen, wie beispielsweise Flexionsformen starker Verben (*getrunken*), zu Beginn des Spracherwerbs. Durch den Input und die dem Kind angeborenen, allgemeinen kognitiven Fähigkeiten, Muster zu erkennen und Analogien zu bilden (vgl. Tomasello 2005), werden dann jedoch ›Regeln‹ zur Bildung von Formen abgeleitet und anschließend angewandt (deutsches Partizip Perfekt wird durch *ge-* + Verbstamm + *-t* gebildet), was zu Formen wie *getrinkt* führt. Erst durch weiteren Input gelangt das Kind zu der Erkenntnis, dass sein System reorganisiert werden muss, da der Bildung von beispielsweise Partizip-Perfekt-Formen starker Verben andere Muster zugrunde liegen.

Gerade im Vorschulbereich gelingt durch die bereits existierenden Verfahren jedoch nur eine unzulängliche Beurteilung des kindlichen Spracherwerbs, da die sprachstrukturellen Entwicklungen kaum oder gar nicht berücksichtigt werden (Rothweiler et al. 2009: 115). Das Problem liegt primär in der Tatsache, dass Sprachstandserhebungsverfahren bestenfalls kurz und einfach sein sollen und deshalb der Komplexität des Gegenstands Sprache nicht gerecht werden können.

Anforderungen der Mehrsprachigkeitsforschung

Anforderungen der Zweitspracherwerbsforschung: Generell fordert die Zweitspracherwerbsforschung, dass kulturelle Aspekte und die unterschiedlichen Erwerbstypen sowohl bei der Entwicklung von Verfahren als auch bei der Anwendung berücksichtigt werden.

In Bezug auf die Beachtung unterschiedlicher kultureller Hintergründe der Kinder spielt die Testfairness eine große Rolle. So dürfen DaZ-Kinder keine schlechteren Ergebnisse erzielen, nur weil ihnen kulturelles Wissen fehlt. »Gibt man Kindern Aufgaben wie z. B. ›Beschreibe, wie Du einen Schneemann im Winter bauen kannst‹, so setzt dies zur Lösung vor allem kulturspezifisches Weltwissen (›Was ist ein Schneemann?‹) voraus. Erst darauf aufbauend kann es sprachliche Kompetenzen zeigen« (Mercator-Institut 2013: 33). Dieser Aspekt muss bei der Konzeption von Verfahren berücksichtigt werden.

Frage der Norm: Bei den meisten Verfahren existieren Werte einer monolingualen Vergleichsgruppe als Bezugsnorm, wobei das chronologische Alter ausschlaggebend ist (soziale Norm). Dennoch werden diese Verfahren häufig auch bei Kindern mit DaZ eingesetzt, ohne das Alter bei Erwerbsbeginn und die Kontaktdauer mit Deutsch zu berücksichtigen, die bei vielen Kindern mit Migrationshintergrund geringer ist als bei ihren gleichaltrigen Peers. Aus diesem Grund erzielen Kinder mit DaZ verglichen mit Kindern, die Deutsch als Erstsprache erwerben, signifikant schlechtere Ergebnisse in Sprachstandserhebungsverfahren (Dubowy et al. 2008).

Darüber hinaus kann die sprachliche Entwicklung des einzelnen Kindes über einen längeren Zeitraum beobachtet (individuelle Norm) werden. Eine andere Möglichkeit wäre zu ermitteln, ob das Kind die Strukturen des Deutschen sukzessiv und wie bisher in der Forschung für DaZ-Kinder beschrieben, erwirbt (sachliche Norm).

Einige Vertreter der Zweitspracherwerbsforschung fordern daher separate Normen für die verschiedenen Spracherwerbstypen, damit Kinder mit DaZ nicht fälschlicherweise als sprachentwicklungsgestört erfasst werden. Darüber hinaus sollten im Zweifelsfall die Kompetenzen in der Erstsprache berücksichtigt werden, um nichtsprachliche Auffälligkeiten eines Kindes als Sprachstörungen zu interpretieren (s. Kap. 5.3). Dies ermöglicht ebenfalls einen interindividuellen Vergleich, bei dem DaZ-Kinder gleichen Alters und gleicher Kontaktdauer mit Deutsch gegenübergestellt werden können (Schulz/Tracy 2011). Ziel ist es, Normalverteilungen für Kinder mit Migrationshintergrund zu etablieren.

Reich (2007: 152) kritisiert an diesem Vorgehen, dass auf diese Weise die Sonderbehandlung auf Dauer etabliert würde, was dem Ziel der Integration zuwiderläuft. Daher sollten eher die individuelle oder die sachliche Norm genutzt werden und die soziale Bezugsnorm besser nicht berücksichtigt werden (Lengyel 2012: 13).

Zweifellos ist es jedoch essentiell, die sprachbiographischen Informationen der Kinder (z. B. Erstsprache des Kindes, Qualität und Quantität des Inputs, Motivation) zu erfassen und bei der Interpretation ihrer sprachlichen Fähigkeiten zu berücksichtigen, um auf diese Weise einerseits den Sprachentwicklungsverlauf differenziert zu analysieren und andererseits sinnvolle Förderentscheidungen zu treffen. Noch liegt für das Deutsche kein Anamnese- oder Elternfragebogen vor, der all diese Faktoren berücksichtigt.

Anforderungen aus testtheoretischer Sicht: Aus testtheoretischer Sicht sollen Sprachstandserhebungsverfahren, insofern es sich nicht um informelle Verfahren handelt, die Testgütekriterien Objektivität, Reliabilität und Validität erfüllen. Für eine Definition der drei Kriterien inklusive ihrer Subkategorien sowie der Nebengütekriterien (Normierung, Ökonomie, Vergleichbarkeit etc.; vgl. Moosbrugger/Kaleva 2012: 7 f.).

Systematische Sprachstandserhebungsverfahren geben in den dazugehörigen Handbüchern eine Reihe von Informationen zu den verschiedenen Testgütekriterien; unsystematische Verfahren sind nur eingeschränkt objektivierbar (Fried 2005: 23). Daher sollten vorwiegend systematische Tests eingesetzt werden, die weitestgehend objektiv und valide sind sowie zu reliablen Ergebnissen führen. Der Sprachstand von Vorschulkindern ist bereits so komplex, dass er sich nur unzulänglich durch vereinzelte Beobachtungen erfassen lässt. Es ist daher sinnvoll, ihn durch direkte Testverfahren, die kindgerechte, strukturierte Situationen enthalten, zu erheben, bei denen durch spezifische Aufgabenstellungen unter-

Anforderungen der Psychometrie

schiedliche sprachliche Muster evoziert werden können (Weinert et al. 2008: 168). Wird das Kind in einer atypischen Situation untersucht, erfasst das Verfahren weniger das kindliche Sprachniveau als vielmehr die Fähigkeit des Kindes mit der ungewohnten Situation umzugehen (Mercator-Institut 2013: 23). Bei mehrsprachigen Kindern sollten Testverfahren jedoch durch die Analyse von Spontansprache ergänzt werden, um die vor allem für DaZ-Kinder bedeutenden Nachteile von Tests auszugleichen (s. Kap. 5.2.2.4).

Reflektierter Einsatz eines Verfahrens

Wichtig ist ebenfalls, die Fehlerquote eines Verfahrens zu berücksichtigen, d. h. die Tatsache, ob auch wirklich alle Kinder mit Sprachförderbedarf identifiziert werden. Hierbei sollte darauf geachtet werden, dass ein Verfahren eine Sensitivität von mindestens 90 % besitzt, sodass keine Kinder durch das Raster fallen (Mercator-Institut 2013: 28).

Lengyel (2012: 22) weist darauf hin, dass kein Verfahren alle Anforderungen erfüllen kann und es sich folglich um Kriterien handelt, die Zielvorstellungen abbilden, an denen sich die Verfahren jeweils messen lassen müssen. Vor dem Einsatz eines Verfahrens muss daher unter Berücksichtigung des Zwecks der Erhebung entschieden werden, welche Anforderungen ein spezifisches Verfahren in dieser Situation erfüllen soll.

In jedem Fall ist der Einsatz eines Verfahrens, das an einer monolingualen (in einsprachigem Kontext lebenden) Stichprobe normiert wurde, bei Kindern mit DaZ (in einer mehrsprachigen Umgebung) ungeeignet (Gogolin 2010: 1313). Hinzu kommt die Tatsache, dass die eingesetzten Verfahren sowohl im Hinblick auf spracherwerbs- als auch testtheoretische Aspekte eine sehr unterschiedliche Qualität aufweisen. Bei den meisten Verfahren fehlt beispielsweise eine spracherwerbstheoretische Fundierung (Lisker 2010: 53), wodurch unklar ist, was das Verfahren eigentlich erfasst.

5.1.2 | Typen von Verfahren

Sprachstandserhebungsverfahren lassen sich hinsichtlich verschiedener Aspekte wie Inhalt und Zweck des Verfahrens kategorisieren (vgl. Fried 2004). Die folgende Einteilung erfolgt bezüglich der angewandten Methodik. Es werden die vier wichtigsten Verfahren vorgestellt, jeweils ihre Vor- und Nachteile diskutiert und Beispiele für die einzelnen Methoden gegeben (für eine detaillierte Darstellung der hier erwähnten und weiterer Verfahren vgl. Schnieders/Komor 2007 oder Kany/Schöler 2010).

5.1.2.1 | Schätzverfahren

Schätzverfahren sind bewertende Einordnungen von Sprachkenntnissen nach subjektiven Eindrücken, sei es des Sprechers selbst oder eines Kommunikationspartners, anhand vorgegebener Skalen. Die Daten werden dabei mittels standardisierter Befragungen ermittelt. Die sprachlichen Kompetenzen der Kinder werden indirekt erfasst, indem Eltern oder Fachkräfte retrospektiv Auskunft über deren Sprachverhalten geben. Solche

Verfahren werden vor allem als Teil von Sprachbeobachtungen bei sehr jungen Kindern im Elementarbereich eingesetzt (z. B. ELFRA 1 und 2), da für diese Altersgruppe wenig systematische Testverfahren existieren. Ab zwei bis drei Jahren treten bei Kindern bereits zahlreiche komplexe Äußerungen auf und auch der Wortschatz ist relativ groß. Daher lässt sich ihr Sprachstand besser durch andere Verfahren erheben. Werden Kinder bezüglich ihres Sprachstandes befragt, lassen sich dadurch Rückschlüsse auf ihr metasprachliches Bewusstsein ziehen. Dies kann beispielsweise durch eine Arbeit mit Portfolios geschehen, bei der Kinder ihren Lernprozess reflektieren und planen. Der Übergang von Schätzverfahren zu Beobachtungsverfahren ist fließend.

Sprach-
beobachtung

Nachteile: Aufgrund der oft wenig spezifizierten Skalen bleiben die Werte ungenau und die Bewertung ist verhältnismäßig subjektiv, d. h. die Zuverlässigkeit und Gültigkeit der erhobenen Einschätzungen ist in Frage zu stellen. Durch die Vorgabe von konkreten Beispielen für die Werte der Skalen und die Kombination aus Selbst- und Fremdwahrnehmung kann diesen beiden Risiken zum Teil vorgebeugt werden.

Darüber hinaus erinnern sich Eltern oft nicht mehr genau an Verhaltensweisen, die längere Zeit zurückliegen und sie werden häufig nur deshalb genannt, weil explizit nach ihnen gefragt wurde, auch wenn sie nie aufgetreten sind.

Vorteile: Solche Verfahren sind relativ zeitsparend und die Ergebnisse sind dennoch brauchbar (Kany/Schöler 2010: 105).

Beispiel ELFRA 2: Der Elternfragebogen für die Früherkennung von Risikokindern wurde von Hannelore Grimm 2002 konstruiert und liegt in einer Neuauflage von 2006 vor. Der ELFRA ist eine der deutschen Versionen der *MacArthur Communicative Development Inventories*, die in zahlreichen Sprachen vorliegen und häufig evaluiert wurden.

ELFRA 2

Ziel des Verfahrens ist es, möglichst früh (der ELFRA 1 ist für Kinder im Alter von 12 Monaten geeignet) Risikokinder für eine Sprachentwick-

Alter	Kinder mit 24 Monaten
Zielgruppe	alle Kinder
Zeitdauer	ca. 20 Minuten
Aufgaben	Die Eltern beobachten ihre Kinder und füllen währenddessen oder im Anschluss den Bogen aus, der sich in drei verschiedene Kategorien gliedert • Produktiver Wortschatz: Anhand einer Checkliste wird der Erwerb bestimmter Fragewörter, Pronomen etc. erfragt. • Syntaktische Fähigkeiten: Mit Hilfe von Beispielen wird festgestellt, welche syntaktischen Muster bereits erworben wurden. • Morphologische Fähigkeiten: Mittels Beispielen werden die morphologischen Kompetenzen des Kindes erfasst.
Sprachebenen	• Phonetik-Phonologie • Semantik-Lexikon • Morphologie-Syntax
Mehrsprachigkeit	Es wird nur erfragt, ob das Kind mehrsprachig aufwächst und wenn ja, soll die weitere Sprache angegeben werden.

Tab. 5.1:
Charakteristika
des ELFRA 2

lungsstörung zu identifizieren. Der ELFRA 2 legt den Fokus auf den aktiven Wortschatz der Kinder sowie erste grammatische Strukturen. Kinder, die mit 24 Monaten noch nicht über einen Wortschatz von 50 Wörtern verfügen, gelten als Risikokinder für die Ausbildung einer Sprachentwicklungsstörung, wobei hier die enorme interindividuelle Variabilität unberücksichtigt bleibt. Dies führt dazu, dass bis zu 20 % Risikokinder ermittelt werden, die häufig keine solchen sind, was wiederum eine Verunsicherung der Eltern zur Folge hat (Kany/Schöler 2010: 180 f.). Wie das Beispiel zeigt, liegen dem ELFRA keine Normen zugrunde, es werden jedoch kritische Werte für die einzelnen Entwicklungsbereiche angegeben.

Die einzelnen Entwicklungsskalen werden von Kany/Schöler (2010: 181) als zuverlässig angegeben, sodass die Testgütekriterien eingehalten werden, und auch die prognostische Validität scheint beim ELFRA 2 gegeben zu sein.

5.1.2.2 | Beobachtungsverfahren

Beobachtungsverfahren sind meist breiter angelegt als Schätzverfahren, erstrecken sich – im Idealfall – über einen längeren Zeitraum und haben das Ziel, sprachliches Handeln aus pädagogischer Sicht zu erfassen. So soll die Sprachentwicklung oder eine mögliche Stagnation ermittelt werden, um davon ausgehend Hinweise für die alltagsintegrierte Sprachförderung (s. Kap. 6.1.2) abzuleiten. Eine intersubjektive Vergleichbarkeit wird durch detaillierte Vorgaben bezüglich der Beobachtungssituation angestrebt. Das heißt das sprachliche Handeln der Kinder wird bei diesem Verfahren entweder in alltäglichen oder inszenierten Situationen beobachtet und dokumentiert.

Vorgegebene Kategorien

Die Norm: Die beobachteten Aspekte werden mit definierten Klassen, Kategorien oder Normen verglichen, sodass auch in dieser Hinsicht eine Vergleichbarkeit gewährleistet ist. Es wird angeraten, bei dieser Art von Verfahren kriteriale Normen anzulegen, weshalb eine Normierung nicht zwangsläufig notwendig ist (Mercator-Institut 2013: 17). Beobachtungsverfahren berücksichtigen meist viele sprachliche Ebenen (kommunikative Fähigkeiten, Sprachverstehen, Wortschatz, Artikulation sowie grammatische Fähigkeiten), was durch den längeren Beobachtungszeitraum möglich ist, in dem viele verschiedene kommunikative Kompetenzen auftreten können. Bei Auffälligkeiten erfolgt ein detailliertes Sprachscreening wie im bayerischen Screening-Modell für Schulanfänger (Hölscher 2002).

Einsatz: Beobachtungsverfahren sind schon seit Längerem, verstärkt aber infolge der Einführung von Bildungs- und Orientierungsplänen, Teil von Entwicklungsbeobachtungen, die im Elementarbereich üblicherweise eingesetzt werden. Sie eignen sich insbesondere für diesen Bereich, da Kinder in diesem Alter oft noch Schwierigkeiten haben, bestimmte Instruktionen zu befolgen, und ihre Ausdauer und Motivation begrenzt ist (vgl. Kany/Schöler 2010). Darüber hinaus »liegt hierin ein Potenzial zur Öffnung der Perspektive auf mehrsprachiges Sprachhandeln« (Lengyel 2012: 19), wodurch beispielsweise Sprachkontaktphänomene berücksichtigt werden können (s. Kap. 2.4).

Nachteile: Die Wahrnehmungspsychologie hat herausgefunden, dass es praktisch unmöglich ist, innerhalb einer Alltagssituation objektiv zu beobachten (Kochinka 2010). Darüber hinaus lassen sich aus Alltagssituationen keine detaillierten Kenntnisse über die Sprachkompetenzen gewinnen. Von den Fachkräften werden bei Beobachtungsverfahren hohe Kompetenzen bei der Durchführung des Verfahrens verlangt, die sie bisweilen nicht besitzen. Daher kommen unterschiedliche Beobachter häufig zu unterschiedlichen Befunden. Mehrere Faktoren bewirken folglich, dass die Güte von Beobachtungen »immer durch die Vermengung des Beobachteten mit dem Erwarteten gefährdet ist« (Kany/Schöler 2010: 108). Beobachtungen sind daher keine Abbilder, sondern (Re-)Konstruktionen der Wirklichkeit. Aus diesem Grund ist es wichtig, dass die Beobachtungen im Team reflektiert werden, um zumindest eine eingeschränkte Objektivität zu gewährleisten.

Vorteile: Beobachtungsbögen sind mehrfach einsetzbar und können somit den Spracherwerbsprozess erfassen, was gerade bei Kindern mit DaZ ein wichtiger Aspekt ist. Die Beobachtungen können relativ flexibel im pädagogischen Alltag erfolgen, und die Verfahren sind für Fachkräfte einfach zu handhaben.

Darüber hinaus werden die Basisqualifikationen der Kinder nicht isoliert voneinander abgeprüft. Daher können auch pragmatische und diskursive Fähigkeiten beurteilt werden, was vielen Verfahren nicht möglich ist, die sprachliches Handeln in einer kontrollierten Situation erheben (vgl. Ehlich 2007: 43). Ein weiterer Vorteil ist, dass sich aus den Beobachtungen meist konkrete Anhaltspunkte für die Sprachförderung im Kindergartenalltag ableiten lassen.

Beispiel SISMIK: Der Beobachtungsbogen »Sprachverhalten und Interesse an Sprache bei Migrantenkindern im Kindergarten (SISMIK)« (Ulich/Mayr 2003) wird seit 2003 verpflichtend in allen bayerischen Kindergärten eingesetzt, wird jedoch auch in anderen Bundesländern angewandt. Parallel existiert der Beobachtungsbogen »Sprachentwicklung und Literacy bei deutschsprachig aufwachsenden Kindern (SELDAK)« für monolingual deutsche Kinder (Ulich/Mayr 2006).

SISMIK

Der SISMIK wurde für Kinder zwischen 3;6 bis zum Schulalter entwickelt und in einer Studie mit 2011 Kindern mit Migrationshintergrund in 11 Bundesländern erprobt. Ziel des Verfahrens, das die Spontansprache im Fokus hat, ist die Erfassung der sprachlichen Fähigkeiten von Kindern mit Migrationshintergrund durch eine systematische Beobachtung über einen längeren Zeitraum hinweg, um auf diese Weise die sprachliche Entwicklung zu dokumentieren.

Der Beobachtungsbogen sensibilisiert die Fachkräfte für Entwicklungsrisiken, ist aber nicht für die Diagnostik von Sprachstörungen konzipiert (Ulich/Mayr 2003: 4). Er soll vor allem auch dabei unterstützen, die kindlichen Aktivitäten differenziert zu beobachten, sprachförderliche Situationen zu schaffen und Angebote zu planen und durchzuführen.

Der Bogen enthält 98 Beobachtungsfragen, die durch sechs Skalen zum Sprachverhalten in Gesprächsrunden, bei Rollenspielen, bei der Bilderbuchbetrachtung und in anderen Situationen beantwortet werden sollen. Den Kategorien der Analyse für das Deutsche liegt einerseits die

Idee der Sprachstandsindikatoren (vgl. Apeltauer 1998) zugrunde, d. h. der Auswahl von Mustern, die als »Stellvertreter« für ähnliche Aspekte des Sprachstandes angesehen werden können. Andererseits wurde das Verfahren im Hinblick auf Aspekte der Praktikabilität angepasst (Reich 2007: 160). Der Bogen ermöglicht auf diese Weise einen detaillierten Einblick in den Sprachaneignungsprozess der Kinder. Die Auswertung des SISMIK erfolgt qualitativ, wobei die Ergebnisse anschließend für Vergleiche auch quantifiziert werden können. Aufgrund dieser qualitativen Analyse und dem Vergleich mit Ergebnissen anderer Kinder können individuelle Hauptförderziele festgelegt und konkrete Vorschläge zur Umsetzung erarbeitet werden.

Qualitative Auswertung

Vorteile: Die Stärken des Bogens sind laut Demirkaya et al. (2010) der strukturierte Aufbau und die Vielschichtigkeit des Verfahrens, da es auch die Sprachlernmotivation und den Bereich der Literalität erfasst. Darüber hinaus ist explizit eine Beobachtung über einen längeren Zeitraum vorgesehen, was der Auffassung des Spracherwerbs als Prozess gerecht wird.

Der Bogen ist für Fachkräfte relativ leicht zu handhaben, insbesondere die Einteilung in Prozentrangwerte (Demirkaya et al. 2010: 40; Reich 2007: 164), auch wenn seine komplette Bearbeitung verhältnismäßig viel Zeit erfordert (ca. zwei Stunden) und die Beobachtungen zudem im Team reflektiert werden sollten. Er kann als Beitrag zur Professionalisierung der Sprachbeobachtung in Kindertageseinrichtungen angesehen werden (Lengyel 2012: 29) und hat sich seit seiner Einführung in der Praxis bewährt, unter anderem weil er für die anschließende konkrete Umsetzung der Förderung ein Verzeichnis von Materialien enthält.

Kritikpunkte am SISMIK sind, dass die Skalierung bei bestimmten Fragen (wie z. B. »Kind hört aufmerksam zu«) sehr vage ist und die Ergebnisse zur Beherrschung von grammatischen Strukturen nur ungenau die Fähigkeiten der Kinder beschreiben (Jeuk 2006: 67). Darüber hinaus

Alter	24 bis 18 Monate vor der Einschulung
Zielgruppe	Kinder mit Migrationshintergrund
Zeitdauer	wiederholte Beobachtung
Aufgaben	Teil 1: Häufigkeit von Sprachverhaltensweisen in verschiedenen sprachrelevanten Situationen Teil 2: Sprachliche Kompetenzen im Bereich Artikulation, Morphologie, Syntax, Wortschatz und Sprachverständnis Teil 3: Familiensprachliche Kompetenzen Teil 4: Elterngespräch über Sprachpraxis innerhalb der Familie
Sprachebenen	a) Phonetik-Phonologie b) Morphologie-Syntax (Verwendung von Nebensätzen, korrekte Flexion etc.) c) Semantik-Lexikon d) Pragmatik-Kommunikation
Mehrsprachigkeit	Die Sprachentwicklung wird in der Zweitsprache erfasst, doch a) wird durch das Elterngespräch zudem das Kommunikationsverhalten in der Erstsprache berücksichtigt und b) wird beobachtet, inwieweit die Erstsprache im Kindergartenalltag eingesetzt wird.

Tab. 5.2:
Charakteristika
des SISMIK

findet kein Bezug zu einer Zweitspracherwerbstheorie statt. Weiter ist anzumerken, dass für die Normierung ausschließlich Kinder mit Migrationshintergrund getestet wurden, sodass der Sprachstand der getesteten Kinder nicht mit dem monolingualer Kinder verglichen werden kann (Kany/Schöler 2010: 178).

Auszug aus einem Bogen zur unterrichtsbegleitenden Sprachstandsbeobachtung: Ergebnisdokumentation

Beispiel

Das folgende Beispiel soll einen Einblick in die Praxis der Sprachstandserhebungen geben. Der hier auszugsweise wiedergegebene Beobachtungsbogen stammt aus dem Projekt *Unterrichtsbegleitende Sprachstandsbeobachtung – Deutsch als Zweitsprache* (USB DaZ) des Zentrums für Sprachstandsdiagnostik der Universität Wien und ist für einen Einsatz sowohl im Regelunterricht als auch für DaZ-Fördermaßnahmen vorgesehen. Die Lernenden sollen zu verschiedenen Zeitpunkten beobachtet werden. Die Lehrkraft soll für eine Liste von Items ankreuzen, ob sie das betreffende Phänomen in der Sprache des Kindes feststellt, wobei *Chunks*, d. h. als komplette Einheiten gelernte Äußerungen, nicht berücksichtigt werden. Fokussiert werden im Beobachtungsbogen unterschiedliche Bereiche, z. B. die Satzglieder Subjekt und Objekt, die Verbformen, die Verbstellung im Satz und die Verwendung von Konjunktionen und Nebensätzen. Den Lehrenden werden Erläuterungen gegeben, wie sie die entsprechenden Formen durch Aufgabenstellungen (Wegbeschreibungen, Meinungsäußerungen, Spiele etc.) elizitieren und somit der Beobachtung zugänglich machen können.

BEOBACHTUNGSBEREICH „VERB: VERBFORMEN"
Ankreuzen, wenn ein Phänomen ein Mal vorkommt

PERSON & NUMERUS	t1	t2	t3
2. Person Plural, *Ihr lest.*	☐	☐	☐
2. Person Singular, *Du liest.* 3. Person Plural, *Sie lesen.* 1. Person Plural, *Wir lesen.*	☐	☐	☐
3. Person Singular, *Er/Sie/Es liest.*	☐	☐	☐
1. Person Singular, *Ich lese.*	☐	☐	☐
undifferenzierte Zuweisung, *Ich lesen.*	☐	☐	☐

TEMPUS			
Präteritum, *Soren ging.*	☐	☐	☐
Futur, *Soren wird gehen.*	☐	☐	☐
Präteritum von „sein", *Soren war.*	☐	☐	☐
Perfekt, *Agam ist gegangen.*	☐	☐	☐
Partizip ohne Hilfsverb, *Agam gegangen.*	☐	☐	☐
Präsens, *Alisa und Agam gehen.*	☐	☐	☐

(Bundesinstitut für Bildungsforschung, Innovation und Entwicklung des österreichischen Schulwesen, BIFIE, https://www.bifie.at/usb-daz/)

5.1.2.3 | Profilanalysen

Profilanalysen können als spezifischer Fall von Beobachtungsverfahren angesehen werden, wobei hier Audio- oder Videoaufzeichnungen erstellt werden, die im Nachhinein analysiert werden, um daraus Konsequenzen für die Sprachförderung zu ziehen. Es werden in der Regel diskursive, pragmatische, morphologische und syntaktische Fähigkeiten in möglichst natürlichen Situationen ermittelt, ohne die sprachlichen Ebenen voneinander zu isolieren. Diese Art von Verfahren ist psychometrisch nicht normiert, sondern es liegen kriteriale Normen zugrunde, die sich an Spracherwerbsdaten orientieren. Ziel ist es folglich, ein differenziertes Sprachprofil der unterschiedlichen Bereiche zu erhalten, um so zu rekonstruieren, wo das einzelne Kind ›steht‹.

Der Begriff ›Profilanalyse‹ ergibt sich durch die Zuordnung der Ergebnisse zu Profilen wie Erwerbsstufen, Spracherwerbstypen oder Sprachhandlungsmustern, die zuvor empirisch ermittelt wurden. In Bezug auf Deutsch als Fremd- und Zweitsprache hat Grießhaber sechs Profilstufen ermittelt, denen jeweils Merkmale der Lernersprache zugeordnet werden (vgl. Grießhaber 2013). Carlo/Gamper (2015: 132) merken jedoch an, dass die Profilstufen ausschließlich Aussagen über den Gebrauch stufenspezifischer Verbstellungstypen zulassen. Aus förderdiagnostischer Sicht sollte daher eher ein Verfahren verwendet werden, das Erwerbsstufen für die einzelnen sprachlichen Bereiche umfasst. Davon ausgehend kann im Anschluss auf die Förderung in diesen Bereichen geschlossen werden.

Profilstufen

Nachteile: Profilanalysen benötigen relativ viel Zeit, da die Auswertung der Beobachtung nicht online, das heißt während der Erhebung selbst, geschieht. Die Auswertung der Daten erfordert ein fundiertes Wissen im Bereich des typischen und atypischen Spracherwerbs, was damit zusammenhängt, dass dieses Verfahren aus dem Bereich der Sprachheilpädagogik stammt. Somit sind die Anforderungen an pädagogische Fachkräfte bei der Auswertung hoch.

Vorteile: Die Datenerhebung als Grundlage einer Profilanalyse ist relativ einfach, und die Ergebnisse geben differenziert Aufschluss über den individuellen Sprachstand eines Kindes. Davon ausgehend können im Sinne der »Zone der nächsten Entwicklung« (Vygotskij 1987) die nächsten sprachlichen Lernziele abgeleitet und Förderziele formuliert werden. Insbesondere für mehrsprachige Kinder sind Profilanalysen besser geeignet als beispielsweise Tests (Chilla et al. 2013).

HAVAS 5

Beispiel HAVAS 5: Das »Hamburger Verfahren zur Analyse des Sprachstands Fünfjähriger«, das von Reich und Roth 2004 auf der Grundlage von sprachwissenschaftlichen Kriterien entwickelt und mit ca. 600 Kindern erprobt wurde, ist eine kompetenzorientierte Profilanalyse, die explizit die Mehrsprachigkeit der Kinder berücksichtigt. Das Verfahren gibt an, sich am »aktuellen Theoriestand der Zweitspracherwerbsforschung« zu orientieren, wobei anzumerken ist, dass es einen solchen nicht gibt, sondern derzeit unterschiedliche Theorien existieren, die den Zweitspracherwerb erklären wollen (vgl. Kany/Schöler 2010: 167).

Das Verfahren wurde vom Hamburger Landesinstitut für Lehrerbildung und Schulentwicklung teststatistisch überprüft und im Anschluss

KATZE UND VOGEL

Abb. 5.1:
Bilderfolge als
Erzählimpuls
(aus: Reich/Roth
2007; © Rebecca
Abe)

nochmals angepasst. Ziel der Profilanalyse ist es, die kommunikativen Fähigkeiten von mehrsprachigen Kindern in ihrer Erst- und Zweitsprache zu erfassen, um ein mehrsprachiges Kompetenzprofil zu erstellen. Hierbei werden die Sprachdaten in natürlichen, alltäglichen Situationen erhoben, sodass das Kind in seiner Erzählfreude nicht gehemmt wird (Jeuk 2015: 90). Nach einem kurzen Vorgespräch wird dem Kind eine Bilderfolge (s. Abb. 5.1) präsentiert und es wird aufgefordert, zu berichten, was passiert. Hierbei soll der Erzählfluss nicht durch Fragen oder Kommentare des Testleiters unterbrochen werden. Abschließend werden zwei Fragen gestellt, die dazu dienen, eigene Gedanken zur Pointe zu versprachlichen (»Warum weint die Katze?«) und einen Perspektivwechsel vorzunehmen (»Was würdest du tun, wenn du die Katze wärst?«).

Auswertung: Die Auswertung der Daten erfolgt auf Grundlage von linguistischen Analysen der relevanten sprachlichen Phänomene in den Einzelsprachen und deren Erwerbssequenzen (vgl. Schnieders/Komor 2007: 270). Darüber hinaus werden auch die Aufgabenbewältigung und das Gesprächsverhalten des Kindes berücksichtigt (s. Tab. 5.3). Das Auswertungsverfahren ist aufwendig und durch genaue Vorgaben relativ standardisiert, wobei zahlreiche Erklärungen zum typischen Erwerbsverlauf verschiedener Strukturen in den unterschiedlichen Bereichen gegeben werden. Die Ergebnisse jedes einzelnen Kindes werden auf ein Schätzraster übertragen, Normen liegen jedoch nicht vor.

Anschließende Förderung: Die Ergebnisse der Profilanalyse sollen explizit dazu dienen, Förderentscheidungen zu treffen, die auf den individuellen Kompetenzen der Kinder aufbauen. Hierbei wird der Förderbedarf auf der Grundlage eines Qualifikationsprofils in den verschiedenen Sprachen erstellt, das sich an der spezifischen Mehrsprachigkeitskonstellation und dem Alter des Kindes orientiert.

Ableiten von
Förderzielen

Die Objektivität und Reliabilität von HAVAS 5 wird als zufriedenstellend eingeschätzt, jedoch liegt noch keine Validitätsprüfung vor, weshalb das Verfahren noch nicht abschließend bewertet werden kann (Kany/Schöler 2010: 168). Das Besondere an dem Verfahren ist, dass die Bereiche Aufgabenbewältigung und Gesprächsverhalten sprachübergreifend erfasst werden, dadurch wird ermittelt, ob das Kind eine spezifische DaZ-Förderung benötigt oder ob es in beiden Sprachen Defizite aufweist und deshalb einer elementaren Unterstützung in beiden Sprachen bedarf (Lengyel 2012: 33).

Sprachkontaktphänomene In der Kategorie »Kommunikatives Handeln« ist es möglich, Sprachkontaktphänomene zu berücksichtigen (s. Kap. 2.4). So wird hier beispielsweise explizit nach der Verwendung von einzelnen Ausdrücken/Teilsätzen/Äußerungen in einer anderen Sprache gefragt. Bei der Auswertung werden schließlich die Form und Häufigkeit des Code-Switchings festgehalten und Beispiele notiert. Ob und wie das Wechseln der Sprachen im Hinblick auf seine Funktionalität analysiert wird und die Ergebnisse evtl. sogar mit in die anschließende Förderung einfließen, ist der auszuwertenden Fachkraft überlassen. Ein positiver Nebeneffekt ist, dass die betreffenden Fachkräfte für die Besonderheiten des Zweitspracherwerbs sensibilisiert werden, was wiederum positive Nebeneffekte auf die Sprachförderung hat.

Alter	12 Monate vor der Einschulung
Zielgruppe	ein- und mehrsprachige Kinder
Zeitdauer	10–15 Minuten + ca. 45 Minuten zur Transkription und Auswertung
Aufgaben	Anhand einer Bilderfolge (»Katze und Vogel«) soll das Kind eine Geschichte erzählen.
Sprachebenen	a) Phonetik-Phonologie b) Morphologie-Syntax: Verbformen, Verbstellung, Satzverbindungen, Präpositionen c) Semantik-Lexikon: verbaler Wortschatz d) Pragmatik-Kommunikation: Aufgabenbewältigung (z. B. Kohärenz der Geschichte), Umgang mit der Gesprächssituation (z. B. Umgang mit fehlenden Ausdrücken)
Mehrsprachigkeit	Bei mehrsprachigen Kindern wird der Test in ihrer Zweitsprache Deutsch und ihrer Erstsprache durchgeführt. HAVAS 5 liegt für die Sprachen Deutsch, Italienisch, Polnisch, Portugiesisch, Russisch, Spanisch und Türkisch vor.

Tab. 5.3:
Charakteristika
des HAVAS 5

5.1.2.4 | Sprachentwicklungstests

Bezüglich der Terminologie ist anzumerken, dass oft nicht trennscharf zwischen Sprachentwicklungstests und Screenings unterschieden wird (vgl. Ehlich 2007: 44). Diese Differenzierung soll hier jedoch vorgenommen werden (zu Screenings s. Kap. 5.1.2.5).

Allgemein sind Tests wissenschaftliche Verfahren, die Merkmale, die nicht beobachtbar sind, messen sollen. Infolgedessen enthalten Tests Aufgaben, die eine bestimmte Fähigkeit indirekt erfassen (Kany/Schöler 2010: 110). Sprachentwicklungstests, die meist ab ca. drei Jahren eingesetzt werden, sind demnach theoriegeleitete Abfragen sprachlicher Kompetenzen oder auch nur Kompetenzen einer sprachlichen Domäne, die standardisiert oder halbstandardisiert und normiert sind, wobei Durchführung, Auswertung und Interpretation eindeutig festgelegt sind und ein Vergleichsmaßstab in Form einer Norm zur Verfügung steht. Die Testrohwerte werden normalerweise in sog. Normwerte oder Prozentränge umgewandelt.

Gütekriterien: Solcherlei Tests entsprechen den testtheoretischen Ansprüchen in Bezug auf Objektivität, Reliabilität und Validität. Anzumerken ist, dass viele Tests unzureichend normiert sind, da die Entwicklung der Tests extrem aufwändig ist (vgl. hierzu Kany/Schöler 2010: 152). Die sprachlichen Kompetenzen der Kinder werden hierbei zumeist in stark kontrollierten Handlungssituationen erfasst, wodurch spezifische Phänomene gezielt elizitiert werden können (z. B. Nebensätze, Pluralmarkierungen). Dadurch ist es möglich, die Leistungen der Kinder systematisch zu vergleichen.

Unzureichende Normierung

Diese Art von Verfahren wird vor allem zur Erfassung curricular vorgegebener Sprachleistungen und im Elementarbereich zur ersten Ermittlung von Sprachförderbedarf eingesetzt. Meist werden durch Tests die vier sprachlichen Fertigkeiten Lesen, Hören, Sprechen und Schreiben erfasst, wobei im Elementarbereich natürlich Lesen und Schreiben wegfällt. Sprachentwicklungstests dürfen strenggenommen nur von Psychologen, Sprachtherapeuten und Sonderpädagogen durchgeführt werden, was jedoch nicht immer der Fall ist.

Nachteile: Problematisch sind Tests da, wo sie ungesteuert erworbene Sprache im Kontext von Mehrsprachigkeit erfassen sollen (vgl. hierzu Jeuk 2009). So ist ihr Einsatz aufgrund des geringeren Instruktionsverständnisses, aber auch durch das nicht vorhandene Verständnis bestimmter Aufgabeninhalte bei DaZ-Kindern nur begrenzt möglich (Kany/Schöler 2010: 123). Daher sollten in diesem Fall diejenigen Untertests ausgewählt werden, die sich für diese Zielgruppe eignen. Darüber hinaus ist im Hinblick auf mehrsprachige Kinder anzumerken, dass die Normwerte der Tests in der Regel ausschließlich für monolinguale Kinder gelten und ihre Anwendung auf Kinder mit nicht-deutscher Erstsprache meist zu Fehldiagnosen führt.

Auch werden Fachkräfte in ihrer Ausbildung meist nicht mit den theoretischen Grundlagen von Tests vertraut gemacht, sodass diese folglich nicht ohne Schwierigkeiten angewandt werden können. »Daher kann auch der ›beste‹ Test nicht versprechen, dass in der Praxis keine Anwendungstransformationen vollzogen werden, die die Ergebnisse verzerren« (Lengyel 2012: 18).

Fehlende Schulung der Fachkräfte

Aus Sicht der Kinder sind Testsituationen meist unnatürlich sowie wenig authentisch und daher ökologisch invalide. Sprache wird als isoliertes Phänomen begriffen und ihre soziale Natur wird ausgeblendet (Lengyel 2012: 17).

Des Weiteren können Sprachentwicklungstests nur einen (kleinen) Ausschnitt aus dem sprachlichen Qualifikationenfächer erfassen und lassen somit keinen Aufschluss über die kommunikative Handlungsfähigkeit des Kindes insgesamt zu (vgl. Ehlich 2007: 44) – dies gilt jedoch für jedes andere Verfahren auch. Die Ergebnisse müssten daher vor dem Hintergrund einer Sprachentwicklungstheorie interpretiert werden, was jedoch nur selten der Fall ist (vgl. Schnieders/Komor 2007).

Vorteile: Ein Vorteil von Tests ist der systematische Vergleich der erbrachten Leistungen eines Kindes mit den Ergebnissen einer Bezugsgruppe (soziale Norm).

Im Gegensatz zu Beobachtungsverfahren können Sprachentwicklungstests auch das Sprachverständnis abprüfen und kommunikatives Verhalten elizitieren, das in natürlichen Situationen nur selten auftritt (vgl. Lisker 2010: 29). Dies ist jedoch nötig, um zu einem umfassenden Bild des sprachlichen Leistungsstandes zu gelangen, das erlaubt, das Sprachverstehen und -verständnis genauer zu analysieren. Dazu kommt, dass bei Tests die untersuchten sprachlichen Ebenen meist differenzierter erfasst werden als dies z. B. bei Beobachtungsverfahren der Fall ist, wodurch sich relativ leicht Förderziele ableiten lassen.

CITO-Test **Beispiel CITO-Test:** Der CITO-Test wird nur in Bremen flächendeckend für alle Kinder zur Überprüfung der Sprachkompetenz vor der Einschulung eingesetzt. Der türkisch-deutsche Test, der vom *National Institut for Educational Measurement* 2004 erarbeitet wurde, prüft rezeptive Fähigkeiten anhand eines Computers ab, sodass eine automatische Auswertung möglich ist. Ziel ist es, bei den Kindern frühzeitig Förderbedarf aufzudecken und Sprachförderung anzubahnen.

Die Kinder müssen per Mausklick Fragen zu Bildern beantworten oder über Multiple-Choice-Verfahren Bilder auswählen. Für jeden Subtest wird ein Punktewert vergeben, der Aufschluss über den Förderbedarf in diesem Bereich gibt. Am Ende liefert das Programm für jeden der vier Teilbereiche ein Sprachprofil für jedes Kind und ordnet es einer dreistufigen Skala zu (gut, befriedigend und förderbedürftig), was auf Basis der Normierung von 2003 erfolgt. Berücksichtigt wird bei der Zuordnung der sprachliche Hintergrund der Kinder, weshalb jedes Kind zu Beginn des Tests einer der vier folgenden Gruppen zugeteilt wird: 1) deutsche Erstsprache, 2) deutsch-türkische Erstsprache, 3) türkische Erstsprache und 4) deutsch-anderssprachige Erstsprache. Aus dem Sprachprofil des Kindes kann anschließend der individuelle Sprachförderbedarf abgeleitet werden.

Evaluation: Eine Evaluierung ergab, dass der Test ausreichend zuverlässig und valide ist (Duindam et al. 2010), und durch die computergestützte Auswertung scheint auch die Durchführungs- und Auswertungsobjektivität gewährleistet. Darüber hinaus ist der CITO-Test sehr zeit- und auswertungsökonomisch, vorausgesetzt es stehen mehrere Computer zur Verfügung, an denen verschiedene Kinder gleichzeitig getestet werden können.

Kritisiert werden die fehlende Orientierung an der Kindersprache und die langwierige und monotone Durchführung am Computer (ca. 45 Minuten), was für Kinder in diesem Alter eine große Herausforderung darstellt.

Lengyel (2012: 23) und andere Forscher schlagen vor, CITO als Screening einzusetzen, um Kinder mit einem hohen Sprachförderbedarf zu identifizieren. Im Anschluss sollte jedoch unbedingt ein anderes Verfah-

Alter	18 bis 12 Monate vor der Einschulung
Zielgruppe	alle Kinder
Zeitdauer	ca. 40 Minuten
Aufgaben	a) passiver Wortschatz: Verben und Substantive b) kognitive Begriffe: Farben, Formen, Mengen etc. c) phonologische Bewusstheit: Unterscheidung zwischen ähnlich und gleich klingenden Lauten d) Textverständnis: Beantwortung von Fragen zu einer Kurzgeschichte
Sprachebenen	Phonetik-Phonologie (nur rezeptiv) Semantik-Lexikon (nur rezeptiv)
Mehrsprachigkeit	Der Test kann in Deutsch und Türkisch durchgeführt werden.

Tab. 5.4:
Charakteristika
des CITO-Tests

ren angewandt werden, um die sprachlichen Fertigkeiten der Kinder differenziert zu erfassen.

Weitere Tests kommen in Brandenburg (KISTE) und Baden-Württemberg (SETK 3–5) zum Einsatz, aber nur, wenn zuvor bei Screenings Sprachauffälligkeiten beobachtet wurden (vgl. Lisker 2010: 32 f.).

5.1.2.5 | Screenings

Screenings sind ebenfalls standardisierte Verfahren, ohne explizite testtheoretische Ansprüche (Lisker 2010: 29), die bestimmte Risiken abschätzen sollen. Ein Screening führt nicht zur Diagnose, sondern hat eine Groborientierung zum Ziel, um festzustellen, ob ein Kind einer weiteren, differenzierten Untersuchung bedarf. Ein kritischer Grenzwert dient dazu, zwischen Kindern mit und ohne Sprachförderbedarf zu unterscheiden. Die Leistungen des Kindes werden folglich nicht auf einer Normskala eingeordnet, sondern es muss ein kritischer Schwellenwert überschritten werden. Screenings sollen Risikokinder – insbesondere mit Migrationshintergrund – schnell und ökonomisch identifizieren, um sie einer Sprachförderung zuzuweisen. Aus diesem Grund werden Screenings auch in den meisten Bundesländern im Elementarbereich eingesetzt, teilweise flächendeckend, teilweise nur für eine spezifische Risikogruppe. Im Fokus steht die Prognose des künftigen Entwicklungsverlaufs, die Beschreibung und Ursache der sprachlichen Fähigkeiten werden hingegen ausgeblendet (Kany/Schöler 2010: 115).

Einige Screening-Verfahren sind mehrstufig, wobei nach jeder Stufe eine Entscheidung über die Zuweisung von Fördermaßnahmen getroffen werden kann. Bei dem unten vorgestellten Screening »Kenntnisse in Deutsch als Zweitsprache erfassen« kann beispielsweise bereits nach einem Gespräch mit den Eltern oder Fachkräften Sprachförderung verordnet werden, ohne dass das Kind eine Aufgabe bearbeitet. Dies verringert den Zeitaufwand und spiegelt das Ziel wider, Kindern mit Förderbedarf eine vorschulische Sprachförderung zukommen zu lassen, damit sie später dem Unterricht folgen können.

Mehrstufige
Verfahren

Vorteile: Screenings sind zeitökonomisch und erfordern von den Testleitern keine umfangreichen Vorkenntnisse, da sie für alle Berufsgruppen konzipiert sind. Sie führen so rasch zu einem begründeten Urteil (Gogolin 2010: 1311), das für die Planung der Schulpolitik erforderlich ist.

Nachteile: Der Nachteil ist, dass Screening-Verfahren keine umfangreiche und differenzierte Analyse aller Sprachebenen liefern, weshalb es schwierig ist, für Kinder individuelle Sprachstandsprofile und davon ausgehend eine Förderplanung zu erstellen. Sie sind folglich keine genuin förderdiagnostischen Verfahren. Dennoch können Screenings erste Hinweise darauf liefern, in welchen Bereichen bei den betreffenden Kindern Defizite bestehen. Leider ist für die meisten Screening-Verfahren noch nicht ausreichend nachgewiesen, ob tatsächlich alle Risikokinder entdeckt werden, weshalb ihre prognostische Validität eingeschränkt ist (Kany/Schüler 2010: 153).

Viele der Verfahren, die sich als Screenings ausgeben, sind jedoch den informellen Verfahren zuzuordnen, und die oft wichtigen bildungspolitischen Entscheidungen beruhen somit auf methodisch und statistisch nicht abgesicherten Ergebnissen, was gerade für Kinder mit DaZ von großem Nachteil ist (vgl. Lenygel 2012: 18).

Beispiel »Kenntnisse in Deutsch als Zweitsprache erfassen«: Das Screening »Kenntnisse in Deutsch als Zweitsprache erfassen« wird in Bayern bei Kindern angewandt, die mit einer anderen Erstsprache als Deutsch aufwachsen und keinen Kindergarten besuchen. Das Verfahren wurde 2002 von Petra Hölscher vom *Staatsinstitut für Schulqualität und Bildungsforschung* (ISB) entwickelt. Ziel des Verfahrens ist es, den Sprachförderbedarf anhand der allgemeinen Kommunikationsfähigkeit und -bereitschaft des Kindes und seines Sprachverständnisses festzustellen. Das Screening soll unkompliziert und nebenbei von Lehrkräften ohne Testerfahrung durchgeführt werden können, um zu ermitteln, ob ein Schulanfänger mit nicht-deutscher Erstsprache zusätzliche Fördermaßnahmen benötigt oder ob eine Einschulung in eine Sprachlernklasse oder Ähnliches sinnvoll ist (vgl. Hölscher 2002: 7). Der Migrationshintergrund der Familie sowie Informationen über die Erstsprache der Kinder werden nicht systematisch erfasst, können aber im Gespräch mit den Eltern erfragt werden.

Das Verfahren misst die produktiven und rezeptiven Fähigkeiten in der Zweitsprache, wobei auf keiner Stufe grammatische Richtigkeit, Fehlerhäufigkeit und vollständiges Verstehen besonders bewertungsrelevant sind (Schnieders/Komor 2007: 263). In Stufe 3 und 4 wird versucht, der Testsituation einen spielerischen Rahmen zu geben, der zwar kindgerecht ist, von den Kindern jedoch spontanes kommunikatives Handeln in dieser für sie fremden Situation erfordert. In Stufe 4 können bei der Beobachtung einer strukturierten Spielsituation über die fokussierten Sprachebenen hinaus ebenfalls die phonologischen und grammatischen Kompetenzen erfasst werden.

Auswertung: Die Auswertung erfolgt auf Stufe 1 bis 3 anhand relativ globaler Kriterien (»Ist das Kind gesprächsbereit, offen und neugierig? Versteht es die Fragen und verfügt über kommunikative Fähigkeiten?« etc. vgl. Hölscher 2002: 18). Für die Auswertung von Stufe 4 steht ein Bogen

Kenntnisse in DaZ
erfassen

Alter	6 Monate vor der Einschulung
Zielgruppe	Kinder mit nicht-deutscher Erstsprache, die nicht zuvor im Kindergarten mit SISMIK erfasst wurden
Zeitdauer	bis zu zwei Stunden bei Durchführung aller Stufen
Aufgaben	vier Stufen mit Abbruchmöglichkeit auf jeder Stufe a) Stufe 1: Gespräch mit dem Kind geleitet durch typische Einschulungsfragen b) Stufe 2: ›Interview‹ zu kindgerechten Themen c) Stufe 3: Spielsituation mit dem Testleiter, die durch Anweisungen und Aufforderungen gekennzeichnet ist d) Stufe 4: Spielstationen: Beobachtung des Kindes bei einem angeleiteten Spiel in Interaktion mit anderen Kindern. Diese Stufe wird nur bei Kindern durchgeführt, die sprachliche Förderung erhalten.
Sprachebenen	Semantik-Lexikon Pragmatik-Kommunikation
Mehrsprachigkeit	Auf Stufe 1 werden Fragen zur Erstsprache gestellt.

Tab. 5.5:
Charakteristika
des Screenings
»Kenntnisse in
Deutsch als Zweitsprache erfassen«

zur Verfügung, der die Kinder in drei Kategorien einteilt, wobei insbesondere allgemeine kommunikationsbezogene Verhaltensweisen, sprachliche Fähigkeiten jedoch kaum differenziert berücksichtigt werden.

Das Ziel des Verfahrens ist nicht eine differenzierte Sprachstandsdiagnose. Dennoch soll der Förderbedarf anhand der kommunikativen Kompetenzen ermittelt werden, wobei individuelle Aneignungsprozesse explizit berücksichtigt werden. Von Seiten des Staatsinstituts gibt es keine speziellen Hinweise für eine Förderung in den verschiedenen Teilbereichen, die sich aus den Ergebnissen der Kinder ableiten ließe. Daher obliegt es den durchführenden Lehrkräften, den Sprachförderbedarf einzuschätzen.

Die meisten in den verschiedenen Bundesländern eingesetzten Verfahren zählen zu den Screening-Verfahren (zur Charakterisierung weiterer Screenings vgl. Lisker 2010: 35 f.). Bei Schulkindern wird außerdem das Verfahren des C-Tests eingesetzt (für weiterführende Informationen zum C-Test im Kontext der Sprachmessung und Sprachförderung vgl. Baur/Goggin 2017). Insgesamt ist festzustellen, dass nur wenige Verfahren für den Einsatz bei mehrsprachigen Kindern im Vorschulbereich geeignet sind (vgl. Kany/Schöler 2010: 186 f.).

5.1.3 | Erhebung der Erstsprachkompetenzen

Fast alle der oben vorgestellten Verfahren konzentrieren sich auf die Erhebung der Sprachkompetenzen in der Zweitsprache Deutsch, also der zukünftigen Unterrichtssprache. Nur der CITO-Test und der HAVAS 5 bieten die Möglichkeit, die sprachlichen Leistungen in Erst- und Zweitsprache zu vergleichen. Ehlich (2005) schlägt vor, durch spezielle Verfahren die sprachliche Gesamtkompetenz der Kinder zu erfassen, um Potenziale bezüglich der Transferleistungen zu ermitteln und zu identifizieren, woraus Probleme beim Zweitspracherwerb resultieren können (vgl. auch Krumm 2005: 98 oder Kany/Schöler 2010: 98 für eine skeptische Sichtweise). Dies ist insbesondere in den Fällen wichtig, bei denen auffällige Sprachkompetenzen in der Zweitsprache näher diagnostiziert werden müssen, um beispielsweise eine Spezifische Sprachentwicklungsstörung (SSES) auszuschließen oder um neben Fördermaßnahmen in Deutsch auch solche in der Erstsprache anzubahnen (s. Kap. 5.3).

Transfer vs. SSES   Im Hinblick darauf soll an dieser Stelle nochmals angemerkt werden, dass die Sprachen eines Individuums sich nicht unabhängig voneinander entwickeln, sondern interferieren (Müller/Hulk 2001). Transferphänomene sind etwa an der Schnittstelle von Syntax und Pragmatik (Hulk/ Müller 2000) oder bei der Sprachverarbeitung zu beobachten (Döpke 2000; s. Kap. 2.4.1). Abzugrenzen sind solche Erscheinungen von einer Sprachentwicklungsstörung, welche sich in unterschiedlichen Mustern je nach Einzelsprache äußert, und in der Regel in allen Sprachen auftritt (Gagarina 2014: 73). Dies führt dazu, dass bei bilingualen Kindern häufig fälschlicherweise eine SSES diagnostiziert wird, da ihre L1 Kompetenzen nicht erfasst werden. Daher ist es essentiell – trotz bisher nicht ausreichend entwickelter Methoden – ein Gesamtsprachprofil der Kinder zu erstellen, bei dem die verschiedenen Sprachen als eine Einheit gesehen werden, »in der sich Kommunikationsfähigkeiten aus diesen verschiedenen Sprachen auch ergänzen können« (Krumm 2005: 103).

Besonderheiten des Erstspracherwerbs im Migrationskontext: Der Erstspracherwerb mehrsprachiger Kinder kann stark von dem monolingualer Kinder abweichen und lückenhaft sein (z. B. Wortschatz). Es scheint jedoch keinen Schwellenwert für die Quantität des Inputs zu geben, ab dem eine Sprache nicht mehr erlernt wird, sondern es wurde vielmehr gezeigt, dass bei geringem Input in einer Sprache diese nur rezeptiv erworben wird (Hoff/Core 2015: 93). Auch kann es vorkommen, dass der Erwerb der Herkunftssprache bei Kindern stagniert, wenn sie zu geringe Kenntnisse in dieser Sprache besitzen und gleichzeitig die Umgebungssprache wichtiger wird (Jia/Aaronson 2003). Der Erstspracherwerb von mehrsprachigen Kindern verläuft daher insbesondere im Vorschulalter instabil, da bestimmte Elemente erodieren können oder von der Zweitsprache beeinflusst werden, andere Strukturen im Vergleich zum monolingualen Erwerb verspätet und dann evtl. nicht zielsprachlich erworben werden (Gagarina 2014: 74). »Die Abbauprozesse betreffen vor allem Formen und Strukturen, die irregulär und nicht transparent sind bzw. die nicht häufig verwendet werden« (ebd.).

Progressive Norm   Vielen monolingualen Sprechern ist nicht bewusst, dass die in Deutschland gesprochenen Varietäten der Migrantensprachen oft nicht der Standardvarietät der betreffenden Sprache entsprechen (s. Kap. 2.2). Diese tatsächlich gesprochene Variante wird als »progressive« Norm bezeichnet, da diese z. T. stark von der kodifizierten Norm abweicht (zur Ausführung am Beispiel des Russischen vgl. Gagarina 2014: 74).

Erfordernisse für die Erhebung in der Erstsprache: Die Erstsprachkompetenzen eines mehrsprachigen Kindes können selten zufriedenstellend durch monolingual deutschsprachige Personen erhoben werden. Wichtig wäre in Zukunft, mehr zweisprachige Fachkräfte zur Erfassung der erstsprachigen und gemischtsprachigen Kompetenzen einzusetzen, da sich gezeigt hat, dass mehrsprachige Kinder signifikant höhere Testwerte erzielen, wenn die Testleiter einen ähnlichen kulturellen Hintergrund haben (vgl. Fuchs/Fuchs 1989). Darüber hinaus sollten Letztere Kenntnisse über einen unauffälligen Spracherwerb der jeweiligen Einzelsprache sowie über einen unvollständigen Spracherwerb (»incomplete acquisition«, vgl. Montrul 2008) besitzen. Im Zusammenhang damit ist Wissen über die Bedeutung von Inputqualität und -quantität nötig, welche einen Einfluss auf die Dominanz der jeweiligen Sprache haben. Den Input in der Erstsprache zu erfassen, bereitet aufgrund fehlender Methoden jedoch Schwierigkeiten.

Auch diejenigen computergestützten Programme, welche Kompetenzen in der Erstsprache abprüfen (z. B. CITO, ESGRAF-MK), berücksichtigen kaum kulturelle Unterschiede und sind ausschließlich an der jeweiligen Standardsprache orientiert (vgl. Chilla et al. 2013).

Verfahren zur Erfassung der Erstsprachkompetenzen: Um die Erstsprachkompetenzen von Kindern zu erfassen, gibt es nur wenige Verfahren. Diese lassen sich in zwei Typen einteilen: Beobachtungsverfahren und Sprachentwicklungstests. Beide Verfahren wurden in Kap. 5.1.2 detailliert dargestellt. An dieser Stelle soll lediglich angemerkt werden, dass schriftliche Fremdeinschätzungen der kindlichen Sprache nur dann zuverlässig sind, wenn die beurteilende Person über ein angemessenes intellektuelles Niveau und ausreichend Lese- und Sprachfertigkeiten verfügt und sie darüber hinaus genügend Kenntnisse in ihrer L1 besitzt (vgl. Neugebauer/Becker-Mrotzek 2013).

In diesem Zusammenhang stellt sich die Frage der Bezugsnorm für den Erwerb einer Minderheitensprache unter Migrationsbedingungen. Da die meisten Verfahren unhinterfragt Werte des einsprachigen Spracherwerbs in der jeweiligen Sprache als Bezugsgröße nehmen, werden auch im Hinblick auf die Erstsprache Abweichungen festgestellt, die aber – berücksichtigt man den Migrationskontext – erklärbar sind (vgl. Schroeder/Stölting 2005: 65). Aus diesen Gründen schätzen die Autoren Aussagen über den Sprachstand in der Erstsprache grundsätzlich als fragwürdig ein (ebd.: 65).

Es gibt eine Reihe von Verfahren, die Kenntnisse in unterschiedlichen Erstsprachen (mit einem Fokus auf Türkisch und Russisch) erfassen (vgl. dazu die detaillierte Darstellung bei Gagarina 2014: 76 f.).

Beispiel SCREEMIK-2: Seit 2008 existiert das computergestützte Screening der Erstsprachfähigkeiten SCREEMIK-2 (»Screening der Erstsprachfähigkeiten bei Migrantenkindern«) für russisch- und türkischsprachige Migrantenkinder, die noch geringe Kenntnisse in der Zweitsprache haben. Ziel des Verfahrens, das auch von Personen ohne L1-Kenntnisse durchgeführt werden kann, ist, förder- und therapiebedürftige Kinder zu diagnostizieren. Dabei soll ermittelt werden, ob das Kind eine sprachtherapeutische Intervention benötigt oder ob lediglich Aufholbedarf in der Zweitsprache Deutsch besteht.

Das Verfahren ist methodisch abgesichert und erfüllt die Testgütekriterien (Lengyel 2012: 24). Die angegebenen Normen wurden ausgehend

SCREEMIK-2

von den Ergebnissen 794 bilingualer Kinder errechnet (vgl. http://www.screemik.de), die in Deutschland aufgewachsen sind. Sie sind jeweils separat für die Sprach- und Altersgruppen angegeben.

Leichter Einsatz Die Beurteilung der kindlichen Leistungen erfolgt durch die Fachkraft in drei Kategorien (korrekt, nicht korrekt, Beurteilung nicht möglich), wobei alle Lösungen auf einem zweiten Bildschirm für den Testleiter sichtbar sind. Am Ende wird ein Profil des jeweiligen Kindes erstellt, in dem für jeden der drei Bereiche festgehalten wird, ob der kritische Wert erreicht wurde und ob somit Förderbedarf besteht. Die quantitative Auswertung liefert den Prozentrang im Vergleich zur Normstichprobe.

Der Vorteil von SCREEMIK-2 ist insbesondere die Tatsache, dass für seine Durchführung keine Kenntnisse in der Erstsprache des Kindes notwendig sind. Ein gutes Gehör und ein geschulter Umgang mit dem Programm sind jedoch erforderlich. Darüber hinaus ist das Vorhandensein von Normen, die durch die Erhebung zweisprachiger, in Deutschland aufwachsender Kinder gewonnen wurden, ein großer Pluspunkt.

Dennoch erfasst das Verfahren lediglich einen kleinen Ausschnitt der Sprachkompetenz. Daher sollte es nur als Screening eingesetzt und unbedingt durch weitere (Spontan-)Sprachdaten ergänzt werden.

Alter	4 bis 6 Jahre
Zielgruppe	Kinder mit türkischer und russischer Erstsprache
Zeitdauer	15–20 Minuten
Aufgaben	a) Artikulationsaufgaben b) Abprüfen von grammatischen Fähigkeiten c) Wortschatztest
Sprachebenen	Phonetik-Phonologie (produktiv und rezeptiv) Morphologie-Syntax (nur für das Russische, produktiv und rezeptiv) Semantik-Lexikon (rezeptiv)

Tab. 5.6:
Charakteristika
des SCREEMIK-2

Es wurde festgestellt, dass bei einem Einbezug der vierzehn von insgesamt etwa 100 Sprachen (Russisch, Türkisch, Polnisch, Serbisch etc.), die in Deutschland gesprochen werden, ca. 80 % der Zielgruppe abgedeckt werden können (Ehlich 2005: 39). Es wäre wünschenswert, wenn künftige Verfahren diese Sprachen berücksichtigten. Die zu entwickelnden Instrumente zur Erhebung der Erstsprachen sollten dabei mündliche sowie schriftliche Kompetenzen abprüfen und Vergleiche zwischen Deutsch (als Zweitsprache) und der Erstsprache der Kinder erlauben, wobei direkte Vergleiche de facto nur auf der Ebene diskursiver und pragmatischer Fähigkeiten möglich sind (Reich 2007: 166).

5.2 | Individuelle Profilbildung und Förderplanung

Aufgrund vielfältiger Probleme beim Einsatz von quantitativen Verfahren, wird immer mehr dazu übergegangen, informelle und qualitative Methoden einzusetzen, um die individuelle Sprachbiographie des Kindes sowie seinen alltäglichen Sprachgebrauch zu erfassen. Hierzu ist es wichtig, die Eltern miteinzubeziehen, sei es anhand von Interviews sei es durch das Ausfüllen von Fragebögen (vgl. hierzu Günther/Günther 2007: 160). Oft muss Eltern, vor allem wenn sie das Deutsche nicht gut beherrschen, die Wichtigkeit eines solchen Gespräches deutlich gemacht werden. Um Verständigungsprobleme als mögliche Hürde auszuschließen, können z. B. Familienmitglieder, professionelle Dolmetscher oder zweisprachige Fachkräfte den Austausch mit den Eltern erleichtern. Es liegen bereits einige Hinweise für Fragebögen im mehrsprachigen Kontext vor, die u. a. die verschiedenen kulturellen Hintergründe der Familien berücksichtigen (vgl. Asbrock et al. 2011; Jedik 2006).

Unter Einbezug dieser Metadaten sollen die behindernden und förderlichen Faktoren im Spracherwerbsprozess ermittelt und Voraussetzungen für eine bestmögliche Förderung geschaffen werden (Lengyel 2007: 105). Dennoch sind systematische Verfahren, welche die Testgütekriterien erfüllen und die durch Elizitationsverfahren unterschiedliche sprachliche Fähigkeiten abprüfen (Produktion/Verständnis, verschiedene sprachliche Ebenen), generell vorzuziehen – wenn auch ergänzt durch informelle Verfahren (s. Kap. 5.1). Die Sprachstandsbestimmung im Kindergarten ist folglich multimethodal (Kany/Schöler 2010: 100).

Einsatz systematischer Verfahren

Profilanalyse bei mehrsprachigen Kindern: In den vorangegangenen Kapiteln wurde deutlich, dass es bis dato kein Instrument gibt, mit dem der Sprachstand mehrsprachiger Kinder eindeutig erfasst werden könnte. Daher wird angeraten, die sprachlichen Förderbedürfnisse des jeweiligen Kindes zu erheben, um auf diese Weise eine individuell angepasste sprachliche Förderung (oder Therapie) anzubahnen (Chilla 2014: 57). Dies kann aber nur geschehen, wenn eine differenzierte Profilbildung des Kindes vorgenommen wurde, die seine Kompetenzen in allen Sprachen einschließt. Hierbei sollten typische Phänomene der Mehrsprachigkeit (Stärken in verschiedenen sprachlichen Bereichen, Code-Switching etc.) stets berücksichtigt werden. Schroeder und Stölting (2005: 67) gehen sogar so weit zu fordern, die kommunikativen Fähigkeiten der Kinder auf allen Abstufungen des von Grosjean (1985) vorgeschlagenen Kontinuums vom monolingualen Modus in der L1 über verschiedene Ausprägungen des bilingualen Modus bis zum monolingualen Modus in der L2 zu erheben. Es geht bei der Erfassung des Sprachstandes mehrsprachiger Kinder folglich nicht nur um das sprachliche Verhalten in der ›Testsituation‹, sondern um eine Sprachhandlungsanalyse, die zeigt, wie die Kinder in den unterschiedlichen Kommunikationssituationen und unter Berücksichtigung des jeweiligen Settings angemessen sprachlich agieren (Schroeder/Stölting 2005: 67). Der Sprachstandsfeststellung/-diagnose sollte folglich nicht ein additives, sondern ein integriertes Verständnis von Mehrsprachigkeit zugrunde liegen.

Zuweisungsverfahren überwiegen bei Weitem förderdiagnostische Verfahren, wobei die Frage nach der anzulegenden Norm weiterhin besteht. Sprachstandserhebungen sollten folglich den Sprachförderbedarf feststellen, aus ökonomischen Gründen aber auch förderrelevante sprachliche Bereiche und spezifische sprachliche Kompetenzen der Kinder bestimmen (Ehlich 2007: 50; Lisker 2010: 57; Reich 2006: 915). Die Sprachstandserhebung soll somit nicht signifikante Unterschiede zwischen Kindern mit Deutsch als Erst- und Zweitsprache aufdecken, sondern zu einer individuellen Förderplanung bei jedem einzelnen Kind führen (Geist 2014: 40). In Bezug auf die verschiedenen sprachlichen Domänen zeigt sich, dass vor allem grammatische, aber teilweise auch lexikalische Kriterien berücksichtigt werden, wohingegen pragmatische, diskursive sowie literale Fähigkeiten kaum Beachtung finden (Ehlich 2007: 45; Reich/Jeuk 2017: 556). Es wird infolgedessen kaum die Kommunikationsfähigkeit eines Kindes getestet.

In Anbetracht der dargelegten Problematik schlägt Reich (2007: 165) vor, in einer ersten Stufe ein zeitökonomisches Screening der Deutschkenntnisse aller Kinder durchzuführen und in einem zweiten Schritt diejenigen Probanden mit niedrigen Werten nochmals zu untersuchen, um ein detailliertes Sprachprofil zu erstellen, bei dem im Fall der Mehrsprachigkeit alle Sprachen berücksichtigt werden. Anhand dieses Sprachprofils soll schließlich über eine angemessene Fördermaßnahme (bestenfalls in Deutsch und der Herkunftssprache) und evtl. eine Diagnostik durch Fachleute entschieden werden. Reich (ebd.) empfiehlt, die Erhebungen jeweils zu Beginn eines Bildungsabschnitts von denjenigen Fachkräften durchführen zu lassen, die im Anschluss auch für die Sprachförderung verantwortlich wären. Ein ähnliches, mehrstufiges Vorgehen wurde ebenfalls von der Expertenkommission des Mercator-Instituts (2013: 18 und Abb. 5.2) vorgeschlagen, wobei hier auch die Verlaufsdiagnostik eine wichtige Rolle spielt, durch die gesichert werden soll, dass die Sprachförderung erfolgreich ist.

Abb. 5.2:
Mehrstufigkeit des diagnostischen Prozesses
(aus: Neugebauer/ Becker-Mrotzek 2013: 18)

5.3 | Diagnostik von Sprachentwicklungsstörungen

Sprachdiagnostik soll an dieser Stelle von Sprachstandserhebungsverfahren abgegrenzt werden. Das Hauptziel von Sprachdiagnostik im Kontext von Mehrsprachigkeit ist, Erwerbsphänomene, die durch Mehrsprachigkeit bedingt sind, von solchen zu unterscheiden, die aufgrund einer anderen Spracherwerbsstörung auftreten (z. B. einer Spezifischen Sprachentwicklungsstörung SSES). Hierbei umfasst die Diagnostik, die immer normorientiert ist, den gesamten Prozess von der Sammlung anamnestischer Informationen über die Auswahl der Inhalte und Methoden der Sprachstandserhebung bis zur Interpretation und schriftlichen Fixierung der Ergebnisse (vgl. Lengyel 2012).

> Eine **Spezifische Sprachentwicklungsstörung (SSES)** wird dann diagnostiziert, wenn eine Sprachentwicklungsstörung vorliegt ohne organische, mentale oder emotionale Schädigungen (vgl. Wendlandt 2015: 48). Das Kind ist also nicht schwerhörig, sehbehindert, geistig behindert oder körperlich beeinträchtigt, dennoch ist es sprachauffällig. Schwierigkeiten können hierbei in den folgenden Bereichen auftreten:
> - Artikulation
> - Sprachverständnis
> - Grammatik
> - Wortschatz
> - Kommunikative Fähigkeiten
>
> Als Ursache einer SSES werden genetische Komponenten und neurologische Anomalien angenommen. Dies führt dazu, dass Personen mit einer SSES u. a. Probleme haben, auditive Informationen zu verarbeiten (für weitere Erklärungsansätze einer SSES vgl. Kany/Schöler 2014: 101 f.).

Definition

Sprachdiagnostik wird in der Regel von ausgebildeten Fachkräften wie Logopäden, Sprachtherapeuten, Psychologen oder Kinderärzten durchgeführt, und ihre Ergebnisse entscheiden darüber, ob ein Kind eine Therapie verordnet bekommt.

Drei Ebenen der Diagnostik: Eine umfassende Diagnostik sollte drei Ebenen umfassen (vgl. Kany/Schöler 2010: 85).

Ebenen der Diagnostik

- **Auf der deskriptiven Ebene** ist die Frage zu beantworten, in welchen Leistungsmerkmalen sich das Kind von anderen Kindern unterscheidet, wo es somit auf der Normskala einzuordnen ist.
- **Auf der explikativen Ebene** soll geklärt werden, wie es zu diesen Leistungen kam.
- **Auf der prognostischen Ebene** steht schließlich die Frage im Fokus, welche Vorhersagen sich für die aktuellen und zukünftigen Leistungen des Kindes ergeben.

Herausforderun-
gen für Fachkräfte
Da dieser Bereich leider bisher noch zu wenig erforscht ist und es daher kein Erhebungsinstrument gibt, mit dem eine eindeutige Abgrenzung einer Spezifischen Sprachentwicklungsstörung von Sprachkontaktphänomenen möglich ist, stehen Praktiker/innen vor großen Problemen.

Dies führt einerseits zu einer Überdiagnostik mehrsprachiger Kinder, da die getesteten Kinder oft mit den Maßstäben monolingualer gemessen werden und daher (deutlich) schlechter abschneiden. Dies kann gravierende Konsequenzen für ihren Bildungsverlauf haben, weil sie mit dem Stigma SSES versehen werden. Auch wenn mehrsprachige Kinder häufiger eine Sprachtherapie verschrieben bekommen, ist belegt, dass Mehrsprachigkeit keine Ursache einer SSES sein kann (Chilla 2014: 58). Liegt eine SSES vor, so tritt diese in beiden Sprachen auf (Paradis et al. 2003).

Andererseits werden mehrsprachige Kinder mit einer SSES häufig nicht diagnostiziert, weil ihre Auffälligkeiten auf den Zweitspracherwerb zurückgeführt werden und man annimmt, dass eine Sprachförderung im Vorschulbereich ausreiche. In diesem Fall wird ihnen das Recht auf eine störungsspezifische Therapie vorenthalten (vgl. Chilla 2014: 59 f.).

Diagnostik der Zweitsprachkompetenzen: Das grundlegende Problem bei der Diagnose von Sprachentwicklungsstörungen ist, dass typische Erwerbsauffälligkeiten von mehrsprachigen Kindern mit sprachlichen Phänomenen, die bisher als stabile Kriterien für eine SSES galten, identisch sind (Chilla 2014; Paradis 2010). Ziel ist es folglich, mehrsprachige Kinder, die Deutsch als Zweitsprache erwerben, von solchen zu unterscheiden, die unter einer SSES leiden.

Testen sprachüber-
greifender
Fähigkeiten
In den letzten Jahren wurde nun insbesondere die Untersuchung sprachübergreifender Fähigkeiten wie Leistungen des Arbeitsgedächtnisses oder exekutive Funktionen in den Blick genommen, da sie nicht direkt mit den involvierten Einzelsprachen in Beziehung stehen (Montgomery et al. 2010). Hier wird beispielsweise beim Testen des phonologischen Arbeitsgedächtnisses das Nachsprechen von Pseudowörtern oder die Wiederholung von Zahlenfolgen getestet, wobei die Sprachspezifität der Pseudowörter zu beachten ist (Armon-Lotem/Chiat 2012). Unterzieht man nun bilinguale Kinder solchen Tests, sollten diejenigen mit SSES ähnliche Werte aufweisen wie monolinguale Kinder mit SSES, die anderen jedoch ähnliche Ergebnisse erzielen wie typisch entwickelte monolinguale Kinder.

Neben der Testung von solch sprachübergreifenden Fähigkeiten können auch die verschiedenen sprachlichen Bereiche (Lexikon, Morphologie etc.) in der Zweitsprache getestet werden, wobei hier, wie bereits erwähnt, eine trennscharfe Unterscheidung von Kriterien, durch die sich Phänomene von Mehrsprachigkeit von solchen einer SSES im Kontext von Mehrsprachigkeit abgrenzen lassen, bislang ausbleibt. Besonders schwierig ist dies beispielsweise bei Fehlern im Bereich Kasus und Genus, wo bereits für monolingual deutsche Kinder diskutiert wird, ob diese ein Marker für SSES sein können (vgl. Eisenbeiss et al. 2005/2006). Auch sukzessiv-bilinguale Kinder ohne SSES weisen eine extreme Heterogenität im Erwerbsverlauf dieser Strukturen auf (evtl. bedingt durch die jeweilige Erstsprache). Daher eignen sich Kasus und Genus im Bereich der Morphologie nicht für eine Diagnostik von SSES unter Bedingungen von

Mehrsprachigkeit (zur Charakterisierung der verschiedenen Spracherwerbstypen mit vs. ohne SSES vgl. Chilla 2014: 63; s. auch Kap. 10.1.2: Häufige Fehler von DaZ-Kindern).

Das bereits erwähnte Verfahren Lise-DaZ (Schulz/Tracy 2012) ist in der Lage, die Zweitsprachfähigkeiten von Kinder mit DaZ mit einem ›Age of Onset‹ (AoO) von bis zu vier Jahren relativ sicher zu erheben. Für Kinder, die erst später mit Deutsch in Kontakt kamen, gibt es bisher jedoch kein Instrument.

5.4 | Zusammenfassung

Zwei wichtige Ziele der Sprachstandserhebung sind daher a) eine Weiterentwicklung der Sprachentwicklung vorherzusagen und b) Fördermaßnahmen anzubahnen. Sprachstandserhebung und -diagnostik sollte folglich als Prozess stattfinden und kontinuierlich erfolgen, wobei bei mehrsprachigen Kindern alle Sprachen zu berücksichtigen sind, was bei den aktuell verwendeten Verfahren oft nur eingeschränkt möglich ist (Rösch 2011: 37). Um eine solche prozessorientierte Beurteilung der Sprachentwicklung vorzunehmen, ist es jedoch unabdingbar, dass die betreffende Fachkraft über Kenntnisse des normalen Entwicklungsverlaufs, seine Meilen- und Grenzsteine verfügt (Kany/Schöler 2010: 96) – Informationen, die in der aktuellen Ausbildung nicht ausreichend vermittelt werden. Eine Alternative zur einmaligen Testung für ältere Kinder bietet das vom Europarat entwickelte Modell des Sprachportfolios, das neben Testergebnissen auch andere Formen der Dokumentation von Sprachfähigkeiten wie Informationen über Sprach(lern)biographien enthält (Europäisches Portfolio der Sprachen, 2007).

Ein nicht zu vernachlässigender Faktor, wenn nicht sogar »die zentrale Stellschraube für einheitliche Qualitätsstandards« ist die Qualifizierung der Fachkräfte (Neugebauer/Becker-Mrotzek 2013: 5). Diese müssen über fundiertes linguistisches Wissen und Grundkenntnisse der Psychometrie verfügen, um bei der Anwendung von Sprachstandserhebungsverfahren zuverlässige Ergebnisse zu erzielen. Sie sollten wissen, für welchen Zweck welches Verfahren eingesetzt werden kann, um auf diese Weise am Ende auch Ergebnisse zu erhalten, die für den jeweiligen Zweck nötig sind. Daher sollten Fachkräfte in Fortbildungen und in der Ausbildung gezielt auf die Durchführung von Sprachstandserhebungsverfahren vorbereitet werden.

Qualifizierung der Fachkräfte

Weiterführende Literatur

Chilla, Solveig (2014): Grundfragen der Diagnostik im Kontext von Mehrsprachigkeit und Synopse diagnostischer Verfahren. In: Solveig Chilla/Stefanie Haberzettl (Hg.): *Handbuch Spracherwerb und Sprachentwicklungsstörungen. Mehrsprachigkeit*. München: Urban & Fischer, 57–71.

Kany, Werner/Schöler, Hermann (2010): *Fokus: Sprachdiagnostik. Leitfaden zur Sprachstandsbestimmung im Kindergarten*. Berlin: Cornelsen Scriptor.

Lengyel, Drorit (2012): *Sprachstandfeststellung bei mehrsprachigen Kindern im Elementarbereich. WiFF-Expertise 29*. München: DJI.

Neugebauer, Uwe/Becker-Mrotzek, Michael (2013): *Die Qualität von Sprach-standsverfahren im Elementarbereich. Eine Analyse und Bewertung.* Köln: Mercator-Institut für Sprachförderung und Deutsch als Zweitsprache.

Reich, Hans H./Jeuk, Stefan (⁴2017): Sprachstanderhebung, ein- und mehrspra-chig. In: Bernd Ahrenholz/Ingelore Oomen-Welke (Hg.): *Deutsch als Zweit-sprache.* Baltmannsweiler: Schneider Verlag Hohengehren, 548–559.

Anne-Katharina Harr

6 Sprachförderung im Elementarbereich

6.1 Formen der Sprachförderung
6.2 Die Berücksichtigung von Mehrsprachigkeit
6.3 Evaluation von Sprachförderprogrammen
6.4 Die Rolle pädagogischer Fachkräfte
6.5 Entscheidende Faktoren
6.6 Zusammenfassung

Durch verschiedene internationale Studien und eine anhaltende Debatte um die Bildungsbenachteiligung von Kindern mit Migrationshintergrund wird von den Bildungseinrichtungen im Elementarbereich heute mehr als je zuvor erwartet, auch die sprachlichen Fähigkeiten der Kinder zu fördern. Dies betrifft insbesondere, aber nicht nur, Kinder mit Deutsch als Zweitsprache, um so eine wichtige Voraussetzung für die gesellschaftliche Integration zu schaffen (vgl. Die Bundesregierung 2007: 47). Nach dem ›PISA-Schock‹ entstand 2001 auf diese Weise eine »Förderungswelle« für Vorschulkinder (Schmidt-Denter 2008: 733), die anzuhalten scheint und seither einen nicht mehr wegzudenkenden Bereich der Bildungspolitik darstellt.

Einen Grund für die Leistungsdefizite von 15-jährigen Schüler/innen sehen die Bildungsexperten nämlich in Versäumnissen bei der Frühförderung, vor allem bei Kindern mit Migrationshintergrund (Britz 2006), deren schulische Misserfolge auf mangelnde Deutschkenntnisse zurückgeführt werden. Grund dafür sind oftmals ein niedriger sozio-ökonomischer Status und/oder eine geringe (sprachliche) Lernanregung (Dubowy et al. 2008). Die vorschulische Sprachförderung wird daher als kompensatorische Fördermaßnahme eingesetzt, »um für den weiteren Bildungsweg eine Chancengleichheit zu ermöglichen« (Geist 2014: 14). Durch die Sprachförderung im Vorschulalter sollen die für die Grundschule notwendigen Sprachkenntnisse bei allen Kindern sichergestellt werden (KMK 2002: 8). Die Hauptzielgruppe der Sprachfördermaßnahmen sind folglich die Kinder mit nicht-deutscher Erstsprache im letzten Kindergartenjahr.

Einfluss des sozio-ökonomischen Status

Problematisch ist jedoch, dass vorschulische Bildungsinstitutionen nicht verpflichtend sind und durch die Bildungshoheit der Länder sowie das heterogene Feld, das durch eine breite Trägerschaft gekennzeichnet ist, die Einführung von verbindlichen Standards schwierig ist. Anders als bei Schulen gibt es keine Vorschriften hinsichtlich der Qualifikation des Personals und der Konzepte der einzelnen Einrichtungen, was notgedrungen zu einer sehr unterschiedlichen Qualität der Einrichtungen und somit auch der Sprachfördermaßnahmen führt.

Bevor auf die verschiedenen Formen von Sprachförderung eingegangen wird, sollen drei Ebenen differenziert werden, auf denen diese stattfinden kann (vgl. Schneider et al. 2012: 23 f.):

Drei Ebenen der Sprachförderung

- **Sprachliche Bildung** umfasst sämtliche erzieherischen Bemühungen der pädagogischen Fachkräfte im Hinblick auf die Sprachaneignung aller Kinder, wie beispielsweise das Berichten von Wochenenderlebnissen im Morgenkreis oder eine Bilderbuchbetrachtung. Sie geschieht meist alltagsintegriert, aber nicht beiläufig, sondern gezielt. Sprachliche Bildung umfasst alle systematisch angeregten Sprachentwicklungsprozesse im Bildungssystem (Schneider et al. 2012: 23). Sie ist demzufolge eine Art primäre Prävention und soll Kinder »so anregen, dass sich deren Sprache in all ihren Facetten optimal entfaltet« (Fried 2009: 173). Hierbei wird vom individuellen Entwicklungsstand der Kinder ausgegangen und gezielt vorgegangen (s. Kap. 6.1.2). Sprachliche Bildung ist eine zentrale Aufgabe der Erziehung und Bildung in Kindertageseinrichtungen, die auch in den Bildungsplänen aller Länder verankert ist.

- **Sprachförderung** meint im Gegensatz dazu den »Ausgleich von weniger weit entwickelten Fähigkeiten« bei einzelnen Kindern (Reich 2008: 13) und die gezielte Arbeit an den Fähigkeiten der Kinder, die in ihrer sprachlichen Handlungsfähigkeit eingeschränkt sind. Ein Beispiel hierfür wäre eine Wortschatzarbeit zu ›Obst‹ durch die gemeinsame Zubereitung eines Obstsalates. Durch verschiedene Methoden soll entweder ein Aufbau, eine Stabilisierung oder ein Ausbau der kindlichen Sprachkompetenzen erfolgen (Beckerle 2017: 15). Dies betrifft (1) Kinder, die in ihrem Elternhaus zu wenig Input erhalten, (2) mehrsprachige Kinder, die vielfältige Kommunikationsmöglichkeiten in der Zweitsprache benötigen, und (3) Kinder mit Entwicklungsrückständen (Füssenich/Menz 2014: 18). Sprachförderung hat folglich eine kompensatorische Funktion (vgl. Fried 2009), baut jedoch meist nicht auf den Ergebnissen von Sprachstandserhebungen auf.

- **Sprachtherapie** erhalten lediglich diejenigen Kinder, bei denen der Kinderarzt eine pathologische Ursache für ihre eingeschränkten sprachlichen Fähigkeiten diagnostiziert. Dies kann durch Beeinträchtigungen der auditiven Wahrnehmung oder beispielsweise eine sog. Spezifische Sprachentwicklungsstörung bedingt sein. Auch bei mehrsprachigen Kindern kann eine Sprachtherapie nötig sein, wenn Sprachfördermaßnahmen nicht erfolgreich sind oder eine unbalancierte Mehrsprachigkeit vorliegt (Füssenich/Menz 2014: 19). Das übergeordnete Ziel der Sprachtherapie ist die soziale Partizipation. Erstere wird ausschließlich von Logopäd/innen bzw. Sprachtherapeut/innen durchgeführt, die, ausgehend von der sprachlichen Bildung, Alltags- und Spielformate nutzen, um die kommunikativen Funktionen von Sprache zu erweitern, wobei bei der Sprachtherapie sprachstrukturelle Aspekte integriert werden (ebd.: 19). Krankenkassen übernehmen jedoch nicht die Kosten der Therapie, wenn die Probleme nur in der Zweitsprache Deutsch auftreten oder die sprachlichen Defizite auf soziale Probleme zurückzuführen sind.

Das Drei-Stufen-Modell: Bunse/Hoffschildt (2014) setzen die drei Ebenen (Sprachliche Bildung, Sprachförderung und Sprachtherapie) miteinander in Beziehung und ordnen sie in einem Drei-Stufen-Modell an (s. Abb. 6.1).

Das Modell macht deutlich, dass sprachliche Bildung allen Kindern zu Gute kommt. Weniger Kinder erhalten eine Sprachförderung und nur in bestimmten, vom Kinderarzt diagnostizierten, Fällen ist eine Sprachtherapie nötig. Die Begleitung und Unterstützung der kindlichen Sprachentwicklung wird folglich stufenweise expliziter und spezifischer. Die drei Stufen schließen sich auch nicht aus. Es kann daher vorkommen, dass ein Kind im Kindergartenalltag sprachliche Bildung erfährt, zusätzlich an einer additiven Sprachfördermaßnahme teilnimmt und an einem Nachmittag in der Woche bei einem Logopäden Sprachtherapie erhält (zur erfolgreichen Kooperation von Erzieher/innen und Logopäd/innen vgl. Mannhard/Braun 2008: 52 f.).

Abb. 6.1: Drei-Stufen-Modell (nach Bunse/Hoffschildt 2014)

Konsequenzen der Bildungshoheit: In ihrem Beitrag zum Nationalen Integrationsplan haben sich die Bundesländer verpflichtet, sprachliche Bildung als Querschnittsaufgabe in die Konzepte ihrer Kindertageseinrichtungen aufzunehmen (vgl. Die Bundesregierung 2007: 25). Im Zuge dessen haben fast alle Bundesländer mittlerweile Orientierungspläne vorgelegt, »die nur den Charakter von Empfehlungen haben können« und deren Implementierung noch am Anfang steht (Lamparter-Posselt/Jeuk 2017: 150). Darüber hinaus wird in den meisten Bundesländern Kindern, bei denen durch eine Sprachstandserhebung Förderbedarf festgestellt wurde, empfohlen, an (additiven) Sprachfördermaßnahmen teilzunehmen, wobei sie nicht dazu verpflichtet werden können. Diese unterscheiden sich von Bundesland zu Bundesland zum Teil erheblich. Die Zeitspannen divergieren stark (3 Monate bis 1,5 Jahre), und die Sprachförderprogramme stellen mehr eine »Einschulungshilfe« dar als eine umfassende Sprachfördermaßnahme (Jampert et al. 2005: 276). Einige Bundesländer (z. B. Thüringen oder Sachsen) verzichten sogar ganz auf additive Sprachfördermaßnahmen und stellen die alltagsintegrierte Sprachförderung in den Mittelpunkt (für eine kritische Betrachtung der einzelnen Konzepte und der Verzahnung mit der ihr vorausgehenden Diagnostik vgl. Lisker 2010).

Sprachstanderhebung als Ausgangspunkt: Unabhängig vom eingesetzten Sprachförderkonzept sollte jeder Förderung eine umfassende Sprachstanderhebung vorausgehen, die eine individuelle Förderplanung ermöglicht (Geist 2014: 27). Dazu ist eine genaue Beobachtung der kindlichen Sprache erforderlich, die regelmäßig zu wiederholen ist, um Fortschritte und Stagnationen zu erkennen. Mittels der in Kapitel 5 dargestellten Sprachstandserhebungsverfahren kann die Sprachentwicklung eines Kindes festgestellt und davon ausgehend die Zone der nächsten Entwicklung definiert werden (s. Kap. 5.1.2.3 und vgl. Reich 2007: 153). Eine Ausnahme stellen die zeitökonomischen Screening-Verfahren dar, bei denen nicht alle Sprachebenen betrachtet werden. Sie können deshalb lediglich erste Hinweise liefern, in welchen Bereichen ein Kind sprachliche Defizite aufweist (Lisker 2011: 56).

Sprachstandserhebung als Prozess

Praktischen Einsatz in Sprachförderkonzepten finden gegenwärtig Beobachtungsbögen wie der SISMIK (s. Kap. 5.1.2.2) oder auch die nach Sprachebenen getrennten Bögen aus Füssenich/Menz (2014). Eine umfangreiche Erfassung der kindlichen Sprachkompetenz zur Begründung der Sprachförderung wird auch im Rahmen des KIKUS-Ansatzes ange-strebt (vgl. Guadatiello 2003, s. auch Kap. 6.1.1), bei dem im Idealfall für jedes einzelne Kind Videoaufnahmen und Transkriptionen seines Sprach-handelns angefertigt werden. Allerdings ist ein solcher Ansatz zweitauf-wendig und setzt eine wissenschaftliche Ausbildung voraus.

6.1 | Formen der Sprachförderung

Additive versus alltagsintegrierte Konzepte: Die verschiedenen Formen der Sprachförderung lassen sich grob zwei Kategorien zuordnen, den ad-ditiven und den alltagsintegrierten Sprachförderkonzepten. In zahlrei-chen Veröffentlichungen wurde ›Sprachliche Bildung‹, wie oben definiert, mit der alltagsintegrierten Sprachförderung gleichgesetzt und unter ›Sprachförderung‹ wurden ausschließlich additive Sprachförderkonzepte verstanden (z. B. Kammermeyer/Roux 2013; Lisker 2010, 2011). Beide An-sätze sind eng mit bestimmten frühpädagogischen Konzepten verbunden, auf die im Folgenden ebenfalls eingegangen wird. Darüber hinaus gibt es zahlreiche Materialsammlungen zur Sprachförderung, die Anregungen für die Arbeit in Institutionen des Elementarbereiches liefern (z. B. Lern-szenarien).

Zur Vertiefung

Standards für Sprachförderprogramme

Genauso wie standardisierte Tests sollten Sprachförderprogramme be-stimmten Standards genügen, die es den Fachkräften erleichtern, sich für ein Programm zu entscheiden (vgl. Kany/Schöler 2010: 195 f.).

- **Transparenz:** Der Aspekt der Transparenz bezieht sich auf die Angabe der Hauptcharakteristika eines Programms. Diese sind zum einen seine Ziele und die Zielgruppe. Das Ziel kann beispielsweise eine prä-ventive Fördermaßnahme sein, um Sprachstörungen zu verhindern. Bezüglich der Zielgruppe ist es wichtig zu wissen, für welche Alters-gruppe das Programm sich eignet und für welche Kinder es gedacht ist (alle Kinder oder evtl. nur Kinder mit DaZ). Des Weiteren ist die Stoß-richtung interessant. Sollen durch das Programm die Eltern unter-stützt werden oder geht es etwa um eine Stärkung der auditiven Wahrnehmung als Voraussetzung für den Spracherwerb? Jedes Hand-buch sollte zudem Informationen zu den Förderschwerpunkten ent-halten, z. B. welche Sprachebenen gefördert werden und was weiter-entwickelt werden soll.
- **Methodisch kontrollierte Konstruktion:** Bevor ein Förderprogramm eingesetzt wird, muss es erprobt und evtl. empirisch begründet modi-fiziert werden. Jedes Programm sollte die Gütekriterien Reliabilität und Objektivität erfüllen und nachhaltig sein, was durch eine Evalua-tion (s. Kap. 6.3) überprüft werden kann. Da bis zur gültigen Form eines Programmes verschiedene Schritte durchlaufen werden, sollte in jedem Handbuch angegeben werden, in welchem Entwicklungssta-dium sich das Programm befindet. Jedes Handbuch muss Informatio-

nen zur Programmstruktur, den einzelnen Bausteinen und benötigten Materialien enthalten.

- **Spezifische Durchführungshinweise und Erfolgskontrolle:** Nach dem Einsatz der Sprachförderung sollten diejenigen Aspekte bei den Kindern getestet werden, die durch das Programm trainiert wurden. Hierbei sollten möglichst standardisierte Verfahren eingesetzt werden (Kany/Schöler 2010: 199). Es ist sinnvoll, die Sprachkenntnisse des Kindes im inter- und intraindividuellen Vergleich zu analysieren und einzuschätzen, ob das Kind das Förderziel in der vorgegebenen Zeit erreichen kann. Insbesondere Evaluationen geben Aufschluss, inwiefern ein Programm wirksam ist (zu den verschiedenen Arten von Evaluationen vgl. Kany/Schöler 2010: 200).
- **Anwendbarkeit und Einsatzbereich:** Um sich für ein Programm zu entscheiden, benötigen die Fachkräfte ausreichend Informationen hinsichtlich der erforderlichen Räumlichkeiten für die Durchführung, des Umfangs der Förderung (Dauer, Dosierung etc.) und darüber, ob die Förderung in Einzel- oder Gruppensitzungen erfolgt.
- **Voraussetzung für die Anwendung:** Um ein Sprachförderprogramm anwenden zu können, muss deutlich werden, welche Qualifikation dieses bei den Fachkräften voraussetzt. Das Programm sollte folglich Informationen über Fortbildungen und Supervision sowie Kosten enthalten.

6.1.1 | Additive Sprachförderkonzepte

Additive Sprachförderangebote (oft auch ›sprachstrukturelle Förderprogramme‹ genannt) werden bestimmten Kindern zusätzlich und mehr oder weniger unabhängig von der Arbeit in der Einrichtung angeboten. Während der zusätzlichen Sprachforderung, die meist in einem separaten Raum stattfindet, werden mit den Kindern bestimmte Sprachebenen systematisch erarbeitet (Wortschatz, Morphosyntax etc.). Es wird bei dieser impliziten Vermittlungsmethode davon ausgegangen, »dass die geförderten Kinder durch ein gut strukturiertes und wiederholendes Sprachangebot sich charakteristische Systematiken des Deutschen intuitiv aneignen« (Polozek et al. 2008).

Die drei Hauptschwerpunkte sind laut Apeltauer (2006: 46):
- das Training der phonologischen Bewusstheit
- Wortschatz und Grammatikarbeit
- das Anbahnen von Literalität

Die Programme folgen dabei einem festgelegten zeitlichen Ablaufplan mit vorgegebenem Material. Oft basieren solche Sprachförderkonzepte auf Stufenmodellen, die auch bei der Sprachstandserhebung eine zentrale Rolle spielen (s. Kap. 5.1.2.3). Die Förderung in Kleingruppen erfolgt entweder durch eine Erzieherin der Einrichtung oder eine externe Fachkraft wie beispielsweise eine Grundschullehrerin beim bayerischen Vorkurs Deutsch. In der Regel nehmen ausschließlich Vorschulkinder im Alter von

5 bis 6 Jahren an additiven Sprachförderprogrammen teil, da diese meist eine gezielte sprachliche Förderung der Kinder im Hinblick auf den Eintritt in die Grundschule zum Ziel haben. Bisher gibt es kein additives Programm für Kinder im Krippenalter.

Der funktionsorientierte Ansatz: Das frühpädagogische Konzept, an dem sich additive Sprachfördermodelle orientieren, ist der funktionsorientierte Ansatz, der von der Bildungsdebatte der 1960er und 1970er Jahre geprägt ist. Er zeichnet sich durch Aspekte der behavioristischen Lerntheorie sowie einem Schwerpunkt auf der herkunftsbedingten Benachteiligung von Kindern aus (vgl. Bernstein 1971). Ziel war es in dieser Zeit, Kindern aus sozial benachteiligten Bevölkerungsschichten und mit sprachlichen Defiziten durch Förderprogramme den Zugang zu höheren Bildungsabschlüssen zu ermöglichen. Da diese Modelle einzelne Aspekte isoliert thematisierten und sich nicht an den Interessen und Bedürfnissen der Kinder orientierten, was den Prinzipien des elementarpädagogischen Lernens widerspricht, konnten sie sich jedoch nicht durchsetzen (vgl. Lamparter-Posselt/Jeuk 2017: 150).

Prävention einer LRS

Förderung der phonologischen Bewusstheit: In vielen Bundesländern werden additiv Trainingsprogramme zur Prävention von Lese-Rechtschreibschwierigkeiten, wie das Würzburger Trainingsprogramm eingesetzt (Küspert/Schneider 2006). Die Durchführung dieses Trainingsprogramms zur phonologischen Bewusstheit wurde von den Einrichtungen oft als allgemeine Sprachförderung ausgegeben (vgl. Lamparter-Posselt/Jeuk 2017: 156; s. Kap. 4.4). Sie dient jedoch eher der Vorbereitung des Schriftspracherwerbs, da die phonologische Bewusstheit nachweislich als ein wichtiger Prädiktor für die spätere Schriftsprachkompetenz gilt (vgl. Bishop/League 2006; zum Schrifterwerb bei Mehrsprachigkeit s. Kap. 8.1 f.). Sprachfördermaßnahmen wie das Würzburger Trainingsprogramm sind zwar strukturiert und einfach anzuwenden, eignen sich jedoch nur bedingt für die Sprachförderung von mehrsprachigen Kindern, da sie für einsprachige Kinder konzipiert wurden (Jeuk 2015: 135). Dennoch zeigt eine Evaluationsstudie des Würzburger Trainingsprogramms bei Kindern nicht-deutscher Erstsprache ähnlich positive Effekte hinsichtlich der phonologischen Bewusstheit und der Buchstabenkenntnis wie bei deutschen Kindern (vgl. Weber et al. 2007). Apeltauer (2006: 46) rät jedoch bei Kindern mit Deutsch als Zweitsprache das Training der phonologischen Bewusstheit (auch) in ihrer Erstsprache durchzuführen, da ihnen der Wortschatz für ein solches Training im Deutschen oft fehlt und sie daher davon vermutlich weniger profitieren (zu entsprechenden Empfehlungen für den Alpha-Kurs im Kontext der Integrationskurse s. Kap. 4.4).

Integrative Elemente: Die in den letzten Jahren entwickelten sprachstrukturellen Programme unterscheiden sich hinsichtlich der Striktheit der Stufenabfolge, und einzelne Aspekte können und sollen sogar auch in Alltagssituationen umgesetzt werden (Jeuk 2015: 135). So enthält der Titel des von Schlösser 2001 – ursprünglich additiv – konzipierten Programms »Wir verstehen uns gut – spielerisch Deutsch lernen«, das aus einem Ordner mit Methoden und Bausteinen zur Sprachförderung für Kinder mit Deutsch als Erst- und Zweitsprache besteht, in der aktualisieren Version von 2016 den Zusatz »alltagsintegrierte Methoden zur Sprachförderung bei Kindern mit und ohne Migrationshintergrund« (zu den einzelnen in den Bundesländern eingesetzten additiven Sprachfördermaßnahmen vgl. Lisker 2011 und http://www.bildungsserver.de).

Im Folgenden werden einige Vor- und Nachteile der additiven Sprachförderung angeführt, wobei die Listen nicht erschöpfend sind.

6.1.1.1 | Vorteile der additiven Sprachförderung

- Ein Vorteil eines sprachsystematischen Ansatzes »liegt in einer gewissen Vollständigkeit der Sprachstrukturen, da diese systematisch erarbeitet und angeboten werden« (Gasteiger-Klicpera 2013: 251). Darüber hinaus enthalten so gut wie alle additiven Sprachfördermaßnahmen eine gewisse Progression, sodass den Kindern nach und nach komplexere Strukturen vermittelt werden.
- Additive Sprachfördermaßnahmen vertiefen mit den Kindern spezifische Strukturen, von denen man weiß, dass vor allem Kinder mit Deutsch als Zweitsprache Probleme damit haben, auch wenn die zugrundliegende Spracherwerbstheorie nicht immer explizit im Programm genannt und dargestellt wird.
- Die Maßnahmen stellen den Sprachförderkräften meist methodisch-didaktische Anregungen bereit, die sich bewährt haben, wie beispielsweise ein erfolgreiches Lernen spezifischer sprachlicher Strukturen durch häufige Wiederholungen dieser (Gasteiger-Klicpera 2013: 252). Sie erhalten somit eine konkrete Anleitung, was praktisch und zeitsparend ist. Dennoch wurde beobachtet, dass die Programme trotz der Existenz eines Benutzerhandbuches von den Fachkräften sehr unterschiedlich durchgeführt wurden (vgl. Sachse et al. 2012). Externe Sprachförderkräfte hielten sich hier deutlich genauer an die Vorgaben als die Erzieher/innen der Einrichtung (Egert/Hopf 2016: 160).

6.1.1.2 | Nachteile der additiven Sprachförderung

- Die Handreichungen der Sprachförderprogramme enthalten meist keine Übersicht über Ziele, Zielgruppe, Zahl und Umfang der Fördereinheiten etc. (Kany/Schöler 2010: 194). Sie sind folglich nicht benutzerfreundlich und berücksichtigen teilweise nicht die Qualifikation der Fachkräfte, d. h. es werden linguistische Kenntnisse vorausgesetzt. Zu manchen Programmen gibt es eigene Schulungen, andere wiederum ignorieren dieses Problem. Aus diesem Grund werden einzelne Programme sehr unterschiedlich umgesetzt und können in einem Fall erfolgreich sein, im anderen nicht.
- Wie aus den Ausführungen ersichtlich wird, erfordern additive Sprachförderprogramme einen hohen Personal-, Raum- und auch Materialbedarf, was teilweise zu enormen Kosten führt.
- Ein weiterer Nachteil ist, dass oft externe Fachkräfte die Förderung durchführen und der Transfer in den Alltag fehlt. So ändert sich weder

die alltägliche Interaktion mit den Kindern innerhalb der Einrichtung noch gehen die Fachkräfte verstärkt auf die individuellen sprachlichen Bedürfnisse der Kinder ein (Gasteiger-Klicpera 2013: 252). Hierbei stellt sich die Frage, ob sich die Bausteine eines Programmes überhaupt flexibel in den Alltag integrieren lassen und ob sie sich auch für eine Einzelförderung in Kind-Fachkraft-Interaktionen eignen (Petermann 2015: 163).

- Additive Sprachförderprogramme setzen nicht an dem individuellen Sprachstand der Kinder an, sondern es werden bestimmte Bausteine systematisch und nacheinander abgearbeitet. Alle Kinder erhalten dieselbe Förderung – unabhängig von deren Sprachstand und der Frage, ob es sich um Kinder mit Deutsch als Zweitsprache oder einer Spezifischen Sprachentwicklungsstörung handelt (Gasteiger-Klicpera 2013: 252).

- Evaluationen zeigten, dass additive Sprachförderprogramme nur selten einen nachhaltigen Erfolg erzielen, was evtl. mit dem Lernen in isolierten Kontexten in Zusammenhang steht. So ist beispielsweise nicht klar, ob eine wiederholte Bildkartenbenennung in Situationen, die den Kindern nicht immer relevant erscheinen, zur Erweiterung des Wortschatzes beiträgt. Es entsteht folglich eine Kluft zwischen Sprachwissen und Sprachhandeln (Zumwald/Schönfelder 2015: 10).

Zur Vertiefung

Der KIKUS-Ansatz

Die meisten der gegenwärtigen Sprachförderprogramme gehen davon aus, dass der Spracherwerb im Rahmen der Sprachförderung eine intuitive Steuerung durch die Lehrkraft erfährt und sich, bietet man einen entsprechenden anregenden Rahmen, aus sich selbst heraus entfaltet. Eher selten sind demgegenüber bislang Konzepte, die eine systematische sprachdidaktisch begründete Erarbeitung von Wortschatz und grammatischen Strukturen vorsehen. Eine Ausnahme bildet hier der Ansatz des KIKUS Kinderkurs-Projekts (vgl. Garlin 2008), das stärker an die Fremdsprachendidaktik angebunden ist und inzwischen auf die Lehre verschiedener (Erst-, Zweit- und Fremd-)Sprachen übertragen wurde (http://www.kikus.org). Die im Projekt entwickelten Materialien ermöglichen eine systematische Grammatiklehre auch bei noch nicht alphabetisierten Lernenden. Den Kern der KIKUS-Methode bildet die Erarbeitung basaler Handlungsmuster (u. a. Fragen, Bitten, Auffordern) und ihrer sprachlichen Umsetzungen, der Aufbau eines Basis-Wortschatzes (Handlungsverben, der Körper, Farben etc.) und grundlegender grammatischer Strukturen, z. B. der Pluralbildung, oder der Wortstellung im Aussage- und Fragesatz. Die sprachlichen Strukturen werden durch die farbliche Gestaltung der Materialien graphisch bewusst gemacht und in imitativen und freien Sprechübungen spielerisch eingeübt.

Der Unterricht erfolgt (additiv) in Kleingruppen von sechs bis acht Kindern und sieht zudem die integrierte Weiterführung der erlernten Praktiken in der jeweiligen Institution vor. Die Fachkräfte nehmen selbst am Sprachkurs teil, um im Anschluss dessen Inhalte in den Alltag der Einrichtung zu integrieren. Zudem ist über Arbeitsblätter zu verschiedenen Wortfeldern, die die Kinder gemeinsam mit ihren Eltern als ›Hausaufgaben‹ bearbeiten sollen, der Einbezug der Familiensprachen vorgesehen (s. Kap. 6.2). Diese werden dadurch als sprachliche Ressourcen ins Bewusstsein gerückt und erfahren eine Wertschätzung, die für die Gesamtsprachentwicklung von Kindern als sehr wichtig angesehen wird (s. auch Kap. 3.3.5). Eine Evaluation des Sprachförderprogramms wies jedoch auf eingeschränkte Erfolge der Maßnahmen hin (s. Kap. 6.3).

6.1.2 | Alltagsintegrierte Sprachförderkonzepte

Alltagsintegrierte Sprachförderkonzepte, die oft auch als ›ganzheitliche Sprachförderprogramme‹ bezeichnet werden, gehen davon aus, dass Spracherwerb in allen Situationen des Kindergartenalltags stattfindet. Hierbei kann es sich um Situationen einer Dyade (z. B. Begrüßung am Morgen), einer Kleingruppe (z. B. im Garten) oder der Großgruppe (z. B. Erzählen im Morgenkreis) handeln. So kann jeglicher Kontext (An- und Ausziehen, Brett- und Rollenspiele, Lieder etc.) zur Sprachförderung genutzt werden, am effektivsten ist jedoch eine Sprachförderung innerhalb von für die Kinder relevanten, authentischen Situationen, in denen sie Sprache als Instrument zum Erreichen persönlicher Ziele einsetzen können (Ruberg/Rothweiler 2012: 45). Die einzelnen Konzepte geben zwar Rahmen vor, aber keine konkreten Inhalte. Es werden nicht einzelne Sprachebenen getrennt voneinander gefördert, sondern die gesamte Sprachentwicklung aller Kinder steht im Fokus, wobei das Hauptcharakteristikum eine sprachanregende Interaktionsgestaltung ist, die von den individuellen Ressourcen des einzelnen Kindes ausgeht, woraus dann ein spezifisches Angebot entwickelt wird.

Qualifizierung der Fachkräfte: Da in allen Situationen zwischen »didaktischer Überbeanspruchung und interaktiver Bedeutsamkeit« (Lamparter-Posselt/Jeuk 2017: 157) abgewogen werden muss, erfordert die alltagsintegrierte Sprachförderung eine hohe fachliche Qualifikation und Sensibilität von Seiten der Fachkräfte. Voraussetzung für den Erfolg dieses Konzeptes sind ausreichend sprachlich kompetente Interaktionspartner, seien dies Kinder oder Fachkräfte. Sprachförderung ist diesem Konzept zufolge eine differenzierte Hilfestellung bei der individuellen Sprachaneignung. Es handelt sich nicht um ein isoliertes Programm, sondern um eine in die Gesamtkonzeption der Institution eingebettete Sprachförderung. Das heißt, dass die Aktivitäten der Institution hinsichtlich qualitativer Aspekte neu zu konzipieren und zu gestalten (Jeuk 2015: 137) und alle mit den Kindern arbeitenden Fachkräfte involviert sind.

Das generelle Ziel der alltagsintegrierten Sprachförderung ist es, die Kinder in natürlichen Situationen, gleich wie es Eltern unbewusst tun, sprachfördernd zu begleiten und ihnen durch *Scaffolding* ein ›Gerüst‹ zu bieten, mit dessen Hilfe sie sich sprachlich weiterentwickeln können (s. auch Kap. 3.4.2). Dies setzt einen anregenden und reichhaltigen Input voraus, der am individuellen Sprachstand der Kinder ansetzt und sich

Teil der Gesamtkonzeption

einerseits an der Umgangssprache, andererseits jedoch auch an der Schriftsprache orientiert (zum Konzept der konzeptionellen Schriftlichkeit s. Kap. 8.3).

Sprachstandserhebung als Ausgangspunkt: Ein Merkmal der alltagsintegrierten Sprachförderung ist die Berücksichtigung des individuellen Sprachstandes eines jeden Kindes. Davon ausgehend sollen ihm diejenigen Informationen im Input begegnen, die es zum Erreichen des nächsten Entwicklungsschrittes benötigt. Voraussetzung hierfür ist wiederum ein Modell der Sprachentwicklung, aus dem sich die sprachlichen Strukturen der Zone der nächsten Entwicklung ableiten lassen.

Der Situationsansatz: Der alltagsintegrierten Sprachförderung liegt der frühpädagogische Situationsansatz zugrunde, bei dem die aktuellen Interessen der Kinder berücksichtigt werden und ihre emotionalen Bedürfnisse Auswirkungen auf die Gestaltung des elementarpädagogischen Lernens haben. Dieses geschieht in erster Linie in sozialen Interaktionen und nicht als isoliertes, instrumentelles Lernen. Weitere wichtige Aspekte dieses Ansatzes sind die kindliche Selbstbestimmung und die Einbettung und Verknüpfung der sozialen und sächlichen Umwelt mit den Zielen des Lernens (vgl. Lamparter-Posselt/Jeuk 2017: 150).

Beispiel | **Sprachförderung im Kindergarten**

Die folgende Situation zeigt, wie die Sprache von Kindern nicht-deutscher Erstsprache bei einer Aktivität des Kindergartenalltags ›nebenbei‹ gefördert werden kann. In der Sequenz sitzt eine Gruppe von Kindern an einem Tisch. Jedes Kind hat sein eigenes Arbeitsblatt vor sich und malt es an. Nebenher spricht die Gruppe u. a. über Tiere und expliziert in diesem Zusammenhang auch die Begriffe ›Schnabel‹, ›Mund‹ und ›Maul‹.

Folgende Kinder sind anwesend:
Name (Geschlecht, Alter [Jahre;Monate], Erstsprache)
B (w, 5;10, türkisch), C (m, 5;5, türkisch), D (m, 5;8, türkisch),
E (m, 5;11, italienisch), F (m, 5;3, serbisch), G (w, 5;9, polnisch),
SFK = Sprachförderkraft

C   Kann man auch den Rab anmaln?
SFK   Ja (nickt) natürlich.
F   Auch anmaln.
D   Oder die Mund?
SFK   Ist das der Mund?
C   Nein Schnabel.
SFK   Ah der Cumali weiß es, gut.
F   Schnabbel
SFK   ein Schnabel.
G   N Mund.
C   Ein Mund ham Leute.
SFK   Menschen haben einen Mund. Und was ham Tiere?
C   Eine Fresse.
SFK   Oh (legt den Zeigefinger auf die Lippen) ne.

G	Äh Schnabelkop.
SFK	Bitte? (zeigt auf Cumali)
U	Schnabe.
E	Schnauze.
SFK	Entweder ein Schnabel; da hat der Uros recht oder wie nennt man des noch, bei …
F	Schnauze.
G	Schauz.
SFK	(schüttelt Kopf, hebt Zeigefinger) Gut, beim Hund isses die Schnauze, aber da is es mehr die Nase was die Schnauze meint und wie heißt es denn zum Beispiel bei bei nem Löwen?
G	Schnauze?
SFK	Der macht sein großes … auf.
B	Ich will eine Rot! (greift zu den Farben)
D	So und und die …
C	Sein Maul auf?
SFK	(springt auf, zeigt auf Cumali) Richtig, Cumali, sag's nochmal laut.
C	Maul.
SFK	Das heißt Maul.
D	Und da der guck so böse.
SFK	Ja der guckt bestimmt ganz böse.

Es folgt eine Diskussion über den Rüssel eines Elefanten und darüber, wo bei ihm das Maul ist.

(aus: Kucharz et al. (2015: 122 f.), Downloadmaterialien)

6.1.2.1 | Vorteile der alltagsintegrierten Sprachförderung

- Da alle Kinder gemeinsam gefördert werden, wird keines der Kinder in eine Sonderrolle gedrängt, und Kinder mit Förderbedarf können im Kindergartenalltag von starken Kindern lernen (s. Kap. 10.1.3: Tipps zu Sprachförderstrategien).
- Durch eine Förderung in alltäglichen und damit authentischen Spielsituationen sind die Kinder motivierter, da sie merken, wozu sie ihre Sprachkenntnisse verbessern sollen. In den Momenten, in denen das Kind Motivation und Interesse zeigt, werden sprachstrukturelle Aspekte der Förderung jedoch ebenso berücksichtigt.
- Die Förderung kann von den Fachkräften zeitlich und räumlich flexibel umgesetzt werden und ist somit praxisnah. Es sind keine zusätzlichen Zeitfenster und Räume erforderlich. Eine alltagsintegrierte Förderung ermöglicht es folglich, regionale, institutionelle und gruppenspezifische Gegebenheiten zu berücksichtigen (vgl. Lamparter-Posselt/Jeuk 2017: 157).

6.1.2.2 | Nachteile der alltagsintegrierten Sprachförderung

- Bei alltagsintegrierten Programmen besteht die Gefahr, sprachliche Qualifikationen aus den Augen zu verlieren und Kindern, die dringend eine individuelle Förderung benötigten, zu wenig Unterstützung zu bieten (Jeuk 2015: 137). Wenn die Sprachförderung in den Alltag integriert wird, kann dies daher einen Rückzug vom pädagogischen Engagement legitimieren (Jampert 2002: 124). Zudem leidet häufig die Regelmäßigkeit der Angebote (vgl. Jampert et al. 2005: 310). Dem kann durch eine strukturierte, systematische Beobachtung, wie sie beispielsweise durch den SISMIK möglich ist, entgegengewirkt werden. Bestenfalls sollte die Beobachtung im Team diskutiert werden und dort gemeinsam konkrete Förderziele für einzelne Kinder formuliert werden.
- Ein weiteres Problem stellen die unterschiedlichen Sprachförderkompetenzen der Fachkräfte dar. Während bei additiven Programmen eine (in der Regel) geschulte Person das Sprachtraining durchführt, wird bei der alltagsintegrierten Sprachförderung von allen Fachkräften erwartet, dass sie die Kinder sprachlich unterstützen. Handelt es sich um eine unzureichend qualifizierte Fachkraft, kann dies entweder zu einem unreflektierten Anwenden von Sprachförderstrategien führen oder es kann geschehen, dass sich die Fachkraft ihrer Rolle als Sprachvorbild nicht ausreichend bewusst ist und so die in Kapitel 6.4 dargelegten Anforderungen nicht erfüllt. Bisher gibt es nur wenige Studien, die untersuchen, wie Fachkräfte mit Hilfe einer Fortbildung und einer anschließenden praxisbegleitenden Beratung ihre erworbenen Kenntnisse konkret anwenden (vgl. u. a. Beckerle 2017, s. auch Kap. 6.3).

6.2 | Die Berücksichtigung von Mehrsprachigkeit

In den letzten Jahren wurde durch verschiedene Studien (Apeltauer 2006; Haberzettl 2005; Jeuk 2011) immer wieder die These von Cummins (2000) gestützt, die besagt, dass eine gefestigte Erstsprache einen positiven Einfluss auf den Erwerb der Zweitsprache hat, da Kinder beim Spracherwerb so aktiv auf ihr sprachliches Vorwissen zurückgreifen können. Die Herkunftssprache ist daher als Grundlage für die Aneignung der Zweitsprache im Vorschulalter anzusehen (Reich 2007: 131) und sollte bei der Sprachförderung einbezogen werden. Sie sollte »als ›Denkwerkzeug‹ zugelassen und weiter gepflegt werden, zumindest bis die Zweitsprache diese Funktion der Erstsprache übernehmen kann« (Apeltauer 2006: 45, s. Kap. 3.3.5).

Wertschätzung von Mehrsprachigkeit

Die Kinder fühlen sich dadurch einerseits als mehrsprachige Individuen wertgeschätzt, andererseits werden sie auf diese Weise zu metasprachlichen Überlegungen angeleitet, die sie sich nach und nach zu eigen machen und auch in anderen Kontexten eigenständig nutzen können. So lernen Kinder, den Zweitspracherwerb selbst zu überwachen und zu steuern (vgl. Apeltauer 2013: 135). Es gilt, sie »bei ihren Interaktionen und Handlungen insgesamt zu beobachten und, wo möglich, anzuregen, sprachliche Differenzen aufzuspüren und flexibel mit ihnen umzugehen« (List 2005: 31).

Förderung der Erstsprache: In den meisten Rahmenplänen wird explizit darauf hingewiesen, die Mehrsprachigkeit der Kinder nicht nur zu respektieren, sondern diese Ressource auch zu nutzen. So heißt es beispielsweise im Bayerischen Bildungs- und Erziehungsplan (2016: 197): »Wertschätzung und Förderung von Mehrsprachigkeit und ›Deutsch lernen‹ sind kein Widerspruch, sondern Zielsetzungen, die sich gegenseitig ergänzen. Dies gilt in gleicher Weise auch für den Dialekt.« Als konkreter Vorschlag zur Umsetzung wird beispielsweise die Bereitstellung von zweisprachigen Materialien genannt, wobei der Einbezug von Sprechern der Erstsprachen, z. B. der Eltern, authentischer, persönlicher und wirksamer ist (Reich 2008: 44; vgl. auch Mannhard/Braun 2008: 89 f.). Auf diese Weise kann zudem eine dauerhafte Kooperation zwischen Elternhaus und Einrichtung angebahnt werden, die für eine gelungene zweisprachige Erziehung unabdingbar ist.

Mehrsprachige Fachkräfte: Sinnvoll wäre darüber hinaus der Einsatz von zweisprachigen Fachkräften, was zum einen eine interkulturelle Öffnung des Teams bedeutet, aber zum anderen auch die sprachliche und kulturelle Bildung der Kinder verbessert. Als positiver Nebeneffekt kann auf diese Weise die Kommunikation mit den Eltern verbessert werden, wenn diese Schwierigkeiten im Deutschen haben. Die zweisprachigen Fachkräfte sollten angehalten werden, regelmäßig mit den Kindern in deren Erstsprache zu kommunizieren (erzählen, vorlesen, singen etc.), um so ihre sprachlichen Fähigkeiten in beiden Sprachen auszubauen. Auch wenn nicht alle vertretenen Sprachen bedient werden können, ist davon auszugehen, dass bilinguale Fachkräfte einen Anstoß geben, über die Förderung weiterer Sprachen nachzudenken.

Förderung aller Sprachen

Voraussetzungen bei den Fachkräften: Voraussetzung zur Förderung von Mehrsprachigkeit in Kindertageseinrichtungen sind Grundkenntnisse im Bereich Mehrsprachigkeit seitens der Fachkräfte (s. Kap. 6.4). Neben theoretischem Wissen wäre es gut, wenn die Fachkräfte selbst zumindest Gruß- oder Bestätigungsformeln in den Erstsprachen der Kinder erlernen, um zu signalisieren, dass sie sich auf die Sprache des Kindes einstellen und so ein Vertrauensverhältnis fördern (vgl. Jeuk 2015: 140). Wenn Kinder ihre (starke) Erstsprache im Kindergarten, insbesondere während Sprachfördermaßnahmen, nutzen dürfen, entsteht leichter eine Sprechfreude, die sich auf die Zweitsprache überträgt (vgl. Apeltauer 2013: 124).

Am häufigsten findet sich in Sprachfördermaßnahmen die Aufforderung, die Erstsprachen der Kinder in den Kita-Alltag zu integrieren. Dies kann auf verschiedene Arten geschehen und reicht von einer »ideellen Wertschätzung kindlicher Sprachenvielfalt bis hin zu ihrer praktischen, konkreten Relevanz und Einbindung im Rahmen eines Sprachförderangebots« (Jampert et al. 2005: 307). Ein Konzept zum Einbezug der in einer Gruppe vertretenen Erstsprachen und Dialekte ist das Programm ›Storch Lingi‹. Hierbei besucht ein Plüschstorch der Reihe nach alle Kinder und berichtet von den sprachlichen Praktiken in ihren Elternhäusern (vgl. dazu http://www.deutsch-ist-vielseitig.de/de/99).

Elternarbeit
Kooperation mit den Eltern: Die Finanzierung von Sprachfördermaßnahmen begrenzt sich in der Regel auf die Förderung des Deutschen. Die systematische Förderung von Mehrsprachigkeit wird nur vereinzelt in Konzepten berücksichtigt (Jampert et al. 2005: 306). Ein positives Beispiel stellt das Kieler Modell dar, bei dem die Herkunftssprachen der Kinder immer wieder – sei es durch den Einbezug der Eltern, sei es durch die Fachkräfte selbst – aktiviert werden. Grund dafür ist unter anderem die Annahme, dass »Weltwissen über die Erstsprache schneller und differenzierter aufgenommen und verarbeitet werden kann als über eine erst im Aufbau befindliche Zweitsprache« (Apeltauer 2011: 213). Wo möglich, sollten die Sprachen aufeinander bezogen und Sprachvergleiche angeregt werden, was durch zweisprachige Kinderbücher auch für Fachkräfte möglich ist, die die Erstsprache des Kindes nicht beherrschen.

Bilinguale Institutionen: Insbesondere in bilingualen Einrichtungen, wie sie immer häufiger in deutschen Großstädten, aber auch in den Grenzgebieten (Saarland, Schleswig-Holstein etc.) vorkommen, werden mehrere Sprachen gefördert (vgl. hierzu die ausgewählten Projekte in Jampert et al. 2005). Wichtig ist anzumerken, dass diese Institutionen in der Regel großen Wert darauf legen, auch den Schriftspracherwerb in der Erstsprache der Kinder anzubahnen.

Nur in Ausnahmefällen werden die Erstsprachen der Kinder als Potenzial betrachtet, das genutzt werden sollte, um den Erwerb der Zweitsprache zu stärken, und auch dazu dienen kann, anderen Kindern ein frühes Fremdsprachenlernen zu ermöglichen. Verschiedene Vorschläge, wie sowohl die sprachliche Vielfalt in Kindertageseinrichtungen erlebbar gemacht werden kann als auch die Erstsprachen der Kinder als Lerngegenstand einbezogen werden können, finden sich bei Schader (2013).

Zur Vertiefung
Einbezug der Eltern

In den meisten Konzepten werden Eltern in die Sprachförderarbeit miteinbezogen, da die Unterstützung des Kindes durch sie eine grundlegende Voraussetzung für den Bildungserfolg ist.

Zum einen betrifft dies die Unterstützung beim Erstspracherwerb der Kinder. Hierbei werden sie zum Teil durch Materialien angeregt, die Erstsprache der Kinder selbst zu fördern bzw. zu reflektieren. Eltern sollten im Rahmen von Informations- oder Fortbildungsveranstaltungen lernen, durch welche Interaktionsformate sie die sprachliche Entwicklung ihrer Kinder fördern können, damit diese auch in ihrer Erstsprache mehr sprachliche Anregungen erhalten (vgl. Apeltauer 2013: 123). Solche Angebote der Elternbildung zur »verbesserten Wahrnehmung und Förderung des Entwicklungspotenzials« der Kinder sollten von Anfang an zur Verfügung gestellt werden (Die Bundesregierung 2007: 49; ein Beispiel für einen handlungsorientierten kooperativen Informationsabend, der sich leicht in der eigenen Einrichtung umsetzen lässt, findet sich in Mannhard/Braun 2008: 196 f.).

Zum anderen werden Eltern häufig in den Kindergartenalltag einbezogen, um dort beispielsweise durch Vorlesen oder andere Aktivitäten die Sprachenvielfalt der Einrichtung aufzuwerten (vgl. Jampert et al. 2005:

311; Knapp et al. 2010: 141 f.). Darüber hinaus sollten die Fachkräfte in ständigem Austausch mit den Eltern sein, um sie zu beraten, insbesondere im Hinblick auf die Einschulung, und um zu erfahren, wie sich die Erstsprache entwickelt. Im Falle sprachlicher Hürden schlägt der Bayerische Bildungs- und Erziehungsplan (2016: 132) vor, mehrsprachige Eltern mit guten Deutschkenntnissen als Vermittler für neue Eltern mit wenig Deutschkenntnissen einzusetzen.

Da in den letzten Jahren die Elternpartizipation am Bildungsprozess eine immer wichtigere Rolle spielt, entwickeln sich in einigen Bundesländern Kindertageseinrichtungen zu Familienzentren und bündeln dort Angebote der Familien- und Elternbildung (vgl. Jungmann/Albers 2013: 26).

6.3 | Evaluation von Sprachförderprogrammen

Obwohl Sprachförderprogramme nicht mehr wegzudenken sind, wurden nur sehr wenige dieser Programme wissenschaftlich evaluiert, das heißt, die Bundesländer gaben nur selten eine Evaluation ihrer Programme in Auftrag. Wie Lisker (2011: 85) erklärt, beschränken sich einige Bundesländer darauf, »zu betonen, dass die Anzahl der Zurückstellungen nach Einführung der Sprachförderung abgenommen hat, ohne andere dafür in Frage kommende Gründe zu berücksichtigen. Andere Bundesländer begründen die Wirksamkeit der Sprachförderung damit, dass die Fachkräfte, die die Förderung durchführen, anschließend einen Erfolg bestätigen«. Diese Argumentation der zuständigen Bildungsadministration ist jedoch nicht überzeugend.

Qualität der Evaluationen: Zudem erfüllen nicht alle durchgeführten Evaluationen die wissenschaftlichen Standards, wie beispielsweise die Bildung einer Kontrollgruppe, die Einhaltung der Gütekriterien oder die Durchführung einer Follow-up-Studie (vgl. hierzu auch Jampert et al. 2005: 312). Aufschlussreich ist ein relativ aktueller Forschungsüberblick der verschiedenen Evaluationen (Egert/Hopf 2016), der versucht, Faktoren zu ermitteln, die den Erfolg von Sprachförderansätzen bestimmen. Die beiden Autorinnen berichten, dass keine der 23 von ihnen gefundenen Evaluationen die internationalen Standards der Evidenzbasierung in vollem Umfang erfüllte (Egert/Hopf 2016: 156). Ernüchternd ist ebenfalls, dass verschiedene Evaluationen ein und desselben Programms teilweise zu unterschiedlichen Ergebnissen kommen und sich positive Effekte ausschließlich auf einzelne Populationen oder bestimmte Sprachebenen bezogen und nicht nachhaltig waren (vgl. Schneider et al. 2012; Kammermeyer/Roux 2013).

Problematik von Evaluationen

Im Folgenden werden die Ergebnisse einiger Evaluationsstudien dargestellt, die den Grad der Effektivität von Sprachförderprogrammen aufzeigen und die Notwendigkeit weiterer Evaluationen verdeutlichen (für einen detaillierten Überblick vgl. Beckerle 2017: 23 f.; Egert 2017a; Lisker 2011: 88 f.).

Wirksamkeit additiver Programme: Zwei Evaluationen (Gasteiger-Klicpera et al. 2010; Roos et al. 2010) der Sprachfördermaßnahme »Sag' mal was« (Baden-Württemberg) zeigen, dass eine spezifische Sprachförderung mit dem oben genannten Programm, wie sie üblicherweise im Kindergartenalltag durchgeführt wird, keinen Effekt hatte – weder direkt nach der Förderung noch für den Schriftspracherwerb in den ersten beiden Jahren der Grundschule. Die Gruppe mit Sprachförderbedarf erreichte darüber hinaus zu keinem Zeitpunkt das Niveau der Gruppe ohne Sprachförderbedarf. Die Kinder konnten folglich nicht auf das sprachliche Niveau gebracht werden, das Voraussetzung für den Schulerfolg ist (vgl. Gasteiger-Klicpera et al. 2010). Eine weitere Evaluationsstudie, die den Effekt von anderen additiven Sprachförderprogrammen analysiert, kam zu dem gleichen Ergebnis (Hofmann et al. 2008). Gründe hierfür könnten sein, dass die Förderung früher in der kindlichen Entwicklung einsetzen, intensiver gestaltet sein (›Förderdosis‹) und länger andauern sollte. Zudem spielen eventuell die unzureichende Qualifikation der Sprachförderkräfte und die zu kurzen Sprachförderzeiten eine Rolle (vgl. Roos et al. 2010).

Evaluation
von KIKUS

Zu ähnlichen Ergebnissen kam die longitudinal angelegte Evaluation des Sprachförderkonzeptes KIKUS (vgl. Groth et al. 2015, 2017). Einerseits belegten Videomitschnitte, dass sich die Kinder gern am Programm beteiligten, konzentriert waren und die eingeführten Handlungsmuster auch in ihrer Spontansprache häufiger nutzen (Groth et al. 2015). Am Ende der Förderzeit zeigten die geförderten Kinder jedoch keine signifikant besseren Leistungen in Bezug auf Sprachproduktion und -rezeption. Lediglich im Hinblick auf Leistungen des phonologischen Arbeitsgedächtnisses (für Nichtwörter) zeigte die Interventionsgruppe einen Vorsprung. Der Förderumfang scheint allerdings eine entscheidende Rolle zu spielen: So wurden bei Kindern, die regelmäßig an den Förderstunden teilnahmen, signifikant bessere Leistungen im passiven Wortschatz festgestellt. Gründe für die geringen Effekte der Sprachförderung durch KIKUS könnten die teils großen Sprachfördergruppen, das häufige Fehlen des freien Sprechens innerhalb der Sprachfördereinheiten und die geringe Integration der Sprachförderung in den Kindergartenalltag sein. Darüber hinaus wurden in den Institutionen oft wesentlich weniger Förderstunden durchgeführt als vom Konzept her vorgesehen.

Erfolg alltagsintegrierter
Konzepte

Wirksamkeit integrierter Konzepte: Zwei weitere Evaluationsstudien (Häuser/Jülisch 2003; Wolf et al. 2011) maßen die Wirksamkeit des alltagsintegrierten Sprachförderprogramms »Handlung und Sprache« (Brandenburg) und zeigen, dass die geförderten Kinder in verschiedenen Bereichen (Wortschatz, Sprachverständnis etc.) bessere Ergebnisse erzielen als die nicht geförderten. Für fünf weitere alltagsintegrierte Sprachförderkonzepte konnten ebenfalls eindeutig positive Effekte festgestellt werden (vgl. Beckerle 2017: 30). Es zeigte sich, dass alle Kinder unabhängig von Alter und Sprachstand gleichermaßen von der Förderung profitierten und sprachlich auffällige Kinder in der Sprachentwicklung aufholten. Bisher liegt jedoch noch kein Nachweis einer längerfristigen Wirksamkeit der alltagsintegrierten Sprachförderung vor. Eine weitere große Evaluationsstudie zur alltagsintegrierten Sprachförderung in Nordrhein-Westfalen wird derzeit vom Deutschen Jugendinstitut in Kooperation mit der Ruhr-Universität Bochum durchgeführt (http://www.seika-nrw.de/). Auch wurden Sprachfördermaßnahmen, die alltagsintegrierte und additive Anteile kombinieren, evaluiert. Die Ergebnisse sind hier ebenfalls nicht eindeutig, aber es zeigen sich positive Tendenzen (vgl. Kammermeyer et al. 2013; Lee et al. 2014; für eine Diskussion dieser und weiterer internationaler Evaluationen vgl. Beckerle 2017: 32 f.).

Dialogisches Lesen: Schon Mitte der 1990er Jahre zeigten Studien im englischsprachigen Raum, dass dialogisches Lesen im Vergleich zum klassischen Vorlesen von Büchern einen noch stärkeren Effekt auf Wortschatz und Sprachproduktion hat (vgl. u. a. Arnold et al. 1994).

Definition

Beim **dialogischen Lesen**, bei dem das Gespräch und nicht das Vorlesen im Fokus steht, nehmen die Kinder aktiv an der Bilderbuchsituation teil und sind dabei sowohl Zuhörer als auch Erzähler (vgl. Kraus 2005). Die Fachkraft gestaltet hierbei, ausgehend von den Inhalten des Buches, eine Dialogsituation mit einem oder mehreren Kindern. Sie stellt Verständnisfragen, gibt weiterführende Erklärungen, verknüpft die Geschichten mit der Lebenswelt der Kinder und lenkt die Aufmerksamkeit auf die Illustrationen, wodurch ein geteilter Aufmerksamkeitsfokus entsteht (vgl. What Works Clearinghouse 2015). Wichtig ist, dass die Fachkraft dabei sensibel auf die sprachliche Initiative der Kinder eingeht, sodass diese den Verlauf des Gesprächs aktiv mitgestalten.

Evaluationen: Zwei deutsche Evaluationsstudien (Ennemoser et al. 2013; Schuler et al. 2015) untersuchten den Effekt von dialogischem Lesen in Kleingruppen und eine Schulung der Fachkräfte durch das *Heidelberger Interaktionstraining* (HIT). Die Studie von Ennemoser et al. (2013) zeigte, dass die geförderten mehrsprachigen Kinder signifikant ihre Grammatikleistungen, die Sprachproduktion und das phonologische Arbeitsgedächtnis verbesserten, im Vergleich zu Kindern in regulären schulvorbereitenden Einrichtungen. Schuler und Kolleginnen (2015) stellten eine deutliche Optimierung des sprachförderlichen Verhaltens der Fachkräfte fest, was sich in verbesserten Leistungen im Bereich der Sprachproduktion niederschlägt. Eine entscheidende Rolle scheint auch hier die regelmäßige Buchbetrachtung zu spielen. Schickedanz und McGee (2010) schlagen vor, dialogische und nicht-dialogische Vorlesestrategien zu kombinieren, um auch das Hörverstehen der Kinder zu fördern.

Zusammenfassend lässt sich feststellen, dass in Deutschland additive Sprachfördermaßnahmen in den Evaluationsstudien weitgehend schlecht abschnitten, wohingegen alltagsintegrierte Konzepte bessere Ergebnisse zeigen; das Gleiche gilt für kombinierte Verfahren. Dies lässt Kammermeyer und Kollegen (2013: 19) zu folgendem Schluss kommen:

»Die Ergebnisse der dargestellten Analysen zeigen, dass es offensichtlich nicht ausreicht, den Blick lediglich auf die Qualität der additiven Sprachförderung zu richten, um die sprachliche Entwicklung von sprachförderbedürftigen Kindern zu erklären. Sprachförderung scheint vor allem dann erfolgreich zu sein, wenn die Prozessqualität sowohl in der Sprachfördergruppe als auch in der Kindergartengruppe und in der Einrichtung hoch ist.«

Dialogisches Lesen ist dabei eine sehr erfolgreiche Methode, die sowohl additiv als auch alltagsintegriert eingesetzt werden kann (Egert 2017a: 32). Sie ist sehr kostengünstig, da die Fachkräfte die vorhandenen Bücher und Materialien der Einrichtung nutzen können (vgl. What Works Clearinghouse 2010).

6.4 | Die Rolle pädagogischer Fachkräfte

Sprache wird in erster Linie in sozialen Interaktionen und durch Imitation gelernt (Tomasello 2005). Dies gilt sowohl für den Erst- als auch den Zweitspracherwerb. Daher kommt den pädagogischen Fachkräften eine zentrale Rolle zu. Sie fungieren bei allen, aber insbesondere bei Kindern mit DaZ, als sprachliches Vorbild.

Zur Vertiefung

Die pädagogische Fachkraft als Sprachvorbild

Gerade im Elementarbereich stellt die pädagogische Fachkraft eine wichtige Bezugsperson für die Kinder dar. Nur wenn die Kinder eine gute, vertrauensvolle Beziehung zu den Erzieher/innen haben, können diese auch als sprachliches Vorbild fungieren. Daher kommt ihnen – insbesondere bei der alltagsintegrierten Sprachförderung – eine besondere Rolle zu.

Bei Kindern mit nicht-deutscher Erstsprache können zusätzlich zu den Schwierigkeiten, die durch den Eintritt in den Kindergarten entstehen, auch noch sprachliche Probleme oder solche kultureller Art auftreten. Erzieher/innen sollten daher kommunikative Situationen mit den Kindern einfühlsam gestalten (Lamparter-Posselt/Jeuk 2017: 158). Ziel ist, dass die Kinder die Fachkraft verstehen und den Äußerungen inhaltliche und sprachliche Informationen entnehmen können.

Die Fachkraft sollte sich während ihrer Interaktion mit dem Kind diesem körperlich zuwenden, ihm Zeit geben, sich zu äußern (sei es verbal oder gestisch) und durch Nachfragen Interesse am Kind zeigen. Sie sollte ihre Äußerungen im Hinblick auf die unterschiedlichen sprachlichen Ebenen reflektieren (vgl. Knapp et al. 2010: 37 f.):

- **Phonetik und Phonologie:** Eine deutliche Artikulation und ein angemessenes Sprechtempo sind wichtig.
- **Semantik:** Es sollte sichergestellt werden, dass die Kinder die Bedeutung der Wörter kennen, bzw. bei der Verwendung unbekannter Begriffe sollte deren Wortsinn deutlich werden, entweder durch den Einsatz von Synonymen, einer Worterklärung oder einem Kontext, aus dem die Bedeutung ersichtlich wird. Mit zunehmenden Sprachkenntnissen kann der Kontext reduziert werden (Verbalisierung von Gedanken etc.).
- **Morphosyntax:** Die Sprache der Fachkräfte sollte verschiedene Satzmuster enthalten und auch im Bereich der Flexion unterschiedliche Formen umfassen, um die Kinder mit der Bandbreite der Paradigmen zu konfrontieren.
- **Mimik und Gestik** sollten unterstützend eingesetzt werden.

In Regionen, in denen Dialekt gesprochen wird, ist darauf zu achten, im alltäglichen Gebrauch nicht andere Formen zu verwenden als bei der Sprachförderung, da die Kinder dadurch verwirrt werden. Wichtig ist, alle Register (Umgangssprache bis hin zur Standardsprache) zu verwenden und die Kinder für die korrekte Verwendung der verschiedenen Stile je nach Situation zu sensibilisieren. Das sprachliche Handeln soll der Kommunikationssituation angemessen sein.

Zuständigkeit: Es wird gefordert, dass die Verantwortung für regelmäßige Sprachstandserhebungen bei denjenigen Fachkräften liegt, die auch für die Sprachförderung verantwortlich sind, d. h. bei den Lehrer/innen und Erzieher/innen (Reich 2007: 168). Jedoch kann man Kenntnisse im Bereich der Sprachstandserhebung bei den Fachkräften nicht voraussetzen, da dieser Bereich in der Ausbildung von Lehrer/innen und Erzieher/innen nur einen sehr geringen Anteil ausmacht, auch wenn die Themen Spracherwerb, Sprachstandserhebung und -diagnostik immer mehr Raum einnehmen (Ehrmann 2016: 17). Aufgrund des Föderalismus gibt es im Bereich der Erzieher/innenausbildung Unterschiede, ebenso wie in der Art und Weise, wie bestimmte Fachkräfte für die Sprachstandserhebung und -förderung weiterqualifiziert werden. So kann man sich in manchen Bundesländern durch einwöchige Fortbildungen weiterbilden (z. B. Bremen), während es in anderen Bundesländern ein Multiplikatorenprogramm gibt, bei dem sog. Sprachberater Kindertageseinrichtungen dabei coachen, eine alltagsintegrierte Sprachförderung umzusetzen.

Sprachstands-erhebung durch Fachkräfte

Sprach-Kitas

Beispiel

In den letzten Jahren nahmen fast 7000 Fachkräfte und Sprachberater/innen am Programm »Sprach-Kitas: Weil Sprache der Schlüssel zur Welt ist« teil, das 2016 vom Familienministerium mit einer fünfjährigen Laufzeit zur Weiterbildung frühpädagogischer Fachkräfte eingeführt wurde. Hierbei fördert das Bundesfamilienministerium alltagsintegrierte sprachliche Bildung als festen Bestandteil in der Kindertagesbetreuung, indem neue Stellen durch Multiplikatoren des Programms besetzt werden. »Diese beraten, begleiten und unterstützen die Kita-Teams bei der Weiterentwicklung der alltagsintegrierten sprachlichen Bildung. Zusätzlich finanziert das Programm eine zusätzliche Fachberatung, die kontinuierlich und prozessbegleitend die Qualitätsentwicklung in den Sprach-Kitas unterstützt. Sie qualifiziert die Fachkräfte innerhalb eines Verbundes von 10 bis 15 Sprach-Kitas« (https://sprach-kitas.fruehe-chancen.de/).

Qualifikation der Fachkräfte: Eine wichtige Rolle für die erfolgreiche Durchführung von Sprachstandserhebungen und Sprachförderung ist daher die Qualifikation der pädagogischen Fachkräfte (Krumm 2005: 105). Es reicht nicht, wenn die Kursleiter/innen der Sprachfördermaßnahme eine gute Fortbildung und Zertifizierung erfahren haben (vgl. Groth et al. 2017: 80).

In Aus- und Weiterbildungen der frühpädagogischen Fachkräfte sollte

- Fachwissen im Bereich Spracherwerb und Mehrsprachigkeit vermittelt werden,
- fachdidaktisches und methodisches Wissen zur Sprachförderung weitergegeben werden,
- den Fachkräften bewusst gemacht werden, welche Einstellung sie zur Mehrsprachigkeit und evtl. zu einzelnen Sprachen haben und schließlich
- Handlungskompetenz aufgebaut werden.

Erforderliche Kenntnisse   Wissen im Bereich des Spracherwerbs und der Mehrsprachigkeit ist nötig, um Fehlurteilen bei der Interpretation von Spracherhebungsergebnissen vorzubeugen und individuelle Förderpläne zu konzipieren. Die Fachkräfte sollen hierbei mehr über die Themen Sprachaneignung und Sprachförderung lernen und verstehen, dass einer defizitorientierten Förderung eine kompetenzorientierte, ressourcenorientierte Förderung vorzuziehen ist, indem explizit die Ausdrucksstärke und die sprachlichen Fertigkeiten der Kinder betont werden (vgl. Jampert et al. 2005: 313). Sprachliche Abweichungen sollen aus entwicklungspsychologischer Sicht interpretiert und z. B. als erfolgreiche Zwischenschritte beim Regelerwerb erkannt werden (Stichwort U-förmiger Erwerbsverlauf s. Kap. 5.1.1).

Didaktik und Einstellungen: Fachkräfte benötigen jedoch nicht nur theoretische Kenntnisse bezüglich des Spracherwerbs und der Mehrsprachigkeit, sondern auch zahlreiche sprachdidaktische Anregungen und Umsetzungsbeispiele (Jampert et al. 2005: 316). Eine wichtige Rolle spielen darüber hinaus die Einstellungen der Fachkräfte bezüglich Mehrsprachigkeit. So ist es nötig, dass sie ihre jeweiligen Hypothesen zu frühkindlicher Mehrsprachigkeit ausbilden, reflektieren, bestätigen oder gegebenenfalls revidieren (vgl. Ehrmann 2016: 256).

Stetige Weiterbildung   **Kontinuierliche Weiterqualifikation:** Es existieren bereits verschiedene Materialien zur Weiterqualifikation von Fachkräften im Bereich der (alltagsintegrierten) sprachlichen Bildung und Förderung (vgl. hierzu Fried/Briedigkeit 2008 oder Jampert et al. 2009). Dabei ist zu beachten, dass eine gute Umsetzung von Sprachförderkonzepten nur nach intensiven Schulungen möglich ist, die Videoanalysen, Praxisaufgaben mit konkreten Handlungsanweisungen und Supervision beinhalten (vgl. Egert 2017b: 43). Wird eine alltagsintegrierte Sprachförderung innerhalb einer Einrichtung im Team regelmäßig thematisiert (Reflexion, Übungen, Analyse von Videodaten etc.) werden die Fachkräfte auf diese Weise meist kontinuierlich weiterqualifiziert und gelangen zur nötigen Sprachförderkompetenz. Sinnvoll ist zudem, einzelne Mitarbeiter/innen spezielle Zusatzqualifikationen, z. B. zur Zusammenarbeit mit zweisprachigen Fachkräften, erwerben zu lassen.

Zweisprachige Assistenten: Wo möglich, sollten geschulte zweisprachige Assistenten zur Erfassung der Erstsprache und gemischtsprachiger Kompetenzen eingesetzt werden. Studien aus den USA (vgl. Fuchs/Fuchs 1989) zeigen, dass Kinder aus Minoritätenfamilien signifikant höhere Testwerte bei Fachkräften mit einem ähnlichen kulturellen Hintergrund erzielten und auch Personen der gleichen Sprachgemeinschaft des Kindes eine Sprachentwicklungsstörung besser erkannten (Kayser 1987). Es ist daher notwendig, in diesem Bereich Kooperationen mit geschulten zweisprachigen Personen anzubahnen, um die Kinder einerseits bestmöglich zu diagnostizieren und in einem zweiten Schritt ihre Kompetenzen in beiden Sprachen zu fördern (zur Integration von muttersprachlichen Zusatzkräften vgl. Jampert et al. 2005: 206 f.).

6.5 | Entscheidende Faktoren

Individuelle Sprachförderung: Die Sprachförderung muss in jedem Fall an den Bedürfnissen und dem Förderbedarf der Kinder orientiert sein (Jeuk 2015: 138). Unabdingbar ist daher die Feststellung des Sprachstandes, um den Kindern eine individuelle Förderung zukommen zu lassen, was jedoch nur selten der Fall ist. Die eingesetzten Verfahren werden jedoch meist für eine Selektionsentscheidung und nicht als Grundlage für eine anschließende Sprachförderung verwendet (s. Kap. 5.1). Sinnvoll wäre hingegen, individuelle Sprachstandsprofile der Kinder zu erstellen, um die eingesetzte Sprachförderung darauf abzustimmen. Voraussetzung hierfür ist wiederum ausreichend qualifiziertes Personal und eine Fördermaßnahme, bei der auf den individuellen Entwicklungsstand eingegangen wird. Ein guter »Leitfaden zur sprachlichen Bildung, Sprachförderung und Sprachtherapie«, der sowohl Informationen bzgl. des Kindes, der Institution als auch der Fachkräfte umfasst, und somit als Ausgangspunkt für eine individuelle Förderung dienen kann, findet sich in Füssenich/Menz (2014: 51).

Offene Fragen: Ob eine bestimmte Fördermaßnahme langfristig zum Erfolg führt, sollte durch Langzeitstudien evaluiert werden, die beleuchten, unter welchen Bedingungen, Sprachförderung besonders gut gelingt. Solche liegen bisher jedoch nicht ausreichend vor; »insbesondere hinsichtlich der Unterstützung und Förderung von Kindern mit Migrationshintergrund in Deutsch als Zweitsprache (und in ihrer Erstsprache) bleiben noch viele Fragen unbeantwortet« (Jampert et al. 2005: 312). Zu wenig ist über die Effektivität von Sprachförderprogrammen bekannt.

Fehlende Langzeitstudien

Relevante Faktoren: Die Ergebnisse bisheriger Evaluationsstudien (s. Kap. 6.3) zeigen, dass ein entscheidendes Kriterium die sprachförderliche Umgebung und die Interaktionsqualität innerhalb der Einrichtung (und nicht nur innerhalb der Sprachfördergruppe) ist. Weitere Faktoren, die relevant erscheinen, sind ein früher Förderbeginn, eine langanhaltende Förderung, kleine Fördergruppen sowie eine hohe Sprachförderkompetenz von Seiten der Fachkraft (vgl. Gasteiger-Klicpera et al. 2010; Lee et al. 2014; Roos et al. 2010; Simon/Sachse 2011). Des Weiteren wird immer wieder die Zusammenarbeit mit den Eltern betont, welche einen erheblichen Einfluss auf die (sprachliche) Entwicklung der Kinder hat. So zeigen Förderkonzepte aus den USA, wo neben einer Förderung innerhalb der Einrichtung auch die Eltern intensiv einbezogen wurden, dass die Kombination aus institutioneller und familiärer Förderung nachhaltige

Stellenwert der Elternarbeit

kompensatorische Effekte auf den Bildungs- und Berufserfolg hat (z. B. Perry Preschool Project: Schweinhart et al. 2005).

Früher Förderbeginn: Sprachförderung sollte möglichst früh, wenn möglich bereits in der Kinderkrippe, und nicht erst im letzten Kindergartenjahr einsetzen, um Kinder nicht-deutscher Erstsprache deutlich früher sprachlich zu fördern. Konzepte für diese Altersgruppe gibt es bislang jedoch kaum, und es ist zu bedenken, dass gerade Kinder mit Migrationshintergrund erst spät Kindertageseinrichtungen besuchen (vgl. Gogolin 2008 a: 83; Paetsch et al. 2014: 320). In Bezug auf neu zugewanderte Familien wird berichtet, dass diese oft monatelang auf einen Kitaplatz für ihre Kinder warten müssen (Lewek/Laber 2017: 41). Einerseits sind sie dabei meist in einer strukturell schwächeren Position als deutsche Familien, d. h. ihnen fehlen Informationen bezüglich der Möglichkeiten und Verfahren einer Betreuung, andererseits haben die Kinder in vielen Fällen einen speziellen Förderbedarf (z. B. Sprachförderung oder Traumabewältigung), worauf viele Kindertageseinrichtungen nicht eingerichtet sind. Die Voraussetzungen dazu zu schaffen obliegt auf der einen Seite den Kommunen (Schaffung von ausreichend Plätzen etc.), auf der anderen Seite den in der Beratung arbeitenden Fachkräften (Bereitstellung von Informationen; Hilfe bei der Beschaffung eines Platzes etc.).

6.6 | Zusammenfassung

Obwohl die Rahmenbedingungen für Sprachstandserhebungen und Sprachfördermaßnahmen im Elementarbereich in den einzelnen Bundesländern festgelegt sind, liegen ihre Umsetzung und die inhaltliche Ausrichtung der Förderung meist in der Verantwortung der Träger (Lisker 2010: 81). Daher handelt es sich um ein sehr heterogenes Feld, in dem Sprachfördermaßnahmen unterschiedlicher Qualität nebeneinander existieren. Erforderlich ist vor allem eine wissenschaftliche Fundierung der Konzepte, die bisher nur für wenige Programme vorliegt. Im Hinblick auf eine effektivere Mittelverwertung wäre ein fachlicher Austausch zwischen den Verantwortlichen der verschiedenen Träger und Bundesländer wünschenswert.

Darüber hinaus bleibt bisher eine Rückkoppelung von Praxiserfahrung an die Wissenschaft aus, und so ist wenig darüber bekannt, wie sich die einzelnen Konzepte bewähren. Es fehlt an Empfehlungen, welche Anknüpfungspunkte sich anbieten und welche Projekte evtl. unter einem Dach zusammengeführt werden könnten (Jampert et al. 2005: 311). Sinnvoll wären daher bundesweit einheitliche Konzepte, die spezifische (regionale) Bedarfslagen berücksichtigen, wobei diese vorher genau zu erheben sind.

Verbindung beider Sprachförderkonzepte

Es gilt in Zukunft, die Annäherung beider Konzepte auszubauen und die Stärken beider Sprachförderformen, nämlich die regelmäßige Förderung sprachstruktureller Aspekte und eine Unterstützung der kommunikativen Fähigkeiten, zu verbinden (vgl. Jampert et al. 2005: 310). Beim dialogischen Lesen handelt es sich beispielsweise um ein praktikables und effektives Format, das die Vorteile von additiven und integrativen Verfahren kombiniert, wobei Langzeiteffekte sogar bis in die Grundschulzeit beobachtet wurden (vgl. Egert 2017b: 43). In bestimmten Situationen ist eine sprachstrukturelle Einzelförderung eines Kindes jedoch durchaus sinnvoll und additive Sprachförderprogramme geben hierfür oft konkrete Anleitungen für eine didaktische Umsetzung. Bei anderen Kindern eignet sich evtl. eher eine implizite Förderung, wobei gerade bei Kindern unter drei Jahren alltagsintegrierte Fördermaßnahmen einen größeren Erfolg zeigten als additive (vgl. Sachse et al. 2010: 338).

Weitere Forschung ist nötig, um Erkenntnisse darüber zu gewinnen, »welche Art und welche Komponenten der Sprachförderung in welchem Alter wirken, wie vorschulische Trainingsmaßnahmen zu bewerten sind und welche Personen wann in die sprachliche Förderung einzubeziehen sind« (Sachse et al. 2010: 345).

Weiterführende Literatur

Bunse, Sabine/Hoffschildt, Christiane ([3]2014): *Sprachentwicklung und Sprachförderung im Elementarbereich*. München: Olzog.

Füssenich, Iris/Menz, Mathias (2014): *Sprachliche Bildung, Sprachförderung, Sprachtherapie*. Berlin: Cornelsen.

Jampert, Karin/Best, Petra/Guadatiello, Angela/Holler, Doris/Zehnbauer, Anne (Hg.) (2005): *Schlüsselkompetenz Sprache. Sprachliche Bildung und Förderung im Kindergarten*. Berlin: Das Netz.

Kucharz, Diemut/Mackowiak, Katja/Beckerle, Christine (2015): *Alltagsintegrierte Sprachförderung*. Weinheim: Beltz.

Lisker, Andrea (2011): *Additive Maßnahmen zur vorschulischen Sprachförderung in den Bundesländern*. Expertise im Auftrag des Deutschen Jugendinstituts. München.

Anne-Katharina Harr

7 Deutsch als Zweitsprache im Schulsystem

7.1 DaZ als Bildungsaufgabe der Schule
7.2 DaZ in Primar- und Sekundarstufe
7.3 DaZ an beruflichen Schulen
7.4 Zusammenfassung

Der Bildungsbericht von 2016 hat dargelegt, dass bei den unter 10-Jährigen 35 % der Kinder und bei den 10 bis 20-Jährigen 30 % einen Migrationshintergrund haben, was einem leichten Zuwachs in den letzten Jahren entspricht (vgl. Statistisches Bundesamt 2017: 51). In den westlichen Bundesländern, in den Ballungszentren und den Großstädten ist der Anteil von (neu) zugewanderten Schüler/innen sogar oft noch höher (Autorengruppe Bildungsberichterstattung 2016: 161). Hinzu kommt eine Abhängigkeit des Bildungserfolgs von der sozialen Herkunft und dem Migrationshintergrund, die in Deutschland deutlich ausgeprägter ist als im internationalen Vergleich (vgl. Die Bundesregierung 2007: 62). So zeigen aktuelle Zahlen, dass Schüler/innen mit Migrationshintergrund doppelt so häufig das Schulsystem ohne Hauptschulabschluss verlassen und dreimal seltener die Hochschulreife erlangen (Autorengruppe Bildungsberichterstattung 2016: 27). Jungen sind hierbei deutlich häufiger betroffen als Mädchen.

Die größte Schwierigkeit für Kinder nicht-deutscher Herkunftssprache besteht darin, von Beginn ihrer Schullaufbahn an im deutschen System nicht nur die zweite Sprache lernen zu müssen, sondern auch das Fachlernen in der Zweitsprache zu bewältigen (s. Kap. 3.4). Dabei spielt Deutsch auch in vielen Fächern, die primär nicht sprachlich sind, wie z. B. Mathematik oder Biologie, eine wesentliche Rolle, um dort eine hohe Leistungsfähigkeit zu erlangen (vgl. Gogolin 2009: 264).

Sozio-ökonomischer Status: Die entscheidende Ursache für geringen Schulerfolg stellt jedoch der sozio-ökonomische Status des Elternhauses dar (vgl. Stanat et al. 2017: 26). Dabei bedeutet erst die Kombination der Faktoren niedriger sozio-ökonomischer Status und Migrationshintergrund einen Risikofaktor, denn in diesen Fällen wird zum einen die Unterrichtssprache Deutsch oft nur unzureichend beherrscht, zum anderen verfügen die Kinder und Jugendlichen auch in ihrer Erstsprache nur über alltagssprachliche Kompetenzen, eine Tatsache, die Schroeder (2007: 10) bereits vor mehr als zehn Jahren beobachtete. Die Aufgabe des Bildungswesens ist folglich, den sozialen Disparitäten der Kinder und Jugendlichen angemessen zu begegnen und diese bestmöglich dabei zu unterstützen, ihre sprachlichen Fähigkeiten auszubauen. Wie Letzteres in Deutschland gestaltet wird, ist Gegenstand dieses Kapitels.

Stellschraube:
Sozio-ökono-
mischer Status

7.1 | DaZ als Bildungsaufgabe der Schule

Auch wenn sich alle Bundesländer darum bemühen, die sprachlichen Kompetenzen von (mehrsprachigen) Kinder im Kindergarten bestmöglich zu fördern (s. Kap. 6), so reichen die Deutschkenntnisse zahlreicher Kinder mit Migrationshintergrund zu Beginn der Grundschule nicht aus, um am Unterricht aktiv und erfolgreich teilzunehmen. Daher muss auch die Schule die Aneignung der Zweitsprache Deutsch unterstützen. Angesichts der Tatsache, dass es immer mehr ›Seiteneinsteiger‹, neu zugewanderte Kinder und Jugendliche ohne bzw. mit geringen Deutschkenntnissen, gibt, die im Laufe der Schulzeit nach Deutschland kommen, und dort zu unterschiedlichen Zeitpunkten in das Schulsystem eintreten, wird die Förderung des Deutschen als Zweitsprache bzw. der Mehrsprachigkeit insgesamt zu einer essentiellen Bildungsaufgabe der Schule (vgl. Reich/Krumm 2013; s. Kap. 3.3.5).

Bildungssprach- **Voraussetzungen:** Die Beherrschung bildungssprachlicher Fertigkeiten
liche Fertigkeiten stellt für Kinder mit DaZ die größte Hürde dar (s. dazu Kap. 7.1.1, Kap. 3.4.1 sowie Kap. 8.3). Dabei sind diese nicht nur für die sprachlichen Fächer relevant, sondern auch für die Sachfächer, die daher zu zentralen Orten der Sprachaneignung werden (vgl. Schmölzer-Eibinger 2013). Das Ziel der Schule sollte es daher sein, auch mehrsprachigen Schüler/innen ausreichend sprachliche Kompetenzen zu vermitteln, damit sie das deutsche Bildungssystem erfolgreich durchlaufen können. Dies ist jedoch nur dann möglich, wenn die Bedürfnisse dieser Population in allen Jahrgangsstufen und in allen Fächern berücksichtigt werden. Jeuk (2015: 13) schlägt in Bezug auf die Leistungsbeurteilung beispielsweise vor, auch für Kinder und Jugendliche mit DaZ individuumsorientierte Beurteilungen vorzunehmen, so wie es schon für Schüler/innen mit Lese-Rechtschreibschwäche der Fall ist.

Bildungspläne: Auch wenn Mehrsprachigkeit der Normalfall ist (s. Kap. 2.1.1), so wird dies in den Bildungsplänen nur selten berücksichtigt. Auf die speziellen Bedürfnisse mehrsprachiger Kinder und Jugendlicher wird dort nur am Rande eingegangen, auch wenn fast alle Bundesländer Bildungspläne oder Handreichungen für den DaZ-Unterricht entwickelt haben, in denen Lernziele für Wortschatz, Grammatik etc. benannt werden, die für alle Fächer gelten. Diese Dokumente sind jedoch (aufgrund der Bildungshoheit) extrem uneinheitlich und kaum wissenschaftlich fundiert.

7.1.1 | Herausforderung Bildungssprache

Merkmale der Das Konzept der Bildungssprache, wie es in Kapitel 3.4.1 definiert wurde,
Bildungssprache geht auf Ausführungen von Habermas (1977) zurück. Dieses formale Sprachrepertoire, das oft der Alltagssprache gegenübergestellt wird, ist durch ein hohes Maß an konzeptioneller Schriftlichkeit (s. Kap. 8.3.1) und durch verschiedene Merkmale auf lexikalisch-semantischer, morphosyntaktischer und textueller Ebene gekennzeichnet (vgl. u. a. Gogolin 2009: 269; Becker-Mrotzek/Roth 2017: 22 f.).

- **Auf der lexikalisch-semantischen Ebene** zeichnet sich Bildungssprache durch einen ausdifferenzierten Wortschatz aus, der je nach Fachbereich unterschiedlich ist. Schüler/innen müssen folglich verschiedene Fachsprachen lernen, was ihnen oft Schwierigkeiten bereitet. Hierbei gilt es, Fremdwörter, Abstrakta, Ober- und Unterbegriffe, Verben mit komplexen Bedeutungsstrukturen etc. gezielt zu üben. Darüber hinaus zählen Strategien der Verdichtung und Präzisierung von Information durch lexikalische Mittel wie zum Beispiel Substantivierungen zu dieser Kategorie.
- **Auf morphosyntaktischer Ebene** sind der präzise Ausdruck von temporalen und lokalen Beziehungen sowie unterschiedliche Verbformen, die Auskunft über die Faktizität (Indikativ vs. Konjunktiv) geben, charakteristisch. Im Bereich der Syntax weist Bildungssprache insbesondere koordinierte und subordinierte Satzgefüge auf, die den Einsatz von Konnektoren einschließen, mit denen unterschiedliche semantische Beziehungen zwischen den (Teil-)Sätzen ausgedrückt werden können.
- **Auf der textuellen Ebene** ist Bildungssprache durch eine eher monologische als dialogische Ausrichtung, eine hohe Kohärenz und Stringenz und die durchgängige Verwendung eines Genres (z. B. Narration oder Argumentation) charakterisiert (vgl. Feilke 2012).

Bildungssprachliche Fähigkeiten zeichnen sich dabei insbesondere dadurch aus, dass die genannten Merkmale korrekt und textsortenadäquat verwendet werden:

»Die besondere Leistungsfähigkeit der Bildungssprache liegt darin, für die unterschiedlichen kommunikativen und epistemischen Zwecke – etwas Absentes beschreiben, nicht sichtbare Prozesse erklären, kausale, finale oder temporale Zusammenhänge explizieren etc. – jeweils ein spezifisches Ensemble an sprachlichen Mitteln, von der Lexik über die Morphologie bis hin zur Syntax und Pragmatik, bereitzustellen. [...] Die Fähigkeit, für gegebene Ziele aus der Vielfalt möglicher sprachlicher Mittel die je passenden auszuwählen (= mündliche und schriftliche Sprachproduktion) bzw. aus mündlichen und schriftlichen Äußerungen die passende Bedeutung zu ermitteln (= Sprachrezeption) macht bildungssprachliche Kompetenz aus.« (Becker-Mrotzek 2014: 71 f.)

Auch zählen komplexe Handlungsabläufe, wie beispielsweise ein Referat halten, zu den bildungssprachlichen Fertigkeiten.

Schlüssel zum Erfolg: Obwohl Bildungssprache auch außerhalb des Bildungskontextes gebräuchlich ist (z. B. in Zeitungen oder Reden), spielt ihre Beherrschung im Bildungskontext eine tragende Rolle, da sie in Lernaufgaben, Lehrwerken und anderen Unterrichtsmaterialien sowie Prüfungen verwendet wird (Gogolin 2009: 268). Je weiter die Bildungsbiographie fortschreitet, desto präsenter ist Bildungssprache, und es wird von der Gesellschaft erwartet, dass ein ›erfolgreicher Schüler‹ sie beherrscht. Mehrsprachige Kinder müssen daher möglichst schnell ein ausreichend hohes bildungssprachliches Niveau erreichen, um am Unterricht erfolgreich teilzunehmen, denn nicht die Kenntnis der Alltagssprache, sondern ausschließlich die kompetente Beherrschung formeller sprachlicher Register ist für den Bildungserfolg entscheidend (s. Kap. 1.3.1 zu Projekten, die Bildungssprache untersuchen).

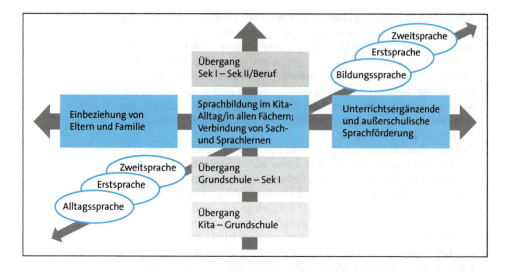

Abb. 7.1:
Durchgängige
Sprachbildung
nach Gogolin
(http://www.
foermig-berlin.de/
konzeption.html)

Fachsprachen: In jedem Fach müssen neben Fachinhalten auch die jeweiligen fachsprachlichen Besonderheiten gelernt werden. Dazu gehören zum einen ein bestimmter Fachwortschatz, spezifische grammatische Strukturen und eine fachspezifische Bedeutung gewisser Ausdrücke, die anders ist als in der Alltagssprache. Außerdem gibt es in den unterschiedlichen Fachsprachen bestimmte Textsorten, die für das jeweilige Fach charakteristisch sind (vgl. Kniffka/Siebert-Ott 2012: 22). Sprachbildung muss daher in allen Fächern erfolgen, wie es in den Konzepten ›durchgängige Sprachbildung‹ (Gogolin 2017) oder ›sprachsensibler Fachunterricht‹ (Leisen 2017) gefordert wird (s. Kap. 3.4).

Durchgängige
Sprachbildung

Durchgängige Sprachbildung: Optimal wäre eine Förderung aller Sprachen während der gesamten Bildungslaufbahn, da die Komplexität und Abstraktion der einzelnen Fachsprachen und der Bildungssprache allgemein über die Jahre hinweg zunimmt (Gogolin 2008c: 23; s. Abb. 7.1). Dies ist bisher nur in bilingualen Modellen der Fall, die jedoch nur in Großstädten und auch hier nur begrenzt auf wenige Erstsprachen existieren.

Vermittlungsmöglichkeiten: Eine Möglichkeit, die unterschiedlichen sprachlichen Phänomene der Bildungssprache zu vermitteln, besteht darin, bestimmte Strukturen über einen gewissen Zeitraum – wenn möglich in mehreren Fächern – systematisch zu bearbeiten. Hierzu bedarf es einer Metasprache, die in allen Fächern und von allen Beteiligten (Schüler/innen sowie Lehrer/innen) konsequent verwendet wird (Rösch 2012b: 162). Eine Kombination aus impliziter und expliziter Sprachförderung der Bildungssprache, die sich über einen längeren Zeitraum erstreckt, scheint hierbei den größten Erfolg zu haben (Stanat et al. 2005).

Transfer: Lange ging man davon aus, dass bildungssprachliche Fähigkeiten zuerst in der Erstsprache ausgebildet werden müssen, bevor sie anschließend in der Zweitsprache genutzt werden können. Aktuelle Erkenntnisse zeigen jedoch einen Transfer in beide Richtungen (Cummins 2000, s. auch Kap. 8.4). Wichtig ist folglich, dass Bildungssprache in einer der Sprachen erworben wird (Gogolin 2008b). Diese kann und muss folglich oft das Deutsche sein, wenn z. B. Schüler/innen in ihrer Erstsprache nur über unzureichende Sprachkenntnisse verfügen, sei es aufgrund fehlender Kenntnisse der Eltern oder einer geringen Akzeptanz und Verbreitung der Erstsprache im Aufenthaltsland (Knapp 2017: 134).

7.1.2 | Der Lehrkörper

Da die meisten Lehrer/innen in Deutschland nicht mehrsprachig aufgewachsen sind, können sie die Besonderheiten ihrer Schüler mit DaZ oft nicht richtig einschätzen. Nur 6,1 Prozent der Lehrkräfte besitzen einen Migrationshintergrund (Autorengruppe Bildungsberichterstattung 2012: 82). Viele Lehrer/innen vertreten noch den »monolingualen Habitus«, der das deutsche Bildungssystem weiterhin dominiert (s. Kap. 2.1.4), weshalb es dringend geboten ist, ihnen fundierte Kenntnisse in DaZ zu vermitteln.

Lernziele für alle Lehrkräfte sind dabei
- Wissen über sprachliche und kulturelle Unterschiede der Schülerschaft,
- die Akzeptanz dieser Heterogenität und
- der Einsatz einer gezielten Sprachbildung und eines (sprach)sensiblen Unterrichts.

Hierbei obliegt es vor allem den Fachdidaktiken, den angehenden Lehrkräften diese Kenntnisse zu vermitteln, wobei bislang nur in fünf Bundesländern der Umgang mit der sprachlichen Vielfalt des Klassenzimmers verpflichtend Teil der Lehrerausbildung ist (Morris-Lange et al. 2016: 4).

DaZ in der Lehrerbildung: Es besteht ein »erheblicher Qualifizierungsbedarf in der Aus- und Weiterbildung der Lehrkräfte aller Schulstufen und Fächer«, um die Schüler/innen mit DaZ systematisch und erfolgreich über ihre gesamte Schullaufbahn hinweg zu fördern und diese Förderung auch im Fachunterricht zu verankern (Die Bundesregierung 2007: 63 f.). DaZ sollte dabei in allen Phasen der Lehrerbildung verankert werden, d. h. im Studium, im Referendariat und in Fortbildungen.

- **Studium:** Um künftige Lehrkräfte auf Themen wie Sprachbildung, Sprachförderung und DaZ vorzubereiten, wurden in den Bundesländern verschiedene Konzepte entwickelt. Die Spanne reicht von einer Ausbildung von DaZ-Experten, über die Integration von DaZ in die Fachdidaktiken bis zu einer Ausbildung von DaZ-Kompetenzen bei allen Lehrkräften. Für die Ausbildung der DaZ-Experten gibt es bereits einige BA- und MA-Studiengänge. In Bayern können beispielsweise angehende Lehrer/innen für Grund- und Sekundarschulen DaZ als Erweiterungsfach studieren. Niedersachsen integriert sprachbezogene Inhalte in bereits existierende Module der einzelnen Fächer, was insbesondere für die Fachwissenschaften eine Herausforderung darstellt. In Nordrhein-Westfalen ist hingegen ein Modul »Deutsch für Schüler/innen mit Zuwanderungsgeschichte« für Studierende aller Fächer und Schulformen Pflicht.
- **Referendariat:** Für die Integration von speziellen DaZ-Elementen in das Referendariat gibt es Pilotprojekte wie *Sprachsensibles Unterrichten fördern – Angebote für den Vorbereitungsdienst* in Nordrhein-West-

falen. Im Rahmen solcher Projekte wurden erste Konzepte entwickelt, die es nun zu verstetigen gilt. In Berlin ist dies bereits durch ein verpflichtendes DaZ-Modul für alle Referendar/innen der Fall. Bisher fehlt es allerdings an bundesweiten Vorschriften.

- **Fortbildungen:** Es ist dringend nötig, Fortbildungen zu Sprachbildung, Fluchtfolgen und ähnlichen Themen anzubieten, um die Lehrkräfte auf den Normalfall der Vielfalt vorzubereiten. Hierbei ist zu beachten, dass insbesondere mehrtägige Fortbildungen mit Input-, Praxis- und Reflexionsphasen zu einer Veränderung des Unterrichts führen. Wird dieser Aspekt nicht beachtet, bleiben zahlreiche Qualifizierungsangebote unwirksam (Morris-Lange et al. 2016: 18).

Zwischen 2013 und 2017 wurden, gefördert durch das Mercator-Institut, 15 Forschungs- und Entwicklungsprojekte durchgeführt, die eine Stärkung der Lehrerbildung im Bereich Sprachförderung und Deutsch als Zweitsprache zum Ziel hatten und die es nun zu verstetigen gilt.

Mögliche Ansätze   **Desiderata:** Ideal wäre Teamteaching einer DaZ-Lehrkraft mit einer Fachlehrkraft, bei dem die DaZ-Fachkraft Kenntnisse fachspezifischer Sprachanforderungen gewinnt, während die Fachlehrkraft Einblick in sprachspezifische Herausforderungen erhält und beide gemeinsam versuchen, eine didaktische Lösung für ihren Unterricht zu finden (vgl. Rösch 2012b: 163). Leider scheitern solche Konzepte meist an den fehlenden finanziellen Mitteln.

Darüber hinaus ist es angesichts der zahlreichen neu zugewanderten Schüler/innen, die zum Teil in Vorbereitungsklassen unterrichtet werden, notwendig, Lehrkräfte für das Unterrichten solcher Gruppen zu befähigen. Bisher werden hier vor allem sehr unterschiedliche Personen eingesetzt (Fachlehrkräfte, Studenten, ehemalige Referendare etc.), die zum Teil keine Erfahrung mit Alphabetisierungsunterricht und der Betreuung von traumatisierten Jugendlichen haben.

Des Weiteren wäre wichtig, deutlich mehr Personen mit Migrationshintergrund und neu Zugewanderte für pädagogische Berufe zu qualifizieren und dort einzusetzen, wo sie auf der einen Seite für die Schüler/innen ein Vorbild sein und auf der anderen Seite für die Eltern eine Mittlerfunktion erfüllen können (für ein Weiterqualifizierungskonzept vgl. Vogel/Stock 2017: 36).

7.1.3 | Heterogenität der Schülerschaft

In vielen Gebieten stellen mehrsprachige Schüler/innen den größten Anteil der Schülerschaft dar. Es kann sich dabei sowohl um bilingual aufwachsende Kinder handeln oder um die zweite oder dritte Generation von Migranten. Diese Kinder und Jugendlichen bringen eine Reihe von Kompetenzen mit (s. Kap. 2.4.3), die jedoch zum größten Teil nicht von den Lehrer/innen wahrgenommen und gefördert werden, da die Deutschkenntnisse der Schüler mit DaZ – verglichen mit der Norm der einsprachigen Schüler – als unzureichend betrachtet werden – also die Defizithypothese vorherrscht.

Vorhandene Ressourcen: Zahlreiche Schüler, auch solche mit DaZ, wachsen mit zwei oder mehr Sprachen auf »und kommen mit unterschiedlich ausgeprägten multilingualen Sprachkompetenzen in die Schule« (Rösch 2012a: 6). Dabei handelt es sich um Fähigkeiten, die in einer globalisierten Welt eine wesentliche Rolle spielen. Aufgabe der Schule ist es daher, wenn möglich, alle Sprachen eines Schülers zu fördern, was in der Praxis jedoch schwer umzusetzen ist (s. Kap. 3.3.5). Eine der besonderen Kompetenzen mehrsprachiger Schüler/innen ist die der sprachlichen Mittelung, d. h. das Dolmetschen (s. Kap. 2.4.3). Diese setzt sich aus der Fähigkeit der Sprachtrennung, des Code-Switchings und der Übersetzungsfähigkeit zusammen (vgl. Dirim 2008: 232). Diese besonderen sprachlichen Fähigkeiten der Schüler mit DaZ sollte man regelmäßig nutzen und in den Unterricht einbeziehen, etwa indem Schüler/innen für neu Zugewanderte oder schwächere Klassenkameraden übersetzen (im Sinne des *translanguaging*, s. Kap. 2.4.2). Dies kann zum einen dazu dienen, diese Fertigkeiten der Kinder zu fördern und zum anderen Mehrsprachigkeit als Normalität zu leben.

Heute wird meist davon ausgegangen, dass eine Mischung aus Schüler/innen mit Deutsch als Muttersprache und solchen mit DaZ der Regelfall ist und im Unterricht gleichermaßen berücksichtigt werden muss (Rösch 2012b: 156). Hierbei besteht jedoch oft die Gefahr, dass die gemeinsame Sprachförderung sich an den Sprachkenntnissen der einsprachigen Kinder orientiert und die Lernbedürfnisse der DaZ-Schüler ignoriert werden, was bei solch heterogenen Lernergruppen, wie sie an deutschen Schulen Alltag sind, höchst problematisch ist.

Unabhängig vom Alter, das in den meisten Klassen relativ homogen ist, unterscheidet sich die DaZ-Schülerschaft bezüglich ihrer Aufenthaltsdauer in Deutschland, ihren Deutsch- sowie ihren Erstsprachkompetenzen. Diese können daher auch nicht zur direkten oder metasprachlichen Verständigung genutzt werden.

Situation neu Zugewanderter: Besonders heterogen sind Vorbereitungsklassen (s. Kap. 7.1.5), bei denen die Fluktuation auch eine bedeutende Rolle spielt. Geflüchtete Kinder oder Jugendliche haben meist eine unterbrochene Bildungsbiographie, viele von ihnen sind nicht alphabetisiert (für weitere Details zu neu zugewanderten Schüler/innen s. Kap. 1.3.2). Von Vorbereitungsklassen werden Jugendliche, die gerade neu zugewandert sind, kontinuierlich in bestehende Klassen eingegliedert. Andere Jugendliche werden (mit ihrer Familie) in ein anderes Wohnheim verlegt und wechseln deshalb die Klasse. Neu zugewanderte Kinder oder Jugendliche müssen, abhängig vom Bundesland, oft Wochen oder sogar Monate warten, bis sie eingeschult werden. Grund dafür ist ihre Unterbringung in Einrichtungen, die einen Schulbesuch einschränken oder sogar ausschließen (z. B. Erstaufnahmeeinrichtungen oder Notunterkünfte, vgl. Vogel/Stock 2017: 33). Diese Kinder und Jugendlichen erhalten bestenfalls sporadische, unterkunftsinterne Bildungsangebote, »die den Lernbedürfnissen von geflüchteten Kindern und Jugendlichen nicht gerecht werden« (Lewek/Laber 2017: 41).

Die Probleme in DaZ äußern sich bei diesen Schüler/innen häufig durch »eine nicht altersentsprechende Ausbildung des Leseverstehens, des

Mehrsprachigkeit als Ressource

Bildungsbiographie neu Zugewanderter

Schriftspracherwerbs und einen mangelnden Umgang mit unterrichtsüblichen Arbeitstechniken« (Rösch 2012a: 7; s. Anhang, Kap. 10.1.2). Wichtig ist daher eine gründliche Diagnostik dieser Kinder, um ihnen eine individuelle Sprachförderung zukommen zu lassen (für einen Leitfaden zur Diagnostik neu zugewanderter Kinder im Grundschulalter vgl. Sigel 2017b).

Integration der Erstsprachen: Um die unterschiedlichen Erstsprachkenntnisse der Schüler/innen in den Unterricht einzubeziehen und zu würdigen, schlägt Oomen-Welke (2015) vor, mehrsprachige Jugendliche im Unterricht zu Experten ihrer Erstsprache werden zu lassen (s. Tipps zum Einbezug der Erstsprachen in den Unterricht im Anhang, Kap. 10.1.4). So erwirbt die ganze Klasse durch Sprachvergleiche und metasprachliche Reflexionen nicht nur neues Wissen in verschiedenen Bereichen, sondern die sprachliche Diversität wird auf diese Weise als selbstverständlich und interessant begriffen (s. Kap. 3.3.5). Dies stärkt das Selbstbewusstsein der Sprecher, was gerade für Schüler/innen mit DaZ, die sich oft schwertun, aktiv am Unterrichtsgeschehen teilzunehmen, wichtig ist.

7.1.4 | Merkmale des DaZ-Unterrichts

Die Aufgabe des DaZ-Unterrichtes ist die Synchronisation ungesteuerter und gesteuerter Erwerbsprozesse (Rösch 2012a: 10). Die Schüler/innen sollen dabei nicht abstraktes Wissen über grammatische Phänomene erwerben, sondern einen kompetenten Umgang mit der Zielsprache Deutsch. Im DaZ-Unterricht ist jedoch das Kommunikationsmittel selbst auch Unterrichtsgegenstand. Da Sprache, insbesondere bei Kindern, erfolgreicher vermittelt wird, wenn diese mit ihrem Alltag und ihren Interessen verknüpft ist, sollten diese bei der Vermittlung des Deutschen im Vordergrund stehen (vgl. z. B. die Lernszenarien von Hölscher 2003, 2007; s. Kap. 7.2.2).

Besonderheiten des DaZ-Unterrichts: Alle seit 2000 entwickelten und implementierten Lehr- und Rahmenpläne für Deutsch als Zweitsprache, beruhen auf drei grundlegenden Thesen (Engin 2010: 1090; Rösch 2012b: 158).

1. Im Mittelpunkt stehen die **aktiven, sprachbewussten Lernenden**, die dem ihnen dargebotenen Input die für sie relevanten Informationen, seien sie grammatischer oder inhaltlicher Natur, entnehmen.
2. Der Spracherwerb wird als **interaktiver Prozess** betrachtet, bei dem eine Lehrperson den Lernprozess sensibel gestaltet und moderiert. Hierbei kommt dem Prinzip des *Scaffolding* (s. Kap. 3.4.2) eine wichtige Rolle zu, bei dem den Lernenden eine Art Gerüst zur Verfügung gestellt wird, das kontinuierlich wieder abgebaut wird bis der Lernprozess (z. B. einer bestimmten Struktur) abgeschlossen ist.
3. Der Spracherwerb findet als **interkulturelles Lernen** statt, d. h. die Lehrkräfte berücksichtigen gegebenenfalls verschiedene Sprach- und Kulturerfahrungen der Kinder, die als Kompetenzen in den Unterricht eingebracht werden können (s. Kap. 7.1.3).

Didaktische Prinzipien: Ausgehend von diesen drei Aspekten sowie den in den vorangegangenen Kapiteln skizzierten Besonderheiten des DaZ-Unterrichts wurden von verschiedenen Autoren didaktische Prinzipien formuliert, die in heterogenen DaZ-Lernergruppen gelten sollten. Im Folgenden werden drei dieser Prinzipien exemplarisch dargestellt (für weitere Prinzipien vgl. z. B. Jeuk 2015: 127 f. oder Rösch 2012a: 10).

Didaktische Prinzipien des DaZ-Unterrichts

- **Lehrer/innen als Sprachvorbild:** Lehrkräfte sollten ihre Sprache reflektieren. Sie fungieren – genauso wie Erzieher (s. Kasten in Kap. 6.4) – als sprachliche Vorbilder, die gerade für Kinder, die außerhalb der Schule wenig Kontakt zu anderen Sprechern der Zielsprache haben, einen entscheidenden Input liefern. »Deshalb sollten Lehrkräfte ihre Sprache reflektiert einsetzten und sich um eine anschauliche, gleichzeitig aber differenzierte Sprachverwendung bemühen« (Rösch 2012a: 30). Insbesondere bei Kindern und Jugendlichen mit sehr geringen Deutschkenntnissen, kann es sinnvoll sein, Handlungen mit Sprache zu begleiten und Gestik sowie Mimik einzusetzen. Der sprachliche Input soll sich an den Möglichkeiten der Kinder orientieren und ihnen ein Verstehen ermöglichen.

- **Abweichungen von der Zielsprache:** ›Fehler‹ der Schüler/innen sind als Charakteristika einer Lernersprache zu betrachten, die eine Etappe auf dem Weg zur Zielsprache darstellt. Wichtig ist eine Analyse der produzierten Formen, um den Verlauf einzuschätzen und mögliche Stagnationen zu erkennen. Lehrkräfte sollten möglichst wenige explizite Korrekturen verwenden, sondern ein sprachförderliches Interaktionsverhalten einsetzen, das positiv-affektives Feedback, Angebote zur Erweiterung von Äußerungsmöglichkeiten enthält, sowie »Situationen, in denen sprachliche Unsicherheiten und Ausdrucksschwierigkeiten zugegeben werden können« (Lütke 2011: 48). Es sollte folglich eine offene Fragekultur in der Klasse geben.

- **Alltagskommunikation:** Diejenigen Sprechhandlungen, die für die alltägliche Kommunikation der Kinder und Jugendlichen relevant sind, sollen den Ausgangspunkt des Unterrichts bilden. Alle Kommunikationssituationen in der Schule stellen Sprachlernsituationen dar und können von den Lehrer/innen genutzt werden. Diese Handlungs- und Situationsorientierung ist gerade für DaZ-Lerner mit geringen Deutschkenntnissen wesentlich. Hilfreich ist in diesem Zusammenhang auch der Einsatz von Bildern und Realia.

Mittlerweile gibt es bereits verschiedene Ansätze einer eigenen Sprachdidaktik für Klassen mit vorwiegend mehrsprachigen Schüler/innen (vgl. Hoffmann/Ekinci-Kocks (2011) oder Geist/Krafft (2017) mit Beispielen guter Praxis und Hinweisen zum Umgang mit sprachlicher Heterogenität im Klassenzimmer).

Zur Vertiefung

Kulturalisierung – Interkulturelles Lernen als Problemgenese statt Problemlösung

In manchen Einführungsbüchern wird interkulturelles Lernen für Deutsch als Zweitsprache als Berücksichtigung anderer nationaler Identitäten verstanden. Die zugrundeliegende Perspektive entspricht dabei meist den überkommenen Modellvorstellungen der ›Immigration‹ oder der ›multikulturellen Gesellschaft‹ (s. Kap. 1.4.2). Dass dies dazu führen kann, dass Differenzen geschaffen statt abgebaut werden, verdeutlichen die folgenden Fallbeispiele.

Fallbeispiel 1 »Weihnachten«

Dennis ist in der 3. Klasse. Seine Mutter ist Deutsche, sein Vater stammt aus Ägypten. Als das Thema ›Weihnachten‹ behandelt wird, fragt seine Lehrerin ihn vor der Klasse: »Und bei euch? Wie feiert man das denn bei euch?« Dennis versteht nicht, was sie meint. Er war bislang nur einmal in Ägypten zu Besuch bei seinen Großeltern. An diesem Tag kommt er traurig nach Hause. »Sind wir Ausländer?«, fragt er seine Mutter.
(Liedke 2008: 39)

Der Griechenland-Experte

Über eine ähnliche persönliche Erfahrung berichtet der Journalist Mark Terkessidis in seinem Buch *Interkultur* (2015: 77):
»Ich kann mich noch gut daran erinnern, dass ich in der Schule, vor allem zu Beginn meiner Gymnasialzeit, oftmals zum Fachmann für Griechenland avanciert bin – in Fragen von Sprache, Geschichte oder Religion. Nur war ich zu diesem Zeitpunkt noch gar nicht in Griechenland gewesen. [...] Die ständige Fragerei führte vielmehr dazu, dass ich das Gefühl bekam, anders zu sein als die anderen Schüler meiner Klasse und das da, wo mein Anderssein gespeichert sein sollte, nichts war. Ich musste also eine Herkunft anerkennen, die in meinem Leben nur als Defizit auftauchte, als etwas, das ich nicht konnte.«

Die beiden Beispiele zeigen, dass hier – in vermeintlich wohlmeinender Absicht – Kinder aus der Klassengemeinschaft ausgegrenzt werden, indem man ihnen die Rolle der ›Anderen‹ zuschreibt. Dadurch kommt es zu einer sog. ›Kulturalisierung‹ (s. Kap. 1.4.1).
Interkulturelles Lernen in der Schule sollte stattdessen auf die Erarbeitung eines ›Wir-Gefühls‹ in der Klasse abzielen, wobei Fragen und Aufforderungen so zu formulieren sind, dass Sprach- und Kulturkenntnisse der Kinder in die Gruppe eingebracht werden können, aber nicht per se als Expertentum unterstellt werden.

7.1.5 | Organisationsformen des DaZ-Unterrichts

Organisationsformen des DaZ-Unterrichts: Für den schulischen DaZ-Unterricht gibt es drei verschiedene Organisationsformen, die im Folgenden dargestellt werden (vgl. Knapp 2017). Alle drei Organisationsformen geben den Rahmen, jedoch nicht den Inhalt der Sprachlernangebote vor.

- **Vorbereitungsklassen für Schüler/innen mit keinen oder sehr geringen Deutschkenntnissen:** Diese oft jahrgangsübergreifenden Vorbereitungsklassen werden von Kindern und Jugendlichen besucht, die meist unmittelbar aus dem Herkunftsland neu zugewandert sind. Die Schüler/innen sollen hier grundlegende Kenntnisse des Deutschen erwerben, bis sie am Unterricht der Regelklasse teilnehmen können. Sie erhalten in den Vorbereitungsklassen Unterricht in DaZ sowie in den Sachfächern und Mathematik, der jedoch ebenfalls weitgehend Sprachunterricht ist. Häufig findet von Anfang an Teilintegration statt, indem praktische Fächer wie Sport zusammen mit der Regelklasse stattfinden. Diese Integration kann sich auf Fächer wie Biologie ausdehnen, auch wenn der Hauptunterricht noch in der Vorbereitungsklasse stattfindet. Rösch (2012b) nennt diese Organisationsform DaZ-Kurse und weist darauf hin, dass diese Kurse auch in Form von Feriensprachcamps für Schüler/innen mit DaZ stattfinden können (vgl. Ballis/Spinner 2008). Eine Studie zeigte beispielsweise für das Jacobs-Sommercamp, dass die Kombination von impliziter und expliziter Sprachförderung bei dieser Art von außerschulischem Angebot sehr gute Ergebnisse erzielte (Stanat et al. 2005).

Vorbereitungsphasen

- **Förderung von DaZ-Schüler/innen, die die Regelklassen besuchen, durch additiven Förderunterricht:** Viele DaZ-Schüler/innen können zwar dem Regelunterricht folgen, haben aber dennoch unzureichende Deutschkenntnisse. Der Förderunterricht, den die Kinder oder Jugendlichen additiv zum Regelunterricht erhalten, hat einen Umfang von 1 bis 6 Stunden/Woche, wobei seine Inhalte meist auf den Regelunterricht bezogen sind. In Ausnahmefällen folgt er einem eigenständigen Curriculum, bei dem sprachliche Probleme systematisch aufgearbeitet werden. Ist der Förderunterricht auf den Regelunterricht bezogen, kann dieser vor- oder nachbereitend gestaltet sein. Ist er nachbereitend, wird versucht, die Defizite, die im Unterricht oder in Prüfungen zu Tage traten, auszugleichen. Obwohl diese Form des Förderunterrichts weit verbreitet ist, wird sie von den Lehrkräften als wenig effektiv für den Zweitspracherwerb eingeschätzt, da die Motivation für die Schüler/innen gering ist und »sein Nutzen kaum in den Regelunterricht zurückfließt« (Knapp 2017: 143). Bei einem vorbereitenden Förderunterricht werden die Inhalte der folgenden Stunden erarbeitet, indem insbesondere Fachtermini besprochen werden. So wird der Unterricht der Regelklasse vorentlastet und die Schüler/innen können sich besser auf die Inhalte konzentrieren und sich an der Kommunikation beteiligen. Dieser additive DaZ-Unterricht kann mit oder ohne Einbezug der Erstsprachen erfolgen und auch mit einem Herkunftssprachenangebot kooperieren.

Förderunterricht

- **Integrierte Förderung im Rahmen der Regelklasse:** Durch Binnendifferenzierung können Schüler/innen mit DaZ in der Regelklasse gefördert werden. Sie erhalten z. B. andere Aufgaben, die ihren Sprachkenntnissen entsprechen und sie gezielt fördern. Solche Aufgaben oder auch Prüfungen sind durch Textentlastung (einfache Syntax, vereinfachter Wortschatz etc.) und ein geringeres Schwierigkeitsniveau gekennzeichnet. Eine weitere Möglichkeit stellt ein Tutorenprinzip dar,

Förderung in der Regelklasse

bei dem starke Schüler als Tutoren für DaZ-Schüler fungieren und sie unterstützen. Wichtig ist es, die DaZ-Schüler aktiv in das Unterrichtsgeschehen einzubinden, sodass sie sich an der Kommunikation beteiligen. Einem Abschalten durch Überforderung »kann entgegengewirkt werden, wenn durch Rückfragen und gezielte Erklärungen zumindest das grundlegende Verständnis dessen gesichert wird, was im Unterricht besprochen wird« (Knapp 2017: 142).

Auf konkrete Beispiele, wie die letzten beiden Organisationsformen im Primar- und Sekundarbereich mit Inhalten gefüllt werden können, wird in Kapitel 7.2 eingegangen.

DaZ im Fach-
unterricht

Fachunterricht: Ein weiteres wichtiges Konzept, das bei Rösch (2012b) ebenfalls als Organisationsform genannt wird, ist DaZ als Prinzip des Fachunterrichts, wie es in den meisten Bundesländern verbreitet ist. Dieses Prinzip kommt der Forderung nach, die durchgängige Sprachbildung in allen Fächern zu realisieren (für Beispiele vgl. hierzu Brandt/Gogolin 2016). Dies ist besonders nötig, da sich sprachliche Defizite kumulativ in Sachfächern auswirken. Je nach Lernergruppe führt diese Förderung zu zwei verschiedenen Szenarien.

- In DaZ-homogenen Klassen wie beispielsweise Regelklassen in Stadtteilen mit hohem Migrantenanteil wird der Fachunterricht dem Sprachstand angepasst und somit als zweitsprachlicher Unterricht gestaltet.
- In gemischten Klassen mit einsprachigen Schüler/innen und solchen mit DaZ soll der Fachunterricht sprachsensibel gestaltet werden. Dies bedeutet, dass fachliches und sprachliches Lernen verknüpft werden, indem Schüler/innen eine in den Unterricht integrierte sprachliche Unterstützung angeboten wird, die ihnen helfen soll, sprachliche und somit fachliche Hürden zu überwinden. Auch in diesem Kontext bietet sich *Scaffolding* an, um den Schüler/innen auf diese Weise eine Hilfestellung beim Erlernen der Bildungssprache zu geben (vgl. Quehl/ Trapp 2013 und s. Kap. 3.4).

DaZ als Unterrichtsfach: Als eigenes Unterrichtsfach gibt es DaZ lediglich in bilingualen Schulkonzepten, in denen die Schüler mit Deutsch als Muttersprache ebenfalls eine Zweitsprache erwerben. Der Sprachunterricht wird hierbei zusätzlich zum Fachunterricht, der in gemischten Gruppen stattfindet, angeboten. Verschiedene Studien aus den USA und Kanada haben gezeigt, dass mehrsprachige Schüler/innen am besten in solchen bilingualen Modellen gefördert werden, die einen kontinuierlichen Unterricht in beiden Sprachen anbieten (vgl. Gogolin 2008c für eine Zusammenfassung). Schüler/innen, die solche Schulen besuchen, schneiden nicht nur in der Erst- und Zweitsprache, sondern auch in Mathematik deutlich besser ab.

Zusammenfassend kann gesagt werden, dass das Verhältnis von Fach- und Sprachlernen möglichst ausgewogen sein sollte, wobei es phasenweise auch in die eine oder andere Richtung ausschlagen kann (Rösch 2012b: 162). Sprachliche Bildung/Sprachförderung ist folglich als Querschnittaufgabe aller Fächer umzusetzen, doch bedarf es bei zahlreichen Schüler/innen mit DaZ zusätzlich eines speziell für sie konzipierten DaZ-

Unterrichtes – zumindest auf bestimmten Stufen ihrer Schullaufbahn. Dabei sollten die Angebote zum gesteuerten Zweitspracherwerb umso intensiver sein, je geringer die Möglichkeiten zum ungesteuerten Zweitspracherwerb sind. Im DaZ-Unterricht müssen Sprach- und Sachlernen sich verbinden, denn nur auf diese Weise wird für die oft wenig motivierten Schüler/innen (s. Kap. 7.3.1) die Relevanz der sprachlichen Strukturen sichtbar.

7.2 | DaZ in Primar- und Sekundarstufe

Die Förderung von Schüler/innen in Deutsch als Zweitsprache setzte in den frühen 1970er Jahren ein, wo Kinder von angeworbenen Gastarbeiter/innen in homogenen Ausländerklassen unterrichtet wurden. Bemühungen, die zweitsprachlichen Kompetenzen von zweisprachig aufwachsenden Schüler/innen im Sinne einer besseren Integration in Schule und Gesellschaft zu fördern, finden sich seit der Mitte der 1980er Jahre. Seit dem ›PISA-Schock‹ (s. Kap. 1.3.1 sowie 6) ist eine Rückkehr zu ausländerpädagogischen Ansätzen zu verzeichnen (vgl. Lüddecke/Luchtenberg 2003), die darin begründet liegt, dass Schüler/innen mit einem sog. Migrationshintergrund als vermeintliche Verursacher der schlechten Ergebnisse im PISA-Ranking identifiziert wurden. Eine bildungspolitische Konsequenz ist noch heute zu beobachten, nämlich die Konzentration auf eine sprachliche Förderung, die früh einsetzt, ausschließlich auf das Deutsche zielt und additiv, d. h. außerhalb des Regelunterrichts, stattfindet (vgl. Gogolin 2008a: 83 f.). Additiven Fördermaßnahmen stehen solche gegenüber, welche die DaZ-Förderung teilweise oder ausschließlich in den Regelunterricht integrieren.

Modelle der schulischen Sprachförderung: Massumi et al. (2015: 45) fassen die in Deutschland praktizierten Sprachfördermaßnahmen in schulorganisatorischen Modellen auf einem Kontinuum von »ausschließlich Unterricht in der Regelklasse« bis »kein Unterricht in der Regelklasse« zusammen und unterscheiden zwischen einem submersiven, integrativen, teilintegrativen und parallelen Modell:

- **Im submersiven Modell** gibt es keine spezifische Sprachförderung, der Erwerb erfolgt natürlich im alltäglichen ›Sprachbad‹.
- **Im integrativen Modell** erfolgt die Sprachförderung bzw. Sprachbildung entweder alltagsintegriert im Regelunterricht, und/oder zusätzlich (außerhalb des Regelunterrichts) in additiven Fördermaßnahmen.
- **Im teilintegrativen Modell** erfolgt die Sprachförderung zunächst ausschließlich außerhalb des Regelunterrichts in additiven Angeboten bzw. separaten Klassen; die Schüler/innen werden sukzessive in den Regelunterricht überführt.
- **Im parallelen Modell** erfolgt kein Unterricht in der Regelklasse, sondern bis zum Schulabschluss ausschließlich in dafür eingerichteten Klassen.

Ergänzend lassen sich Modelle fassen, die die Zweisprachigkeit von Schüler/innen im Blickfeld haben (z. B. bilinguale Klassen, Schulen) bzw. in welchen die Förderung in der Erstsprache mit DaZ-Fördermaßnahmen koordiniert wird (vgl. hierzu Duarte/Neumann 2017).

Unterschiede in den Bundesländern: Die institutionellen Regelungen und Vorgaben hinsichtlich der Organisationsformen von DaZ-Fördermaßnahmen, der Voraussetzungen der DaZ-Lehrkräfte, der Vermittlungsstrategien bzw. der zu verwendenden Materialien, unterscheiden sich von Bundesland zu Bundesland. Einige Länder haben etwa separate curriculare Richtlinien für DaZ entwickelt (z. B. Baden-Württemberg, Bayern, Sachsen), in anderen Ländern werden diese in die Rahmenlehrpläne integriert (z. B. Brandenburg, Nordrhein-Westfalen), vereinzelt fehlt es aber auch gänzlich an institutionellen Vorgaben (z. B. Hessen, Saarland). Was die Organisationsformen betrifft, so lässt sich beobachten, dass dies von allen Bundesländern flexibel gehandhabt wird. Entsprechend finden in einigen Bundesländern alle DaZ-Fördermaßnahmen in der Praxis Anwendung.

In Folge der 2015 und 2016 zu verzeichnenden Zunahme neu zugewanderter schulpflichtiger Schüler/innen stehen additive und (teil-)integrative Fördermaßnahmen erneut im Blickpunkt der Bildungspolitik und -institutionen. Gleichzeitig ist die Forschungslage zu Sprachfördermaßnahmen recht unübersichtlich, lückenhaft und inkonsistent, was die Entscheidungsfindung darüber, welche Maßnahme unter welcher Bedingung und in welcher Situation die richtige ist, erschwert.

Bisherige Evaluationsstudien: Empirisch belastbare Ergebnisse zur Wirksamkeit von DaZ-Fördermaßnahmen liegen bisher nur aus dem frühpädagogischen Bereich vor (vgl. dazu die Übersicht von Egert/Hopf 2016 und s. Kap. 6.3). Während einige Interventionsstudien aus dem Elementarbereich (z. B. Sachse 2001; Schröder 2011) die Wirksamkeit von additiven Fördermaßnahmen nachweisen, zeigen wiederum andere Studien (z. B. Hofmann et al. 2008; Roos et al. 2010; Sachse et al. 2012), dass zusätzliche Sprachfördermaßnahmen nicht die gewünschten (positiven) Effekte erzielen, da sich der Sprachstand der geförderten Kinder in den untersuchten Settings nicht bedeutsam verbessert. Erste Erkenntnisse aus dem Primarbereich zeigen ebenfalls ein ernüchterndes Bild, wenn die DaZ-Förderung ausschließlich außerhalb des Regelunterrichts erfolgt. In einer im Rahmen des BeFo-Projekts durchgeführten Interventionsstudie, welche die Wirksamkeit von additiv eingesetzten expliziten und impliziten DaZ-Vermittlungsstrategien untersuchte (vgl. Felbrich et al. 2012; Rösch/Rotter 2012), konnte keine nachhaltige Verbesserung in den Bereichen Wortschatz, Lese- und Grammatikkompetenz nachgewiesen werden. Entsprechend schlussfolgern die Autorinnen, dass eine kontinuierliche Förderung in der Zweitsprache notwendig ist, um einen nachhaltigen Erfolg von Sprachfördermaßnahmen sicher zu stellen (Paetsch et al. 2014).

Überlegenheit integrierter Ansätze im Elementarbereich: Diese Erkenntnisse werden durch Sekundäranalysen der großen Bildungsstudien gestützt, die offenlegen, dass die Variablen ›Zugang zu Bildung‹ bzw. ›sozio-ökonomischer Hintergrund‹ mit sprachlichen Kompetenzen verbunden sind und besonders in Deutschland den Schulerfolg mitbestimmen (und nicht etwa die Variable ›Migrationshintergrund‹ alleine, vgl. Stanat/Christensen 2006). Entsprechend wird von Vertretern der Bildungspolitik und von Wissenschaftler/innen zunehmend diskutiert, Sprachförder- bzw. Sprachbildungsmaßnahmen im Regelunterricht zu integrieren bzw. sie mit bedarfsgerechten additiven Maßnahmen zu kombinieren (vgl. Gogolin et al. 2011; Gogolin 2013; Paetsch/Beck 2018: 190 f.). Dies wird durch empirische Ergebnisse aus dem Elementarbereich unterstützt, die andeuten, dass Sprachförderung erfolgreicher zu sein scheint, wenn sie in den Alltag integriert ist (vgl. Kammermeyer et al. 2014; sowie die Evaluationen des Heidelberger Interaktionstrainings von Buschmann et al. 2010; Simon/Sachse 2013; Buschmann/Sachse 2018).

Für den Primar- und Sekundarbereich werden solche alltagsintegrierten, sprachsensiblen Konzepte, welche die sprachliche Unterstützung in den Fachunterricht der Primar- und Sekundarstufen integrieren, aktuell entwickelt und erprobt, jedoch liegen hier noch keine verlässlichen Hinweise auf deren Wirksamkeit vor.

Die wichtigsten Konzepte: Die drei in Deutschland am häufigsten vertretenen Förder- bzw. Sprachbildungskonzepte werden im Folgenden anhand von praktischen Beispielen näher beschrieben und kritisch betrachtet:

- eine additiv zum Regelunterricht angebotene DaZ-Förderung (mit/ohne Einbezug der Erstsprachen in integrativen oder teilintegrativen Modellen)
- eine in den Regelunterricht integrierte DaZ-Förderung (beispielsweise nach Submersions- oder Immersionsmodellen)
- eine additiv zum Regelunterricht angebotene DaZ-Förderung ohne Einbezug der Erstsprachen, die z. B. mit einem Herkunftssprachenangebot (herkunftssprachlicher Unterricht, Muttersprachlicher Ergänzungsunterricht) kooperiert.

7.2.1 | Additiver DaZ-Unterricht

DaZ-Fördermaßnahmen, die zusätzlich zum Regelunterricht angeboten werden, haben einen kompensatorischen Fokus und richten sich primär an Schüler/innen, die in Deutschland geboren wurden oder vor dem schulpflichtigen Alter nach Deutschland migriert sind und bei denen im Elementar- oder Primarbereich ein erhöhter Förderbedarf diagnostisch festgestellt wurde. Etwaige Angebote finden überwiegend nachmittags, d. h. außerhalb der Regelklassen, statt. Vereinzelt finden sich aber auch am Vormittag organisierte Formate, wie eine Hausaufgabenbetreuung, die einen Schwerpunkt DaZ beinhaltet.

Demgegenüber gibt es additive Angebote, in denen die Vermittlung des Deutschen als Zweitsprache im Vordergrund steht und die das Ziel verfolgen, den Schüler/innen eine erfolgreiche Teilnahme am Regelunterricht zu ermöglichen. Die primäre Zielgruppe dieses Angebots sind neu zugewanderte Kinder und Jugendliche ohne bzw. mit geringen Deutschkenntnissen, die im schulpflichtigen Alter nach Deutschland migriert sind. Die Förderung findet häufig nicht zusätzlich zum Regelunterricht statt, sondern in hierfür extra eingerichteten Klassen.

7.2.1.1 | Materialien und Lehrwerke

In der Regel werden in solchen additiven Fördermaßnahmen Lehrwerke verwendet, die eine (Neu-)Ausrichtung mit dem Schwerpunkt Deutsch als Zweitsprache haben. Wenn es an institutionellen Vorgaben fehlt und DaZ-Lehrkräfte keine Erfahrungen in der Bewertung eines Lehrwerks hinsichtlich Qualität und Eignung für den jeweiligen Kontext haben, erfolgt die Auswahl häufig willkürlich; Lehrkräfte berichten auch darüber, dass sie sich Materialien individuell zusammenstellen. In der Realität kann aber auch ein vorgegebenes bzw. in einem Bundesland akkreditiertes und/oder qualitativ hochwertiges Lehrwerk die unterschiedlichen Voraussetzungen der Schüler/innen nicht kompensieren. Für schulpflichtige neu zugewanderte Schüler/innen, denen etwa durch eine langjährige Flucht jegliche Grundschulerfahrung fehlt, müssten andere Materialien verwendet werden als für gleichaltrige neu zugewanderte Schüler/innen mit Grundschul- bzw. Lernerfahrung im Herkunftsland, die in derselben Förderklasse unterrichtet werden. In der Praxis stellt es mitunter eine Herausforderung dar, entsprechendes Material zu finden. Manchmal müssen jugendliche Schüler/innen mit Materialien arbeiten, die für den Primarbereich konzipiert wurden, was sich entsprechend negativ auf die Motivation auswirkt (Vogel/Stock 2017: 26).

7.2.1.2 | Primarstufe

Typische additive DaZ-Fördermaßnahmen im Übergang vom Elementar- in den Primarbereich sind sog. Vorkurse, die sich an Schüler/innen richten, die am Ende des Elementarbereichs diagnostisch auffällig sind. Voraussetzung ist hierfür ein diagnostisches Testverfahren, das den Sprachstand der Kinder ermittelt und diesen mit einem Normwert vergleichbar macht und gleichzeitig individuelle Erwerbsszenarien berücksichtigt (monolingual vs. bilingual).

Beispiel Bayern: In Bayern wird zu Beginn des vorletzten Kindergartenjahres eine Förderempfehlung für Kinder ausgesprochen, die bei der Ermittlung des Sprachstands mittels des Beobachtungsbogens »Sprachverhalten und Interesse an Sprache bei Migrantenkindern in Kindertageseinrichtungen« (SISMIK) bzw. »Sprachentwicklung und Literacy bei deutschsprachig aufwachsenden Kindern« (SELDAK) unter dem festgelegten Normwert bleiben (s. Kap. 5.1.2); der Besuch eines Vorkurses erfolgt daraufhin allerdings freiwillig. Die Sprachförderung im Vorkurs kann je nach lokalen Voraussetzungen im Kindergarten oder in der Grundschule stattfinden. Das Bayerische Staatsinstitut für Schulqualität und Bildungsforschung hat gemeinsam mit dem Staatsinstitut für Frühpädagogik die sog. »Lernszenarien« (Hölscher 2003) für den Einsatz in den Vorkursen entwickelt. Der dort zugrundeliegende Sprachförderansatz folgt dem didaktisch-methodischen Konzept der Handlungsorientierung (Jank/Meyer 2014; s. Kap. 3.2.5), insofern hier die Erfahrungswelten der Schüler/innen einbezogen werden. Im Unterricht werden dann z. B. der Wortschatz, die Aussprache und syntaktische Strukturen in einem, an der Erfahrungswelt anknüpfenden, Lernszenario gefördert.

7.2.1.3 | Primar- und Sekundarstufe

Weitere additive DaZ-Förderangebote sind sog. (Deutsch-)Förderkurse, die als begleitende Fördermaßnahme für Schüler/innen mit nicht-deutscher Muttersprache in Regelklassen im Primar- und Sekundarbereich angeboten werden. Analog zu der Bezeichnung ›Deutschförderkurs‹ in Bayern, Hessen und Sachsen wird dieses Angebot in anderen Bundesländern auch als ›begleitende Förderung‹ (Mecklenburg Vorpommern), ›Förderkurse Deutsch als Zweitsprache‹ (Niedersachsen), ›Förderstunden‹ (Saarland) oder ›Stützkurs‹ (Schleswig Holstein) bezeichnet.

Deutschförderklassen: In einer sog. Deutschförderklasse werden Schüler/innen aus der Regelklasse zusammengefasst, die keine oder sehr geringe Deutschkenntnisse haben. Deutschförderklassen zählen aber nicht ausschließlich zu additiven Fördermaßnahmen. In Bayern etwa können solche Klassen in allen Jahrgangsstufen der Grund- und Mittelschulen eingerichtet werden und umfassen ca. 12 Schüler/innen, die in ausgewählten Fächern den Unterricht getrennt von ihrer Stammklasse erhalten; in den übrigen Fächern nehmen sie aber am Unterricht ihrer Stammklasse teil. Das Ziel des gemeinsamen Unterrichts ist die Integration in den Regelunterricht. In Bayern kann die Deutschförderklasse bis zu zwei Schuljahre bestehen, die Dauer hängt vom individuellen Erwerbsfortschritt ab. Auch während des Schuljahres können Schüler/innen – gegebenenfalls auch sukzessive – in die Stammklasse zurückgeführt werden. In den Jahrgangsstufen 1 bis 7 erhalten die Kinder bis zu zwei Jahre lang eine auf das Erlernen der deutschen Sprache und auf ihre Grundkenntnisse und Grundfertigkeiten bezogene Förderung mit dem Ziel, in ihre Stammklasse zu wechseln und dort ihre Schullaufbahn erfolgreich fortzusetzen.

Neu zugewanderte Jugendliche: Neu zugewanderte jugendliche Späteinsteiger, die in eine Deutschförderklasse der Jahrgangsstufe 8 aufgenommen werden, sollen in den verbleibenden zwei Jahren zum erfolgreichen Abschluss der Mittelschule und gegebenenfalls zum Erwerb des qualifizierenden Abschlusses der Mittelschule geführt werden. Ziel ist es, die Kinder soweit zu fördern, dass sie je nach ihrer Leistungsentwicklung nach einem oder nach zwei Jahren ohne Zeitverlust voll in ihre Regelklasse eingegliedert werden können und dort ihre Schullaufbahn erfolgreich fortsetzen. Ein ähnlicher Ansatz wird z. B. in den Basisklassen in Hamburg verfolgt, in denen neu zugewanderte Schüler/innen zusätzlichen Deutschunterricht bekommen, gleichzeitig aber eine Stammklasse besuchen, in der sie mit fortgeschritteneren Schüler/innen gemeinsam lernen.

7.2.1.4 | Sekundarstufe

In Folge des 2015 und 2016 zu verzeichnenden Zuwachses an neu zugewanderten Kindern und (unbegleiteten) Jugendlichen haben auch die
Vorbereitungsklassen im Sekundarbereich an Wichtigkeit gewonnen. So
werden die Angebote in Baden-Württemberg, Hamburg, Nordrhein-Westfalen, im Saarland und in Sachsen bezeichnet. Analog dazu finden sich
die Bezeichnungen ›Willkommensklassen‹ (Berlin), ›Übergangsklassen‹
(Bayern), ›Intensivklassen‹ (Hessen) und ›Fördergruppen/Förderklassen‹
(Sachsen-Anhalt) (vgl. dazu ausführlicher die Darstellung in Tabelle 1 in
Massumi et al. 2015: 12).

Diese Klassen stellen streng genommen keine additiven Fördermaßnahmen dar, da sie in der Regel extra für neu zugewanderte Kinder und
Jugendliche ohne bzw. mit geringen Deutschkenntnissen eingerichtet
wurden und einen Übergang bzw. eine Integration in den Regelunterricht
zum Ziel haben. Das Angebot existiert entsprechend sowohl im Primar-
als auch im Sekundarbereich.

Verschiedenartigkeit der institutionellen Vorgaben: In Bayern stellt die
Grundlage für den Unterricht in einer Übergangsklasse der separate *Lehrplan PLUS Deutsch als Zweitsprache* dar (s. Kap. 3.3). Durch stark differenzierte Unterrichtsformen sollen die Schüler/innen besonders in der
deutschen Sprache gefördert werden und bei entsprechendem Lernfort-
schritt in der deutschen Sprache in die entsprechende Jahrgangsstufe der
Regelklasse zurückgeführt werden. Im Vergleich zu Bayern erfolgt in Baden-Württemberg eine stärkere Differenzierung: Neben dem Erwerb des
Deutschen findet im Orientierungsrahmen für Vorbereitungsklassen
›Deutsch im Kontext von Mehrsprachigkeit: Curriculum‹ auch die lebensweltliche Mehrsprachigkeit der Schüler/innen Berücksichtigung. Darüber
hinaus erfolgt bereits in den Vorbereitungsklassen ein sprachsensibler
Fachunterricht, insofern im Aufbauniveau neben allgemeinsprachbil-
dende auch fachbezogene sprachliche Mittel erworben werden, die den
Übergang in den Regelunterricht erleichtern sollen.

Heterogenität der Konzepte

Berufsintegrationsklassen haben wiederum das Ziel, junge Menschen
mit Bleibeperspektive sprachlich auf eine duale Ausbildung vorzubereiten (s. ausführlicher Kap. 7.3).

7.2.2 | Integrativer DaZ-Unterricht

Den additiven bzw. teilintegrativen Förderkonzepten stehen Konzepte
gegenüber, welche die DaZ-Förderung in den Regelunterricht integrieren.
In Modellen, die streng submersiv ausgerichtet sind, werden Schüler/in-
nen in Regelklassen unterrichtet, ohne dabei die individuellen Sprachkenntnisse zu berücksichtigen. Dem Konzept liegt die Überzeugung zugrunde, dass sich die Schüler/innen durch ein ›Sprachbad‹ im (schulischen) Alltag die Zweit- bzw. Unterrichtssprache aneignen. Im Gegensatz dazu orientieren sich Immersionsmodelle an dem jeweiligen
Sprachstand der Schüler/innen. In Lernszenarien (s. o., Hölscher 2007)
bilden Themen aus dem unmittelbaren Erlebnisbereich der Schüler/in-

nen den Ausgangspunkt für den integrativen (DaZ-)Unterricht, und die Handlungsorientierung steht im Vordergrund. Hieran schließen sich Konzepte, die einen binnendifferenzierten Unterricht fokussieren (Kniffka/Siebert-Ott 2012: 141), d. h. dass gezielte Sprachförderung innerhalb des Regelunterrichts stattfindet und sich an den individuellen Bedürfnissen der Schüler/innen orientiert.

Der sprachsensible Unterricht: Im Konzept des sprachsensiblen Unterrichts etwa liegt der Schwerpunkt auf der Verbindung von Sprachenlernen und Fachlernen (vgl. Kniffka/Siebert-Ott 2012: 142; Michalak et al. 2015 sowie Kap. 3.4). Diese Form der sprachlichen Unterstützung, die sich im Übrigen an in Deutschland geborene, einsprachige und mehrsprachige, sowie neu zugewanderte Schüler/innen zugleich richtet, findet nicht in den oben beschriebenen additiven Fördermaßnahmen oder ausschließlich im Deutsch- und Fremdsprachenunterricht statt, sondern in allen Fächern (entsprechend auch im Biologie-, Physik-, Mathematik-, Geographie-, Geschichts- oder Kunstunterricht).

> **Submersion:** In Einwanderungsländern werden Zweitsprachlerner überwiegend mit einsprachig aufwachsenden Schüler/innen gemeinsam unterrichtet. Diesen Fall, wenn die Zweitsprache eines Lerners gleichzeitig Unterrichtssprache und Mehrheitssprache eines Landes darstellt, bezeichnet man als ›Submersion‹. In diesem Zusammenhang wird häufig von einem ›Untertauchen‹ der Zweitsprachlernenden gesprochen, da ihre sprachlichen Vorkenntnisse keine Berücksichtigung in den sprachlichen Anforderungen des Unterrichts finden.
>
> **Immersion:** Der Begriff geht auf Programme in Kanada zurück, in denen Schüler/innen mit Englisch als Erstsprache in ihrer Zweitsprache Französisch unterrichtet wurden (in Kanada ist Französisch zwar ebenfalls Amtssprache, wird aber im Vergleich zum Englischen weniger häufig als Erstsprache erworben). Überwiegend wird davon ausgegangen, dass die Teilnahme zu einer Verbesserung der Zweitsprachkompetenzen bei gleichzeitiger Kompetenzentwicklung in der Erstsprache führt. Voraussetzung für den Erfolg ist, dass die Erstsprache in der Gesellschaft (oder Familie) gefestigt genug ist. Heute wird Immersion allgemein als das ›Eintauchen‹ eines Zweitsprachlernenden in eine andere als die Mehrheitssprache, in der der Unterricht erfolgt, verstanden.

Erfolg integrativer Konzepte: Verschiedene Evaluationen lassen annehmen, dass integrative Maßnahmen alleine oder in Verbindung mit additiven erfolgreicher sind als ausschließlich additive (Gogolin et al. 2011; Rösch 2013). Aufgrund der geringen empirischen Belastbarkeit der durchgeführten Einzel- oder Fallstudien, welche die Wirksamkeit sprachsensibler Konzepte getestet haben, ist eine solche Schlussfolgerung jedoch mit Vorsicht zu ziehen. Auch zeigen Studien zu Sprachförderkonzepten (vgl. z. B. Kammermeyer et al. 2014; Kucharz et al. 2015), dass nicht allein die Sprachfördermethode bzw. das -konzept ausschlaggebend für den Erfolg einer Maßnahme ist, sondern vielmehr die Sprachförderkompetenzen der Fach- und Lehrkräfte. Doch selbst eine hohe Sprachförderkompetenz in

Sprachsensibler Unterricht

Definition

einer additiven Maßnahme scheint keinen großen Einfluss auf deren Erfolg zu haben, wenn es an einer sprachförderlichen Lernumgebung außerhalb der additiven Maßnahme mangelt (s. auch Kap. 6.3 zu entsprechenden Ergebnissen für die frühkindliche Sprachförderung). Im Folgenden werden einige methodisch-didaktische Umsetzungen des integrativen DaZ-Unterrichts exemplarisch vorgestellt.

7.2.2.1 | Primarstufe

Spiel mit Sprache: Belke (2012a; 2012b) sieht das Spiel mit Sprache als Grundlage eines integrativen (DaZ-)Unterrichts. Hierfür dienen Gedichte, Verse, Reime oder Lieder, die als Ausgangspunkt für verschiedene Denk- und Schreibanlässe dienen. Im Primarbereich (3./4. Klasse) schlägt Belke (2012b) vor, mit Hilfe des sog. DER-DIE-DAS-Gedichts den Schüler/innen die Genus-Zuordnung bewusst zu machen und darüber hinaus neue Wörter zu suchen, mit diesen Reime zu erfinden und aufzuschreiben. Grundsätzlich verfolgt die Methode durch den Einsatz von literarischen Mustern, welche durch die Lernenden verändert oder weiterentwickelt werden, den Ansatz des nachahmenden Lernens (*chunk-learning*, s. auch das Beispiel in Kap. 7.2.2.2).

Handlungsorientierung: Ein weiteres Konzept für die Unterrichtsgestaltung in der Primarstufe sind die Lernszenarien zum fachübergreifenden Einsatz von Roche et al. (2016) für die 1./2. Klasse sowie Terrasi-Haufe et al. (2016) für die 3./4. Klasse. Den Ausgangspunkt hierfür bilden authentische Situationen aus der Lebenswelt der Schüler/innen, welche sie durch Sprache und Wissen lösen.

Beispiel **Das Lernszenarium ›Unser Klassenzimmer‹**

In dem Lernszenarium ›Unser Klassenzimmer‹ (3./4. Klasse, Terrasi-Haufe et al. 2016: 31 f.) werden durch authentische Situationen (verbrachte Zeit im Klassenzimmer, Einrichtung und Gestaltung des Klassenzimmers) Anreize gegeben, diverse Handlungsschritte zu unternehmen. Diese werden durch verschiedene Aufgaben (Klassengespräch, Fotografieren, Rundgang, Kreuzworträtsel) in Einzel-, Partner- und Gruppenarbeiten überwiegend selbständig bearbeitet. Schwächere Schüler/innen lernen hier mit fortgeschrittenen Lernern zusammen, was im Idealfall zu einem wechselseitigen Lernen führt. Weitere simulierende authentische Situationen, regen zum mündlichen (z. B. Experteninterview, Radiobeitrag) und schriftlichen Anwenden (Plakat, Tafel, Schreibgespräch) der jeweiligen sprachlichen Muster an. Ausgewählte grammatische Strukturen, die sich an den Bedürfnissen der Schüler/innen orientieren, können von der Lehrkraft individuell integriert werden.

In Bayern hat das Konzept der Handlungsorientierung durch die verschiedenen Szenarien einen Bezug zu den Lehrplänen Deutsch (u. a. »verstehend Zuhören«, »Gespräche führen«, »über Lernen sprechen«, »Texte präsentieren«), Mathematik (u. a. »Sachsituationen und Mathematik in Beziehung setzen«, »mit Größen in Sachsituationen umgehen«), Kunst (u. a. »gestaltete Umwelt«, »visuelle Medien«) und zum DaZ-Unterricht (u. a. »verstehend Zuhören«, »zu anderen sprechen«, »Ausbildung von Schreibfertigkeiten und eines situationsgemäßen Wortschatzes«). Die hier angeregte Verbindung von sprachlichem und fachlichem Lernen steht im Konzept des sprachsensiblen Fachunterrichts noch stärker im Vordergrund (Schmölzer-Eibinger et al. 2014; vgl. hierzu auch den vom Mercator-Institut in Kooperation mit dem Deutschen Institut für Erwachsenenbildung entwickelten Methodenpool zum sprachsensiblen Fachunterricht: https://www.mercator-institut-sprachfoerderung.de/de/forschung/laufende-projekte/methodenpool-sprachsensibel/).

Sprachsensibler Unterricht: Die Umsetzung des didaktisch-methodischen Konzepts des sprachsensiblen Unterrichts am Beispiel des Mathematikunterrichts in der Grundschule setzt zunächst die Formulierung eines sprachlichen Lernziels voraus. Ein Beispiel: Zu dem fachlichen Lernziel »Schüler/innen ordnen Grundsituationen (z. B. dem Hinzufügen und Vereinigen oder dem Wegnehmen und Abtrennen) Plus- oder Minus- bzw. Ergänzungsaufgaben zu« (Ministerium für Schule und Weiterbildung NRW 2008: 61) kann man das folgende sprachliche Lernziel formulieren: »Schüler/innen können das Verfahren von Plus- oder Minus- bzw. Ergänzungsaufgaben mündlich erklären«.

Um das sprachliche (und somit auch das fachliche) Ziel zu erreichen, können verschiedene Hilfestellungen gegeben werden. Wildemann und Fornol (2016) schlagen vor, Wortschatzsammlungen zu in Textaufgaben vorkommenden mathematischen Schlüsselbegriffen und deren kontextueller Verwendung anzulegen. Erläuterungen der Begriffe erfolgen dabei in der Alltagssprache und können durch graphische Darstellung unterstützt werden. Des Weiteren bietet sich an, die im mathematischen Kontext unterschiedliche Bedeutung von Präpositionen gemeinsam in der Klasse zu besprechen.

Leseschlange

Beispiel

Eine Methode, welche die Erstellung von kausalen, referentiellen und zeitlichen Zusammenhängen fördert, ist die sog. Leseschlange. Dabei erhalten Schüler/innen eine Rechengeschichte, die in Einzelteile zerlegt wurde und die sie nun in Partnerarbeit wieder sinnvoll zusammenfügen sollen, mit dem Ziel, die Rechenaufgabe zu lösen.

Die eigene Textproduktion wird dabei z. B. durch Lückentexte gefördert, in welchen den Schüler/innen ein sprachliches Vorbild (in Form von Satzstrukturen, wie etwa »Das Ergebnis der Aufgabe ist ...«) gegeben wird, das sie mit ihrem vorhandenen Wissen ergänzen. Im Sinne des *Scaffolding* werden diese Hilfestellungen im Laufe der Zeit und mit zunehmenden sprachlichen Fähigkeiten wieder zurückgebaut (Wildemann/Fornol 2016: 297).

7.2.2.2 | Sekundarstufe

Spiel mit Sprache: Für den Sekundarbereich (5./6. Klasse) schlägt Belke (2012b) ein Textexperiment anhand eines Beispieltextes (»Puppe-in-der-Puppe-Text«, s. Beispiel unten) vor. Den Schüler/innen wird somit einerseits sprachliches Wissen im Deutschen implizit vermittelt (z. B. über Fragen zur Subjekt-Verb Verbindung oder zu Pronomen), andererseits ein kontrastiver Zugang zu ihren Erstsprachen geboten (z. B. über Fragen zu sprachlichen Mitteln der Satzverknüpfung in anderen Sprachen oder Übersetzungen in andere Sprachen). Darüber hinaus ist durch die Mustervorgabe ein Schreibimpuls gegeben, der in Partner- oder Kleingruppenarbeit zum Verfassen eigener Textabschnitte führt – hier wird entsprechend das nachahmende Lernen und die Vermittlung grammatischer Strukturen verfolgt (= *Focus on Form*).

Beispiel	**Puppe-in-der-Puppe-Texte** Die Bezeichnung dieser Texte ist durch das beliebte Kinderspielzeug der Matroschka motiviert, bei der in einer Puppe verschiedene, immer kleiner werdende, Puppen enthalten sind. Texte dieser Art sind in vielen Kinderkulturen als Sonderform der Reihen- oder Endlostexte belegt. Fortgeschrittene Lerner können beispielsweise durch Puppe-in-der-Puppe-Texte lernen, wie Relativsätze ›aufgedröselt‹ werden können und welches Verb innerhalb dieses Textes zu welchem Subjekt gehört. Als Ausgangspunkt für das Verfassen eines eigenen Satzes könnten die Fragen stehen: »Wer erhält 10 € Belohnung und was hat der zu ergreifende Täter getan?« Das Resultat wäre ein Satz wie: *Derjenige erhält 10 € Belohnung,* *der den Täter anzeigt,* *der den Wegweiser umgerissen hat,* *der an der Brücke steht,* *die an der Straße liegt,* *die nach Kleinkleckersdorf führt.* Belke (2012b: 184 f.)

Handlungsorientierung: Im Gegensatz zu der von Belke vorgeschlagenen Umsetzung tritt die explizite Vermittlung grammatischer Phänomene zu Gunsten des handelnden und kommunikativen Ansatzes auch in den Lernszenarien in der Sekundarstufe in den Hintergrund (= *Focus on Meaning*). Die Themen sind an die Lebenswelt der Schüler/innen im Sekundarbereich angepasst und werden (analog zum Primarbereich) durch unterschiedliche Aufgaben bearbeitet (z. B. Ausdenken von Quizfragen oder Materialien zu einem Text oder graphische Aufbereitung des Inhaltes eines Textes, vgl. ausführlicher Hölscher 2007: 157). Nach Jeuk (2015: 156) liegt der Vorteil der Lernszenarien vor allem im Erwerb der Mündlichkeit sowie der Erweiterung des Wortschatzes.

Sprachsensibler Unterricht: Für den Sekundarbereich liegen mittlerweile zahlreiche sprachsensible Unterrichtsmaterialien vor, die jedoch noch kaum empirisch getestet wurden. Das folgende Beispiel beschreibt sprachsensibles Handeln im Chemieunterricht anhand einer Aufgabe, die zum Ziel hat, Schüler/innen in eine authentische, aber zu bewältigende Sprachsituation zu bringen und ihnen dabei »so wenige Sprachhilfen wie möglich, aber auch so viele wie individuell zum erfolgreichen Bewältigen der Sprachsituationen nötig« (Sumfleth et al. 2013: 268) anzubieten. Ein herkömmliches Arbeitsblatt zum Thema »Stoffe und ihre Eigenschaften« mit dem Arbeitsauftrag »Erkläre die folgenden Begriffe; Schreibe die beobachtbaren und nicht beobachtbaren Eigenschaften der Stoffe auf; Beschreibe die Eigenschaften der Metalle« wird entsprechend um ein Wortfeld, welches die thematischen Verben und Fachbegriffe mit entsprechenden Kasusendungen enthält, ergänzt und umformuliert (»Suche Begriffe, die zusammenpassen; Schreibe sie untereinander; Finde dazu Oberbegriffe; Ordne den Fachbegriffen ein Verb zu; Bilde sinnvolle Sätze«).

Wirksamkeit sprachsensibler Konzepte: Die Ergebnisse eines Prä-Post-Vergleichs zeigen, dass bei Schüler/innen, die mit diesen und weiteren sprachsensiblen Materialien unterrichtet wurden, im Vergleich zu Schüler/innen, die mit herkömmlichem Material ohne Fachsprachenförderung gearbeitet hatten, ein signifikant höherer Lernzuwachs in der Beherrschung der allgemeinen Unterrichtssprache zu beobachten ist (Sumfleth et al. 2013: 270). Wenngleich die Ergebnisse wegen der kleinen Populationsgröße nicht verallgemeinerbar sind, so deuten sie jedoch an, dass solche, in den Unterrichtsalltag integrierten, sprachsensiblen Unterstützungstechniken vielversprechend sind, wenn sie als ein umfassendes Konzept angewendet werden – was bedeutet, dass dieses die gesamte Art zu unterrichten strukturiert.

Fehlender Bezug zur Erstsprache: Trotz der organisatorischen Unterschiede weisen additive, teilintegrative und integrative Maßnahmen eine grundlegende Gemeinsamkeit auf: eine überwiegend auf das Deutsche ausgerichtete Konzeption, in der ein Einbezug der Erst- bzw. Herkunftssprachen kaum Platz hat (mit einigen Ausnahmen, vgl. dazu etwa das Sprachenportfolio nach Oomen-Welke 2006; 2007). Hier greifen kooperative Konzepte, die eine Kombination von additiven oder teilintegrativen DaZ-Fördermaßnahmen und einem Unterricht in einer Herkunftssprache vorsehen.

7.2.3 | Kooperativer DaZ- und herkunftssprachlicher Unterricht

Die Kombination von DaZ-Unterricht und herkunftssprachlichem Unterricht ist wohl das am weitesten verbreitete Konzept zweisprachiger Sprachförderung in Deutschland. Unter ›herkunftssprachlichem Unterricht‹ wird ein Unterricht verstanden, dessen primäre Zielgruppe Schüler/innen sind, die eine allochthone (eingewanderte) Minderheitensprache ungesteuert erworben haben. Der herkunftssprachliche Unterricht wird in Deutschland variierend zwischen den Bundesländern entweder von den deutschen Behörden, den jeweiligen ausländischen Vertretungen oder von privaten Organisationen organisiert (Thürmann 2007; Reich 2017b; vgl. ausführlicher Löser/Woerfel 2017).

Unabhängig von der Verantwortlichkeit ist der Unterricht organisatorisch überwiegend vom übrigen Klassenunterricht getrennt. In einigen Bundesländern (z. B. in Rheinland-Pfalz und Nordrhein-Westfalen) soll »[e]ine Kooperation zwischen den Lehrkräften für den Regelunterricht, für die Förderung und den muttersprachlichen Unterricht« (Ministerium für Bildung, Wissenschaft, Weiterbildung und Kultur 2015) angestrebt werden.

Entlastung durch herkunftssprachlichen Unterricht: In Nordrhein-Westfalen sieht diese Kooperation insbesondere in der Sekundarstufe vor, zu den im Sachunterricht üblichen Inhalten, Textsorten und lernbereichsspezifischen Arbeitsweisen für die Schüler/innen Bezüge herzustellen, »sodass gegebenenfalls Lernschwierigkeiten durch den Rückbezug auf die ›Muttersprache‹ überwunden werden können« (Ministerium für Schule, Wissenschaft und Forschung des Landes Nordrhein-Westfalen 2000: 10). Entsprechend soll der didaktische Fokus des herkunftssprachlichen Unterrichts nicht ausschließlich auf der Familiensprache und Herkunftskultur liegen, sondern auch auf der Übertragung von Inhalten auf den deutschsprachigen Regelunterricht und darüber hinaus allgemein auf dem Erwerb von Kenntnissen und Fähigkeiten in mehreren Sprachen (im Sinne des GER, s. Kap. 3.1.2).

Definition

Im deutschsprachigen Raum wird neben den Begriffen ›Herkunftssprachlicher Unterricht‹ und ›Herkunftssprachenunterricht‹ auch ›Muttersprachlicher (Ergänzungs-)Unterricht‹ oder in der Schweiz ›Kurse in heimatlicher Sprache und Kultur‹ verwendet.
Ursprünglich wurde diese Art des Unterrichts eingerichtet, um den Kindern der Gastarbeitergeneration eine Rückkehr in den Regelunterricht im Herkunftsland zu ermöglichen (Reich 2017b; Löser/Woerfel 2017). Die Begrifflichkeiten sind heute nicht mehr zeitgemäß, da die Schüler/innen, die den Unterricht besuchen, oft selbst gar keine Migrationserfahrungen haben, ihr Herkunftsland oder ihre Heimat Deutschland, Österreich oder die Schweiz ist und sie selber kaum Aussagen darüber treffen können, welche ihrer Sprachen, die die meisten von frühester Kindheit gelernt haben, ihre Muttersprache ist. Die Begriffe bergen zudem die Gefahr der Ethnisierung (vgl. Küppers et al. 2014).

Umsetzungsschwierigkeiten: In der Realität scheint dieses vielversprechende kooperative Konzept auf Empfehlungen wie z. B. »dass die Lehrkräfte des muttersprachlichen Unterrichts gut über das Lerngeschehen der jeweiligen Altersstufe informiert sind und sich mit anderen Kolleginnen und Kollegen in Planungs- und Auswertungsgesprächen auf ein abgestimmtes pädagogisch-fachliches Konzept einigen« (Ministerium für Schule, Wissenschaft und Forschung des Landes Nordrhein-Westfalen 2000: 10) beschränkt zu sein. Denn eine Umsetzung in der Praxis wird von unterschiedlichen Faktoren erschwert, nicht zuletzt von der Tatsache, dass es neben Lehrplänen an didaktischen Konzepten mangelt. Entsprechend lassen sich auch kaum Aussagen über den Erfolg dieses kooperativen Konzeptes machen, da es an empirisch gestützten Evaluierungen fehlt.

Begrenzter Erfolg: Die wenigen vorliegenden Ergebnisse sind bislang mehr als ernüchternd: Der Vergleich dreier Förderkonzepte in Kölner Grundschulen über einen Zeitraum von vier Jahren zeigt, dass zweisprachige türkisch-deutsche Schüler/innen, die nach einem kooperativen Unterrichtskonzept unterrichtet wurden, in den Bereichen Wortschatz, Textlänge und Lesefähigkeiten im Deutschen und im Türkischen schlechter abschneiden, als die zweisprachigen Vergleichsgruppen, die nach einem Konzept der doppelten Alphabetisierung (KOALA) unterrichtet wurden (Reich 2016).

Dieses Ergebnis ist nicht unbedingt überraschend, wenn man bedenkt, dass beide Sprachen im KOALA-Konzept im Regelunterricht einen gleichwertigen Platz finden. Erstaunlich sind jene Ergebnisse, die offenlegen, dass die Schüler/innen, die nach dem kooperativen Konzept unterrichtet wurden, nicht einmal in ihrer Erstsprache Türkisch besser abschneiden, als die Vergleichsgruppe, die ausschließliche DaZ-Förderung erhielt. Hier werden u. a. Mängel hinsichtlich der Kooperation der Lehrkräfte, der Rahmenbedingungen des herkunftssprachlichen Unterrichts und der Einstellung von Lehrkräften zu Mehrsprachigkeit als mögliche negative Variablen diskutiert. Fehlende Kooperation

Weitere negative Faktoren: Dazu kommen neben dem angesprochenen Mangel didaktisch-methodischer Konzepte die Arbeitsbedingungen der Herkunftssprachenlehrkräfte und die (organisatorischen) Rahmenbedingungen des herkunftssprachlichen Unterrichts (vgl. Endesfelder 2017), die themenspezifische oder gar sprachbezogene Absprachen zwischen Herkunftssprachen- und DaZ-Lehrkraft häufig unmöglich machen. Erschwerend ist darüber hinaus, dass der herkunftssprachliche Unterricht in Deutschland vermehrt Kritik ausgesetzt ist. Diese wird nicht nur von Vertretern einer ausschließlichen DaZ-Förderung geäußert, sondern, neben Eltern, auch von Seiten der Forschung, die vor allem die Loslösung vom Deutsch- bzw. Sachunterricht als negative Variablen diskutiert (vgl. Schroeder 2007).

Innovative Materialien für den herkunftssprachlichen Unterricht: Aktuelle didaktisch-methodische Anstöße, den herkunftssprachlichen Unterricht dem Regel- bzw. Sachunterricht anzunähern, kommen nicht aus Deutschland, sondern aus der Schweiz. Die dort entwickelten »Materialien zum herkunftssprachlichen Unterricht« stellen eine Grundlage dar, auf der ein kooperatives DaZ- und Herkunftssprachenkonzept zukünftig entwickelt werden kann (vgl. Aktaş et al. 2016; Riss et al. 2016; Schader 2016; Schader et al. 2016; Schader/Bovina 2016; Schader/Maloku 2016).

Kooperation mit dem Regelunterricht

Förderung der Schriftlichkeit

Schader und Maloku (2016) schlagen konkrete Projekte vor, welche das Schreiben in der Erstsprache fokussieren.

- Für den **Primarbereich** beispielsweise das Verfassen von mehrsprachigen Gedichtsammlungen, mehrsprachige Wand- oder Schülerzeitungen sowie mehrsprachige Rezeptsammlungen;
- für den **Sekundarbereich** werden mehrsprachige Bilder- oder Abenteuerbücher und die Beiträge zu Projektwochen oder kulturellen Ausstellungen vorgeschlagen (Schader/Maloku 2016: 57 f.).

Förderung der Mündlichkeit

Schader et al. (2016: 14) geben hinsichtlich der Förderung der Mündlichkeit in der Erstsprache Anregungen für den Austausch zwischen Herkunftssprachen- und Regelunterrichtslehrkraft: Austausch von Ideen und Materialien zur Arbeit im Bereich des szenischen Spiels und Kennenlernen der Ideen und Materialien der Sprachlehrmittel des Regelunterrichts.

Lernstrategien

Schader und Bovina (2016) legen den Schwerpunkt auf Lernstrategien und -techniken, die den Lernerfolg von Schüler/innen umso nachhaltiger bestimmen, je enger Herkunftssprachen- und Klassenlehrperson in diesem Aspekt zusammenarbeiten. Hierzu zählt etwa die koordinierte Planung bei Techniken, wie z. B. das Clustern oder das Erstellen einer Mindmap parallel im herkunftssprachlichen Unterricht und im Regelunterricht anhand eines gemeinsamen Themas.

7.3 | DaZ an beruflichen Schulen

Die berufliche Bildung ist insgesamt durch eine starke Heterogenität gekennzeichnet. Diese bezieht sich nicht nur auf die Vielfalt an Schularten, die sie umfasst, und die zahlreichen Schnittstellen zwischen diesen und weiteren Bildungswegen, sondern auch auf Lehrkräfte und Schülerschaft. Daneben ist sie besonders sensibel für Veränderungen auf dem Arbeitsmarkt sowie in der Wirtschaft und in Bezug auf technische Entwicklungen. Was im Unterricht passiert, wird folglich nicht nur von den curricularen Vorgaben, den Lehrkräften, ihrem Ausbildungshintergrund und den Schüler/innen beeinflusst, sondern auch von der Nachfrage auf dem Arbeitsmarkt, den Anforderungen, die die Unternehmen an Auszubildende stellen, und den Zertifizierungsvorgaben von Handelskammern, Innungen und Berufsverbänden.

Heterogenität des Feldes: Unter dem Oberbegriff ›berufliche Schulen‹ werden in der beruflichen Bildung neben Berufsschulen und Berufskollegs auch Berufsfachschulen, Wirtschaftsschulen, Fachschulen, Berufsoberschulen, Fachoberschulen und Fachakademien zusammengefasst.

Das gesamte System ist extrem heterogen, denn die einzelnen Schularten unterscheiden sich durch gesetzliche Vorgaben bezüglich der Bildungsziele und Zulassungsvoraussetzungen. Dies umfasst unterschiedliche Ausbildungsangebote, die von der Berufsschulvorbereitung im Übergang zur Berufstätigkeit über die Vielfalt an Berufsausbildungen im Dualen System bis hin zu den verschiedenen Arten von Hochschulzulassungen und den Abschlüssen an den Fachakademien reichen.

Der Unterricht an Berufsschulen   Zur Vertiefung

Die Berufsschule ist eine Schule mit Teil- und Vollzeitunterricht im Rahmen der beruflichen Ausbildung, die von Berufsschulpflichtigen und Berufsschulberechtigten besucht wird. Sie umfasst die Jahrgangsstufen 10 bis 12 bzw. 10 bis 13 und vermittelt allgemeinbildende Inhalte sowie theoretische und fachpraktische berufliche Kenntnisse im Dualen System. Darunter versteht man ein System der Berufsausbildung, bei dem die Ausbildung an zwei Lernorten erfolgt, dem Betrieb und der Berufsschule. Für den Bildungsauftrag an Berufsschulen gilt es weiterhin zu beachten, dass nach den KMK-Rahmenplanrichtlinien die Berufsschule und die ausbildenden Betriebe im Dualen System als gleichberechtigte Partner anzusehen sind. Nach den KMK-Rahmenlehrplanrichtlinien (KMK 2007: 9) gehört es zum Bildungsauftrag der Berufsschule, einerseits eine berufliche Grund- und Fachbildung zu vermitteln und andererseits die zuvor erworbene allgemeine Bildung zu erweitern. Damit will die Berufsschule zur Erfüllung der Aufgaben im Beruf sowie zur Mitgestaltung der Arbeitswelt und Gesellschaft in sozialer und ökologischer Verantwortung befähigen.

Der Unterricht soll in Lernfeldern umgesetzt werden, die Handlungsfelder aus der beruflichen Praxis widerspiegeln und durch problembasierte Aufgabenstellungen fachübergreifende Lernprozesse einleiten. Die Umsetzung innerhalb der Schulen soll mittels der didaktischen Jahresplanung erfolgen. Unterricht wird entlang der in den Fachlehrplänen vorgegebenen Kompetenzbereiche und Lernziele geplant. Die Grenzen zwischen den Fächern werden zugunsten eines fachintegrierten Unterrichts aufgelöst.

In diesem Kapitel wird der Schwerpunkt auf die Berufsschulen und die berufsschulvorbereitenden Maßnahmen gelegt. In diesen Einrichtungen werden Anteile von 10 % bis 100 % an Schüler/innen mit Migrationshintergrund verzeichnet (vgl. Terrasi-Haufe et al. 2017b: 163 f.). Viele dieser Schüler/innen sind mehrsprachig (vgl. Steffan et al. 2017), doch bedauerlicherweise werden diese Ressourcen auch in sprachaffinen Ausbildungsberufen wie jenem der Einzelhandelskaufleute kaum genutzt und auch nicht gefördert (ebd.: 69).

Sprachförderung an Berufsschulen: Beim Lehrkörper an Berufsschulen hatten der DaZ-Unterricht sowie der Deutschunterricht bislang einen schweren Stand. Nur sehr wenige Lehrkräfte an Berufsschulen haben eine Lehrbefähigung für Deutsch (in Bayern z. B. nur 12 %), noch weniger für DaZ. So wird der Deutschunterricht, der für die meisten Ausbildungsberufe eine Wochenstunde umfasst, von allen Lehrkräften erteilt, unabhängig davon, ob sie dafür qualifiziert sind oder nicht (Terrasi-Haufe/Baumann 2017: 59). Der DaZ-Unterricht wird meistens in Form von ausbildungsbegleitenden Maßnahmen über die Agentur für Arbeit finanziert und von außerschulischen Kooperationspartnern durchgeführt. Daneben existieren punktuell Unterstützungsangebote wie z. B. »Schule für alle«, die in Form von studentischem Nachhilfeunterricht durchgeführt werden. In den Betrieben findet keine Sprachförderung statt. Die Ausbilder selbst sind sich zwar bewusst, dass es dafür einen Bedarf gibt (Granato/Settelmeyer 2017: 49), werden allerdings darauf nicht vorbereitet.

Im Folgenden wird zunächst der Förderbedarf skizziert, bevor im Anschluss detailliert die verschiedenen Konzepte von DaZ an Berufsschulen dargestellt werden.

7.3.1 | Deutschkompetenzen von Berufsschüler/innen

Die Schulen melden verstärkt Sprachförderbedarf in Deutsch und zwar nicht nur für Schüler/innen mit Migrationshintergrund (Terrasi-Haufe et al. 2017b: 169). Dies ist einerseits auf die wirtschaftlichen und demographischen Veränderungen, andererseits auf den höheren Anteil an selbstreguliertem Lernen (das v. a. verstärkt Lesekompetenz fordert) und die gestiegenen sprachlichen Anforderungen in der Ausbildung zurückzuführen. In der Berufsausbildung werden die Schüler/innen mit den sprachlich-kommunikativen Anforderungen des gewählten Ausbildungsberufs konfrontiert, die ein hohes Maß an berufs-und fachsprachlichen Kompetenzen verlangen (Terrasi-Haufe/Miesera 2016). In den Betrieben gilt es, komplexe Situationen mit unterschiedlichen Gesprächspartnern sprachlich und fachlich zu bewältigen. Hierbei spielen die rapide Veränderung bestimmter Berufe und Fachsprachen aufgrund der technischen Entwicklung (als Beispiel seien hier die Kfz-Mechatroniker genannt) und komplexer werdende Berufsbilder eine zentrale Rolle.

Problembereiche: An den Berufsschulen wird immer mehr selbstgesteuertes Lernen verlangt, und fachliches Wissen wird zum Teil in stark komprimierter Form vermittelt. Allerdings wird bei Berufsschüler/innen zunehmend beobachtet, dass sie genau bei der Entwicklung dieser primären Strategien (Lern- und Arbeitstechniken) Unterstützung benötigen. Daneben werden Defizite im Bereich der Grammatik und Orthographie verzeichnet. Große Schwierigkeiten bestehen beim Lesen und Verstehen von Fachvokabular und der Unterscheidung zwischen Alltags- und Berufssprache. Die mündlichen Kompetenzen sind insgesamt besser als die schriftlichen, wo neben einem mangelhaften Schriftbild oft Schwierigkeiten in der Herstellung von textueller Kohärenz und Verständlichkeit registriert werden.

> **Berufssprache** ist laut Efing (2017: 258) das Register, in dem sich die be- **Definition**
> rufliche Sprachhandlungskompetenz eines Individuums als kommuni-
> kative Bewältigung der Anforderungen des Arbeitsalltags zeigt. Das Ziel
> ihrer Verwendung ist die effektive, angemessene Kommunikation in be-
> ruflichen Kontexten, die nicht nur das berufliche (Sprach-)Handeln, son-
> dern auch die soziale Integration der Sprecherin bzw. des Sprechers in
> den Betrieb und das Arbeitsumfeld gewährleisten soll.

Veränderte Prüfungsanforderungen: Darüber hinaus ergeben sich auch
Schwierigkeiten aufgrund der Einführung neuer Prüfungsformate durch
die Kammern. Bei schriftlichen Prüfungen werden umfassende Lesever-
stehens- und Schreibkompetenzen verlangt, bei Gruppenprüfungen und
den Fachgesprächen mündliche Interaktionsfähigkeit und selbstbewuss-
tes Sprechen (Terrasi-Haufe et al. 2017b). Die Gewichtung dieser Leistungen in den Abschlussnoten führt einen gewissen Washback-Effekt mit
sich, d. h. der Unterricht verändert sich mit Blick auf die modifizierten
Prüfungsanforderungen. Auch der Stellenwert von schriftlichen Kompetenzen ist gestiegen. Gefragt ist die Beherrschung berufsrelevanter
Textsorten in den gewerblich-technischen Berufen z. B. die Funktions-
beschreibung, die unter anderem bei der Übergabe von technischen Ge-
räten an den Kunden erwartet wird. Da für die berufliche Zertifizierung
kaum Möglichkeiten des Nachteilsausgleichs bestehen, benötigen neu
Zugewanderte eine besonders intensive Vorbereitung.

Förderschwerpunkte: Aus diesen Ausführungen ergeben sich folgende
zentrale Förderbereiche für den Unterricht mit neu Zugewanderten an
Berufsschulen (vgl. Terrasi-Haufe et al. 2017a: 154):

- die Entwicklung grundlegender sprachlicher Fertigkeiten (Hören, Spre- **Förderbereiche**
  chen, Leseverstehen und Schreiben) und kommunikativer Kompeten-
  zen zur Bewältigung von Alltag und Schule sowie zum Ausbau eines
  sozialen Netzwerks,
- die Anbahnung und Vertiefung von Kompetenzen zum selbstverant-
  wortlichen Lernen,
- differenzierte Angebote zur Berufsorientierung,
- die Förderung von berufs- und fachsprachlichen Kompetenzen im Betrieb und an der Berufsschule,
- Maßnahmen zur Begleitung dualer Ausbildungen und
- eine angemessene Prüfungsvorbereitung.

Außersprachliche Faktoren: Nach Zschiesche et al. (2010: 20) weisen fast
alle Berufsschüler/innen mit anhaltendem Sprachförderbedarf eine Bildungsbiographie auf, die aufgrund negativer Vorerfahrungen zu einer
starken Abwehrhaltung gegenüber allgemeinbildenden Inhalten von
Schule im Allgemeinen, im Besonderen aber gegenüber Deutschunterricht und Sprachförderung geführt hat; hinzu kommt ein negatives Selbst-
konzept in Hinblick auf Lesen und Schreiben (ebd.: 18 f.). Dadurch fehlt
häufig sowohl die Motivation, sich an sprachförderlichen Aktivitäten zu
beteiligen, als auch die Einsicht in die Relevanz und Bedeutung von

(schrift-)sprachlichen Fähigkeiten für den Alltag und die Ausbildung bzw. den Beruf (vgl. auch Staatliches Berufsbildendes Schulzentrum Jena u. a. 2007: 103 f.).

Für Sprachfördermaßnahmen könnten Berufsschüler/innen, so Efing (2013: 76), nur dann motiviert werden, wenn eine enge sprachlich-fachliche Verzahnung und lebensweltliche Anbindung an den Ausbildungskontext gewährleistet werde. Eine Auslagerung von Sprachfördermaßnahmen aus dem Regelunterricht hat sich für die berufliche Bildung als unproduktiv erwiesen, da diese nur in größeren Ballungszentren angeboten und aufgrund der doppelten Belastung durch betriebliche und schulische Ausbildung als anstrengend empfunden werde.

7.3.2 | DaZ in berufsschulvorbereitenden Maßnahmen

Der zunehmende Mangel an Nachwuchsfachkräften hat zusammen mit den Änderungen in der Auslegung der Berufsschulpflicht bewirkt, dass spätestens seit 2016 die Förderung neu Zugewanderter an beruflichen Schulen ein zentrales bildungspolitisches Thema in fast allen Bundesländern wurde.

Zur Vertiefung

Maßnahmen seit 2015

Die Entwicklung seit 2015 beeinflusst das Bildungswesen in Deutschland sehr stark (vgl. Terrasi-Haufe/Baumann 2016; Massumi et al. 2015). Lag in Deutschland in den vergangenen Jahren bei DaZ-Maßnahmen der Fokus auf Schüler/innen, die sich in zweiter oder dritter Generation in Deutschland aufhalten, so wird seitdem unter dem Label der ›Sprachförderung‹ (wieder) verstärkt die Unterstützung von neu Zugewanderten verstanden. Die Begrifflichkeiten variieren dabei, sowohl was die Zielgruppe als auch was die Bildungsmaßnahmen angeht. So ist von ›Neuzuwanderer/innen‹, ›Seiteneinsteiger/innen‹, ›Flüchtlingen‹ etc. die Rede, welche in ›Internationalen Vorbereitungsklassen‹, ›Übergangsklassen‹, ›Willkommensklassen‹ oder Ähnlichem mit Bildungsangeboten versorgt werden.

Teilweise stecken hinter den Begrifflichkeiten unterschiedliche Förderansätze, teilweise sind sie auf die unterschiedliche Benennungspraxis zurückzuführen. Je nach Bundesland, in dem sich junge Flüchtlinge in Deutschland aufhalten, unterscheiden sich sowohl deren Recht bzw. Pflicht zum Schulbesuch als auch die Formen der Beschulung. Die Gruppe der ›Seiteneinsteiger/innen‹ an deutschen Schulen besteht allerdings bei Weitem nicht nur aus geflüchteten Schüler/innen. Einen großen Anteil bilden auch Schüler/innen aus EU-Ländern inkl. der Türkei und der Russischen Föderation, Amerika, Australien oder Ozeanien.

Für geflüchtete Jugendliche und junge Erwachsene bieten die Bildungsangebote an beruflichen Schulen die erfolgversprechendste Möglichkeit, einen qualifizierten Berufsabschluss zu bekommen und damit Zugang zu einer Erwerbsarbeit zu erlangen, die dauerhaft den Lebensunterhalt sichert (Braun/Lex 2016: 34). Daneben eröffnet die berufliche Bildung gute Chancen, allgemeinbildende Abschlüsse nachzuholen und weiterführende Bildungswege zu erschließen.

7.3.3 | Beschulungskonzepte und Zertifizierung

In fast allen Bundesländern wurden in den Jahren 2015–2017 an beruflichen Schulen Bildungsmaßnahmen etabliert, die die Vorbereitung auf den Übergang in Ausbildung oder weiterführende Schulen abdecken (Terrasi-Haufe et al. 2017a: 150). Neben DaZ-Kenntnissen stehen dort u. a. der Ausbau von fachlichem Wissen und die Aneignung von Arbeitstechniken im Fokus, sofern diese (noch) nicht in dem Umfang vorliegen, wie es das deutschsprachige Schul- und Berufsbildungssystem erwartet.

Berufsvorbereitende Ansätze: Die unterschiedlichen Maßnahmen umfassen durchschnittlich zwei Schuljahre (ebd.: 150). Rheinland-Pfalz spricht beispielsweise von einem ›Berufsvorbereitungsjahr Sprachförderung‹, in Schleswig-Holstein existieren ›Berufsintegrationsklassen Deutsch als Zweitsprache‹. Die Zielsetzung einer sukzessiven Integration der neu zugewanderten Schüler/innen in die Regelklassen des Berufsvorbereitungssystems ist unterschiedlich ausgeprägt. In Bayern ist zum Beispiel vorgesehen, dass der Unterricht in separierten Klassen bis zum Erwerb des Mittelschulabschlusses beibehalten wird. Dieser ist mit dem erfolgreichen Abschluss der Berufsintegrationsklasse gegeben. Nach Massumi et al. (2015: 45) kann somit vom ›Parallelen Modell mit Schulabschluss‹ gesprochen werden. Andere Länder hingegen streben nach einer gewissen Zeit den Übergang in Maßnahmen an, welche nicht nur neu zugewanderten Schüler/innen offenstehen. Die Integration durch Anschluss- und Abschluss-Klassen (InteA) in Hessen soll flexible Übergänge in andere schulische Bildungsgänge ermöglichen. Die Klassen sind nur aus dem Grund an beruflichen Schulen angesiedelt, weil ihre Teilnehmer/innen zwischen 16 und 18 Jahren alt sind.

Folgen der Bildungshoheit: Richtet ein Bundesland spezielle Klassen für neu Zugewanderte ein, so benötigen die beruflichen Schulen in der Konsequenz ein Konzept, auf dessen Basis die einzelnen Maßnahmen inhaltlich zu füllen sind. Hierbei lässt sich zwischen Bundesländern differenzieren, die landesweite Vorgaben machen, welche spezifisch für die beruflichen Schulen sind (z. B. Bayern mit dem neuen Lehrplan für Deutsch (ISB 2016) und dem Lehrplan für die Berufsintegrationsklassen (ISB 2017)) und anderen, welche schulartübergreifende Vorgaben nutzen (z. B. die Sächsische Konzeption zur Integration von Migranten). Wieder andere Länder verzichten bis dato auf zentrale Curricula bzw. beschränken sich auf thematische Vorgaben (z. B. Rheinland-Pfalz oder Niedersachsen). Stattdessen liegt es hier in den Händen der einzelnen Schulen, lokale Konzepte zu erstellen. Dabei orientieren sie sich teilweise an außerschulischen Curricula wie dem Integrationskurs. Auch in Österreich und der Schweiz ist die Anzahl an Geflüchteten unter jungen Erwachsenen besonders hoch. Für Asylsuchende zwischen 15 und 19 Jahren wurden spezielle Maßnahmen in der außerschulischen Basisbildung ein-

Heterogenität der Konzepte

Sie finden unten einen kurzen Lesetext. Der Text hat vier Lücken (Aufgabe 1–4). Setzen Sie aus der Wortliste (A–H) das richtige Wort in jede Lücke ein. Einige Wörter bleiben übrig.

Wortliste

(Z) bestellt	(A) kommt	(B) folgende	(C) mangelhafte	(D) kauft	(E) druckt
(F) macht	(G) fehlende	(H) stört			

Sehr geehrte Damen und Herren,

am 22.11. habe ich über Ihren Online-Shop einen Drucker des Typs *PRINTALL C1000* **(0)** _Z___, der am 26.11. geliefert wurde.

Leider funktioniert das Gerät nicht gut. Es gibt (1) _____ Probleme:

- Der Drucker zieht das Papier nicht immer ein. Bei einigen Blättern (2) _____ der Drucker korrekt, bei anderen nicht. Den Fehler gibt es bei verschiedenen Papiersorten.

- Die Tintenpatrone ist neu, aber beim Einschalten des Druckers (3) _____ die Fehlermeldung „Error". Wenn man dann den Knopf „OK" drückt, ist die Fehlermeldung weg. Sie (4) _____ aber wirklich sehr, weil man jedes Mal vier Sekunden lang den OK-Knopf drücken muss.

Ich möchte deshalb den Drucker zurückgeben und das Geld zurückbekommen. Bitte schreiben Sie mir, wie ich ihn kostenlos an Sie zurücksenden kann.

Mit freundlichen Grüßen

Tim Holzer

Abb. 7.2:
Musteraufgabe
aus Sprachzertifi-
katsprüfung
(DSD I PRO,
Modellsatz 1,
Aufgabe 1)

gerichtet, mit einem Schwerpunkt auf Sprachvermittlung. Der Zugang zu Übergangsstufen an berufsbildenden mittleren und höheren Schulen ist durch Eingangsvoraussetzungen (Pflichtschulabschluss und Englisch-kenntnisse) geregelt.

Anforderungen an eine Zertifizierung: Beim Nachweis erworbener Kompetenzen im Rahmen der Berufsvorbereitungsmaßnahmen sind zwei Aspekte zentral: Einerseits geht es um die Frage, ob und wie Fertigkeiten in der Zweitsprache Deutsch nachzuweisen sind. Andererseits gilt es Wege zu schulischen Abschlüssen zu finden, die anschlussfähig sind für den Übergang in eine weiterführende Schule oder die Aufnahme eines Ausbildungsverhältnisses bzw. einer Beschäftigung (Terrasi-Haufe et al. 2017a: 151).

Manche Bundesländer nutzen das Deutsche Sprachdiplom der Kultus-ministerkonferenz (Bundesverwaltungsamt: DSD, s. Kap. 3.3), zum Bei-spiel Bremen und Schleswig-Holstein. Zurzeit wird eine Version DSD I PRO (A2/B1) entwickelt, die sich an Schüler/innen beruflicher Schulen aller Fachgebiete richtet. Die Aufgaben fokussieren die Handlungsfelder Berufsschule, Praktikum und Berufsorientierung bzw. betriebliche Aus-bildung wie das Beispiel in Abbildung 7.2 zeigt.

Entscheidungsspielraum der Schulen: In anderen Bundesländern be-scheinigen die Schulen eigenverantwortlich das Erreichen eines Sprach-niveaus, ohne dabei auf eine anerkannte Prüfung zurückzugreifen. Die-ses Vorgehen wird derzeit u. a. in Bayern, Baden-Württemberg und Nie-dersachsen praktiziert. Die Schüler/innen nehmen dabei teilweise an ei-ner der vorhandenen Abschlussprüfungen teil, um einen schulischen Abschluss zu erhalten. Dies erfolgt insbesondere dann, wenn es sich um ein Bundesland handelt, das nach einem Modell arbeitet, in dem neu

Zugewanderte ab einem gewissen Zeitpunkt, zum Beispiel nach dem ersten Schuljahr, nicht mehr separiert, sondern integriert im Regelsystem unterrichtet werden. In wieder anderen Bundesländern haben Schulen die Möglichkeit, einen dem Haupt- oder Mittelschulabschluss gleichwertigen Schulabschluss zu bescheinigen. Für einen erfolgreichen Mittelschulabschluss ist in Bayern zum Beispiel das Bestehen der beiden Berufsintegrationsjahre nötig, ohne jedoch eine separate Prüfung ablegen zu müssen.

7.3.4 | Zusammenarbeit mit Kooperationspartnern

Die Zusammenarbeit mit externen Bildungspartnern spielt an beruflichen Schulen eine große Rolle. Das bedeutet, dass die Hälfte der Unterrichtszeit von Lehrkräften mit einer DaF- oder DaZ-Ausbildung bestritten wird, die über einen Kooperationspartner (dies sind Berufsbildungszentren, soziale Einrichtungen oder Volkshochschulen) meist auf Honorarbasis angestellt werden und über staatliche oder europäische Drittmittel finanziert werden. Die restlichen Unterrichtsstunden (meist Fachunterricht wie Mathematik- oder Praxisunterricht) werden dagegen von Berufsschullehrkräften gehalten. Diese Konstellation beinhaltet eine enge Zusammenarbeit innerhalb der Schulen, zwischen den Fachlehrkräften und den DaZ-Lehrkräften.

Die Kooperation mit DaZ-Lehrkräften ist an den verschiedenen Standorten unterschiedlich ausgeprägt, was hauptsächlich auf die unterschiedlichen Bedingungen zurückzuführen ist, unter denen die DaZ-Lehrkräfte beschäftigt werden. Bei Kooperationspartnern werden sie als Honorarkräfte eingesetzt, ohne dass sie für die Unterrichtsvor- und -nachbereitung bezahlt werden. Dazu kommt, dass sie in den seltensten Fällen von einer langfristigen Beschäftigung ausgehen können. Entsprechend ist ihre Motivation gering, sich an Unterrichtsentwicklung und Qualitätssicherung zu beteiligen. Die meisten ziehen es vor, traditionellen DaZ-Unterricht durchzuführen, wie bei Alpha- und Integrationskursen. Im Umgang mit dem handlungsorientierten Ansatz der Berufspädagogik sind sie wenig geübt (vgl. Terrasi-Haufe et al. 2017b: 173 f.).

Obligatorische Kooperationen: Es kann zwischen obligatorischen Kooperationen, die von Landesseite fest vorgesehen sind, und optionalen Kooperationen unterschieden werden. Zu Ersteren gehört mancherorts die Einbindung eines Trägers der Erwachsenenbildung, der Anteile der Bildungsmaßnahme übernimmt und dementsprechend fest definierte Verantwortlichkeiten hat. In Hamburg arbeiten die Schulen zum Beispiel eng mit betrieblichen Integrationsbegleiter/innen zusammen. Ihre Aufgaben umfassen etwa die systematische Unterstützung und Förderung des Spracherwerbs im betrieblichen Umfeld, die Entwicklung geeigneter Arbeitshilfen mit den Jugendlichen für das berufliche Handeln oder die Sicherstellung des Transfers betrieblicher Lernanlässe in den schulischen Unterricht.

Fakultative Kooperationen: Darüber hinaus existieren fakultative Kooperationen, die u. a. zu einer gesteigerten Nachhaltigkeit der Bildungsangebote führen sollen, indem beispielsweise die Vermittlung in die Ausbildung gefördert wird. Hier nennen die Bundesländer zum einen Partner, die vielerorts tätig sind wie die Agenturen für Arbeit, Jobcenter, Kammern, Praktikumsbetriebe oder Jugendhilfeträger. Andere Kooperationspartner ergeben sich aus den unterschiedlichen regionalen Gegebenheiten.

7.3.5 | Neue integrative Förderkonzepte am Beispiel Bayern

Eine handlungsorientierte, fachübergreifende und stark binnendifferenzierende Unterrichtsgestaltung ist die zentrale Voraussetzung, um Berufsschüler/innen sowohl im Regelunterricht der dualen Ausbildung als auch in Berufsintegrationsklassen sprachlich und fachlich in die Lage zu versetzen, Ausbildung und Berufsalltag in Deutschland zu meistern. Da der Bedarf für Schüler/innen mit Deutsch als Erstsprache genauso gegeben ist wie für jene, die Deutsch neben ihrer Muttersprache als Zweitsprache erlernen (für Schüler/innen mit Migrationshintergrund bzw. neu Zugewanderte mit geringen Deutschkenntnissen), gilt es an dieser Stelle, die Zweiteilung zwischen den Didaktiken für Deutsch als Erst- und Zweitsprache aufzulösen und eine fundierte Sprachbildung für alle Schüler/innen in allen Unterrichtsfächern einzuführen (s. Kap. 7.1.4). Die Bundesländer suchen derzeit nach neuen Konzepten, um dieser Anforderung gerecht zu werden. Exemplarisch soll im Folgenden auf die Einführung des Unterrichtsprinzips »Berufssprache Deutsch« in Bayern eingegangen werden.

Berufssprache Deutsch | **Neuer Lehrplan für Deutsch:** Durch die Einführung des neuen Lehrplans im Herbst 2016 wurde in Bayern »Berufssprache Deutsch« zum Unterrichtsprinzip erhoben. Dies bewirkt, dass alle Schüler/innen in der Entwicklung ihrer berufssprachlich-kommunikativen Kompetenzen zielorientiert sowohl im Fachunterricht als auch in den allgemeinbildenden Fächern gefördert werden, damit die Integration in das Berufsleben und damit die Basis für eine erfolgreiche Lebenskarriere gelingt. Der Lehrplan (ISB 2016), dessen Entwicklung das Institut für Deutsch als Fremdsprache der Ludwig-Maximilians-Universität München wissenschaftlich begleitet hat, gilt für alle Berufs- und Berufsfachschulen (mit Ausnahme der Klassen für Tourismusfachleute) sowie für Berufsintegrationsklassen. Er berücksichtigt explizit DaZ- und allgemeinbildende Inhalte, bietet durch einen Basislehrplan (s. Abb. 7.3) und einen Regellehrplan (s. Abb. 7.4) umfassende Möglichkeiten der Binnendifferenzierung und legt einen Schwerpunkt auf Methoden des autonomen Lernens. Des Weiteren sieht er eine enge Einbindung in die didaktische Jahresplanung durch eine Lernfeldanalyse der Fachlehrpläne vor (z. B. umfassen Regel- und Basislehrplan sprachlich-kommunikative Kompetenzerwartungen). Festgehalten werden grundlegende Kompetenzen für die zielgerichtete Sprachbildung in Klassen der Berufsorientierung/-vorbereitung und in der Berufsausbildung.

Handlungsorientierung: Eine erfolgreiche Beschulung kann nur gelingen, wenn der Unterricht sowohl handlungs- und schülerorientiert als

Basislehrplan	Berufsintegrationsvorklasse/Sprachintensivklasse
Handlungsphase	präsentieren

Sprachhandlungsverben aus Lehrplanrichtlinien

z. B. aufnehmen, aufzeigen, beschreiben, darstellen, formulieren, skizzieren, übertragen, vorstellen

Kompetenzerwartungen

Die Schülerinnen und Schüler

– gestalten einfache thematisch bekannte Kurzvorträge adressatengerecht unter Rückgriff auf Notizen und erprobte Redemittel.

– präsentieren ihre Ergebnisse situationsangemessen.

– artikulieren weitgehend verständlich.

– schätzen die Verständlichkeit ihrer Beiträge angemessen ein und wiederholen ggf. einzelne Wörter.

– sprechen weitgehend in ganzen Sätzen unter Rückgriff auf ihre Notizen.

– verarbeiten die Rückmeldungen mit Hilfe angebotener Formulierungen konstruktiv.

– nehmen Stellung zu einfachen Fragen.

Methoden, Strategien und Arbeitstechniken

z. B. gelenkte Diskussion, Kurzvortrag, Lernplakat, Info-Markt, Rollenspiel, Standbild, Ton- oder Videoaufnahme, Visualisierung

Abb. 7.3:
Auszug aus dem
Basislehrplan
(ISB 2016: 19)

auch fachübergreifend und stark binnendifferenzierend gestaltet wird. Er sollte die Teilnehmenden in wenigen Jahren sprachlich und fachlich in die Lage versetzen, Alltag und Ausbildung in Deutschland zu meistern. Deswegen ist es wichtig, im Deutschunterricht an Berufsschulen kommunikative Konstellationen zu erzeugen, die den Schüler/innen bekannt sind – oder sein sollten – und für sie relevant erscheinen, und zwar inhaltlich und in Bezug auf die kommunikative Aufgabe (vgl. Roche 2013; Hölscher et al. 2016). Lerner/innen können dabei z. B. in Szenarios oder Spielen unterschiedliche Rollen und – im Sinne des Mottos »Lehren ist effizienter als Lernen« – auch selbst Lehrrollen übernehmen.

Binnendifferenzierung: Mit dem Lehrplan für Deutsch können komplexe Handlungssituationen anhand des Basislehrplans weiter binnendifferenziert werden: Dies geschieht, indem für die verschiedenen Phasen Förderbereiche fokussiert und mit angemessenen Methoden umgesetzt werden. Neu zugewanderte Schüler/innen mit geringen Deutschkenntnissen werden z. B. in der Präsentationsphase dazu angehalten, frei zu sprechen und verständlich zu artikulieren. Der in Abbildung 7.3 dargestellte Ausschnitt des Basislehrplans erhält Hinweise dazu, wie eine spezifische Förderung in diesem Bereich stattfinden kann.

Regellehrplan	Sprache und Sprachgebrauch untersuchen
Handlungsphase jede Phase des Kompetenzbereichs **Sprechen und Zuhören**	

Kompetenzerwartungen

Die Schülerinnen und Schüler

- drücken Inhalte zusammenhängend und präzise mit Fachbegriffen aus.
- formulieren Textpassagen verständlich und mit eigenen Worten.
- wenden berufliche Fachsprache bewusst an.
- analysieren die Wortbildung fach- und fremdsprachlicher Begriffe.
- nutzen verständnisfördernde Mittel wie Wortbildung, Kontextwissen und Lautstärke für das Hörverstehen.
- vergleichen verschiedene Sprachebenen.
- wenden Kommunikationsmodelle an.
- kommunizieren die Wirkung von Texten auf den Leser.
- untersuchen Sprechweisen.
- nehmen mögliche Kommunikationsprobleme wahr.
- variieren in ihrer Wortwahl, um inhaltliche Zusammenhänge angemessen darzustellen.
- deuten rhetorische Stilmittel, um die Aussageabsicht zu erfassen.

Methoden, Strategien und Arbeitstechniken

z. B. Domino, Memory, Puzzle-Wortbildung, Satzbaukasten, Satzmuster, Text-Puzzle

Abb. 7.4:
Auszug aus dem Regellehrplan: Sprechen und Zuhören (ISB 2016: 33)

7.4 | Zusammenfassung

Die Ausführungen in diesem Kapitel lassen schlussfolgern, dass eine optimale DaZ-Förderung so früh wie möglich einsetzt, so lange wie nötig andauert und dabei möglichst die Erstsprachen der Schüler/innen und die Kompetenzanforderungen des Fachunterrichts berücksichtigt. Optimal wäre eine Förderung aller Sprachen während der gesamten Bildungslaufbahn. Dies ist bisher nur in bilingualen Modellen der Fall, die jedoch nur in Großstädten und auch hier nur begrenzt auf wenige Erstsprachen existieren. Konzepte, bei denen eine enge Zusammenarbeit zwischen dem Unterricht der Herkunftssprache und des Deutschen als Zweitsprache stattfindet, sollten daher im Fokus weiterer Projektentwicklungen stehen.

Lehrerbildung   Da sich viele Lehrkräfte im Umgang mit sprachlicher und kultureller Vielfalt nicht sicher fühlen, sollten in die Grundausbildung aller angehenden Lehrer/innen die Themen Sprachbildung und interkulturelle Kompetenz verpflichtend aufgenommen werden. Darüber hinaus ist es sinnvoll, die Spezialisierung einzelner Lehrkräfte auf (neu zugewanderte) Schüler/innen mit DaZ stärker ausbauen (Morris-Lange et al. 2016: 22).

Bisher gibt es kaum Evaluationen zur Effektivität von Sprachförderprogrammen im Schulbereich. Eine frühzeitige Aufteilung auf Schulformen erschwert im Verlauf der Schullaufbahn eine Integration und die Erfolgschancen von Kindern aus sozial benachteiligten und zugewanderten Familien. Dies ist eine strukturelle Besonderheit des Schulsystems einiger Bundesländer, die überdacht werden sollte.

Genau wie im Elementarbereich sollten der Ausgangspunkt jeder Sprachförderung/Sprachbildung auch im Primar- und Sekundarbereich Sprachstandsdiagnosen sein, die die Schüler/innen als gesamte Person in den Blick nehmen und die während der gesamten Schullaufbahn stattfinden. Hierbei ist jedoch anzumerken, dass es für Schüler/innen weniger Instrumente gibt als für Kindergartenkinder und diese zum Großteil noch nicht evaluiert wurden bzw. wenig praktikabel sind (vgl. Gogolin et al. 2005; Sigel 2017a).

Eine besondere Rolle spielen bei Kindern und Jugendlichen vor- und außerschulische Bildungsangebote, die oft mehr Freiräume als die Schule selbst eröffnen, die auf das Deutsche als Instruktionssprache zurückgreift und zugleich deren Beherrschung voraussetzt. Der Ausbau von Ganztagsschulangeboten mit hoher pädagogischer Qualität ermöglicht neue Chancen der gezielten Förderung, bei der gerade Kinder und Jugendliche mit Migrationshintergrund, ihre sprachlichen Fähigkeiten weiter ausbauen können. So erleben sie dort neben dem Unterricht weitere gemeinsame Aktivitäten, die zum großen Teil sprachlich sind (vgl. Rösch 2012a: 13). Solche innovativen, jedoch personal- und damit kostenintensiven Schulkonzepte erfordern qualifiziertes Personal und ein angepasstes Curriculum (vgl. Otto et al. 2016: 45). Die wenigen Evaluationsergebnisse zur Wirkung von Ganztagsschulen in Deutschland sind jedoch widersprüchlich, da der Besuch einer Ganztagsschule zwar positive Einflüsse auf das Sozialverhalten hat, doch die Auswirkungen auf den Erwerb der Zweitsprache begrenzt zu sein scheinen (Paetsch et al. 2014: 328).

Bedeutung außerschulischer Angebote

Auch im Schulbereich ist die Zusammenarbeit mit den Eltern extrem wichtig (s. Kap. 6.2). Dies betrifft einerseits den Austausch mit den Eltern hinsichtlich der Sprachkenntnisse in ihrer Erstsprache, andererseits muss auch über Angebote wie Deutschkurse für Mütter nachgedacht werden. Andere Möglichkeiten, Eltern in das Schulleben einzubeziehen, sind ihre Teilnahme an Schulfesten, Eltern- und Informationsabende, sowie das Angebot zur Hospitation im Unterricht oder zur Mitarbeit in Projekten (Rösch 2012a: 14).

Elternarbeit

Weiterführende Literatur

Ahrenholz, Bernd/Oomen-Welke, Ingelore (Hg.) ([4]2017): *Deutsch als Zweitsprache*. Baltmannsweiler: Schneider Verlag Hohengehren.

Becker-Mrotzek, Michael/Schramm, Karen/Thürmann, Eike/Vollmer, Helmut J. (Hg.) (2013): *Sprache im Fach. Sprachlichkeit und fachliches Lernen*. Münster: Waxmann.

Geist, Barbara/Kraft, Andreas (2017): *Deutsch als Zweitsprache. Sprachdidaktik für mehrsprachige Klassen*. Tübingen: Narr.

Jeuk, Stefan ([3]2015): *Deutsch als Zweitsprache in der Schule*. Stuttgart: Kohlhammer.

Anne-Katharina Harr/Elisabetta Terrasi-Haufe/Till N. Woerfel

8   Mehrschriftlichkeit

8.1   Mehrschriftlichkeit als wichtige Komponente der Mehrsprachigkeit
8.2   Biliteralismus: Alphabetisierung in zwei Sprachen
8.3   Erwerb konzeptioneller Schriftlichkeit in mehreren Sprachen
8.4   Mehrsprachige Textkompetenz
8.5   Zusammenfassung und Konsequenzen für Deutsch als Zweitsprache

Wie wir bereits in Kapitel 2 gesehen haben, sind in vielen mehrsprachigen Konstellationen die Sprachen nicht gleichmäßig verteilt: Meist ist eine Sprache dominant und eigentlich sollte man meinen, dies sei die sog. ›Muttersprache‹. Aber in vielen mehrsprachigen Gesellschaften ist die Sprache, in der in der Schule unterrichtet wird, nicht die Erstsprache der Sprecher. Das gilt für die meisten Staaten in Afrika, für Indianer, Aborigines und eine große Zahl von Sprachminderheiten, denen nicht das Recht auf Schulunterricht in der Muttersprache eingeräumt wird. Ganz besonders gilt dies für Minderheiten in Migrationskontexten: Die Kinder wachsen in einem Land mit einer anderen Sprache auf, werden in dieser Sprache alphabetisiert und in dieser Sprache unterrichtet. Viele Sprecher, die auf der Ebene des mündlichen Austausches mehrsprachig sind, tendieren daher auf der Ebene der schriftsprachlichen Kommunikation eher zur Einsprachigkeit (Riehl 2014 a: 121).

8.1 | Mehrschriftlichkeit als wichtige Komponente der Mehrsprachigkeit

Die Fähigkeit, in zwei (oder mehreren) Sprachen auch schriftlich kommunizieren zu können, wird in Anlehnung an den englischen Begriff *multiliteracy* als ›Mehrschriftlichkeit‹ bezeichnet (Riehl 2014a: 121). Darunter versteht man zum einen die Alphabetisierung in zwei oder mehr Sprachen, d. h. die Beherrschung von unterschiedlichen Schriftsystemen und Orthographieregeln (im Deutschen auch als ›Mehrschriftigkeit‹ bezeichnet, vgl. Maas 2008), zum anderen aber auch die schriftliche Ausdrucksfähigkeit in zwei Sprachen. Letztere geht weit über das reine Beherrschen des Schriftsystems und der Orthographie hinaus, da hier Ausdrucksweisen von Schriftlichkeit beherrscht werden müssen, die nicht nur ein elaboriertes Lexikon, sondern auch komplexe syntaktische Strukturen umfassen.

Schriftsprachliche Kompetenzen als Ressource: Wenn Sprecher, die mit zwei (oder mehr) Sprachen gleichzeitig aufwachsen, die Schriftsprache nur in einer Sprache erwerben, bleiben sie im Bereich des schriftlichen Ausdrucks einsprachig. Damit gehen aber in einer Welt, in der schriftsprachliche Kompetenzen vor allem für das berufliche Weiterkommen eine große Rolle spielen, wichtige Ressourcen verloren. Das betrifft nicht nur die Gesellschaft, sondern auch die Sprecher selbst, die ihre durch die

Mehrschriftlichkeit als Ressource

natürliche Mehrsprachigkeit gegebenen Möglichkeiten nicht richtig nutzen können. Ehlich (2010: 59) formuliert diesen Verlust folgendermaßen:

»Schriftlichkeit bleibt Voraussetzung und Herausforderung für eine entwickelte Mehrsprachigkeit. Die einfache Aufteilung, nach der die Mündlichkeit der familialen Kommunikation zugeschlagen wird, die Schriftlichkeit monolingual allen anderen gesellschaftlich zentralen Bereichen, diese kommunikative Arbeitsteilung ist ziemlich verheerend und wirkt sich auch verheerend auf die Biographien derjenigen aus, die sich auf diese Option eingelassen haben bzw. einlassen müssen.«

Die Förderung der Mehrschriftlichkeit in der Schule ist daher eine wichtige Voraussetzung dafür, die natürliche Mehrsprachigkeit für Individuum und Gesellschaft nutzbar zu machen (s. auch Kap. 2.1.4). Während der Erwerb der Literalität im Sinne der Lese- und Schreibfähigkeit in der Regel an den Schulunterricht gebunden ist, findet eine Heranführung der Kinder an die Schriftlichkeit bereits im Kindergartenalter statt. Dies geschieht durch Vorlesen von Bilderbüchern oder Geschichten, aber auch durch das Lernen von Liedern und Gedichten, die einem schriftsprachlich geprägten Modus folgen. Die frühe literale Sozialisation spielt für den Spracherwerb eine wichtige Rolle (Apeltauer 2003) und sollte in mehrsprachigen Familien auch in der Herkunftssprache erfolgen. Hier zeigt sich, dass die gemeinsame Bilderbuchrezeption in der L1 sich ebenfalls förderlich auf die L2 auswirkt, da Kinder dabei ihre mehrsprachigen Ressourcen nutzen (vgl. Kalkavan-Aydın 2016).

Der Erwerb des Schreiben- und Lesenkönnens findet dagegen in der Schule statt und wird als ›Alphabetisierung‹ bezeichnet. Die Bedeutung der Alphabetisierung in zwei Sprachen wird in Kapitel 8.2 erläutert.

8.2 | Biliteralismus: Alphabetisierung in zwei Sprachen

Biliteralismus: Wenn Schreiber unterschiedliche Schriftsysteme beherrschen, spricht man vom sog. Biliteralismus bzw. ›Mehrschriftigkeit‹. Im einfachsten Fall haben die Sprachen das gleiche Schriftsystem (z. B. die lateinische Schrift). Dann müssen die Lerner noch die unterschiedlichen Zuordnungen von Lauten und Buchstaben in den beiden Sprachen lernen, d. h. sie müssen die Phonem-Graphem-Korrespondenzregeln für die jeweiligen Sprachen erwerben. Außerdem müssen sie Prinzipien der Textsegmentierung (Getrennt- vs. Zusammenschreibung) und der Groß- und Kleinschreibung lernen. Haben die Sprachen unterschiedliche Alphabete (z. B. das lateinische und das kyrillische oder arabische), dann muss man auch noch andere Buchstaben sowie deren lautliche Zuordnung und gegebenenfalls eine andere Schreibrichtung lernen.

Definition	Unter **Biliteralismus** versteht man die Beherrschung zweier unterschiedlicher Schriften oder Schriftsysteme mit den jeweiligen orthographischen Regeln. Im Extremfall fasst dies auch die Beherrschung zweier verschiedener Schrifttypen.

Schrifttypen: Im Extremfall müssen Mehrsprachige nicht nur verschiedene Alphabete, sondern sogar verschiedene Schrifttypen beherrschen, wie etwa jemand, der deutsch-chinesisch zweisprachig ist, eine Alphabetschrift und eine logographische Schrift (»Bilderschrift«) beherrschen muss. Die logographische Schrift enthält Zeichen, die sowohl semantische als auch phonetische Elemente enthalten. Kinder, die die chinesische Schrift erlernen, entwickeln eine Kenntnis für die regelhaften Strukturen semantischer und phonetischer Komponenten, die diesen Zeichen zugrunde liegen. Eine Zwischenposition nehmen sog. Silbenschriften ein (z. B. Koreanisch oder Japanisch): Dort symbolisiert ein Zeichen jeweils eine Konsonant-Vokal-Kombination (dazu Bialystok 2007).

8.2.1 | Fehlende Alphabetisierung in L1 und ihre Konsequenzen

»Ungesteuerter Schrifterwerb«: Bevor auf den Erwerb des Biliteralismus eingegangen wird, sollen einige Beispiele präsentiert werden, die zeigen, was geschieht, wenn mehrsprachige Menschen das Schreiben in ihrer Erstsprache nicht erwerben. Man könnte in diesem Fall von einem ›ungesteuerten Schrifterwerb‹ sprechen. Wenn die Sprachen das gleiche Alphabet verwenden (z. B. das lateinische), dann übertragen die Schreiber die Phonem-Graphem-Korrespondenzregeln von der Sprache, in der sie alphabetisiert worden sind, auch auf die Erstsprache. Das bedeutet, in der L2 erworbene Strukturen werden im Sinne einer ›Matrixsprache‹ auf die Erstsprache übertragen (vgl. Maas 2008: 477 f.). Grapheme, die es in der Zweitsprache nicht gibt, sind dann auch nicht bekannt. Die Schreiber müssen folglich für lautliche Ähnlichkeiten von Fall zu Fall eine Lösung suchen (vgl. ebd.).

Beispiel

Beispiel für ungesteuerten Schrifterwerb

Ein Kind mit der Herkunftssprache Spanisch aus dem 3. Schuljahr in einer deutschen Schule in Baden-Württemberg schreibt seiner mexikanischen Großmutter einen Brief:

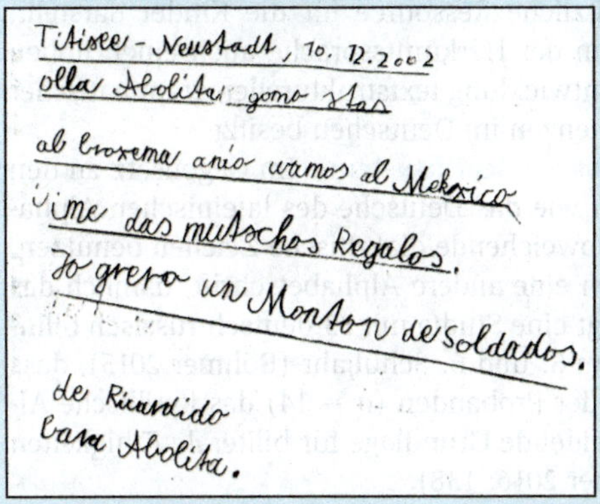
Titisee - Neustadt, 10. 12. 2002
olla Abolita: gomo stas
al broxema anio uamos al Mexico
¿me das mutochos Regalos.
Jo grero un Monton de Soldados.
de Ricardito
bara Abolita.

Abb. 8.1: Brief eines spanisch-deutsch zweisprachigen Kindes (Alter 9 Jahre)

Korrekte spanische Orthographie: Hola abuelita! ¿Cómo estás? El proximo año vamos a Mexico. Me das muchos regalos. (Yo) quiero un montón de soldados. De Ricardito / para abuelita

Übersetzung: Liebe Oma, wie geht es dir? Nächstes Jahr fahren wir nach Mexiko. Du gibst mir viele Geschenke. Ich möchte eine Menge Soldaten. Von Ricardito für Oma.

Am auffälligsten an diesem Beispiel ist, dass der Schüler die Großschreibung für Substantive vom Deutschen automatisch für das Spanische übernimmt (*Regalos*, *Monton*, *Soldados*). Grapheme wie das spanische < ñ > sind ihm nicht bekannt, er schreibt dafür < ni >. Ein schönes Beispiel für Übertragung von Phonem-Graphem-Korrespondenzregeln findet sich in dem Wort *muchos*. Hier wird der Lautwert [tʃ] mit der deutschen Graphemkombination < tsch > wiedergegeben. Ein weiteres Beispiel: Der Lautwert [v], der im spanischen durch < v > realisiert wird, erscheint als < w > (vgl. *wamos* statt *vamos*), ein Graphem, das es im spanischen Schriftsystem nicht gibt (ausgenommen Eigennamen aus anderen Sprachen). Weitere Besonderheiten wie < g > statt < c > in *gomo* (= *cómo*) und < b > statt < p > in *broxema* (= *proxima*) sind darauf zurückzuführen, dass die stimmlosen Plosive im Spanischen nicht behaucht sind und daher eher als Lenis wahrgenommen werden (vgl. Riehl 2014a: 123).

Ähnliche Phänomene wie in dem aufgeführten Beispiel finden sich in Texten von türkisch-deutsch bilingualen Kindern im Türkischen (vgl. u. a. Mehlem 2011) und bei kurdisch-türkisch-deutsch dreisprachigen Kindern im Kurdischen und im Türkischen (Şimşek 2016) oder bei polnisch-deutschen und russisch-deutschen Kindern jeweils im Polnischen oder im Russischen (Mehlem/Mochalova/Spaude 2013).

Herkunftssprache als Ressource: Interessante Aufschlüsse darüber, wie sich bilinguale Schüler/innen sprachübergreifende Prinzipien der Schreibung, wie Textgliederung und Wortausgliederung, aneignen, gibt eine Fallstudie von Mehlem (2011). Der Autor zeigt anhand von Texten von vier türkisch-deutsch bilingualen Schreibanfängern, dass hier der deutsche Text nicht immer den weitesten Entwicklungsstand anzeigt. Weiter kann man feststellen, dass auch Schwierigkeiten übertragen werden: So zeigen zwei Schüler parallel Probleme mit Konsonantenclustern. Der direkte Transfer von orthographischen Mustern des Deutschen auf das Türkische beschränkt sich dabei nicht nur auf Grapheme wie < sch > und < ie >, sondern zeigt sich auch in einer Realisierung des Schwalautes [ə] als < e > anstelle des hinteren ungerundeten oberen Vokals [ɯ], der im türkischen Schriftsystem als < ı > wiedergegeben wird. Mehlem (ebd.) kann damit zeigen, dass das spontane freie Schreiben in der Herkunftssprache nicht nur eine zusätzliche Ressource für die Kinder darstellt, sondern dass das Schreiben in der Herkunftssprache auch einen hohen diagnostischen Wert für die Entwicklung textstruktureller, grammatischer und orthographischer Kompetenzen im Deutschen besitzt.

Auswirkungen unterschiedlicher Schriftsysteme: Im Gegensatz zu den genannten Sprachen, die sich wie das Deutsche des lateinischen Alphabets bedienen und lediglich abweichende diakritische Zeichen benutzen, verwendet das Russische auch eine andere Alphabetschrift, nämlich das kyrillische Alphabet. Hier zeigt eine Studie mit 33 deutsch-russisch bilingualen Schüler/innen aus dem 5. und 6. Schuljahr (Böhmer 2015), dass etwas weniger als die Hälfte der Probanden (n = 14) das kyrillische Alphabet und damit die entscheidende Grundlage für biliterale Fähigkeiten nicht beherrschen (vgl. Böhmer 2016: 138).

In einer Stichprobe von 48 15-jährigen deutsch-russisch bilingualen Schüler/innen aus dem Hamburger LiPS-Projekt verwendeten 15 Probanden das kyrillische Alphabet, 16 das lateinische und 17 eine Mischung aus beiden Alphabeten. Hier zeigt sich, dass etwa die Gruppe, die das lateinische Alphabet verwendet, über 30 % der Substantive im Russischen groß schreibt, während die gemischte Gruppe nur knapp 18 % groß schreibt und die, die sich des kyrillischen Alphabets bedient, nur in 7 % der Fälle bei Substantiven analog zum Deutschen die Großschreibung verwendet (Usanova 2016). Usanova (ebd.: 172) interpretiert dies dahingehend, dass die Verwendung der lateinischen Schrift auch einen Transfer von orthographischen Normen mit hervorruft. Interessanterweise korrespondiert der geringe Prozentsatz von Großschreibung im Russischen bei den Schreibern mit kyrillischer Schrift mit einer geringeren Fehlerquote bei Großschreibung im Deutschen. Dies führt Usanova (ebd.: 171) auf das höhere metasprachliche Bewusstsein bei biliteraten Kindern zurück. Eine Studie von Mehlem/Maas (2003) zeigt ebenfalls, dass das Prinzip der deutschen Orthographie, auch Reduktionssilben immer mit einem Vokalbuchstaben darzustellen, bei marokkanischen Schüler/innen auf die Herkunftssprachen (Arabisch und Berberisch) übertragen wird. Auch hier werden in den Texten in arabischer Schrift die Reduktionssilben (mithilfe von Hilfszeichen oder Vokalbuchstaben) weit weniger gekennzeichnet als in Texten, die in lateinischer Schrift geschrieben sind.

Transfer von Graphemen: Wenn Schreiber die verschiedenen Schriftsysteme mischen, kann es auch zu Transfererscheinungen zwischen den einzelnen Schriften kommen: Das äußerst sich z. B. darin, dass innerhalb eines Wortes Graphemmischungen vorkommen – wie in folgendem Beispiel aus einem Brief eines russlanddeutschen Schreibers (vgl. Berend/ Riehl 2008: 34): In dem Wort *Гремячинск* (Gremjatschinsk) verwendet der Schreiber im ersten Teil des Wortes lateinische (*Grem*), im zweiten Teil kyrillische Buchstaben (*ячинск*). Der Übergang könnte hier durch das Graphem *м* hervorgerufen sein, das es in beiden Schriftsystemen gibt (im Kyrillischen aber mit Lautwert [t]). Interessant sind auch Fälle von Graphemtransfer, bei dem ein Buchstabe in der gleichen Gestalt in beiden Schriftsystemen vorkommt, aber in dem jeweiligen System einen anderen Lautwert hat, z. B. < c > im Deutschen mit Lautwert [ts] oder [k], im Kyrillischen mit Lautwert [s]: Ein weiteres Beispiel aus dem gleichen Brief: Der Schreiber schreibt *bic* statt *bis*.

Experimentelle Schreibungen und Verfremdung: Mit zunehmendem Erwerb des Schriftsystems in ihrer L1 versuchen die Schreiber, die Besonderheiten dieses Schriftsystems zum Ausdruck zu bringen: Mehlem/ Mochalova/Spaude (2013) zeigen, dass Schreibanfänger mit L1 Polnisch und Russisch zunächst die Graphem-Phonem-Korrespondenzregeln aus dem Deutschen übertragen, dass sie aber durchaus Vorstellungen von Mehrschriftigkeit haben und eine phonologische Sensibilität für ihre L1 entwickeln und auf Möglichkeiten der Verfremdung zurückgreifen. So verwenden sie etwa bestimmte für das Polnische typische diakritische Zeichen, aber innerhalb von Graphemen, bei denen sie dort gar nicht vorkommen (z. B. < ćz > statt < zi > für den Laut [z], vgl. ebd.: 187). Diese experimentellen Schreibungen, die die Schreiber gleichsam *on-line* einführen, verlangen dem Schreiber einiges ab. Ähnliches zeigt Maas (2008: 486 f.) am Beispiel eines 15-jährigen marokkanischen Schülers, der für

Graphemtransfer und Verfremdung

seine Muttersprache Berberisch ebenfalls die deutsche Orthographie als Ressource nutzt und auf der Basis lautlicher Ähnlichkeiten operiert, daneben aber auch fremdsprachliches Wissen heranzieht. So verwendet er etwa zur Bezeichnung der interdentalen Frikative die Graphemkombination < th >, die er aus dem Englischen kennt. Daneben gebraucht er < c > als ein Jokerzeichen für das stimmlose [x], das im Deutschen keine lautliche Entsprechung hat (ebd.: 492).

8.2.2 | Sukzessive Alphabetisierung in L2 Deutsch: Transfererscheinungen

Die in Kapitel 8.2.1 angeführten Beispiele stammen von Schreibern aus der zweiten Generation von Migranten, die zuerst in der Zweitsprache Deutsch alphabetisiert wurden und danach die Schriftsprache in ihrer Herkunftssprache erworben haben. Bei Kindern und Jugendlichen, die schon in ihrem Heimatland die Schule besucht hatten und in ihrer Herkunftssprache alphabetisiert wurden, findet sich dagegen der umgekehrte Fall. Sie sehen sich dann der Problematik gegenüber, dass sie aus ihrem bereits erlernten Schriftsystem heraus sich das deutsche System (Schreibung und Orthographie) aneignen müssen.

Beispiele von Arabisch-Sprechern

Beispiele von Deutschlernern: So bietet etwa vor allem für Lerner mit L1 Arabisch das deutsche Vokalsystem eine gewisse Herausforderung, da es über ein sehr reiches Vokalinventar verfügt: Zu den fünf Vokalen, die jeweils in einer gespannten und ungespannten Variante auftreten, kommen noch Umlaute und Diphthonge, sodass das deutsche Vokalsystem insgesamt 18 vokalische Phoneme umfasst. Diesen stehen nun im Arabischen nur 6 Vokale gegenüber, nämlich die Vokale /a/,/i/ und /u/ in der langen und kurzen Variante, sowie zwei fallende Diphthonge /aj/ und /aw/ (vgl. Feldmeier 2011: 48). Daher haben Lerner mit arabischer L1 oft Schwierigkeiten, die Oppositionen zwischen den Vokalen /e/ und /i/ sowie /o/ und /u/ (etwa in den Minimalpaaren < setzen > und < sitzen > oder < Frost > und < Frust >) voneinander zu unterscheiden (vgl. Buschfeld/Schöneberger 2010: 66 f.). Dies schlägt sich auch in der Schreibung nieder:

(1) *Ein Kend schpelt Füß bal.* (Ein Kind spielt Fußball.)
Ich gerne Suppe kuchen. (Ich koche gerne Suppe.)
(Bsp. ebd.: 67)

Einflüsse der Konsonantenschrift: Ein weiteres Problem stellt sich dadurch, dass das Arabische eine sog. Konsonantenschrift ist, in der nur Konsonanten und lange Vokale verschriftet sind. Der arabische Leser ergänzt anhand des Kontextwissens und grammatikalischen Wissens die nicht notierten kurzen Vokale und erschließt so die Bedeutung des Wortes (Feldmeier 2011: 49). An Stelle von kurzen Vokalen werden nur in Schulbüchern oder anspruchsvollen Texten (z. B. Gedichten, religiösen Texten) Hilfszeichen verwendet. Diese Besonderheit führt bei arabisch alphabetisierten Lernern auch im Deutschen zu Auslassungen, siehe dazu das folgende Beispiel (Buschfeld/Schöneberger 2010: 68):

(2)   *Meine Kindr will nach Brlin faren.* (Meine Kinder wollen nach Berlin fahren.)

Einflüsse der Schreibrichtung: Eine weitere Besonderheit des arabischen Schriftsystems ist, dass es anders als das Deutsche von rechts nach links geschrieben wird. Das kann dazu führen, dass Lernanfänger ganze Wörter von links nach rechts schreiben, andere ändern dagegen im Wort die Schreibrichtung, d.h. die Schreiber beginnen bei bestimmten Buchstabenkombinationen mit dem rechten Element. Buschfeld/Schöneberger (2010: 69) rechnen daher auch die folgenden Beispiele dem Transfer der Schreibrichtung zu:

(3)   (a) *Ich gehen eiknaufen Afpel.* (Ich gehe einen Apfel / Äpfel einkaufen.)
      (b) *Sie Kuaft Börschent.* (Sie kauft Brötchen.)
      (c) *Kartofflen* (Kartoffeln)
           (Bsp. ebd.)

Weitere Schwierigkeiten entstehen durch die unterschiedliche Silbenstruktur (s. auch Kap. 9.1). So führen öfter Konsonantencluster des Deutschen dazu, dass Vokale eingeschoben werden: z. B. *Peresieich* statt *Persisch* (Bsp. unveröff. Corpus M. Ait Ramdan). Hier ist außerdem zu berücksichtigen, was Mehlem (2011: 113) betont, nämlich dass nicht nur phonologische Systeme, sondern auch Schriftsysteme einen unterschiedlichen Gebrauch von segmentalen und prosodischen Kategorien und graphischen Elementen machen. Darüber hinaus spielen unterschiedliche Lernkulturen und die Methoden, mit denen man alphabetisiert wird, eine große Rolle.
   Die Probleme, die sich hier bei fehlender oder sukzessiver Alphabetisierung ergeben, können in einigen Programmen aufgefangen werden, die eine gleichzeitige Alphabetisierung in mehreren Sprachen vorsehen. Diese werden im Folgenden dargestellt.

8.2.3 | Gleichzeitige Alphabetisierung in mehreren Sprachen

Wie die Beispiele in Kapitel 8.2.1 gezeigt haben, ist eine Grundvoraussetzung für Mehrschriftlichkeit der Erwerb des Schriftsystems und der Orthographienormen in den jeweiligen Sprachen. Um Kindern, die mit anderen Herkunftssprachen aufgewachsen sind, dies zu ermöglichen, wurden verschiedene Programme entwickelt, eines davon ist die sog. Koordinierte Alphabetisierung (KOALA).
   Das Modell der koordinierten Alphabetisierung sieht vor, dass Kinder   Modell KOALA
bei ihrer Einschulung in der Mehrheits- und Schulsprache und in ihrer Herkunftssprache gleichzeitig Schreiben lernen. Dies wurde bislang vor allem in Sprachen durchgeführt, die sich einer Alphabetschrift bedienen. Haben die Sprachen das gleiche Alphabet, wie etwa das lateinische, so kann ein Synergieeffekt erzielt werden, indem zuerst die Buchstaben eingeübt werden, die in beiden Sprachen den gleichen Lautwert haben. Dies geschieht in der Regel mit Anlauttabellen:

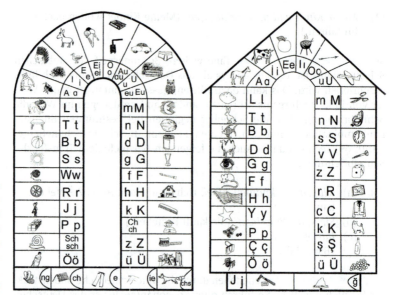

Abb. 8.2:
Anlauttabellen
Deutsch und
Türkisch
(http://bildungs
server.berlin-
brandenburg.
de/1423.html)

Allerdings entdecken die Kinder auch in Sprachen, die sich der lateinischen Schrift bedienen, die jeweiligen Beziehungen zwischen den Schriftzeichen und ihrer Bedeutung in verschiedenen Sprachen unterschiedlich schnell, da es Unterschiede in der orthographischen Transparenz gibt: Eine Sprache wie Türkisch hat fast eine 1:1-Entsprechung von Phonemen und Graphemen, während etwa das Englische eine relativ undurchsichtige Übereinstimmung von Laut- und Buchstabenkombinationen aufweist. Das Deutsche nimmt hier eine Zwischenstellung ein, gehört aber noch zu den Schriftsprachen, die eine relativ durchsichtige Orthographie besitzen (vgl. Riehl 2014a: 126).

Zur Vertiefung

Weitere Grundprinzipen der koordinierten Alphabetisierung

Das Prinzip der koordinierten Alphabetisierung schließt über die reine Spracharbeit noch weitere Aspekte mit ein. Wichtig ist hierbei die Teamarbeit der Deutsch- und Herkunftssprachenlehrer/innen, durch welche die Kinder mit Migrationshintergrund für den Regelunterricht vorentlastet werden können. Neben der Alphabetisierung in zwei Sprachen, die häufig aus logistischen Gründen nur in einer Herkunftssprache erfolgen kann, werden alle in der Klasse vorhandenen Sprachen in den Unterricht einbezogen und zwar durch Rituale, generatives Schreiben oder Singen und Dichten. Die Schulen legen einen Schwerpunkt auf interkulturelles Lernen, und die Schulphilosophie besteht darin, die Erstsprachen der Schüler als Kompetenz wertzuschätzen und die Mehrsprachigkeit sichtbar zu machen (z.B. in Plakaten, Aufschriften u.Ä.; vgl. Scharfenberg 2008).

8.3 | Erwerb konzeptioneller Schriftlichkeit in mehreren Sprachen

8.3.1 | Unterschiede zwischen gesprochener und geschriebener Sprache

Auf die grundsätzlichen Unterschiede zwischen der gesprochenen und der geschriebenen Sprache wurde in unterschiedlichen Forschungsansätzen immer wieder hingewiesen. So werden etwa in der Pädagogik und Bildungsforschung die sog. BICS (mündliche Fertigkeiten) und CALPs (schriftsprachlich-elaborierte Fertigkeiten) unterschieden (etwa Cummins 2000). In der Linguistik spricht man dagegen von »konzeptioneller Mündlichkeit und Schriftlichkeit« (vgl. Koch/Oesterreicher 1994, 2007) oder »oraten« und »literaten« Strukturen (Maas 2008). Diese Sprachformen der Schriftlichkeit werden in der Regel nur institutionell, d. h. in der Schule, erlernt.

Das Konzept der ›Konzeptionellen Mündlichkeit und Schriftlichkeit‹ ist in diesem Zusammenhang ein sehr wichtiges Paradigma und soll daher im Folgenden genauer dargestellt werden: Koch/Oesterreicher (1994) grenzen in diesem Modell die konzeptionelle von der medialen Mündlichkeit und Schriftlichkeit ab. Die mediale Dimension bezieht sich auf die Realisationsform der Äußerungen, nämlich ob die Äußerung phonisch oder graphisch realisiert wird. Die konzeptionelle Umsetzung nimmt dagegen Bezug auf den Duktus der Äußerung, also auf die Ausdrucksweise, die für die jeweilige Äußerung gewählt wird. Während mediale Mündlichkeit und Schriftlichkeit dichotomisch angelegt ist – das bedeutet, die Äußerung ist entweder gesprochen oder geschrieben – ist die konzeptionelle Mündlichkeit und Schriftlichkeit als ein Kontinuum aufzufassen, das sich zwischen einem Endpol extremer Schriftlichkeit und einem Endpol extremer Mündlichkeit erstreckt. Auf diesem Kontinuum lassen sich verschiedene Äußerungsformen und Textsorten relativ zueinander anordnen. Beispiele dafür sind etwa eine private E-Mail, die zwar geschrieben wird, aber konzeptionell sehr mündlich sein kann oder ein wissenschaftlicher Vortrag, der im gesprochenen Medium realisiert wird, aber sehr elaboriert und daher auch konzeptionell schriftlich sein kann (vgl. auch Dürscheid 2012).

> Das Paradigma **Konzeptionelle Mündlichkeit und Schriftlichkeit** bezieht sich auf den Duktus einer Äußerung, der von sehr starker Sprechsprachlichkeit bis zu äußerst distanzierten und elaborierten Formen der Sprache reichen kann. Diese Ausdrucksweise ist unabhängig vom Medium. Äußerungsformen und Texte lassen sich auf einer Skala von extremer konzeptioneller Mündlichkeit und extremer konzeptioneller Schriftlichkeit anordnen.

Definition

Kommunikative Voraussetzungen und sprachliche Strukturen: Für die Zuordnung von Äußerungsformen und Texten auf dieser Skala zwischen

ERZÄHLUNG	
Merkmale gesprochener Sprache	**Merkmale geschriebener Sprache**
Wortschatz einfacher, alltäglicher Wortschatz: *Kopf, Tür, gut, sagen*	**Wortschatz** elaborierter, teilweise literarischer Wortschatz: *Haupt, Portal, exzellent, sich äußern*
Syntax Sachverhalte werden in Hauptsätzen nebeneinander gestellt (Aggregation): *Peter ging im Park spazieren. Er fand eine Leiche.*	**Syntax** Ein Sachverhalt wird in einen anderen integriert, zum Beispiel durch Nebensatz (*als Peter im Park spazieren ging ...*) oder Nominalisierung (*Bei einem Spaziergang im Park fand Peter eine Leiche*).
Satzverknüpfung Die Sätze werden durch einfache strukturierende Gliederungssignale wie *und, und dann, da* miteinander verknüpft.	**Satzverknüpfung** Die Sätze werden durch narrative Gliederungssignale wie *eines schönen Tages, urplötzlich* etc. miteinander verbunden oder asyndetisch gereiht.

Tab. 8.1:
Merkmale konzeptioneller Mündlichkeit und Schriftlichkeit am Beispiel Erzählung

konzeptioneller Mündlichkeit und Schriftlichkeit sind nach Koch/Oesterreicher (1994) unterschiedliche kommunikative Voraussetzungen verantwortlich: etwa, ob sich die Kommunikationspartner im gleichen Raum befinden und zeitgleich kommunizieren, ob sie sich gut kennen oder eher fremd sind, ob sie sich in einem privaten oder öffentlichen Raum befinden usw. Diese unterschiedlichen kommunikativen Voraussetzungen schlagen sich in unterschiedlichen sprachlichen Strukturen nieder, die einmal sprechsprachliche Muster und einmal schriftsprachliche Muster umfassen (Maas 2008 verwendet dafür die Kunstwörter ›orat‹ und ›literat‹). Da in der gesprochenen Sprache die Verarbeitung der Äußerung *on-line* erfolgen muss, werden komplexere Einheiten in kleinere Einheiten zerlegt, das heißt die jeweiligen Segmente (Propositionen) werden aneinander gereiht (sog. Aggregation, vgl. Raible 1992; Riehl 2001). Im Geschriebenen ist dagegen eine komplexere Strukturierung möglich. Die Segmente werden hier ineinander geschachtelt (z. B. durch syntaktische Unterordnung, Nominalisierung, Infinitivkonstruktionen etc.). Dies bezeichnet man als ›Integration‹ (vgl. ebd.). Unterschiede zwischen gesprochener und geschriebener Sprache zeigen sich aber nicht nur auf der Ebene der Informationsstrukturierung, sondern auch im Wortschatz und in der Art der Verknüpfung der Elemente (zum Beispiel in einer Erzählung mit reihendem *und dann* oder komplexen Gliederungssignalen). Die jeweiligen Merkmale lassen sich daher grob in die drei Bereiche ›Wortschatz‹, ›Syntax‹ und ›Textverknüpfung‹ einteilen (vgl. Riehl 2001, 2013b). (S. zu Merkmalen gesprochener und geschriebener Sprache in der Erzählung Tabelle 8.1 und Argumentation Tabelle 8.2).

Wenn mehrsprachige Kinder ihre Muttersprache nur zuhause in der Familie und als gesprochene Varietät benutzen, beherrschen sie die in der rechten Spalte von Tabelle 8.1 und 8.2 aufgeführten Strukturen in der Regel nicht und schreiben in ihrer Muttersprache Texte, die viele Elemente gesprochener Sprache, wie sie in der linken Spalte aufgeführt wurden, enthalten.

ARGUMENTATION	
Merkmale gesprochener Sprache	**Merkmale geschriebener Sprache**
Wortschatz Basiswortschatz bzw. Umgangssprache niedrige Type-Token-Relation Passepartout-Wörter (»Allerweltswör- ter« wie zum Beispiel *Ding, machen, tun*)	**Wortschatz** Elaborierter, fachsprachlicher Wortschatz Hohe Type-Token-Relation
Syntax Aggregative Muster Elliptische Konstruktionen Agensorientierung (Aktivsätze)	**Syntax** Integrative Muster Objektivierungsstrategien (Verwendung von Passiv, Modalpassiv, *man*-Konstruk- tionen, Nominalisierungen etc.)
Satzverknüpfung Lineare Organisation, semantisch unspe- zifisch (*und, daher, aber*)	**Satzverknüpfung** Elaborierte Textverknüpfungsmuster, semantisch spezifiziert (*einerseits – ande- rerseits*), Routineausdrücke (*in Anbetracht der Tatsache, dass*)

Tab. 8.2:
Merkmale konzeptioneller Mündlichkeit und Schriftlichkeit am Beispiel Argumentation

8.3.2 | Die Bedeutung des Erwerbs der Schriftlichkeit in der Herkunftssprache

Schreiben in der Muttersprache: Die Feststellung, dass Kinder, die keine Unterweisung in der Muttersprache bekommen, nur konzeptionell mündliche Texte verfassen können, soll im Folgenden anhand der Beispiele aus einer Pilotstudie zum Schreiben bei Schüler/innen mit türkischer Muttersprache aus dem 7. Schuljahr untermauert werden (vgl. Riehl 2014a: 128 f.). Dazu wurden Erzählungen in der L1 Türkisch von Schüler/innen eines bilingualen Zuges einer Berliner Gesamtschule und von Schüler/innen aus einem Kölner Gymnasium, die keinen Unterricht in der Herkunftssprache Türkisch hatten, erhoben. Als Vorlage diente dabei eine Bildergeschichte aus dem Zyklus »Vater und Sohn« von Erich Ohser.

Abb. 8.3:
Textvorlage für die Erzählung
(Plauen 2016: 144)

Um die Unterschiede zu illustrieren, werden einmal ein Text einer Schülerin aus dem einsprachigen und ein Text eines Schülers aus dem mehrsprachigen Zug vorgestellt. Es muss hinzugefügt werden, dass die beiden Texte Extreme auf einer Skala darstellen. Sie wurden ausgewählt, um die Bandbreite darzustellen und zu zeigen, auf welchen Stand ein Schüler im 7. Schuljahr in einem bilingualen Programm in seiner Herkunftssprache kommen kann und wie sich fehlender Erwerb auf der anderen Seite auf die Textgestaltung auswirken kann.

Beispiele
Beispiel für konzeptionelle Mündlichkeit: Die Schüler/innen aus dem einsprachigen Gymnasium zeigen in ihrer Herkunftssprache Texte, die von konzeptioneller Mündlichkeit geprägt sind. Als Beispiel dient der folgende Text einer 14-jährigen Schülerin:

(4) *Birinci fotorafta bir cocuk babasıyla bir kızak kuruyor. On-* 1
dan sonra o kızakla kaymaya gidiyorlar. Birden bire cocuk ve
adam kızaktan düsüyor ve bakiyorlar: kızak kırılmış. Cocuk
üzülüyor ve adam çok kızgın. Birden bire adamın aklına bir
fikir geliyor: Adam o kırık kızağı yeniden kuruyor, ama bu 5
sefer kızağın arkasindan biraz kesiyor. Bunu kuşlar için
yaptı. Şimdi kuşlarin yeni bir kafesi var.

Auf dem ersten Foto stellt ein Kind mit seinem Vater einen 1
Schlitten auf. Und dann gehen sie mit diesem Schlitten rut-
schen. Auf einmal fallen das Kind und der Mann von dem
Schlitten und gucken. Der Schlitten war kaputtgegangen. Das
Kind ist traurig und der Mann wütend. Auf einmal kommt 5
dem Mann eine Idee: Der Mann versucht diesen kaputten
Schlitten nochmal aufzustellen, aber diesmal schneidet er
hinten am Schlitten etwas ab. Das hat er für die Vögel gemacht. Jetzt haben die Vögel einen neuen Käfig.

An diesem Text fällt nun nicht nur die inkorrekte Schreibung bei Wörtern mit den türkischen Schriftzeichen ç, ş und ı auf (was ein Zeichen der fehlenden Alphabetisierung im Türkischen ist, s. Kap. 8.2.1), sondern es sticht vor allem der stark mündliche Duktus des Textes ins Auge: So verwendet die Schreiberin vor allem umgangssprachlichen Wortschatz wie *kurmak* (›aufstellen‹, Z. 1), *bakmak* (›gucken‹, Z. 3), *kırılmak* (›kaputtgehen‹, Z. 3) oder *kırık* (›kaputt‹, Z. 5). Die Erzählung besteht lediglich aus einer Aneinanderreihung von Hauptsätzen, untergeordnete Satzstrukturen finden sich darin nicht. Darüber hinaus werden die Sätze mit den typischen Gliederungselementen der gesprochenen Sprache verbunden: *ondan sonra* (›und dann‹, Z. 1 f.), *birden bire* (›auf einmal‹, Z. 2 und 4) sowie *şimdi* (›jetzt‹, Z. 7).

Als Beispiel für konzeptionelle Schriftlichkeit soll der folgende Text dienen, der von einem 12-jährigen Schüler der Berliner Gesamtschule aus dem deutsch-türkisch bilingualen Zug geschrieben wurde:

(5) *Kızaktan Kuş Yuvasına* 1
Emre, kısa boylu, siyah saçlı 11 yaşındaki bir çocuk, soğuk
bir kış gününde babasıyla birlikte televizyon izler. »Ne yapa-
biliriz?« diye düşünürler. Birden Emre'nin babası havaya
zıplar ve »Buldum!« diye bağırır. Bodrumdan tahta parçaları 5
getirir ve bunlardan bir kızak yapar. Emre'nin gözleri parlar.
İkisi dışarı koşarlar ve kızak kayarlar. Bir çok kez kaydıktan
sonra Emre »Baba, son bir tur, lütfen.« der. Babası onu
kırmaz, ama bu sefer kızağı kontrol altında tutamaz ve

ağaca çarparlar. Onlara bir şey olmaz, ama kızakları param-   10
parça olur. Emre buna çok üzülür. Babası oğlunun
üzüldüğünü gördüğünde »Gel, biz bu kızaktan yararlı bir şey
yapalım« der. Yerdeki tahta parçalarını alıp eve girerler. Ta-
mir aletlerini alarak yeni, doğaya yararlı bir şey yaparlar.
Kışta kuşlar yem bulamazlar. Bundan dolayı bir kuş yuvası   15
yaparlar. Emre buna çok sevinir. Her sabah yuvaya yem
koyar ve saatlerce oradaki kuşları izler.

Vom Schlitten zum Vogelnest   1
Emre ist ein kleiner, 11-jähriger Junge mit schwarzen Haa-
ren; an einem kalten Wintertag sieht er mit seinem Vater
fern. »Was machen wir denn?« überlegen sie. Plötzlich
springt Emres Vater in die Luft und ruft laut »Ich hab's!«. Er   5
holt verschiedenlange Bretter aus dem Keller und macht daraus einen Schlitten. Emres Augen leuchten! Beide laufen hinaus und fahren Schlitten. Nachdem sie mehrmals gefahren
sind, sagt Emre »Bitte Papa, eine letzte Fahrt«. Sein Vater
lässt sich erweichen, aber dieses Mal verliert er die Kontrolle   10
über den Schlitten und sie prallen gegen einen Baum. Es
passiert ihnen nichts, aber ihr Schlitten wird in tausend Stücke zerschmettert. Das betrübt Emre sehr. Als der Vater
sieht, wie betrübt sein Sohn ist, sagt er zu ihm »Komm, lass
uns aus diesem Schlitten etwas Nützliches herstellen«. Sie   15
sammeln die auf dem Boden liegenden Bretter auf und gehen
ins Haus. Sie nehmen Reparaturwerkzeuge (und) sie stellen
etwas Nützliches für die Natur her. Im Winter finden die Vögel kein Futter. Deswegen machen sie ein Vogelnest. Emre
freut sich sehr darüber. Jeden Morgen legt er Futter in das   20
Nest und betrachtet stundenlang die Vögel.

Im Gegensatz zur ersten Schreiberin verwendet der Schreiber des zweiten
Textes (Bsp. 5) den für Schriftsprache typischen elaborierten Wortschatz,
z. B. die Wendungen *paramparça olmak* (›in tausend Stücke zerschmet-
tern‹, Z. 8), *tahta parçaları* (›Bretter verschiedener Länge‹, Z. 5), *gözlerin
parlaması* (›Augen leuchten‹, Z. 6), *birisini kırmamak* (›sich erweichen
lassen‹, ›jem. nicht kränken wollen‹, Z. 7 f.), die im Türkischen einer li-
terarisch-poetischen Ebene angehören und sich nur schwer im Deutschen
wiedergeben lassen. Ebenso befindet sich in seinem Wortschatz ein mehr
technischer Ausdruck *kontrol altında tutamak* (›Kontrolle verlieren‹, Z. 9)
oder ein komplexer Ausdruck wie *saatlerce* (›stundenlang‹, wörtlich ›eine
den Zeitraum von Stunden umfassende Einheit‹, Z. 17). Auf der syntaktischen Ebene erscheinen Unterordnungen mit Hilfe von Konverb-Kon-
struktionen (das sind Suffixe, die an Verben angehängt werden und Unterordnung bezeichnen). Hier kommt sogar mehrfache Unterordnung vor,
vgl. *Babası oğlunun üzüldüğünü gördüğünde* [...] *der* (›Als der Vater
sieht, wie betrübt sein Sohn ist, sagt er [...]‹, Z. 11 f.).

8.4 | Mehrsprachige Textkompetenz

Textkompetenz: Die Beherrschung der in Kapitel 8.3 diskutierten lexikalischen, grammatischen und textgrammatischen Besonderheiten geschriebener Texte bildet nur einen Teil einer allgemeineren Kompetenz, die unter dem Begriff ›Textkompetenz‹ bzw. ›literale (Handlungs-)Kompetenz‹ gefasst wird (vgl. dazu Portmann-Tselikas 2003; Schmölzer-Eibinger 2008 f.; Becker-Mrotzek/Böttcher 2011; Feilke 2015). Darunter werden eine Reihe von Fertigkeiten subsumiert, die notwendig sind, um einen angemessenen Text zu produzieren (vgl. u. a. Portmann-Tselikas 2003 f.; Becker-Mrotzek/Schindler 2007; Schmölzer-Eibinger 2008 f.). Becker-Mrotzek/Schindler (2007) berufen sich in ihrer Definition auf ein allgemeineres Modell von Kompetenzen (Ossner 2006), das die folgenden Kategorien enthält: Deklaratives Wissen, Problemlösewissen, prozedurales Wissen (Routinen und Prozeduren für automatisiertes Prozessieren) sowie metakognitives Wissen (die Fähigkeit, über die eigenen Handlungen und Gedanken zu reflektieren).

Schmölzer-Eibinger (2011: 51 f.) fasst den Begriff noch weiter und führt eine Reihe von Kompetenzen auf, die sie wiederum in globale Kompetenzen (Kohärenzkompetenz, Kontextualisierungskompetenz, Kommunikationskompetenz, Textoptimierungskompetenz, strategische Kompetenz) und spezifischere auf das Schreiben von Texten ausgerichtete Kompetenzen (Formulierungskompetenz, Textgestaltungskompetenz, Textmusterkompetenz und Stilkompetenz) unterteilt. Dabei spielen auch bestimmte pragmatische Konventionen eine Rolle, die kulturspezifisch sind.

Definition	Unter **Textkompetenz** versteht man die Fähigkeit, einen kohärenten und leseradäquaten Text zu verfassen. Dazu sind eine Reihe von spezifischeren Kompetenzen – u. a. Weltwissen, Sprachwissen und Kommunikationskompetenz – von Nöten, aber auch spezifische auf die Wohlgeformtheit von Texten angelegte Kompetenzen wie Formulierungskompetenz oder Textmusterkompetenz.

8.4.1 | Die Bedeutung von Textmustern

Konventionen und Diskurstraditionen: Um sich adäquat in einer Sprache schriftlich ausdrücken zu können, muss man neben den sprachlichen Besonderheiten auch die Konventionen von Textmustern erlernen. Hier entwickelt jede Sprach- bzw. Kulturgemeinschaft eigene Konventionen, die man im Allgemeinen als Diskurstraditionen (Oesterreicher 2008) bezeichnet. So haben bestimmte Textsorten ihre eigenen Makrostrukturen wie im Deutschen das *Pro-contra-conclusio*-Schema für erörternde Texte. Mit den Textsorten sind wiederkehrende sprachliche Elemente und Konstruktionen verbunden, die auch als ›Routineausdrücke‹ bezeichnet werden. Routineausdrücke fungieren auf der Seite der Textproduktion als Handlungskonstituenten, auf der Seite der Rezeption als Handlungsindikatoren

(Schmölzer-Eibinger/Dorner 2012: 67). So verweist etwa die Verwendung von *zwar – aber* auf das Handlungsschema einer Konzession als Subschema der literalen Handlung des Argumentierens (ebd.).

Textsortenspezifische Konstruktionen: Daneben gibt es bestimmte Konstruktionen, die typisch sind für eine bestimmte Textsorte: So gebraucht man beispielsweise in einer Gebrauchsanweisung im Deutschen als Aufforderungen Infinitive (*den Behälter mit Wasser füllen*) oder den höflichen Imperativ (*Füllen Sie den Behälter mit Wasser*). Mehrsprachige Schreiber, die bestimmte Textmuster in ihrer L1 in der Schule nicht erlernen, greifen häufig auf Formulierungsmuster zurück, die sie aus anderen Textsorten kennen, etwa im Falle der Gebrauchsanweisung auf die Muster eines Kochrezepts. Dort kann man statt des Infinitivs auch die formelhafte Wendung mit *man nehme* verwenden. Siehe dazu folgendes Beispiel aus Ostbelgien, einem deutsch-französisch zweisprachigen Gebiet (Text aus Riehl 2001: 193):

Textsortenspezifika

(6) *Die Kaffeemaschine.*
   Man nehme 2 Tassen und eine Maschine.
   Man nehme den Behälter und füllt ihn mit Wasser.
   Man nehme eine Filtertüte stecke sie in den Filter und fülle sie mit Kaffeepulver.
   Man drücke den Schalter und der Kaffee kocht von alleine.

Neben der Übertragung von Formulierungsmustern von einer Textsorte auf die andere gibt es auch die Möglichkeit, die Makrostruktur von Textsorten in einer Sprache auf die andere zu übertragen, z. B. den Aufbau einer Erzählung oder eines argumentativen Textes. Hier kann etwa eine argumentative Struktur, die eher rhetorischen Mustern folgt – und nicht dem im Deutschen häufig verwendeten Schema *Pro-Contra-Conclusio* – aus den romanischen Sprachen auf das Deutsche übertragen werden (vgl. Riehl 2001; Riehl et. al. im Ersch.).

Die Kommunikative Grundhaltung stellt einen weiteren Aspekt dar, der beim Schreiben eines Textes berücksichtigt werden muss (vgl. Sieber 1998; Heinrich/Riehl 2011). Darunter werden Strategien gefasst, die entweder den Hörer in den Text involvieren (Involvierungsstrategie) oder eine Distanz herstellen (Distanzierungsstrategie). Ein wesentliches Merkmal der Involvierungsstrategie ist das Herstellen einer unmittelbaren Sprecher-Hörer-Deixis durch die Präsenz von Schreiber und Leser im Textraum. Demgegenüber stehen Distanzierungsstrategien, d. h. Strukturen, die eine objektive Gestaltung zu erreichen suchen. In argumentativen Briefen herrscht im Deutschen eher eine distanzierte Haltung vor, während in anderen Sprachen (z. B. romanischen Sprachen, im Griechischen oder Türkischen) eine stärker involvierende Strategie überwiegt, die sich an einem rhetorischen Modell orientiert und Selbstreferenz sowie Adressierung des Lesers miteinschließt (vgl. Riehl et al. im Ersch.).

Übertragung von kulturspezifischen Mustern: Studien zur Wechselwirkung von Textkompetenzen haben gezeigt, dass Schüler/innen, die in Deutschland in eine einsprachige Schule gehen, kulturspezifische Textmuster von L2 auf L1 übertragen (Riehl 2013; Riehl et al. im Ersch.).

Dieser Transfer ist dadurch zu begründen, dass das entsprechende Muster der L1 im schulischen Kontext nicht eingeübt wird und damit das Modell des Deutschen übernommen wird. Auch Schüler/innen, die ein hohes schriftsprachliches Niveau in ihrer Herkunftssprache erreichen, übertragen daher das kulturspezifische Muster der Argumentation aus dem Deutschen (vgl. Riehl et al. im Ersch.).

Beispiel **Übertragung von kulturspezifischen Mustern**

Jannis N. (Pseudonym) ist bilingual mit Deutsch und Griechisch aufgewachsen und besucht die 10. Klasse der Europäischen Schule in München. Seit 10 Jahren hat er einmal pro Woche muttersprachlichen Unterricht in Griechisch. Die schriftsprachliche Kompetenz des Probanden lässt sich sowohl in der L1 als auch in der L2 als sehr hoch bewerten. Er verfügt über eine ausgeprägte und elaborierte Ausdrucksfähigkeit, er verwendet ein durchaus differenziertes Vokabular und ist in der Lage, in beiden Sprachen einen gut strukturierten, kohärenten und den Merkmalen der konzeptionellen Schriftlichkeit entsprechenden Text zu verfassen. Siehe dazu den folgenden Ausschnitt (der Text ist gekürzt, da nur die Argumentationsführung gezeigt werden soll):

(7) Αξιότιμε κύριε διευθυντά,

ακούσαμε από τον δασκαλό μας, ότι σκοπεύετε να απαγορεύσετε της ξένες γλώσσες στο προαύλιο του σχολείου. Η τάξη μου και εγώ, ως εκπρόσοπος της, αποφασίσαμε να σας γράψουμε αυτό το γράμμα για να σας πούμε την γνώμη μας.
Εξαρχής, θα ήθελα να σας θυμίσω, ότι η εφάρμοση αυτή της απαγόρευσεις είναι πολλή δύσκολη. [...]

Δεύτερον, και αν προσπαθίσουν η μαθητές να μιλάνε την γλώσσα τους κράτους, θα δισκολευτούν στην εφάρμοση, [...].

Αφενός, ο νόμος, θα μας βωηθήσει να μάθουμε την δεύτερη μας γλώσσα πιο καλά και να λάβουμε μέρος στην κοινωνία. [weiteres Argument].
Αφετέρου, χάνεται ένα σπουδαίω κομάτι της ταυτότητας των παιδιών, που τους ξεχωρίζει. [...]

Sehr geehrter Herr Schuldirektor,

wir haben von unserem Lehrer gehört, dass Sie vorhaben, die Fremdsprachen auf dem Schulhof zu verbieten. Meine Klasse und ich, als ihr Vertreter, haben uns entschieden, Ihnen diesen Brief zu schreiben, um Ihnen unsere Meinung zu sagen.
Anfänglich möchte ich Sie daran erinnern, dass die Durchführung dieses Verbotes sehr schwierig ist. [...]

Zweitens, und wenn die Schüler versuchen, die Sprache des Staates zu sprechen, werden sie sich bei der Durchführung schwertun [...].

Einerseits wird uns das Gesetz, helfen, unsere Zweitsprache besser zu lernen und an der Gesellschaft teilzunehmen.

Andererseits geht ein wichtiger Teil der Identität der Kinder verloren, wo sie unterscheidet. [...]

Εξάλλου, η γλώσσα είναι το κλιδί που χρειάζεται κανείς, για να καταλάβει τα έθη και τον χαρακτήρα ενός έθνους.	**Außerdem** ist die Sprache der Schlüssel, den man braucht, um die Bräuche und den Charakter einer Nation zu verstehen.
Γι΄αυτό σας ικετεύω, να πάρετε πίσω την απόφαση σας, γιατί δεν συνφέρει το πλήθος του σχολείου μας. Με χαιρετισμούς Γιάννης Ν.	**Deswegen** flehe ich Sie an, Ihre Entscheidung zurückzuziehen, weil es nicht zum Vorteil der Menge unserer Schule ist. Mit Grüßen Jannis N.

Der Schreiber folgt nun in diesem Text nicht dem rhetorischen Muster des Griechischen (vgl. Kaiser 2015), sondern transferiert Elemente des kulturspezifischen Musters des Deutschen wie das *Pro-Contra*-Modell mit den entsprechenden Konnektoren (*erstens, zweitens, drittens, einerseits – andererseits, außerdem*) in seinen griechischen Text. An einigen Stellen werden zwar Involvierungsstrategien wie Selbstreferenz (»θα ήθελα να σας θυμίσω« = ›anfänglich möchte ich Sie daran erinnern‹, »θα μας βωηθήσει να μάθουμε« = ›wird uns helfen [...] zu lernen‹ usw.) und direkte Ansprache des Adressaten (»να σας θυμίσω« = ›ich möchte Sie daran erinnern‹) eingesetzt, es überwiegen aber distanzierende Ausdrücke wie »Εξάλλου, η γλώσσα είναι το κλιδί που χρειάζεται κανείς« (= ›Außerdem ist die Sprache der Schlüssel, den man braucht‹).

8.4.2 | Wechselwirkungen von Schriftsprachkompetenzen

8.4.2.1 | Die Rolle der L1 und Bedeutung des Unterrichts

Aufbauen auf der L1: Eine Reihe von Studien haben gezeigt, dass bestimmte Kompetenzen, die für das Schreiben von Texten notwendig sind, von einer Sprache auf die andere übertragbar sind (vgl. Bialystok 2007). Darunter fallen etwa die Kohärenzkompetenz, Kontextualisierungskompetenz, Kommunikationskompetenz, Textoptimierungskompetenz und strategische Kompetenz (vgl. Schmölzer-Eibinger 2011: 51 f.). In diesem Zusammenhang ist auch die Diskussion von Bedeutung, die der Bildungsforscher Jim Cummins angeregt hat (vgl. etwa Cummins 2004), nämlich die Annahme einer sog. *Common Underlying Proficiency* (CUP), d. h. ein allgemeines Kompetenzniveau für abstrakte Sprache (im Sinne von CALP, s. Kasten Vertiefung S. 226), auf die eine andere Sprache aufbauen kann. Da häufig bei Kindern, die mit einer anderen Herkunftssprache aufwachsen, der Zugang zur abstrakten Sprache über die Zweitsprache beschränkt ist, nimmt Cummins an, dass Unterricht in L1 erforderlich ist, um Grundlagen für spätere schnelle Fortschritte in L2 zu legen.

Übertragbarkeit von Kompetenzen

Zur Vertiefung

BICS und CALP

Der Bildungsforscher Jim Cummins unterscheidet zwischen den einfachen mündlichen Fertigkeiten, die es Kindern ermöglicht, in der alltäglichen Interaktion zu kommunizieren (= **B**asic **I**nteractive **C**ommunication **S**kills = BICS) und der Beherrschung von Sprache in dekontextualisierten abstrakten Kontexten, die in der Regel Ausdruck konzeptioneller Schriftlichkeit sind (**C**ognitive **A**cademic **L**anguage **P**roficiency = CALP). Cummins wollte mit dieser Unterscheidung darauf aufmerksam machen, dass Migrantenkinder zwar konversationelle Kenntnisse in der Zweitsprache schon nach relativ kurzer Lernzeit von ca. 2 Jahren erwerben, dass sie aber altersangemessene Kenntnisse in der Bildungssprache erst nach 5 bis 7 Jahren erreichen (vgl. Cummins 2000, 2004; s. auch Kap. 7.1.1).

Auswirkungen des Unterrichts in der Muttersprache: Die These, dass eine gute Schriftsprachkompetenz in L1 auch eine gute Schriftsprachkompetenz in L2 nach sich zieht, wurde bereits in den 1990er Jahren von Untersuchungen bei türkischen Migrantenkindern (etwa Aytemiz 1990) untermauert. So erzielten Schüler/innen, die in der Türkei die Schule besucht hatten, bevor sie nach Deutschland kamen, in der Regel bessere Ergebnisse als in Deutschland eingeschulte Gleichaltrige.

Studien zum Einfluss von L1

Zu einem ähnlichen Resultat gelangt Knapp (1997): Er untersuchte die Erzählkompetenz in den Jahrgangsstufen 5 bis 7 anhand einer Phantasiegeschichte. Bei der Analyse der Erzähltexte in der Zweitsprache Deutsch zeigte sich, dass Migrantenkinder, die bereits im Heimatland die Schule besucht hatten, eine höhere Text- und Erzählkompetenz im Deutschen besitzen als Schüler/innen mit Migrationshintergrund, die in Deutschland eingeschult wurden. Knapp (ebd.) sah darin die Annahme bestätigt, dass die Kinder, die in ihrem Heimatland schriftsprachlich sozialisiert wurden, die Fähigkeit zur Bildung von Makrostrukturen auf die Zweitsprache übertragen können.

Ähnliche Ergebnisse zur Bedeutung des muttersprachlichen Unterrichts bei Migrantenkindern finden sich auch in Studien, die in der Schweiz durchgeführt wurden, etwa von Caprez-Kompràk (2010) zu Schülern mit Türkisch oder Albanisch als L1 und von Schader (2006) zu albanisch-deutschen bilingualen Kindern. Caprez-Krompàk (2010) konnte für eine Untersuchungsgruppe albanischstämmiger Schüler/innen nachweisen, dass gerade diejenigen, die muttersprachlichen Unterricht besuchten und ihre Muttersprache auch im Elternhaus pflegten, bessere Sprachkompetenzen in der L1 und der L2 aufwiesen.

Rapti (2005), die eine Studie zur Textkompetenz griechischer Kinder in Deutschland, die Unterricht in ihrer Muttersprache erhielten, durchführte, stellte fest, dass sich, wenn die Schüler jünger sind, die Textkompetenz in beiden Sprachen auf ähnlichem Niveau entwickelt. Wenn die Schüler älter werden, verschiebt sich dies dagegen zu einer höheren Kompetenz in der L2. Als Gründe führt sie an, dass das Deutsche in Deutschland im Bereich Literatur und Medien überlegen ist und dass Methoden zum Erlernen des Aufsatzschreibens im Griechischunterricht fehlen.

8.4.2.2 | Wechselwirkungen von Textkompetenzen in L1 und L2

Die Studie ›Mehrschriftlichkeit‹: Im Folgenden werden einige Ergebnisse einer Studie aufgeführt, die an der LMU München von 2013 bis 2016 durchgeführt wurde und die Wechselwirkungen von schriftsprachlicher Kompetenz in Erst- und Zweitsprache bei bilingualen Schüler/innen mit türkischer, italienischer und griechischer Herkunftssprache des 9. und 10. Schuljahres untersuchte. Außerdem wurden Einflüsse außersprachlicher Faktoren (z. B. die Einstellung zur Sprache, literale Praktiken, Sprachgebrauch etc.) und des metasprachlichen Bewusstseins auf die Textkompetenz in beiden Sprachen beleuchtet. Die Schüler/innen schrieben jeweils einen narrativen und einen argumentativen Text in L1 und L2. Hier soll aber nur auf die Wechselwirkungen bei den argumentativen Texten eingegangen werden (vgl. www.mehrschriftlichkeit.daf.lmu.de).

Textniveaustufen: Um die Textkompetenz in der Erst- und Zweitsprache vergleichen zu können, wurden in der Studie globale Strukturen definiert, die einen Text konstituieren: Makrostruktur, Diskursmodus (konzeptionelle Mündlichkeit vs. Schriftlichkeit) und kommunikative Grundhaltung (s. Kap. 8.4.1). Auf der Basis dieser Kriterien wurden fünf Textniveaustufen herausgearbeitet und die Texte diesen Stufen zugeordnet (s. Abb. 8.4).

Der Vergleich der Niveaustufen in L1 und L2 zeigt, dass die meisten Probanden in ihrer jeweiligen Herkunftssprache lediglich Textniveaustufe 1 und 2 erreichen (s. Abb. 8.5). Allerdings schneidet hier die griechische Probandengruppe besser ab, da in dieser Gruppe 25 % der Probanden die

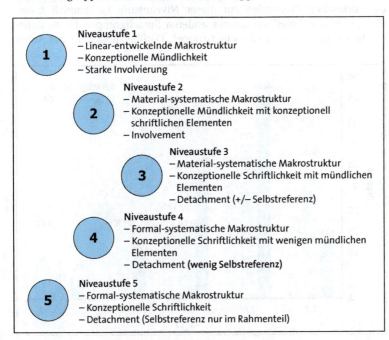

Niveaustufe 1
– Linear-entwickelnde Makrostruktur
– Konzeptionelle Mündlichkeit
– Starke Involvierung

Niveaustufe 2
– Material-systematische Makrostruktur
– Konzeptionelle Mündlichkeit mit konzeptionell schriftlichen Elementen
– Involvement

Niveaustufe 3
– Material-systematische Makrostruktur
– Konzeptionelle Schriftlichkeit mit mündlichen Elementen
– Detachment (+/– Selbstreferenz)

Niveaustufe 4
– Formal-systematische Makrostruktur
– Konzeptionelle Schriftlichkeit mit wenigen mündlichen Elementen
– Detachment (**wenig Selbstreferenz**)

Niveaustufe 5
– Formal-systematische Makrostruktur
– Konzeptionelle Schriftlichkeit
– Detachment (Selbstreferenz nur im Rahmenteil)

Abb. 8.4:
Textniveaustufen
für argumentative
Texte

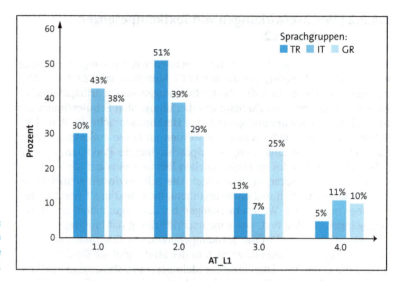

Textniveaustufe 3 und 10 % die Textniveaustufe 4 erreichen (im Gegensatz dazu jeweils nur 13 % und 5 % von der türkischen und jeweils 7 % und 11 % der italienischen Gruppe). Bei den argumentativen Texten in der jeweiligen Herkunftssprache wurde die Textniveaustufe 5 von keinem einzigen Probanden erzielt.

In den deutschen argumentativen Texten (s. Abb. 8.6) erzielen die meisten Probanden aller Sprachgruppen die Textniveaustufe 2. Der Anteil der türkischen Probanden auf dieser Niveaustufe ist deutlich höher (46 %) als der Anteil der jeweils anderen Sprachgruppen (35 % italienische Gruppe, 30 % griechische Gruppe). Darüber hinaus ist der Anteil

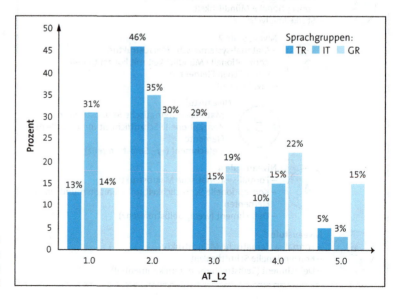

der griechischen Probanden, die im Deutschen Niveaustufe 4 (25 %) und 5 (15 %) erreichen, insgesamt höher als bei den anderen beiden Sprachgruppen. Somit erzielt die griechische Gruppe im Vergleich zu den anderen Gruppen nicht nur in L1, sondern auch in L2 eine höhere Textkompetenz.

Eine Korrelationsanalyse der Textkompetenz in beiden Sprachen zeigt, dass die Kompetenzen in L1 und L2 durchaus korrelieren. Man kann daher davon ausgehen, dass eine hohe Textkompetenz in L1 mit einer hohen Textkompetenz in L2 korreliert. Es besteht ebenfalls eine relativ hohe Korrelation zwischen der Textkompetenz in narrativen Texten und argumentativen Texten in L1 (0.65). Interessanterweise ist die Korrelation zwischen argumentativen Texten und narrativen Texten in L2 etwas geringer (0.61). Dies könnte damit zusammenhängen, dass Muster argumentativer Texte in L2 stärker im Fokus der Schüler/innen sind, da sie in diesen Jahrgängen in der Schule eingeübt werden.

Kompetenzübertragung und Komplexität: In qualitativen Analysen konnte nun gezeigt werden, dass Schüler/innen mit einer hohen Kompetenz in beiden Sprachen im Bereich des Erzähltextes und einer hohen Kompetenz beim argumentativen Schreiben in der Zweitsprache Deutsch in der Regel nicht das gleiche Niveau beim argumentativen Text in ihrer Erstsprache erreichen. Sie übertragen nicht alle Komponenten (wie Makrostruktur, Diskursmodus und kommunikative Grundhaltung) von L2 auf L1. Das kann damit erklärt werden, dass es zu einer Systemüberlastung (*cognitive overload*) kommt: Beim Schreiben eines Textes muss man komplexe Aufgaben erfüllen und dabei den Output auf verschiedenen Ebenen kontrollieren (wie sprachliche Korrektheit, makrostrukturelle Gliederung, Textadäquatheit und Leserorientierung). Bei geübten Schreibern sind einige dieser Bereiche bereits automatisiert, sodass sie ihre Aufmerksamkeit auf andere Bereiche konzentrieren können. Die Produktion eines argumentativen Textes in L1 übersteigt aber offensichtlich hier den Aufmerksamkeitsbetrag, der zum Lösen von Aufgaben zur Verfügung steht, da die Textproduktion weniger automatisiert ist, und daher wird ein Teil der Aufgaben ignoriert (vgl. dazu auch Riehl 2013).

Übertragung von L2 auf L1

Wechselwirkung L1 und L2

Beispiel

Vittorio ist ein Schüler einer 9. Klasse Gymnasium in München. Seine Erstsprache ist Italienisch. Vittorio hatte 9 Jahre Italienischunterricht (1 × pro Woche). Er spricht mit seiner Familie Italienisch, schaut italienischsprachiges Fernsehen und liest auch italienischsprachige Bücher und Magazine.

(8) (a) Deutscher Text (L2), Aufgabenstellung: Brief an den Schulleiter zum Thema Handyverbot:

Sehr geehrter Schulleiter,
hiermit schreibe ich ihnen um ihnen meine Stellung gegenüber dem Thema »Handyverbot« darzulegen. **Der erste Punkt** *ist, die Schwächung der Ver-*

bindlichkeit der Schüler. So unterhalten sich Schüler, bei ständigem Gebrauch des Handys, miteinander weniger. **In der Folge** werden weniger Freundschaften geschlossen, was dazu führt, dass sich die Schüler fremder vorkommen und nicht verbunden. **Ein weiterer Gesichtspunkt ist**, die Versuchung bei Leistungsnachweisen mithilfe von Handys zu betrügen. Denn beinahe jedes Handy besitzt heutzutage Internet, indem man leicht Wissen aller Arten nachrecharchieren kann. So könnten Schüler in Versuchung geraten, während eines Schultests, beim fehlenden Wissen einer Antwort, ihr Handy raus zu zücken und nach jener zu suchen, was nicht erlaubt ist und bei Erwischen des Lehrers dieser Tat im schlimmsten Falle mit der Note Sechs bestraft werden könnte.

Der wichtigste Punkt aber, ist die Ablenkung. So könnten bei ständigem Gebrauch des Handys und wenig Mitarbeit im Unterricht große Wissenslücken entstehen. Zum Beispiel könnte sich ein Schüler lieber für seine SMS-en als die neue Grammatik im Englischunterricht interessieren, weil er abgelenkt wurde.

Ich hoffe ich konnte ihnen, mit meinen Argumenten, die Entscheidung erleichtern und hoffe Sie setzen das Handyverbot durch

Mit freundlichen Grüßen
Vorname Nachname

(b) Italienischer Text (L1), Aufgabenstellung: Brief an den Schulleiter zum Thema Verbot der Herkunftssprachen auf dem Schulhof

Gentile direttore,
scrivo questa lettera per **esprimere la mia opinione** riguardo il divieto di parlare lingue straniere durante la pausa scolastica.
Come primo punto vorrei dire che se si puo parlare lingue straniere anche in futuro, potrebbe aiutare ai scolari a fare piu rapidamente nuove amicizie. Se per esempio un bambino che si è trasferito da un altro paese parla solo la sua lingua e viene nella nostra scuola bambini che sanno la sua lingua possono comunicare facilmente con egli.
E cosi che nasce una nuova amicizia.
Come altro punto, vorrei aggiungere che, parlare lingue straniere nelle pause scolastice, può essere anche un esercizio utile. Se per esempio nella scuola ci sono bambini con stessa nazionalità e capacità di parlare la lingua di egli, possono comunicare con la lingua straniera ed essercitarla.
Cosi hanno la possibilità di migliorarla.
Spero che i miei argomenti le sono utili sulla decisione di introdurre il divieto di parlare lingue straniere durante la pausa scolastica.

Sinceri saluti,
Vorname Nachname

Übersetzung:

Sehr geehrter Schulleiter,
ich schreibe diesen Brief um meine Meinung über das Verbot, Fremdspra-
chen in der Schulpause zu sprechen, zum Ausdruck zu bringen.
Als ersten Punkt möchte ich sagen, dass, wenn man Fremdsprachen spre-
chen kann, das auch in Zukunft den Schülern helfen kann, schnell neue
Freundschaften zu schließen. Falls ein Kind, das aus einem anderen Land
hergezogen ist, nur seine Sprache spricht und in unsere Schule kommt,
können die Kinder, die seine Sprache sprechen, einfach mit ihm kommuni-
zieren. Und so fängt eine neue Freundschaft an.
Als weiteren Punkt möchte ich hinzufügen, dass Fremdsprachen in den
Schulpausen zu sprechen, auch eine nützliche Übung sein kann. Falls zum
Beispiel in der Schule einige Kinder mit der gleichen Nationalität sind und
die Fähigkeit haben seine Sprache zu sprechen, dann können sie in dieser
Fremdsprache kommunizieren und diese üben. Somit haben sie die Mög-
lichkeit sie zu verbessern.
Ich hoffe dass meine Argumente Ihnen bei Ihrer Entscheidung hilfreich
sind, das Fremdsprachenverbot während der Pause einzuführen.

Aufrichtige Grüße
Vorname Nachname

Im Beispiel (8) verfasst der Schüler den deutschen Text in einer sehr
elaborierten Weise im Muster der konzeptionellen Schriftlichkeit. Dies
betrifft hypotaktische Strukturen und Nominalphrasen (*bei ständigem
Gebrauch des Handys*), elaborierten Wortschatz (*Verbindlichkeit, Gesichtspunkt, Leistungsnachweis, nachrecherchieren, Wissenslücken*) sowie Formulierungsmuster (*in Versuchung geraten, Entscheidung erleichtern*). Ein weiterer Aspekt ist die Distanziertheit des Schreibers vom Text
(*ich*-Referenz nur in Einleitung und Schluss) und die argumentative
Makrostruktur, die zwar nur Pro-Argumente enthält, diese aber steigernd
aufbaut (*der erste Punkt, ein weiterer Gesichtspunkt, der wichtigste
Punkt*). Der italienischsprachige Text des Schreibers ist zwar ebenfalls
konzeptionell schriftlich geprägt (*esprimere la mia opinione* ›meine Meinung zum Ausdruck bringen‹, *vorrei aggiungere* ›möchte hinzufügen‹),
aber enthält wenig Variation (Wiederholungen von einfachen Basiswör-
tern wie *bambino* ›Kind‹, *scrivere* ›schreiben‹) und kopiert die distanzierte Haltung des Deutschen. Allerdings bringt der Schreiber an zwei
Stellen der Diskursführung die Selbstreferenz ein (*come primo punto
vorrei dire* ›als ersten Punkt möchte ich sagen‹, *come altro punto vorrei
aggiungere* ›als weiteren Punkt möchte ich hinzufügen‹). Vor allem aber
bleibt die makrostrukturelle Gliederung hinter der im Deutschen zurück:
Es werden nur zwei Pro-Argumente geliefert und es wird keine Steige-
rung aufgebaut.

Die quantitativen und qualitativen Analysen innerhalb der Studie liefern Hinweise darauf, dass die Textkompetenz in beiden Sprachen sich
wechselseitig bedingt. Ob aber dann spezifische Strukturen von einer
Sprache auf die andere übertragen werden, hängt von einer Vielzahl von

außersprachlichen oder auch kognitiven Faktoren wie der metasprachlichen Bewusstheit (›Sprachbewusstheit‹) ab.

8.4.2.3 | Einfluss kognitiver und außersprachlicher Faktoren

Einfluss metasprachlicher Bewusstheit: Als ein wichtiger Einflussfaktor auf die Textkompetenz wurde die sog. metasprachliche Bewusstheit angenommen. In einem Sprachbewusstheitstest (LAT-Test) wurde daher das pragmatische, semantische und textuelle Wissen in L1 und L2 abgefragt. Dabei wurden die Registerkompetenz und Adressatenorientierung, der Gebrauch von Synonymen und Passepartout-Wörtern und das Wissen über Textordnungsmuster bzw. die Kohärenz und Kohäsion eines Textes getestet. Eine Korrelationsanalyse der erzielten Werte mit den Textkompetenzen zeigte, dass eine hohe Korrelation zwischen den Kompetenzen in narrativen und argumentativen Texten in L1 und L2 und den Gesamtwerten des LAT-Tests besteht.

| Definition | **Metasprachliche Bewusstheit** wird definiert als »die Fähigkeit, die Aufmerksamkeit auf Sprache als Objekt zu fokussieren oder über Sprache abstrakt nachzudenken« (Jessner 2006: 42). Dies betrifft sowohl das grammatische Wissen, d. h. die formale Korrektheit, als auch das semantische Wissen, d. h. das Wissen über Bedeutungen, aber auch das Wissen darüber, wie man sich kommunikativ richtig verhält. Das bezeichnet man als pragmatisches Wissen. |

Aus diesen Ergebnissen kann man schließen, dass Probanden, die hohe Werte im LAT-Test haben, eine hohe Textniveaustufe in der L1 und L2 erreichen. Die geringere Korrelation zwischen der Sprachbewusstheit und den narrativen Texten ist dadurch zu erklären, dass argumentative Texte eine höhere Registerkompetenz (elaborierterer Wortschatz, komplexere Strukturen) fordern. Die stärkere Korrelation in der L1 zeigt, dass die Kompetenz noch in höherem Maße vom metasprachlichen Bewusstsein abhängig zu sein scheint.

Außersprachliche Faktoren

Um den **Einfluss außersprachlicher Faktoren** festzustellen, wurden die Aussagen in den Schülerinterviews kategorisiert und nach dem generalisierten linearen gemischten Modell statistisch ausgewertet. Dabei stellten sich die folgenden Faktoren als zentral heraus:

Muttersprachlicher Unterricht: Der Unterricht in der Herkunftssprache hat einen Einfluss auf die Textkompetenz in der L1, aber hauptsächlich bei narrativen Texten. Allerdings hat der Besuch eines muttersprachlichen Unterrichtes erst ab einer Dauer von sieben Jahren einen positiven Einfluss auf die Textkompetenzen in der jeweiligen L1 (0.26) und in der L2 (0.46). Diese Tatsache könnte auch mit der Gestaltung des Unterrichts (v. a. wenn er außerhalb des Regelunterrichts stattfindet) zusammenhängen (vgl. Löser/Woerfel 2017 sowie Kap. 7.2.3).

Auf der anderen Seite lässt sich aber auch zeigen, dass Unterricht in L1, selbst in L1-Schulprogrammen, keine negative Wirkung auf die Entwicklung der L2 hat. Die Schüler/innen, die eine muttersprachliche Grundschule besucht haben, weisen keine schlechtere Kompetenz in der L2 Deutsch auf als Probanden, die von Anfang an eine deutsche Schule besucht haben. Dies lässt sich ebenfalls durch die Wechselwirkungen von schriftsprachlichen Kompetenzen erklären: Besteht bereits eine hohe Kompetenz in einer Sprache, sind einige Fertigkeiten auf die Zweitsprache übertragbar (so bereits Knapp 1997; vgl. auch Riehl 2013).

Literalität in L1: Ein weiterer ganz entscheidender Einflussfaktor ist das Lesen und Schreiben in der L1. So kann man etwa einen großen Einfluss auf die Textkompetenzen in beiden Sprachen durch das Lesen von Büchern feststellen. Lesen die Probanden mehr als sechs Bücher im Jahr, so hat das eine sehr positive Auswirkung auf die L1 (0.73). Demgegenüber nur eine äußerst geringe Wirkung lassen das Lesen von Zeitungen und Zeitschriften (0.05) bzw. von einem bis fünf Büchern in der L1 (0.12) erkennen. Das Lesen in der L2 Deutsch übt dagegen einen geringeren Einfluss auf die Textkompetenzen in der Erst- und Zweitsprache aus. Ob die Schüler/innen im Deutschen weniger oder mehr als sechs Bücher im Jahr lesen, hat einen leicht positiven Einfluss auf die Kompetenzen in dieser Sprache (0.25 und 0.31), jedoch keinen auf die in der L1 (0.02 und −0.05).

Schreiben in der Muttersprache: Einen sehr wichtigen Faktor stellt auch das Schreiben dar: Hier hat das Schreiben von Tagebüchern, Geschichten und Essays in der L1 einen signifikanten Einfluss auf die schriftsprachlichen Kompetenzen in L1 (0.53) und fast den identischen Einfluss auf die L2 (0.54). Das Schreiben in sozialen Netzwerken übt vor allem auf die Textkompetenzen in der L1 einen positiven Einfluss aus (0.27). Insgesamt zeigt sich damit aber auch, dass es positive Wechselwirkungen zwischen der Textkompetenz in L1 und L2 gibt.

Sprachgebrauchsprofile, die aus den Schülerinterviews extrapoliert wurden, zeigten nun, dass es einen großen Unterschied bezüglich der Textkompetenzen zwischen den Schüler/innen gibt, die ihre L1 auch außerhalb der Schule lesen und schreiben, und denen, die sie nur mündlich gebrauchen. Sehr häufig hatten die Schüler/innen, die einen Zugang zur Schriftlichkeit in der L1 hatten, auch einen besseren Zugang zur L2, was sich vor allem durch Schreib- und Leseaktivitäten außerhalb des schulischen Kontexts zeigte. Weiter wirken sich der frühkindliche Sprachgebrauch, die literalen Praktiken im Elternhaus, der Kontakt mit der deutschen Sprache und der Input in der L1 positiv auf Textkompetenzen sowohl in der L1 als auch in der L2 aus. Insgesamt zeigt sich, dass die literalen Praktiken sowie die Spracheinstellung im Elternhaus einen größeren Einfluss haben als der Unterricht in L1. Diese Ergebnisse decken sich im Übrigen auch mit Ergebnissen von Studien zur frühkindlichen Sprachförderung (s. Kap. 6.3).

Unterweisung im sog. Muttersprachlichen Ergänzungsunterricht scheint aufgrund dieser Ergebnisse offensichtlich nicht ausreichend, um eine umfassende schriftsprachliche Kompetenz in der Herkunftssprache zu erzielen. Diejenigen Schüler/innen, die eine hohe Textkompetenz in ihrer Erstsprache in beiden Texttypen (narrativ und argumentativ) hatten, haben entweder noch zusätzlichen Unterricht durch die Eltern bekommen oder lesen viel in ihrer Herkunftssprache und schreiben auch außerhalb des Unterrichts. Beim Vergleich der Sprachgruppen untereinander zeigt sich, dass die griechischen Probanden sowohl im Griechischen als auch im Deutschen höhere Niveaustufen als die anderen beiden Gruppen erreichen. Dies ist zum einen auf die Möglichkeit des Besuchs einer muttersprachlichen Schule (hier besuchen einige griechische Probanden die muttersprachliche Grundschule), zum anderen auf das Bildungsbewusstsein im Elternhaus zurückzuführen.

8.5 | Zusammenfassung und Konsequenzen für Deutsch als Zweitsprache

Die Ausführungen in diesem Kapitel haben gezeigt, dass auch im Bereich der Mehrschriftlichkeit eine Reihe von Wechselwirkungen zwischen den verschiedenen Sprachen und Sprachsystemen bestehen (s. dazu auch Kap. 2.4.1). Dies zeigt sich zum einen bereits bei der Aneignung des Schriftsystems und der schriftkulturellen Besonderheiten: So weisen etwa Studien von Mehlem und Maas (Mehlem/Maas 2003; Maas 2008; Mehlem 2011) darauf hin, dass das spontane freie Schreiben in der Herkunftssprache als eine zusätzliche Ressource genutzt werden kann und darüber hinaus einen hohen diagnostischen Wert für die Entwicklung textstruktureller, grammatischer und orthographischer Kompetenzen im Deutschen besitzt. Die Studien zum Biliteralismus zeigen weiter, dass Schüler/innen nicht nur das orthographische System der Sprache nutzen, in der sie alphabetisiert wurden, sondern auch auf fremdsprachliche Kenntnisse (wie das Englische) zurückgreifen (s. Beispiel berberischer Schüler, Kap. 8.2.1). Außerdem entwickeln die Schüler/innen in zunehmendem Maße eine Sensibilität für Besonderheiten der Orthographie und führen hier bisweilen Mittel der Verfremdung ein (polnische und russische Kinder bei Mehlem/Mochalova/Spaude 2013) oder verwenden bestimmte Buchstaben als Joker (< c > beim berberischen Schüler).

Über die Wechselwirkungen im Bereich der Schreibungen zeigen die Studien auch einen positiven Einfluss von Textkompetenzen, d. h. Kompetenzen im Bereich der konzeptionellen Schriftlichkeit (Riehl et al. demn.). Allerdings weisen die Schüler/innen ein höheres Niveau bei den argumentativen Texten in der L2 Deutsch auf. Dies lässt sich zum einen auf die Dominanz des Deutschen zurückführen und zum anderen darauf, dass argumentative Textmuster im muttersprachlichen Unterricht in der Regel nicht eingeübt werden. Hier lässt sich im Bereich der Makrostruktur ein Transfer aus dem Deutschen erkennen. Generell zeigt sich, dass die Kompetenzen in den beiden Sprachen deutlich korrelieren und bei Probanden, die eine hohe Textkompetenz in der L1 aufweisen, auch eine hohe Kompetenz in der L2 vorliegt.

Dies bestätigt die Annahmen, dass bei einer hohen Kompetenz in einer Sprache einige Fertigkeiten auf die Zweitsprache übertragbar sind. Allerdings zeigen die Beispiele, dass hohe schriftsprachliche Fähigkeiten nicht auch die Beherrschung der kulturspezifischen Textmuster bedeuten. Hier zeigt sich, dass die »schriftkulturelle Umwelt« (Maas 2008: 503) einen wesentlichen Einfluss auf die Mehrschriftlichkeit hat – dies beginnt bei graphischen Praktiken und endet bei dem kulturspezifisch geprägten Textmuster. Es wäre daher wünschenswert, wenn in den schulischen Bildungsprozessen diese Möglichkeiten des Transfers miteinbezogen werden würden.

Weiterführende Literatur

Becker-Mrotzek, Michael/Böttcher, Ingrid ([3]2011): *Schreibkompetenz entwickeln und beurteilen. Praxishandbuch für die Sekundarstufe I und II.* Berlin: Cornelsen Scriptor.

Bialystok, Ellen (2007): Acquisition of Literacy in Bilingual Children. A Framework for Research. In: *Language Learning* 57/1, 45–77.

Erfurt, Jürgen (Hg.) (2013): *Mehrsprachigkeit und Mehrschriftigkeit. Sprachliches Handeln in der Schule.* Duisburg: Universitäts-Verlag Rhein-Ruhr.

Schmölzer-Eibinger, Sabine ([2]2011): *Lernen in der Zweitsprache. Grundlagen und Verfahren der Förderung von Textkompetenz in mehrsprachigen Klassen.* Tübingen: Narr Verlag.

Rosenberg, Peter/Schroeder, Christoph (Hg.) (2016): *Mehrsprachigkeit als Ressource in der Schriftlichkeit.* Berlin: de Gruyter.

Claudia Maria Riehl

9 Deutsch aus kontrastiver Perspektive

9.1 Phonetik und Phonologie
9.2 Semantik
9.3 Ausgewählte Schwierigkeiten der deutschen Grammatik
     (im Sprachvergleich)
9.4 Kontrastive Pragmatik
9.5 Nonverbale Kommunikation
9.6 Zusammenfassung

In diesem Kapitel soll gezeigt werden, in welchen Aspekten sich das Deutsche besonders von anderen Sprachen unterscheidet. Dieser Einblick soll ein vertieftes Verständnis dafür geben, mit welchen Schwierigkeiten Lernende mit unterschiedlichen Erstsprachen konfrontiert sein können, wenn sie Deutsch als Zweitsprache erlernen. Dabei wird zunächst auf Unterschiede in der Aussprache und Intonation eingegangen, danach wird die Ebene der Bedeutungszuordnung von Lexemen beleuchtet. Schließlich werden einige grammatische Kategorien unter die Lupe genommen und dann gezielt ausgewählte Schwierigkeiten der deutschen Grammatik besprochen. Da sich der Spracherwerb nicht nur auf Phonetik, Phonologie und Grammatik beschränkt, sondern sich auch auf den Bereich der Pragmatik und nonverbalen Kommunikation erstreckt, wird diesen beiden Bereichen ebenfalls jeweils ein Unterkapitel gewidmet.

9.1 | Phonetik und Phonologie

Mit unseren Sprechwerkzeugen, den sog. Artikulatoren, lassen sich eine große Anzahl von Lauten erzeugen, von denen aber nie alle in einer Sprache vorkommen. Zentrale Probleme von Sprachlernern bestehen darin, dass verschiedene Sprachen zum einen unterschiedliche Phoneminventare aufweisen und zum anderen dass die gleichen Laute innerhalb verschiedener Sprachen an unterschiedlichen Positionen vorkommen können. Für den Zweitspracherwerb ist in diesem Kontext interessant zu fragen, welche Laute in den Sprachen der Welt am häufigsten verwendet werden, da man annehmen kann, dass diese dann auch von den meisten Sprechern produziert werden können. Aber natürlich ist auch wichtig zu wissen, wie groß die jeweiligen Kontraste zwischen ähnlichen Lauten in zwei Sprachen sind und ob diese wahrgenommen werden.

Phoneminventare

9.1.1 | Laute in den Sprachen der Welt

Grundsätzlich kann man davon ausgehen, dass alle Sprachen Vokale und Konsonanten besitzen, dass es aber in jeder Sprache mehr Konsonanten als Vokale gibt. Der häufigste Laut in den Sprachen der Welt ist der Nasal /m/. Insgesamt gibt es in den Sprachen der Welt 921 Phoneme. Die Sprache mit den meisten Phonemen ist die südafrikanische Khoisan-Sprache !Xũ mit 141 Phonemen und die Sprache mit den wenigsten Phonemen ist die Papua-Sprache Rotokas mit nur 11 Phonemen. Die meisten Sprachen haben zwischen 30 und 50 Phoneme. Damit befindet sich das Deutsche mit 41 Phonemen im Durchschnitt. Aufgrund von Allophonen, d. h. lautlichen Varianten, die nicht bedeutungsunterscheidend sind, ist die Anzahl der zu unterscheidenden Phoneme in der Regel kleiner als die Anzahl der Laute, die in einer Einzelsprache identifiziert werden kann (vgl. Pompino-Marschall 2009: 257).

Einen Überblick über die Lautsysteme in den Sprachen der Welt liefert Maddieson (1984), der Begründer der UPSID-Datenbank (= *UCLA Phonological Segment Inventory Database*, vgl. http://web.phonetik.uni-frankfurt.de/upsid.html), die derzeit 451 Einzelsprachen listet. Diese sind aufgrund ihrer Familienzugehörigkeit repräsentativ für die Sprachen der Welt. Aus der Datenbank geht hervor, dass alle Sprachen mindestens einen Plosiv besitzen. In vielen Sprachen existiert auch ein Kontrast zwischen stimmhaften und stimmlosen Plosiven. Allerdings sind stimmlose Plosive viel häufiger als stimmhafte und es gibt keine Sprache, die nur stimmhafte Plosive besitzt; Kontraste zwischen stimmhaften und stimmlosen Plosiven kommen in 17 % aller Sprachen vor (vgl. Hall 2011: 81).

Verteilung in den Sprachen der Welt

Verteilung einzelner Laute in den Sprachen der Welt: 93 % der von Madiesson untersuchten Sprachen haben mindestens einen Frikativ, in den meisten Sprachen gibt es weniger Frikative als Plosive, am häufigsten ist hier /s/, darauf folgen /ʃ/ und /f/. Selten ist dagegen der palatale Frikativ /ç/ (wie im deutschen Wort *ich*): Er findet sich in der repräsentativen Stichprobe in der UPSID-Datenbank nur in 11 Sprachen (2,44 %). Nasale besitzen 97 % der Sprachen, davon sind am häufigsten /m/ und /n/ und diese sind in fast allen Sprachen stimmhaft. 96 % der Sprachen haben Liquide (*l*- und *r*-Laute): *l*-Laute sind etwas häufiger als *r*-Laute. Die häufigste Artikulationsstelle für den *r*-Laut ist alveolar, d. h. am Zahndamm, und die häufigste Artikulationsart für *r* ist die als Vibrant. Das entspricht dem sog. Zungenspitzen-r, wie es in einigen süddeutschen Dialekten vorkommt. Das uvulare /R/ ist dagegen nicht sehr verbreitet: In der UPSID-Datenbank kommt es außer im Deutschen und im Französischen nur noch in Batak, einer Austro-Tai-Sprache auf den Philippinen, und in Moghol, einer ural-altaischen Sprache in Afghanistan, vor.

Man geht nun davon aus, dass Lerner des Deutschen als Fremdsprache vor allem mit Lauten Probleme haben, die in den Sprachen der Welt sehr selten sind, wie eben der Frikativ /ç/ oder auch das gerade beschriebene uvulare /R/ (vgl. dazu auch Graefen/Liedke 2012: 222).

9.1.2 | Unterschiede in Phonemgruppen

Bestimmte Phonemgruppen sind artikulatorisch enger miteinander verwandt als der Rest des Systems. Sie unterscheiden sich in nur einem distinktiven Merkmal, etwa /b/ /d/ /g/ gegen /p/ /t/ /k/ im Merkmal Stimmhaftigkeit. Für das Sprachenlernen haben Stockwell/Bowen (1965) daher eine Schwierigkeitshierarchie (*hierarchy of difficulty*) aufgestellt, die sich danach richtet, ob phonologische Kategorien in einer Sprache vorhanden sind oder nicht, und wenn ja, ob sie obligatorisch oder fakultativ sind. Das würde etwa bedeuten, dass Lerner, die keinen phonemischen Kontrast zwischen /l/ und /r/ aus ihrer Muttersprache kennen, Probleme haben, wenn sie eine Sprache lernen, in der dieser Kontrast obligatorisch ist.

Die Markedness Differential Hypothesis: Ähnlich argumentierten auch Dinnsen und Eckman (1975), die mit ihrer *Markedness Differential Hypothesis* auf der Markiertheitstheorie aufbauen. Diese besagt, dass ein bestimmtes sprachliches Phänomen unmarkiert ist, wenn es natürlicher wirkt und einfacher aufgebaut ist. Formen, die spezialisierter sind und nur unter eingeschränkten Bedingungen verwendet werden, gelten dagegen als markiert. Nach Dinnsen/Eckman sind Laute, die in vielen Sprachen vorkommen, unmarkiert, und die, die in wenigen vorkommen, markiert. Die Autoren erläutern dies am Beispiel der Stimmhaftigkeit. Dabei gehen sie davon aus, dass der Kontrast zwischen stimmhaft und stimmlos im Anlaut am unmarkiertesten ist und im Auslaut am markiertesten (s. Tab. 9.1). Das würde bedeuten, dass ein Sprecher einer Sprache, die die markierte (also ungewöhnlichere) Struktur besitzt, es leichter hat, eine Sprache zu lernen, die nur den unmarkierten Fall kennt, und umgekehrt ein Sprecher, der nur die natürliche, einfache Struktur in seiner Sprache kennt, beim Erwerb einer Sprache, die markierte Formen hat, mehr Schwierigkeiten hat.

Beschreibung	Sprachen (Beispiele)
Kontrast stimmhaft vs. stimmlos im Anlaut, Inlaut, Auslaut	Englisch, Arabisch, Schwedisch, Ungarisch
Kontrast stimmhaft vs. stimmlos im Anlaut, Inlaut, aber nicht im Auslaut	Deutsch, Polnisch, Griechisch, Japanisch, Katalanisch, Russisch
Kontrast stimmhaft vs. stimmlos nur im Anlaut	Korsisch, Sardisch
Kein Kontrast stimmhaft vs. stimmlos	Koreanisch

Tab. 9.1:
Stimmhaftigkeit
von Plosiven

Nach Tabelle 9.1 kann man voraussagen, dass ein Englisch-L1-Sprecher, der im Auslaut unterscheidet zwischen engl. *tab – tap*, keine Probleme mit der deutschen Auslautverhärtung hat, da er dann ja stimmlose Plosive im Auslaut kennt. Aber umgekehrt muss ein Deutscher, der Englisch lernt, einen neuen Kontrast erwerben, d. h. dass im Auslaut auch stimmhafte Plosive (wie eben im Wort *tab*) auftreten können. Daher ist anzunehmen, dass er mehr Fehler macht (vgl. Gass et al. 2013: 182 f.).

Gleichsetzung bestimmter lautlicher Eigenschaften: Bestimmte Laute werden in verschiedenen Sprachen gleichgesetzt, obwohl sie sich in einigen peripheren Eigenschaften voneinander unterscheiden. Hier ein Beispiel im Bereich der Plosive: Im Vergleich mit dem Deutschen sind im Französischen die stimmlosen Plosive /p t k/ weniger stark behaucht, /b d g/ ist dagegen im Französischen stimmhafter als im Deutschen. Im Vergleich mit dem Englischen ist das englische [t] in *tea* stärker aspiriert als das deutsche [t] in *Tee*. Das Gleiche gilt auch für die Serie /p t k/ im Anlaut oder nach /s/: z. B. *pun* gegenüber *Panne*, *spin* gegenüber *spinnen*. In der akustischen Phonetik misst man hier die sog. *Voice Onset Time* (VOT). Diese beschreibt die Zeit zwischen der Verschlusslösung, bzw. der Geräuschbildung (*burst*), und dem Einsatz der Stimme. Je kürzer die VOT ist, desto weniger aspiriert wird der Laut wahrgenommen (vgl. Cho/Ladefoged 1999).

Im sog. Speech Learning Model (SLM) von Flege et al. (2003) sind die phonetischen Unterschiede zwischen den Phonemen der Erst- und Zweitsprache entscheidend für die Wahrnehmung der Phoneme. Je größer die Unterschiede, desto wahrscheinlicher ist es, dass sich dafür eine eigene Phonem-Kategorie in Form einer mentalen Repräsentation ausbildet. Zwar haben Lerner des Deutschen als Fremdsprache häufig zunächst Probleme mit der Aussprache des, wie wir gesehen haben, sehr seltenen Lautes /ç/. Aber wenn sie ihn gelernt haben, haben sie dafür ein eigenes mentales Schema. Bei der im vorherigen Absatz erläuterten VOT ist dies eher nicht der Fall. Hier sind die Unterschiede zu gering, um dem Sprecher bewusst zu werden. Daher werden die unterschiedlichen Plosivlaute einfach als ein Exemplar der L1-Kategorie interpretiert und so wie die Entsprechungen in L1 ausgesprochen.

9.1.3 | Die Bedeutung des Akzents

Neben der Produktion von einzelnen Lauten oder Lautverbindungen sind auch die Veränderung der Tonhöhe und die Akzentuierungsmuster wichtige Bereiche, in denen sich Sprachen unterscheiden. Während in Sprachen wie dem Deutschen oder Französischen die Veränderung der Tonhöhe in der Regel eine konnotative Bedeutung hat (wie den Ausdruck von Ironie oder einer Forderung), dient sie in Sprachen wie dem Chinesischen oder Japanischen dazu, Bedeutungen von Wörtern voneinander zu unterscheiden. Man bezeichnet diese Sprachen daher als ›Tonsprachen‹ gegenüber den ›Akzentsprachen‹.

9.1.3.1 | Akzentsprachen vs. Tonsprachen

Akzentsprachen: In Akzentsprachen gibt es immer eine Silbe, die den Akzent trägt, z. B. die erste Silbe in *Teppich*, *König*, die zweite in *Ertrag* und *Entgelt*. In vielen Sprachen sind nur bestimmte Vokale betonbar, z. B. nicht der Schwa-Laut. Die Akzentsprachen zeichnen sich durch die folgenden Besonderheiten aus (vgl. Hall 2011: 279 f.):
1. Die Wörter verfügen in der Regel über einen einzigen Hauptakzent.
2. Der Wortakzent findet sich in vielen Sprachen in der Nähe des Wort-

randes: Meist ist das die erste Silbe (Beispiel Tschechisch), am zweitmeisten die vorletzte Silbe (Beispiel Polnisch), am seltensten die letzte (Beispiel Türkisch).

3. In vielen Sprachen ist der Wortakzent rhythmisch, d. h. Haupt- und Nebenakzente wechseln sich ab.

4. In vielen Sprachen ist der Wortakzent quantitätssensitiv, d. h. er bezieht das Silbengewicht mit ein. Das bedeutet, dass sog. schwere Silben (Silben mit langem Vokal oder Kurzvokal mit Konsonantencluster) den Akzent tragen.

Freier vs. fester Wortakzent: Innerhalb der Akzentsprachen unterscheidet man zwischen Sprachen mit freiem Wortakzent und mit festem Wortakzent: Bei Sprachen mit freiem Wortakzent kann jede beliebige Silbe in einem Wort den Akzent tragen. Ein Beispiel dafür ist das Russische: Hier gibt es z. B. Minimalpaare wie ['muka] ›Leid‹ und [mu'ka] ›Mehl‹. Hier ist also der Akzent mit dem Phonem verbunden, weil man nicht aufgrund der Segmentabfolge sagen kann, auf welcher Silbe er liegt. In Sprachen mit festem Wortakzent wird dagegen immer eine bestimmte Silbe akzentuiert und daher kann der Wortakzent durch Wortakzentregeln vorhergesagt werden (vgl. Hall 2011: 286).

Tonsprachen: In Tonsprachen dagegen ist die relative Höhe oder die Tonbewegung, d. h. Veränderungen in der Tonhöhe, eines Vokals phonologisch distinktiv. Das heißt, es ist ein Unterschied, ob etwa ein [a] ohne Tonhöhenveränderung oder mit steigender Tonkurve, fallender Tonkurve usw. ausgesprochen wird. So bedeutet etwa im Mandarin-Chinesischen das Wort *ma*, je nachdem, mit welcher Tonhöhe es ausgesprochen wird, etwas völlig anderes:

(1) /mā/ (Tonhöhe hoch gleichmäßig) = ›Mutter‹
/má/ (Tonhöhe hoch steigend) = ›Hanf‹
/mǎ/ (Tonhöhe tief-fallend-steigend) = ›Pferd‹
/mà/ (Tonhöhe hoch-fallend) = ›schimpfen‹
(Beispiel aus Pompino-Marschall 2009: 244)

In diesem Beispiel haben die Töne eine lexikalische Funktion, d. h. sie unterscheiden die Bedeutung von Wörtern. In vielen Tonsprachen haben die Töne aber auch eine grammatische Funktion, sie drücken z. B. Tempus oder Negation aus (vgl. Hall 2011: 157 f.). Für Sprecher von Akzentsprachen ist es besonders schwierig, eine Tonsprache zu erlernen, da die Tonhöhenveränderung in ihren Sprachen eine konnotative Bedeutung hat (z. B. fragend, fordernd, bittend etc.). Aber auch für Sprecher von Tonsprachen ist das Erlernen von Akzentuierung sehr schwierig, vor allem wenn es sich um akzentzählende Sprachen handelt (s. u.).

Beispiele für Tonsprachen sind viele ostasiatische Sprachen wie Mandarin, Kantonesisch, Vietnamesisch, Thai und Burmesisch sowie viele westafrikanische Sprachen. Aber auch einige indoeuropäische Sprachen wie Norwegisch, Litauisch oder Bosnisch kennen Töne, aber in der Regel nur ein einfaches Zweitonsystem.

Akzent- vs. silbenzählende Sprachen

Sprachen unterscheiden sich stark in der Art ihrer rhythmischen Kontraste. So folgen etwa im Deutschen oder Englischen betonte Silben in regelmäßigen Abständen aufeinander und werden durch unbetonte Silben unterbrochen. Das nennt man den akzentzählenden Rhythmus. Der Satzakzent wird in sog. Tongruppen verwirklicht. Eine Tongruppe teilt sich in Takte, die aus einer betonten Silbe (Iktus) und darauffolgenden unbetonten Silben bestehen:

//'Immer/'mehr Stu/'denten/'wählen als Ver/'kehrsmittel für den/'Weg zur /'Hochschule das /''Fahrrad//

In Sprachen wie dem Französischen, Spanischen oder Italienischen dagegen gibt es einen sog. Silbentakt (»maschinengewehrähnlich«). Das bezeichnet man als silbenzählenden Rhythmus. Hier gibt es keinen Wechsel zwischen starken und schwachen Silben, vgl. die beiden Sätze:
a) Das ist das / Haus das / P a u l / baut
b) c'est / la / mai / son / de / Paul (frz.)

Konsequenzen für DaZ-Lerner: Wie wir in diesem Kapitel gesehen haben, ist das Erlernen der korrekten Aussprache im Deutschen von verschiedenen Faktoren abhängig, und zwar nicht nur davon, ob die Lernenden einen bestimmten Laut in ihrer Herkunftssprache kennen oder nicht, sondern auch davon, ob Laute in den gleichen Positionen vorkommen. Wichtig ist in diesem Zusammenhang ebenso der Erwerb von peripheren Eigenschaften wie die Behauchung von Lauten. Hier ist es oft der Fall, dass die Unterschiede zwischen dem Laut in L1 und L2 zu gering sind, um vom Sprecher wahrgenommen zu werden. Er interpretiert daher den Laut als identisch mit dem sehr ähnlichen Laut in seiner L1 und etabliert kein eigenes Aussprachemuster, sondern benutzt das von L1. Ein weiterer wichtiger Aspekt beim Sprachenlernen sind Tonhöhen und Akzente. Hier haben Lerner des Deutschen als Zweitsprache vor allem dann Probleme, wenn sie Sprachen mit freien Wortakzenten oder Tonsprachen sprechen. Innerhalb der Akzentsprachen spielt auch die Art der rhythmischen Kontraste (akzent- vs. silbenzählend) eine große Rolle, sodass hier häufig Schwierigkeiten bei der Intonation auftreten.

9.2 | Semantik

9.2.1 | Wörter und ihre Bedeutung

Perspektivierung durch Sprache: Sprachen unterscheiden sich besonders durch ihren unterschiedlichen Zugriff auf die außersprachliche Wirklichkeit. Die meisten Wörter sind nicht deckungsgleich, was damit zusammenhängt, dass Wörter in verschiedenen Sprachen die Welt unterschiedlich perspektiveren: So benutzt man beispielsweise im Englischen das Wort *chair* für gepolsterte Sitzgelegenheiten für eine Person genauso wie für einen hölzernen Stuhl, während eine gepolsterte Sitzgelegenheit für mehrere Personen als *sofa* bezeichnet wird. Im Chinesischen wird dagegen für die gepolsterte Sitzgelegenheit das Wort *safa* verwendet, egal ob für eine oder mehrere Personen, und das Wort *yizi* für die Sitzgelegenheit aus Holz. So ist einmal die Größe des Objektes (Fall Englisch) und einmal die Beschaffenheit (Holz oder Polster, Fall Chinesisch) das zentrale Kriterium für die Zuordnung (Li 2013). Im Deutschen haben wir dafür sogar drei Wörter: *Stuhl, Sessel, Sofa*. Ausgehend von diesen Beobachtungen kann man sagen, dass Übersetzungsäquivalente in verschiedenen Sprachen sich um unterschiedliche Prototypen gruppieren können und dass sie auch eine unterschiedliche Struktur aufweisen (Pavlenko 2011: 201).

Studien im Bereich der Prototypentheorie haben u. a. gezeigt, dass auch innerhalb einer Sprachgemeinschaft die Benennung eines bestimmten konkreten Objektes je nach Funktion variieren kann: So tendierten in einer Studie von Labov (1973) die Sprecher viel häufiger dazu einen bestimmten Behälter als »Tasse« zu bezeichnen, wenn er Kaffee enthielt, als wenn er Essen oder Blumen beinhaltete (dazu auch Pavlenko 2011: 201).

Prototypentheorie   Zur Vertiefung

Die Prototypentheorie wurde von Eleanor Rosch begründet und besagt, dass häufig zusammen auftretende Merkmalskonfigurationen als ideale, repräsentative Beispiele in unserem Gedächtnis gespeichert sind. Ein Prototyp ist ein beispielhaftes Exemplar seiner Klasse, z. B. fungiert in unserem Kulturkreise der Spatz als Prototyp der Klasse Vögel. Ein bestimmtes Objekt wird aufgrund eines Ähnlichkeitsvergleichs einer Klasse zugeordnet. So haben Vögel ähnliche Eigenschaften – sie haben Federn, einen Schnabel, legen Eier und die Mehrzahl von ihnen kann fliegen. Die Mitglieder einer Kategorie verbindet in der Regel eine Familienähnlichkeit und die Zugehörigkeit ist graduell. Je größer aber die Abweichung vom Prototypen ist, desto länger dauert es zu entscheiden, ob ein bestimmter Referent zu einer bestimmten Klasse gehört oder nicht. Um einen Pinguin der Kategorie Vögel zuzuordnen, braucht man entsprechend mehr Zeit, als für die Kategorisierung eines Rotkehlchens. Man geht davon aus, dass die meisten Alltagsbegriffe als Prototypen in unserem Gedächtnis gespeichert sind.

Lexik im Kontext: In den Forschungsarbeiten zur Wahl der Lexik im Kontext führte Downing (1980) zwei wichtige Begriffe ein: Kodierbarkeit (*codability*) und Existenz eines sog. Basisbegriffs (Rosch 1978). Der Begriff der ›Kodierbarkeit‹ bezieht sich auf die Verfügbarkeit eines passenden Ausdrucks für einen Referenten aus der außersprachlichen Wirklichkeit und auf die Zahl der möglichen lexikalischen Alternativen. Die Bezeichnung ›Basisbegriff‹ umschreibt den »allgemeinsten konkreten Begriff« im Gegensatz zu Oberbegriff oder spezifischerem Unterbegriff (z. B. ›Auto‹ gegenüber dem Oberbegriff ›Fahrzeug‹ oder dem Unterbegriff ›Jeep‹). Die Basisbegriffe stimmen häufig zwischen den verschiedenen Sprechern überein. So ließ etwa Downing (1980) 20 Sprecher des ame-

Bedeutung von
Basisbegriffen

rikanischen Englisch und 20 Sprecher des Japanischen einen Film, die sog. *Pear Story*, nacherzählen. Dabei geht es um einen Jungen, der einen Korb mit Birnen stiehlt, und einige Verwicklungen danach (vgl. http://pearstories.org). Downing fand heraus, dass Bezeichnungen für *Leiter*, *Schnurrbart*, *Gesicht*, *Fuß*, *Hand*, *Auge* weitgehend von allen Sprechern übereinstimmend verwendet wurden. Spezifischere Lexeme variierten dagegen stark zwischen den Sprechern und waren auch häufiger von Häsitationsphänomenen (wie z. B. *ähm*, *also* oder Pausen) oder Modifikatoren (wie Adverbien und Adjektive) begleitet.

Die unterschiedliche Kodierbarkeit bestimmter Konzepte in verschiedenen Sprachen führt zu systematischen Unterschieden in der sprachlichen Realisierung: Kennen Sprecher ein bestimmtes Konzept nicht (z. B. ›Privatheit‹ bzw. ›persönliche Sphäre‹), dann thematisieren sie es auch nicht beim Erzählen einer Geschichte.

Beispiel	**Experiment zur Kodierbarkeit von Konzepten**

Aneta Pavlenko führte verschiedene Experimente mit amerikanischen und russischen Studierenden durch. Für die Experimente wurden mehrere Filme hergestellt. Ein Film, *The Ithaca Story*, entstand 1995 in den USA, 1996 wurde auf der Basis des gleichen Drehbuchs die *Kiev Story* in der Ukraine gedreht. In diesem Film schlendert ein junges Mädchen zunächst in einigen Episoden durch die Großstadt und am Ende setzt sie sich auf eine leere Bank und nimmt ein Notizbuch heraus, in dem sie liest bzw. schreibt. Da erscheint ein junger Mann und setzt sich ziemlich dicht neben sie auf die Bank, ohne sie allerdings anzusehen. Die Frau beginnt nervös zu werden, packt schließlich ihr Notizbuch ein und geht weg (vgl. Pavlenko 2011).

Russische und amerikanische Studenten mussten nun diese Geschichte nacherzählen. Hierbei gaben sie ganz unterschiedliche Interpretationen dafür, warum das Mädchen weggeht. Während 85 % der amerikanischen Probanden die Verletzung der Privatsphäre (›privacy‹) thematisierten, wurde dies von den russischen Probanden überhaupt nicht bemerkt. Diese interpretierten das Weggehen des Mädchens entweder damit, dass der Anbahnungsversuch misslungen war, oder dass die Frau den jungen Mann unsympathisch fand. Pavlenko (2011: 210) erklärt dies damit, dass die fehlende Kodierbarkeit des Konzepts der Privatsphäre im Russischen dazu führte, dass die Studierenden die fehlende Distanz zwischen dem Mann und der Frau gar nicht wahrnahmen.

Lexikalische Differenzierung und Vermeidungsstrategien: Gibt es eine größere lexikalische Differenzierung für bestimmte Objekte in einer Sprache (z. B. für Trinkgefäße wie *Tasse*, *Becher*, *Glas*), dann zeigen die Sprecher auch eine größere Variation bei der Benennung ein und desselben Objektes. So haben in einer Studie zur Benennung von Trinkgefäßen Sprecher des Englischen nur drei dominante Bezeichnungen verwendet (*cup*, *mug*, *glass*), Sprecher des Russischen dagegen zehn (Pavlenko/Malt 2011). Gibt es keine klar definierte Bezeichnung für eine bestimmte Entität (z. B. die Umrandung eines Blumenbeets), dann verwenden die Sprecher eine Vielzahl von verschiedenen Lexemen oder auch Umschreibungen. In der oben erwähnten Erzählung der *Pear Story* haben 15 monolinguale Sprecher des Russischen 10 verschiedene Bezeichnungen für eben diese Umrandung eines Blumenbeets verwendet, zwei Drittel der englischsprechenden Probanden haben die Bezeichnung dagegen total vermieden (Pavlenko 2011: 229 f.). Pavlenko (ebd.: 230 f.) verweist darauf, dass hier die individuelle Vertrautheit mit bestimmten Objekten eine wichtige Rolle spielt, während der kulturelle Kontext eher eine untergeordnete Bedeutung hat.

Studien wie diese zeigen, dass Sprachen nicht nur eine Vielzahl von Wörtern mit unterschiedlichen Bedeutungen haben, sondern dass die unterschiedliche Kodierbarkeit von Konzepten auch zu systematischen Unterschieden in der sprachlichen Realisierung führt. Das bedeutet, dass Lernende nicht nur die Vokabeln einer Sprache sondern auch deren kulturspezifische Konzepte erwerben müssen.

9.2.2 | Grammatische Kategorien

Grammatische Kategorien können sowohl semantisch als auch strukturell definiert werden. So hat beispielsweise die Kategorie ›Tempus‹ die »Bedeutung« der zeitlichen Einordung von Äußerungen. Dies wird in verschiedenen Sprachen ganz unterschiedlich ausgedrückt. Im Folgenden sollen exemplarisch zwei zentrale grammatische Kategorien herausgegriffen werden, nämlich Tempus und Aspekt sowie die Kategorie der Determiniertheit.

9.2.2.1 | Tempus und Aspekt

In allen Sprachen der Welt werden zeitliche Bezüge in irgendeiner Weise ausgedrückt, aber die sprachlichen Mittel, die dazu eingesetzt werden, unterscheiden sich stark. In den indoeuropäischen Sprachen werden die zeitlichen Bezüge meist an Verben zum Ausdruck gebracht, entweder durch Stammänderung (*ich sehe, ich sah*), Anbringen von Affixen (*ich töte, ich töte-te*) oder Verwendung von Auxiliaren (z. B. in periphrastischen Formen: *ich werde gehen* oder *ich habe gesehen*).

Weitere Ausdrucksformen und Differenzierungen: In einigen Sprachen sind die Zeitstufen aber keine grammatische Formeigenschaft des Verbs. Zeitbezüge werden stattdessen durch Zeitadverbien (*jetzt, heute, damals* etc.) oder Adverbialsätze, die den zeitlichen Rahmen einer Aktion angeben, markiert (z. B. im Chinesischen). Auch wenn Sprachen Zeitlichkeit grammatisch an Verben ausdrücken, gibt es einige Unterschiede, etwa dahingehend, welche Zeitformen in einer Sprache zur Verfügung stehen. In vielen Sprachen existieren einige Zeitformen gar nicht oder nur eingeschränkt – wie etwa das Futur II im Deutschen, das im Grunde modale Funktion (= Ausdruck einer Vermutung) hat (s. 2b). Aufgrund seines fließenden Übergangs zwischen temporaler und modaler Bedeutung

Ausdrucksformen von Tempus

stufen manche Theorien das Futur als eine Modalkonstruktion ein. Meist wird es als ambige Konstruktion angesehen (vgl. Heinold 2015: 113), siehe dazu die folgenden Beispiele:

(2) (a) Wo ist Peter? – Er wird in 5 Minuten da sein.
(b) Wo ist Peter? – Er wird bei seinem Freund sein.

Die romanischen Sprachen verfügen beispielsweise über ein differenziertes System von Vergangenheitstempora, da diese mit der Kategorie ›Aspekt‹ kombiniert sind (s. u.) und viele slawische Sprachen (wie das Tschechische oder Russische) und auch das Türkische haben nur ein einziges Vergangenheitstempus.

Aspektsysteme

Tempus- vs. Aspektsystem: Sehr viele Sprachen haben neben dem Tempussystem auch noch ein Aspektsystem. Es gibt sogar Sprachen, die nur über ein Aspektsystem verfügen und kein Tempus markieren, wie etwa die Kreolsprachen (vgl. Behrens/Pfänder 2013: 339). Comrie (1985: 6) definiert die Beziehung zwischen Tempus und Aspekt folgendermaßen »tense is grammaticalisation of location in time«, Aspekt dagegen ist die »grammaticalisation of expression of internal temporal constituency (of events, processes etc.)«. Das bedeutet also, beide grammatischen Formen haben etwas mit Zeit zu tun.

Der Aspekt stellt eine verbale Kategorie dar, die die Haltung des Sprechers zur zeitlichen Struktur von Handlungen oder Ereignissen ausdrückt. Aspekt bezieht sich nicht wie Tempus auf den Zeitpunkt des Vorgangs, sondern auf die Art und Weise, wie dieser Vorgang betrachtet wird, etwa als abgeschlossen, als andauernd, als sich wiederholend etc. Die wichtigste Unterscheidung, die die meisten Aspektsysteme machen, ist dabei die Unterscheidung zwischen dem imperfektiven Aspekt (lat. *imperfectum* = ›unvollendet‹) und dem perfektiven Aspekt (lat. *perfectum* = ›vollendet‹). Der imperfektive Aspekt betrachtet eine Handlung ohne Hinblick auf ihre Abgeschlossenheit, d. h. einen Zustand, der entweder andauert (durativ), sich dauernd wiederholt (iterativ) oder gewöhnlich stattfindet (habituativ). Der perfektive Aspekt hingegen betrachtet eine Handlung als Ganzes oder als vollendet, z. B. im Hinblick auf ein einmaliges Ereignis (punktuell), auf dessen Beginn (ingressiv) oder Ende (resultativ) (vgl. Dahl/Velupillai 2013).

Definition

> Unter **Aspekt** versteht man eine grammatische Kategorie des Verbs, die die Haltung des Sprechers zur zeitlichen Struktur der Handlung anzeigt, die im Verb ausgedrückt wird. Aspekt unterscheidet sich von der Kategorie Tempus dadurch, dass er nicht die zeitliche Verankerung eines Vorgangs oder Zustands, sondern die Art und Weise, wie dieser Vorgang betrachtet wird, etwa als abgeschlossen, als andauernd, als sich wiederholend etc., betrachtet.

Zusammenhang Tempus und Aspekt Beispiel

Tempus und Aspekt hängen sehr eng zusammen, wie etwa die romanischen Sprachen zeigen. Hier kommen Vergangenheitstempora vor, die unterschiedliche Aspektarten bezeichnen: z. B. markiert im Französischen das sog. *passé simple* den perfektiven und das sog. *imparfait* den imperfektiven Aspekt. Das Gleiche gilt für das italienische *passato remoto*, das spanische *indefinido* oder das portugiesische *pretérito perfeito simples* gegenüber dem Imperfekt. Siehe das folgende Beispiel aus dem Französischen (entnommen aus Wälchli/Ender 2013: 94 f.):

*Après la mort du père, l'aîné prit le coq et s'en **alla** dans le monde, mais partout où il **allait** les gens connaissaient les coqs.* (›Nach dem Tod des Vaters nahm der Älteste den Hahn und ging in die Welt hinaus, aber überall, wo er hinging, kannten die Leute Hähne‹.)

Hier wird also in beiden Fällen das gleiche Wort *aller* (›gehen‹) verwendet, aber mit unterschiedlichen Aspektformen: Die Form ***alla*** (›er ging‹ – *passé simple*) bezeichnet eine vollendete Handlung, nämlich den Start von Zuhause (im Deutschen wiedergegeben mit dem Partikelverb *ging hinaus*). Die Form ***allait*** (›er ging‹ – Imperfekt) dagegen bringt eine ständig sich wiederholende Handlung zum Ausdruck: Er geht immer wieder zu vielen Leuten. Im Deutschen bleibt diese Relation implizit (*in die Welt hinausgehen* als einmalige und *überall hingehen* als sich wiederholende Handlung).

Markierung von Aspektualität im Deutschen: Im Gegensatz zu vielen anderen Sprachen besitzt das Deutsche kein grammatikalisiertes Aspektsystem: Unterschiedliche Aspektualität wird entweder durch Adverbien wie *gerade* (*sie arbeitet gerade*) oder durch Periphrasen wie die *am*-Konstruktion (*sie ist am Arbeiten*) zum Ausdruck gebracht. In bestimmten Gegenden (z. B. im Rheinland) wird diese Konstruktion in der regionalen Umgangssprache immer häufiger verwendet und kann sogar direkte Objekte oder auch Adverbien einschließen (z. B. *er ist einen Zaubertrick am machen, er ist die Kartoffeln roh am Essen*) (vgl. dazu auch Flick/Kuhmichel 2013). Allerdings wird häufig das Perfekt als ein Tempus angesehen, das aspektuelle Eigenschaften zeigt: So kann etwa durch das Perfekt in Kombination mit bestimmten Temporaladverbien oder semantischen Eigenschaften der Verben ein Resultatszustand oder der Vorgang betont werden. Dabei drücken die Auxiliare *sein* und *haben* den Bezug zum Moment der Aussage (= Sprechzeit) aus und das Partizip die Abgeschlossenheit. In Beispielen wie *Lola ist gerannt, Karl hat geschlafen* ist die Handlung zum Sprechzeitpunkt abgeschlossen (zur Diskussion der Theorien vgl. Heinold 2015: 108 f.). Aspektualität im Deutschen

Aufgrund der verschiedenen Systeme, wie Zeit oder Aspektualität markiert werden kann, kann es bei Lernern zur Übertragung aus ihrem eigenen System kommen: So wird etwa die Futurform zur Bezeichnung unmittelbarer Zukunft verwendet oder das Präteritum zur Bezeichnung von unmittelbar Vergangenem. Die Nuancen, wie man im Deutschen auch ohne grammatische Kategorie Aspektualität ausdrücken kann, ist ebenfalls für Lerner schwer zu durchschauen.

9.2.2.2 | Determination

Auch innerhalb der Nominalsyntax gibt es semantische Kategorien, die in verschiedenen Sprachen sehr unterschiedlich ausgedrückt werden. So existiert etwa eine Kategorie, die festlegt, ob ein Referent schon genannt wurde oder nicht oder ob der Sprecher sich auf ein bestimmtes Exemplar einer Kategorie bezieht oder auf irgendein beliebiges Exemplar. Diese grammatische Kategorie nennt man Determination.

<table>
<tr><td>Definition</td><td>Unter Determination versteht man die Kategorie der sprachlichen Referenz (Bezugnahme). Dabei unterscheidet man zwischen indefiniten, definiten, spezifischen und generischen Kennzeichnungen.</td></tr>
</table>

Definite Kennzeichnungen haben die Funktion, aus der Menge von benennbaren Dingen einen bestimmten Referenten zu bezeichnen, z. B. *der Baum*. Damit ist ein ganz bestimmter Baum gemeint, den ich vorher schon erwähnt haben muss, etwa in dem Satz *Karl hat eine Kastanie gepflanzt. Der Baum wurde gefällt* (Eisenberg 2013: 154). Allerdings gibt es auch Kontexte, in denen eine Phrase wie *der Baum* nicht auf einen ganz bestimmten Baum verweist, sondern auf die ganze Gattung der Bäume, wie in *Der Baum ist das wichtigste Lebewesen des Waldes*. Damit sind alle Bäume gemeint und diese Art von Determination heißt daher ›generisch‹.

Ausdrucksformen für Determination

Markierung von Determination: Determination wird in europäischen Sprachen häufig am Substantiv oder in der Nominalphrase ausgedrückt, entweder durch eine spezielle Wortart ›Determinativ‹, zu der auch der Artikel gehört, oder durch Affixe. Einige Sprachen bringen Definitheit durch Suffixe zum Ausdruck, vgl. die Äquivalente für »die Sonne« in den Balkansprachen (albanisch *diell = i*; bulgarisch *slŭnce = to*) oder in skandinavischen Sprachen (isländisch *sól = in*, norwegisch/schwedisch/dänisch *sol = en*). Ein indefinites Artikelsuffix gibt es im Persischen: *mard* ›(der) Mann‹ *mard = i* ›ein Mann‹. Die Determination der Nominalphrase kann auch mittels unterschiedlicher Adjektivformen (bestimmte vs. unbestimmte) ausgedrückt werden (z. B. slowenisch *nov avto* ›ein neues Auto‹ gegenüber *novi avto* ›das neue Auto‹) oder aber durch Partikeln. Andere Sprachen wie etwa die meisten slawischen Sprachen können Definitheit gar nicht in der Nominalphrase ausdrücken, sondern nur indirekt durch den Verbalaspekt (s. Kap. 9.2.2.1).

Verwendung der Wortart Artikel: Viele Sprachen, die die Wortart Artikel kennen und diese zur Kennzeichnung von Determiniertheit verwenden, haben aber nur eine von beiden Artikelformen, den definiten oder den indefiniten. So kennen etwa die keltischen Sprachen oder das Arabische nur den bestimmten und das Türkische nur den unbestimmten Artikel. Die Verwendung von beiden, definiten (*der/die/das*) und indefiniten Artikeln (*ein/eine*), findet sich weltweit in weniger als 8 % der Sprachen aus einer Stichprobe von 400 Sprachen (vgl. Blumenthal-Dramé/Kortmann 2013: 308). Das bedeutet also, dass man bei Lernern des Deutschen als Zweitsprache auf keinen Fall davon ausgehen darf, dass sie grammatische Möglichkeiten zur Markierung von Definitheit kennen. Besonders die Verteilung von definitem, indefinitem oder auch Nullartikel im Deutschen ist eine große Hürde für viele DaZ-Lerner.

9.3 | Ausgewählte Schwierigkeiten der deutschen Grammatik (im Sprachvergleich)

9.3.1 | Flexion

Im Bereich der Flexion ist grundsätzlich zwischen zwei Arten zu unterscheiden, der Deklination, die nominale und pronominale Einheiten (Substantive, Adjektive, Pronomina, Artikel) betrifft, und der Konjugation, die sich auf Verben bezieht (vgl. Wälchli/Ender 2013). Flexion findet sich bei sog. flektierenden oder fusionierenden Sprachen und bei agglutinierenden Sprachen. Der Unterschied besteht darin, dass bei den flektierenden Sprachen meist mehrere Bedeutungen in einer Endung verschmolzen sind (daher auch fusionierende Sprachen), während die agglutinierenden Sprachen für jede Bedeutung ein eigenes Affix (in der Regel Suffix) verwenden.

Agglutinierende und fusionierende Sprachen   Zur Vertiefung

In fusionierenden (flektierenden) Sprachen werden grammatische Beziehungen durch Veränderungen der Struktur von Wörtern vermittelt. Dabei drücken die Flexionsendungen mehrere grammatische Bedeutungen gleichzeitig aus wie im folgenden Beispiel aus dem Lateinischen:

ocul-is   mit den Augen

Hier zeigt die Endung *-is* an, dass es sich um den Ablativ Plural des Maskulinums handelt. Es werden also drei Kategorien (Ablativ – Plural – Maskulin) in einer Endung zum Ausdruck gebracht.

In agglutinierenden Sprachen wird die grammatische Funktion durch das Anbringen einzelner Affixe kenntlich gemacht. Jede Bedeutungseinheit (z. B. Person, Zeit, Kasus) wird durch ein einzelnes Affix (Präfix oder Suffix) ausgedrückt, wie zum Beispiel im Türkischen:

göz	Auge
göz-ler	die Augen
göz-ler-im	meine Augen
göz-ler-im-le	mit meinen Augen

9.3.1.1 | Besonderheiten der Deklination

Deklinationsklassen sind Teil eines Wort- und Paradigma-Modells, das auf die klassischen Sprachen zugeschnitten ist. Das Modell orientiert sich an einem bestimmten Typ hochflexivischer Sprachen (Beispiel Latein). In den indoeuropäischen Sprachen gilt Englisch als Beispiel einer Sprache ohne Deklinationsklassen, die slawischen Sprachen haben dagegen eine ganze Reihe verschiedener Klassen (Polnisch bis zu 13). Zwischen diesen Polen gibt es eine vielfältige Abstufung von Sprachen mit unterschiedlich reduzierten Flexionssystemen. So existiert etwa in den romanischen Sprachen bei den Substantiven keine Kasusflexion mehr, sondern nur noch eine Numerusflexion (Singular vs. Plural; s. Tab. 9.2):

Numerusflexion im Italienischen
Pluralbildung mit *-i* oder *-e*
telefono – telefoni (mask.)
casa – case (›Haus‹ – fem.)
madre – madri (›Mutter‹ – fem.)
padre – padri (›Vater‹ – mask.)
einige undeklinierbare (*città, bar, pianista, barista*)
+ einige unregelmäßige (*uomo* ›Mann‹ – *uomini* ›Männer‹)

Tab. 9.2:
Pluralbildung im
Italienischen

Das Deutsche besitzt dagegen noch Reste einer Kasusflexion (v. a. Gen. Sg. und Dat. Pl.: z. B. *Haus: Haus, Hauses, Häuser, Häusern*) und für die Pluralbildung stehen fünf Flexive zur Verfügung: -(e), -(e)n, UL-(e), UL-(er), -s. Es gibt eine sog. starke und schwache Flexion (schwache Maskulina, z. B. *Mensch, Affe*).

Historische Entwicklung: Diese Entwicklungen sind historisch bedingt, und auch viele weitere grammatische Besonderheiten in der deutschen Sprache sind nur durch historische Veränderungen verstehbar: So verliert das Deutsche etwa durch die Endsilbenabschwächung beim Übergang vom Althochdeutschen zum Mittelhochdeutschen die Kasusmarkierung am Substantiv immer mehr. Ebenso geht die Möglichkeit, die Substantive in bestimmte Deklinationsklassen einzuordnen, verloren und damit auch die Möglichkeit das Genus anhand der Substantivendung zu erkennen. Der Verlust der Kasusmarkierung hat auch zur Folge, dass die Singular-Plural-Opposition nun Hauptopposition der Substantivflexion wird.

Parallel dazu entwickelt sich eine neue Form der Pluralmarkierung, nämlich mit *-er* und Umlaut. Diese Möglichkeit der Pluralmarkierung gab es zunächst nur in einer ganz kleinen Klasse (z. B. *lamb – lembir* ›Lamm‹ – ›Lämmer‹). Die Ausweitung ist dadurch zu erklären, dass es mit dieser Form der Pluralmarkierung gelingt, Singular vom Plural besonders deutlich zu unterscheiden, vgl. *Wort – Wörter*. Hier setzt sich der Plural wesentlich besser vom Singular ab als in der Kombination *Wort – Worte*. Wie gerade aber dieses Beispiel zeigt, haben sich manchmal bei der Einführung des neuen Plurals (wie im Falle von *Wörter* in frühneuhochdeutscher Zeit) die alten Formen nebenbei erhalten, dann mit unterschiedlicher Bedeutung (vgl. Nübling et al. 2008: 58 f.).

Gruppen- und Monoflexion: Zudem entsteht die sog. Gruppenflexion (= Kongruenz in der Nominalphrase). Das bedeutet, dass eine grammatische Form nicht mehr am Substantiv alleine kenntlich ist, sondern erst im Zusammenspiel der Endungen im ganzen Satzglied (bestehend aus Artikel, Adjektiv, Substantiv): mhd. *ein guot man* → *ein guoter man* → nhd. *ein guter Mann*. Ein weiteres Prinzip, das sich in frühneuhochdeutscher Zeit durchsetzt, ist die Arbeitsteilung zwischen den Artikelwörtern des Substantivs und dem attributiven Adjektiv: Die grammatischen Kategorien (Genus, Kasus und Numerus) werden in der Nominalgruppe jeweils nur einmal gekennzeichnet. Dieses Prinzip bezeichnet man als Monoflexion (vgl. Kessel/Reimann 2005: 75 f.). Dies gilt vor allem im Verbund Artikelwort (Pronomen) – Adjektiv – Substantiv, wie die folgenden Beispiele zeigen:

Gruppen- und Monoflexion

(3)   D**er** kalt**e** Kaffee schmeckt mir nicht.
Dies**er** kalt**e** Kaffee schmeckt mir nicht.
Ein kalt**er** Kaffee schmeckt mir nicht.

Aber auch in anderen Fällen ohne Artikelwort wird das Prinzip angewandt:

(4)   leicht**en** Herzens (statt: leicht**es** Herzens)
mit froh**em** leicht**en** Herzen (statt: mit frohem leicht**em** Herzen)

Unter **Monoflexion** versteht man das Prinzip, dass innerhalb einer Substantivgruppe die vollen Endungen nur einmal auftreten dürfen. Übernimmt das Artikelwort die Anzeige grammatischer Kategorien, flektiert das Adjektiv nach der schwachen Adjektivdeklination. Kann das Artikelwort diese Aufgabe hingegen nicht leisten, nimmt das Adjektiv die starken Flexionsendungen des bestimmten Artikels an.

Definition

Dieses Prinzip der Monoflexion ist relativ einmalig im Deutschen und bereitet daher den Lernern große Schwierigkeiten. Ein wesentlicher Gesichtspunkt ist dabei, dass es zwei verschiedene Deklinationstypen für Adjektive gibt, die starke und schwache Adjektivdeklination.

Starke und schwache Adjektivflexion: historisch

Zur Vertiefung

Im Althochdeutschen gab es für die Adjektive jeweils eine starke und schwache Form: Die starke Form oder ›nominale‹ Form flektierte nach den vokalischen Klassen des Althochdeutschen und die schwache oder ›pronominale‹ Form nach der konsonantischen Klasse. Die verschiedenen Formen hatten im Althochdeutschen unterschiedliche Funktionen: So bezeichnete die starke Flexionsendung eine bestimmte Person oder Sache (z. B. *uuas thô zît nah sehsta* – ›es war die Zeit nach **der** sechsten Stunde‹), die schwachen Formen dagegen standen meist bei einem Substantiv, das eine noch nicht näher bestimmte Person oder Sache bezeichnet (*in hohan berg* – ›auf **einen** hohen Berg‹). Wie die Beispiele sehr schön zeigen, war im Althochdeutschen der Artikel noch nicht obligatorisch und so konnte die jeweilige Adjektivendung die Bestimmtheit oder Unbestimmtheit zum Ausdruck bringen.

Die Adjektivflexion veränderte im Laufe der Entwicklung der deutschen Sprache ihre Funktion und wird nun hauptsächlich im Zusammenspiel innerhalb der Nominalphrase eingesetzt, um die grammatischen Markierungen von Genus und Kasus deutlicher zu machen.

Und so entwickelte sich das oben beschriebene Prinzip der Monoflexion. Die Arbeitsteilung zwischen den Artikelwörtern des Substantivs und dem attributiven Adjektiv beruht auf einem ökonomischen Prinzip.

9.3.1.2 | Konjugation: Passivbildung

Sprachen, die so wie das Deutsche prinzipiell ein Passiv bilden können, nennt man Nominativ-Akkusativ-Sprachen. Diese sind der weitverbreitetste Typ in den Sprachen der Welt und in allen Kontinenten vertreten (vgl. Blumenthal-Dramé/Kortmann 2013: 298). Das Passiv wird entweder morphologisch durch Affixe (z. B. lat. *ama-t* ›er liebt‹, *ama-tur* ›er wird geliebt‹) oder Reflexivkonstruktionen (russ. *doma strojat-sja* ›die Häuser werden gebaut‹, eigentlich ›bauen sich‹) oder periphrastisch (dt. *das Haus wird gebaut*) markiert (vgl. Keenan/Dryer 2007). Hier werden neben dem sehr häufig gebrauchten Auxiliar *sein* auch Auxiliare verwendet, die auf Verben mit der Bedeutung ›bekommen‹, ›gehen‹ oder ›kommen‹ zurückgehen:

Beispiele für Passivbildung

(5) Welsh: *Caffod*   *Wyn*   *ei*   *rybuddio*   *gan Ifor*
             Bekam   Wyn   sein   Warnen   von Ifor
     Hindi: *Murgi*   *mari*   *gayee*
             Hühner   getötet   gingen
     (aus Keenan/Dryer 2007: 337 f.)

Eine ganze Reihe von Sprachen kennt dabei auch das *sein*-Passiv:

(6) (a) frz.   *Cette maison est construite par les ouvriers.*
         wörtl.   Dieses Haus   ist gebaut   von den Arbeitern.
     (b) span.   *La casa*   *fue destruida por el viento.*
         wörtl.   Das Haus   war zerstört   vom Wind.
     (c) tschech. *Dům*   *byl postaven v minulém století.*
         wörtl.   Das Haus   war gebaut   im letzten Jahrhundert.
     (d) engl.   *The house*   *was built*   *by a German company.*
         wörtl.   Das Haus   war gebaut   von einem deutschen Unternehmen.

Vorgangs- vs. Zustandspassiv: Wie die Beispiele unter (6) zeigen, sind die Formen ambig, da nicht zwischen dem Vorgang (dynamisch) und dem Zustand (statisch) unterschieden werden kann. Diese Unterscheidung kann aber das Deutsche vornehmen, in dem es die beiden Auxiliare *werden* und *sein* verwendet. Dabei stellt das sog. Vorgangspassiv die häufigste Form des Passivs dar, sozusagen den Prototypen, bei dem der Sachverhalt geschehensbezogen und im Vorgang befindlich dargestellt wird, wie in folgendem Beispiel:

(7) Der Kuchen wird (von Peter) geteilt.

Im Gegensatz dazu stellt das sog. Zustandspassiv den Sachverhalt nicht als Handlung bzw. Vorgang, sondern als Zustand (= Ergebnis) dar, wie in Beispiel 8a. Das Beispiel hat in der Regel kein präpositionales Objekt als Agensangabe (s. Bsp. 8b):

(8) (a) Die Tür ist geschlossen
    (b) *Die Tür ist von mir geschlossen.

Die formale Unterscheidung zwischen Vorgangs- und Zustandspassiv ist, wie bereits erwähnt, in vielen Sprachen nicht vorhanden. Zwar haben Sprachen wie das Französische und Spanische auch noch einige alternative Ausdrucksformen (z. B. mit *venir* ›kommen‹ oder in Form des sog. Reflexivpassiv: *Los coches se venden*, wörtl. ›die Autos verkaufen sich‹), aber diese bilden keine grammatischen Oppositionen wie das deutsche Vorgangs- und Zustandspassiv. Da sie die Unterscheidung nicht kennen, übergeneralisieren viele Lerner des Deutschen die *sein*-Konstruktion aus ihrer L1 und verwenden sie auch für das Vorgangspassiv des Deutschen an Stelle der *werden*-Konstruktion. Sie dazu die folgenden Beispiele aus dem Falko-Lernercorpus (https://www.linguistik.hu-berlin.de/de/institut/professuren/korpuslinguistik/forschung/falko):

(9) (a) Sollte eine verheiratete Frau eine Liebesgeschichte mit einem anderen Mann haben, **war** es als Verbrechen betrachtet (Falko-EssayL2v2.0 > fk016_2006_07_L2v2.0)
    (b) Feminismus **war** etwas im 20. Jahrhundert geboren (Falko-EssayL2v2.0 > fkb016_2008_07_L2v2.0)
    (c) Früher wann diese Firma entdeckt **war**, hatten sie nach arbeitnehmer (FalkoEssayL2v2.0 > kne11_2006_07_L2v2.0)

Historische Entwicklung der Passivperiphrasen   *Zur Vertiefung*

In den germanischen Sprachen haben sich periphrastische Passivformen mit **wesan* ›sein‹ und **werþan* ›werden‹ + Partizip Präteritum entwickelt. Allerdings weisen nur das Niederländische, Isländische und Altenglische das gleiche Etymon (idg. **uert* ›drehen, wenden‹) auf wie das Deutsche. Bei der Verwendung von *sein* und *werden* handelt es sich um eine Aspektopposition. Da das Verb *werden* den Beginn einer Veränderung (inchoativ) anzeigt, eignet es sich besonders für die Beschreibung der Zustandsänderung: z. B. *ich werde Lehrer* bedeutet, ich bin es noch nicht, trete aber irgendwann in den Zustand des Lehrerseins ein. Damit lassen sich die Periphrasen folgendermaßen umschreiben:

- *er wird geschlagen* bedeutet: ›er tritt in den Zustand eines mit der Handlung des Schlagens Infizierten‹.
- *er ist geschlagen* bedeutet: ›er befindet sich im Zustand eines mit der Handlung des Schlagens Infizierten‹ (vgl. Riehl 2001).

9.3.2 | Syntax: Wortstellung

Das Deutsche stellt in Bezug auf die Wortstellung eine relativ exotische Sprache dar. Dabei lassen sich drei Besonderheiten aufzählen:

- Das Deutsche besitzt ein Wortstellungsmuster im Aussagesatz, bei dem das finite Verb an zweiter Position im Satz steht (sog. V2-Verbstellung).
- Typische Haupt- und Nebensätze sind unterschiedlich aufgebaut: V2 im Hauptsatz, Verbendstellung im Nebensatz.
- Der deutsche Satz enthält zwei Verbpositionen, die zusammen eine Satzklammer bilden.

9.3.2.1 | Verbzweitstellung

Im Hauptsatz erscheint das finite Verb immer auf Position 2. Dieses Wortstellungsmuster steht außerhalb der Einteilung in Wortstellungstypen der Art SVO, SOV, wie sie für die Wortstellungstypologie vorgeschlagen werden (vgl. Blumenthal-Dramé/Kortmann 2013).

Zur Vertiefung

Wortstellungstypologie

Die Wortstellungstypologie geht zurück auf Joseph Greenberg, der Sprachen unterschiedlichster Herkunft in Bezug auf Wortstellung (bzw. Satzgliedstellung) verglich.

Dabei wird die Anordnung von Subjekt (S), Objekt (O) und der finiten Verbform (V) in einem normalen unmarkierten Aussagesatz in den jeweiligen Sprachen betrachtet. Greenberg stellte fest: Es gibt drei Haupttypen, die am häufigsten vorkommen: SOV, SVO und VSO. Greenberg reduziert die Typologie nicht nur auf die Stellung der Satzglieder im Satz (S, O, V), sondern untersucht auch Korrelate in der Nominalsyntax: Stellung der Adjektive, Stellung des Genitiv-Attributs und der Adpositionen.

Besonderheit der V2-Stellung: Egal, welches Satzglied an die erste Position im Satz rückt, in V2-Sprachen behält das Verb immer die zweite Position. In Fällen, wo alle Satzglieder hinter dem Verb stehen, muss ein Platzhalter die erste Position besetzen. Im Deutschen ist es das sog. expletive *es* (s. dazu unten):

(10) (a) Der Bauer fand im Morgengrauen eine Leiche.
      (b) **Im Morgengrauen** fand der Bauer eine Leiche.
      (c) **Eine Leiche** fand der Bauer im Morgengrauen.
      (d) **Es** fand der Bauer im Morgengrauen eine Leiche.

Die V2-Stellung ist typisch für die Grammatik der germanischen Sprachen insgesamt (außer Englisch), vergleiche dazu die Übersetzung von 10b ins Schwedische und Isländische:

Schwedisch:

(11) *Vid gryningen*   *hittade*   *bonden*   *en kropp.*
      Im Morgengrauen   fand   der Bauer   eine Leiche.

Isländisch:

(12) *Við dögun*   *fann*   *bóndi*   *líkama.*
      Im Morgengrauen   fand   der Bauer   eine Leiche.

Außerhalb der germanischen Sprachen ist die V2-Stellung dagegen sehr selten. In indoeuropäischen Sprachen ist sie nur noch im Bretonischen und im Kashmiri (indoiranisch) vorhanden, des Weiteren innerhalb Europas im Estnischen, einer finno-uralischen Sprache. Ansonsten findet man V2 in sehr wenigen Sprachen wie Taiof und Sisiqa (austronesische Sprachen) und Karitiana (Brasilien) und Tohono O'odham (SW-Amerika) (dazu Holmberg 2015). Das bedeutet also, dass wir bei einem großen Teil unserer Lerner davon ausgehen müssen, dass sie die V2-Stellung nicht kennen. Viele DaZ-Lerner haben daher auch ein Problem mit der sog. Inversion, d. h. der Tatsache, dass das Subjekt hinter das Verb rückt, wenn das Vorfeld besetzt ist. Siehe dazu die folgenden Beispiele:

(13) (a) A la mort de son père, Piere avait cinq ans.
      (b) Alla morte di suo padre Pedro aveva cinque anni.
      (c) At his father's death Peter was five years old.
      Gegenüber Deutsch:
      (d) Beim Tod seines Vaters **war Peter** 5 Jahre alt.

Das expletive *es* (von lat. *expleo* ›ich vervollständige‹) bietet hier eine besondere Schwierigkeit. Dieses *es* hat die Funktion, die Subjektstelle formal zu besetzen, z. B. bei Witterungsverben (*es blitzt/hagelt/donnert*) oder beim unpersönlichen Passiv, bei dem es kein Subjekt gibt, weil das Verb intransitiv ist (wie in *Es darf gelacht werden!*). Während das expletive *es* bei den Witterungsverben schon grammatikalisiert ist (z. B. *Hier blitzt es*), muss beim unpersönlichen Passiv in den Fällen, in denen ein anderes Satzglied (wie z. B. *hier*) vor dem Verb steht, das expletive *es* entfallen (z. B. *Hier darf gelacht werden*). In diesem Fall spricht man auch vom sog. Vorfeld-*es*. Dieses muss auch in Sätzen eingefügt werden, die durchaus ein Subjekt haben, wenn dieses ins Mittelfeld (d. h. die Position nach dem Verb) rückt:

Das expletive *es*

(14) (a) Ein Gewitter wird nahen – Es wird ein Gewitter nahen.
      (b) Dein Paul grüßt dich – Es grüßt dich dein Paul.
           (Beispiele aus Eisenberg 2013: 175)
      (c) Der Bauer fand im Morgengrauen eine Leiche – Es fand der
           Bauer im Morgengrauen eine Leiche. (s. Bsp. 10)

In diesem Fall dient die Konstruktion mit *es* der Rhematisierung des Satzes, das bedeutet, alle Informationen in diesem Satz sind neu. Häufig geschieht dies bei Anfängen von Erzählungen (s. Bsp. c). Das Vorfeld-*es* zeigt, dass »das Schema des Verbzweitsatzes als solches eine strukturelle Wirkung entfaltet« (Eisenberg 2013: 175). Wenn alle weiteren Satzglieder außerhalb des Vorfeldes platziert werden, muss das Vorfeld dennoch besetzt werden, in diesem Fall von einem »Dummy«. Darüber hinaus kann das expletive *es* auch als Korrelat zu einem Komplementsatz auftreten. Darunter versteht man einen Satz, der an Stelle eines Satzgliedes steht und Subjektfunktion hat. Das *es*, das diesen Satz dann quasi am Satzanfang vertritt, bezeichnet man als ›Korrelat-*es*‹ (ebd.):

(15) (a) Es ist interessant, was er schreibt.
      (b) Es ist interessant, dass er schreibt.
      (c) Es ist interessant, wie er schreibt.

In dem Moment, wo der Komplementsatz ins Vorfeld gerückt wird (z. B. *Was er schreibt, ist interessant*), fällt auch hier das *es* weg. Dies ist ein großes Problem selbst für sehr fortgeschrittene Lerner des Deutschen. In vielen Texten liest man immer wieder Sätze wie *Dass er schreibt, ist **es** interessant!*

9.3.2.2 | Verbletztstellung im Nebensatz

Mit den beiden verschiedenen Wortstellungen, einmal (S)VO im Hauptsatz und SOV im Nebensatz weist das Deutsche zwei unterschiedliche dominante Stellungen in der Wortstellungstypologie auf (vgl. Dryer 2013). Auch in diesem Fall nimmt das Deutsche eine eher marginale Position in den Sprachen der Welt ein. Denn zwei dominante Stellungen von Subjekt, Objekt und Verb haben nur 67 Sprachen der Welt. Davon weisen 29 die Alternative zwischen SVO und SOV auf (ebd.).

Verbletztstellung in den germanischen Sprachen: Das Deutsche steht damit auch innerhalb der germanischen Sprachen relativ isoliert, denn im Gegensatz zu V2 zeigen nur die westgermanischen Sprachen Deutsch, Friesisch und Niederländisch Verbletztstellung im Nebensatz, wie in Bsp. 16:

(16) Dt.   (Ich habe alles,) *was ich nötig habe.*
      Fries. (Ik ha alles) *wat ik nedich ha.*
      Nl.   (Ik heb alles) *wat ik nodig heb.*

9.3.2.3 | Verbklammer

Eine weitere sprachtypologische Besonderheit des Deutschen ist die weitgehende Zweiteiligkeit des Prädikats, die genutzt wird, um eine sog. Verbklammer zu bilden. Wegen dieser Eigenschaft wird das Deutsche auch als »Klammersprache« (Weinrich 1986) bezeichnet. Bei den Typen von Klammern unterscheidet man in der Regel zwischen Lexikalklammer und Grammatikalklammer (Graefen/Liedke 2012: 188). Die wichtigsten Verbalklammern sind dabei die folgenden in Tabelle 9.3 vorgestellten Klammern (zu weiteren Klammertypen vgl. Weinrich 2007: 39 f.).

Grammatikalklammer	**Tempusklammer:** *Der Lehrer hat einen Brief an den Schüler geschrieben.*
	Modalklammer: *Der Lehrer kann einen Brief an den Schüler schreiben.*
Lexikalklammer	**Partikelverbklammer:** *Er **schreibt** die Briefe immer aus irgendeinem Buch **ab**.*
	Funktionsverbgefüge: *Er **stellt** die Briefe, die er geschrieben hat, allen Lesern **zur Verfügung**.*
Negationsklammer	*Deshalb schrieb er auch diesen Brief nicht.*

Tab. 9.3:
Typen von
Verbalklammern

Die Verbklammer existiert außer im Deutschen nur noch in den sehr eng verwandten westgermanischen Sprachen Niederländisch und Friesisch. Außerdem kennen noch einige wenige nilosaharanische Sprachen im Sudan, Äthiopien und Kongo ansatzweise eine Klammer von Auxiliar und Vollverb (Dryer/Gensler 2013). Damit ist das Deutsche in diesem Bereich völlig »exotisch«.

Schwierigkeiten für Deutschlerner: Die Klammerkonstruktionen bereiten DaZ-Lernern nicht nur wegen ihrer Exotik besondere Schwierigkeiten, sondern auch weil sie nicht immer festen Regeln folgen. In bestimmten Fällen kann es zu einer Lockerung der Verbalklammer kommen, indem besonders umfangreiche, semantisch gewichtige oder rhematische Satzglieder ausgeklammert werden. Das heißt, es sind funktionalstilistische Aspekte, die die Ein- bzw. Ausklammerung von Satzgliedern regeln (Eisenberg 2013: 378 f.). Dabei gilt aber die Ausklammerung von Pronomina (*sie haben gesehen ihn*) oder auch von direkten Objekten (*sie hat geschrieben einen Brief*) als ungrammatisch. Die Einrahmung ist in gesprochener Sprache und in konzeptionell mündlichen Texten weniger umfangreich als in akademischer und fachsprachlicher Prosa. In gesprochener Sprache sind Fälle wie in 17a durchaus akzeptabel, 17b ist dagegen typisch schriftsprachlich geprägt (s. dazu auch Kap. 8.3.1):

(17) (a) Der internationale Pakt **ist** jetzt in Kraft **getreten** nach langen Verhandlungen.
(gesprochene Sprache)

  (b) Der internationale Pakt **ist** im März 1976 nach zähen Verhandlungen völkerrechtlich in Kraft **getreten**.
(geschriebene Sprache)

Wie dieses Unterkapitel gezeigt hat, ist die deutsche Sprache im Bereich der Wortstellung im Satz sehr »exotisch« und man muss hier mit Schwierigkeiten durch die Deutschlerner rechnen. Dies gilt im Besonderen für die Inversion des Subjekts, die durch die V2-Stellung motiviert ist, und das expletive *es*, wenn es nur als Dummy verwendet wird, um die Position vor dem Verb zu füllen. Schwierigkeiten bereiten auch die verschiedenen Typen von Satzklammern und die funktionalstilistischen Besonderheiten der Ausklammerung.

9.4 | Kontrastive Pragmatik

Unterschiede zwischen Sprachen gibt es nicht nur im Bereich der grammatischen Strukturen, sondern auch im Bereich der Pragmatik. Diese Unterschiede sind aber weniger sprachspezifisch als kulturspezifisch, denn so gibt es beispielsweise im Bereich der Höflichkeit sogar Unterschiede zwischen dem deutschen und österreichischen Deutsch. Zum

Bereich Höflichkeit Beispiel ist der Gebrauch des Titels in der Anrede anders geregelt: *Herr Magister, Herr Doktor* und *Frau Professor* sind in Österreich die Regel, in Deutschland wird die erste Form der Anrede gar nicht, die übrigen beiden werden nur im formellen Kontext verwendet (vgl. Riehl 2014b: 157 f.).

Weiter gibt es auch kulturell geprägt Unterschiede in der Realisierung von Sprechhandlungen (wie BITTEN, AUFFORDERN, ZURÜCKWEISEN u. Ä.), in der Organisation des Diskurses sowie im Aufbau und der Struktur von Texten. Im letzteren Fall spricht man von ›Diskurstraditionen‹, die verschiedene Sprachgemeinschaften ausbilden (Oesterreicher 2008; Kap. 8.4.1). Auch im Bereich des nonverbalen Verhaltens zeigen sich sprach- und kulturspezifische Einflüsse, besonders im Gestengebrauch. Im Folgenden wird zunächst auf die Problematik unterschiedlicher Formen der Anrede, danach auf Unterschiede in Sprechakten eingegangen.

9.4.1 | Interkulturelle Unterschiede in Anredeformen

Im Bereich der Anredeformen (etwa die Anrede mit *Sie* oder *Du*, die Verwendung von Namenszusätzen und Titeln) werden die Ausdrücke zwar schnell gelernt, aber die korrekte Anwendung bereitet auch fortgeschrittenen Lernern noch Probleme. Denn Anredeformen besitzen ein hohes Potential, um Beziehungen herzustellen und zu managen. Des Weiteren können die Sprecher mit ihrer Hilfe einerseits vertikale (hierarchische) und andererseits horizontale (soziale) Distanz oder Nähe zum Gesprächspartner zum Ausdruck bringen (vgl. Kretzenbacher 2010). Aus struktureller Sicht bestehen Anredeformen aus Pronomina (im Deutschen *Sie* und *du*) und Nomina (Namen, Titel und Namenszusätze), in geringerem Maße werden Adjektive verwendet (engl. *dear, gorgeous*, ital. *bello/a, carissima/o*).

System der Anredepronomina: Während im Englischen die soziale Deixis (formell vs. informell) nicht durch Pronomen ausgedrückt werden kann und daher mit Hilfe von lexikalischen Strategien wie Vokativen (*my dear*, *Sir/Madam* o. Ä.) dargestellt werden muss, verfügen andere Sprachen über ein sehr ausgeprägtes System von Anredepronomina. Diese umfassen formelle Formen, die soziale oder hierarchische Distanz zum Ausdruck bringen, sowie informelle Formen, die soziale Nähe symbolisieren. So werden etwa im Italienischen *Lei*, *Voi*, *Ella* (Singular) und *Loro* (Plural) als formelle und *tu* (Singular) und *voi* (Plural) als informelle Anreden gebraucht.

Erwerb der Anredestrategien in der Fremdsprache: Während die Bedeutungen der Pronominalformen in den verschiedenen Sprachen vergleichbar sind, gibt es große Unterschiede im Bereich der Kontexte, in denen diese verwendet werden. Hier zeigen verschiedene Studien, dass das Anredesystem in einer Fremdsprache erst sehr spät im Lernprozess vollständig beherrscht wird und auch für fortgeschrittene Lerner eine Hürde darstellt (vgl. Formentelli/Hajek 2013). Das wird noch verstärkt durch das komplexe Zusammenspiel von Grußformeln und den pronominalen und nominalen Anredeformeln, die auch für Muttersprachler häufig schwer zu durchschauen sind: z. B. wann ich jemanden in einem Brief mit *liebe/r Herr/Frau x* ansprechen kann, ob ich jemanden mit *Dr.* oder *Prof.* ansprechen muss etc.

Anredeformen im L2-Erwerb

Studien zu Anredestrategien bei Fremdsprache-Lernern zeigen, dass die Lerner sehr unsicher sind, was die Verwendung von Anredeformen angeht: Es findet sich eine enorme Bandbreite zwischen extremer Formalität und extremer Informalität. So verwenden etwa Deutschlerner in Australien bei der Anrede von Personen, die sie mit *Sie* ansprechen, Anredeformen, die vom formalen *Sehr geehrte Frau / geehrter Herr* (+ Titel) + Nachname bis hin zu informellen Formen wie *Lieber + Vorname* oder *Hallo + Vorname* reichen (vgl. Riehl 2018). In einer E-Mail an die Betreuerin der Masterarbeit gebrauchen 75 % der Studierenden den Titel *Professorin*. Die Vertrautheit mit der Person wird hier nicht durch das Weglassen des Titels sondern eher durch informelle Grußformeln wie *liebe, hallo, guten Morgen* zum Ausdruck gebracht (also etwa *Guten Morgen Professor Förster*). Die Studie belegt auch, dass die Verwendung von Anredestrategien im Unterricht einen großen Einfluss auf den Erwerb bzw. die Verwendung in der Zweitsprache hat. Die unterschiedlichen Muster von Formalität und Informalität, die in der Umgebungskultur herrschen, werden auf die Unterrichtspraxis umgelegt, dabei wird aber offensichtlich zu wenig thematisiert, dass es große Unterschiede in der Zielkultur gibt, die man beachten muss.

Beispiele aus einer Studie zu Anredestrategien

Beispiel

In der Studie zu Anredestrategien bei Deutsch und Italienisch als Fremdsprache Lernenden in Melbourne und Englisch und Italienisch als Fremdsprache Lernenden in München (Riehl 2018) erhielten die Probanden sog. Diskursergänzungsaufgaben (*Discourse Completion Test* = DCT). In diesen Aufgaben werden fiktive Situationen vorgegeben und die Probanden werden gebeten, anzugeben, was sie in dieser Situation sagen bzw.

schreiben würden. Eine Aufgabe in dem Test für die DaF-Lernenden lautete wie folgt:

Die Betreuerin Ihrer Masterarbeit, Professor Anne Förster, eine nette aber sehr strenge 40-jährige Frau, hat Ihnen vorgeschlagen am Freitag in ihre Sprechstunde zu kommen. Leider haben Sie zur gleichen Zeit einen Arzttermin. Schreiben Sie ihr eine E-Mail.

Hier gebraucht nur eine einzige Studentin aus Melbourne den Namenszusatz (*Herr/Frau*) und Titel kombiniert wie im Deutschen (*Sehr geehrte* **Frau** *Professor Förster*). Alle anderen Studierenden verwenden den Titel ohne den Zusatz *Herr* oder *Frau*. Zwei Studierende verwenden eine Kombination von Titel + Vor- und Nachnamen (z. B. *Sehr geehrte Professorin Anne Förster*), die im Deutschen nicht üblich ist. In extremen Fällen wird der bloße Titel (ohne Nachnamen) verwendet (analog zum Englischen *dear professor*), wie in folgendem Beispiel:

Liebe Professor,
Es tut mir leid aber am Freitag bin ich nicht frei für die Sprechstunde, weil ich zur gleichen Zeit einen Arzttermin habe. Könnten wir vielleicht für nächste Woche umplanen?
Vielen Dank und einen schönes Abend, [Unterschrift fehlt]

Die im Deutschen (der Bundesrepublik Deutschland) durchaus übliche informellere Anrede ohne akademischen Titel (*Frau Förster*) wird von sechs Studierenden (= 25 %) verwendet.

9.4.2 | Interkulturelle Unterschiede von Sprechakten

Ein wichtiger Bereich, der auch in der Höflichkeitsforschung (vgl. Brown/ Levinson 2010) eine große Rolle spielt, ist die Realisierung von Sprechhandlungen, d. h. Handlungen, die mittels Sprache ausgedrückt werden, wie BITTEN, AUFFORDERN, ABLEHNEN etc. Die Klassifikation dieser sprachlichen Handlungen geht auf die sog. Sprechakttheorie zurück. Die Regeln innerhalb einer Sprachgemeinschaft, in welcher Situation ein bestimmter Sprechakt (z. B. AUFFORDERN) gebraucht werden kann, sind Voraussetzung dafür, dass die Sprecher sowohl ihr eigenes Gesicht wahren, als auch das des Angesprochenen schützen können.

Definition

> Die Sprechakttheorie wurde von John Langshaw Austin und John Searle begründet. Sie geht davon aus, dass Sprache und Kommunikation nicht auf einzelnen Wörtern oder Sätzen basiert, sondern auf sog. Sprechhandlungen (= Sprechakten). Je nach Kontext variiert die Art der sprachlichen Handlung, die durch eine spezifische Äußerung vollzogen wird. Beispiele für Sprechakte sind: AUFFORDERN, RATGEBEN, VERSPRECHEN, BEHAUPTEN, FESTSTELLEN, BESTÄTIGEN, FRAGEN usw.

Die Realisierung von Sprechakten in verschiedenen Sprachen folgt ganz unterschiedlichen Regeln. Das in diesem Zusammenhang wegweisende Projekt *Cross-Cultural Speech Act Realization Project* (CCSARP) (Blum-Kulka et al. 1989) hat gezeigt, dass die jeweiligen Sprechakte in unterschiedlichen Kommunikationsgemeinschaften unterschiedlich verwendet werden. In diesem Projekt wurden sieben verschiedene Sprachen (australisches, amerikanisches und britisches Englisch, kanadisches Französisch, argentinisches Spanisch, Dänisch, Deutsch, Hebräisch und Russisch) in Bezug auf die Realisierung von Bitten und Aufforderungen (*requests*) und Entschuldigungen (*apologies*) analysiert. Zudem wurden die Auswirkungen sozialer Variablen (Vertrautheit der Sprecher, Alter, Hierarchie etc.) sowie Ähnlichkeiten und Unterschiede zwischen Muttersprachlern und Nicht-Muttersprachlern innerhalb der Sprecher einer Sprachgemeinschaft untersucht.

Sprechakte in verschiedenen Sprachen

Die Studie zeigt insgesamt große Unterschiede in der Direktheit bzw. Indirektheit von Sprechakten auf, d. h. die Sprecher verwenden in sehr unterschiedlichem Maße direkte und indirekte Strategien (s. Tab. 9.4). Eine direkte Strategie wäre etwa die Verwendung des Sprechakts BITTEN in Form von Imperativ und ›bitte‹ wie im folgenden Beispiel: »Gib mir bitte das Salz!«. Dann gibt es konventionelle indirekte Strategien, die etwa in Form von indirekten Sprechakten realisiert werden. Das wäre etwa im Deutschen: »Könntest du mir bitte mal das Salz geben?« Hier wird die Bitte in Form einer Frage geäußert. Nicht-konventionelle indirekte Strategien wären etwa Umschreibungen wie: »Die Suppe braucht noch etwas Salz«.

Strategie	Australisches Englisch	Deutsch	Kanadisches Französisch	Hebräisch	Argentin. Spanisch
direkt	10 %	21 %	22 %	33 %	49 %
konventionell indirekt	82 %	77 %	69 %	58 %	59 %
nichtkonventionell (Andeutungen)	8 %	3 %	7 %	8 %	2 %

Tab. 9.4: Strategien des BITTENS in verschiedenen Sprachgemeinschaften

Aus Tabelle 9.4 geht deutlich hervor, dass es sehr große Unterschiede zwischen den Sprechern aus den verschiedenen Sprachgemeinschaften gibt: So verwenden etwa die Sprecher des argentinischen Spanisch wesentlich mehr direkte Sprechakte als die anderen Gruppen, die Sprecher des Deutschen weisen dagegen einen sehr hohen Anteil an konventionell indirekten Sprechakten auf. In Lernsituationen zeigt sich nun, dass die Sprecher diese Strategien auf die L2 übertragen. Neben den beschriebenen Strategien gibt es allerdings noch bestimmte interne (sprachlich motivierte) und externe (inhaltliche) Modifikationen. Diese haben alle zum Ziel, möglichst das Gesicht des Gesprächspartners zu wahren (Blum-Kulka/House 1989), wie etwa Abschwächungen durch Konjunktive oder Partikeln oder Einbettung in einen erklärenden Kontext.

Kontexte für die Verwendung von Sprechakten: Weitere kulturspezifische Unterschiede bestehen darin, in welchen Situationen man überhaupt bestimmte Sprechhandlungen verwendet. Ein Beispiel dafür ist die

Verwendung der Sprechhandlung DANKEN: In bestimmten Kulturen bedankt man sich beim Einkaufen bereits, wenn man seinen Wunsch äußert. Und man kann die Dankesformel sogar als Abschiedsgruß verwenden (Australien, Schweden, vgl. Oksaar 2003: 144). Umgekehrt gibt es auch Kulturen, in denen die Dankesformel weit weniger verwendet wird als im Deutschen. In Griechenland oder Russland beispielsweise verhält man sich pragmatisch nicht angemessen, wenn man sich etwa bei einem Kontrolleur für die Rückgabe einer Eintrittskarte oder einer Fahrkarte bedankt. Zweitsprachlerner, die in einem anderen kulturellen Kontext sozialisiert wurden, übernehmen häufig ihre eigenen kommunikativen Verhaltensformen, wenn sie Deutsch sprechen (vgl. Riehl 2014b: 158 f.).

Weitere Beispiele

Annahmen und Zurückweisungen: Eine Verhaltensweise, die ebenfalls in diesen Bereich gehört, ist die Annahme oder Absage einer Einladung oder Aufforderung. So ist es z. B. im koreanischen Kulturkreis ein Zeichen von Höflichkeit, eine Einladung mehrmals zurückzuweisen. Ähnlich reagiert man im finno-ugrischen oder russischen Kulturkreis bei der Aufforderung, Speisen oder Getränke anzunehmen. Hier wird das Angebot ebenfalls mehrmals zurückgewiesen. Im deutschen oder anglophonen Kontext würde der Gastgeber das so interpretieren, als würde der Gast wirklich nichts (mehr) zu sich nehmen wollen. Interkulturelle Missverständnisse sind hier vorprogrammiert (ebd.).

Im Bereich des Komplimente-Machens findet man ebenfalls große kulturelle Unterschiede: Das Kompliment ist insofern ein interessantes kommunikatives Phänomen, als es in verschiedenen Kulturen vorkommt, seine Verwendung auf einer Skala positiv – negativ jedoch unterschiedlich bewertet wird. Es gehört in zahlreichen Kulturen zur Höflichkeit, unterliegt aber nicht denselben Höflichkeitsnormen wie etwa das Grüßen oder Sich-Bedanken, die in vielen Situationen obligatorisch sind. Beim Erstspracherwerb werden Kinder angehalten, situationsadäquat zu grüßen, zu bitten und zu danken, aber nicht Komplimente zu machen (Oksaar 2003: 144). Da also Komplimente keine obligatorischen kommunikativen Mittel sind, gilt man nicht als unhöflich, wenn man keine Komplimente macht, im Gegensatz dazu, wenn man sich nicht bedankt. Trotzdem stiftet es interkulturelle Verwirrung, wenn jemand Komplimente, die in bestimmten Kulturen in kontakterhaltender Funktion verwendet werden, zurückweist (vgl. Ravetto 2013).

9.4.3 | Kulturspezifische Unterschiede in schriftlichen Texten

Unterschiede in Äußerungsformen in den jeweiligen Kulturgemeinschaften, wie in Kapitel 9.4.1 und 9.4.2 gezeigt, finden sich nicht nur in gesprochener Sprache, sondern auch in geschriebener Sprache. Hier gibt es beispielsweise deutliche Unterschiede zwischen den Kulturgemeinschaften (s. dazu auch Kap. 8.3), was den Aufbau eines Textes oder die Konzeptualisierungsweisen betrifft. Darunter fallen die Verwendung unterschiedlicher Argumentationsstrategien und Auffassungen von Wohlgeformtheit sowie der Gebrauch unterschiedlicher Textmuster für bestimmte Textsorten.

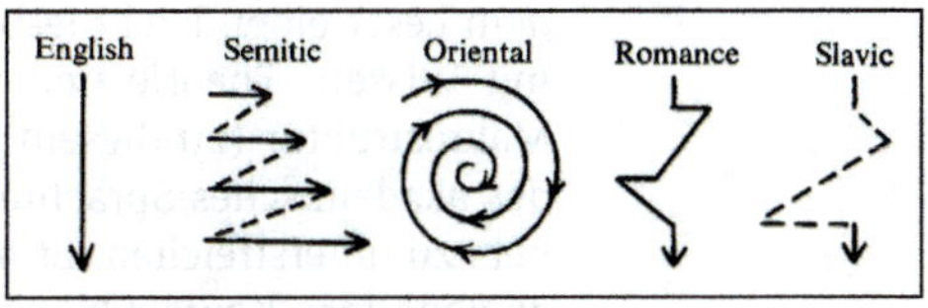

Argumentationsstrategien unterscheiden sich vor allem dadurch, ob sie linear
vom Ausgangspunkt zur Schlussfolgerung
verlaufen, Exkurse zulassen oder sich gar
von außen spiralförmig dem Kernpunkt
nähern. Kaplan (1972) verdeutlicht die Un-

terschiede von Argumentationsstrategien in verschiedenen Kulturkreisen
in einem Schaubild (Abb. 9.1).

Abb. 9.1:
Argumentations-
strategien
(Kaplan 1972: 64)

Während hier die englische Strategie ganz linear vom Anfang zum
Ende verläuft, ist die semitische Strategie so angelegt, dass parallele Konstruktionen auftreten, wobei der Gedanke des ersten Abschnitts im zweiten vervollständigt wird usw. Die ostasiatische Strategie (das meint Kaplan mit ›oriental‹) ist spiralförmig angelegt, und das Thema wird aus verschiedenen Blickwinkeln betrachtet. Die romanische und slawische Strategie zeigen Ähnlichkeiten. Es wird hier eine gewisse Freiheit eingeräumt,
abzuschweifen und Exkurse zu machen. Diese beiden Strategien unterscheiden sich lediglich in der Länge der Abschweifung und Ausführlich-
keit der Einschübe. Außerdem endet der romanische Typ immer mit einer
klaren Konklusion, während der slawische Typ eher abrupt aufhört (vgl.
Clyne 1981: 62). Nach Clyne (ebd.) ist das Deutsche zwischen dem romanischen und dem slawischen Typ anzusiedeln.

Allerdings muss man sich vor Augen halten, dass das Modell von Kaplan (1972) etwas vereinfacht und plakativ ist: So wurde Kaplan auch vor-
geworfen, seine Darstellung sei zu ethnozentrisch, favorisiere den Dar-
stellungsstil von anglophonen Schreibern und vernachlässige kulturelle
Unterschiede innerhalb der Gruppen (z. B. der ostasiatischen Schreiber)
(vgl. Connor 1996: 16). Trotzdem war der Anstoß von Kaplan wichtig, um
die kulturellen Unterschiede in den Argumentationsstrategien zu thematisieren und unterschiedliche Strategien aufzuzeigen.

Kritik des Modells

Wohlgeformtheit von Texten: Ein weiteres Kriterium für Unterschiede in
Texten sind die unterschiedlichen Vorstellungen von deren Wohlgeformt-
heit. Auch hier gibt es nach Clyne (1987) verschiedene gesellschaftliche
Anforderungen:

- Anforderung I: Texte sollen interessant, gehaltvoll, aufklärend sein
  (Schreiberorientiertheit)
- Anforderung II: Texte sollen gut lesbar, verstehbar, knapp, präzise,
  wohlgeordnet sein (Leserorientiertheit)

So haben beispielsweise angelsächsisch geprägte Schreibkulturen die
zweite Anforderung kulturspezifisch stärker ausgeprägt, die deutsch (und
auch romanisch) geprägten Kulturen die erste. In bereits in den 1980er
Jahren von Clyne durchgeführten Analysen von Aufsatzratgebern (*essay-
writing manuals*) stellte sich heraus, dass in anglophonen Ländern ein
wesentlich stärkeres Augenmerk auf Linearität in der Diskursstruktur,
d. h. auf die zeitliche Abfolge der Information, und auf Relevanz, d. h.
enge Beschränkung auf das formulierte Thema, gelegt wird.

Clyne (1987: 238) begründet dies damit, dass Wissen in der deutschen
Tradition idealisiert wird. Deshalb ist es nicht Anliegen eines Schreibers,

dem Leser einen leicht lesbaren Text an die Hand zu geben, sondern ihn mit Wissen, Theorie und Denkanstößen zu versorgen. Die spezifische Makrostruktur (zu diesem Begriff s. Kapitel 8.4.1) und ein entsprechendes akademisches Sprachregister tragen dazu bei, den Status des Schreibers zu unterstreichen. Er möchte sich mit seinem Produkt darstellen. Im anglophonen Kontext kommt dem Schreiber die Aufgabe zu, die Texte gut verstehbar zu machen, im deutschen Kontext ist es Aufgabe des Lesers, sich das Textverständnis zu erarbeiten.

Kulturspezifik von Textmustern

Textmuster: Wie bereits in Kapitel 8 gezeigt, gibt es kulturspezifische Textmuster für bestimmte Textsorten, die sich etwa in unterschiedlichen Makrostrukturen, d. h. im Aufbau des Textes, und auch in unterschiedlichen kommunikativen Grundhaltungen äußern, d. h. wie stark sich etwa ein Schreiber in einen Text involvieren darf oder ob er eine objektive Darstellung zeigen muss. Das äußert sich ganz besonders in der Häufigkeit und in der Art von Selbstreferenz im Text. Wie wir gesehen haben, ist etwa im Deutschen in argumentativen Texten die objektive Darstellung gefordert, während in anderen Kulturkreisen (wie romanischen Ländern, Griechenland, Türkei) die Involvierung des Schreibers in den Text durchaus kulturell verankert ist. Gerade auch im Bereich der Selbstreferenz zeigen die verschiedenen Sprachgemeinschaften sehr unterschiedliche Vorgehensweisen. So kommt etwa im Russischen (oder im Tschechischen) durchaus Selbstreferenz auf der Bewertungs- und Darstellungsebene vor (s. Kap. 8.3), im Deutschen ist das eher verpönt. Hier gibt es sehr große Unterschiede zwischen verschiedenen Schreibkulturen, die dann von Schreibern in die Zweitsprache übertragen werden (vgl. Riehl 2014a: Kap. 7).

Neben den pragmatischen Unterschieden in gesprochenen und geschriebenen Diskursen in den verschiedenen Kulturen, die teilweise viel schwieriger von Lernenden zu durchschauen sind als grammatische Unterschiede, gibt es einen weiteren wichtigen Bereich, in dem sich die Kulturen voneinander unterscheiden, nämlich die Körpersprache. Dies soll im Folgenden dargestellt werden.

9.5 | Nonverbale Kommunikation

Im Bereich der nonverbalen Kommunikation ist allgemein zu beobachten, dass in westlichen Kulturen nonverbales Verhalten weniger stark kodifiziert ist als in östlichen (von Raffler-Engel 1996: 297). Das bedeutet,

Kodifizierung nonverbalen Verhaltens

dass es zwar bestimmte Codes gibt, die in den jeweiligen Sprach- und Kulturgemeinschaften festgelegt sind (z. B. wann man den Kopf schüttelt und wann man nickt), dass aber andere Codes nicht genau definiert sind. In einer Reihe von Studien, die im Libanon, in Saudi-Arabien, Ägypten und anderen arabischen Ländern durchgeführt wurden, zeigte sich, dass in der Art des Sozialverhaltens eine weitgehende Gleichartigkeit herrscht. Die größten Unterschiede bestehen hier zwischen Stadt und traditionellen Dorfgemeinschaften (Argyle 1996: 93). Argyle (ebd.) führt aus, dass Angehörige arabischsprachiger Kulturen gegenüber nonverbalen Mitteilungen sehr sensibel sind, weil ihr ritualisiertes und formelles Verhalten oft einer nonverbalen Ergänzung bedarf.

Kategorie	Funktion
Kinesik Gesten	Allgemeine Bewegungen des Körpers Bewegungen Positur
Gesichtsausdruck Bewegung des Mundes Bewegung der Augen	Aktionsbewegungen
Proxemik (physische Distanz) Haptik (Tasten, Fühlen) Chronemik (Umgang mit Zeit)	Selbstpositionierung affektiver Status artifizielle Kommunikation

Tab. 9.5:
Kategorien
nonverbalen
Verhaltens

Der Begriff ›nonverbales Verhalten‹ umfasst eine Reihe von Kategorien, die von Bewegungen des Körpers über den Gesichtsausdruck bis hin zur physischen Distanz reichen. Raffler-Engel (1996: 301) schlägt hier die folgenden Funktionen und Kategorien vor (s. Tab. 9.5):

In diesen verschiedenen Bereichen gibt es nun Verhaltensweisen, die automatisiert und daher für Veränderungen durch Kulturkontakt weniger zugänglich sind. Hierzu gehören sicher die Kategorien des Gesichtsausdrucks (etwa die Formierung der Augenbrauen zum Ausdruck von Emotionen) und die Proxemik, d. h. die physische Distanz zwischen den Gesprächspartnern (s. dazu unten). Anders verhält es sich mit den meisten Gesten, die von Sprechern intentional eingesetzt werden, um etwas Bestimmtes zum Ausdruck zu bringen, und die leicht nachgeahmt werden können. Diese sollen im Folgenden beleuchtet werden.

9.5.1 | Kulturspezifische Unterschiede im Bereich der Gesten

Gesten beziehen sich auf kommunikativ intendierte Bewegungen des Körpers, insbesondere der Arme und Hände, die meist redebegleitend produziert werden (McNeill 1992). Unter bestimmten Umständen können sie aber auch sprachliche Äußerungen ersetzen, z. B. im Falle pantomimischer Verständigungen mit Personen, die die Sprache nicht verstehen. Gesten können als Äußerung oder als Teil einer Äußerung unterschiedliche Formen annehmen. Man unterscheidet in der Regel zwischen drei Typen: Regulatoren, Illustratoren und Embleme (vgl. Ekman 1980).

> **Regulatoren** sind Gesten, die der Aufrechterhaltung und Regulierung des Gesprächs zwischen zwei oder mehr Personen dienen (z. B. Rederecht abgeben bzw. erhalten).
> **Illustratoren** sind Bewegungen, etwa mit der Hand, dem Finger und/oder dem Unterarm, die im direkten Zusammenhang zur Rede stehen (z. B. deiktische Gesten verweisen auf einen Gegenstand im Raum) und bewusst zur Unterstützung der Kommunikation eingesetzt werden.
> **Embleme** haben eine eindeutig definierte Bedeutung und ersetzen meist das gesprochene Wort (z. B. Okay-Geste im Deutschen, bei der der Daumen nach oben ausgestreckt wird).

Definition

Regulatoren, die der Aufrechterhaltung und Regulierung des Gesprächs dienen, variieren vor allem in Häufigkeit und ihrer Art des Einsatzes nach Ethnizität, Schichtenzugehörigkeit und Kultur (vgl. Ekman/Friesen 1969: 69). Illustratoren, d. h. Bewegungen, die im direkten Zusammenhang zur Rede stehen und zur Unterstützung der Kommunikation eingesetzt werden, werden ebenfalls gelernt und sind kulturspezifisch. Im Gegensatz dazu haben Embleme nicht nur eine eindeutig definierte Bedeutung, sondern sie ersetzen meist das gesprochene Wort. Da sie häufig arbiträr, d. h. willkürlich, sind, finden sich hier die meisten kulturspezifischen nonverbalen Ausdrücke. Daher wird im Folgenden zunächst auf diesen Typus von Gesten eingegangen.

9.5.1.1 | Embleme im Kulturvergleich

Embleme sind, wie bereits erwähnt, am stärksten von der jeweiligen Kulturgemeinschaft geprägt: So setzt sich der gestische Ausdruck für Selbstmord in der amerikanischen Kultur aus einem ausgestreckten Daumen und Zeigefinger, die an die Schläfe gehalten werden, zusammen (= sich mit einer Pistole erschießen). In Papua-Neuguinea greift man dagegen mit der flachen, offenen Hand an den Hals (= sich strangulieren) und in Japan schlägt man sich mit der Faust gegen den Bauch (= sich mit einem Schwert erstechen, vgl. Harakiri). Siehe dazu die Beispiele in Abbildung 9.2:

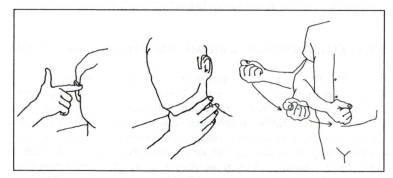

Abb. 9.2:
Gesten für Selbstmord in verschiedenen Kulturen
(Ekman 1980: 93)

Weitere Beispiele | Umgekehrt kann auch ein und dasselbe Emblem (d. h. die gleiche Handkonfiguration und Bewegung) in verschiedenen Kulturen etwas anderes bedeuten: So ist zum Beispiel in der deutschen Sprachgemeinschaft das Tippen mit dem Zeigefinger an die Stirn zu übersetzen mit »Du hast einen Vogel«. In anderen Kulturen kann die gleiche Geste bedeuten, dass die Person besonders klug oder besonders dumm ist (vgl. von Raffler-Engel 1996).

Ringgeste

Ein sehr bekanntes Beispiel für eine Geste, die in verschiedenen Kulturen sehr unterschiedliche Bedeutungen hat, ist die Geste, bei der man mit dem Daumen und Zeigefinger einen Ring bildet (sog. Ringgeste). Dieses Emblem bedeutet in der amerikanischen und in vielen europäischen Kulturen ›okay‹ oder ›gut, perfekt‹. In der französischen Diskursgemeinschaft bedeutet es dagegen ›Null‹, in der japanischen ›Geld‹, und in Griechenland oder der Türkei impliziert es eine Anzüglichkeit (vgl. dazu Poyatos 1988: 6; Kita 2009: 146).

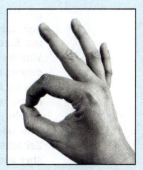

Die unterschiedlichen Bedeutungen lassen sich aber aus der Ikonizität der Geste erklären: einmal wird der Ring als Zeichen der Vollkommenheit interpretiert (›perfekt‹), einmal als Buchstabe O für ›o. k.‹, einmal als Zahl 0 und einmal als Bild für eine Körperöffnung, in diesem Fall den Anus (Müller 2014: 1519).

Eine der häufigsten Funktionen von Emblemen besteht darin, Beleidigungen oder (negative) Bewertungen zum Ausdruck zu bringen. Durch die Verwendung einer Geste an Stelle eines Wortes verringern die Sprecher ihre Verantwortung für die Äußerung, die sie übermitteln. Der Sprecher kann damit auch zeigen, dass er sich der Sensibilität der Äußerung bewusst ist, er schwächt damit seine Wirkung ab und vermeidet soziale Sanktionen (Brookes 2011).

Funktionen des Emblemrepertoires: Diese formale Gleichheit von Emblemen (hinsichtlich der verwendeten Handstellung, Position und Bewegung) kann nun interkulturell zu enormen Missverständnissen führen. Dennoch sind Gesten wie diese leicht erlernbar und können daher von einer in die andere Kulturgemeinschaft übernommen werden. Tatsächlich finden sich Embleme mit der gleichen Bedeutung oft in geographisch angrenzenden Ländern (Kita 2009: 147). Zudem besitzen einige Kulturgemeinschaften ein besonders ausgeprägtes Inventar von Emblemen, was auf bestimmte Lebensumstände zurückzuführen ist, bei denen man etwa in einem lauten und geschäftigen Umfeld über weite Distanzen kommunizieren muss, wie Kendon (2004) für die neapolitanische Gesellschaft nachweist.

Durch die Verwendung eines bestimmten Gestenrepertoires können die Sprecher auch ihre Identität zum Ausdruck bringen. Dies geschieht besonders in verschiedenen subkulturellen Milieus – in diesem Fall wird vor allem durch die Verwendung eines obszönen oder gewaltbetonten Gestenrepertoires die Zugehörigkeit zu dieser Subkultur und die Identifikation der Person als besonders respektlos und taff zum Ausdruck gebracht (vgl. dazu etwa Brookes 2014: 1528 zum Gestenverhalten in südafrikanischen Townships).

9.5.1.2 | Illustratoren und Regulatoren im Kulturvergleich

Illustratoren, d. h. redebegleitende Gesten, variieren ebenfalls zwischen den Kulturgemeinschaften. Im Gegensatz zu den rein konventionalisierten Emblemen können dabei kognitive, sprachliche und pragmatische Verschiedenheiten für unterschiedliche Typen von Gesten ausschlaggebend sein. Hier spielen kulturspezifische Möglichkeiten, wie Beziehungen im Raum ausgedrückt werden, eine Rolle: etwa ob ein Objekt in Relation zum Sprecher (rechts bzw. links von ihm) positioniert wird oder absolut, d. h. unabhängig vom Sprecher mit Bezeichnungen wie ›westlich‹ oder ›östlich‹ (Kita 2009). Ähnliches gilt auch für den Bezug zur Zeitachse: Hier kann die Zukunft einmal als vor dem Sprecher liegend, aber auch hinter dem Sprecher liegend (als etwas Unbekanntes, das man nicht sehen kann) gesehen werden. Entsprechend dazu verwenden die Sprecher ihre Gesten unterschiedlich. Auch rein sprachliche Unterschiede, z. B. beim Ausdruck von Bewegungsereignissen, können zu unterschiedlichen Begleitgesten führen (Kita/Özyürek 2003).

Formen von Zeigegesten

Unterschiede bei Zeigegesten: Neben Emblemen sind auch Zeigegesten von kulturspezifischen Konventionen geprägt: So verfügen einige Diskursgemeinschaften über ein ganzes Repertoire von verschiedenen Arten des Zeigens. Auch hier findet man in der neapolitanischen Kommunikationsgemeinschaft mindestens vier verschiedene Handstellungen, die unterschiedliche Bedeutungen haben: Zeigen mit dem Zeigefinger einmal mit Handfläche nach oben und einmal nach unten, Zeigen mit der offenen Hand oder Zeigen mit dem Daumen. Einige indigene Gemeinschaften in Australien, Zentralamerika, Ostafrika sowie die Kulturgemeinschaft in Laos nutzen zum Zeigen nicht nur die Hand und die Finger, sondern auch ihre Lippen. Dieses sog. »Lip-pointing« wird meist durch das Herausschieben der Lippen erzeugt und wird in der Regel von einer Bewegung des Kopfes, des Kinns und dem Hochziehen der Augenbrauen begleitet. Mit den Lippen deuten die Sprecher auf Referenten, die im Fokus des Gesprächs sind und bei denen der Zeigende davon ausgehen kann, dass der Adressat weiß, wer oder was gemeint ist (etwa in Fragen wie »Wo ist dein Haus?«) (Brookes 2014).

Redesteuerung

Im Bereich der Regulatoren, d. h. der redesteuernden Gesten, besteht ein großer Unterschied zwischen verschiedenen Kulturgemeinschaften in der Verwendung des bestätigenden Kopfnickens. In einem Gespräch nickt der Sprecher, um beim Adressaten eine Reaktion hervorzurufen. Der Adressat nickt dagegen meist am Ende einer Aussage, um dem Sprecher anzuzeigen, dass er den Turn nicht übernehmen will, sondern dass der Sprecher weitersprechen kann. Oder er signalisiert damit, dass er mit der Bewertung der dargestellten Ereignisse oder Situation durch den Sprecher einverstanden ist. In einer vergleichenden Studie haben Kita/Ide (2007) festgestellt, dass Sprecher des Japanischen dreimal so häufig nicken wie Sprecher des amerikanischen Englisch – und zwar sowohl die Produzenten als auch die Adressaten. Die Autoren erklären dies damit, dass in der japanischen Kulturgemeinschaft ein besonderes Gewicht auf Kooperation und auf Achtung des anderen liegt. Dies wird durch die häufige Bestätigungsgeste zum Ausdruck gebracht.

9.5.1.3 | Weitere kulturspezifische Unterschiede

Die Positionierung im Gestenraum ist ein weiterer Bereich, der allen Arten von Gesten zugrunde liegt. Hier gibt es große kulturspezifische Unterschiede in der Position, der Größe und der axialen Ausrichtung. So hatte bereits Efron (1941) in einer Studie zu Einwanderern aus Süditalien und jüdischen Einwanderern aus Osteuropa in New York festgestellt, dass die Süditaliener dazu tendieren, räumlich ausladende Gesten zu verwenden, die den ganzen Arm von der Schulter weg einschließen und seitlich vom Körper verankert sind. Die jüdischen Migranten dagegen verwenden kompakte Gesten, indem sie hauptsächlich die Ellbogen- und Handgelenke bewegen und die Gesten in der Vertikale und vor dem Körper ausführen (vergleiche dazu die Abb. 9.3a/b).

In einer Studie zu spanischen und deutschen Probanden in natürlichen Gesprächen wurden ebenfalls vermehrt Gesten auf Schulterhöhe bei den Spaniern festgestellt (Müller 1998). Diese Unterschiede in der Position und Auffälligkeit der Gesten trägt im Übrigen auch dazu bei, dass man meint, Sprecher aus den Mittelmeerländern würden mehr gestikulieren. Es bestehen aber tatsächlich kaum Unterschiede in der Frequenz, sondern nur in der stärkeren Wahrnehmbarkeit von Gesten aufgrund des vergrößerten Gestenraums (vgl. Kita 2009: 161).

Abb. 9.3a:
Positionierungen
im Gestenraum:
Italienische Einwanderer
(Efron 1941: 147)

High- und Low-Gesture Cultures: Weitere Studien deuten jedoch darauf hin, dass es ›high-gesture cultures‹ und ›low-gesture cultures‹ gibt. Chinesische Probanden gestikulieren beim Erzählen einer Geschichte weniger

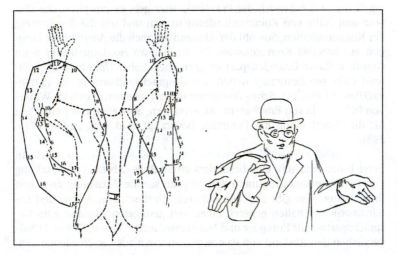

Abb. 9.3b:
Positionierungen
im Gestenraum:
Jüdische Einwanderer
(Efron 1941: 140)

häufig als amerikanische Probanden. Hou/So (2014: 1235) führen dies auf Prinzipien des Konfuzianismus zurück, die Zurückhaltung fordern. Im Gegensatz dazu gestikulieren Sprecher des Mandarin-Chinesischen dreimal so häufig wie Sprecher des amerikanischen Englisch, wenn sie mit kleinen Kindern sprechen. Dies kann wieder auf unterschiedliche Erziehungsvorstellungen zurückzuführen sein: Hier wird in der chinesischen Kultur wesentlich mehr Gewicht auf die Belehrung der Kinder gelegt und diese geht mit entsprechenden Zeigegesten einher (ebd.).

Gesten-Tabus **Die Rolle von Gesten-Tabus:** Eine große Auswirkung auf den Erwerb des Gestensystems in einer Fremd- oder späten Zweitsprache haben auch bestimmte Gesten-Tabus in einer Kulturgemeinschaft. In einer Reihe von Kulturen in Afrika und Asien ist es unziemlich, die linke Hand in Handlungen wie Geben, Nehmen, Essen und Trinken zu verwenden. Daher wird auch von einer Mehrzahl der Sprecher der Gebrauch der linken Hand zum Zeigen als unhöflich und respektlos angesehen. In diesem Zusammenhang ist das Gestenverhalten in Ghana durch verschiedene Studien besonders gut dokumentiert (vgl. Essegbey 2014): In dieser Kommunikationsgemeinschaft werden viel weniger Gesten mit der linken Hand ausgeführt und stattdessen entweder die rechte Hand verwendet oder es wird eine Zeigegeste mit beiden Händen ausgeführt, indem die Handflächen aufeinandergelegt werden und gemeinsam die Richtung anzeigen. Linke-Hand-Gesten werden meist als nicht sichtbar für den Adressaten ausgeführt. Aufgrund dieses Tabus ist es den Sprechern dadurch auch fast unmöglich, das Gestensystem einer anderen Kulturgemeinschaft anzunehmen, die das Tabu nicht kennt und daher viele Linke-Hand-Gesten vollzieht.

9.5.2 | Positionierung im Raum: Proxemik

Ein weiterer nonverbaler Bereich, der durch kulturelle Konventionen geregelt ist, ist der Bereich der Proxemik. Hier geht es um physische Distanz und Nähe von Kommunikationspartnern und um die Ausrichtung der Kommunikation. Sowohl der Abstand als auch die Ausrichtung beruhen auf sozialen Konventionen: So sitzen etwa Nordamerikaner beim Gespräch ihrem Gesprächspartner gerne gegenüber (*face-to-face*), während Chinesen bevorzugt neben den Gesprächspartnern sitzen (Samovar/Porter 1994: 18), Schweden sitzen ungern an einem Tisch im Winkel von 90°, was ja von Engländern, Amerikanern, aber auch von Deutschen für die Unterhaltung mit Freunden bevorzugt wird (vgl. Argyle 1996: 298).
Der Abstand zwischen Menschen bei sozialen Begegnungen spielt im Bereich der Proxemik eine besonders große Rolle. Abstand und Haltung von Kommunikationspartnern spiegeln die soziale Beziehung zwischen ihnen wider. Hier gibt es große kulturelle Unterschiede. Araber und Lateinamerikaner halten generell einen viel geringeren Abstand zum Gesprächspartner als Europäer und Nordamerikaner. Watson/Graves (1966) verglichen den Abstand von Paaren von Arabern aus verschiedenen Län-

dern und US-Amerikanern: Die Araber standen dabei nicht nur näher beieinander, sondern sie waren sich auch direkter zugewandt. Im Vergleich dazu nehmen Lateinamerikaner und Inder eine Zwischenposition ein. Allerdings ist die Distanz zwischen Menschen in hohem Maße vom Kontext abhängig, so wird sie etwa in der Rush-Hour in öffentlichen Verkehrsmitteln völlig außer Kraft gesetzt (vgl. dazu Andersen 2012: 296).

9.5.2.1 | Berührung und Körperkontakt

Kontakt- und Nichtkontaktgesellschaften: In das Umfeld der Proxemik gehören nicht nur der Abstand bei der Kommunikation, wie gerade gezeigt, sondern auch der direkte Körperkontakt durch Berührungen. Hier teilt man die Gesellschaften nach ihrem Verhalten ein in ›Kontakt- und Nichtkontaktgesellschaften‹. Die Einen suchen Körperkontakt (Lateinamerikaner, Araber, Südeuropäer), die Anderen meiden ihn (Nordeuropäer, Inder, Ostasiaten). Nach Crystal (1993: 401) ist »[i]nnerhalb einer Kultur [...] der kommunikative Gehalt von Berührungen meist ziemlich eindeutig, umfassen sie doch einige der ursprünglichsten Arten sozialer Interaktion«. In welchen Kontexten man z. B. dem Kommunikationspartner den Arm um die Schulter legen, die Hand geben, ihn umarmen oder küssen kann, unterliegt strengen sozialen Konventionen (s. dazu Abb. 9.4).

Berührungs-verhalten

Eine objektive Untersuchung des Berührungsverhaltens ist schwierig, aber es ist auch offensichtlich, dass in bestimmten Gesellschaften Berührungen viel häufiger vorkommen als in anderen. Crystal (1993) zitiert in diesem Zusammenhang eine Studie von Jourard aus dem Jahr 1963, in der das Verhalten von Pärchen in Cafés beobachtet wurde: Dabei wurden in Puerto Rico im Durchschnitt 180 Berührungen in der Stunde, in Paris 110, in London dagegen keine einzige registriert. Man kann allerdings davon ausgehen, dass diese Unterschiede (nicht zuletzt auch aufgrund von Kulturkontakt) heute nicht mehr so deutlich ausfallen würden.

Abb. 9.4:
Berührungen und
Köperkontakt
(Efron 1941: 143)

Verhalten im öffentlichen und privaten Raum: Argyle (2013: 81) erklärt die Unterschiede im Raumverhalten mit unterschiedlichen Lebensumständen, z. B. Größe der Wohnhäuser und Einwohnerdichte. Allerdings zeigen neuere Studien, dass man auch innerhalb der Kulturen noch einmal differenzieren muss, je nachdem, ob es sich um gleichgeschlechtliche oder andersgeschlechtliche Kontakte handelt (vgl. Dolphin 1994): So ist z. B. in Thailand in der Öffentlichkeit Händchenhalten zwischen jungen Männern ein anerkanntes Verhalten ohne homoerotische Bedeutung, Händchenhalten zwischen Männern und Frauen aber Tabu. In kontaktreichen Kulturen hat die Berührung von gleichgeschlechtlichen Personen keine sexuellen Implikationen oder ist Zeichen von großer Vertrautheit, sondern wird schlichtweg als freundlich betrachtet. Man erklärt dies auch mit dem häufigen Kontakt von Müttern zu Säuglingen, dies ist aber noch nicht in interkulturellen Studien belegt (Argyle 2013: 84). Darüber hinaus muss man unterscheiden zwischen öffentlichen und nichtöffentlichen Situationen. In der japanischen Kultur beispielsweise gibt es in der Öffentlichkeit sehr wenig Körperkontakt, aber im privaten Bereich findet viel Körperkontakt statt, man schläft oder badet zusammen, ohne dass dies sexuelle Implikationen haben muss (vgl. ebd.).

9.5.2.2 | Körperhaltung und Blickverhalten

Das Spektrum statischer Körperhaltungen ist sehr groß und kann Ausdruck sehr strikter sozialer Regeln sein, z. B. die verschiedenen Winkel der Körperhaltung bei Verbeugungen. Diese spielen beispielsweise in der japanischen Kultur eine große Rolle (Argyle 2013: 84). In einer Studie mit japanischen und amerikanischen Studierenden, die verschiedene Körperhaltungen auf einer Skala von 1–16 einschätzen mussten, zeigte sich, dass in den jeweiligen Gemeinschaften unterschiedliche Faktoren wichtig waren: In der japanischen Gruppe überwog der Faktor ›dominant‹ vs. ›unterwürfig‹, in der amerikanischen dagegen der Faktor ›freundlich‹ vs. ›feindselig‹ (ebd.: 85).

Blickkontakte

Die Häufigkeit von Blickkontakten fällt ebenfalls in verschiedenen Kulturgemeinschaften ganz unterschiedlich aus. In einer 1970 mit 110 Austauschstudenten durchgeführten Studie zeigte Watson (1970), dass die arabischen, lateinamerikanischen und südeuropäischen Studierenden häufiger Blickkontakte herstellten als die Probanden aus kontaktarmen Kulturen (s. die Punkteskala in Tab. 9.5). Dies wurde auch in weiteren Studien bestätigt (vgl. Argyle 2013: 80). In bestimmten Kulturen (z. B. arabischen) gilt es als unhöflich, seinen Gesprächspartner beim Sprechen nicht anzusehen (ebd.: 94). Jemanden während einer sprachlichen Interaktion anzusehen, ist für Europäer und Amerikaner weitaus bedeutender als für Ostasiaten (vgl. Argyle et al. 1986). Während es in vielen westlichen Kulturen positiv bewertet wird, wenn man den Augenkontakt mit seinem Gesprächspartner hält, gilt dies für Angehörige mit ostasiatischem Hintergrund, z. B. in der japanischen Kultur, oft als respektlos.

	Blick- verhalten	Nähe	Orientierungs- winkel	Berüh- rungen	Lautstärke des Sprechens
Kontaktreiche Kulturen					
Araber	1,25	3,53	2,57	6,59	3,96
Lateinamerikaner	1,41	4,96	2,47	6,74	4,14
Südeuropäer	1,49	4,42	2,19	6,88	5,57
Kontaktarme Kulturen					
Asiaten	2,06	5,20	3,25	6,97	4,79
Inder/Pakistaner	2,05	3,94	3,59	6,99	4,39
Nordeuropäer	2,17	5,92	3,51	7,00	4,32

Erläuterung: Die Punkte werden nach folgendem Schema vergeben:

Blickverhalten
1 – scharf (Fokussierung auf Augen des Gesprächspartners)
2 – klar (Fokussierung auf Kopf und Gesicht des Gesprächspartners)
3 – peripher (Gesprächspartner ist lediglich im Blickfeld)

Nähe
3 – in Reichweite des ausgestreckten Unterarms
4 – knapp oberhalb dieser Distanz
5 – in Reichweite des ausgestreckten Arms
6 – knapp oberhalb dieser Distanz

Berührungen
6 – unabsichtliche Berührungen
7 – kein Kontakt

Lautstärke des Sprechens
3 – lauter als normal
4 – normal
5 – leise

Orientierungswinkel
2   3   4
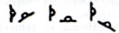

Tab. 9.5:
Kulturelle Unter-
schiede im Blick-
verhalten, Ori-
entierungswinkel,
Berührungen etc.
(nach Argyle
2013:82)

9.6 | Zusammenfassung

In diesem Kapitel wurde die deutsche Sprache aus einer kontrastiven Perspektive beleuchtet. Damit sollte gezeigt werden, in welchen Aspekten sich das Deutsche von anderen Sprachen unterscheidet und mit welchen Schwierigkeiten Lerner mit unterschiedlichen Erstsprachen rechnen müssen. Die Unterschiede zeigen sich nicht nur auf dem Gebiet der Aussprache, Bedeutung und Grammatik, sondern auch im Bereich der Pragmatik, das heißt, welche Äußerungsformen man in welchen Situationen verwendet. Auf der Ebene der Grammatik zeigte sich, dass das Deutsche in den Sprachen der Welt eine Sonderstellung einnimmt, was die Verbstellung angeht: Hier ist einmal das Phänomen Verbzweitstellung im Hauptsatz und Verbendstellung im Nebensatz zu nennen. Das »exotischste« Phänomen ist allerdings die Verbalklammer, die auch innerhalb der westgermanischen Sprachen im Deutschen am ausgeprägtesten ist und damit die Lerner vor besondere Herausforderungen stellt. Aber auch Prinzipien wie die Monoflexion bilden eine Hürde für DaZ-Lerner.

Ein weiterer Schwerpunkt wurde in diesem Kapitel auf die interkulturelle Pragmatik, d. h. Unterschiede in den Anredeformen, Sprechakten und in Bezug auf die Gestaltung von Texten gelegt. In diesen Bereichen kann man besonders viele Transfererscheinungen aus der L1 erkennen, da im Unterricht vor allem auf die Grammatik und das Lexikon fokussiert wird und diese pragmatischen Unterschiede in der L2 zu wenig bekannt sind. Im ungesteuerten Spracherwerb werden diese allerdings leichter erworben, da hier die entsprechenden Formulierungsmuster in den jeweiligen Kontexten gelernt werden. Unterschiede zwischen Kommunikationsgemeinschaften bestehen auch im Bereich der nonverbalen Kommunikation: Hier gibt es abhängig von den Kulturen unterschiedliche Formen von Gesten, ein unterschiedliches Verhalten im Bereich der Positionierung im Raum und des Blickverhaltens. Gerade Letzteres ist ein wichtiger Aspekt für den Unterricht des Deutschen als Zweitsprache.

Die kontrastive Betrachtung von Sprache kann auch gewinnbringend in der Schule eingesetzt werden und dadurch das metasprachliche Bewusstsein aller Schüler/innen gestärkt werden. Der Sprachvergleich baut dabei auf dem Gesamtsprachrepertoire der Lernenden auf und nutzt das vorhandene Sprachenpotential optimal für den Erwerb des Deutschen als Zweitsprache.

Weiterführende Literatur

Argyle, Michael (¹⁰2013): *Körpersprache & Kommunikation. Nonverbaler Ausdruck und soziale Interaktion*. Paderborn: Junfermann.

Auer, Peter (Hg.) (2013): *Sprachwissenschaft. Grammatik, Interaktion, Kognition*. Stuttgart: Metzler.

Dryer, Matthew/Haspelmath, Martin (Hg.) (2013): *The world atlas of language structures online*. Leipzig: Max Planck Digital Library.

Graefen, Gabriele/Liedke, Martina (²2012): *Germanistische Sprachwissenschaft. Deutsch als Erst-, Zweit- oder Fremdsprache*. Tübingen: Francke.

Samovar, Larry A./Porter, Richard E./McDaniel, Edwin R. (Hg.) (2012): *Intercultural communication. A reader*. Boston Massachusetts: Wadsworth.

Einzelne Sprachbeschreibungen finden sich u.a. unter:
https://www.uni-due.de/prodaz/sprachbeschreibung.php
http://www.schule-mehrsprachig.at/

Claudia Maria Riehl

10 Anhang

10.1 Tipps und Hinweise zu den Themen des Bandes
10.2 Literatur
10.3 Materialien

10.1 | Tipps und Hinweise zu den Themen des Bandes

10.1.1 | Tipps zur mehrsprachigen Erziehung (zu Kapitel 2)

Wie in Kapitel 2.2.3 gezeigt wurde, ist es nicht immer leicht, die geeigneten Vorgehensweisen für eine erfolgreiche mehrsprachige Erziehung zu finden. Im Folgenden sollen daher einige grundlegende Strategien aufgezeigt werden.

1. **Möglichst viel Input in allen Sprachen:** Damit Kinder Sprache erwerben, ist Input notwendig – sowohl im Erstsprach- als auch im Zweitspracherwerb. Daher sollten Eltern darauf achten, dass ihr Kind in allen zu erwerbenden Sprachen ausreichend Input von hoher Qualität erhält.

   In jedem Fall sollten im Input möglichst wenig Sprachmischungen auftreten. Gerade in der Schule wird von Kindern erwartet, einsprachige Unterhaltungen führen zu können. Am besten kann man diese Fertigkeit durch regelmäßige und dauerhafte Freundschaften mit monolingualen Kindern, durch Reisen oder Besuche fördern.

   Um die Sprechfreude und das Mitteilungsbedürfnis des Kindes zu unterstützen, ist Interesse von Seiten der Eltern an einer Konversation mit dem Kind nötig. Nur dann wird das Kind gerne das Gespräch suchen und sich auch mitteilen, wenn es bei bestimmten Ausdrücken oder Strukturen unsicher ist.

   Gerade diejenige Sprache, die nicht Umgebungssprache ist, wird oft zur schwachen Sprache oder entwickelt sich über einen längeren Zeitraum nicht weiter, wenn die Eltern nicht darauf achten, sie in bestimmten Situationen zur Umgebungssprache zu machen und den Kindern vor Augen zu führen, dass sie mit Sprache etwas beeinflussen können. Dies kann auf unterschiedliche Weisen passieren:
   - Reisen in ein Land, in dem diese Sprache gesprochen wird
   - Kontakte zu Kindern dieser Sprachgruppe
   - Bücher, DVDs, CDs in der jeweiligen Sprache rezipieren

2. **Positive Einstellung zu Mehrsprachigkeit vermitteln:** Ein Kind muss seine Mehrsprachigkeit als etwas Positives empfinden und stolz darauf sein, dass es etwas kann, was andere nicht können. Nur in diesem Fall wird es sich auch mit den Kulturen, die seine Sprache repräsentieren, auseinandersetzen und wird versuchen, diese in sein Selbstbild zu integrieren. In diesem Zusammenhang spielt das Sprachprestige eine große Rolle, denn eine Sprachverweigerung tritt bei Kindern viel häu-

figer auf, wenn ihre Sprache nicht als gleichwertig mit der Umgebungssprache angesehen wird. Daher ist es extrem wichtig, dass die Eltern dem Kind eine positive Einstellung zu jeder Sprache vermitteln. Durch den Kontakt zu mehrsprachigen Freund/innen und durch mehrsprachige Vorbilder (Trainer, Sänger, Lehrer etc.) entdecken Kinder, dass sie nicht die Einzigen sind, die zwei Sprachen beherrschen, was ihr Selbstbewusstsein stärkt.

3. **Sprachverweigerungen überwinden:** Die Vorliebe für eine Sprache kann entweder von kurzer Dauer sein oder aber über einen langen Zeitraum anhalten. Meist betrifft es die Sprache, die nicht Umgebungssprache ist und die von einem Elternteil nur unzureichend beherrscht wird. In diesen Fällen hat das Kind Schwierigkeiten, sich in dieser Sprache auszudrücken: Sprechen ist anstrengend. Darüber hinaus weiß das Kind, dass es von seiner Umgebung auch verstanden wird, wenn es die andere Sprache verwendet. Im Folgenden werden drei Möglichkeiten dargestellt, wie man Kinder dazu anregen kann, beide Sprachen zu nutzen:

   – In der gewünschten Sprache »Wie bitte?« fragen. Das funktioniert vor allem bei kleinen Kindern gut, wenn sie etwas wollen und kann einen fast natürlichen Sprachwechsel herbeiführen.
   – Man kann versuchen, auf einer Sprache zu bestehen und behaupten, man verstünde die andere Sprache nicht. Meist wissen die Kinder jedoch sehr gut, wer welche Sprache beherrscht und akzeptieren solch ein Vorgehen nur, wenn sie es als Spiel sehen (Montanari 2014: 57 f.).
   – Eine andere Möglichkeit ist, das Kind freundlich zu bitten, in die andere Sprache zu wechseln. Bei älteren Kindern hat diese Methode oft den größten Erfolg.

Wenn Kinder jedoch unbedingt etwas loswerden wollen (z. B. nach dem Kindergarten oder der Schule) oder wenn sie krank oder müde sind, dann sollten Eltern nicht auf einer bestimmten Sprache bestehen, sondern das Gespräch suchen – egal in welcher Sprache. Dies gilt ebenso für Kinder, die extrem unsicher sind und wenig sprechen. In diesem Fall sollten die Eltern jede Äußerung positiv aufnehmen und bei den Kindern die Sprechfreude fördern. Eine Möglichkeit wäre in solchen Situationen, die Äußerung des Kindes zu übersetzen und auf diese Weise dem Kind die Entscheidung zu überlassen, ob es einen Sprachwechsel vornehmen möchte (für weiterführende Hinweise vgl. Montanari 2014 und Triarchi-Hermann 2012).

10.1.2 | Häufige Fehler von DaZ-Kindern (zu Kapitel 5)

Unabhängig von ihrer Erstsprache haben Kinder, die Deutsch als Zweitsprache lernen, oft mit den gleichen sprachlichen Strukturen des Deutschen zu kämpfen. Im Folgenden werden knapp die häufigsten »Stolpersteine« beim Erwerb des Deutschen, nach sprachlichen Ebenen gegliedert, aufgeführt (für weiterführende Hinweise vgl. Rösch 2012a; s. auch Kap. 9).

- **Phonetik und Phonologie**
Vokale: Im Deutschen ist im Gegensatz zu vielen anderen Sprachen die Länge und Kürze der Vokale bedeutungstragend (*Riese* vs. *Risse*). Darüber hinaus verfügt das Deutsche über eine relativ große Anzahl an Vokalen (18 vs. 6 im Arabischen).
Konsonanten: DaZ-Kinder haben u. a. Schwierigkeiten mit den zahlreichen Konsonantenhäufungen, den Zischlauten sowie dem *ich*- und *ach*-Laut (wie in *Streichholzschachtel*) und der Auslautverhärtung ([hant] *Hand*).
Alle erwähnten Aspekte sind nicht nur für die korrekte Artikulation relevant, sondern spielen auch beim Erwerb der Rechtschreibung eine entscheidende Rolle.
- **Lexikon:** Das Deutsche verfügt über zahlreiche Möglichkeiten im Bereich der Wortbildung (Komposition, Derivation, Substantivierungen etc.), was für Lerner nicht einfach ist. Insbesondere bei den Verben bereiten Präfix- und Partikelverben Probleme, da sich ihre Bedeutung je nach Präfix/Partikel grundlegend ändern kann (*durch-, um-, an-, auf- ein-, vor-... ziehen*). Eine weitere Schwierigkeit stellen die vielen Modalpartikel dar (»Komm *doch* bitte *mal* her!«), die keine Eigenbedeutung haben, jedoch für das Verständnis der Äußerung bedeutsam sind.
- **Morphologie:** Im Bereich der Morphologie weist die deutsche Sprache einen großen Formenreichtum auf (acht verschiedene Pluralmorpheme, starke/schwache/gemischte Adjektivdeklination, vier Kasus etc.). Probleme bereiten hier oft die Deklination von Artikeln, (Pro) Nomen und Adjektiven, die Konjugation der starken Verben sowie die der Präfix-/Partikelverben, welche aus diesem Grund häufig vermieden werden. Einen Stolperstein stellen auch die deutschen Wechselpräpositionen (*auf den Tisch* vs. *auf dem Tisch*) dar, bei denen neben der Bedeutung auch das Genus des Nomens sowie die Kasusmarkierung beherrscht werden muss. Homonyme Formen wie *sie* (Singular), *sie* (Plural) und *Sie* (Höflichkeitsform) sind insbesondere für Kinder problematisch.
Der Erwerb der Flexions- und Konjugationsendungen ist durch die Tatsache, dass diese meist unbetont und damit wenig salient sind, erschwert. Dazu kommt die Eigenschaft der gesprochenen Sprache, Präpositionen und Artikel zusammenzuziehen (*ins = in + das*), was diese Formen für Lerner wenig transparent macht.
- **Syntax:** Im Bereich der Syntax ist Lernern zu Beginn vor allem die unterschiedliche Stellung des finiten Verbs wenig transparent. Beim Erwerb der korrekten Wortstellung müssen daher sowohl die Satzart (Hauptsatz, Nebensatz, Fragesatz, Imperativ etc.) als auch die Pragmatik (Thema-Rhema-Gliederung etc.) beachtet werden. Beim Verständnis bereitet eine ausgedehnte Satzklammer die größten Probleme, da die Satzbedeutung erst am Ende der Äußerung komplett erfasst werden kann.

10.1.3 | Tipps für pädagogische Fachkräfte (zu Kapitel 6)

Sprachförderstrategien: Die alltagsintegrierte Sprachförderung kennzeichnet sich durch drei grundlegende Sprachförderstrategien: Korrigieren, Modellieren und Stimulieren (vgl. Kucharz et al. 2015 oder auch Löffler/Vogt 2015).

- **Korrigieren – Positives korrektives Feedback:** Fehler kindlicher Äußerungen sollten nie explizit korrigiert werden (»Das heißt nicht die Hund, sondern der Hund.«), da die Kinder auf diese Weise bloßgestellt werden und sich blamiert fühlen. Dies kann insbesondere bei Kindern mit sehr geringen Sprachkenntnissen zu einer Sprachverweigerung führen. Sie sollten vielmehr eine Äußerung mit der korrekten Form als verbale Reflexion hören.
  Kind: »Da ist ihres Schuh.«
  Fachkraft: »Ach super, da ist ihr Schuh! Gut, dass du ihn gefunden hast.«

- **Modellieren – Erweiterung der kindlichen Äußerung:** Das Ziel beim Modellieren der kindlichen Äußerungen ist es, diese aufzugreifen und fortzuführen, indem man sie erweitert, vervollständigt oder sie korrekt wiedergibt. Das Kind hört auf diese Weise beispielhafte Äußerungen, die ihm helfen, sich weiterzuentwickeln, da diese genau an seiner Sprache ansetzen. Modellierungen können auf unterschiedlichen Sprachebenen geschehen. Ein Beispiel im Bereich der Semantik:
  Kind: »Ah, das Wasser kocht.«
  Fachkraft: »Stimmt, das Wasser kocht und das dampft ganz schön. Wenn Wasser kocht oder sehr heiß ist, dampft es. Es steigen ganz feine Wasserbläschen auf.«

- **Stimulieren:** Die Kinder sollen zum Sprechen angeregt werden, was vor allem in Situationen geschieht, in denen sie sich mitteilen möchten. Solche Kontexte gilt es zu schaffen. Wenn Fragen gestellt werden, sollten es offene und ›echte‹ Fragen sein (Nicht: »Magst du ein Puzzle machen?« Sondern: »Warum hast du denn einen blauen Fleck am Knie?«). Bei Kindern, die noch sehr geringe Kenntnisse des Deutschen besitzen, kann es hilfreich sein, ihnen eine sprachliche Äußerung als Vorbild/Vorlage zur Nachahmung anzubieten.
  Das Handeln des Kindes oder das eigene Handeln, aber auch Gefühle und Situationen sprachlich zu begleiten, nennt man ›Parallel-Talking‹. Dies ist eine gute Möglichkeit, Kindern innerhalb eines konkreten Kontextes Input anzubieten und sie auf diese Weise zum Sprechen anzuregen.

Redirect: Andere Autoren (z. B. Löffler/Vogt 2015) führen in diesem Zusammenhang noch die Strategie des »Redirects« auf, bei der die Fachkraft Gespräche zwischen Kindern initiiert und unterstützt (vgl. Schuele et al. 1995). So leitet die Fachkraft z. B. ein Kind, das mit einem Anliegen an sie herantritt, an ein anderes Kind weiter. Diese Strategie ist insbesondere im Zusammenhang eines »peer-modeling« interessant, bei der davon ausgegangen wird, dass Kinder sprachliche Strukturen und kommunikative Strategien bei anderen Kindern implizit erkennen und übernehmen (vgl. Albers 2011: 94).

10.1.4 | Tipps zum Einbezug der Erstsprache in den Unterricht (zu Kapitel 7)

Wie in Kapitel 3 und auch in Kapitel 6 deutlich wurde, hat der Einbezug der Erstsprache positive Auswirkungen auf den Erwerb der Zweitsprache Deutsch.

Ansätze: Im Folgenden werden verschiedene Möglichkeiten skizziert, wie Lehrer/innen – ohne Kenntnisse der Herkunftssprachen ihrer Schüler/innen – diese dennoch in den Unterricht einbeziehen können (vgl. z. B. das Konzept »Didaktik der Sprachenvielfalt« von Oomen-Welke 2015, 2017).

- **Kinder als Experten:** Die Kinder und Jugendlichen fühlen sich als mehrsprachige Individuen wertgeschätzt, wenn sie als solche akzeptiert werden und sie als Experten ihrer Erstsprachen Auskunft über diese geben dürfen. Wichtig ist dabei, dass die Lehrkräfte einerseits die Bereitschaft zeigen, von ihren Schüler/innen zu lernen, andererseits sich aber auch selbst mit den Besonderheiten der jeweiligen Herkunftssprachen auseinanderzusetzen (Rösch 2012a: 43 f.). Interessant sind dabei beispielsweise Vergleiche zwischen verschiedenen Schriftsystemen (z. B. Deutsch vs. Chinesisch/Arabisch) oder der Einsatz von nonverbaler Kommunikation (Gestik, Mimik etc.). Hierbei helfen Darstellungen von Sprachvergleichen (s. Kap. 9; vgl. Hoffmann et al. 2017: 91 f.). Andere Themen wie der Vergleich von Verwandtschaftsbezeichnungen oder guten Wünschen zu Festen lassen sich sogar zu Einheiten des Deutschunterrichts ausbauen (Oomen-Welke 2017: 624).
- **Einteilung von Arbeitsgruppen:** Bei Gruppen- oder Projektarbeiten sollten mehrsprachige Kinder und Jugendliche die Möglichkeit erhalten, mit anderen Schüler/innen derselben Erstsprache zusammenzuarbeiten. In solchen Konstellationen können sie fachliche Fragen in beiden Sprachen thematisieren, wodurch das Verständnis der Unterrichtsinhalte erleichtert wird. Darüber hinaus besteht die Möglichkeit, multilinguale Sprechstrategien (z. B. Sprachmischungen) zu verwenden.
  Falls es nicht ausreichend Kinder bzw. Jugendliche einer Sprache gibt, können auch Schüler/innen zusammenarbeiten, die miteinander verwandte oder in benachbarten Gebieten gesprochene Sprachen beherrschen. In diesen Fällen steht jedoch vor allem die Reflexion über Sprache und das Finden von Gemeinsamkeiten zwischen Sprachen im Vordergrund, also die Sprachbewusstheit (s. Kap. 3.3.5). Auch könnten zentrale Begriffe in die verschiedenen Sprachen/Varietäten übersetzt werden, um sie auf diese Weise besser zu verankern.
- **Materialen in verschiedenen Sprachen:** Es hat sich gezeigt, dass die Präsenz von Büchern, Hörspielen etc. in verschiedenen Sprachen im Klassenzimmer nicht nur die Lesekompetenz fördert, sondern auch Redeanlässe (über die Sprachenvielfalt) begünstigt. Hierbei bietet sich eine enge Kooperation mit dem Herkunftssprachenunterricht, aber auch den Eltern an (vgl. Schader 2013; s. Kap. 6.2)
- **Sprachphilosophie:** Für ältere Kinder und Jugendliche eignen sich insbesondere Reflexionseinheiten über den Zusammenhang zwischen

Sprache und Denken. Überraschend könnte hierbei die Erkenntnis sein, dass sich Konzepte je nach Sprache unterscheiden. Auch hier werden die Schüler/innen wieder als Experten zu Rate gezogen, um Beispiele in den von ihnen gesprochenen Sprachen zu finden und diese zu erläutern.

Materialien: Bisher gibt es nur wenige konkrete Konzepte und Materialien, die Lehrkräfte zum Einbezug der Herkunftssprachen in ihrem Unterricht nutzen können (für Details vgl. Oomen-Welke 2017). Für den Deutschunterricht sei an dieser Stelle auf das Buch *Sprachenvielfalt als Chance* mit 95 Unterrichtsvorschlägen von Schader (2014) verwiesen, das außerdem 101 praktische Vorschläge enthält.

- **Grundschule:** Speziell für die Arbeit in der Grundschule eignen sich insbesondere die in Österreich entworfenen KIESEL-Materialien (Österreichisches Sprachenkompetenzzentrum 2011), in denen verschiedene Möglichkeiten beschrieben werden, wie Sprachunterricht interkulturell und mehrsprachig ausgerichtet werden kann. Die publizierten Hefte enthalten sowohl fachdidaktische Begründungen, Unterrichtsvorschläge sowie Arbeitsblätter. Darüber hinaus eignen sich auch die Sprachspiele von Büchner/Dirim (2001), um ausgehend von Phonemanalysen den Schriftspracherwerb positiv zu beeinflussen.
- **Sekundarstufe I:** Für Klasse 4 und Sekundarstufe I kann auf den Sprachenfächer (Oomen-Welke 2010) zurückgegriffen werden. Hierbei handelt es sich um Materialien für den differenziellen und offenen Deutschunterricht, die alle erprobt wurden. Die behandelten Themen sind entweder dem Alltag der Schüler/innen entnommen (Höflichkeit, Körpersprache und Nonverbales etc.) oder betreffen die Sprache (Personennamen, internationale Wörter etc.). Die Hefte umfassen eine fundierte Einführung ins Thema, didaktische Überlegungen sowie zahlreiche Kopiervorlagen und Projektvorschläge. Alle Materialien sind dabei so gestaltet, dass Raum für die Sprachen der Schüler/innen ist und keine Sprachen ausgeschlossen werden.

10.2 | Literatur

Abraham, Ulf/Bremerich-Vos, Albert/Frederking, Volker/Wieler, Petra (³2013): *Deutschdidaktik nach PISA.* Freiburg i. Br.: Fillibach.

Ackermann, Irmgard/Weinrich, Harald (Hg.) (1986): *Eine nicht nur deutsche Literatur. Zur Standortbestimmung der »Ausländerliteratur«.* München/Zürich: Piper.

Ahamer, Vera (2014): *Unsichtbare Spracharbeit. Jugendliche Migranten als Laiendolmetscher; Integration durch »Community Interpreting«.* Bielefeld: Transcript Verlag.

Ahrenholz, Bernt (Hg.) (²2007): *Kinder mit Migrationshintergrund. Spracherwerb und Fördermöglichkeiten.* Freiburg i. Br.: Fillibach.

Ahrenholz, Bernt (Hg.) (2012): *Einblicke in die Zweitspracherwerbsforschung und ihre methodischen Verfahren.* Berlin: de Gruyter.

Ahrenholz, Bernt (Hg.) (³2011): *Deutsch als Zweitsprache. Voraussetzungen und*

Konzepte für die Förderung von Kindern und Jugendlichen mit Migrationshintergrund. Freiburg i. Br.: Fillibach.

Ahrenholz, Bernt (³2017): Erstsprache – Zweitsprache – Fremdsprache. In: Bernt Ahrenholz/Ingelore Oomen-Welke (Hg.): *Deutsch als Zweitsprache*. Baltmannsweiler: Schneider Verlag Hohengehren, 3–16.

Ahrenholz, Bernt/Oomen-Welke, Ingelore (Hg.) (³2017): *Deutsch als Zweitsprache*. Baltmannsweiler: Schneider Verlag Hohengehren.

Aktaş, Zeliha/Göktaş, Hüsniye/Gollob, Rolf/Schader, Basil/Weidinger, Wiltrud (2016): *Förderung der interkulturellen Kompetenz*. Zürich: Orell Füssli.

Albers, Timm (2009): *Sprache und Interaktion im Kindergarten. Eine quantitativ-qualitative Analyse der sprachlichen und kommunikativen Kompetenzen von drei- bis sechsjährigen Kindern*. Bad Heilbrunn: Klinkhardt.

Albers, Timm (2011): *Sag mal! Krippe, Kindergarten und Familie: Sprachförderung im Alltag*. Weinheim: Beltz.

Albert, Ruth/Heyn, Anne/Rokitzki, Christiane (2015): *Alphabetisierung in der Fremdsprache Deutsch. Lehrmethoden auf dem Prüfstand*. Marburg: Tectum.

Altarriba, Jeanette/Heredia, Roberto R. (Hg.) (2008): *An Introduction to Bilingualism. Principles and Processes*. New York: Erlbaum.

Ambrosch-Baroua, Tina/Kropp, Amina/Müller-Lancé, Johannes (Hg.) (2017): *Mehrsprachigkeit und Ökonomie*. München, Open Access LMU.

Ammon, Ulrich/Dittmar, Norbert/Mattheier, Klaus J./Trudgill, Peter (Hg.) (²2004): *Sociolinguistics. An International Handbook of the Science of Language and Society. Ein internationales Handbuch zur Wissenschaft von Sprache und Gesellschaft*. Berlin: de Gruyter.

Andersen, Peter A. (2012): The basis of cultural differences in nonverbal communication. In: Larry A. Samovar/Richard E. Porter/Edwin R. McDaniel (Hg.): *Intercultural Communication. A Reader*. Boston, Mass.: Wadsworth, 293–313.

Androutsopoulos, Jannis (2001): »Ultra korregd Alder!« Zur medialen Stilisierung und Popularisierung von ›Türkendeutsch‹. In: *Deutsche Sprache* 4, 321–339.

Anon (2017): German refugee narrative. In: Annette Korntheuer/Paul Pritchard/Débora B. Maehler (Hg.): *Structural Context of Refugee Integration in Canada and Germany*. Köln: Leibniz-Institut für Sozialwissenschaften (GESIS), 23–26.

Antonini, Rachele (2010): The study of child language brokering: Past, current and emerging research. In: *mediAzioni* 10.

Apeltauer, Ernst (1998): Verben als Sprachstandsindikatoren im Schuleingangsbereich. In: Ernst Apeltauer/Edith Glumpler/Sigrid Luchtenberg (Hg.): *Erziehung für Babylon*. Baltmannsweiler: Schneider Verlag Hohengehren, 38–67.

Apeltauer, Ernst (2003): Literalität und Spracherwerb. In: *Flensburger Papiere zur Mehrsprachigkeit und Kulturenvielfalt im Unterricht* 32.

Apeltauer, Ernst (2006): *Sprachliche Frühförderung von Kindern mit Migrationshintergrund*. Flensburg.

Apeltauer, Ernst (³2011): Das Kieler Modell: Sprachliche Frühförderung von Kindern mit Migrationshintergrund. In: Bernt Ahrenholz (Hg.): *Deutsch als Zweitsprache. Voraussetzungen und Konzepte für die Förderung von Kindern und Jugendlichen mit Migrationshintergrund*. Freiburg i. Br.: Fillibach, 111–137.

Apeltauer, Ernst (2013): Perspektiven sprachlicher Frühförderung. In: Yvonne Decker-Ernst/Ingelore Oomen-Welke (Hg.): *Deutsch als Zweitsprache: Beiträge zur durchgängigen Sprachbildung*. Stuttgart: Fillibach bei Klett, 119–138.

Apeltauer, Ernst/Glumpler, Edith/Luchtenberg, Sigrid (Hg.) (1998): *Erziehung für Babylon*. Baltmannsweiler: Schneider Verlag Hohengehren.

Argyle, Michael (⁷1996): *Körpersprache & Kommunikation*. Paderborn: Junfermann.

Argyle, Michael (¹⁰2013): *Körpersprache & Kommunikation. Nonverbaler Ausdruck und soziale Interaktion*. Paderborn: Junfermann.

Argyle, Michael/Henderson, Monika/Bond, Michael/Iizuka, Yuichi/Contarello,

Alberta (1986): Cross-cultural variations in relationship rules. In: *International Journal of Psychology* 21/1–4, 287–315.

Armon-Lotem, Sharon/Chiat, Shula (2012): How do sequential bilingual children perform on non-word repetition tasks? In: Alia K. Biller/Esther Y. Chung/Amelia E. Kimball (Hg.): *Proceedings of the 36th Annual Boston University Conference on Language Development*. Somerville, MA: Cascadilla Press, 53–62.

Armon-Lotem, Sharon/Walters, Joel/Gagarina, Natalia (2011): The impact of internal and external factors on linguistic performance in the home language and in L2 among Russian-Hebrew and Russian-German preschool children. In: *Linguistic Approaches to Bilingualism* 1/3, 291–317.

Arndt, Petra A./Sambanis, Michaela (2017): *Didaktik und Neurowissenschaften. Dialog zwischen Wissenschaft und Praxis*. Tübingen: Narr.

Arnold, David H./Lonigan, Christopher J./Whitehurst, Grover J./Epstein, Jeffery N. (1994): Accelerating language development through picture book reading. Replication and extension to a videotape training format. In: *Journal of Educational Psychology* 86/2, 235–243.

Aronin, Larissa/Hufeisen, Britta (Hg.) (2009): *The Exploration of Multilingualism. Development of Research on L3, Multilingualism, and Multiple Language Acquisition*. Amsterdam/Philadelphia: John Benjamins.

Asbrock, Doreen/Ferguson, Claudia/Hoheiser-Thiel, Nicole (2011): *Sprachdiagnostik bei mehrsprachigen Vorschulkindern. Ein Praxisleitfaden*. Köln: ProLog.

Asher, James (⁷2012): *Learning Another Language Through Actions. The Complete Teacher's Guidebook*. Los Gatos, Cal.: Sky Oak Productions.

Auer, Peter (2003): ›Türkenslang‹ - ein jugendsprachlicher Ethnolekt des Deutschen und seine Transformationen. In: Annelies Häcki Buhofer: *Spracherwerb und Lebensalter*. Tübingen: Francke, 255–264.

Auer, Peter (2010): Code-switching/mixing. In: Ruth Wodak/Barbara Johnstone/Paul E. Kerswill (Hg.): *The SAGE Handbook of Sociolinguistics*. London: SAGE Publications, 460–478.

Auer, Peter (Hg.) (2013): *Sprachwissenschaft. Grammatik, Interaktion, Kognition*. Stuttgart: Metzler.

Auer, Peter/Schmidt, Jürgen E. (Hg.) (2010): *Language and Space. An International Handbook of Linguistic Variation. Volume 1: Theories and Methods*. Berlin: de Gruyter.

Auernheimer, Georg (Hg.) (⁴2013): *Interkulturelle Kompetenz und pädagogische Professionalität*. Wiesbaden: Springer VS.

Auernheimer, Georg (⁸2016): *Einführung in die Interkulturelle Pädagogik*. Darmstadt: Wissenschaftliche Buchgesellschaft.

Augustin, Viktor/Hauser, Johannes (2007): Methodische Ansätze im DaF- und DaZ-Unterricht. In: Susan Kaufmann/Erich Zehnder/Elisabeth Vanderheiden/Winfried Frank (Hg.): *Fortbildung für Kursleitende Deutsch als Zweitsprache*. Bd. 1: *Migration – Interkulturalität – DaZ*. München: Hueber, 124–155.

Aytemiz, Aydın (1990): *Zur Sprachkompetenz türkischer Schüler in Türkisch und Deutsch. Sprachliche Abweichungen und soziale Einflußgrößen*. Frankfurt a. M.: Lang.

Baden-Württemberg Stiftung (Hg.) (2014): *Sag' mal was – Sprachliche Bildung für Kleinkinder*. Tübingen: Francke.

Bailey, Charles-James N./Shuy, Roger W. (Hg.) (1973): *New Ways of Analyzing Variation in English*. Washington D. C.: Georgetown University Press.

Bainski, Christiane/Krüger-Potratz, Marianne (Hg.) (2008): *Handbuch Sprachförderung*. Essen: Neue Deutsche Schule.

Balibar, Etienne/Wallerstein, Immanuel (2017): *Rasse, Klasse, Nation. Ambivalente Identitäten*. Hamburg: Argument Verlag.

Ballis, Anja/Spinner, Kaspar (Hg.) (2008): *Sommerschule, Sommerkurse, Summer*

Learning. Deutsch lernen in ausserschulischem Kontext. Baltmannsweiler: Schneider Verlag Hohengehren.

Barkowski, Hans/Funk, Hermann (Hg.) (2004): *Lernerautonomie und Fremdsprachenunterricht.* Berlin: Cornelsen.

Barkowski, Hans/Wolff, Armin (Hg.) (1999): *Alternative Vermittlungsmethoden und Lernformen auf dem Prüfstand. Wissenschaftssprache – Fachsprache. Landeskunde aktuell. Interkulturelle Begegnungen – Interkulturelles Lernen.* Regensburg: FaDaF.

Bauer, Brunhilde/Wolff, Jürgen (1977): *Spanische Schüler – deutsche Lehrer. Sprachvergleich als Hilfe für den Anfängerunterricht und allgemeine Informationen.* Düsseldorf: Pädagogischer Verlag Schwann.

Baur, Rupprecht S. (1990): *Superlearning und Suggestopädie. Grundlagen – Anwendung – Kritik – Perspektiven.* Berlin/München: Langenscheidt.

Baur, Rupprecht S./Chlosta, Christoph/Ostermann, Torsten/Schroeder, Christoph (2004): »Was sprecht ihr vornehmlich zu Hause?«. Zur Erhebung sprachbezogener Daten. In: *Essener Unikate: Berichte aus Forschung und Lehre* 24, 96–105.

Baur, Rupprecht S./Goggin, Melanie (2017): Sprachstandsmessung und Sprachförderung mit dem C-Test. In: Bernt Ahrenholz/Ingelore Oomen-Welke (Hg.): *Deutsch als Zweitsprache.* Baltmannsweiler: Schneider Verlag Hohengehren, 430–444.

Baur, Rupprecht S./Meder, Gregor (1992): Zur Interdependenz von Muttersprache und Zweitsprache bei jugoslawischen Migrantenkindern. In: Rupprecht S. Baur/Gregor Meder/Vlatko Previšić (Hg.): *Interkulturelle Erziehung und Zweisprachigkeit.* Baltmannsweiler: Schneider Verlag Hohengehren, 109–140.

Baur, Rupprecht S./Meder, Gregor/Previšić, Vlatko (Hg.) (1992): *Interkulturelle Erziehung und Zweisprachigkeit.* Baltmannsweiler: Schneider Verlag Hohengehren.

Baur, Rupprecht/Schäfer, Andrea (2010): Der Faktor »Lehren« als Bedingungsgefüge des Deutsch als Zweitsprache-Unterrichts. In: Hans J. Krumm/Christian Fandrych/Britta Hufeisen/Claudia Riemer (Hg.): *Deutsch als Fremd- und Zweitsprache. Ein internationales Handbuch.* Berlin: de Gruyter Mouton, 1073–1084.

Bausch, Karl-Richard/Christ, Herbert/Krumm, Hans-Jürgen (Hg.) ([5]2007): *Handbuch Fremdsprachenunterricht.* Tübingen: Francke.

Bausch, Karl-Richard/Christ, Herbert/Krumm, Hans-Jürgen (Hg.) ([3]1995): *Handbuch Fremdsprachenunterricht.* Tübingen: Francke.

Bausch, Karl-Richard/Christ, Herbert/Königs, Frank G./Krumm, Hans-Jürgen (Hg.) (2003): *Der Gemeinsame Europäische Referenzrahmen für Sprachen in der Diskussion. Arbeitspapiere der 22. Frühjahrskonferenz zur Erforschung des Fremdsprachenunterrichts.* Tübingen: Narr.

Beckerle, Christine (2017): *Alltagsintegrierte Sprachförderung im Kindergarten und in der Grundschule.* Weinheim: Beltz.

Becker-Mrotzek, Michael (2014): Gute Schreibaufgaben für alle Schülerinnen und Schüler. In: İnci Dirim/Hans-Jürgen Krumm/Paul R. Portmann-Tselikas/Sabine Schmölzer-Eibinger (Hg.): *Schwerpunkt: Körper, Klang, Rhythmus. Theorie und Praxis. Jahrbuch für Deutsch als Fremd- und Zweitsprache.* Wien: Praesens Verlag, 67–84.

Becker-Mrotzek, Michael/Böttcher, Ingrid ([3]2011): *Schreibkompetenz entwickeln und beurteilen. Praxishandbuch für die Sekundarstufe I und II.* Berlin: Cornelsen Scriptor.

Becker-Mrotzek, Michael/Roth, Hans-Joachim (2017): Sprachliche Bildung – Grundlegende Begriffe und Konzepte. In: Dies.: *Sprachliche Bildung – Grundlagen und Handlungsfelder.* Münster: Waxmann, 11–36.

Becker-Mrotzek, Michael/Roth, Hans-Joachim (Hg.) (2017): *Sprachliche Bildung – Grundlagen und Handlungsfelder.* Münster: Waxmann.

Becker-Mrotzek, Michael/Schindler, Kirsten (Hg.) (2007): *Texte schreiben*. Duisburg: Gilles & Francke.

Becker-Mrotzek, Michael/Schramm, Karen/Thürmann, Eike/Vollmer, Helmut J. (Hg.) (2013): *Sprache im Fach. Sprachlichkeit und fachliches Lernen*. Münster: Waxmann.

Beese, Melanie/Benholz, Claudia/Chlosta, Christoph/Gürsoy, Erkan/Hinrichs, Beatrix/Niederhaus, Constanze/Oleschko, Sven (2014): *Sprachbildung in allen Fächern*. München: Goethe-Institut/Klett Langenscheidt.

Behrens, Heike/Pfänder, Stefan (2013): Entstehung der Sprache. In: Peter Auer (Hg.): *Sprachwissenschaft. Grammatik, Interaktion, Kognition*. Stuttgart: Metzler, 319–346.

Belke, Gerlind (Hg.) (⁴2012a): *Mit Sprache(n) spielen. Kinderreime, Gedichte und Geschichten für Kinder zum Mitmachen und Selbermachen. Textsammlung*. Baltmannsweiler: Schneider Verlag Hohengehren.

Belke, Gerlind (³2012b): *Poesie und Grammatik. Kreativer Umgang mit Texten im Deutschunterricht mehrsprachiger Lerngruppen. Für die Vorschule, Grundschule und Orientierungsstufe. Textkommentar*. Baltmannsweiler: Schneider Verlag Hohengehren.

Benet-Martínez, Verónica (2012): Multiculturalism: Cultural, Social, and Personality Processes. In: Kay Deaux/Mark Snyder (Hg.): *The Oxford Handbook of Personality and Social Psychology*. Oxford [u. a.]: Oxford University Press.

Berend, Nina/Riehl, Claudia M. (2008): Russland. In: Ludwig M. Eichinger/Albrecht Plewnia/Claudia M. Riehl (Hg.): *Handbuch der deutschen Sprachminderheiten in Mittel- und Osteuropa*. Tübingen: Narr, 33–58.

Berendes, Karin/Dragon, Nina/Weinert, Sabine/Heppt, Birgit/Stanat, Petra (2013): Hürde Bildungssprache? Eine Annäherung an das Konzept Bildungssprache und aktuelle empirische Forschungsergebnisse. In: Angelika Redder/Sabine Weinert (Hg.): *Sprachförderung und Sprachdiagnostik. Interdisziplinäre Perspektiven*. Münster: Waxmann, 17–41.

Berkemeier, Anne (2010): Das Schreiben von Sachtextzusammenfassungen lernen, lehren und testen. In: Thorsten Pohl/Torsten Steinhoff (Hg.): *Textformen als Lernformen*. Duisburg: Gilles & Francke, 211–232.

Bernstein, Basil (1971): *Class, Codes and Control*. London: Routledge & Kegen Paul.

Bialystok, Ellen (2007): Acquisition of literacy in bilingual children. A framework for research. In: *Language Learning* 57/1, 45–77.

Bialystok, Ellen/Craik, Fergus I. M./Luk, Gigi (2012): Bilingualism. Consequences for mind and brain. In: *Trends in cognitive sciences* 16/4, 240–250.

Biller, Alia K./Chung, Esther Y./Kimball, Amelia E. (Hg.) (2012): *Proceedings of the 36th Annual Boston University Conference on Language Development*. Somerville, MA: Cascadilla Press.

Biondi, Franco/Schami, Rafik (1981): Literatur der Betroffenheit. Bemerkungen zur Gastarbeiterliteratur«. In: Christian Schaffernicht (Hg.): *Zu Hause in der Fremde. Ein bundesdeutsches Ausländer-Lesebuch*. Fischerhude: Verlag Atelier im Bauernhaus, 124–136.

Birdsong, David (²2009): Age and the end state of second language acquisition. In: William C. Ritchie/Tej K. Bhatia (Hg.): *The New Handbook of Second Language Acquisition*. Bingley: Emerald, 400–424.

Bishop, Anne G./League, Martha (2006): Identifying a multivariate screening model to predict reading difficulties at te onset of kindergarten: A longitudinal analysis. In: *Learning Diabilities Quarterly* 29, 235–252.

Blanco López, Julia/Riehl, Claudia M. (2018): Deutschunterricht. In: Ingrid Gogolin/Viola B. Georgi/Marianne Krüger-Potratz/Drorit Lengyel (Hg.): *Handbuch Interkulturelle Pädagogik*. Stuttgart: Julius Klinkhardt, 481–485.

Blex, Klaus (2001): *Zur Wirkung mündlicher Fehlerkorrekturen im Fremdsprachenunterricht auf den Fremdsprachenerwerb*. Bielefeld.

Blumenthal-Dramé, Alice/Kortmann, Bernd (2013): Die Verschiedenheit der Sprachen. In: Peter Auer (Hg.): *Sprachwissenschaft. Grammatik, Interaktion, Kognition.* Stuttgart: Metzler, 285–317.

Blum-Kulka, Shoshana/House, Juliane/Kasper, Gabriele (Hg.) (1989): *Cross-Cultural Pragmatics. Requests and Apologies.* Norwood NJ: Ablex Publ.

Blum-Kulka, Shoshana/Olshtain, Elite (1984): Requests and Apologies: A cross-cultural study of speech act realization patterns (CCSARP). In: *Applied Linguistics* 5 (3), 196–213.

Bock-Famulla, Kathrin/Strunz, Eva/Löhle, Anna (2017): *Länderreport Frühkindliche Bildungssysteme 2017.* Gütersloh: Verlag Bertelsmann Stiftung.

Böhme, Karin/Heppt, Birgit/Stanat, Petra (2017): Zentrale Befunde des Bildungsmonitorings zu zuwanderungsbezogenen Disparitäten und Ansatzpunkte für sprachliche Fördermaßnahmen. In: Michael Becker-Mrotzek/Hans-Joachim Roth (Hg.): *Sprachliche Bildung – Grundlagen und Handlungsfelder.* Münster: Waxmann, 187–210.

Böhmer, Jule (2015): *Biliteralität. Eine Studie zu literaten Strukturen in Sprachproben von Jugendlichen im Deutschen und im Russischen.* Münster: Waxmann.

Böhmer, Jule (2016): Ausprägungen von Biliteralität bei deutsch-russisch bilingualen Schülern und die daraus resultierenden Konsequenzen für den schulischen Russischunterricht. In: Peter Rosenberg/Christoph Schroeder (Hg.): *Mehrsprachigkeit als Ressource in der Schriftlichkeit.* Berlin: de Gruyter, 133–158.

Bos, Wilfried/Tarelli, Irmela/Bremerich-Vos, Alberg/Schwippert, Knut (Hg.) (2012): *IGLU 2011. Lesekompetenzen von Grundschulkindern in Deutschland im internationalen Vergleich.* Münster: Waxmann.

Bose, Ines/Schwarze, Cordula (2007): Lernziel Gesprächsfähigkeit im Fremdsprachenunterricht Deutsch. In: *Zeitschrift für Interkulturellen Fremdsprachenunterricht* 12/2 [online].

Boubakri, Christine/Beese, Melanie/Krabbe, Heiko/Fischer, Hans E./Roll, Heike (2017): Sprachsensibler Fachunterricht. In: Michael Becker-Mrotzek/Hans-Joachim Roth (Hg.): *Sprachliche Bildung – Grundlagen und Handlungsfelder.* Münster: Waxmann, 335–350.

Bourne, Jill (2013): ›I know he can do better than that‹: Strategies for teaching and learning in successful multi-ethnic schools. In: Ingrid Gogolin/Imke Lange/Ute Michel/Hans H. Reich (Hg.): *Herausforderung Bildungssprache – und wie man sie meistert.* Münster: Waxmann, 42–55.

Brandt, Hanne/Gogolin, Ingrid (2016): *Sprachförderlicher Fachunterricht:. Erfahrungen und Beispiele.* Münster: Waxmann.

Braun, Frank/Lex, Tilly (2016): *Zur beruflichen Qualifizierung von jungen Flüchtlingen. Ein Überblick.* München: Deutsches Jugendinstitut (DJI).

Bredel, Ursula/Günther, Hartmut/Klotz, Peter/Ossner, Jakob/Siebert-Ott, Gesa (Hg.) (²2006): *Didaktik der deutschen Sprache.* Paderborn: Ferdinand Schöningh.

Brehmer, Bernhard/Kurbangulova, Tatjana (2017): Lost in transmission? Family language input and its role for the development of Russian as a heritage language in Germany. In: Ludmila Isurin/Claudia M. Riehl (Hg.): *Integration, Identity and Language Maintenance in Young Immigrants. Russian Germans or German Russians.* Amsterdam/Philadelphia: John Benjamins, 225–268.

Brehmer, Bernhard/Mehlhorn, Grit (Hg.) (im Ersch.): *Potenziale von Herkunftssprachen. Sprachliche und außersprachliche Einflussfaktoren.* Tübingen: Narr.

Brill, Lilly M. (2005): *Lehrwerke/Lehrwerkgenerationen und die Methodendiskussion im Fach Deutsch als Fremdsprache.* Herzogenrath: Shaker.

British Council (Hg.) (2005): *Conference Report: Intercultural Learning – Towards a Shared Understanding in Europe.* Berlin: British Council.

Britz, Lisa (2006): Bildungsbe(nach)teiligung von MigrantInnen. In: Ludger Reiberg (Hg.): *Berufliche Integration in der multikulturellen Gesellschaft. Beiträge aus Theorie, Schule und Jugendhilfe zu einer interkulturell sensiblen Berufsorientierung*. Bonn: Bundeszentrale für politische Bildung, 18–32.

Brizić, Katharina (2007): *Das geheime Leben der Sprachen. Gesprochene und verschwiegene Sprachen und ihr Einfluss auf den Spracherwerb in der Migration*. Münster: Waxmann.

Brizić, Katharina/Hufnagl, Claudia (2011): *»Multilingual Cities« Wien: Bericht zur Sprachenerhebung in den 3. und 4. Volksschulklassen*. Wien: Österreichische Akademie der Wissenschaften [Manuskript, online verfügbar über academia.edu].

Brookes, Heather (2011): Amangama amathathu »The three letters«. The emergence of a quotable gesture (emblem). In: *Gesture* 11/2, 194–218.

Brookes, Heather (2014): Gesture and taboo: A cross-cultural perspective. In: Cornelia Müller (Hg.): *Body – Language – Communication. An International Handbook on Multimodality in Human Interaction*. Berlin/Boston, Mass.: de Gruyter, 1523–1530.

Brown, Penelope/Levinson, Stephen C. ([19]2010): *Politeness. Some Universals in Language Usage*. Cambridge: Cambridge University Press.

Brunner, Ilse/Häcker, Thomas H./Winter, Felix (Hg.) ([5]2017): *Das Handbuch Portfolioarbeit. Konzepte, Anregungen, Erfahrungen aus Schule und Lehrerbildung*. Seelze-Velber: Klett Kallmeyer.

Brünner, Gisela/Fiehler, Reinhard/Kindt, Walther (Hg.) (2002): *Angewandte Gesprächsforschung*. Radolfzell: Verlag für Gesprächsforschung.

Büchner, Inge/Dirim, İnci (2001): *Spiel mit Sprachen. Ein multilinguales Material mit den Schwerpunkten Deutsch, Türkisch, Englisch*. Hamburg: Verlag für Pädag. Medien.

Budde, Monika (2012): *Über Sprache reflektieren. Unterricht in sprachheterogenen Lerngruppen*. Kassel: Institut zur Weiterbildung in Deutsch als Fremdsprache an der Universität Kassel.

Budde, Monika A. (2016): Mehrsprachigkeit – Language Awareness – Sprachbewusstheit. Einführung. In: *Zeitschrift für Interkulturellen Fremdsprachenunterricht* 02 [online].

Buhlmann, Rosemarie/Ende, Karin/Kaufmann, Susan/Kilimann, Angela/Schmitz, Helen (2017): *Rahmencurriculum für Integrationskurse Deutsch als Zweitsprache*. München: Goethe-Institut.

Bunse, Sabine/Hoffschildt, Christiane ([3]2014): *Sprachentwicklung und Sprachförderung im Elementarbereich*. München: Olzog.

Burwitz-Melzer, Eva (Hg.) (2005): *Niemals zu früh und selten zu spät: Fremdsprachenunterricht in Schule und Erwachsenenbildung. Festschrift für Jürgen Quetz*. Berlin: Cornelsen.

Burwitz-Melzer, Eva/Mehlhorn, Grit/Riemer, Claudia/Bausch, Karl-Richard/Krumm, Hans-Jürgen (Hg.) ([6]2016): *Handbuch Fremdsprachenunterricht*. Tübingen: Francke/utb.

Busch, Brigitta ([2]2017): *Mehrsprachigkeit*. Wien/Stuttgart: utb.

Buschfeld, Sarah/Schöneberger, Christiane (2010): Kontrastive Alphabetisierung am Beispiel Deutsch-Arabisch. In: Heike Roll/Karen Schramm (Hg.): *Alphabetisierung in der Zweitsprache Deutsch*. Duisburg: Gilles & Francke, 61–73.

Buschmann, Anke/Sachse, Steffi (2018): Heidelberg interaction training for language promotion in early childhood settings (HIT) 53 (1), 66–78.

Buschmann, Anke/Simon, Stephanie/Jooss, Bettina/Sachse, Steffi (2010): Ein sprachbasiertes Interaktionstraining für ErzieherInnen (»Heidelberger Trainingsprogramm«) zur alltagsintegrierten Sprachförderung in Krippe und Kindergarten – Konzept und Evaluation. In: Iris Nentwig-Gesemann/Klaus Fröhlich-Gildhoff/Petra Strehmel (Hg.): *Forschung in der Frühpädagogik III. Schwerpunkt: Sprachentwicklung und Sprachförderung*. Freiburg i. Br.: FEL-Verlag Forschung-Entwicklung-Lehre, 107–133.

Byram, Michael (Hg.) (2004): *The Routledge Encyclopedia of Language Teaching and Learning.* London: Routledge.

Caprez-Krompàk, Edina (2010): *Entwicklung der Erst- und Zweitsprache im interkulturellen Kontext. Eine empirische Untersuchung über den Einfluss des Unterrichts in heimatlicher Sprache und Kultur (HSK) auf die Sprachentwicklung.* Münster u. a.: Waxmann.

Carlo, Sabina de/Gamper, Jana (2015): Die Ermittlung grammatischer Kompetenzen anhand der Profilanalyse. In: Klaus-Michael Köpcke/Arne Ziegler (Hg.): *Deutsche Grammatik in Kontakt.* Berlin: de Gruyter, 103–136.

Castro Varela, Mario do Mar/Mecheril, Paul (2010): Grenze und Bewegung. Migrationswissenschaftliche Klärungen. In: Paul Mecheril/Castro Varela, Maria do Mar/Inci Dirim/Annita Kalpaka/Claus Melter (Hg.): *Bachelor/Master: Migrationspädagogik.* Weinheim/Basel: Beltz, 23–53.

Chafe, Wallace L. (Hg.) (1980): *The Pear Stories. Cognitive, Cultural, and Linguistic Aspects of Narrative Production.* Norwood, NJ: Ablex.

Chilla, Solveig (2014): Grundfragen der Diagnostik im Kontext von Mehrsprachigkeit und Synopse diagnostischer Verfahren. In: Solveig Chilla/Stefanie Haberzettl (Hg.): *Handbuch Spracherwerb und Sprachentwicklungsstörungen. Mehrsprachigkeit.* München: Elsevier, Urban & Fischer, 57–71.

Chilla, Solveig/Haberzettl, Stefanie (Hg.) (2014): *Handbuch Spracherwerb und Sprachentwicklungsstörungen. Mehrsprachigkeit.* München: Elsevier, Urban & Fischer.

Chilla, Solveig/Rothweiler, Monika/Babur, Ezel ([2]2013): *Kindliche Mehrsprachigkeit. Grundlagen – Störungen – Diagnostik.* München: Reinhardt.

Cho, Teahong/Ladefoged, Peter (1999): Variation and universals in VOT: Evidence from 18 languages. In: *Journal of Phonetics* 27, 207–229.

Cimilli, Nükhet/Liebe-Harkort, Klaus (1976): *Sprachvergleich Türkisch-Deutsch.* Düsseldorf: Pädagogischer Verlag Schwann.

Clahsen, Harald/Meisel, Jürgen M./Pienemann, Manfred (1983): *Deutsch als Zweitsprache: Der Spracherwerb ausländischer Arbeiter.* Tübingen: Narr.

Clyne, Michael (1981): Culture and discourse structure. In: *Journal of Pragmatics* 5/1, 61–66.

Clyne, Michael (1987): Cultural differences in the organization of academic texts: English and German. In: *Journal of Pragmatics* 11, 211–247.

Clyne, Michael (2000): Lingua Franca and ethnolects in Europe and beyond. In: *Sociolinguistica* 14/1, 83–89.

Clyne, Michael/Cassia, Paola (1999): Trilingualism, immigration and relatedness of languages. In: *ITL – International Journal of Applied Linguistics* 123/24, 57–77.

Clyne, Michael G. (2003): *Dynamics of Language Contact. English and Immigrant Languages.* Cambridge: Cambridge University Press.

Cohen, James/McAlister, Kara T./Rolstad, Kellie/MacSwan, Jeff (Hg.) (2005): *Proceedings of the 4th International Symposium on Bilingualism.* Somerville: Cascadilla Press.

Comrie, Bernard (1985): *Tense.* Cambridge: Cambridge University Press.

Connor, Ulla (1996): *Contrastive Rhetoric. Cross-Cultural Aspects of Second-Language Writing.* Cambridge: Cambridge University Press.

Cook, Vivian (2005): Multi-Competence. Black Hole or Wormhole? Draft of Write-up of SLRF Paper 2005, http://www.viviancook.uk/Writings/Papers/SLRF05.htm (11.12.2017).

Cook, Vivian (2011): Relating language and cognition. The speaker of one language. In: Vivian Cook/Benedetta Bassetti (Hg.): *Language and Bilingual Cognition.* New York: Psychology Press, 3–22.

Cook, Vivian/Bassetti, Benedetta (Hg.) (2011): *Language and Bilingual Cognition.* New York: Psychology Press.

Cook, Vivian/Singleton, David (2014): *Key Topics in Second Language Acquisition*. Bristol/Buffalo/Toronto: Multilingual Matters.

Coupland, Nikolas/Sarangi, Srikant/Candlin, Christopher (Hg.) (2001): *Sociolinguistics and Social Theory*. Harlow: Longman.

Cruz-Ferreira, Maddalena (2006): *Three is a Crowd? Acquiring Portuguese in a Trilingual Environment*. Clevedon: Multilingual Matters.

Crystal, David (1993): *Die Cambridge-Enzyklopädie der Sprache*. Frankfurt a. M.: Campus.

Cummins, Jim (1979): Linguistic interdependence and the educational development of bilingual children. In: *Review of Educational Research* 49/2, 222–251.

Cummins, Jim (2000): *Language, Power and Pedagogy. Bilingual Children in the Crossfire*. Clevedon: Multilingual Matters.

Cummins, Jim (2004): BICS and CALP. In: Michael Byram (Hg.): *The Routledge Encyclopedia of Language Teaching and Learning*. London: Routledge, 76–79.

Cummins, Jim (2013): Immigrant Students' Academic Achievement:. Understanding the Intersections Between Research, Theory and Policy. In: Ingrid Gogolin/Imke Lange/Ute Michel/Hans H. Reich (Hg.): *Herausforderung Bildungssprache – und wie man sie meistert*. Münster: Waxmann, 19–41.

Dahl, Östen/Velupillai, Veveka (2013): Tense and aspect. In: Matthew Dryer/Martin Haspelmath (Hg.): *The World Atlas of Language Structures Online*. Leipzig: Max Planck Digital Library.

Dahlhaus, Barbara (1994): *Fertigkeit Hören*. München: Langenscheidt.

Dannerer, Monika (2008): Agieren im Gemeinsamen europäischen Referenzrahmen. In: Christian Fandrych/Ingo Thonhauser (Hg.): *Fertigkeiten – integriert oder separiert? Zur Neubewertung der Fertigkeiten und Kompetenzen im Fremdsprachenunterricht*. Wien: Edition Praesens, 177–200.

De Houwer, Annick (2007): Parental language input patterns and children's bilingual use. In: *Applied Psycholinguistics* 28/03, 1.

De Houwer, Annick (2009): *Bilingual First Language Acquisition*. Bristol: Multilingual Matters.

Deaux, Kay/Snyder, Mark (Hg.) (2012): *The Oxford Handbook of Personality and Social Psychology*. Oxford [u. a.]: Oxford University Press.

Decker-Ernst, Yvonne/Oomen-Welke, Ingelore (Hg.) (2013): *Deutsch als Zweitsprache: Beiträge zur durchgängigen Sprachbildung*. Stuttgart: Fillibach bei Klett.

De Florio-Hansen, Inez (2013a): Sprachmittlung in alltagsweltlicher Kommunikation. Eine komplexe Herausforderung für Fremdsprachenlehrer und -lerner. In: Daniel Reimann/Andrea Rössler (Hg.): *Sprachmittlung im Fremdsprachenunterricht*. Tübingen: Narr, 65–92.

De Florio-Hansen, Inez (2013b): Translation competence in foreign language learning. Can language methodology benefit from translation studies? In: *Journal of Linguistics and Language Teaching* 4/2, 39–68.

Demirkaya, Sevilen/Gültekin-Karakoc, Nazan/Riemer, Claudia (2010): Abschlussbericht MiKi. Wissenschaftliche Begleitforschung der vorschulischen Sprachförderung für Kinder mit Migrationshintergrund in Bielefeld. Universität Bielefeld, http://www.uni-bielefeld.de/lili/studium/faecher/daf/miki/Abschlussbericht.pdf (12.6.2018).

Demmig, Silvia (2016): Language awareness und Deutsch als Fremdsprache. In: *Zeitschrift für Interkulturellen Fremdsprachenunterricht* 02, 68–75.

Denes, Gianfranco (2011): *Talking Heads:. The Neuroscience of Language*. New York: Psychology Press.

Dietrich, Ingrid ([3]1995): Alternative Methoden. In: Karl-Richard Bausch/Herbert Christ/Hans-Jürgen Krumm (Hg.): *Handbuch Fremdsprachenunterricht*. Tübingen: Francke, 194–200.

Dimroth, Christine/Jordens, Peter (Hg.) (2009): *Functional Categories in Learner Language*. Berlin: de Gruyter Mouton.

Dinnsen, Daniel A./Eckman, Fred R. (1975): A functional explanation of some phonological typologies. In: Robin E. Grossman/L. J. San/Timothy J. Vance (Hg.): *Papers from the Parasession on Functionalism. April 17, 1975*. Chicago: Chicago Linguistic Society, 126–134.

Dirim, İnci (²2008): Erfassung, Bewertung und schulische Nutzung der Übersetzungsfähigkeit mehrsprachiger Kinder. Eine erste Annäherung. In: Charlotte Röhner (Hg.): *Erziehungsziel Mehrsprachigkeit*. Weinheim/München: Juventa-Verlag, 231–244.

Dirim, İnci/Auer, Peter (2004): *Türkisch sprechen nicht nur die Türken. Über die Unschärfebeziehung zwischen Sprache und Ethnie in Deutschland*. Berlin: de Gruyter.

Dirim, İnci/Krumm, Hans-Jürgen/Portmann-Tselikas, Paul R./Schmölzer-Eibinger, Sabine (Hg.) (2014): *Schwerpunkt: Körper, Klang, Rhythmus. Theorie und Praxis. Jahrbuch für Deutsch als Fremd- und Zweitsprache*. Wien: Praesens Verlag.

Dirim, İnci/Mecheril, Paul (Hg.) (2009): *Migration und Bildung. Soziologische und erziehungswissenschaftliche Schlaglichter*. Münster: Waxmann.

Dirim, İnci/Pokitsch, Doris (2017): Migrationspädagogische Zugänge zu »Deutsch als Zweitsprache«. In: Michael Becker-Mrotzek/Hans-Joachim Roth (Hg.): *Sprachliche Bildung – Grundlagen und Handlungsfelder*. Münster: Waxmann, 95–108.

Doff, Sabine (⁶2016): Vermittlungsmethoden: Historischer Überblick. In: Eva Burwitz-Melzer/Grit Mehlhorn/Claudia Riemer/Karl-Richard Bausch/Hans-Jürgen Krumm (Hg.): *Handbuch Fremdsprachenunterricht*. Tübingen: Francke/utb, 320–324.

Döpke, Susanne (2000): Generation and retraction of crosslinguistically motivated structures in bilingual first language acquisition. In: *Bilingualism: Language and Cognition* 3/3, 209–226.

Döpke, Susanne (Hg.) (2000): *Cross-linguistic Structures in Simultaneous Bilingualism*. Amsterdam/Philadelphia: John Benjamins.

Dovalil, Vít (2013): Zur Auffassung der Standardvarietät als Prozess und Produkt von Sprachmanagement. In: Jörg Hagemann (Hg.): *Pragmatischer Standard*. Tübingen: Stauffenburg, 163–176.

Downing, Pamela (1980): Factors influencing lexical choice in narratives. In: Wallace L. Chafe (Hg.): *The Pear Stories. Cognitive, Cultural, and Linguistic Aspects of Narrative Production*. Norwood, NJ: Ablex, 89–126.

Dronske, Ulrich (2016): Zum Einsatz des Deutschen Sprachdiploms in Vorbereitungsklassen. In: Christian Fandrych/Britta Hufeisen/Imke Mohr/Ingo Thonhauser/Rainer E. Wicke/Ulrich Dronske (Hg.): *Deutschunterricht für Lernende mit Migrationshintergrund*. Berlin: Erich Schmidt Verlag, 21–24.

Dryer, Matthew (2013): Order of subject, object and verb. In: Matthew Dryer/Martin Haspelmath (Hg.): *The World Atlas of Language Structures Online*. Leipzig: Max Planck Digital Library.

Dryer, Matthew/Gensler, Orin D. (2013): Order of object, oblique and verb. In: Matthew Dryer/Martin Haspelmath (Hg.): *The World Atlas of Language Structures Online*. Leipzig: Max Planck Digital Library.

Dryer, Matthew/Haspelmath, Martin (Hg.) (2013): *The World Atlas of Language Structures Online*. Leipzig: Max Planck Digital Library.

Duarte, Joana/Neumann, Ursula (2018): Bilinguale Schulen. In: Ingrid Gogolin/Viola B. Georgi/Marianne Krüger-Potratz/Drorit Lengyel (Hg.): *Handbuch Interkulturelle Pädagogik*. Stuttgart: Julius Klinkhardt, 349–353.

Dubowy, Minja/Ebert, Susanne/Maurice, Jutta von/Weinert, Sabine (2008): Sprachlich-kognitive Kompetenzen beim Eintritt in den Kindergarten: Ein Vergleich von Kinder mit und ohne Migrationshintergrund. In: *Zeitschrift für Entwicklungspsychologie und Pädagogische Psychologie* 40/3, 124–134.

Duindam, Tom/Konak, Ömer/Kamphuis, Frans (2010): *Sprachtest – Wissenschaftlicher Bericht*. Butzbach: Cito Deutschland.

Duranti, Alessandro (Hg.) (2006): *A companion to linguistic anthropology.* Oxford: Wiley-Blackwell.

Dürscheid, Christa ([6]2012): *Einführung in die Schriftlinguistik*. Göttingen: Vandenhoeck & Ruprecht.

Efing, Christian (2013): Sprachförderung in der Sekundarstufe II. In: Hansjakob Schneider/Michael Becker-Mrotzek/Anja Sturm/Simone Jambor-Fahlen/Uwe Neugebauer/Christian Efing/Nora Kernen (Hg.): *Wirksamkeit von Sprachförderung*. Zürich: Bildungsdirektion des Kantons Zürich.

Efing, Christian (2017a): Zur Funktion und Rolle von Sprache in der beruflichen Bildung: Empirische Befunde. In: Elisabetta Terrasi-Haufe/Anke Börsel (Hg.): *Sprachbildung in der beruflichen Bildung*. Münster: Waxmann, 249–269.

Efron, David (1941): *Gesture and Environment. A Tentative Study of Some of the Spatio-temporal and »Linguistic« Aspects of the Gestural Behavior of Eastern Jews and Southern Italians in New York City, Living under Similar as well as Different Environmental Conditions*. New York: King's Crown Press.

Egert, Franziska (2017a): Die Wirksamkeit von Sprachförderung im Deutschen für mehrsprachige Kinder in Kindertageseinrichtungen. In: *Zeitschrift für Grundschulforschung* 10/2, 23–34.

Egert, Franziska (2017b): Sprachförderung: additiv oder integrativ? Der Forschungsstand im Überblick. In: *Grundschule Deutsch* 54, 42–43.

Egert, Franziska/Hopf, Michaela (2016): Zur Wirksamkeit von Sprachförderung in Kindertageseinrichtungen in Deutschland. In: *Kindheit und Entwicklung* 25/3, 153–163.

Egger, Kurt (1985): *Zweisprachige Familien in Südtirol. Sprachgebrauch und Spracherziehung*. Innsbruck: Institut für Germanistik Universität Innsbruck.

Egger, Kurt (1994): *Die Sprachen unserer Kinder. Spracherwerb in einem mehrsprachigen Gebiet*. Meran: Alpha-&-Beta-Verlag.

Ehlich, Konrad (2005): Eine Expertise zu »Anforderungen an Verfahren der regelmäßigen Sprachstandsfeststellung als Grundlage für die frühe und individuelle Sprachförderung von Kindern mit ohne Migrationshintergrund«. In: Ingrid Gogolin/Ursula Neumann/Hans-Joachim Roth (Hg.): *Sprachdiagnostik bei Kindern und Jugendlichen mit Migrationshintergrund. Dokumentation einer Fachtagung am 14. Juli 2004 in Hamburg*. Münster: Waxmann, 33–50.

Ehlich, Konrad (Hg.) (2007): *Anforderungen an Verfahren der regelmäßigen Sprachstandsfeststellung als Grundlage für die frühe und individuelle Förderung von Kindern mit und ohne Migrationshintergrund*. Bonn/Berlin: Bundesministerium für Bildung und Forschung.

Ehlich, Konrad (2007): Sprachaneignung und deren Feststellung bei Kindern mit und ohne Migrationshintergrund:. Was man weiß, was man braucht, was man erwarten kann. In: Ders.: *Anforderungen an Verfahren der regelmäßigen Sprachstandsfeststellung als Grundlage für die frühe und individuelle Förderung von Kindern mit und ohne Migrationshintergrund*. Bonn/Berlin: Bundesministerium für Bildung und Forschung, 11–75.

Ehlich, Konrad (2010): Textraum als Lernraum. Konzeptionelle Bedingungen und Faktoren des Schreibens und Schreibenlernens. In: Thorsten Pohl/Torsten Steinhoff (Hg.): *Textformen als Lernformen*. Duisburg: Gilles & Francke, 47–62.

Ehlich, Konrad (2017): Ein Gesamtsprachencurriculum für die deutsche Schule des frühen 21. Jahrhunderts:. Erforderliche Ziele, absehbare Risiken. In: Michael Becker-Mrotzek/Hans-Joachim Roth (Hg.): *Sprachliche Bildung – Grundlagen und Handlungsfelder*. Münster: Waxmann, 249–271.

Ehlich, Konrad/Montanari, Elke/Hila, Anna (2007): *Recherche und Dokumenta-*

tion der Sprachbedarfe hinsichtlich der Sprachbedarfe von Teilnehmenden an *Integrationskursen (InDaZ)*. München.

Ehrmann, Nicole (2016): *Strukturen der Konzeptualisierung frühkindlicher Mehrsprachigkeit*. Münster: Waxmann.

Eichinger, Ludwig M./Plewnia, Albrecht/Riehl, Claudia M. (Hg.) (2008): *Handbuch der deutschen Sprachminderheiten in Mittel- und Osteuropa*. Tübingen: Narr.

Eideneier, Hans/Ruge, Hans (1976): *Sprachvergleich Griechisch-Deutsch*. Düsseldorf: Pädagogischer Verlag Schwann.

Eisenbeiss, Sonja/Bartke, Susanne/Clahsen, Harald (2005/2006): Structural and lexical case in child German: Evidence from language-impaired and typically developping children. In: *Language Acquisition* 13/1, 3–32.

Eisenberg, Peter (⁴2013): *Grundriss der deutschen Grammatik Band 2: Der Satz*. Stuttgart/Weimar: Metzler.

Ekinci, Yüksel (2017): Mehrsprachigkeit und institutionelle Elternbeteiligung in Bildungseinrichtungen. In: Ludger Hoffmann/Shinichi Kameyama/Monika Rieder/Pembe Şahiner/Nadja Wulff (Hg.): *Deutsch als Zweitsprache. Ein Handbuch für die Lehrerausbildung*. Berlin: Erich Schmidt Verlag, 493–505.

Ekinci, Yüksel/Hoffmann, Ludger/Leimbrink, Kerstin/Selmani, Lirim/Süssmuth, Rita (Hg.) (2013): *Migration, Mehrsprachigkeit, Bildung*. Tübingen: Stauffenburg.

Ekman, Paul (1980): Biological and cultural contributions to body and facial movement in the expression of emotion. In: Amélie Rorty (Hg.): *Explaining Emotions*. Berkeley, CA: University of California Press, 73–101.

Ekman, Paul/Friesen, Wallace (1969): The repertoire of nonverbal behavior: categories, origins, usage, and coding. In: *Semiotica* 1, 49–98.

Endesfelder, Janina (2017): *Herkunftssprachlicher Unterricht in München – Chancen und Herausforderungen der Förderung migrationsbedingter Mehrsprachigkeit*. Unveröffentlichte Masterarbeit. München: Institut für Deutsch als Fremdsprache.

Engel, Ulrich/Halm, Wolfgang/Krumm, Hans-Jürgen/Ortmann, Wolf D./Picht, Robert/Rall, Dietrich/Schmidt, Walter/Stickel/Gerhard/Vorderwülbecke, Klaus/Wierlacher, Alois (1977): *Mannheimer Gutachten zu ausgewählten Lehrwerken Deutsch als Fremdsprache*. Heidelberg: Groos.

Engin, Havva (²2010): Curriculumsentwicklung und Lehrziele Deutsch als Zweitsprache im vorschulischen und schulischen Bereich. In: Hans J. Krumm/ Christian Fandrych/Britta Hufeisen/Claudia Riemer (Hg.): *Deutsch als Fremd- und Zweitsprache. Ein internationales Handbuch*. Berlin: de Gruyter Mouton, 1085–1095.

Ennemoser, Marco/Kuhl, Jan/Pepouna, Soulemanou (2013): Evaluation des Dialogischen Lesens zur Sprachförderung bei Kindern mit Migrationshintergrund. In: *Zeitschrift für Pädagogische Psychologie* 27, 229–239.

Erfurt, Jürgen (Hg.) (2013): *Mehrsprachigkeit und Mehrschriftigkeit. Sprachliches Handeln in der Schule*. Duisburg: Universitätsverlag Rhein-Ruhr.

Erfurt, Jürgen/Amelina, Maria (2008): Elitenmigration – ein blinder Fleck in der Mehrsprachigkeitsforschung? In: Dies.: *Elitenmigration und Mehrsprachigkeit*. Duisburg: Redaktion OBST, 11–42.

Erfurt, Jürgen/Amelina, Maria (Hg.) (2008): *Elitenmigration und Mehrsprachigkeit*. Duisburg: Redaktion OBST.

Essegbey, James (2014): Gestures in West Africa: Left hand taboo in Ghana. In: Cornelia Müller (Hg.): *Body – Language – Communication. An International Handbook on Multimodality in Human Interaction*. Berlin/Boston, Mass.: de Gruyter, 1161–1169.

Esser, Hartmut (2001): *Integration und ethnische Schichtung*. Mannheim.

Europäische Kommission (2014): *Key data on early childhood education and care in Europe*. Brussels.

European Foundation for the Improvement of Living and Working Conditions (2015): *Early Childhood Care Accessibility and Quality of services*. Publications Office of the European Union: Luxemburg.

Ewert, Michael (2017): Migration und Literatur. Mehr- und transkulturelle Literatur in Deutschland – ein Laboratorium transnationaler Realitäten. In: Simone Schiedermair (Hg.): *Literaturvermittlung. Texte, Konzepte, Praxen in Deutsch als Fremdsprache und den Fachdidaktiken Deutsch, Englisch, Französisch*. München: iudicium, 41–57.

Extra, Guus/Yağmur, Kutlay (Hg.) (2004): *Urban Multilingualism in Europe. Immigrant Minority Languages at Home and School*. Clevedon, England: Multilingual Matters.

Ezli, Özkan/Langenohl, Andreas/Rauer, Valentin/Voigtmann, Claudia M. (Hg.) (2013): *Die Integrationsdebatte zwischen Assimilation und Diversität. Grenzziehungen in Theorie, Kunst und Gesellschaft*. Bielefeld: Transcript.

Faist, Thomas/Ulbricht, Christian (2014): *Von Integration zu Teilhabe? Anmerkungen zum Verhältnis von Vergemeinschaftung und Vergesellschaftung*. Bielefeld.

Faistauer, Renate (^{2}2010): Die sprachlichen Fertigkeiten. In: Hans J. Krumm/Christian Fandrych/Britta Hufeisen/Claudia Riemer (Hg.): *Deutsch als Fremd- und Zweitsprache. Ein internationales Handbuch*. Berlin: de Gruyter Mouton, 961–969.

Fandrych, Christian/Hufeisen, Britta/Mohr, Imke/Thonhauser, Ingo/Wicke, Rainer E./Dronske, Ulrich (Hg.) (2016): *Deutschunterricht für Lernende mit Migrationshintergrund*. Berlin: Erich Schmidt Verlag.

Fandrych, Christian/Thonhauser, Ingo (Hg.) (2008): *Fertigkeiten – integriert oder separiert? Zur Neubewertung der Fertigkeiten und Kompetenzen im Fremdsprachenunterricht*. Wien: Edition Praesens.

Fehling, Sylvia (2005): Intercultural learning in content and language integrated learning (CLIL). In: British Council (Hg.): *Conference Report: Intercultural Learning – Towards a Shared Understanding in Europe*. Berlin: British Council, 45–49.

Feilke, Helmuth (2012): Bildungssprachliche Kompetenzen fördern und entwickeln. In: *Praxis Deutsch* 233, 4–14.

Feilke, Helmuth (2015): Text und Lernen – Perspektivenwechsel in der Schreibforschung. In: Sabine Schmölzer-Eibinger/Eike Thürmann (Hg.): *Schreiben als Medium des Lernens. Kompetenzentwicklung durch Schreiben im Fachunterricht*. Münster: Waxmann, 47–72.

Felbrich, Anja/Stanat, Petra/Paetsch, Jennifer/Darsow, Annkathrin (2012): Das Erkenntnispotenzial experimenteller Studien zur Untersuchung der Wirksamkeit von Sprachfördermaßnahmen. In: Bernt Ahrenholz (Hg.): *Einblicke in die Zweitspracherwerbsforschung und ihre methodischen Verfahren*. Berlin: de Gruyter, 145–172.

Feldmeier, Alexis (2010): *Von A bis Z – Praxishandbuch Alphabetisierung. Deutsch als Zweitsprache für Erwachsene*. Stuttgart: Klett.

Feldmeier, Alexis (2011): Alphabetisierung von Erwachsenen nicht deutscher Muttersprache: Leseprozesse und Anwendung von Strategien beim Erlesen isoliert dargestellter Wörter unter besonderer Berücksichtigung der farblichen und typographischen Markierung von Buchstabengruppen, https://pub.uni-bielefeld.de/download/2301752/2301755 (14.12.2017).

Feldmeier, Alexis (2012): *Von A bis Z – Alphabetisierungskurs für Erwachsene. Deutsch als Zweitsprache für Erwachsene*. Stuttgart: Klett.

Feldmeier, Alexis/Markov, Stefan (2016): Sprachlerncoaching zur Förderung der Lernerautonomie im DaZ-Unterricht. In: *Fremdsprache Deutsch, Sonderheft »Deutschunterricht für Lernende mit Migrationshintergrund«*, 72–77.

Figge, Udo L./Matteis, Mario d. (1976): *Sprachvergleich Italienisch-Deutsch*. Düsseldorf: Pädagogischer Verlag Schwann.

Flechsig, Karl-Heinz (Hg.) (1965): *Neusprachlicher Unterricht I.* Weinheim/Basel: Beltz.

Flege, James E./Schirru, Carlo/MacKay, Ian R. A. (2003): Interaction between the native and second language phonetic subsystems. In: *Speech Communication* 40, 467–491.

Flick, Johanna/Kuhmichel, Katrin (2013): Der *am*-Progressiv in Dialekt und Standardsprache. In: *Jahrbuch für Germanistische Sprachgeschichte* 4/1, 52–76.

Földes, Csaba (Hg.) (2011): *Interkulturelle Linguistik im Aufbruch. Das Verhältnis von Theorie, Empirie und Methode.* Tübingen: Narr.

Formentelli, Maicol/Hajek, John (2013): Italian L2 address strategies in an Australian university setting: A comparison with L1 Italian and L1 English practice. In: Bert Peeters/Kerry Mullan/Christine Béal (Hg.): *Cross-culturally Speaking, Speaking Cross-culturally.* Newcastle upon Tyne: Cambridge Scholars Publishing.

Foroutan, Naika/Ikiz, Dilek (2016): Migrationsgesellschaft. In: Paul Mecheril (Hg.): *Handbuch Migrationspädagogik.* Weinheim: Beltz, 138–151.

Fox-Boyer, A. (Hg.) (2014): *Handbuch Spracherwerb und Sprachentwicklungsstörungen. Kindergartenphase.* München: Elsevier.

Franceschini, Rita (2009): The genesis and development of research in multilingualism: Perspectives for future research. In: Larissa Aronin/Britta Hufeisen (Hg.): *The Exploration of Multilingualism. Development of Research on L3, Multilingualism, and Multiple Language Acquisition.* Amsterdam/Philadelphia: John Benjamins, 27–61.

Frederking, Volker/Huneke, Hans-Werner/Krommer, Axel/Meier, Christel (Hg.) (2010): *Taschenbuch des Deutschunterrichts.* Baltmannsweiler: Schneider Verlag Hohengehren.

Freudenfeld, Regina/Gross-Dinter, Ursula/Schickhaus, Tobias (Hg.) (2016): *In Sprachwelten über-setzen. Beiträge zur Wirtschaftskommunikation, Kultur- und Sprachmittlung in DaF und DaZ.* Göttingen: Universitätsverlag.

Freudenfeld, Regina/Gross-Dinter, Ursula/Schickhaus, Tobias (Hg.) (2017): *In Sprachwelten über-setzen. Beiträge zur Wirtschaftskommunikation, Kultur- und Sprachmittlung in DaF und DaZ. 42. Jahrestagung des Fachverbandes Deutsch als Fremd- und Zweitsprache in München 2015.* Göttingen: Universitätsverlag.

Freywald, Ulrike/Mayr, Katharina/Özçelik, Tiner/Wiese, Heike (2011): Kiezdeutsch as a multiethnolect. In: Friederike Kern/Margret Selting (Hg.): *Ethnic Styles of Speaking in European Metropolitan Areas.* Amsterdam/Philadelphia: John Benjamins, 45–74.

Fried, Lilian (2004): *Expertise zu Sprachstandserhebungen für Kindergartenkinder und Schulanfänger. Eine kritische Betrachtung.* München.

Fried, Lilian (2005): Spracherfassungsverfahren für Kindergartenkinder und Schulanfänger. In: Ingrid Gogolin/Ursula Neumann/Hans-Joachim Roth (Hg.): *Sprachdiagnostik bei Kindern und Jugendlichen mit Migrationshintergrund. Dokumentation einer Fachtagung am 14. Juli 2004 in Hamburg.* Münster: Waxmann, 19–32.

Fried, Lilian (^{2}2009): Sprachförderung. In: Lilian Fried/Susanna Roux (Hg.): *Pädagogik der frühen Kindheit. Handbuch und Nachschlagewerk.* Weinheim: Beltz, 173–178.

Fried, Lilian/Briedigkeit, Eva (2008): *Sprachförderkompetenz. Selbst- und Teamqualifizierung für Erzieherinnen, Fachberatungen und Ausbilder.* Berlin: Cornelsen.

Fried, Lilian/Roux, Susanna (Hg.) (^{2}2009): *Pädagogik der frühen Kindheit. Handbuch und Nachschlagewerk.* Weinheim: Beltz.

Fröhlich-Gildhoff, Klaus/Nentwig-Gesemann, Iris/Strehmel, Petra (Hg.) (2010): *Forschung in der Frühpädagogik III.* Freiburg: FEL-Verlag.

Fuchs, Douglas/Fuchs, Lynn (1989): Effect of examiner familiarity on black, caucasian, and hispanic children. In: *Exceptional Children* 55/4, 303–308.

Funk, Hermann (2004): Qualitätsmerkmale von Lehrwerken prüfen – ein Verfahrensvorschlag. In: *Babylonia* 3, 41–47.

Funk, Hermann (²2010): Methodische Konzepte für den Deutsch als Fremdsprache-Unterricht. In: Hans J. Krumm/Christian Fandrych/Britta Hufeisen/Claudia Riemer (Hg.): *Deutsch als Fremd- und Zweitsprache. Ein internationales Handbuch.* Berlin: de Gruyter Mouton, 940–952.

Fürstenau, Sara (2009): Ich wäre die Letzte, die sagt, »Hier muss Deutsch gesprochen werden«. Eine Exploration unter Schulleiterinnen und Schulleitern über Mehrsprachigkeit und sprachliche Bildung in der Grundschule. In: İnci Dirim/Paul Mecheril (Hg.): *Migration und Bildung. Soziologische und erziehungswissenschaftliche Schlaglichter.* Münster: Waxmann, 57–77.

Füssenich, Iris/Menz, Mathias (2014): *Sprachliche Bildung, Sprachförderung, Sprachtherapie.* Berlin: Cornelsen.

Gagarina, Natalia (2014): Diagnostik von Erstsprachkompetenzen im Migrationskontext. In: Solveig Chilla/Stefanie Haberzettl (Hg.): *Handbuch Spracherwerb und Sprachentwicklungsstörungen. Mehrsprachigkeit.* München: Elsevier, Urban & Fischer, 73–84.

García, Ofelia (2009): *Bilingual Education in the 21st Century. A Global Perspective.* Malden Mass. u. a.: Wiley-Blackwell.

Garlin, Edgardis (2008): *Die KIKUS-Methode. Ein Leitfaden.* München: Hueber.

Gärtig, Anne-Kathrin/Bauer, Roland/Heinz, Matthias (Hg.) (2018): *Pragmatik – Diskurs – Kommunikation | Pragmatica – discorso – comunicazione. Festschrift für Gudrun Held zum 65. Geburtstag.* Wien: Praesens Verlag.

Gass, Susan M. (2013): *Second language acquisition.* New York: Routledge.

Gasteiger-Klicpera, Barbara (2013): Können wir durch einen ganzheitlichen Ansatz sprachlicher Förderung mehr erreichen als durch Sprachförderprogramme? In: Christa Kieferle/Eva Reichert-Garschhammer/Fabienne Becker-Stoll (Hg.): *Sprachliche Bildung von Anfang an. Strategien, Konzepte und Erfahrungen.* Göttingen: Vandenhoeck & Ruprecht, 249–253.

Gasteiger-Klicpera, Barbara/Knapp, Werner/Kucharz, Diemut (2010): Abschlussbericht der Wissenschaftlichen Begleitung des Programms »Sag' mal was – Sprachförderung für Vorschulkinder«, http://www.sagmalwas-bw.de/fileadmin/Mediendatenbank_DE/Sag_Mal_Was/Dokumente/Abschlussbericht_PH_Weingarten.pdf (12.6.2018).

Geist, Barbara (2014): *Sprachdiagnostische Kompetenz von Sprachförderkräften.* Berlin: de Gruyter.

Geist, Barbara/Krafft, Andreas (2017): *Deutsch als Zweitsprache. Sprachdidaktik für mehrsprachige Klassen.* Tübingen: Narr Verlag.

Generalverwaltung der Max-Planck-Gesellschaft München (Hg.) (1977): *Max-Planck-Gesellschaft Jahrbuch 1977.* Göttingen: Vandenhoeck & Ruprecht.

Genesee, Fred (2005): The capacity of the language faculty: Contributions from studies of simultaneous bilingual acquisition. In: James Cohen/Kara T. McAlister/Kellie Rolstad/Jeff MacSwan (Hg.): *Proceedings of the 4th International Symposium on Bilingualism.* Somerville: Cascadilla Press, 890–901.

Gibbons, Pauline (2003): Mediating language learning. Teacher interactions with ESL students in a content-based classroom. In: *TESOL Quarterly* 37/2, 247–273.

Gibbons, Pauline (²2014): *Scaffolding Language, Scaffolding Learning:. Teaching ESL Children in the Mainstream Classroom.* Portsmouth US: Heinemann.

Glaboniat, Manuela/Müller, Martin/Rusch, Paul/Schmitz, Helen/ Wertenschlag, Lukas (2015): *Profile deutsch. Gemeinsamer europäischer Referenzrahmen; Lernzielbestimmungen, Kannbeschreibungen, kommunikative Mittel, Niveau*

A1 – A2, B1 – B2, C1 – C2 [CD-ROM Version 2.0 mit Begleitbuch]. München: Klett-Langenscheidt.

Glück, Helmut (2002): *Deutsch als Fremdsprache in Europa vom Mittelalter bis zur Barockzeit.* Berlin/New York: de Gruyter.

Glück, Helmut/Morcinek, Bettina (Hg.) (2006): *Ein Franke in Venedig. Das Sprachbuch des Georg von. Nürnberg (1424) und seine Folgen.* Wiesbaden: Harrasowitz.

Gnutzmann, Claus (2005): Neokommunikativer Grammatikunterricht? In: Eva Burwitz-Melzer (Hg.): *Niemals zu früh und selten zu spät: Fremdsprachenunterricht in Schule und Erwachsenenbildung. Festschrift für Jürgen Quetz.* Berlin: Cornelsen, 173–182.

Goebl, Hans (Hg.) (1996): *Kontaktlinguistik 1. Ein internationales Handbuch zeitgenössischer Forschung.* Berlin: de Gruyter.

Gogolin, Ingrid (1994): *Der monolinguale Habitus der multilingualen Schule.* Münster u. a.: Waxmann.

Gogolin, Ingrid (2004): Einsprachige Schule – Mehrsprachige Kinder. In: Verband Binationaler Familien und Partnerschaften, IAF (Hg.): *Vielfalt ist unser Reichtum. Warum Heterogenität eine Chance für die Bildung unserer Kinder ist.* Frankfurt a. M.: Brandes & Apsel, 47–61.

Gogolin, Ingrid (2008a): Förderung von Kindern mit Migrationshintergrund im Elementarbereich. In: *Zeitschrift für Erziehungswissenschaft (ZfE)* 11, 79–90.

Gogolin, Ingrid (2008b): Durchgängige Sprachförderung. In: Christiane Bainski/Marianne Krüger-Potratz (Hg.): *Handbuch Sprachförderung.* Essen: Neue Deutsche Schule, 13–21.

Gogolin, Ingrid (^{2}2008c): Erziehungsziel Mehrsprachigkeit. In: Charlotte Röhner (Hg.): *Erziehungsziel Mehrsprachigkeit.* Weinheim/München: Juventa-Verlag, 13–24.

Gogolin, Ingrid (2009): Zweisprachigkeit und die Entwicklung bildungssprachlicher Fähigkeiten. In: Ingrid Gogolin/Ursula Neumann (Hg.): *Streitfall Zweisprachigkeit.* Wiesbaden: VS Verlag für Sozialwissenschaften, 264–280.

Gogolin, Ingrid (^{2}2010): Sprachstandsdiagnosen. In: Hans J. Krumm/Christian Fandrych/Britta Hufeisen/Claudia Riemer (Hg.): *Deutsch als Fremd- und Zweitsprache. Ein internationales Handbuch.* Berlin: de Gruyter Mouton, 1305–1314.

Gogolin, Ingrid (2013): Verschiedene Betrachtungsweisen. Über das Problem der Evaluation von Modellprojekten im Bildungswesen. In: Nele McElvany/Heinz G. Holtappels (Hg.): *Empirische Bildungsforschung. Theorien, Methoden, Befunde und Perspektiven. Festschrift für Wilfried Bos.* Münster: Waxmann, 205–218.

Gogolin, Ingrid (2017): Sprachliche Bildung als Feld von sprachdidaktischer und erziehungswissenschaftlicher Forschung. In: Michael Becker-Mrotzek/Hans-Joachim Roth (Hg.): *Sprachliche Bildung – Grundlagen und Handlungsfelder.* Münster: Waxmann, 37–53.

Gogolin, Ingrid (2018): Durchgängige sprachliche Bildung als fächerübergreifende Aufgabe. In: Ingrid Gogolin/Viola B. Georgi/Marianne Krüger-Potratz/Drorit Lengyel (Hg.): *Handbuch Interkulturelle Pädagogik.* Stuttgart: Julius Klinkhardt, 474–480.

Gogolin, Ingrid/Dirim, Inci/Klinger, Thorsten/Lange, Imke/Lengyel, Drorit/Michel, Ute/Neumann, Ursula/Reich, Hans H./Roth, Hans-Joachim/Schwippert, Knut (2011): *Förderung von Kindern und Jugendlichen mit Migrationshintergrund FörMig. Bilanz und Perspektiven eines Modellprogramms.* Münster: Waxmann.

Gogolin, Ingrid/Georgi, Viola B./Krüger-Potratz, Marianne/Lengyel, Drorit (Hg.) (2018): *Handbuch Interkulturelle Pädagogik.* Stuttgart: Julius Klinkhardt.

Gogolin, Ingrid/Lange, Imke/Michel, Ute/Reich, Hans H. (Hg.) (2013): *Herausforderung Bildungssprache – und wie man sie meistert.* Münster: Waxmann.

Gogolin, Ingrid/Nauck, Bernhard (Hg.) (2000): *Migration, gesellschaftliche Differenzierung und Bildung. Resultate des Forschungsschwerpunktprogramms FABER.* Opladen: Leske & Budrich.

Gogolin, Ingrid/Neumann, Ursula (Hg.) (2009): *Streitfall Zweisprachigkeit.* Wiesbaden: VS Verlag für Sozialwissenschaften.

Gogolin, Ingrid/Neumann, Ursula/Roth, Hans-Joachim (2003): *Förderung von Kindern und Jugendlichen mit Migrationshintergrund. Gutachten.* Bonn: Bund-Länder-Kommission für Bildungsplanung und Forschungsförderung.

Gogolin, Ingrid/Neumann, Ursula/Roth, Hans-Joachim (Hg.) (2005): *Sprachdiagnostik bei Kindern und Jugendlichen mit Migrationshintergrund. Dokumentation einer Fachtagung am 14. Juli 2004 in Hamburg.* Münster: Waxmann.

Goldbrunner, Elke (2006): *Phonologische Bewusstheit im Rahmen der Sprachentwicklung.* Wien: Praesens-Verlag.

Graefen, Gabriele/Liedke, Martina (^{2}2012): *Germanistische Sprachwissenschaft. Deutsch als Erst-, Zweit- und Fremdsprache (mit CD-Rom).* Tübingen: Francke/utb.

Graefen, Gabriele/Moll, Melanie (2011): *Wissenschaftssprache Deutsch: lesen – verstehen – schreiben. Ein Lehr- und Arbeitsbuch.* Frankfurt a. M.: Peter Lang.

Granato, Mona/Settelmeyer, Anke (2017a): Berufliche Ausbildung von Jugendlichen mit und ohne Migrationshintergrund. Die Bedeutung von Sprache bei Zugang und betrieblicher Ausbildung. In: Elisabetta Terrasi-Haufe/Anke Börsel (Hg.): *Sprachbildung in der beruflichen Bildung.* Münster: Waxmann, 29–57.

Grein, Marion (2013): *Neurodidaktik. Grundlagen für Sprachlehrende.* München: Hueber.

Grießhaber, Wilhelm (2013): Die Profilanalyse für Deutsch als Diagnoseinstrument zur Sprachförderung, https://www.uni-due.de/imperia/md/content/prodaz/griesshaber_profilanalyse_deutsch.pdf (12.5.2018).

Grießhaber, Wilhelm (2017): Die Profilanalyse als Diagnoseinstrument. In: Michael Becker-Mrotzek/Hans-Joachim Roth (Hg.): *Sprachliche Bildung – Grundlagen und Handlungsfelder.* Münster: Waxmann, 211–233.

Grosjean, François (1982): *Life with Two Languages. An Introduction to Bilingualism.* Cambridge, Mass.: Harvard University Press.

Grosjean, François (1985): The bilingual as a competent but specific speaker-hearer. In: *Journal of Multilingual und Multicultural Development* 61/6, 467–477.

Grosjean, François (2008): *Studying Bilinguals.* Oxford: Oxford University Press.

Grosjean, François (2013): Bilingualism. A short introduction. In: François Grosjean/Ping Li (Hg.): *The Psycholinguistics of Bilingualism.* Chichester: Wiley-Blackwell, 5–25.

Grosjean, François (2015): Bicultural bilinguals. In: *International Journal of Bilingualism* 19/5, 572–586.

Grosjean, François/Li, Ping (Hg.) (2013): *The Psycholinguistics of Bilingualism.* Chichester: Wiley-Blackwell.

Grossman, Robin E./San, L. J./Vance, Timothy J. (Hg.) (1975): *Papers from the Parasession on Functionalism. April 17, 1975.* Chicago: Chicago Linguistic Society.

Grote, Maik (2011): *Integration von Zuwanderern:. Die Assimilationstheorie von Hartmut Esser und die Multikulturalismustheorie von Seyla Benhabib im Vergleich.* Bremen.

Groth, Katarina./Egert, Franziska/Sachse, Steffi (2015): *FoSmeK-Broschüre – Begleitforschung zu einem Sprachförderkonzept für mehrsprachige Kinder.* Ulm: ZNL TransferZentrum für Neurowissenschaften und Lernen.

Groth, Katarina./Egert, Franziska/Sachse, Steffi (2017): Wirksamkeit eines additiven Sprachförderkonzepts für mehrsprachige Kinder. In: *Frühe Bildung* 6/2, 74–82.

Grotlüschen, Anke/Riekmann, Wibke (Hg.) (2012): *Funktionaler Analphabetis-*

mus in Deutschland. Ergebnisse der ersten leo, Level-One Studie. Münster: Waxmann.

Guadatiello, Angela (2003): *KIKUS – Sprachförderung Deutsch im Vor- und Grund-schulalter: Projektdokumentation – Linguistische Analysen.* München: Zentrum für kindliche Mehrsprachigkeit e. V.

Gudjons, Herbert ([8]2015): *Handlungsorientiert lehren und lernen. Schüleraktivie-rung – Selbsttätigkeit – Projektarbeit.* Bad Heilbrunn: Verlag Julius Klinkhardt.

Gumperz, John J. (1982): *Discourse Strategies.* Cambridge: Cambridge University Press.

Günther, Britta/Günther, Herbert ([2]2007): *Erstsprache, Zweitsprache, Fremdspra-che.* Weinheim: Beltz.

Günther, Hartmut/Ludwig, Otto (Hg.) (1994): *Schrift und Schriftlichkeit. Ein interdisziplinäres Handbuch internationaler Forschung.* Berlin: de Gruyter.

Gürsoy, Erkan (2010): Language Awareness und Mehrsprachigkeit, https://www.uni-due.de/imperia/md/content/prodaz/la.pdf (13.2.2018).

Guske, Iris (2010): Familial and institutional dependence on bilingual and bicul-tural go-betweens – effects on minority children. In: *mediAzioni* 10, 325–345.

Habermas, Jürgen (1977): Umgangssprache, Wissenschaftssprache, Bildungsspra-che. In: Generalverwaltung der Max-Planck-Gesellschaft München (Hg.): *Max-Planck-Gesellschaft Jahrbuch 1977.* Göttingen: Vandenhoeck & Ruprecht, 36–51.

Haberzettl, Stefanie (2005): *Der Erwerb der Verbstellungsregeln in der Zweitspra-che Deutsch durch Kinder mit russischer und türkischer Muttersprache.* Tübingen: Niemeyer.

Häcki Buhofer, Annelies (2003): *Spracherwerb und Lebensalter.* Tübingen: Francke.

Hagemann, Jörg (Hg.) (2013): *Pragmatischer Standard.* Tübingen: Stauffenburg.

Hall, Tracy A. ([2]2011): *Phonologie. Eine Einführung.* Berlin/New York: de Gruyter.

Haller, William/Portes, Alejandro/Lynch, Scott M. (2011): Dreams fulfilled and shattered. Determinants of segmented assimilation in the second generation. In: *Social Forces: A Scientific Medium of Social Study and Interpretation* 89/3, 733–762.

Hammond, Jenny/Gibbons, Pauline (2005): Putting scaffolding to work:. The contribution of scaffolding in articulating ESL education. In: *Prospect* 20/1, 6–30.

Hans-Bianchi, Barbara/Miglio, Camilla/Pirazzini, Daniela/Vogt, Irene (Hg.) (2013): *Fremdes wahrnehmen, aufnehmen, annehmen. Studien zur deutschen Sprache und Kultur in Kontaktsituationen.* Frankfurt a. M.: Peter Lang.

Hartkopf, Dorothea (2010): *Anhang. Zu: Der Orientierungskurs als neues Hand-lungsfeld des Faches Deutsch als Zweitsprache.* Münster: Waxmann [online].

Hartkopf, Dorothea (2010): *Der Orientierungskurs als neues Handlungsfeld des Faches Deutsch als Zweitsprache.* Münster: Waxmann [online].

Haukås, Åsta/Malmqvist, Anita/Valfridsson, Ingela (2016): Sprachbewusstheit und Fremdsprachenlernen. Inwiefern fördert die Grammatik in skandinavi-schen DaF-Lehrwerken die Sprachbewusstheit der Lernenden? In: *Zeitschrift für Interkulturellen Fremdsprachenunterricht o* 2 [online].

Häuser, Detlef/Jülisch, Bernd-Rüdiger (Hg.) (2003): *Sprechverhalten und Sprach-förderung in der Kita – Ergebnisse eines Modellprojektes des Landes Branden-burg.* Berlin: Netzwerk Integrative Förderung.

Heidelberger Forschungsprojekt »Pidgin-Deutsch spanischer und italienischer Arbeiter in der Bundesrepublik« (Hg.) (1977): *Die ungesteuerte Erlernung des Deutschen durch spanische und italienische Arbeiter.* Oldenburg: Redaktion OBST.

Heinold, Simone (2015): *Tempus, Modus und Aspekt im Deutschen. Ein Studien-buch.* Tübingen: Narr.

Heinrich, Dietmar/Riehl, Claudia M. (2011): Kommunikative Grundhaltung: Ein interkulturelles Paradigma in geschriebenen Texten. In: Csaba Földes (Hg.): *Interkulturelle Linguistik im Aufbruch. Das Verhältnis von Theorie, Empirie und Methode.* Tübingen: Narr, 25–43.

Heller, Monica (2001): Undoing the macro-micro dichotomy. Ideology and categorisation in a linguistic minority school. In: Nikolas Coupland/Srikant Sarangi/Christopher Candlin (Hg.): *Sociolinguistics and Social Theory.* Harlow: Longman, 212–234.

Henne, Helmut (Hg.) (1986): *Sprachnormen in der Diskussion. Beiträge vorgelegt von Sprachfreunden.* Berlin: de Gruyter.

Henrici, Gert/Riemer, Claudia/Arbeitsgruppe Deutsch als Fremdsprache Bielefeld-Jena (Hg.) (1994): *Einführung in die Didaktik des Unterrichts Deutsch als Fremdsprache (mit Videobeispielen).* Baltmannsweiler: Schneider Verlag Hohengehren.

Henrici, Gert e. a. (1994): Kleine Geschichte der Fremdsprachenlehr- und -lernmethoden. In: Gert Henrici/Claudia Riemer/Arbeitsgruppe Deutsch als Fremdsprache Bielefeld-Jena (Hg.): *Einführung in die Didaktik des Unterrichts Deutsch als Fremdsprache (mit Videobeispielen).* Baltmannsweiler: Schneider Verlag Hohengehren, 506–522.

Herrmann, Christoph/Fiebach, Christian (²2007): *Gehirn & Sprache.* Frankfurt a. M.: Fischer.

Hiller, Gundula G./Vogler-Lipp, Stefanie (Hg.) (2010): *Schlüsselqualifikation Interkulturelle Kompetenz an Hochschulen.* Wiesbaden: Verlag für Sozialwissenschaften.

Hlavač, Jim/Stolac, Diana (Hg.) (im Ersch.): *Diaspora Language Contact. The Speech of Croatian Speakers abroad.* Berlin: de Gruyter.

Hoff, Erika/Core, Cynthia (2015): What clinicians need to know about bilingual development. In: *Seminars in Speech and Language* 36/2, 89–99.

Hoffmann, Charlotte/Stavans, Anat (2007): The evolution of trilingual codeswitching from infancy to school age: The shaping of trilingual competence through dynamic language dominance. In: *International Journal of Bilingualism* 11, 55–72.

Hoffmann, Ludger/Ekinci-Kocks, Yüksel (Hg.) (2011): *Sprachdidaktik in mehrsprachigen Lerngruppen. Vermittlungspraxis Deutsch als Zweitsprache.* Baltmannsweiler: Schneider Verlag Hohengehren.

Hoffmann, Ludger/Kameyama, Shinichi/Rieder, Monika/Şahiner, Pembe/Wulff, Nadja (Hg.) (2017): *Deutsch als Zweitsprache. Ein Handbuch für die Lehrerausbildung.* Berlin: Erich Schmidt Verlag.

Hofmann, Nicole/Polotzek, Silvana/Roos, Jeanette/Schöler, Hermann (2008): Sprachförderung im Vorschulalter – Evaluation dreier Sprachförderkonzepte. In: *Diskurs Kindheits- und Jugendforschung* 3, 291–300.

Holmberg, Andreas (2015): Verb second. In: Tibor Kiss/Artemis Alexiadou (Hg.): *Syntax – Theory and Analysis.* Berlin: de Gruyter, 342–382.

Hölscher, Petra (2003): *Lernszenarien. Ein neuer Weg, der Lust auf Schule macht.* Teil 1: Vorkurs Deutsch lernen vor Schulbeginn. Oberursel: Finken.

Hölscher, Petra (²2007): Lernszenarien. Sprache kann nicht gelehrt werden, sondern nur gelernt werden. In: Bernt Ahrenholz (Hg.): *Kinder mit Migrationshintergrund. Spracherwerb und Fördermöglichkeiten.* Freiburg i. Br.: Fillibach, 151–168.

Hölscher, Petra/Piepho, Hans-Eberhard (2003, 2004, 2005): DaZ Lernen aus dem Koffer. Lernszenarien für Deutsch als Zweitsprache. 3 Koffer für die Grundschule, 3 Koffer für die weiterführenden Schulen. Oberursel: Finken.

Hölscher, Petra/Pipho, Hans-Eberhard/Roche, Jörg (2016): Handlungsorientierter Unterricht mit Lernszenarien. Kernfragen zum Spracherwerb. In: ISB Bayern (Hg.): *Lehrplan für die Berufsschule und Berufsfachschule. Unterrichtsfach: Deutsch.* Oberursel: Finken.

Holzbrecher, Alfred/Over, Ulf (Hg.) (2015): *Handbuch interkulturelle Schulentwicklung*. Weinheim: Beltz.

Hornberg, Sabine (Hg.) (2011): *Mehrsprachigkeit, Chance oder Hürde beim Schriftspracherwerb? Empirische Befunde und Beispiele guter Praxis*. Berlin: Deutsche Gesellschaft für Lesen und Schreiben.

Hornberger, Nancy H. (²2010): Language shift and language revitalization. In: Robert B. Kaplan (Hg.): *The Oxford Handbook of Applied Linguistics*. New York: Oxford University Press, 365–373.

Hou, Shumeng/So, Wing C. (2014): Gestures in China: Universal and culturally specific characteristics. In: Cornelia Müller (Hg.): *Body – Language – Communication. An International Handbook on Multimodality in Human Interaction*. Berlin/Boston, Mass.: de Gruyter, 1233–1240.

House, Juliane (²2010): Übersetzen und Sprachmitteln. In: Hans J. Krumm/Christian Fandrych/Britta Hufeisen/Claudia Riemer (Hg.): *Deutsch als Fremd- und Zweitsprache. Ein internationales Handbuch*. Berlin: de Gruyter Mouton, 323–331.

Hufeisen, Britta (2010): Theoretische Fundierung multiplen Sprachenlernens. Faktorenmodell 2.0. In: *Jahrbuch Deutsch als Fremdsprache 36*, 200–207.

Hufeisen, Britta/Neuner, Gerhard (Hg.) (2003): *Mehrsprachigkeitskonzept – Tertiärsprachenlernen – Deutsch nach Englisch*. Strasbourg: Europarat.

Hulk, Aafke/Müller, Natascha (2000): Bilingual first language acquisition at the interface between syntax and pragmatics. In: *Bilingualism: Language and Cognition 3/3*, 227–244.

Huneke, Hans-Werner/Steinig, Wolfgang (⁶2013): *Deutsch als Fremdsprache. Eine Einführung*. Berlin: Erich Schmidt Verlag.

Hunfeld, Hans/Neuner, Gerhard (1993): *Methoden des fremdsprachlichen Deutschunterrichts*. Berlin: Langenscheidt.

Igla, Birgit/Stolz, Thomas (Hg.) (2001): »*Was ich noch sagen wollte …*«. *A multilingual Festschrift for Norbert Boretzky on Occasion of his 65th Birthday*. Berlin: Akademie Verlag.

Institut der Deutschen Wirtschaft Köln (2016): Vom Recht auf Schulbildung. 15.6.2016, https://www.iwd.de/artikel/vom-recht-auf-schul-bildung-286616/ (11.2.2018).

Institut für Rechtspolitik, Universität Trier (Hg.) (2010): *Jahrbuch Bitburger Gespräche*. Stuttgart: C. H. Beck.

Isurin, Ludmila/Riehl, Claudia M. (Hg.) (2017): *Integration, Identity and Language Maintenance in Young Immigrants. Russian Germans or German Russians*. Amsterdam/Philadelphia: John Benjamins.

James, Carl/Garrett, Peter (1992): *Language Awareness in the Classroom*. London/New York: Longman.

Jampert, Karin (2002): *Schlüsselsituation Sprache. Spracherwerb im Kindergarten unter besonderer Berücksichtigung des Spracherwerbs bei mehrsprachigen Kindern*. Opladen: Springer.

Jampert, Karin/Best, Petra/Guadatiello, Angela/Holler, Doris/Zehnbauer, Anne (Hg.) (2005): *Schlüsselkompetenz Sprache. Sprachliche Bildung und Förderung im Kindergarten*. Berlin: Das Netz.

Jampert, Karin/Zehnbauer, Anne/Best, Petra/Sens, Andrea/Leukefeld, Kerstin/Laier, Mechthild (Hg.) (2009): *Kinder-Sprache stärken! Sprachliche Förderung in der Kita: Das Praxismaterial*. Weimar: Verlag das Netz.

Jank, Werner/Meyer, Hilbert (¹¹2014): *Didaktische Modelle* [alle Schulformen]. Berlin: Cornelsen.

Jaspers, Jürgen/Östman, Jan-Ola/Verschueren, Jef (Hg.) (2010): *Society and Language Use*. Amsterdam/Philadelphia: John Benjamins.

Jessner, Ulrike (2006): *Linguistic Awareness in Multilinguals. English as a Third Language.* Edinburgh: Edinburgh University Press.

Jeuk, Stefan (2006): Sprachstandsmessung bei Kindern nichtdeutscher Herkunftssprache zum Zeitpunkt der Einschulung. In: *Didaktik Deutsch* 20, 52–69.

Jeuk, Stefan (2009): Sprachstandserhebung bei mehrsprachigen Kindern. In: *Zeitschrift für Soziologie der Erziehung und Sozialisation* 29/2, 141–156.

Jeuk, Stefan (²2011): *Erste Schritte in der Zweitsprache Deutsch. Eine empirische Untersuchung zum Zweitspracherwerb türkischer Migrantenkinder in Kindertageseinrichtungen.* Freiburg i. Br.: Fillibach.

Jeuk, Stefan (³2015): *Deutsch als Zweitsprache in der Schule.* Stuttgart: Kohlhammer.

Jeuk, Stefan/Schäfer, Joachim (Hg.) (2012): *Deutsch als Zweitsprache in Kindertageseinrichtungen und Schulen.* Stuttgart: Fillibach bei Klett.

Jia, Gisela/Aaronson, Doris (2003): A Longitudinal Study of Chinese Children and Adolescents Learning English in the United States. In: *Applied Psycholinguistics* 24, 131–161.

Jungmann, Tanja/Albers, Timm (2013): *Frühe sprachliche Bildung und Förderung. Mit 7 Tabellen; mit Online-Materialien.* München/Basel: E. Reinhardt.

Kaiser, Sofia (2015): *Mehrschriftlichkeit: Die Korrelation von Kulturspezifik und Schreibkompetenz. Textanalyse zweisprachiger Schüler mit Griechisch als L1.* Unveröffentlichte Masterarbeit. LMU München: Institut für Deutsch als Fremdsprache.

Kalkavan-Aydın, Zeynep (2016): Mehrsprachige Ressourcennutzung in interaktiven Bilderbuchrezeptionen. In: Peter Rosenberg/Christoph Schroeder (Hg.): *Mehrsprachigkeit als Ressource in der Schriftlichkeit.* Berlin: de Gruyter, 25–54.

Kammermeyer, Gisela/Roux, Susanna (2013): Sprachbildung und Sprachförderung. In: Margrit Stamm (Hg.): *Handbuch frühkindlicher Bildungsforschung.* Wiesbaden: Springer VS, 515–528.

Kammermeyer, Gisela/Roux, Susanna/King, Sarah/Metz, Astrid (2014): *Mit Kindern im Gespräch. Strategien zur sprachlichen Bildung von Kleinkindern in Kindertageseinrichtungen.* Donauwörth: Auer.

Kammermeyer, Gisela/Roux, Susanna/Stuck, Andrea (2013): Was wirkt wie? Evaluation von Sprachfördermaßnahmen in Rheinland – Pfalz. Abschlussbericht, https://www.uni-koblenz-landau.de/de/landau/fb5/bildung-kind-jugend/ paedagogik-der-fruehen-kindheit/forschung/beendete-projekte/was-wirkt-wie/poster.pdf (12.6.2018).

Kany, Werner/Schöler, Hermann (2010): *Fokus: Sprachdiagnostik. Leitfaden zur Sprachstandsbestimmung im Kindergarten.* Berlin: Cornelsen.

Kany, Werner/Schöler, Hermann (2014): Ursachen einer spezifischen Sprachentwicklungsstörung. In: A. Fox-Boyer (Hg.): *Handbuch Spracherwerb und Sprachentwicklungsstörungen. Kindergartenphase.* München: Elsevier, 101–116.

Kaplan, Robert B. (1972): *The Anatomy of Rhetoric: Prolegomena to a Functional Theory of Rhetoric. Essays for Teachers.* Philadelphia: Center for curriculum development.

Kaplan, Robert B. (Hg.) (²2010): *The Oxford Handbook of Applied Linguistics.* New York: Oxford University Press.

Kaufmann, Susan (²2010): Curriculumentwicklung und Lehrziele DaZ in der Erwachsenenbildung. In: Hans J. Krumm/Christian Fandrych/Britta Hufeisen/ Claudia Riemer (Hg.): *Deutsch als Fremd- und Zweitsprache. Ein internationales Handbuch.* Berlin: de Gruyter Mouton, 1096–1105.

Kaufmann, Susan/Zehnder, Erich/Vanderheiden, Elisabeth/Frank, Winfried (Hg.) (2007): *Fortbildung für Kursleitende Deutsch als Zweitsprache.* Bd. 1: *Migration – Interkulturalität – DaZ.* Ismaning: Hueber.

Kaufmann, Susan/Zehnder, Erich/Vanderheiden, Elisabeth/Frank, Winfried (Hg.) (2009): *Zielgruppenorientiertes Arbeiten.* Ismaning: Hueber.

Kauschke, Christina (2000): *Der Erwerb des frühkindlichen Lexikons.* Tübingen: Narr.

Kayser, Hortencia (1987): A Study of Three Mexican-American Children Labeled Language-Disordered. In: *The Journal of the National Association for Bilingual Education* 12/1, 1–22.

Keenan, Edward L./Dryer, Matthew S. (2007): Passive in the world's languages. In: Timothy Shopen (Hg.): *Language Typology and Syntactic Description.* Cambridge: Cambridge University Press, 325–361.

Keim, Inken (2012): *Mehrsprachige Lebenswelten. Sprechen und Schreiben der türkischstämmigen Kinder und Jugendlichen.* Tübingen: Narr.

Kendon, Adam (2004): *Gesture. Visible Action as Utterance.* Cambridge: Cambridge University Press.

Kern, Friederike (2013): *Rhythmus und Kontrast im Türkischdeutschen.* Berlin: de Gruyter.

Kern, Friederike/Selting, Margret (Hg.) (2011): *Ethnic Styles of Speaking in European Metropolitan Areas.* Amsterdam/Philadelphia: John Benjamins.

Kessel, Katja/Reimann, Sandra (2005): *Basiswissen Deutsche Gegenwartssprache. Eine Einführung.* Stuttgart: UTB GmbH.

Kharkhurin, Anatoliy V. (2012): *Multilingualism and Creativity.* Bristol: Multilingual Matters.

Kieferle, Christa/Reichert-Garschhammer, Eva/Becker-Stoll, Fabienne (Hg.) (2013): *Sprachliche Bildung von Anfang an. Strategien, Konzepte und Erfahrungen.* Göttingen: Vandenhoeck & Ruprecht.

Kiss, Tibor/Alexiadou, Artemis (Hg.) (2015): *Syntax – Theory and Analysis.* Berlin: de Gruyter.

Kita, Sotaro (2009): Cross-cultural variation of speech-accompanying gesture. A review. In: *Language and Cognitive Processes* 24/2, 145–167.

Kita, Sotaro/Ide, Sachiko (2007): Nodding, aizuchi, and final particles in Japanese conversation. How conversation reflects the ideology of communication and social relationships. In: *Journal of Pragmatics* 39/7, 1242–1254.

Kita, Sotaro/Özyürek, Asli (2003): What does cross-linguistic variation in semantic coordination of speech and gesture reveal? Evidence for an interface representation of spatial thinking and speaking. In: *Journal of Memory and Language* 48/1, 16–32.

Klaus, Tobias/Millies, Marc (2017): Recherche zur Bildungssituation von Flüchtlingen in Deutschland. Forschungsgruppe Modellprojekte e. V. (FGM) c/o Stiftungs- und Fördergemeinschaft Modellprojekte, Bundesfachverband unbegleitete minderjährige Flüchtlinge BumF e. V., Flüchtlingsrat Bremen, http://www.b-umf.de/images/Recherche_Bildung.pdf (12.6.2018).

Klein, Wolfgang/Dittmar, Norbert (1979): *Developing Grammars. The Acquisition of German Syntax by Foreign Workers.* Berlin: Springer.

Kleissendorf, Barbara/Schulz, Petra (2010): Sprachstandserhebung zweisprachiger Kinder in der Praxis am Beispiel Hessens. In: Martina Rost-Roth (Hg.): *DaZ-Spracherwerb und Sprachförderung Deutsch als Zweitsprache.* Freiburg i. Br.: Fillibach, 143–161.

Kleppin, Karin./Königs, Frank G. (1991): *Der Korrektur auf der Spur. Beobachtungen und Analysen zum mündlichen Korrekturverhalten von Fremdsprachenlehrern.* Bochum: Brockmeyer.

Klieme, Eckhard/Beck, Bärbel (Hg.) (2007): *Sprachliche Kompetenzen. Konzepte und Messungen.* DESI-Studie (Deutsch Englisch Schülerleistungen International). Weinheim: Beltz.

Knabe, Kristin (2007): *Fremdsprachen effektiver lernen mit Gestik?* Frankfurt a. M.: Peter Lang.

Knapp, Annelie (⁴2013): Interkulturelle Kompetenz: eine sprachwissenschaftliche Perspektive. In: Georg Auernheimer (Hg.): *Interkulturelle Kompetenz und pädagogische Professionalität.* Wiesbaden: Springer VS, 85–104.

Knapp, Karlfried/Antos, Gerd/Becker-Mrotzek, Michael/Deppermann, Arnulf/ Göpferich, Susanne/Grabowski, Joachim/Klemm, Michael/Villiger, Claudia (Hg.) (^{3}2011): *Angewandte Linguistik*. Tübingen: Francke.

Knapp, Werner (1997): *Schriftliches Erzählen in der Zweitsprache*. Tübingen: Niemeyer.

Knapp, Werner (^{3}2017): Didaktische Konzepte Deutsch als Zweitsprache. In: Bernt Ahrenholz/Ingelore Oomen-Welke (Hg.): *Deutsch als Zweitsprache*. Baltmannsweiler: Schneider Verlag Hohengehren, 133–148.

Knapp, Werner/Kucharz, Diemut/Gasteiger-Klicpera, Barbara (2010): *Sprache fördern im Kindergarten. Umsetzung wissenschaftlicher Erkenntnisse in die Praxis*. Weinheim: Beltz.

Knapp-Potthoff, Annelie/Liedke, Martina (Hg.) (1997): *Aspekte interkultureller Kommunikationsfähigkeit*. München: iudicium.

Kniffka, Gabriele/Siebert-Ott, Gesa (^{3}2012): *Deutsch als Zweitsprache. Lehren und lernen*. Paderborn: Schöningh/utb.

Koch, Peter/Oesterreicher, Wulf (1994): Schriftlichkeit und Sprache. In: Hartmut Günther/Otto Ludwig (Hg.): *Schrift und Schriftlichkeit. Ein interdisziplinäres Handbuch internationaler Forschung*. Berlin: de Gruyter, 587–604.

Koch, Peter/Oesterreicher, Wulf (2007): Schriftlichkeit und kommunikative Distanz. In: *Zeitschrift für germanistische Linguistik* 35/3, 346–375.

Kochinka, Alexander (2010): Beobachtung. In: Günter Mey/Katja Mruck (Hg.): *Handbuch Qualitative Forschung in der Psychologie*. Wiesbaden: VS Verlag für Sozialwissenschaften, 449–461.

Köpcke, Klaus-Michael/Ziegler, Arne (Hg.) (2015): *Deutsche Grammatik in Kontakt*. Berlin: de Gruyter.

Korntheuer, Annette/Pritchard, Paul/Maehler, Débora B. (Hg.) (2017): *Structural Context of Refugee Integration in Canada and Germany*. Köln: Leibniz-Institut für Sozialwissenschaften (GESIS).

Kraus, Karoline (2005): Dialogisches Lesen – neue Wege der Sprachförderung im Kindergarten und Familie. In: Susanna Roux (Hg.): *PISA und die Folgen. Bildung im Kindergarten; Grundlagen, Materialien, Perspektiven*. Landau: Verlag Empirische Pädagogik, 109–129.

Krefeld, Thomas (2004): *Einführung in die Migrationslinguistik. Von der Germania italiana in die Romania multipla*. Tübingen: Narr.

Krefeld, Thomas (2010): The consequences of migration and colonialism III. New minorities. In: Peter Auer/Jürgen E. Schmidt (Hg.): *Language and Space. An International Handbook of Linguistic Variation. Volume 1: Theories and Methods*. Berlin: de Gruyter, 468–478.

Kretzenbacher, Heinz L. (2010): »Man ordnet ja bestimmte Leute irgendwo ein für sich ...« Anrede und soziale Deixis. In: *Deutsche Sprache* 1, 1–18.

Krings, Hans P. (^{6}2016): Schreiben. In: Eva Burwitz-Melzer/Grit Mehlhorn/Claudia Riemer/Karl-Richard Bausch/Hans-Jürgen Krumm (Hg.): *Handbuch Fremdsprachenunterricht*. Tübingen: Francke/utb, 107–111.

Kroskrity, Paul V. (2006): Language ideologies. In: Alessandro Duranti (Hg.): *A Companion to Linguistic Anthropology*. Oxford: Wiley-Blackwell, 496–517.

Kroskrity, Paul V. (2010): Language ideologies. Evolving perspectives. In: Jürgen Jaspers/Jan-Ola Östman/Jef Verschueren (Hg.): *Society and Language Use*. Amsterdam/Philadelphia: John Benjamins, 192–211.

Krumm, Hans J./Fandrych, Christian/Hufeisen, Britta/Riemer, Claudia (Hg.) (^{2}2010): *Deutsch als Fremd- und Zweitsprache. Ein internationales Handbuch*. Berlin: de Gruyter Mouton.

Krumm, Hans-Jürgen (2005): Was kann eine Sprachdiagnostik bei Kindern und Jugendlichen mit Migrationshintergrund leisten? In: Ingrid Gogolin/Ursula Neumann/Hans-Joachim Roth (Hg.): *Sprachdiagnostik bei Kindern und Jugendlichen mit Migrationshintergrund. Dokumentation einer Fachtagung am 14. Juli 2004 in Hamburg*. Münster: Waxmann, 97–107.

Krumm, Hans Heinrich/Barkowski, Hans (Hg.) (2010): *Fachlexikon Deutsch als Fremd- und Zweitsprache.* Stuttgart: Francke/utb.

Kucharz, Diemut/Mackowiak, Katja/Beckerle, Christine (2015): *Alltagsintegrierte Sprachförderung.* Weinheim: Beltz.

Kühn, Peter (Hg.) (1996): *Hörverstehen im Unterricht Deutsch als Fremdsprache:. theoretische Fundierung und unterrichtliche Praxis.* Frankfurt a. M.: Peter Lang.

Küppers, Almut/Schroeder, Christoph/Gülbeyaz, Esin (2014): Languages in transition. The situation of Turkish in formal education in Germany, http://ipc.sabanciuniv.edu/wp-content/uploads/2014/10/SEPTEMBER-2014-ALMUT-KUPPERS.pdf (12.6.2018).

Labov, William (1973): The boundaries of words and their meanings. In: Charles-James N. Bailey/Roger W. Shuy (Hg.): *New Ways of Analyzing Variation in English.* Washington D. C.: Georgetown University Press, 340–373.

Lakshmanan, Usha (2009): Child second language acquisition. In: William C. Ritchie/Tej K. Bhatia (Hg.): *The New Handbook of Second Language Acquisition.* Bingley: Emerald, 377–400.

Lamparter-Posselt, Margarte/Jeuk, Stefan (2017): Deutsch als Zweitsprache im Kindergarten. In: Bernt Ahrenholz/Ingelore Oomen-Welke (Hg.): *Deutsch als Zweitsprache.* Baltmannsweiler: Schneider Verlag Hohengehren, 149–161.

Lange, Imke/Gogolin, Ingrid (2010): *Durchgängige Sprachbildung. Eine Handreichung.* Münster/New York, NY/München/Berlin: Waxmann.

Lee, He-Jeong/Jahn, Markus/Tietze, Wolfgang (2014): Summative Evaluation. In: Baden-Württemberg Stiftung (Hg.): *Sag' mal was – Sprachliche Bildung für Kleinkinder.* Tübingen: Francke, 93–123.

Lehner, Martin (2009): *Allgemeine Didaktik.* Bern: Haupt/utb.

Leisen, Josef (2015): Integrierte Sprach(en)didaktik. Sprache lernen und lehren in allen Fächern. In: *IDE Informationen zur Deutschdidaktik* 39/4, 126–132.

Leisen, Josef (2017): *Handbuch Fortbildung Sprachförderung im Fach. Sprachsensibler Fachunterricht in der Praxis.* Stuttgart: Ernst Klett Sprachen.

Lengyel, Drorit (2007): Sprachdiagnostik bei mehrsprachigen Kindern – Zur Leistungsfähigkeit sprachheilpädagogischer Instrumente und Verfahren. In: Hans H. Reich/Hans-Joachim Roth/Ursula Neumann (Hg.): *Sprachdiagnostik im Lernprozess. Verfahren zur Analyse von Sprachständen im Kontext von Zweisprachigkeit.* Münster/München: Waxmann, 95–113.

Lengyel, Drorit (2012): *Sprachstandfeststellung bei mehrsprachigen Kindern im Elementarbereich. WiFF-Expertise 29.* München: Deutsches Jugendinstitut (DJI).

Lenz, Friedrich (Hg.) (2009): *Schlüsselqualifikation Sprache. Anforderungen – Standards – Vermittlung* [38. Jahrestagung der Gesellschaft für Angewandte Linguistik]. Frankfurt a. M.: Peter Lang.

Lewek, Mirjam/Laber, Adam (2017): Kindheit im Wartezustand. Studie zur Situation von Kindern und Jugendlichen in Flüchtlingsunterkünften in Deutschland, https://www.unicef.de/blob/137704/053ab16048c3f443736c4047694cc5d1/studie--kindheit-imwartezustand-data.pdf (12.6.2018).

Li, Ping (2013): Successive language acquisition. In: François Grosjean/Ping Li (Hg.): *The Psycholinguistics of Bilingualism.* Chichester: Wiley-Blackwell, 145–167.

Liedke, Martina (1997): Institution und Interkultur. In: Annelie Knapp-Potthoff/Martina Liedke (Hg.): *Aspekte interkultureller Kommunikationsfähigkeit.* München: iudicium, 153–178.

Liedke, Martina (1999): Interkulturelles Lernen in Lehrwerken Deutsch als Fremdsprache. In: Hans Barkowski/Armin Wolff (Hg.): *Alternative Vermittlungsmethoden und Lernformen auf dem Prüfstand. Wissenschaftssprache – Fachsprache. Landeskunde aktuell. Interkulturelle Begegnungen – Interkulturelles Lernen.* Regensburg: FaDaF, 552–577.

Liedke, Martina (2007): Was für eine Frage? Intonatorische Strukturen als Lernproblem für Deutsch als Fremdsprache. In: Angelika Redder (Hg.): *Diskurse und Texte. Festschrift für Konrad Ehlich zum 65. Geburtstag.* Tübingen: Stauffenburg.

Liedke, Martina (2008): Kulturkontrastive Bedeutungsvermittlung. In: *Der Deutschunterricht* 5, 37–45.

Liedke, Martina (2010a): Linguistic Commmunity Training. In: Gundula G. Hiller/ Stefanie Vogler-Lipp (Hg.): *Schlüsselqualifikation Interkulturelle Kompetenz an Hochschulen.* Wiesbaden: Verlag für Sozialwissenschaften, 135–155.

Liedke, Martina (²2010b): Vermittlung der Sprechfertigkeit. In: Hans J. Krumm/ Christian Fandrych/Britta Hufeisen/Claudia Riemer (Hg.): *Deutsch als Fremd- und Zweitsprache. Ein internationales Handbuch.* Berlin: de Gruyter Mouton, 983–991.

Liedke, Martina (2013): Mit Transkripten Deutsch lernen. In: Sandro M. Moraldo/ Federica Missaglia (Hg.): *Gesprochene Sprache im DaF-Unterricht. Grundlagen, Ansätze, Praxis.* Heidelberg: Universitäts Verlag Winter, 243–266.

Liedke, Martina (2016): Sprachmitteln im DaF/DaZ-Unterricht – Lernziele, Aufgabentypen, Perspektiven. In: Regina Freudenfeld/Ursula Gross-Dinter/Tobias Schickhaus (Hg.): *In Sprachwelten über-setzen. Beiträge zur Wirtschaftskommunikation, Kultur- und Sprachmittlung in DaF und DaZ.* Göttingen: Universitätsverlag, 53–75.

Liedke, Martina/Redder, Angelika/Scheiter, Susanne (2002): Interkulturelles Handeln lehren. In: Gisela Brünner/Reinhard Fiehler/Walther Kindt (Hg.): *Angewandte Gesprächsforschung.* Radolfzell: Verlag für Gesprächsforschung, 148– 179.

Lisker, Andrea (2010): *Sprachstandsfeststellung und Sprachförderung. WiFF-Expertise 1.* München: Deutsches Jugendinstitut (DJI).

Lisker, Andrea (2011): *Additive Maßnahmen zur vorschulischen Sprachförderung in den Bundesländern. Expertise im Auftrag des Deutschen Jugendinstituts.* München.

List, Gudula (2005): Zur Anbahnung mehr- und quersprachiger Kompetenzen in vorschulischen Bildungseinrichtungen. In: Karin Jampert/Petra Best/Angela Guadatiello/Doris Holler/Anne Zehnbauer (Hg.): *Schlüsselkompetenz Sprache. Sprachliche Bildung und Förderung im Kindergarten.* Berlin: Das Netz, 29–32.

Lochner, Susanne/Büttner, Tobias/Schuller, Karin (2013): *Das Integrationspanel. Langfristige Integrationsverläufe von ehemaligen Teilnehmenden an Integrationskursen.* Nürnberg: BAMF.

Löffler, Cordula/Korfkamp, Jens (Hg.) (2016): *Handbuch zur Alphabetisierung und Grundbildung Erwachsener.* Münster/New York: Waxmann/utb.

Löffler, Cordula/Vogt, Franziska (Hg.) (2015): *Strategien der Sprachförderung im Kita-Alltag.* München: Reinhardt.

Löser, Jessica/Woerfel, Till (2017): Herkunftssprachenunterricht in Deutschland, Österreich und der Schweiz. In: Bernt Ahrenholz/Ingelore Oomen-Welke (Hg.): *Deutsch als Zweitsprache.* Baltmannsweiler: Schneider Verlag Hohengehren, 577–589.

Lovic, Thomas (1996): Total Physical Response:. Beschreibung und Beurteilung einer innovativen Methode. In: *Fremdsprachen Lehren und Lernen,* 38–49.

Lozanov, Georgi (1971): *Sugestologia.* Sofia: Nauka i izkustvo.

Lozanov, Georgi (⁷1992): *Suggestology and Outlines of Suggestopedy.* London: Gordon & Breach Science Publishers.

Luchtenberg, Sigrid (1994): Zur Bedeutung von Language Awareness-Konzeptionen für die Didaktik des Deutschen als Fremd- und Zweitsprache. In: *Zeitschrift für Fremdsprachenforschung* 1, 1–25.

Lüddecke, Julian/Luchtenberg, Sigrid: PISA und die Folgen aus Sicht interkultureller Erziehung. In: Abraham et al. (Hg.): *Deutschdidaktik nach PISA,* 309– 329.

Lüdi, Georges (2011): Neue Herausforderungen an eine Migrationslinguistik im Zeichen der Globalisierung. In: Thomas Stehl (Hg.): *Sprachen in mobilisierten Kulturen. Aspekte der Migrationslinguistik.* Potsdam: Universitätsverlag, 15–38.

Lutjeharms, Madeline ([2]2010): Vermittlung der Lesefertigkeit. In: Hans J. Krumm/Christian Fandrych/Britta Hufeisen/Claudia Riemer (Hg.): *Deutsch als Fremd- und Zweitsprache. Ein internationales Handbuch.* Berlin: de Gruyter Mouton, 976–983.

Lütke, Beate (2011): *Deutsch als Zweitsprache in der Grundschule.* Berlin [u. a.]: de Gruyter.

Maas, Utz (2008): *Sprache und Sprachen in der Migrationsgesellschaft. Die schriftkulturelle Dimension.* Göttingen: V & R Unipress.

Maddieson, Ian (1984): *Patterns of Sounds.* Cambridge: Cambridge University Press.

Mannhard, Anja/Braun, Wolfgang G. (2008): *Sprache erleben – Sprache fördern. Praxisbuch für ErzieherInnen.* München/Basel: E. Reinhardt.

Markov, Stefan/Scheithauer, Christiane/Schramm, Karen (2015): *Lernberatung für Teilnehmende in DaZ-Alphabetisierungskursen. Handreichung für Lernberatende und Lehrkräfte.* Münster: Waxmann.

Markovic, Ilka (2016): *Spracherhalt in der dritten Generation bei kroatischen Migranten.* Unveröffentlichte Magisterarbeit. LMU München: Institut für Deutsch als Fremdsprache.

Massumi, Mona/Dewitz, Nora von/Grießbach, Johanna/Terhart, Henrike/Wagner, Katarina/Hippmann, Kathrin/Altinay, Lale (2015): *Neu zugewanderte Kinder und Jugendliche im deutschen Schulsystem. Bestandsaufnahme und Empfehlungen.* Köln: Mercator Institut für Sprachförderung und Deutsch als Zweitsprache.

Matzner, Michael (Hg.) (2012): *Handbuch Migration und Bildung.* Weinheim/Basel: Beltz.

Mayer, Mercer (1969): *Frog, Where Are You?* New York: Penguin Random House.

McElvany, Nele/Holtappels, Heinz G. (Hg.) (2013): *Empirische Bildungsforschung. Theorien, Methoden, Befunde und Perspektiven. Festschrift für Wilfried Bos.* Münster: Waxmann.

McNeill, David (1992): *Hand and Mind. What Gestures Reveal about Thought.* Chicago: University of Chicago Press.

Mecheril, Paul (Hg.) (2016): *Handbuch Migrationspädagogik.* Weinheim/Basel: Beltz.

Mecheril, Paul/Castro Varela, Maria do Mar/Dirim, Inci/Kalpaka, Annita/Melter, Claus (Hg.) (2010): *Bachelor/Master: Migrationspädagogik.* Weinheim/Basel: Beltz.

Mehlem, Ulrich (2011): Freie Schreibungen von Erstklässlern in Deutsch und Türkisch. Schriftspracherwerb unter den Bedingungen von Mehrsprachigkeit. In: Sabine Hornberg (Hg.): *Mehrsprachigkeit, Chance oder Hürde beim Schriftspracherwerb? Empirische Befunde und Beispiele guter Praxis.* Berlin: Deutsche Gesellschaft für Lesen und Schreiben, 112–135.

Mehlem, Ulrich/Maas, Utz (2003): *Schriftkulturelle Ressourcen und Barrieren bei marokkanischen Kindern in Deutschland (Abschlußbericht zu einem Projekt der VolkswagenStiftung).* Osnabrück: IMIS.

Mehlem, Ulrich/Mochalova, Maria/Spaude, Magdalena (2013): Schreiben in der Herkunftssprache bei russischen und polnischen Schülern in Deutschland – graphematischer Transfer und Exploration phonologischer Differenz. In: Jürgen Erfurt (Hg.): *Mehrsprachigkeit und Mehrschriftigkeit. Sprachliches Handeln in der Schule.* Duisburg: Universitätsverlag Rhein-Ruhr, 173–193.

Mercator-Institut für Sprachförderung und Deutsch als Zweitsprache (2013): *Qua-*

litätsmerkmale für Sprachstandsverfahren im Elementarbereich. Ein Bewertungsrahmen für fundierte Sprachdiagnostik in der Kita. Köln.

Messling, Markus/Läpple, Dieter/Trabant, Jürgen (Hg.) (2011): Stadt und Urbanität. Transdisziplinäre Perspektiven. Berlin: Kulturverlag Kadmos.

Mey, Günter/Mruck, Katja (Hg.) (2010): Handbuch Qualitative Forschung in der Psychologie. Wiesbaden: VS Verlag für Sozialwissenschaften.

Meyer-Ingwersen, Johannes/Neumann, Rosemarie/Kummer, Matthias (²1981): Zur Sprachentwicklung türkischer Schüler in der Bundesrepublik. Berlin: Cornelsen.

Michalak, Magdalena/Lemke, Valerie/Goeke, Marius (2015): Sprache im Fachunterricht:. Eine Einführung in Deutsch als Zweitsprache und sprachbewussten Unterricht. Tübingen: Narr.

Michler, Christine/Reimann, Daniel (Hg.) (2016): Sehverstehen im Fremdsprachenunterricht. Tübingen: Narr.

Mohr, Imke (²2010): Vermittlung der Schreibfertigkeit. In: Hans J. Krumm/Christian Fandrych/Britta Hufeisen/Claudia Riemer (Hg.): Deutsch als Fremd- und Zweitsprache. Ein internationales Handbuch. Berlin: de Gruyter Mouton, 992–999.

Moll, Melanie/Thielmann, Winfried (2016): Wissenschaftliches Deutsch. Wie es geht und worauf es dabei ankommt. Konstanz: UVK/utb.

Montanari, Elke (¹⁰2014): Mit zwei Sprachen groß werden. München: Kösel.

Montanari, Elke (2015): Sprachliche Handlungsbedarfe von Lernenden in Integrationskursen. In: Zielsprache Deutsch 1, 25–41.

Montgomery, James W./Magimairaj, Beula M./Finney, Mianisha C. (2010): Working Memory and Specific Language Impairment. Un update on the relation and perspective on assessment and treatment. In: American Journal of Speech-Language Pathology 19, 78–94.

Montrul, Silvina (2008): Incomplete Acquisition in Bilingualism. Re-Examining the Age Factor. Amsterdam/Philadelphia: John Benjamins.

Moosbrugger, Helfried/Kelava, Augustin (²2012): Qualitätsanforderungen an einen psychologischen Test (Testgütekriterien). In: Dies.: Testtheorie und Fragebogenkonstruktion. Berlin: Springer, 7–26.

Moosbrugger, Helfried/Kelava, Augustin (Hg.) (²2012): Testtheorie und Fragebogenkonstruktion. Berlin: Springer.

Moraldo, Sandro M./Missaglia, Federica (Hg.) (2013): Gesprochene Sprache im DaF-Unterricht. Grundlagen, Ansätze, Praxis. Heidelberg: Universitäts Verlag Winter.

Morris-Lange, Simon/Wagner, Katarina/Altinay, Lale (Hg.) (2016): Lehrerbildung in der Einwanderungsgesellschaft Qualifizierung für den Normalfall Vielfalt. SVR-Forschungsbereich. Berlin.

Müller, Cornelia (1998): Redebegleitende Gesten. Kulturgeschichte, Theorie, Sprachvergleich. Berlin: Berlin Verlag Spitz.

Müller, Cornelia (Hg.) (2014): Body – Language – Communication. An International Handbook on Multimodality in Human Interaction. Berlin/Boston, Mass.: de Gruyter.

Müller, Cornelia (2014): Ring-gestures across cultures and times. Dimensions of variations. In: Dies.: Body – Language – Communication. An International Handbook on Multimodality in Human Interaction. Berlin/Boston, Mass.: de Gruyter, 1511–1522.

Müller, Natascha (2016): Mehrsprachigkeitsforschung. Tübingen: Narr.

Müller, Natascha/Hulk, Aafke (2001): Crosslinguistic influence in bilingual language acquisition. In: Bilingualism: Language and Cognition 4/1, 1–21.

Müller, Natascha/Kupisch, Tanja/Schmitz, Katrin (³2011): Einführung in die Mehrsprachigkeitsforschung. Deutsch – Französisch – Italienisch. Tübingen: Narr.

Myers-Scotton, Carol (2002): *Contact Linguistics. Bilingual Encounters and Grammatical Outcomes.* Oxford: Oxford University Press.

Myers-Scotton, Carol (2006): *Multiple Voices. An Introduction to Bilingualism.* Malden, Mass.: Blackwell.

Nekvapil, Jiří (2006): From language planning to language management. In: *Sociolinguistica* 20/1, 92–104.

Nentwig-Gesemann, Iris/Fröhlich-Gildhoff, Klaus/Strehmel, Petra (Hg.) (2010): *Forschung in der Frühpädagogik III. Schwerpunkt: Sprachentwicklung und Sprachförderung.* Freiburg i. Br.: FEL-Verlag Forschung-Entwicklung-Lehre.

Neugebauer, Uwe/Becker-Mrotzek, Michael (2013): *Die Qualität von Sprachstandsverfahren im Elementarbereich. Eine Analyse und Bewertung.* Köln: Mercator-Institut für Sprachförderung und Deutsch als Zweitsprache.

Neuner, Gerhard (⁵2007): Vermittlungsmethoden: Historischer Überblick. In: Karl-Richard Bausch et al. (Hg.): *Handbuch Fremdsprachenunterricht.* Tübingen: Francke, 225–233.

Nguyen, Angela-MinhTu/Benet-Martínez, Verónica (2007): Biculturalism unpacked. Components, measurements, individual differences, and outcomes. In: *Social and Personality Psychology Compass* 1, 101–114.

Nicoladis, Elena (2008): Bilingualism and language cognitive development. In: Jeanette Altarriba/Roberto R. Heredia (Hg.): *An Introduction to Bilingualism. Principles and Processes.* New York: Erlbaum, 167–181.

Nübling, Damaris/Dammel, Antje/Duke, Janet/Szczepaniak, Renata (²2008): *Historische Sprachwissenschaft des Deutschen. Eine Einführung in die Prinzipien des Sprachwandels.* Tübingen: Narr.

Oerter, Rolf/Montada, Leo (Hg.) (2008): *Entwicklungspsychologie.* Weinheim: Beltz, PVU.

Oesterreicher, Wulf (2008): Raumkonzepte in der Sprachwissenschaft. Abstraktionen – Metonymien – Metaphern. In: *Romanistisches Jahrbuch* 58, 51–91.

Oksaar, Els (2003): *Zweitspracherwerb. Wege zur Mehrsprachigkeit und zur interkulturellen Verständigung.* Stuttgart: Kohlhammer.

Oomen-Welke, Ingelore (2010a): *Der Sprachenfächer. Materialien für den interkulturellen Deutschunterricht in der Sekundarstufe I.* Berlin: Cornelsen.

Oomen-Welke, Ingelore (2010b): Sprachliches Lernen im mehrsprachigen Klassenzimmer. In: Volker Frederking/Hans-Werner Huneke/Axel Krommer/Christel Meier (Hg.): *Taschenbuch des Deutschunterrichts.* Baltmannsweiler: Schneider Verlag Hohengehren, 409–426.

Oomen-Welke, Ingelore (2011): Sprachen vergleichen auf eigenen Wegen: Der Beitrag des Deutschunterrichts. In: Björn Rothstein (Hg.): *Sprachvergleich in der Schule.* Baltmannsweiler: Schneider Verlag Hohengehren, 49–70.

Oomen-Welke, Ingelore (2015): Sprachen vergleichen, reflektieren, wertschätzen. In: Alfred Holzbrecher/Ulf Over (Hg.): *Handbuch interkulturelle Schulentwicklung.* Weinheim: Beltz, 138–145.

Oomen-Welke, Ingelore (³2017): Didaktik der Sprachenvielfalt. In: Bernt Ahrenholz/Ingelore Oomen-Welke (Hg.): *Deutsch als Zweitsprache.* Baltmannsweiler: Schneider Verlag Hohengehren, 617–632.

Oomen-Welke, Ingelore (2017): Zur Geschichte der DaZ-Forschung. In: Michael Becker-Mrotzek/Hans-Joachim Roth (Hg.): *Sprachliche Bildung – Grundlagen und Handlungsfelder.* Münster: Waxmann, 55–76.

Oomen-Welke, Ingelore et al. (2006): *Höflichkeit. Benimm bei Tisch, Begrüßung und Anrede; didaktische Einführung, methodische Vorschläge, über 50 Kopiervorlagen für den interkulturellen Deutschunterricht Klasse 4 und Sekundarstufe I; CD mit farbigen Vorlagen zum eigenen Ausdrucken der Arbeitsblätter.* Freiburg i. Br.: Fillibach.

Oomen-Welke, Ingelore et al. (2007a): *Der Sprachenfächer 2. Personennamen:*

Vornamen. Familiennamen. Freiburg i. Br.: Fillibach Verlag & Freiburger Verlag.

Oomen-Welke, Ingelore et al. (2007b): Der Sprachenfächer 3. Internationale Wörter: Fremdwörter. Internationale Wörter. Internationale Wortbausteine. Freiburg i. Br.: Fillibach Verlag & Freiburger Verlag.

Oomen-Welke, Ingelore et al. (2007c): *Internationale Wörter. Fremdwörter, internationale Wörter, internationale Wortbausteine. Didaktische Einführung, methodische Vorschläge, über 50 Kopiervorlagen für den interkulturellen Deutschunterricht Klasse 4 und Sekundarstufe I.* Freiburg i. Br.: Fillibach.

Ortner, Brigitte (1998): *Alternative Methoden im Fremdsprachenunterricht. Lerntheoretischer Hintergrund und praktische Umsetzung.* Ismaning: Hueber.

Ossner, Jakob (2006): *Sprachdidaktik Deutsch. Eine Einführung.* Paderborn: Schöningh.

Ossner, Jakob (^{2}2008): *Sprachdidaktik Deutsch. Eine Einführung für Studierende.* Stuttgart: utb.

Otheguy, Ricardo/García, Ofelia/Reid, Wallis (2015): Clarifying translanguaging and deconstructing named languages. A perspective from linguistics. In: *Applied Linguistics Review* 6/3, 281–307.

Otto, Johanna/Migas, Karolin/Austermann, Nora/Bos, Wilfried (2016): *Integration neu zugewanderter Kinder und Jugendlicher ohne Deutschkenntnisse. Möglichkeiten, Herausforderungen und Perspektiven.* Münster: Waxmann.

Oyserman, Daphna (2008): Racial-ethnic self-schemas. Multi-dimensional identity-based motivation. In: *Journal of research in personality* 42/5, 1186–1198.

Özdil, Erkan (2017): Mathematiklernen unter Bedingungen der Mehrsprachigkeit. In: Ludger Hoffmann/Shinichi Kameyama/Monika Rieder/Pembe Şahiner/Nadja Wulff (Hg.): *Deutsch als Zweitsprache. Ein Handbuch für die Lehrerausbildung.* Berlin: Erich Schmidt Verlag, 379–399.

Öztürk, Ali O./Balcı, Umut (2013): Einige Bemerkungen zum Beitrag der deutschsprachigen Literatur von Türken zur mehrsprachigen Integration. In: Yüksel Ekinci/Ludger Hoffmann/Kerstin Leimbrink/Lirim Selmani/Rita Süssmuth (Hg.): *Migration, Mehrsprachigkeit, Bildung.* Tübingen: Stauffenburg, 89–100.

Paechter, Manuela/Stock, Michaela/Schmölzer-Eibinger, Sabine/Slepcevic-Zach, Peter/Weirer, Wolfgang (Hg.) (2012): *Handbuch Kompetenzorientierter Unterricht.* Weinheim/Basel: Beltz.

Paetsch, Jennifer/Beck, Luna (2018): Förderung von sprachlichen Kompetenzen im Primarbereich. In: Cora Titz/Sabrina Geyer/Anna Ropeter/Hanna Wagner/Susanne Weber/Marcus Hasselhorn (Hg.): *Konzepte zur Sprach- und Schriftsprachförderung entwickeln.* Stuttgart: Kohlhammer, 179–197.

Paetsch, Jennifer/Wolf, Katrin M./Stanat, Petra/Darsow, Ann-Kathrin (2014): Sprachförderung von Kindern und Jugendlichen aus Zuwandererfamilien. In: *Zeitschrift für Erziehungswissenschaft* 17 (S2), 315–347.

Paradis, Johanne (2010): The interface between bilingual development and specific language impairment. Keynote article. In: *Applied Psycholinguistics* 31, 227–252.

Paradis, Johanne/Crago, Martha/Genesee, Fred/Rice, Mabel L. (2003): French-English bilingual children with SLI: How do they compare with their monolingual peers? In: *Journal of Speech and Hearing Research* 46, 113–127.

Paradis, Johanne/Navarro, Samuel (2003): Subject realization and crosslinguistic interference in the bilingual acquisition of Spanish and English. What is the role of the input? In: *Journal of Child Language* 30/2, 371–393.

Pausch, Oskar (1972): *Das älteste italienisch-deutsche Sprachbuch. Eine Überlieferung aus dem Jahre 1424 nach Georg von Nürnberg.* Köln/Wien: Böhlau.

Pavlenko, Aneta (2011): (Re-)naming the world: Word-to-referent mapping in bilingual speakers. In: Dies.: *Thinking and Speaking in Two Languages.* Bristol: Multilingual Matters, 198–236.

Pavlenko, Aneta (Hg.) (2011): *Thinking and Speaking in Two Languages.* Bristol: Multilingual Matters.

Pavlenko, Aneta/Malt, Barbara (2011): Kitchen Russian: Cross-linguistic differences and first-languages object naming by Russian-English bilinguals. In: *Bilingualism: Language and Cognition* 14 (1), 19–45.

Peek, Rainer (2009): Sprachliche Standards und ihre Überprüfung. In: Friedrich Lenz (Hg.): *Schlüsselqualifikation Sprache. Anforderungen – Standards – Vermittlung* [38. Jahrestagung der Gesellschaft für Angewandte Linguistik]. Frankfurt a. M.: Peter Lang, 11–23.

Peeters, Bert/Mullan, Kerry/Béal, Christine (Hg.) (2013): *Cross-culturally Speaking, Speaking Cross-culturally.* Newcastle upon Tyne: Cambridge Scholars Publishing.

Peleki, Eleni (2008): *Migration, Integration und Sprachförderung. Eine empirische Untersuchung zum Wortschatzerwerb und zur schulischen Integration von Grundschulkindern.* München: Meidenbauer.

Peltzer-Karpf, Annemarie/Brizić, Katharina/Rabitsch, Eva (2006): *A kući sprecham Deutsch. Sprachstandserhebung in multikulturellen Volksschulklassen: bilingualer Spracherwerb in der Migration.* Wien: Bundesministerium für Bildung Wissenschaft und Kultur.

Perlmann-Balme, Michaela/Plassmann, Sibylle/Zeidler, Beate (2009): *Deutsch-Test für Zuwanderer A2-B1 – Prüfungsziele/Testbeschreibung.* Berlin: Cornelsen.

Peter, Frauke/Spieß, Katharina (2015): Kinder mit Migrationshintergrund in Kindertageseinrichtungen und Horten: Unterschiede zwischen den Gruppen nicht vernachlässigen! In: *Deutsches Institut für Wirtschaftsforschung e. V. Wochenbericht* 82/1 + 2, 12–21.

Petermann, Franz (2015): Alltagsintegrierte Förderung oder Förderprogramme im Vorschulalter? In: *Frühe Bildung* 4/3, 161–164.

Pöchhacker, Franz (2000): *Dolmetschen. Konzeptuelle Grundlagen und deskriptive Untersuchungen.* Tübingen: Stauffenburg.

Pohl, Thorsten/Steinhoff, Torsten (Hg.) (2010): *Textformen als Lernformen.* Duisburg: Gilles & Francke.

Polotzek, Silvana/Hofmann, Nicole/Roos, Jeanette/Schöler, Hermann (2008): Sprachliche Förderung im Elementarbereich: Beschreibung dreier Förderprogramme und ihre Beurteilung durch Anwenderinnen, https://www.kindergartenpaedagogik.de/1726.html (12.6.2018).

Pompino-Marschall, Bernd ([3]2009): *Einführung in die Phonetik.* Berlin: de Gruyter.

Poplack, Shana ([2]2004): Code-switching. In: Ulrich Ammon/Norbert Dittmar/Klaus J. Mattheier/Peter Trudgill (Hg.): *Sociolinguistics. An International Handbook of the Science of Language and Society. Ein internationales Handbuch zur Wissenschaft von Sprache und Gesellschaft.* Berlin: de Gruyter, 589–596.

Portmann-Tselikas, Paul R. (2003): Textkompetenz und Spracherwerb. Die Rolle literaler Techniken für die Förderung von Mehrsprachigkeit im Unterricht. In: Günther Schneider/Monika Clalüna (Hg.): *Mehr Sprache – mehrsprachig – mit Deutsch. Didaktische und politische Perspektiven.* München: iudicium-Verlag, 101–121.

Portmann-Tselikas, Paul R./Schmölzer-Eibinger, Sabine (Hg.) (2002): *Textkompetenz. Neue Perspektiven für das Lernen und Lehren.* Innsbruck: Studien Verlag.

Poyatos, Fernando (Hg.) (1988): *Cross-Cultural Perspectives in Nonverbal Communication.* Toronto: Hogrefe.

Prediger, Susanne/Özdil, Erkan (Hg.) (2011): *Mathematiklernen unter Bedingungen der Mehrsprachigkeit. Stand und Perspektiven der Forschung und Entwicklung in Deutschland.* Münster: Waxmann.

Qirjako, Eni (2007): *Traumatisierte Kinder und Jugendliche:. Einfluss Posttrauma-tischer Belastungsstörung auf psychische Auffälligkeiten bei Kindern und Jugendlichen.* München: LMU, Fakultät für Psychologie und Pädagogik.

Quehl, Thomas/Trapp, Ulrike (2013): *Sprachbildung im Sachunterricht der Grund-schule. Mit dem Scaffolding-Konzept unterwegs zur Bildungssprache.* Münster: Waxmann.

Raffler-Engel, Walburga v. (1996): Nonverbal communication. In: Hans Goebl et al. (Hg.): *Kontaktlinguistik 1. Ein internationales Handbuch zeitgenössischer Forschung.* Berlin: de Gruyter, 296–311.

Raible, Wolfgang (1992): *Junktion. Eine Dimension der Sprache und ihre Realisie-rungsformen zwischen Aggregation und Integration.* Heidelberg: Winter.

Ramdan, Mohcine (2016): Alphabetisierung von Jugendlichen und Erwachsenen. In: Jörg Roche (Hg.): *Deutschunterricht mit Flüchtlingen. Grundlagen und Konzepte.* Tübingen: Narr, 196–206.

Rampillon, Ute (1998): *Lernen leichter machen. Deutsch als Fremdsprache.* Isma-ning: Hueber.

Rampton, Ben (1995): *Crossing. Language and Ethnicity among Adolescents.* Lon-don: Longman.

Rapti, Aleka (2005): *Entwicklung der Textkompetenz griechischer, in Deutschland aufwachsender Kinder. Untersucht anhand von schriftlichen, argumentativen Texten in der Muttersprache Griechisch und der Zweitsprache Deutsch.* Frank-furt a. M.: Lang.

Ravetto, Miriam (2013): Das Komplimentieren in deutsch-italienischen Kontaktsi-tuationen. In: Barbara Hans-Bianchi/Camilla Miglio/Daniela Pirazzini/Irene Vogt (Hg.): *Fremdes wahrnehmen, aufnehmen, annehmen. Studien zur deut-schen Sprache und Kultur in Kontaktsituationen.* Frankfurt a. M.: Peter Lang, 247–260.

Redder, Angelika (Hg.) (2007): *Diskurse und Texte. Festschrift für Konrad Ehlich zum 65. Geburtstag.* Tübingen: Stauffenburg.

Redder, Angelika/Naumann, Johannes/Tracy, Rosemarie (Hg.) (2015): *For-schungsinitiative Sprachdiagnostik und Sprachförderung (FiSS) - Ergebnisse.* Münster: Waxmann.

Redder, Angelika/Rehbein, Jochen (Hg.) (1987): *Arbeiten zur interkulturellen Kommunikation.* OBST 38.

Redder, Angelika/Rehbein, Jochen (1987): Zum Begriff der Kultur. In: Dies.: *Arbeiten zur interkulturellen Kommunikation,* 7–21.

Redder, Angelika/Weinert, Sabine (Hg.) (2013): *Sprachförderung und Sprachdiag-nostik. Interdisziplinäre Perspektiven.* Münster: Waxmann.

Redder, Angelika/Weinert, Sabine (2013): Sprachliche Handlungsfähigkeiten im Fokus von FiSS. Zur Einleitung in den Sammelband. In: Dies.: *Sprachför-derung und Sprachdiagnostik. Interdisziplinäre Perspektiven.* Münster: Wax-mann, 7–16.

Redder, Angelika et al. (2011): *Bilanz und Konzeptualisierung von strukturierter Forschung zu »Sprachdiagnostik und Sprachförderung«.* Hamburg: Zentrum zur Unterstützung der wissenschaftlichen Begleitung und Erforschung schu-lischer Entwicklungsprozesse (ZUSE).

Rehbein, Jochen (2011): Arbeitssprache Türkisch im mathematisch-naturwissen-schaftlichen Unterricht der deutschen Schule – ein Plädoyer. In: Susanne Pre-diger/Erkan Özdil (Hg.): *Mathematiklernen unter Bedingungen der Mehrspra-chigkeit. Stand und Perspektiven der Forschung und Entwicklung in Deutsch-land.* Münster: Waxmann, 205–232.

Rehbein, Jochen (2012): Deutsch für Deutsche? Thesen zum Integrationskonzept der Bundesregierung im neuen Entwurf über die Zuwanderung. Anhang. In: Elmar Winters-Ohle/Bettina Seipp/Bernd Ralle (Hg.): *Lehrer für Schüler mit*

Migrationsgeschichte. Sprachliche Kompetenz im Kontext internationaler Konzepte der Lehrerbildung. Münster: Waxmann, 314–319.

Rehbein, Jochen (2012): Mehrsprachige Erziehung heute – Für eine zeitgemäße Erweiterung des »Memorandums zum Muttersprachlichen Unterricht in der Bundesrepublik Deutschland« von 1985. In: Elmar Winters-Ohle/Bettina Seipp/Bernd Ralle (Hg.): *Lehrer für Schüler mit Migrationsgeschichte. Sprachliche Kompetenz im Kontext internationaler Konzepte der Lehrerbildung.* Münster: Waxmann, 66–92.

Reiberg, Ludger (Hg.) (2006): *Berufliche Integration in der multikulturellen Gesellschaft. Beiträge aus Theorie, Schule und Jugendhilfe zu einer interkulturell sensiblen Berufsorientierung.* Bonn: Bundeszentrale für politische Bildung.

Reich, Hans H. (2000): Machtverhältnisse und pädagogische Kultur. In: Ingrid Gogolin/Bernhard Nauck (Hg.): *Migration, gesellschaftliche Differenzierung und Bildung. Resultate des Forschungsschwerpunktprogramms FABER.* Opladen: Leske & Budrich, 343–363.

Reich, Hans H. (2005): Auch die »Verfahren zur Sprachstandsanalyse bei Kindern und Jugendlichen mit Migrationshintergrund« haben ihre Geschichte. In: Ingrid Gogolin/Ursula Neumann/Hans-Joachim Roth (Hg.): *Sprachdiagnostik bei Kindern und Jugendlichen mit Migrationshintergrund. Dokumentation einer Fachtagung am 14. Juli 2004 in Hamburg.* Münster: Waxmann, 87–95.

Reich, Hans H. ([2]2006): Tests und Sprachstandsmessungen bei Schülern und Schülerinnen, die Deutsch nicht als Muttersprache haben. In: Ursula Bredel/Hartmut Günther/Peter Klotz/Jakob Ossner/Gesa Siebert-Ott (Hg.): *Didaktik der deutschen Sprache.* Paderborn: Ferdinand Schöningh, 914–923.

Reich, Hans H. (2007): Forschungsstand und Desideratenausweis zu Migrationslinguistik und Migrationspädagogik für die Zwecke des »Anforderungsrahmens«. In: Konrad Ehlich (Hg.): *Anforderungen an Verfahren der regelmäßigen Sprachstandsfeststellung als Grundlage für die frühe und individuelle Förderung von Kindern mit und ohne Migrationshintergrund.* Bonn/Berlin: BMBF, 121–169.

Reich, Hans H. (2008): *Sprachförderung im Kindergarten. Grundlagen, Konzepte und Materialien.* Weimar/Berlin: Verlag das Netz.

Reich, Hans H. ([2]2010): Entwicklungen von Deutsch als Zweitsprache in Deutschland. In: Hans J. Krumm/Christian Fandrych/Britta Hufeisen/Claudia Riemer (Hg.): *Deutsch als Fremd- und Zweitsprache. Ein internationales Handbuch.* Berlin: de Gruyter Mouton, 63–71.

Reich, Hans H. (2016): Auswirkungen unterschiedlicher Sprachförderkonzepte auf die Fähigkeiten des Schreibens in zwei Sprachen. In: Peter Rosenberg/Christoph Schroeder (Hg.): *Mehrsprachigkeit als Ressource in der Schriftlichkeit.* Berlin: de Gruyter, 177–206.

Reich, Hans H. (2017a): Geschichte der Beschulung von Seiteneinsteigern im deutschen Bildungssystem. In: Michael Becker-Mrotzek/Hans-Joachim Roth (Hg.): *Sprachliche Bildung – Grundlagen und Handlungsfelder.* Münster: Waxmann, 77–94.

Reich, Hans H. (2017b): Herkunftssprachenunterricht. In: Bernt Ahrenholz/Ingelore Oomen-Welke (Hg.): *Deutsch als Zweitsprache.* Baltmannsweiler: Schneider Verlag Hohengehren, 445–456.

Reich, Hans H./Jeuk, Stefan ([3]2017): Sprachstanderhebung, ein- und mehrsprachig. In: Bernt Ahrenholz/Ingelore Oomen-Welke (Hg.): *Deutsch als Zweitsprache.* Baltmannsweiler: Schneider Verlag Hohengehren, 548–559.

Reich, Hans H./Krumm, Hans J. (2013): *Sprachbildung und Mehrsprachigkeit. Ein Curriculum zur Wahrnehmung und Bewältigung sprachlicher Vielfalt im Unterricht.* Münster: Waxmann.

Reich, Hans H./Roth, Hans-Joachim (2002): *Spracherwerb zweisprachig aufwachsender Kinder und Jugendlicher. Ein Überblick über den Stand der nationalen* und internationalen Forschung. Hamburg/Landau: Behörde für Bildung und Sport.

Reich, Hans H./Roth, Hans-Joachim (2003): *HAVAS 5. Hamburger Verfahren zur Analyse des Sprachstands bei Fünfjährigen.* Landau/Hamburg.

Reich, Hans H./Roth, Hans-Joachim (2007): HAVAS 5 – das Hamburger Verfahren zur Analyse des Sprachstands bei Fünfjährigen. In: Hans H. Reich/Hans-Joachim Roth/Ursula Neumann (Hg.): *Sprachdiagnostik im Lernprozess. Verfahren zur Analyse von Sprachständen im Kontext von Zweisprachigkeit.* Münster/München: Waxmann, 71–94.

Reich, Hans H./Roth, Hans-Joachim/Neumann, Ursula (Hg.) (2007): *Sprachdiagnostik im Lernprozess. Verfahren zur Analyse von Sprachständen im Kontext von Zweisprachigkeit.* Münster/München: Waxmann.

Reimann, Daniel (2016): Was ist Sehverstehen? Vorschlag eines Modells für den kompetenzorientierten Fremdsprachenunterricht. In: Christine Michler/Daniel Reimann (Hg.): *Sehverstehen im Fremdsprachenunterricht.* Tübingen: Narr, 19–33.

Reimann, Daniel/Rössler, Andrea (Hg.) (2013): *Sprachmittlung im Fremdsprachenunterricht.* Tübingen: Narr.

Reiss, Kristina/Sälzer, Christine/Schiepe-Tiska, Anja/Klieme, Eckhard/Köller, Olaf (Hg.) (2016): *PISA 2015. Eine Studie zwischen Kontinuität und Innovation.* Münster/New York: Waxmann.

Riebling, Linda (2013): *Sprachbildung im naturwissenschaftlichen Unterricht. Eine Studie im Kontext migrationsbedingter sprachlicher Heterogenität.* Münster: Waxmann.

Riehl, Claudia M. (2001a): *Schreiben, Text und Mehrsprachigkeit. Zur Textproduktion in mehrsprachigen Gesellschaften am Beispiel der deutschsprachigen Minderheiten in Südtirol und Ostbelgien.* Tübingen: Stauffenburg.

Riehl, Claudia M. (2001b): Zur Grammatikalisierung der deutschen *werden*-Periphrasen (vom Germanischen zum Frühneuhochdeutschen). In: Birgit Igla/Thomas Stolz (Hg.): »*Was ich noch sagen wollte ...*«. *A multilingual Festschrift for Norbert Boretzky on occasion of his 65th Birthday.* Berlin: Akademie Verlag, 469–489.

Riehl, Claudia M. (2005): Code-switching in bilinguals: impacts of mental processes and language awareness. In: James Cohen/Kara T. McAlister/Kellie Rolstad/Jeff MacSwan (Hg.): *Proceedings of the 4th International Symposium on Bilingualism.* Somerville: Cascadilla Press, 1945–1957.

Riehl, Claudia M. (2013): Multilingual discourse competence in minority children. Exploring the factors of transfer and variation. In: *European Journal of Applied Linguistics* 1/2, 254–292.

Riehl, Claudia M. (2014a): *Mehrsprachigkeit. Eine Einführung.* Darmstadt: Wissenschaftliche Buchgesellschaft (WBG).

Riehl, Claudia M. (^{3}2014b): *Sprachkontaktforschung. Eine Einführung.* Tübingen: Narr.

Riehl, Claudia M. (2018): »Professorin, könnten Sie mir bitte die Referenzen geben?« Anredeformen im Fremdspracherwerb des Deutschen, Italienischen und Englischen. In: Anne-Kathrin Gärtig/Roland Bauer/Matthias Heinz (Hg.): *Pragmatik – Diskurs – Kommunikation | Pragmatica – discorso – comunicazione. Festschrift für Gudrun Held zum 65. Geburtstag.* Wien: Praesens Verlag, 113–125.

Riehl, Claudia M. (im Ersch.): Language contact and language attrition. In: Monika Schmid/Barbara Köpke (Hg.): *Handbook of Language Attrition.* Oxford: Oxford University Press.

Riehl, Claudia M./Blanco Lopéz, Julia (2018): Deutschunterricht. In: Ingrid Gogolin/Viola B. Georgi/Marianne Krüger-Potratz/Drorit Lengyel (Hg.): *Handbuch Interkulturelle Pädagogik.* Stuttgart: Julius Klinkhardt, 481–485.

Riehl, Claudia M./Yilmaz-Woerfel, Seda/Barberio, Teresa/Tasiopoulou, Eleni (im

Ersch.): Mehrschriftlichkeit. Zur Wechselwirkung von Sprachkompetenzen in Erst- und Zweitsprache und außersprachlichen Faktoren. In: Bernhard Brehmer/Grit Mehlhorn (Hg.): *Potenziale von Herkunftssprachen. Sprachliche und außersprachliche Einflussfaktoren.* Tübingen: Stauffenburg.

Riss, Maria/Aeschimann-Ferreira, Elisa/Rocha, Raquel (2016): *Förderung des Lesens in der Erstsprache.* Zürich: Orell Füssli.

Ritchie, William C./Bhatia, Tej K. (Hg.) (²2009): *The New Handbook of Second Language Acquisition.* Bingley: Emerald.

Ritter, Monika (²2010): Alphabetisierung in der Zweitsprache Deutsch. In: Hans J. Krumm/Christian Fandrych/Britta Hufeisen/Claudia Riemer (Hg.): *Deutsch als Fremd- und Zweitsprache. Ein internationales Handbuch.* Berlin: de Gruyter Mouton, 1116–1130.

Roche, Jörg (³2013a): *Fremdsprachenerwerb – Fremdsprachendidaktik.* Tübingen/Basel: Francke.

Roche, Jörg (2013b): *Mehrsprachigkeitstheorie. Erwerb – Kognition – Transkulturation – Ökologie.* Tübingen: Narr.

Roche, Jörg (Hg.) (2016): *Deutschunterricht mit Flüchtlingen. Grundlagen und Konzepte.* Tübingen: Narr.

Roche, Jörg/Reher, Janina/Šimić, Mirjana (2012): *Focus on Handlung: Zum Konzept des handlungsorientierten Erwerbs sprachlicher, sozialer und demokratischer Kompetenzen im Rahmen einer Kinder-Akademie.* Berlin: LIT Verlag.

Roche, Jörg/Terrasi-Haufe, Elisabetta/Gietl, Kathrin/Šimić, Mirjana (2016): *DaZ-Schüler im Regelunterricht fördern Kl. 1/2. Hintergrundwissen, Kopiervorlagen und Praxistipps zu den häufigsten Knackpunkten.* Augsburg: Auer.

Röhner, Charlotte (Hg.) (²2008): *Erziehungsziel Mehrsprachigkeit.* Weinheim/München: Juventa-Verlag.

Röhner, Charlotte (Hg.) (2013): *Fachbezogene Sprachförderung in Deutsch als Zweitsprache.* Weinheim: Beltz Juventa.

Rokitzki, Christiane (2016): *Alphabetisierung von erwachsenen Migranten nach Montessori.* Marburg: Tectum.

Roll, Heike/Schramm, Karen (Hg.) (2010): *Alphabetisierung in der Zweitsprache Deutsch.* Duisburg: Gilles & Francke.

Romaine, Suzanne (²1995): *Bilingualism.* Oxford: Blackwell.

Roos, Jeanette/Polotzek, Silvana/Schöler, Hermann (2010): Unmittelbare und längerfristige Wirkungen von Sprachförderungen in Mannheim und Heidelberg. Abschlussbericht, http://www.sagmalwas-bw.de/fileadmin/Mediendatenbank_DE/Sag_Mal_Was/Dokumente/EVAS_Abschlussbericht_mit-Anhang_und_Vorspann_und_Danksagung_21-04-2010.pdf (12.6.2018).

Rorty, Amélie (Hg.) (1980): *Explaining Emotions.* Berkeley, CA: University of California Press.

Rosch, Eleanor (Hg.) (1978): *Cognition and Categorization.* Hillsdale, NJ: Erlbaum.

Rösch, Heidi (2010): Deutsch als Zweitsprache in der Lehrerbildung. In: Gerold Ungeheuer/Herbert E. Wiegand/Hugo Steger/Hans-Jürgen Krumm/Christian Fandrych/Britta Hufeisen/Claudia Riemer/Karl-Heinz Arnold/Katrin Hauenschild/Britta Schmidt/Birgit Ziegenmeyer (Hg.): *Deutsch als Fremd- und Zweitsprache. Zwischen Fachdidaktik und Stufendidaktik.* Berlin/New York/Wiesbaden: de Gruyter Mouton; VS Verlag für Sozialwissenschaften, 145–148.

Rösch, Heidi (2011): *Deutsch als Zweit- und Fremdsprache.* Berlin: Akademie Verlag.

Rösch, Heidi (⁹2012a): *Deutsch als Zweitsprache. Sprachförderung: Grundlagen, Übungsideen, Kopiervorlagen.* Hannover: Schroedel.

Rösch, Heidi (2012b): Deutsch als Zweitsprache (DaZ): theoretische Hintergründe, Organisationsformen und Lernbereiche, Lehrerbildung. In: Michael Matzner (Hg.): *Handbuch Migration und Bildung.* Weinheim/Basel: Beltz, 155–166.

Rösch, Heidi (2013): Integrative Sprachbildung im Bereich Deutsch als Zweitsprache (DaZ). In: Charlotte Röhner (Hg.): *Fachbezogene Sprachförderung in Deutsch als Zweitsprache*. Weinheim: Beltz Juventa, 18–36.

Rösch, Heidi/Rotter, Daniela (2012): Evaluation von Sprachförderkonzepten. In: Bernt Ahrenholz (Hg.): *Einblicke in die Zweitspracherwerbsforschung und ihre methodischen Verfahren*. Berlin: de Gruyter, 285–302.

Rosenberg, Peter/Schroeder, Christoph (Hg.) (2016): *Mehrsprachigkeit als Ressource in der Schriftlichkeit*. Berlin: de Gruyter.

Rösler, Dietmar (2012): *Deutsch als Fremdsprache. Eine Einführung*. Stuttgart: Metzler.

Roßbach, Hans-Günther/Weinert, Sabine (Hg.) (2008): *Kindliche Kompetenzen im Elementarbereich: Förderbarkeit, Bedeutung und Messung*. Berlin: Bundesministerium für Bildung und Forschung BMBF.

Rost-Roth, Martina (Hg.) (2010): *DaZ-Spracherwerb und Sprachförderung Deutsch als Zweitsprache*. Freiburg i. Br.: Fillibach.

Rothstein, Björn (Hg.) (2011): *Sprachvergleich in der Schule*. Baltmannsweiler: Schneider Verlag Hohengehren.

Rothweiler, Monika/Ruberg, Tobias/Utecht, Dörte (2009): Praktische Kompetenz ohne theoretisches Wissen? Zur Rolle von Sprachwissenschaft und Spracherwerbstheorie in der Ausbildung von Erzieherinnen und Grundschullehrerinnen. In: Diana Wenzel/Gisela Koeppel/Ursula Carle (Hg.): *Kooperation im Elementarbereich: Eine gemeinsame Ausbildung für Kindergarten und Grundschule*. Baltmannsweiler: Schneider Verlag Hohengehren, 111–122.

Röttger, Evelyn (1998): M-Linie und A-Linie:. Zur Bedeutung migrationsbezogener Forschung für die interkulturelle Fremdsprachendidaktik. In: *Zeitschrift für Interkulturellen Fremdsprachenunterricht* 2/3 [online].

Roux, Susanna (Hg.) (2005): *PISA und die Folgen. Bildung im Kindergarten. Grundlagen, Materialien, Perspektiven*. Landau: Verlag Empirische Pädagogik.

Ruberg, Tobias/Rothweiler, Monika (2012): *Spracherwerb und Sprachförderung in der KiTa*. Stuttgart: Kohlhammer.

Sachse, Steffi (2001): *Evaluation und entwicklungspsychologische Fundierung eines Sprachförderprogramms für Vorschulkinder*. Unveröffentlichte Diplomarbeit. Berlin.

Sachse, Steffi/Budde, Nora/Rinker, Tanja/Groth, Katarina. (2010): Mehrsprachige Kinder in vorschulischen Sprachfördermaßnahmen – soziodemografischer Hintergrund und Sprachleistungen. In: *LOGOS Interdisziplinär* 18/5, 337–345.

Sachse, Steffi/Budde, Nora/Rinker, Tanja/Groth, Katarina (2012): Evaluation einer Sprachfördermaßnahme für Vorschulkinder. In: *Frühe Bildung* 1 (4), 194–201.

Sambanis, Michaela (2013): *Fremdsprachenunterricht und Neurowissenschaften*. Tübingen: Gunter Narr Verlag.

Samovar, Larry A./Porter, Richard E. (Hg.) ([7]1994): *Intercultural Communication. A Reader*. Belmont, California: Wadsworth.

Samovar, Larry A./Porter, Richard E./McDaniel, Edwin R. (Hg.) (2012): *Intercultural Communication. A Reader*. Boston, Mass.: Wadsworth.

Sanz, Cristina (Hg.) (2005): *Mind and Context in Adult Second Language Acquisition. Methods, Theory, and Practice*. Washington, D. C.: Georgetown University Press.

Schader, Basil (2013): *Sprachenvielfalt als Chance. Das Handbuch. Hintergründe und 101 praktische Vorschläge für den Unterricht in mehrsprachigen Klassen*. Zürich: Orell Füssli.

Schader, Basil (Hg.) (2016): *Grundlagen und Hintergründe. Besonderheiten und Herausforderungen des herkunftssprachlichen Unterrichts; Kernpunkte der Pädagogik, Didaktik und Methodik in den Einwanderungsländern; Erfahrungsberichte und konkrete Beispiele zum Unterricht und seiner Planung. Zürich: Orell Füssli.

Schader, Basil/Bovina, Valeria (2016): *Vermittlung von Lernstrategien und Lerntechniken.* Zürich: Orell Füssli.

Schader, Basil/Haenni Hoti, Andrea (2006): *Albanischsprachige Kinder und Jugendliche in der Schweiz. Hintergründe, schul- und sprachbezogene Untersuchungen.* Zürich: Pestalozzianum.

Schader, Basil/Huber, Livia/Ruder, Annina/Ruffo, Flavio (2016): *Förderung der Mündlichkeit in der Erstsprache.* Zürich: Orell Füssli.

Schader, Basil/Maloku, Nexhat (2016): *Förderung des Schreibens in der Erstsprache.* Zürich: Orell Füssli.

Schaffernicht, Christian (Hg.) (1981): *Zu Hause in der Fremde. Ein bundesdeutsches Ausländer-Lesebuch.* Fischerhude: Verlag Atelier im Bauernhaus.

Scharfenberg, Manuela (2008): Koordinierte Alphabetisierung (KOALA) in der Grundschule. In: Christiane Bainski/Marianne Krüger-Potratz (Hg.): *Handbuch Sprachförderung.* Essen: Neue Deutsche Schule, 41–57.

Scheible, Jana A./Rother, Nina (2017): *Schnell und erfolgreich Deutsch lernen – wie geht das? Erkenntnisse zu den Determinanten des Zweitspracherwerbs unter besonderer Berücksichtigung von Geflüchteten.* Nürnberg: BAMF.

Scheller, Friedrich (2015): *Gelegenheitsstrukturen, Kontakte, Arbeitsmarktintegration. Ethnospezifische Netzwerke und der Erfolg von Migranten am Arbeitsmarkt.* Wiesbaden: Springer VS.

Schickedanz, Judith/McGee, Lea (2010): The NELP report on shared story reading interventions (Chapter 4): Extending the story. In: *Educational Researcher* 39, 323–329.

Schiedermair, Simone (Hg.) (2017): *Literaturvermittlung. Texte, Konzepte, Praxen in Deutsch als Fremdsprache und den Fachdidaktiken Deutsch, Englisch, Französisch.* München: iudicium.

Schiffler, Ludger (1989): *Suggestopädie und Superlearning – empirisch geprüft. Einführung und Weiterentwicklung für Schule und Erwachsenenbildung.* Frankfurt a. M.: Diesterweg.

Schiffler, Ludger (1998): *Learning by doing im Fremdsprachenunterricht. Handlungs- und partnerorientierter Fremdsprachenunterricht mit und ohne Lehrbuch.* Ismaning: Hueber.

Schiffler, Ludger (2002): *Fremdsprachen effektiver lehren und lernen. Beide Gehirnhälften aktivieren.* Donauwörth: Auer.

Schiffler, Ludger (2012): *Effektiver Fremdsprachenunterricht. Bewegung – Visualisierung – Entspannung.* Tübingen: Narr.

Schlösser, Elke (2016): *Wir verstehen uns gut. Spielerisch Deutsch lernen. Alltagsintegrierte Methoden zur Sprachförderung bei Kindern mit und ohne Migrationshintergrund.* Münster: Ökotopia Verlag.

Schmid, Monika/Köpke, Barbara (Hg.) (im Ersch.): *Handbook of Language Attrition.* Oxford: Oxford University Press.

Schmid-Bergmann, Hansgeorg (2010): Von der Gastarbeiterliteratur zur neueren deutschen Literatur – Migration und Integration in der deutschsprachigen Gegenwartsliteratur. In: Institut für Rechtspolitik, Universität Trier (Hg.): *Jahrbuch Bitburger Gespräche.* Stuttgart: C. H. Beck, 99–107.

Schmidt-Denter, Ulrich (2008): Vorschulische Förderung. In: Rolf Oerter/Leo Montada (Hg.): *Entwicklungspsychologie.* Weinheim: Beltz, PVU, 719–734.

Schmölzer-Eibinger, Sabine (2008): Ein 3-Phasen-Modell zur Förderung der Textkompetenz. In: *Fremdsprache Deutsch: Zeitschrift für die Praxis des Deutschunterrichts* 39, 28–33.

Schmölzer-Eibinger, Sabine (^{2}2011): *Lernen in der Zweitsprache. Grundlagen und Verfahren der Förderung von Textkompetenz in mehrsprachigen Klassen.* Tübingen: Narr.

Schmölzer-Eibinger, Sabine (2013): Sprache als Medium des Lernerns im Fach.

In: Michael Becker-Mrotzek/Karen Schramm/Eike Thürmann/Helmut J. Vollmer (Hg.): *Sprache im Fach. Sprachlichkeit und fachliches Lernen.* Münster: Waxmann, 25–40.

Schmölzer-Eibinger, Sabine/Dorner, Magdalena (2012): Literale Handlungskompetenz als Basis des Lernens in jedem Fach. In: Manuela Paechter/Michaela Stock/Sabine Schmölzer-Eibinger/Peter Slepcevic-Zach/Wolfgang Weirer (Hg.): *Handbuch Kompetenzorientierter Unterricht.* Weinheim/Basel: Beltz, 60–71.

Schmölzer-Eibinger, Sabine/Dorner, Magdalena/Langer, Elisabeth/Helten-Pacher, Maria-Rita (³2014): *Sprachförderung im Fachunterricht in sprachlich heterogenen Klassen.* Stuttgart: Fillibach bei Klett.

Schmölzer-Eibinger, Sabine/Thürmann, Eike (Hg.) (2015): *Schreiben als Medium des Lernens. Kompetenzentwicklung durch Schreiben im Fachunterricht.* Münster: Waxmann.

Schneider, Günther/Clalüna, Monika (Hg.) (2003): *Mehr Sprache – mehrsprachig – mit Deutsch. Didaktische und politische Perspektiven.* München: iudicium.

Schneider, Hansjakob/Becker-Mrotzek, Michael/Sturm, Anja/Jambor-Fahlen, Simone/Neugebauer, Uwe/Efing, Christian/Kernen, Nora (Hg.) (2013): *Wirksamkeit von Sprachförderung.* Zürich: Bildungsdirektion des Kantons Zürich.

Schneider, Stefan (2015): *Bilingualer Erstspracherwerb.* München [u. a.]: Reinhardt.

Schneider, Wolfgang/Baumert, Jürgen/Becker-Mrotzek, Michael/Hasselhorn, Marcus/Kammermeyer, Gisela/Rauschenbach, Thomas/Roßbach, Hans-Günther/Roth, Hans-Joachim/Rothweiler, Monika/Stanat, Petra (2012): Expertise »Bildung durch Sprache und Schrift (BISS)«. Bund-Länder-Initiative zur Sprachförderung, Sprachdiagnostik und Leseförderung, http://www.biss-sprachbildung.de/pdf/BiSS-Expertise.pdf (12.6.2018).

Schnieders, Guido/Komor, Anna (2007): Eine Synopse aktueller Verfahren der Sprachstandsfeststellung. In: Konrad Ehlich (Hg.): *Anforderungen an Verfahren der regelmäßigen Sprachstandsfeststellung als Grundlage für die frühe und individuelle Förderung von Kindern mit und ohne Migrationshintergrund.* Bonn/Berlin: BMBF, 261–342.

Schnitzler, Carola D. (2008): *Phonologische Bewusstheit und Schriftspracherwerb.* Stuttgart: Thieme.

Schöler, Hermann/Grabowski, Joachim (³2011): Sprachentwicklungsdiagnostik. Einsatz und Bedeutung von Tests. In: Karlfried Knapp/Gerd Antos/Michael Becker-Mrotzek/Arnulf Deppermann/Susanne Göpferich/Joachim Grabowski/Michael Klemm/Claudia Villiger (Hg.): *Angewandte Linguistik.* Tübingen: Francke, 529–547.

Schöningh, Ingo (2013): Was ist Mutter(s)Sprache? Zum Erwerb des Vietnamesischen von vietnamesisch-stämmigen Kindern in Deutschland. In: Yüksel Ekinci/Ludger Hoffmann/Kerstin Leimbrink/Lirim Selmani/Rita Süssmuth (Hg.): *Migration, Mehrsprachigkeit, Bildung.* Tübingen: Stauffenburg, 139–149.

Schramm, Karen (1996): *Alphabetisierung ausländischer Erwachsener in der Zweitsprache Deutsch.* Münster: Waxmann.

Schramm, Karen (2001): *L2-Leser in Aktion. Der fremdsprachliche Leseprozess als mentales Handeln.* Münster: Waxmann.

Schramm, Karen/Marx, Nicole (2017): Forschungsmethoden im Bereich Mehrsprachigkeit und Deutsch als Zweitsprache. In: Michael Becker-Mrotzek/Hans-Joachim Roth (Hg.): *Sprachliche Bildung – Grundlagen und Handlungsfelder.* Münster: Waxmann, 211–220.

Schröder, Martin B. (2011): *Effekte professioneller Sprachförderung in Kindertagesstätten. Eine experimentell kontrollierte Intervention zur Förderung von Deutsch als Zweitsprache bei Kindern mit Migrationshintergrund.* Unveröffentlichte Dissertation: Potsdam.

Schroeder, Christoph (2007): Integration und Sprache. In: *APuZ – Aus Politik Und Zeitgeschichte* (Themenheft »Integration«), 22–23, 6–12.

Schroeder, Christoph/Stölting, Wilfried (2005): Mehrsprachig orientierte Sprachstandsfeststellung für Kinder mit Migrationshintergrund. In: Ingrid Gogolin/Ursula Neumann/Hans-Joachim Roth (Hg.): *Sprachdiagnostik bei Kindern und Jugendlichen mit Migrationshintergrund. Dokumentation einer Fachtagung am 14. Juli 2004 in Hamburg.* Münster: Waxmann, 59–74.

Schründen-Lenzen, Agi (2012): Diagnose und Förderung der sprachlichen Entwicklung von Schülerinnen und Schülern mit Migrationshintergrund. In: Michael Matzner (Hg.): *Handbuch Migration und Bildung.* Weinheim/Basel: Beltz, 167–181.

Schuele, C. M./Rice, Mabel L./Wilcox, Kim A. (1995): Redirects. A strategy to increase peer initiations. In: *Journal of Speech and Hearing Research* 38/6, 1319–1333.

Schuler, Stefanie/Budde-Spengler, Nora/Sachse, Steffi (2015): Ergebnisbericht – Analysen der Auswirkung des sprachlichen Interaktionstraining im Projekt MAUS. Ulm: ZNL.

Schulz, Petra/Tracy, Rosemarie (2011): *Linguistische Sprachstandserhebung – Deutsch als Zweitsprache (Lise-DaZ).* Göttingen: Hogrefe.

Schweinhart, Lawrence J./Montie, Jeanne/Xiang, Zongping/Barnet, William/Belfield, Clive/Nores, Milagros (2005): *Lifetime Effects. The High/Scope Perry preschool study through age 40.* Ypsilanti, Mich: High/Scope Press.

Schwerdtfeger, Inge C. (^{5}1993): *Sehen und Verstehen. Arbeit mit Filmen im Unterricht Deutsch als Fremdsprache.* Berlin: Langenscheidt.

Selinker, Larry (1972): Interlanguage. In: *IRAL – International Review of Applied Linguistics in Language Teaching* 10, 209–231.

Settinieri, Julia (^{2}2010): Ausspracheerwerb und Aussprachevermittlung. In: Hans J. Krumm/Christian Fandrych/Britta Hufeisen/Claudia Riemer (Hg.): *Deutsch als Fremd- und Zweitsprache. Ein internationales Handbuch.* Berlin: de Gruyter Mouton, 999–1008.

Shopen, Timothy (Hg.) (2007): *Language Typology and Syntactic Description.* Cambridge: Cambridge University Press.

Sieber, Peter (1998): *Parlando in Texten. Zur Veränderung kommunikativer Grundmuster in der Schriftlichkeit.* Tübingen: Niemeyer.

Sigel, Richard (2017a): Ausgewählte Diagnose- und Förderansätze für DaZ-Kinder in der 1. und 2. Klasse. In: Richard Sigel/Elke Inckemann (Hg.): *Diagnose und Förderung von Kindern mit Zuwanderungshintergrund im Sprach- und Schriftspracherwerb. Theorien, Konzeptionen und Methoden in den Jahrgangsstufen 1 und 2 der Grundschule.* Bad Heilbrunn: Julius Klinkhardt, 199–215.

Sigel, Richard (2017b): Leitfaden zur Lernausgangs- und Lernprozessdiagnostik für Kinder mit aktueller Flucht- oder Migrationserfahrung – eine förderdiagnostische Herausforderung der Grundschulpädagogik. In: Richard Sigel/Elke Inckemann (Hg.): *Diagnose und Förderung von Kindern mit Zuwanderungshintergrund im Sprach- und Schriftspracherwerb. Theorien, Konzeptionen und Methoden in den Jahrgangsstufen 1 und 2 der Grundschule.* Bad Heilbrunn: Julius Klinkhardt, 217–228.

Sigel, Richard/Inckemann, Elke (Hg.) (2017): *Diagnose und Förderung von Kindern mit Zuwanderungshintergrund im Sprach- und Schriftspracherwerb. Theorien, Konzeptionen und Methoden in den Jahrgangsstufen 1 und 2 der Grundschule.* Bad Heilbrunn: Julius Klinkhardt.

Šimič, Mirjana (2016): Grundwissen zu Flucht und Asyl. In: Jörg Roche (Hg.): *Deutschunterricht mit Flüchtlingen. Grundlagen und Konzepte.* Tübingen: Narr, 171–188.

Simon, Stephanie/Sachse, Steffi (2011): Sprachförderung in der Kindertagesstätte – Verbessert ein Interaktionstraining das sprachförderliche Verhalten von Erzieherinnen? In: *Empirische Pädagogik* 25/4, 462–480.

Simon, Stephanie/Sachse, Steffi (2013): Anregung der Sprachentwicklung durch ein Interaktionstraining für Erzieherinnen. In: *Diskurs Kindheits- und Jugendforschung* 8, 379–397.

Şimşek, Yazgül (2012): *Sequenzielle und prosodische Aspekte der Sprecher-Hörer-Interaktion im Türkendeutschen.* Münster u. a.: Waxmann.

Şimşek, Yazgül (2016): Schriftlichkeit in der Dreisprachigkeitskonstellation: Kurmanjî (–Kurdisch), Türkisch und Deutsch. In: Peter Rosenberg/Christoph Schroeder (Hg.): *Mehrsprachigkeit als Ressource in der Schriftlichkeit.* Berlin: de Gruyter, 87–112.

Singleton, David M./Ryan, Lisa (²2004): *Language Acquisition. The Age Factor.* Clevedon/Buffalo: Multilingual Matters.

Sixt, Michaela/Fuchs, Marek (2009): Die Bildungsbenachteiligung von Migrantenkindern als Folge der Entwertung von sozialem und kulturellem Kapital durch Migration. In: İnci Dirim/Paul Mecheril (Hg.): *Migration und Bildung. Soziologische und erziehungswissenschaftliche Schlaglichter.* Münster: Waxmann, 265–287.

Skutnabb-Kangas, Tove/Toukomaa, Pertti (1976): *Teaching Migrant Children's Mother Tongue and Learning the Language of the Host Country in the Context of the Sociocultural Situation of the Migrant Family.* Report written for Unesco. Tampere.

Soffietti, James (1955): Bilingualism and biculturalism. In: *The Journal of Educational Psychology* 46/4, 275–277.

Solmecke, Gert (²2010): Vermittlung der Hörfertigkeit. In: Hans J. Krumm/Christian Fandrych/Britta Hufeisen/Claudia Riemer (Hg.): *Deutsch als Fremd- und Zweitsprache. Ein internationales Handbuch.* Berlin: de Gruyter Mouton, 969–975.

Sperber, Horst G. (1989): *Mnemotechniken im Fremdsprachenerwerb. Mit Schwerpunkt »Deutsch als Fremdsprache«.* München: iudicium.

Spolsky, Bernard (2009): *Language Management.* Cambridge: Cambridge University Press.

Stamm, Margrit (Hg.) (2013): *Handbuch frühkindlicher Bildungsforschung.* Wiesbaden: Springer VS.

Stanat, Petra/Christensen, Gayle (2006): *Where Immigrant Students Succeed: a Comparative Review of Performance and Engagement in PISA.* Paris: Organisation for Economic Co-operation and Development.

Stanat, Petra/Schipolowski, Stefan/Haag, Nicole/Rjosk, Camilla/Weirich, Sebastian (Hg.) (2017): *IQB-Bildungstrend 2016. Kompetenzen in den Fächern Deutsch und Mathematik am Ende der 4. Jahrgangsstufe im zweiten Ländervergleich.* Münster/New York: Waxmann.

Steffan, Felix/Pötzl, Julia/Riehl, Claudia M. (2017): Mehrsprachigkeit in der beruflichen Ausbildung. In: Tina Ambrosch-Baroua/Amina Kropp/Johannes Müller-Lancé (Hg.): *Mehrsprachigkeit und Ökonomie.* München, Open Access 57–72.

Stehl, Thomas (Hg.) (2011): *Sprachen in mobilisierten Kulturen. Aspekte der Migrationslinguistik.* Potsdam: Universitätsverlag.

Stockwell, Robert P./Bowen, Jean D. (1965): *The Sounds of English and Spanish. [a Systematic Analysis of the Contrasts Between the Sound Sytems].* Chicago, Ill.: University of Chicago Press.

Stölting, Wilfried (1980): *Die Zweisprachigkeit jugoslawischer Schüler in der Bundesrepublik.* Wiesbaden: Harrasowitz.

Stölting, Wilfried (2003): Zur Modellierung der sprachlichen Handlungsfähigkeit Zweisprachiger durch Sprachstandserhebungen. In: *Zweitschrift für Fremdsprachenforschung* 14/1, 11–21.

Sumfleth, Elke/Kobow, Iwen/Tunali, Nermin/Walpuski, Maik (2013): Fachkommunikation im Chemieunterricht. In: Michael Becker-Mrotzek/Karen

Schramm/Eike Thürmann/Helmut J. Vollmer (Hg.): *Sprache im Fach. Sprachlichkeit und fachliches Lernen.* Münster: Waxmann, 255–276.

Supik, Linda (2014): *Statistik und Rassismus. Das Dilemma der Erfassung von Ethnizität.* Frankfurt a. M.: Campus-Verlag.

Tekin, Özlem (2012): *Grundlagen der Kontrastiven Linguistik in Theorie und Praxis.* Tübingen: Stauffenburg.

Terkessidis, Mark (2010): *Interkultur.* Berlin: Suhrkamp.

Terrasi-Haufe, Elisabetta/Baumann, Barbara (2016): »Ich will Ausbildung lernen damit im zukunft arbeiten kann«. Sprachvermittlung und Ausbildungsvorbereitung für Flüchtlinge an Berufsschulen. In: *Ö-DaF-Mitteilungen* 1, 45–63.

Terrasi-Haufe, Elisabetta/Baumann, Barbara (2017): Sprachliche und kulturelle Heterogenität an den Berufsschulen Bayerns – Reaktionen in der Lehrkräftebildung. In: Elisabetta Terrasi-Haufe/Anke Börsel (Hg.): *Sprache und Sprachbildung in der beruflichen Bildung.* Münster/New York: Waxmann, 57–76.

Terrasi-Haufe, Elisabetta/Baumann, Barbara/Riedl, Alfred (2017): Berufsvorbereitung und -ausbildung. In: *Jugendhilfe* 55, 150–155.

Terrasi-Haufe, Elisabetta/Börsel, Anke (Hg.) (2017a): *Sprachbildung in der beruflichen Bildung.* Münster: Waxmann.

Terrasi-Haufe, Elisabetta/Börsel, Anke (Hg.) (2017b): *Sprache und Sprachbildung in der beruflichen Bildung.* Münster/New York: Waxmann.

Terrasi-Haufe, Elisabetta/Miesera, Susanne (2016): Fach- und Berufssprachenvermittlung im Berufsfeld »Ernährung und Hauswirtschaft«. In: *Berufsbildung in Wissenschaft und Praxis* 6, 19–23.

Terrasi-Haufe, Elisabetta/Roche, Jörg/Gietl, Kathrin/Littwin, Sandra/Šimić, Mirjana (2016): *DaZ-Schüler im Regelunterricht fördern Kl. 3/4. Hintergrundwissen, Kopiervorlagen und Praxistipps zu den häufigsten Knackpunkten.* Augsburg: Auer.

Terrasi-Haufe, Elisabetta/Roche, Jörg/Riehl, Claudia M. (2017): Heterogenität an beruflichen Schulen. Ein integratives, handlungsorientiertes Modell für Curriculum, Unterricht und Lehramt: didaktische, bildungs- und fachpolitische Perspektiven. In: Regina Freudenfeld/Ursula Gross-Dinter/Tobias Schickhaus (Hg.): *In Sprachwelten über-setzen. Beiträge zur Wirtschaftskommunikation, Kultur- und Sprachmittlung in DaF und DaZ.* Göttingen: Universitätsverlag Göttingen, 157–182.

Thielmann, Winfried ([2]2010): Fachsprachenvermittlung. In: Hans J. Krumm/Christian Fandrych/Britta Hufeisen/Claudia Riemer (Hg.): *Deutsch als Fremd- und Zweitsprache. Ein internationales Handbuch.* Berlin: de Gruyter Mouton, 1053–1060.

Thrul, Tabea (2013): *Sprachenpolitik und Deutschförderung in Familien der Elitenmigration.* Unveröffentlichte Masterarbeit. LMU München: Institut für Deutsch als Fremdsprache.

Thürmann, Eike ([5]2007): Herkunftssprachenunterricht. In: Karl-Richard Bausch (Hg.): *Handbuch Fremdsprachenunterricht.* Tübingen: Francke, 163–168.

Titz, Cora/Geyer, Sabrina/Ropeter, Anna/Wagner, Hanna/Weber, Susanne/Hasselhorn, Marcus (Hg.) (2018): *Konzepte zur Sprach- und Schriftsprachförderung entwickeln.* Stuttgart: Kohlhammer.

Tomasello, Michael (2005): *Constructing a Language. A Usage-Based Theory of Language Acquisition.* Cambridge, Mass./London: Harvard University Press.

Tracy, Rosemarie/Thoma, Dieter (2009): Convergence on finite V2 clauses in L2, bilinguale L2 and early L2 acquisition. In: Christine Dimroth/Peter Jordens (Hg.): *Functional Categories in Learner Language.* Berlin: de Gruyter Mouton, 1–43.

Ullman, Michael (2005): A cognitive neuroscience perspective on second language acquisition. The declarative/procedural model. In: Cristina Sanz

(Hg.): *Mind and context in adult second language acquisition. Methods, theory, and practice.* Washington, D. C.: Georgetown University Press, 141–178.

Umbel, Vivian/Pearson, Barbara Z./Fernandez, Maria/Oller, D. K. (1992): Measuring bilingual children's receptive vocabularies. In: *Child Development* 63, 1012–1020.

Ungeheuer, Gerold/Wiegand, Herbert E./Steger, Hugo/Krumm, Hans-Jürgen/Fandrych, Christian/Hufeisen, Britta/Riemer, Claudia/Arnold, Karl-Heinz/Hauenschild, Katrin/Schmidt, Britta/Ziegenmeyer, Birgit (Hg.) (2010): *Deutsch als Fremd- und Zweitsprache. Zwischen Fachdidaktik und Stufendidaktik.* Berlin/New York: de Gruyter Mouton.

Usanova, Irina (2016): Transfer in bilingual and (bi)scriptual writing: Can German-Russian bilinguals profit from their heritage language? The interaction of different languages and different scripts in German-Russian bilinguals. In: Peter Rosenberg/Christoph Schroeder (Hg.): *Mehrsprachigkeit als Ressource in der Schriftlichkeit.* Berlin: de Gruyter, 159–177.

Verband Binationaler Familien und Partnerschaften, IAF (Hg.) (2004): *Vielfalt ist unser Reichtum. Warum Heterogenität eine Chance für die Bildung unserer Kinder ist.* Frankfurt a. M.: Brandes & Apsel.

Voet Cornelli, Barbara/Geist, Barbara/Grimm, Angela/Schulz, Petra (2012): Wie wird der Sprachstand mehrsprachiger Kinder in pädiatrischen Vorsorgeuntersuchungen erhoben? Erste Ergebnisse aus dem Projekt cammino. In: Stefan Jeuk/Joachim Schäfer (Hg.): *Deutsch als Zweitsprache in Kindertageseinrichtungen und Schulen.* Stuttgart: Fillibach bei Klett, 43–73.

Vogel, Dita/Stock, Elina (2017): *Opportunities and Hope Through Education: How German Schools Include Refugees.* Brüssel.

Vygotskij, Lev S. (1987): *Ausgewählte Schriften.* Köln: Pahl-Rugenstein.

Wälchli, Bernhard/Ender, Andrea (2013): Wörter. In: Peter Auer (Hg.): *Sprachwissenschaft. Grammatik, Interaktion, Kognition.* Stuttgart: Metzler, 91–135.

Watson, O. M./Graves, Theodore D. (1966): Quantitative research in proxemic behavior. In: *American Anthropologist* 68/4, 971–985.

Weber, Jutta/Marx, Peter/Schneider, Wolfgang (2007): Die Prävention von Lese-Rechtschreibschwierigkeiten bei Kindern mit nichtdeutscher Herkunftssprache durch ein Training der phonologischen Bewusstheit. In: *Zeitschrift für Pädagogische Psychologie* 21, 65–75.

Wegner, Anke/Dirim, İnci (Hg.) (2016): *Mehrsprachigkeit und Bildungsgerechtigkeit. Erkundungen einer didaktischen Perspektive.* Opladen/Berlin/Toronto: Verlag Barbara Budrich.

Weinert, Sabine/Doil, Hildegard/Frevert, Sabine (2008): Kompetenzmessungen im Vorschulalter: Eine Analyse vorliegender Verfahren. In: Hans-Günther Roßbach/Sabine Weinert (Hg.): *Kindliche Kompetenzen im Elementarbereich: Förderbarkeit, Bedeutung und Messung.* Berlin: Bundesministerium für Bildung und Forschung BMBF, 89–209.

Weinreich, Uriel (1977): *Sprachen in Kontakt. Ergebnisse und Probleme der Zweisprachigkeitsforschung.* München: Beck.

Weinrich, Harald (1986): Klammersprache Deutsch. In: Helmut Henne (Hg.): *Sprachnormen in der Diskussion. Beiträge vorgelegt von Sprachfreunden.* Berlin: de Gruyter, 116–145.

Weinrich, Harald (⁴2007): *Textgrammatik der deutschen Sprache.* Darmstadt: Wissenschaftliche Buchgesellschaft.

Wendlandt, Wolfgang (⁷2015): *Sprachstörungen im Kindesalter. Materialien zur Früherkennung und Beratung.* Stuttgart: Thieme.

Wenzel, Diana/Koeppel, Gisela/Carle, Ursula (Hg.) (2009): *Kooperation im Ele-*

mentarbereich eine gemeinsame Ausbildung für Kindergarten und Grundschule. Baltmannsweiler: Schneider Verlag Hohengehren.

What Works Clearinghouse (2010): Dialogic Reading. WWC Intervention Report, https://ies.ed.gov/ncee/wwc/Docs/InterventionReports/wwc_dialogic_reading_042710.pdf (12.6.2018).

What Works Clearinghouse (2015): Shared Book Reading, https://ies.ed.gov/ncee/wwc/Docs/InterventionReports/wwc_sharedbook_041415.pdf (12.6.2018).

Wicke, Rainer E. (2009): *Aktiv und kreativ lernen. Projektorientierte Spracharbeit im Unterricht »Deutsch als Fremdsprache«.* Ismaning: Hueber.

Wiese, Heike (2009): Grammatical innovation in multiethnic urban Europe. New linguistic practices among adolescents. In: *Lingua* 119/5, 782–806.

Wiese, Heike (2011): Ein neuer urbaner Dialekt im multiethnischen Raum: Kiezdeutsch. In: Markus Messling/Dieter Läpple/Jürgen Trabant (Hg.): *Stadt und Urbanität. Transdisziplinäre Perspektiven.* Berlin: Kulturverlag Kadmos, 146–161.

Wiese, Heike (2012): *Kiezdeutsch. Ein neuer Dialekt entsteht.* München: C. H. Beck.

Wiese, Heike/Pohle, Maria (2016): »Ich geh Kino« oder »... ins Kino«? Gebrauchsrestriktionen nichtkanonischer Lokalangaben. In: *Zeitschrift für Sprachwissenschaft* 35/2, 171–216.

Wildemann, Anja/Fornol, Sarah (2016): *Sprachsensibel unterrichten in der Grundschule. Anregungen für den Deutsch-, Mathematik- und Sachunterricht.* Seelze: Klett Kallmeyer.

Will, Anne (2016): *Migrationshintergrund im Mikrozensus: Wie werden Zuwanderer und ihre Nachkommen in der Statistik erfasst?* Berlin: Mediendienst Integration.

Winters-Ohle, Elmar/Seipp, Bettina/Ralle, Bernd (Hg.) (2012): *Lehrer für Schüler mit Migrationsgeschichte. Sprachliche Kompetenz im Kontext internationaler Konzepte der Lehrerbildung.* Münster: Waxmann.

Wodak, Ruth/Johnstone, Barbara/Kerswill, Paul E. (Hg.) (2010): *The SAGE Handbook of Sociolinguistics.* London: SAGE Publications.

Wolf, Katrin/Stanat, Petra/Wendt, Wolfgang (2011): *EkoS – Evaluation der kompensatorischen Sprachförderung. Abschlussbericht.* Berlin.

Wolff, Dieter (1993): Sprachbewusstheit und die Begegnung mit Sprachen. In: *Die neueren Sprachen* 6, 510–531.

Yip, Virginia/Matthews, Stephen (2007): *The Bilingual Child. Early Development and Language Contact.* Cambridge: Cambridge University Press.

Zaimoglu, Feridun (1995): *Kanak Sprak. 24 Misstöne vom Rande der Gesellschaft.* Hamburg: Rotbuch-Verlag.

Zentralstelle für das Auslandsschulwesen (2009): Rahmenplan »Deutsch als Fremdsprache« für das Auslandsschulwesen, https://www.bva.bund.de/DE/Organisation/Abteilungen/Abteilung_ZfA/Auslandsschularbeit/DSD/RahmenplanDaF/inhalt.html (12.6.2018).

Zschiesche, Tilman/Diedrich, Ingo/Herr, Ulrike (2010): Wissenschaftliche Begleitung des Projekts SPAS II. Göttingen: ibbw-consult GmbH.

Zumwald, Bea/Schönfelder, Mandy (2015): Sprache im Alltag fördern. In: Cordula Löffler/Franziska Vogt (Hg.): *Strategien der Sprachförderung im Kita-Alltag.* München: Reinhardt, 9–17.

10.3 | Materialien

Bayerisches Staatsministerium für Arbeit und Soziales, Familie und Integration & Staatsinstitut für Frühpädagogik (Hg.) ([7]2016): *Der Bayerische Bildungs- und Erziehungsplan für Kinder in Tageseinrichtungen bis zur Einschulung*. Berlin: Cornelsen.

Beauftragte der Bundesregierung für Migration, Flüchtlinge und Integration (Hg.) (2003): *Förderung von Migranten und Migrantinnen im Elementar- und Primarbereich. Dokumentation*. Berlin/Bonn.

Bolton, Sybille/Glaboniat, Manuela/Lorenz, Helga/Perlmann-Balme, Michaela/Steiner, Stefanie (2008): *MÜNDLICH. Mündliche Produktion und Interaktion Deutsch. Illustration der Niveaustufen des Gemeinsamen europäischen Referenzrahmens; Niveaubestimmungen nach dem Gemeinsamen europäischen Referenzrahmen, Ergänzung zu Profile Deutsch, authentische Beispiele, Kommentare zur Niveauzuordnung zu jedem Beispiel, Niveau A1 – A2, B1 – B2, C1 – C2*. Stuttgart: Ernst Klett Sprachen.

Autorengruppe Bildungsberichterstattung (2012): *Bildung in Deutschland 2012. Ein indikatorengestützter Bericht mit einer Analyse zur kulturellen Bildung im Lebenslauf*. Bielefeld: W. Bertelsmann Verlag.

Autorengruppe Bildungsberichterstattung (2016): *Bildung in Deutschland 2016. Ein indikatorengestützter Bericht mit einer Analyse zu Bildung und Migration*. Bielefeld: W. Bertelsmann Verlag.

Bundesamt für Migration und Flüchtlinge (2012): *Ganztägig bilden. Eine Forschungsbilanz*. Berlin.

Bundesamt für Migration und Flüchtlinge (2013): *Das Integrationspanel. Langfristige Integrationsverläufe von ehemaligen Teilnehmenden an Integrationskursen*. Nürnberg.

Bundesamt für Migration und Flüchtlinge (2014): *Dokumentation des Workshops »Neue Begriffe für die Einwanderungsgesellschaft« am 29. und 30. April 2013 in Nürnberg*. Nürnberg.

Bundesamt für Migration und Flüchtlinge (2015a): *Konzept für einen bundesweiten Integrationskurs*. Nürnberg.

Bundesamt für Migration und Flüchtlinge (2015b): *Konzept für einen bundesweiten Frauen- bzw. Elternintegrationskurs*. Nürnberg.

Bundesamt für Migration und Flüchtlinge (2015c): *Konzept für einen bundesweiten Jugendintegrationskurs*. Nürnberg.

Bundesamt für Migration und Flüchtlinge (2015d): *Konzept für einen bundesweiten Alphabetisierungskurs*. Nürnberg.

Bundesamt für Migration und Flüchtlinge (2016): *Vorläufiges Curriculum für einen bundesweiten Orientierungskurs*. Nürnberg.

Bundesamt für Migration und Flüchtlinge (2017a): *Integrationskursgeschäftsstatistik für das Jahr 2016 (bundesweit)*. Nürnberg.

Bundesamt für Migration und Flüchtlinge (2017b): *Gesamtfragenkatalog zum Test »Leben in Deutschland« und zum »Einbürgerungstest«. Stand: 19.03.2017*. Nürnberg.

Bundesamt für Migration und Flüchtlinge (2017c): *Zugangszahlen zu unbegleiteten Minderjährigen*, 09.11.2017, https://www.bamf.de (11.2.2018).

Bundesamt für Migration und Flüchtlinge (2018a): *Aktuelle Zahlen zu Asyl. Dezember 2017*. Nürnberg.

Bundesamt für Migration und Flüchtlinge (2018b): *Konzept für einen bundesweiten Integrationskurs für Zweitschriftlernende (Zweitschriftlernerkurs)*. Nürnberg.

Bundesausschuss für Politische Bildung (2007): *Orientierungskurse nach § 43 des Aufenthaltsgesetzes – Stellungnahme*.

Bundesrepublik Deutschland (2004a): *Gesetz über den Aufenthalt, die Erwerbstätigkeit und die Integration von Ausländern im Bundesgebiet. Aufenthaltsgesetz – AufenthG*.

Bundesrepublik Deutschland (2004b): *Gesetz zur Steuerung und Begrenzung der Zuwanderung und zur Regelung des Aufenthalts und der Integration von Unionsbürgern und Ausländern (Zuwanderungsgesetz)*.

Bundesrepublik Deutschland (2005): *Verordnung über die Durchführung von Integrationskursen für Ausländer und Spätaussiedler. Integrationskursverordnung – IntV*.

Bundesverwaltungsamt – Zentralstelle für das Auslandsschulwese (o. A.): DSD I PRO, Niveau A2/B1, Modellsatz 1, http://www.bva.bund.de/DE/Organisation/Abteilungen/Abteilung_ZfA/Auslandsschularbeit/DSD/DSDIPRO/Modellsaetze/inhalt.html?nn=4500186#2 (12.6.2018).

Die Bundesregierung (Hg.) (2007): *Der Nationale Integrationsplan. Neue Wege – Neue Chancen*.

Europarat (Hg.) (2001): *Gemeinsamer europäischer Referenzrahmen für Sprachen. Lernen, lehren, beurteilen* [Niveau A1, A2, B1, B2, C1, C2]. München: Klett-Langenscheidt.

Europarat (Hg.) (2008): *Leitfaden für das Europäische Sprachenportfolio für Erwachsene. Erarbeitet und herausgegeben im Auftrag des Thüringer Volkshochschulverbandes e. V.* Ismaning: Hueber.

Feick, Diana/Pietzuch, Anja/Schramm, Karen (Hg.) (2013): *Alphabetisierung für Erwachsene*. München: Goethe-Institut/Klett Langenscheidt.

Fenson, Larry/Marchman, Virginia/Thal, Donna/Dale, Philip/Reznick, J./Bates, Elizabeth (²2007): *MacArthur Communicative Development Inventory. User's Guide and Technical Manual*. Baltimore: Brookes Publishing.

Goethe-Institut (2017): *Rahmencurriculum für Integrationskurse Deutsch als Zweitsprache*. München.

Grimm, Hannelore/Doil, Hildegard (2006): *ELFRA. Elternfragebögen für die Früherkennung von Risikokindern*. Göttingen: Hogrefe.

Herausgegeben von den Ländern Berlin, Bremen, Hessen, Nordrhein-Westfalen (2007): *Europäisches Portfolio der Sprachen. Ergebnis des BLK-Verbundprojekts »Sprachen lehren und lernen als Kontinuum«*.

Hölscher, Petra (2002): *Kenntnisse in DaZ erfassen. Screening-Modell für Schulanfänger*. Herausgeber: Staatsinstitut für Schulpädagogik und Bildungsforschung *München*. Stuttgart: Klett.

ISB Bayern (Hg.) (2016): *Lehrplan für die Berufsschule und Berufsfachschule. Unterrichtsfach: Deutsch*. Oberursel: Finken.

ISB Bayern (2017): Lehrplan für die Berufsintegrations- und Sprachintensivklassen, https://www.isb.bayern.de/download/19735/lp_berufsintegrationsklassen_07_2017.pdf (23.7.2017).

ISB Bayern (Hg.) (o.A.): Lehrplan PLUS Deutsch als Zweitsprache. https.//www.lehrplanplus.bayern.de.

Jedik, Lilli (2006a): *Anamnesebogen für zweisprachige Kinder. Russisch-Deutsch, Polnisch-Deutsch, Griechisch-Deutsch, Serbokroatisch-Deutsch, Englisch-Deutsch, Türkisch-Deutsch, Italienisch-Deutsch, Spanisch-Deutsch, Arabisch-Deutsch und Französisch-Deutsch*. Würzburg: Edition von Freisleben.

Jedik, Lilli (2006b): *SCREEMIK 2 – Anamnesebogen für zweisprachige Kinder*. Würzburg: Edition von Freisleben.

KMK Kultusministerkonferenz (2007): Handreichung für die Erarbeitung von Rahmenlehrplänen der Kultusministerkonferenz für den berufsbezogenen Unterricht in der Berufsschule und ihre Abstimmung mit Ausbildungsordnungen des Bundes für anerkannte Ausbildungsberufe, http://www.kmk.org/fileadmin/Dateien/veroeffentlichungen_beschluesse/2007/2007_09_01-Handreich-Rlpl-Berufsschule.pdf (15.2.2016).

KMK Kultusminsterkonferenz (2002): PISA 2000 – Zentrale Handlungsfelder. Zusammenfassende Darstellung der laufenden und geplanten Maßnahmen in den Ländern. Beschluss der 299. Kultusminsterkonferenz, https://www.kmk.

org/fileadmin/Dateien/veroeffentlichungen_beschluesse/2002/2002_10_07-Pisa-2000-Zentrale-Handlungsfelder.pdf (12.6.2018).

Ministerium für Bildung, Wissenschaft, Weiterbildung und Kultur (2015): Unterricht von Schülerinnen und Schülern mit Migrationshintergrund: Verwaltungsvorschrift, https://migration.bildung-rp.de/fileadmin/user_upload/migration.bildung-rp.de/geaenderte_VV_Unterricht_von_Schuelerinnen_und_Schuelern_mit_Migrationshintergrund_September_2015.pdf (12.6.2018).

Ministerium für Schule und Weiterbildung, des Landes Nordrhein-Westfalen & Nordrhein-Westfalen (2008): *Richtlinien und Lehrpläne für die Grundschule in Nordrhein-Westfalen: Deutsch, Sachunterricht, Mathematik, Englisch, Musik, Kunst, Sport, Evangelische Religionslehre, Katholische Religionslehre.* Frechen: Ritterbach.

Ministerium für Schule, Wissenschaft und Forschung des Landes Nordrhein-Westfalen (2000): *Muttersprachlicher Unterricht: Lehrplan für die Jahrgänge 1 bis 4 und 5 und 6.* Frechen: Ritterbach.

Motsch, Hans-Joachim (2011): *ESGRAF-MK. Evozierte Diagnostik grammatischer Fähigkeiten für mehrsprachige Kinder: mit 16 Abbildungen und 17 Tabellen; mit Diagnostik-Software auf CD-ROM.* München: Reinhardt.

National Institute for Educational Measurement (2004): *CITO. Test Zweisprachigkeit.* NL: Arnhem.

Österreichisches Sprachenkompetenzzentrum (2007): *KIESEL – Kinder entdecken Sprachen, Erprobung von Lehrmaterialien.*

Plauen, E. O. (2016): *Vater und Sohn. Sämtliche Bildgeschichten.* Hamburg: Nikol.

Staatliches Berufsbildendes Schulzentrum Jena/Lehrstuhl für Berufspädagogik Universität Dortmund (2007): Abschlussbericht zum BLK Modellversuch »VERLAS«. Verknüpfung von berufsfachlichem Lernen mit dem Erwerb von Sprachkompetenz (Lese- und Kommunikationsfähigkeit) und mathematisch naturwissenschaftlicher Grundbildung, http://www.sbsz-jena.de/wp-content/uploads/2016/02/VERLAS-Abschlussbericht_Endfassung.pdf (12.6.2018).

Statistisches Bundesamt (2016): *Bevölkerung mit Migrationshintergrund auf Rekordniveau.* Wiesbaden.

Statistisches Bundesamt (2017a): *Bevölkerung und Erwerbstätigkeit. Bevölkerung mit Migrationshintergrund – Ergebnisse des Mikrozensus 2016.* Wiesbaden.

Statistisches Bundesamt (2017b): *Migration und Integration. Integrationsindikatoren.* Pressemitteilung Nr. 413 vom 16.11.2017. Wiesbaden.

Stanat, Petra/Böhme, Katrin/Schipolowski, Stefan/Haag, Nicole (Hg.) (2016): *IQB-Bildungstrend 2015. Sprachliche Kompetenzen am Ende der 9. Jahrgangsstufe im zweiten Ländervergleich.* Münster/New York: Waxmann.

telc GmbH ([2]2015): *Deutsch-Test für Zuwanderer A2-B1. Modelltest 1.* Frankfurt a. M.

Ulich, Michaela/Mayr, Toni (2003): *SISMIK – Sprachverhalten und Interesse an Sprache bei Migrantenkindern in Kindertageseinrichtungen. Begleitheft zum Beobachtungsbogen SISMIK.* Freiburg i. Br.: Herder.

Ulich, Michaela/Mayr, Toni (2006): *SELDAK – Sprachentwicklung und Literacy bei deutschsprachig aufwachsenden Kindern. Begleitheft zum Beobachtungsbogen seldak.* Freiburg i. Br.: Herder.

10.4 | Sachregister

A

abstrakte Sprache 225
additiver Förderunterricht 181, 185
additive Sprachförderung 149–151
Ad-hoc-Entlehnung 47–48
Ad-hoc-Übernahme 47
Adjektivdeklination 251, 277
Adverbialsätze 245
Affixe 245, 248–249, 252
agglutinierende Sprachen 249
Aggregation 218
akademisches Sprachregister 264
Akkulturation 34–35
Akzent 14, 240–242
Akzentsprachen 240–242
Akzentuierungsmuster 240
akzentzählende Sprachen 241
ALFA 18
A-Linie 3
allochthone Minderheiten 27, 193
Allophone 238
alltagsintegrierte Sprachförderung 126,
    149–150, 155–158, 162, 164–166, 169
Alphabet 109, 210–213, 215
alphabetisiert 34, 39, 109, 177, 209,
    211, 214–215, 234
Alphabetisierung 82–84, 93, 176, 195,
    209–211, 214–216, 220
Alphabetisierungskurs 100, 109–111,
    114
Alphabetschrift 211–212, 215
Alpha-Portfolio 112
 alternative Methode 73
Altzuwanderer 97
am-Konstruktion 247
Amtssprache 27, 189
Analphabet 21
– funktionaler 109
– primärer 109
Anlauttabelle 215–216
Anrede 103, 258–260
Anredeformeln 259
Anredeformen 258–259, 274
Anredestrategien 259
Argumentation 83, 161, 173, 218–219,
    224
Argumentationsstrategien 262–263
argumentatives Schreiben 229
artifizielle Bilingualität 38
Artikel- und präpositionslose
    Nomina 58
Artikulationsart 238

Artikulationsstelle 238
Artikulatoren 237
Aspekt 8–9, 14–15, 28, 50, 52, 59–60,
    117, 176, 196, 223, 231, 242, 245–
    247, 274
Aspektualität 247
Assimilation 24–25, 95, 112
Asyl 20–21
Audiolinguale Methode 69–70, 79
Audiovisuelle Methode 69–70, 93
Aufenthaltsstatus 21
Aufmerksamkeitskontrollsystem 49
Aufnahmeland 33
Aufstiegsorientiertheit 41
Ausgangssprache 14, 100
Ausklammerung 257–258
Ausländerliteratur 2
Ausländerpädagogik 19, 24
Auslandsperspektive 9
Auslautverhärtung 239, 277
außerschulische Angebote 181
außerschulische Bildungsangebote 207
außersprachliche Faktoren 227, 232
Äußerungsformen 217, 262, 273
Aussprache 14, 40, 62, 72, 81, 187,
    237, 240, 242, 273
Aussprachemuster 242
Auxiliar 245, 247, 252–253, 257

B

BAMF 4, 17, 20, 78, 96, 99–100, 102–
    109
Basisbegriff 243
Basisqualifikationen
– sprachliche 61–62
Bedürfniswortschatz 46
Befragung 52, 124
Behaviorismus 69
Beobachtung 11, 48, 57, 123, 125,
    127–130, 136–137, 149, 158, 243
Beobachtungsverfahren 125–127, 130,
    134, 139
berufliche Schulen 196, 200–201, 203
Berufsintegrationsklasse 201
Berufssprache 198–199, 204
Berührungsverhalten 271
Beschleunigungseffekte 11
Bestätigungsgeste 268
Bestimmtheit 252
BICS 217, 226
Bikulturalität 29–31
bikulturell *Siehe Bikulturalität*

Bikulturelle Lebenswelten 30
Bild 68, 92, 134, 196
Bildung, visuelle 80
Bildungsbenachteiligung 31, 147
Bildungsbeteiligung 90, 94
Bildungseinrichtungen 1, 32, 147
Bildungserfolg 18, 45, 90–91, 160, 162,
    171, 173, 185
Bildungspläne 172
Bildungspolitik 117–118
Bildungssprache 18, 32, 63, 84, 88–89,
    93, 119, 172–174, 182, 226
Bildungsstatus 34
bilingual 8–11, 27, 29–31, 33, 40, 48–
    50, 138, 140–141, 174, 176, 182, 186,
    206, 212, 219–220, 224, 226–227
bilinguale Praktiken 49–50
bilingualer Erstspracherwerb 9–11, 26
bilinguales Programm 219
Biliteralismus 210–211, 234
biliterat 213
Binnendifferenzierung 181, 204–205
Blickkontakt 25, 272
Blickverhalten 272, 274

C
CALPs 217, 226
Chamisso-Literatur 24
Codes 264
Code-Switching 15, 29, 46–50, 54,
    132, 141, 177
Codewechsel 48
Comenius 67
Common Underlying Proficiency 225
C-Test 137
cultural accents 30
Curriculum 64, 100, 102–103, 181, 188,
    207
– Mehrsprachigkeits- 85

D
DaF-Unterricht 9
definit 248–249
Defizit-Hypothese 18–19
deklaratives Gedächtnis 13
Deklination 249–250, 277
Deklinationsklassen 250
DESI 19
Determination 248
Determinativ 248
Determiniertheit 245, 248
Deutscherwerb, ungesteuerter 98, 100
Deutschförderklasse 187
Deutschlerner 257–259
Deutsch-Test für Zuwanderer 78, 99,
    102–103, 114
diakritische Zeichen 212–213

Dialekte 54, 89, 159
dialogisches Lesen 163–164, 168
Diasporasprache 40
Didaktik 66, 79, 93
Differenz 24–26, 56
– kulturelle 23
Direkte Methode 69, 93
Direktheit 261
direktive Partikeln 58
Diskursebene 56
Diskursergänzungsaufgaben 259
diskursiv 62
Diskursmodus 227, 229
Diskursregeln 28
Diskursstrategie 47
Diskursstruktur 127, 263
Diskurstraditionen 222, 258
Distanzierungsstrategie 223
Distanzverhalten 30
dolmetschen 51–53, 177
Domänen 32, 44, 46, 133, 142
Dominanz 8, 11, 13, 28, 30, 139, 234
Drei-Generationen-Regel 40–41
dreisprachig 47, 212
Dreisprachigkeit 37
dritte Generation 27, 33, 40–41, 49,
    176
Drittsprache 8
Drittspracherwerb 15
Druckschrift 111
DTZ *Siehe Deutsch-Test für Zuwanderer*
Duales System 197
durchgängige Sprachbildung 32, 174
durchgängige Sprachförderung 182
dynamischer Prozess 8, 28
dynamisches Sprachsystem 29

E
Einbürgerungstest 106
Eine Person-eine Sprache-Prinzip 36–
    37
Einsprachigkeit 27, 69, 74, 209
Einstellungen 119, 227
Einwanderungsgesellschaft 2, 96
Einwanderungspolitik 44
Einwanderungswellen 44
elaborierter Wortschatz 221, 231
Elementarbereich 32, 115, 121, 125–
    126, 133, 135, 145–147, 164, 168–
    169, 184–186, 207
ELFRA 125
Elitemigranten 35
Eltern 10, 16, 19, 25, 33–34, 36–41,
    45, 51–54, 60, 91, 93, 96, 101, 106,
    113, 118–119, 124–126, 135–136, 141,
    148, 150, 154–155, 159–160, 167,

175–176, 195, 207, 226, 233–234, 275–276, 279
Elterngeneration 31, 34–35, 40, 45
Embleme 265–267
Emblemrepertoire 267
Endogamie 41
Entrenchment 12–13
Erstsprache 8–10, 12–14, 17, 27–28, 34, 36–39, 44, 63–64, 72, 81, 84, 86, 91–92, 115, 119–121, 123, 128, 132–134, 136–140, 144, 147, 152, 156, 158–161, 164, 166–168, 171, 174, 178, 181, 184–185, 189, 192–193, 195–196, 204, 206–207, 209, 211, 216, 229, 234, 237, 273, 276, 279
Erwerbsbedingungen 7, 9, 60
Erwerbskonstellation, familiäre 16
Erzählkompetenz 226
Erzählung 62, 218–220, 223, 245, 256
Erziehungsmodell, mehrsprachiges 86
Erziehungsprinzip 39
ethnische Gruppe 55
Ethnisierung 23
Ethnizität 42, 266
Ethnolekt 23, 55–57, 60
Evaluationsverfahren 118
Exogamie 44
Expatriate Communities 35
Experimentelle Schreibungen 213
expletives es 255–256

F
FABER 18
Fachsprache 173–174, 198
Fachunterricht 88–90, 92–93, 175, 182, 185, 191, 203–204, 206
Familie, mehrsprachige 16, 19
Familiennetzwerke 41
Familiensprache 7, 16, 19, 36, 38–39, 43, 52, 61, 87, 155, 194
Fertigkeit 28, 63, 77–78, 80–81, 93, 107, 113, 116, 119, 133, 135, 166, 172–173, 177, 199, 202, 217, 222, 226, 233–234
FiSS 19
flektierende Sprachen 249
Flexionssysteme 250
Flüchtlinge 9, 16, 20, 200
Focus on Form 192
Focus on Meaning 192
Förderbedarf 19, 61, 131, 134–135, 137, 140, 149, 157, 167–168, 185, 198
förderdiagnostische Verfahren 118, 121, 136, 142
Förderklasse 186

Förderplanung 136, 141–142, 149
Förderung von Mehrsprachigkeit 31, 59, 159–160
Förderziele 130, 134, 158
Foreignizing 15
Formalität 259
formelle Formen 259
FörMig 18
Formulierungskompetenz 222
Formulierungsmuster 223, 231, 274
Fossilisierung 14, 35
Fremdsprache 1, 7–9, 15, 17, 35, 42–43, 74, 160, 204, 224, 231, 238, 240, 259, 274
Fremdsprachlichkeit 25
Frikative 56, 214, 238
frühkindlicher Zweitspracherwerb 12, 26, 36
funktionalstilistische Aspekte 257
Funktionsverbgefüge 58, 60, 257
fusionierende Sprachen 249

G
Gastarbeiter 2, 23, 183
Gastarbeiterdeutsch 34
Gastarbeiterliteratur 2–3, 24
Geflüchtete 20–22, 97, 177
gemischte Äußerungen 10, 38
gemischtes Lexikon 10
gemischtes Sprachsystem 10
gemischtsprachige Familien 36
gemischtsprachliches Sprechen 40
Generation 1.5 33
generisch 248
Genusmarkierung 14
GER 64, 66, 76, 78, 80–81, 83–84, 86, 99–100, 113–114, 194
germanische Sprachen 253, 255–256
Gesamtsprachrepertoire 50
Geschichte 18
Gesellschaft, multikulturelle 24–25
Geste 92, 265–270, 274
Gestenrepertoire 267
Gesten-Tabus 270
Gestik 25, 75, 80, 164, 179, 279
Gliederungselemente 220
globales Hören 80
globales Lesen 83
Grammatikalklammer 257
Grammatik-Übersetzungs-Methode 68, 93
grammatische Formeigenschaft 245
grammatische Funktion 241, 249
Grammatische Kategorien 85, 237, 245, 251
grammatische Oppositionen 253

Grapheme 211–212
Graphemkombination 212, 214
Graphemmischungen 213
Graphemtransfer 213
Großschreibung 112, 212–213
Gruppenflexion 251
GÜM Siehe *Grammatik-Übersetzungs-Methode*
Gütekriterien 118, 123, 125–127, 131, 133–134, 139, 141, 150, 161

H

Handlungsmuster 61–62, 154, 162
Handlungsorientierung 75–76, 93, 112, 187, 189–190, 192, 204
Häsitationsphänomene 244
Hauptakzent 240
Haussprache 44
HAVAS 5 118, 130–132, 137
Herkunftsland 6, 8, 18, 20, 34, 41, 45, 181, 186, 194
Herkunftssprache 15–16, 18–20, 25, 32–34, 36–41, 47, 54, 60, 109, 111–112, 138, 142, 158, 160, 171, 193, 195–196, 206, 210–216, 219–220, 224–225, 227, 230, 232–234, 242, 279–280
Herkunftssprachenangebot 181, 185, 193–195
Herkunftssprachensprecher 28
Herkunftssprachenunterricht 32, 194, 279
Herkunftsstaat, sicherer 20–21
High- und Low-Gesture Cultures 269
Höflichkeitsforschung 260
Home Language Surveys 7, 42
Hören 13, 77, 79, 82, 86, 93, 99, 101–102, 133, 199
Hör-Seh-Verstehen 80
Hörstrategie 79
Hörverstehen 78–80, 163
HPD 17

I

Identität 7, 18, 23–26, 28, 30, 34, 41, 49, 54, 57, 60, 95, 104, 180, 224, 267
– Zuschreibung von 23
Identitätsbezeichnung 7
Identitätsbildung 9, 22, 54
Identitätsmarker 27, 41
idiosynkratische Varietät 40
IGLU 19
Ikonizität 267
Illustratoren 265–266, 268
imitatives Nachsprechen 70
Immersion 188–189

Immigration 24, 180
indefinit 248–249
Indirektheit 261
Individuelle Norm 120, 123
Informalität 259
informelle Formen 259
informelle Verfahren 118, 136
Input 10–11, 37–40, 119, 122–123, 138–139, 148, 155–156, 176, 178–179, 233, 275, 278
Integration 2, 26, 35, 60, 91, 95–97, 104, 123, 147, 162, 167, 175, 178, 181, 183, 187–188, 199, 201, 204, 207, 218
– Integrationsindikatoren 5
– Sozialintegration 95
– Systemintegration 95
Integrationskurs 17, 96–97, 99–100, 106–110, 114, 201, 203
Integrationskursverordnung 96
Integrierte Sprachförderung 181, 183
Intention 71
Interdependenz-Hypothese 14
Interkultur 24, 180
interkulturell 23, 25, 71, 267, 272, 280
Interkulturelle Didaktik 71, 93
Interkulturelle Missverständnisse 262
interkulturelles Lernen 24–25, 178, 180, 216
interlinguale Übertragungen 15
interner Monitor 49
Intonation 81, 237, 242
Inventar 267
Inversion 56, 255, 258
Involvierungsstrategie 223, 225
Ipsative Norm, Idiographische Norm 120

J

Jugendintegrationskurs 107
Jugendsprache 54

K

Kanaksprak 55
Kann-Beschreibungen 63, 77, 84
Kasusflexion 250
Kasusmarkierung 14, 250, 277
Kenntnisse in Deutsch als Zweitsprache erfassen 120
Kiezdeutsch 55, 57–58, 60
KIKUS 150, 154, 162
Kindergarten 8, 33, 39, 86, 101, 120, 127, 136–137, 141, 145, 156, 159, 164, 169, 172, 186, 207, 276
Kindlicher Zweitspracherwerb 11
Klammerkonstruktionen 257

Klammersprache 257
Klasse 53, 108, 177–180, 190–192, 216, 224, 229, 243, 250–251, 280
Kodierbarkeit 243–245
kognitiv 12–13, 27–28, 72, 95, 116, 135, 268
Kognitive Didaktik 72, 93
kognitive Entwicklung 12
kognitive Faktoren 232
kognitive Reife 12
kognitive Vorteile 28
kombinierte Verfahren 163
Kommunikationsgemeinschaften 261, 268, 270, 274
Kommunikative Didaktik 66, 70–71, 93
kommunikative Grundhaltung 227, 229, 264
Kommunikative Grundhaltung 223
kommunikative Interaktion 46
kommunikative Praktiken 28
kommunikative Ressourcen 9
kommunikative Routinen 28
kommunikative Verhaltensformen 262
kommunikative Wende 70
kommunikatives Potential 50
Kompetenz 9, 28, 35, 50, 61, 63–64, 68, 77–78, 82, 86, 93, 95, 99, 101, 103, 110, 116, 122–128, 131, 133, 136–142, 166–167, 171–172, 175–178, 183–184, 198–199, 202, 204, 212, 222, 225, 229, 233–234
Kompetenzentwicklung 14, 189
Kompetenzübertragung 229
Komplementsatz 256
Komplexität 91, 122, 174, 229
Komplimente-Machen 262
Konjugation 249, 252, 277
konnotative Bedeutung 240–241
konsekutiv 26
konsekutiver Zweitspracherwerb 11
Konsonantencluster 112, 212, 215, 241
Konsonantenschrift 214
kontaktinduzierte Varietät 34
Kontaktsprache 46, 58
Kontakt- und Nichtkontaktgesellschaften 271
Konverb-Konstruktion 221
Konvergenz 34
Konzepte 5, 9–10, 17, 22, 26, 28, 76, 85–86, 102, 109–110, 113–114, 147, 149, 152, 154–156, 159–160, 162, 168, 172, 174–176, 182, 185, 187–191, 193–195, 198, 201, 204, 206, 217, 244–245, 279–280
konzeptionelle Mündlichkeit 89, 217–220, 227

konzeptionelle Schriftlichkeit 217
Körperhaltung 272
Körperkontakt 271–272
Körpersprache 25, 30, 264, 274, 280
Korrelat 254, 256
Korrelat-*es* 256
Korrelationsanalyse 229, 232
kreatives Potential 28
kriteriale Norm 126, 130
kritische Periode 12
Kultur 17, 22, 28–30, 34, 51, 54, 97, 99, 103, 119–120, 122, 139, 141, 166, 194, 266, 270–272
Kulturalisierung 22–23, 180
kulturelle Kompetenz 29
kulturelle Konventionen 270
kulturelle Normen 30
kultureller Kontext 245, 262
Kulturgemeinschaften 222, 262, 264, 266–268, 270, 272
Kulturkontakt 265, 271
Kulturkreis 243, 263–264
Kulturkundebewegung 69
kulturspezifische Konzepte 245
kulturspezifische Textmuster 264
Kulturvergleich 266, 268

L

L1 8, 11, 13, 15, 28, 33–36, 39–40, 47, 52, 67–68, 90, 138–139, 141, 210–211, 213–214, 219, 223–227, 229–230, 232–234, 239–240, 242, 253, 274
Laiendolmetscher 52
Landeskunde 69, 71, 101–102
language awareness *Siehe Sprachbewusstheit*
Lateralisation 13
Lautsystem 238
Lebensumstände 16, 267
Lehransätze
– einsprachige 69
– zweisprachige 66
Lehrkraft 3, 18, 22–23, 25, 69, 70, 73, 77, 87, 92, 105, 113, 129, 154, 175–176, 178–179, 184, 186, 190, 194–197, 203, 206, 279–280
Lehrplan 64, 79–80, 82–85, 201, 204–205
Lehrwerk 66–68, 70–71, 73, 75, 87, 102, 173, 186
Leistungsdifferenzen 19
Lernbegleiter 77
Lernen, interkulturelles 24–25
Lernerautonomie 75–77, 93
Lernergebnisse 14, 112
Lernersprache 130, 179

Lernkultur 215
Lernstrategien 77, 107, 112–113, 196, 198
Lernszenarien 150, 178, 186, 188, 190, 192
Lernziel 17, 63–64, 66, 77, 79, 83–84, 92–93, 98, 100–104, 106, 108, 111, 114, 130, 172, 175, 197
Lesen 63, 77, 79, 82–83, 85–86, 90, 93, 99, 101–102, 107, 111, 133, 163, 198–199, 233
leseradäquater Text 222
Leserorientiertheit 263
Leserorientierung 229
Lese- und Schreibfähigkeit 210
Leseverstehen 78, 83, 199
Lexik 13, 39, 55, 82, 121, 125, 128, 132, 135, 137, 140, 144, 173, 209, 243, 274, 277
lexikalisch 12–13, 46–47, 60, 78, 82, 173, 222, 241, 243–244, 259
lexikalische Strategien 259
Lexikalklammer 257
Lingua Franca 29, 42
Lip-pointing 268
Liquide 238
Literacy 119, 127–128, 186, 235
literal 62–63, 85, 93, 109, 142, 210, 222–223, 227, 233
literale Handlung 223
literale (Handlungs-)Kompetenz *Siehe Textkompetenz*
literale Praktiken 227
literale Sozialisation 109, 210
Literalität 110, 151, 210, 233, 235
literarische Erziehung 83
literate Strukturen 217
Literatur
– interkulturelle 24
– transkulturelle 24
Lob 73

M

Makrostruktur 222–223, 226–227, 229, 231, 234, 264
makrostrukturell 229, 231
Markedness Differential Hypothesis 239
markiert 57, 239, 245, 247, 252
mediale Stilisierung 55
Medien 32, 41, 55, 75, 80, 90, 92, 108, 191, 226
Mehrheitsbevölkerung 9, 28
Mehrheitsgesellschaft 31, 34–35, 41, 44
Mehrschriftigkeit 209–210, 213, 235

Mehrschriftlichkeit 209–210, 215, 227, 234–235
mehrsprachig 10, 15, 26–30, 34, 37–40, 44, 47–50, 54, 59–60, 72, 87, 115–117, 119–120, 124, 130–133, 137–139, 141, 144–145, 148, 152, 158–159, 161, 163, 172–173, 176, 178–179, 182, 189, 196, 208–211, 218–219, 222, 235, 275–276, 279
mehrsprachige Erziehung 37, 85, 88
mehrsprachige Gemeinschaften 27
mehrsprachige Gesellschaften 47, 209
mehrsprachige Ressourcen 210
Mehrsprachigkeit 9, 15, 19, 27–29, 31, 42, 59–61, 85–87, 115–116, 125, 128, 130, 132–133, 135, 137, 141–145, 148, 152, 158–159, 166, 172, 177, 188, 195, 209–210, 216, 235, 275
Mehrsprachigkeitsbedingungen 55
mentales Schema 240
metakognitives Wissen 222
metalinguale Kompetenz 72
Metanarrativ 22, 25
metasprachliches Bewusstsein 28, 125, 158, 178, 227, 232
Methode 66, 71, 75, 77, 93, 110, 112, 116, 119, 124, 138–139, 141, 143, 148, 152–153, 204–205, 215, 226
Methodenpluralismus 75
Migrant 3, 8–9, 14–15, 26, 30–31, 33, 35, 40, 45–46, 51, 55, 60, 95–96, 101, 103, 106–107, 176, 201, 214, 269
Migrantensprachen 31, 42, 44, 96, 138
Migration 22
Migrationsalltag 51
Migrationserfahrungen 5, 17, 33, 194
Migrationsgesellschaft 22, 24, 26, 95
Migrationshintergrund 1, 4–5, 8, 20, 31, 115, 123, 127–129, 135–136, 147, 153, 167–168, 171–172, 175–176, 183, 185, 197–198, 204, 207, 216, 226
Migrationskontext 14, 138–139, 209
Migrationspädagogik 19, 24
Migrationswissenschaft 25
Mimik 25, 80, 164, 179, 279
Minderheitenkonstellationen 45
Minderheitenschule 33
Minderheitensituation 28
Minderheitensprache 29, 45, 60, 139, 193
Mischsprache 48, 54
Mittelfeld 115, 255
M-Linie 3
Mnemotechnik 75
Modalkonstruktion 246
Modellieren 278

Modifikatoren 244
Monoflexion 251–252, 274
monolingualer Habitus 31, 175
Morphologie 62
morphosyntaktische Strukturen 12, 57
Morphosyntax 13, 55, 116, 121, 125,
   128, 130, 132, 140, 144, 151, 164,
   173, 277
Motivation 21, 31, 123, 126, 157, 181,
   183, 186, 199, 203
Multicompetence 29, 50
multiethnische Gruppen 57
Multiethnolekt 57
Multilingual Cities Project 42
multilinguale Wirklichkeit 50
multiliteracy siehe Mehrschriftlichkeit
mündlich 77
Musik 73–75
Muttersprache 1, 7–9, 14, 27–28, 36,
   41, 44–45, 67, 112, 120, 177, 182,
   187, 194, 204, 209, 214, 218–219,
   226, 233, 239
Muttersprachenunterricht 7
Muttersprachler 35, 41, 58, 65, 80,
   259, 261
muttersprachlicher Ergänzungsunterricht 233
muttersprachlicher Unterricht 194,
   224, 226, 232, 234
muttersprachliches Niveau 12–13, 36

N
Nachsprechen, imitatives 69, 144
Nasale 238
Nationalsprache 45
Nationalstaatenbildung 31
natürliche Mehrsprachigkeit 31, 210
Neueinwanderer 41
neurobiologische Faktoren 12, 14
Neurodidaktik 72–73, 93
Neurowissenschaften 72–73
Neuzuwanderer 97, 200
Nicht-Muttersprachler 261
Niveaustufe 35, 64, 78–79, 102, 227,
   234
Nominativ-Akkusativ-Sprachen 252
nonce borrowing 47
nonverbale Kommunikation 237, 264,
   274
Norm 9, 31, 33, 119–120, 122–124,
   126, 129–131, 133, 138–140, 142,
   144, 176, 213
Normalschüler 31
Normautoritäten 33
Nullartikel 249
Numerusflexion 250

O
Oberbegriff 193, 243
orate Strukturen 217
orientierendes Lesen 83
Orientierungskurs 99, 103–106, 108,
   110, 114
Orthographie 84–85, 198, 209, 211,
   213–214, 216, 234
orthographische Transparenz 216

P
Pädagogik
– interkulturelle 19, 24
Paradigma
– grammatisches 67
paralleler Zweitspracherwerb 11
Passivbildung 252
Passivperiphrasen 253
pattern drill 69
Peer-group 33, 43, 54, 60
Persönlichkeitsmerkmale 14
Phoneme 13, 82, 214, 216, 238, 240
Phonem-Graphem-Korrespondenz-
   regeln 210–212
Phonemgruppen 239
Phoneminventare 237
phonemischer Kontrast 239
Phonem-Kategorie 240
Phonetik 14, 55, 69, 116, 125, 128,
   132, 135, 140, 164, 237, 240, 276
phonetische Kontraste 14, 240
phonographische Sprache 82
phonologische Bewusstheit 79, 82,
   111, 135, 151–152
phonologische Kategorien 239
phonologisches Arbeitsgedächtnis 144,
   162
phonologische Sensibilität 213
PISA 19, 31, 117, 183
Platzhalter 255
Plosive 40, 212, 238–240
Pluralmarkierung 250
Portfolio 125, 145
Positionierung im Gestenraum 269
Post-Methoden-Ära 71
Pragmatik 13, 55, 62, 70, 127–128,
   130, 132, 137–138, 142, 173, 222,
   232, 237, 258, 268, 273–274, 277
Praxis mehrsprachigen Sprechens 29,
   54, 59
Prestige 37–38, 41
Prestigesprachen 43
Primarbereich 74, 184–186, 190, 192,
   196
Pro-contra-conclusio-Schema 222
Pro-Drop 34, 40

produktive 58, 62, 77, 109
Professionalisierung 145, 153, 155, 158, 162, 165
Profilanalyse 130–131, 141
Profilbildung 141
Profile Deutsch 64, 80, 83–84, 100
Profilstufen 130
progressive Norm 138
Projektarbeit 43, 76
Prototypen 243, 253
Prototypentheorie 243
Proxemik 265, 270–271
prozedurales Gedächtnis 13
Prüfung 102, 106, 108

Q
Qualifikationenfächer 133

R
Rahmenlehrpläne 184
Redirect 278
Reformbewegung
– neusprachliche 69
Regionalsprache 56
Registerkompetenz 232
Regulatoren 265–266, 268
Remigration 3, 32
rezeptiv 62, 77, 109, 134
rhetorisches Muster 223, 225
Ringgeste 267
Risikokinder 125, 135–136
ritualisiertes Verhalten 264
Routineausdrücke 219, 222

S
Sachfächer 172
Sachliche Norm 123
– Kriteriale Norm 120
Satzklammer 254, 277
Scaffolding 91–92, 155, 178, 182, 191
Scanning 83
Schätzverfahren 124–126
Schichtenzugehörigkeit 266
Schreibanfänger 212–213
Schreiben 63, 70, 77, 79, 84–86, 93, 99, 101–103, 107, 133, 196, 199, 210–212, 214–216, 219, 222–223, 225, 229, 233–234, 260
Schreiberorientiertheit 263
Schreibkulturen 263–264
Schreibprodukt 84
Schreibprozess 84
Schreibrichtung 210, 215
Schreibschrift 111
Schreib- und Leseaktivitäten 233
Schrift 62

schriftlich 77
Schriftlichkeit 15, 156, 172, 196, 209–210, 217–220, 224, 226–227, 231, 233–235
Schriftsprache 156, 209, 214, 216, 221
Schriftsprachkompetenz 152, 225–226
schriftsprachliche Kommunikation 209
schriftsprachliche Kompetenzen 63, 209
schriftsprachliche Muster 218
Schriftsystem 209–210, 212–213, 215, 234
Schrifttypen 210–211
Schulfremdsprachen 43
Schulpflicht 21, 102, 107
Schulsprachen 43–45, 215
Schwierigkeitshierarchie 239
SCREEMIK-2 139–140
Screening 118, 120, 126, 132, 134–137, 139–140, 142, 145, 149
Segmentabfolge 241
Sehverstehen 80
Sekundarbereich 85–86, 182–183, 185, 187–188, 192, 194, 196, 207, 235, 280
sekundärer Ethnolekt 56
Selbstreferenz 223, 225, 231, 264
SELDAK 127, 186
Selektionsverfahren 118, 121
selektives Hören 80
selektives Lesen 83
Semantik 62, 125, 128, 132, 135, 137, 140, 164, 242, 278
semantische Kategorien 248
sensitive Periode Siehe kritische Periode
Silbenstruktur 215
silbenzählende Sprachen 242
simultan 9, 11, 26
SISMIK 120, 127–128, 137, 149, 158, 186
Skimming 83
soziale Deixis 258
soziale Konventionen 270–271
soziale Netzwerke 41, 95
soziale Norm 120, 122, 134
sozio-ökonomischer Status 31, 119, 147, 171, 184
Spätaussiedler 2, 96–97
Speech Learning Model 240
Spontansprache 124
Sprachaneignung 8, 116, 147, 155, 166, 172
Sprachbewusstheit 63, 72, 85–87, 112, 232, 279
Sprachbewusstheitstest 232
Sprachbildung 32, 72, 88, 174–176, 183, 204, 207
Sprachbiographie 86, 113, 123, 141

Sprachdiagnostik 19, 143, 145
Sprachdidaktik 9, 19, 67, 75, 166, 179, 208
Sprachenpolitik 32, 41
Sprachenportfolio 113
Sprachentwicklungsstörung 116–117, 126, 138, 143–145, 148, 154, 167
Sprachenwechsel 14
Spracherhalt 40–41, 45, 60
Spracherwerb
– gesteuerter 26
– ungesteuerter 17–18, 26, 96, 274
Spracherwerbsbedingungen 45
Spracherwerbssituation 7
Spracherwerbsstörung *siehe Sprachentwicklungsstörung*
Sprachfertigkeiten 50, 139
Sprachfiguration 9, 28
Sprachförderkompetenz 166–167, 190
Sprachförderkonzept 9, 32, 149–151, 162, 166, 189
Sprachförderung 17–19, 31, 59, 77, 92, 116–118, 121–122, 127–128, 130–132, 134–135, 137, 141–142, 144–163, 165–169, 172, 174–178, 181–188, 190, 193–197, 199–201, 203, 205–207, 210, 233, 235, 278
Sprachgebrauch 20, 40–41, 44, 50, 54, 85, 141, 227, 233
Sprachgebrauchsprofile 233
Sprachgemeinschaften 47, 167, 243, 258, 260–261, 264, 266
sprachideologische Haltung 31–32
Sprachkapitalmodell 45
Sprachkenntnisse 3, 14, 17, 30, 35, 53, 61, 64, 68, 78, 86, 88, 95, 97–98, 102, 113–114, 147, 151, 157, 175, 188, 207
Sprachkompetenzen 28, 35, 45, 64, 99, 114, 127, 134, 137, 140, 148–149, 177, 226
Sprachkontakt 34, 39, 126, 132
Sprachkurs 99
Sprachlerncoaching 77
Sprachlernkonstellationen 15–16
Sprachlernportfolio 77
Sprachlernstrategien 86, 118–119
sprachliche Ausgangsposition 45
Sprachliche Bildung 18, 61–62, 147–150, 165, 169, 182
sprachliche Erosion 34
sprachliche Generationen 33–34, 60
sprachliche Korrektheit 9, 229
sprachliche Ressourcen 29, 155
sprachliches Kapital 31, 45
Sprachmanagement 32–33, 41
Sprachmaterial, authentisches 76

Sprachmeister 67
Sprachmischung 10, 15, 29, 47, 49, 54, 60, 275, 279
Sprachmitteln 86
Sprachmittler 51–52, 60
Sprachmittlerkompetenz 86, 93
Sprachmodus 40, 49–51, 141
sprachpolitische Haltung 31
Sprachpräferenz 44
Sprachprestige 41, 275
Sprachprüfung 78
Sprachreflexion 72, 85
Sprachrepertoire 9, 50, 172
Sprachroutinen 46
sprachsensibler Unterricht 88, 174, 188–189, 191–192
Sprachstandserhebung 115–121, 124, 129, 142–143, 145, 148–149, 151, 156, 165
Sprachstandserhebungsverfahren 116–118, 121–123, 143, 145, 149
Sprachstandsprofil 136, 167
Sprachtherapie 117, 139, 144, 148–149, 167, 169
Sprachverband 3–4
Sprachvergleich 15, 18, 72, 85, 87, 160, 178, 249, 274
Sprachverhalten 41, 54, 124, 127, 186
Sprachvermittlungstätigkeit 53
Sprachvitalität 42, 44, 60
Sprachvorbild 158, 164, 179
Sprachwechsel 30, 41–42, 44–45, 48, 276
Sprechakte 258, 260–261, 274
Sprechakttheorie 70, 260
Sprechen 13, 35, 42–43, 54, 56, 69, 77, 79, 81–82, 86, 93, 99, 101–103, 133, 199, 272, 276, 278
Sprechfähigkeit 69
Sprechfertigkeit 81
Sprechhandlungen 179, 258, 260–261
Sprechintention 70
Sprechplanung 81
Sprechsituation 70
sprechsprachliche Muster 218
Staatsangehörigkeit 5, 40
Standardsprache 54, 65, 139, 165
Stereotyp 71
Stigmatisierung 45, 110
Stimmhaftigkeit 112, 239
Stimulieren 278
Subkultur 267
Submersion 183, 188–189
Substandardvarietäten 54
suchendes Lesen 83
Suggestopädie 74, 93

sukzessiv 9, 11, 26, 36, 123, 144, 183, 187, 201, 215
Superlearning 74
Syntax 62
Systemüberlastung 229
Szenarien-Didaktik 76

T
Tätigkeitsfelder 15–17
Teilintegrierte Sprachförderung 183
Teilnehmerorientierung 105, 108
Tempus 241, 245–247
tertiärer Ethnolekt 56
Tertiärsprache 72
Tertiärsprachen-Didaktik 72
Test 121, 123–125, 130, 132–135, 139, 144, 150, 186, 232
Testtheorie 123
Textadäquatheit 229
Textgestaltung 173, 219
Textgestaltungskompetenz 222
Textkompetenz 222, 226–227, 229, 231–235
Textmuster 84, 90, 222–223, 234–235, 262, 264
Textmusterkompetenz 222
Textniveaustufen 227–228, 232
Textsegmentierung 210
Textsorten 83–84, 174, 194, 199, 217, 222–223, 262, 264
Textsortenspezifische Konstruktionen 223
Textverknüpfung 65, 218
they-code 54
Tonhöhe 240–242
Tonhöhenveränderung 241
Tonsprachen 240–242
totales Hören 80
totales Lesen 83
Total Physical Response 73–74, 93
TPR *Siehe Total Physical Response*
Transfer 10–11, 30, 46, 138, 153, 174, 203, 212–213, 215, 224, 234–235
translanguaging 50–51, 59–60, 177
Transmigranten 35
Transmigration 24, 26
Trauma 22, 62
Türkendeutsch 55, 57
türkischstämmige Bevölkerungsgruppe 40
Türkischunterricht 41
typologische Unterschiede 34

U
Überblendung der Konzepte 29
Überlastung, kognitive 81

Übersetzungsäquivalent 10, 15, 243
Umgangssprache 55, 60, 156, 165, 219, 247
umgangssprachlich 58, 220
Umgebungskultur 259
Umgebungssprache 8, 33, 36–39, 41, 46, 138, 275–276
Umweltsprache 36
Unbestimmtheit 252
ungesteuerter Schrifterwerb 211
Unified Competition Model 13
unmarkiert 239, 254
unpersönliches Passiv 255
unsichtbare Spracharbeit 52
Unterbegriff 173, 243
Unterricht
– berufsorientierter 76
– handlungsorientierter 76
Unterrichtskommunikation 89–90, 94
Unterrichtspraxis 259
Unterrichtsprinzip 75, 93, 99, 104–105, 108, 152, 179, 212, 270, 274
unvollständiger Erwerb 39
Ursprungskultur 30
U-shaped development 122, 166

V
V2-Stellung 254–255, 258
V2-Stellung *Siehe Verbzweitstellung*
Verarbeitungskapazitäten 10
verbale Kategorie 246
Verbendstellung 254, 273
Verbklammer 257
Verbletztstellung 121, 256
Verbzweitstellung 121, 254, 273
Vereinfachungen 58
Vereinfachungsstrategien 55
Vereinsprachlichung 31
Vergangenheitstempora 246–247
Vermeidungsstrategien 244
Vermittelnde Methode 69
Vitalitätsindex 42–43
Voice Onset Time (VOT) 240
Vokabel 67, 74, 79, 245
Vokabular 68
Vokalinventar 214
Vorbereitungsklassen 176–177, 181, 188, 200
Vorfeld 255–256
Vorfeld-es 255–256
Vorgangspassiv 253

W
we-code 54
Wohlgeformtheit 222, 262–263
Wortakzent 240–241

Worterkennung 73, 82
Wortschatz 56, 75, 79, 81, 85, 125–
126, 128, 132, 135, 138, 143, 151–
152, 154, 162–163, 172–173, 181,
184, 187, 191–192, 195, 218–221, 232
Wortstellung 11, 13, 121, 154, 254,
256, 258, 277
Wortstellungstypologie 254, 256
Würzburger Trainingsprogramm 152

Z

Zeigegesten 268, 270
Zeitadverbien 245
Zeitformen 245
Zielkultur 30, 259
Zielsprache 14–15, 35, 67, 70, 178–179
ZISA 17
Zone der nächsten Entwicklung 130,
149, 156
Zugehörigkeit, nationale 23

Zustandspassiv 252–253
Zuwanderung 2, 4, 14, 20, 24, 26, 35
Zuwanderungsgesetz 2, 4, 26, 96–97
Zuweisungsverfahren 118, 141
zweisprachig 10–11, 67, 138, 141, 159–
160, 166, 195
zweisprachiges Lexikon 10
Zweitschriftlerner 109
Zweitsprache 1, 7–9, 14–16, 26, 34,
36, 38–39, 59–60, 100, 115, 117, 119–
120, 128–132, 136–140, 142, 144,
146–148, 152–154, 158–160, 167,
171–172, 174, 176, 178, 180, 182–
189, 196, 201–202, 204, 206–208, 211,
214, 224–227, 229, 233–235, 237,
240, 242, 249, 259, 264, 270, 274,
276, 279
Zweitspracherwerb 7, 10–12, 15, 17,
36, 119, 130, 138, 144, 158, 164, 181,
183, 237, 275
Zweitsprachlerner 189, 262

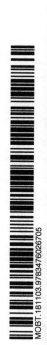